SEIS MESES EM 1945

 A marca FSC® é a garantia de que a madeira utilizada na fabricação do papel deste livro provém de florestas que foram gerenciadas de maneira ambientalmente correta, socialmente justa e economicamente viável, além de outras fontes de origem controlada.

MICHAEL DOBBS

Seis meses em 1945

*Roosevelt, Stálin, Churchill e Truman —
Da Segunda Guerra à Guerra Fria*

Tradução
Jairo Arco e Flexa

Copyright © 2012 by Michael Dobbs

Grafia atualizada segundo o Acordo Ortográfico da Língua Portuguesa de 1990, que entrou em vigor no Brasil em 2009.

Tradução publicada mediante acordo com Alfred A. Knopf, um selo editorial de The Knopf Doubleday Group, uma divisão de Random House Inc.

Título original
Six Months in 1945: FDR, Stalin, Churchill, and Truman — From World War to Cold War

Capa
Jason Booher

Fotos de capa
Acima: à direita, Margaret Bourke-White/ Getty Images; à esquerda, TOP FOTO/ AGB PHOTO. Abaixo: à direita, Granger, NYC; à esquerda, Oscar White/ Corbis/ Latinstock.

Mapas
Gene Thorp

Revisão técnica
Ronald Fucs

Preparação
Alexandre Boide

Índice remissivo
Luciano Marchiori

Revisão
Huendel Viana
Angela das Neves

Dados Internacionais de Catalogação na Publicação (CIP)
(Câmara Brasileira do Livro, SP, Brasil)

Dobbs, Michael
  Seis meses em 1945 : Roosevelt, Stálin, Churchill e Truman : da Segunda Guerra à Guerra Fria / Michael Dobbs ; tradução Jairo Arco e Flexa. — 1ª ed. — São Paulo : Companhia das Letras, 2015.

  Título original : Six months in 1975 : FDR, Stalin, Churchill, and Truman : From World War to Cold War.
  Bibliografia.
  ISBN 978-85-359-2603-3

  1. Churchill, Winston, 1874-1965 2. Estados Unidos — Relações estrangeiras — União Soviética 3. Guerra Fria — História diplomática 4. Guerra Mundial, 1939-1945 — História diplomática 5. Guerra Mundial, 1939-1945 — Paz 6. Política mundial 7. Roosevelt, Franklin D. (Franklin Delano), 1882--1945 8. Stálin, Joseph, 1879-1953 9. Truman, Harry S., 1884--1972 10. União Soviética — Relações estrangeiras — Estados Unidos I. Título.

15-04029   CDD-940.5322

Índice para catálogo sistemático:
1. Roosevelt, Stálin, Churchill e Truman :
Guerra Mundial : História   940.5322

[2015]
Todos os direitos desta edição reservados à
EDITORA SCHWARCZ S.A.
Rua Bandeira Paulista, 702, cj. 32
04532-002 — São Paulo — SP
Telefone: (11) 3707-3500
Fax: (11) 3707-3501
www.companhiadasletras.com.br
www.blogdacompanhia.com.br

Para o neto de Joseph
E o bisneto de Samuel

Poucos pontos de inflexão na história apresentam tantos aspectos dramáticos como os seis meses entre fevereiro e agosto de 1945, um período compreendido entre a conferência dos Três Grandes em Yalta e o bombardeio de Hiroshima. Os Estados Unidos e a Rússia saíram desse período como as duas nações mais poderosas do mundo; a Alemanha nazista e o Japão imperial estavam derrotados; o Império Britânico estava à beira do colapso econômico. Um presidente morreu; um Führer suicidou-se; um primeiro-ministro que havia inspirado seu povo durante os dias mais sombrios de sua história foi derrotado em eleições livres. Golpes de Estado e revoluções tornaram-se corriqueiros; milhões de pessoas foram enterradas em valas comuns; antigas cidades reduziram-se a pilhas de escombros. Um tsar vermelho redesenhou o mapa da Europa, erguendo uma "cortina de ferro" metafórica entre oriente e ocidente. Reunidos na capital do derrotado Terceiro Reich, os vencedores disputavam os despojos da vitória. De maneira inexorável, o fim da Segunda Guerra Mundial conduziu ao início da Guerra Fria.

Os seis meses que separam Yalta de Hiroshima são um ponto de articulação entre duas guerras muito diferentes — e dois mundos também muito diferentes. Eles unem a era da artilharia à da bomba atômica, os estertores do império às dores do parto das superpotências. Celebram também o encontro inevitavelmente fatal, no coração da Europa, entre os exércitos de duas grande nações, oficialmente aliadas porém guiadas por princípios ideológicos opostos. Mais de um século antes, Alexis de Tocqueville havia previsto que americanos e russos deixariam todas as outras nações para trás. "O principal instrumento dos primeiros é a liberdade; o dos segundos, a servidão", escreveu em 1835 o visionário francês. "Seus pontos de partida são diferentes, assim como seus percursos não são os mesmos; contudo, cada um deles parece destinado pela vontade dos céus a conduzir o destino de metade do globo." Esta é a história das pessoas — presidentes e comissários, generais e soldados rasos, vencedores e derrotados — que tornaram realidade a "vontade dos céus".

Sumário

Lista de mapas 11
Cronologia 13
Notas sobre nomes 15

PARTE I: O MELHOR QUE PUDE FAZER

1. Roosevelt — *3 de fevereiro* 21
2. Stálin — *4 de fevereiro* 43
3. Churchill — *5 de fevereiro* 65
4. Polônia — *6 de fevereiro* 83
5. O Grande Projeto — *10 de fevereiro* 107
6. Euforia — *13 de fevereiro* 126

PARTE II: UMA CORTINA DE FERRO DESCEU

7. Camarada Vyshinsky — *27 de fevereiro* 145
8. "Um véu impenetrável" — *7 de março* 163
9. A morte de um presidente — *12 de abril* 182
10. O neófito e o comissário — *23 de abril* 204
11. O encontro — *25 de abril* 227
12. Vitória — *8 de maio* 249

13. "A salvação do mundo" — *26 de maio* 270
14. O pôquer atômico — *1º de junho* 289
15. O império vermelho — *24 de junho* 306

PARTE III: UMA PAZ QUE NÃO É PAZ
16. Berlim — *4 de julho* 331
17. Terminal — *16 de julho* 350
18. Pilhagem — *23 de julho* 373
19. "FINIS" — *26 de julho* 392
20. Hiroshima — *6 de agosto* 409
21. Depois da bomba 430

Agradecimentos 439
Notas 443
Créditos das imagens 470
Referências bibliográficas 471
Índice remissivo 479

Lista de mapas

FDR na Crimeia	31
No interior do Reich (janeiro-fevereiro de 1945)	50
Mudanças na fronteira da Polônia	92
O encontro (jornadas até o Elba)	236
"Uma cortina de ferro desceu" (maio de 1945)	260
Stálin e o Oriente Médio	309
Berlim (julho de 1945)	355
Stálin e o Extremo Oriente	428

Cronologia

4 de fevereiro	Início da Conferência de Yalta (vai até 11 de fevereiro).
13 a 15 de fevereiro	Bombardeio de Dresden.
27 de fevereiro	Vyshinsky organiza golpe comunista na Romênia.
7 de março	Exército americano cruza o Reno em Remagen.
12 de abril	Roosevelt morre, sendo sucedido por Truman.
23 de abril	Truman adverte Molotov para que cumpra promessas sobre a Polônia.
25 de abril	Conferência de fundação das Nações Unidas; americanos e russos encontram-se no Elba.
30 de abril	Suicídio de Hitler.
2 de maio	Berlim cai diante do Exército Vermelho.
8 de maio	Rendição da Alemanha.
26 de maio	Emissários de Truman reúnem-se com Churchill e Stálin.
1º de junho	Truman decide usar a bomba atômica contra o Japão.
18 de junho	Líderes da oposição polonesa vão a julgamento em Moscou.
24 de junho	Parada da vitória em Moscou.
4 de julho	Tropas americanas ocupam Berlim Ocidental.

16 de julho   Abertura da Conferência de Potsdam (vai até 2 de agosto); primeiro teste atômico.
26 de julho   Renúncia de Churchill.
6 de agosto   Lançamento da bomba atômica em Hiroshima.

Notas sobre nomes

O fim da Segunda Guerra Mundial provocou inúmeras alterações nas fronteiras, acompanhadas por mudanças de nomes tanto na Europa como na Ásia. O fim da Guerra Fria e a dissolução da União Soviética fizeram com que mais nomes ainda fossem modificados. Adotar os nomes mais recentes, politicamente corretos (ou incorretos, dependendo do ponto de vista) de cidades e aldeias é receita certa para confusão.

Para simplificar as coisas, usei as versões em inglês dos nomes para metrópoles e cidades quando eles são amplamente conhecidos pelos leitores.* Assim, escrevo Moscou e Varsóvia, em vez de Moskva e Warszawa. Nos casos em que conflitos políticos ou reposicionamentos de fronteiras resultaram em alterações de nomes, utilizei aqueles empregados por Roosevelt, Truman e Churchill em 1945 — por exemplo, Breslau e não Wrocław, Stalingrado e não Volgograd, Port Arthur e não Lushun.

Para conveniência do leitor, segue-se uma lista de nomes geográficos utilizados no livro com alternativas dos dias atuais.

---

* Em coerência com o original em inglês, o mesmo critério foi adotado na tradução, utilizando as versões comuns em português para os nomes das localidades. (N. T.)

Baerwalde	Mieszkowice
Breslau	Wrocław
Dairen	Dalian
Danzig	Gdańsk
Neisse Oriental	Glatzer Neisse (em polonês: Nysa Kłodzka)
Kiev	Kyiv
Königsberg	Kaliningrad
Leningrado	São Petersburgo
Lwów	Lviv
Oppeln	Opole
Port Arthur	Lushun
Stalingrado	Volgograd
Stettin	Szczecin
Neisse Ocidental	Lusatian Neisse
Wilno	Vilnius

Transliterar nomes russos para outros idiomas apresenta para os autores um problema diferente. Os sistemas acadêmicos de transliteração envolvem complicadas questões diacríticas, que podem desanimar os leitores contemporâneos. Assim, decidi adotar um sistema simplificado, evitando sinais diacríticos e apóstrofes.

Embora tenha tentado ser coerente, usei o sistema da Biblioteca do Congresso dos Estados Unidos para a transliteração das referências bibliográficas (excluindo os sinais diacríticos), para facilitar ao leitor a localização das obras. Portanto, os nomes utilizados nas referências bibliográficas nem sempre são idênticos aos nomes no corpo do texto.

Seguindo uma prática muito difundida no mundo todo, muitas vezes substituí o termo "soviético" por "russo" ao me referir, por exemplo, a "soldados russos" em vez de "soldados soviéticos". Esse uso reflete o fato evidente de que a Rússia foi a república dominante dentro do Estado soviético, como o próprio Stálin reconheceu, tanto antes como depois da guerra. Em algumas passagens foi importante fazer a distinção entre russos e outros grupos étnicos que compunham a União Soviética, mas em diversas outras isso se mostrava desnecessário, assumindo inclusive ares de pedantismo. Em termos estritos, nós deveríamos nos referir a Stálin como um estadista *soviético* e não *russo*, mas, sobretudo em 1945, o filho de um sapateiro georgiano havia se tornado um líder tão intrinsecamente *russo* quanto Catarina, a Grande, que na verdade era nascida na Alemanha.

PARTE I
O melhor que pude fazer
Franklin D. Roosevelt

Fevereiro de 1945

1. Roosevelt — *3 de fevereiro*

O grande avião quadrimotor com a resplandecente estrela branca estava na pista de decolagem no pequeno aeroporto de Malta, pronto para levar Franklin Delano Roosevelt numa derradeira missão. O novo Douglas C-54 Skymaster tinha sido equipado com as mais modernas comodidades, inclusive um elevador que poderia alçar o presidente e sua cadeira de rodas do solo para levá-lo a bordo. FDR expressou seu desagrado aos agentes do Serviço Secreto que o conduziram até o pequeno compartimento do elevador. "Nunca autorizei isso", resmungou. "Não havia a menor necessidade."[1] Constrangidos, os agentes explicaram que o dispositivo era exigido por motivos de segurança. A alternativa seria uma rampa de grande extensão, um sinal para espiões inimigos de que o presidente dos Estados Unidos, vítima de poliomielite, estava para embarcar ou desembarcar. Roosevelt, que não gostava de despesas e estardalhaço, não ficou convencido.

O horário de partida havia sido planejado com precisão coreográfica. Trinta aviões militares estavam alinhados próximos à pequena torre de controle, aguardando permissão para decolar. Em intervalos de dez minutos, o avião da frente dirigia-se para o início da pista na penumbra, persianas abaixadas e todas as luzes externas apagadas. Assim que cada avião saía rugindo pelo céu do Mediterrâneo, o avião seguinte colocava-se em posição, logo atrás. Os rugidos

dos Skymasters e dos Yorks esquentando os motores para a decolagem e os zumbidos agudos dos caças circulando em volta do aeroporto preenchiam a noite.

Poucas pessoas sabiam da existência de um avião presidencial. Com o codinome Projeto 51, sua construção foi cercada de tanto segredo que os poucos que estavam informados referiam-se ao avião como *Vaca Sagrada*. Dois anos antes, Roosevelt havia sido o primeiro presidente dos Estados Unidos a viajar de avião, em fevereiro de 1943, quando embarcou num hidroavião da Pan American num voo até Casablanca, para uma conferência com Winston Churchill. Mas viagens em voos comerciais eram obviamente impraticáveis para um presidente em tempos de guerra — sobretudo no caso de um presidente paralisado da cintura para baixo. A Casa Branca voadora estava pronta para sua viagem inaugural.

Roosevelt subiu a bordo do *Vaca Sagrada* às 23h15 de 2 de fevereiro de 1945.[2] A decolagem do avião estava programada apenas para as 3h30 da madrugada, mas os médicos do presidente decidiram que seria melhor embarcar mais cedo, para que ele pudesse ter uma boa noite de sono. Ele foi conduzido direto a seus aposentos oficiais, logo atrás da asa. Seu criado negro, Arthur Prettyman, ajudou-o a se trocar e assegurou-se de que estava confortavelmente deitado em seu sofá de veludo de três lugares adornado com o selo presidencial. Entre outros itens de conforto, havia uma cadeira giratória, um banheiro privativo e uma janela panorâmica com vidros à prova de balas com o dobro da espessura habitual, coberta por cortinas azuis. Um console ao lado da janela permitia que ele se comunicasse com a cabine do piloto e outras partes do avião. Na parede oposta havia um conjunto de mapas enrolados em cilindros que podiam ser abertos para exames durante o voo. Uma pintura de um barco a vela do século XIX sobre as ondas ocupava a parede acima do sofá, numa evocação do amor de Roosevelt pelo mar.

O presidente sofria de um cansaço crônico. Em sua viagem de doze dias atravessando o Atlântico num navio da Marinha dos Estados Unidos, passou o tempo em incessantes rodadas de carteado, jogos de convés e filmes à noite. Com frequência, dormia doze horas por noite — por mais que descansasse, porém, o descanso nunca parecia suficiente. Grande parte da energia que lhe restava havia sido gasta em sua última campanha eleitoral, viajando em limusines abertas e enfrentando um aguaceiro torrencial em Nova York, numa tentativa extrema de mostrar que ainda estava em condições de exercer um quarto mandato. As constantes aparições ao longo da campanha tinham o objetivo de mostrar aos eleitores o FDR do imaginário popular — forte, indomável, otimista —, escondendo, no entanto, seu estado de saúde em progressiva deterioração. Ele havia perdido cerca de dezoito quilos nos últimos meses, estava esquelético. Sua pressão arterial tinha saído de controle, subindo algumas vezes até 26 por 15. O homem que ele escolhera como vice-presidente, Harry S. Truman, ficou alarmado quando os dois se encontraram para uma simbólica sessão de fotos na Casa Branca. "Não imaginava que ele estivesse tão mal assim", Truman confidenciou a um assessor. "Quando colocou creme em seu chá, ele deixou cair mais creme no pires do que na xícara. Parece que não há nenhum problema mental, mas fisicamente ele está em frangalhos."[3]

Howard Bruenn, o cardiologista de Roosevelt, entrou em silêncio na cabine pouco antes da decolagem. O presidente já estava cochilando. O jovem capitão de corveta da Marinha queria certificar-se de que seu paciente não ia rolar para fora do sofá enquanto o *Vaca Sagrada* ganhava aceleração ao longo da pista. Como sabia que Roosevelt não tinha força suficiente para evitar que seu corpo caísse no chão como um peso morto, Bruenn instalou-se na cadeira giratória, de costas para o sofá. Ia dormir sentado, atento aos ruídos atrás de si.

Bruenn estava preocupado com FDR. Quando examinou o presidente pela primeira vez, no Hospital Naval de Bethesda, em março de 1944, percebeu imediatamente que ele estava "muito mal" e não lhe deu mais que um ano de vida.[4] Ele tinha dificuldade para respirar e sofria de bronquite. Seu coração estava bastante dilatado, já sem condições de fazer um bombeamento eficiente do sangue. O cardiologista receitou uma dieta de digitális para controlar os batimentos cardíacos, um regime alimentar de fácil digestão e uma redução drástica no número de visitantes oficiais e de compromissos. O médico principal de Roosevelt, o vice-almirante Ross McIntire, tinha resistido às recomendações de Bruenn, pois não queria interferir na rotina do presidente, mas acabou concordando que ele moderasse suas atividades. McIntire insistiu que ninguém fora de um pequeno círculo de médicos de confiança da Casa Branca ficasse sabendo do estado de saúde do chefe. Nem o próprio Roosevelt estava inteiramente a par de sua situação. Avesso a notícias desagradáveis, ele mostrava pouco interesse em descobrir a verdade.

O rugido dos motores e a vibração da fuselagem quando o *Vaca Sagrada* deixou o solo despertaram o presidente de um sono intranquilo. Seu nariz e sua garganta estavam congestionados. Bruenn monitorava os ruídos de FDR, que se agitava no sofá às suas costas. Em suas anotações, o cardiologista escreveu que Roosevelt "não tinha um sono satisfatório" no avião, por causa do "barulho e vibração", e com frequência era acordado por "uma tosse convulsiva que era moderadamente produtiva".[5] Fora isso, "o paciente" estava se saindo melhor do que o esperado. Tinha "aproveitado bem" suas duas semanas fora dos Estados Unidos — "de trem, navio, avião e carro" — e "teve um belo descanso" durante a travessia do Atlântico, "dormindo até tarde de manhã, descansando à tarde e indo dormir relativamente cedo à noite, apesar do mar agitado".

Depois da decolagem em Malta, no centro do Mediterrâneo, o *Vaca Sagrada* dirigia-se para o leste a uma velocidade de 320 quilômetros por hora. Os médicos insistiam para que o avião, não pressurizado, permanecesse numa altitude de 1,8 mil metros, para atenuar os problemas de respiração do presidente. A aeronave dançava para dentro e para fora das nuvens. Uma hora após a partida, enfrentou mau tempo. O chefe da equipe do Serviço Secreto escutou um ruído nos aposentos do presidente e foi investigar, mas eram apenas as batidas de uma porta mal fechada. Os pilotos mudaram o rumo do voo para nordeste, para evitar Creta, que ainda tinha partes de seu território em poder dos alemães.

O dia amanheceu quando o *Vaca Sagrada* sobrevoava Atenas, claramente visível pelo lado esquerdo do avião. Seis caças P-38 surgiram das nuvens para escoltar o avião presidencial sobre o mar Egeu até as planícies cobertas de neve do norte da Grécia e da Turquia, e por fim ao mar Negro. Anna, a filha do presidente, já estava acordada para ver o "belo nascer do sol" e o "contorno das pequenas aldeias" nas ilhas de paisagem árida da Grécia.[6] Todos a bordo tinham sido instruídos a adiantar seus relógios em duas horas durante a noite. Uma hora antes da aterrissagem, serviu-se ao presidente seu desjejum habitual de ovos com presunto.

Os aviões aliados haviam sido instruídos a efetuar uma curva de noventa graus quando entrassem em espaço aéreo soviético, para identificar seus propósitos pacíficos, evitando assim que fossem alvejados pelas defesas antiaéreas. O *Vaca Sagrada* seguiu as instruções, fazendo a manobra ao longo da linha férrea que ia da cidade de Eupatoria, do lado oeste da península da Crimeia, até o aeroporto de Saki. A paisagem era plana e desinteressante, uma extensão de neve que parecia não ter fim. O avião presidencial, a essa altura acompanhado por cinco caças (um deles tinha retornado devido a um problema nos motores), rodeou a pista uma vez e aterrissou na hora prevista, 12h10 pelo horário de Moscou, "sofrendo com solavancos por toda a curta pista de concreto".[7]

Durante doze anos como presidente, Franklin Roosevelt ajudara a tirar os Estados Unidos das profundezas da Grande Depressão, fora capaz de convencer uma nação relutante a apoiar a Grã-Bretanha em seu momento de necessidade e reunira a mais poderosa coalizão militar da história para resistir aos ataques da Alemanha nazista e do Japão imperial. A vitória em ambas as guerras já estava à vista. As tropas aliadas tinham chegado às fronteiras da Alemanha e estavam retomando dos japoneses suas conquistas na Ásia. O comandante em chefe, às portas da morte, decidira fazer uma viagem perigosa e potencialmente suicida através do oceano apenas dois dias depois de ter iniciado seu quarto mandato graças à sua obsessão por atingir dois objetivos finais. Ele queria certificar-se de que a vitória seria conseguida com o menor custo possível em vidas americanas. E prometera aos americanos, cansados de mais de três anos de guerra, "uma paz duradoura".

Antes da chegada de FDR à Crimeia, no sábado, 3 de fevereiro de 1945, nenhum presidente americano havia pisado em solo russo, muito menos na União Soviética. E, por quase três décadas, nenhum outro faria isso novamente.

As atitudes dos Estados Unidos em relação à Rússia tinham variado bastante desde a Revolução Bolchevique de 1917. Durante a guerra civil na Rússia, tropas americanas haviam intervindo do lado dos mencheviques, enfrentando os combatentes vermelhos nas neves do norte da Rússia antes de serem obrigados a recuar de Arkhangelsk de maneira desordenada, com mais de 2 mil baixas. Os americanos ficaram chocados com o acordo entre Stálin e Hitler em 1939, com a divisão da Polônia e as invasões soviéticas da Finlândia e dos países bálticos. Mas o pêndulo logo oscilou para o lado oposto quando os exércitos alemães invadiram a União Soviética, em 22 de junho de 1941, chegando às portas de Leningrado e Moscou em questão de meses. Quando os Estados Unidos entraram na guerra, depois do ataque japonês a Pearl Harbor, em 7 de dezembro, a Rússia comunista tornou-se seu aliado mais importante. Os filmes de Hollywood começaram a retratar a União Soviética como uma terra de soldados valentes, trabalhadores felizes e comissários sorridentes, uma guinada de 180 graus em relação aos grotescos trapalhões apresentados em *Ninotchka*, comédia de enorme sucesso de 1939. A imagem de uma nação poderosa e confiável, sob um líder forte porém benevolente, crescia a cada nova vitória do Exército Vermelho, com o apoio ativo do governo Roosevelt.

Ouviam-se algumas vozes discordantes, especialmente entre o punhado de diplomatas americanos que tinham uma experiência direta com a vida na Rússia. O embaixador americano em Moscou, Averell Harriman, queixava-se de que o urso russo estava se transformando no "vilão do mundo".[8] Ele receava que Stálin recorresse a "métodos de força" com o objetivo de estabelecer uma "esfera de influência" no Leste Europeu sob seu controle exclusivo. O assessor mais próximo de Harriman, George Kennan, concordava que a divisão da Europa era inevitável. A América e a Rússia tinham pouco em comum além do inimigo. Em carta a seu amigo Charles E. Bohlen na véspera da Conferência de Yalta, Kennan exortou o governo dos Estados Unidos a agir de forma mais adequada às realidades geopolíticas: "Por que não fazemos um acordo razoável e definitivo com [Moscou] — dividindo claramente a Europa em duas esferas de influência —, ficando afastados da esfera dos russos e eles afastados da nossa?".[9]

Dividir a Europa com a Rússia não era de modo algum o que FDR tinha em mente quando arriscou a vida para encontrar-se comIóssif Stálin e Winston Churchill na Crimeia, nos últimos dias da Segunda Guerra Mundial. Como a maioria dos americanos, ele sentia repulsa por qualquer coisa que cheirasse a "impérios", "equilíbrio de forças" e "esferas de influência". Dentro do grande esquema rooseveltiano, uma nova organização mundial deveria assumir como responsabilidade fundamental a garantia da "paz duradoura" sob a supervisão benevolente dos aliados vitoriosos. O presidente queria que os soldados americanos voltassem da Europa e da Ásia o mais depressa possível.

Stálin não estava no aeroporto de Saki para receber Roosevelt. Em seu lugar, enviou o ministro das Relações Exteriores, Viatcheslav Molotov, que, com um pesado sobretudo e um chapéu de pele, caminhava para cima e para baixo pela pista, cercado por oficiais aliados. Pela janela da cabine presidencial, FDR e Anna podiam ver um grande número de mulheres russas varrendo a neve com vassouras feitas com galhos de bétula. Eles ficaram aguardando no interior do avião aquecido, até que o Skymaster C-54 de Churchill, um presente dos Estados Unidos, aterrissou vinte minutos depois, acompanhado, por sua vez, por uma escolta de seis caças P-38.

Originalmente, Roosevelt e Churchill pensaram em levar apenas delegações modestas a Yalta, de trinta a 35 assessores. Mas o tamanho das delegações foi crescendo à medida que mais e mais membros dos respectivos governos consideravam-se "essenciais" tanto para o presidente como para o primeiro-ministro, até que as comitivas chegaram a cerca de setecentos integrantes, nesse número estando incluído o pessoal de apoio. Os russos haviam erguido grandes barracas de campanha, aquecidas com fogões a lenha, para hospedar a multidão de marechais, ministros, generais, embaixadores e assessores de todos os tipos. Em seu primeiro desjejum na Rússia, os recém-chegados foram servidos numa mesa preparada com enormes porções de caviar, frios temperados com muito alho, salmão defumado, ovos, bolo de coalhada com molho de creme azedo, champanhe suave, vinho branco da Geórgia, vodca e conhaque da Crimeia, tudo regado por bules de chá fumegante.

Aos poucos, todos foram se ajeitando para a cerimônia de chegada. Depois de terem baixado o presidente ao solo em seu elevador, os agentes do Serviço Secreto colocaram-no num jipe aberto e forrado com tapetes, fornecido no contexto do programa de ajuda militar dos Estados Unidos. Uma banda do Exército Vermelho tocou "The Star-Spangled Banner", "God Save the King" e o novo hino nacional soviético ("O grande Lênin iluminou nosso caminho/ Stálin nos educou para servirmos ao povo"). Sentado no jipe com sua capa em um tom escuro de azul-marinho, Roosevelt assistiu a um desfile da guarda de honra efetuado em passo de ganso, tendo a seu lado Churchill e Molotov, que estavam de pé. FDR pareceu "fraco e doente" para o primeiro-ministro. "Ele era uma figura trágica."[10] Seu rosto tinha a cor de um pergaminho, parecia de cera, totalmente sem energia. Seu braço direito descansava na lateral do jipe, a mão mole, pendente. O médico de Churchill, Charles Moran, descreveu a cena:

> O primeiro-ministro caminhava ao lado do presidente como um criado hindu acompanhava a carruagem da rainha Vitória na sua velhice. À sua frente havia uma multidão de fotógrafos, recuando à medida que tiravam suas fotos. O presidente parecia velho, magro e esgotado; tinha uma capa ou xale sobre os ombros e dava a impressão de ter encolhido; estava sentado, olhando bem para a frente, com

a boca aberta, como se estivesse desligado. Todos ficaram chocados com seu aspecto e falaram muito disso depois.[11]

Anna Roosevelt sentia-se "um pouco preocupada" com o pai, sabendo que ele estava "cansado após o dia duro da véspera e a noite de pouco sono durante o voo".[12] Ela decidiu que seria a única pessoa a acompanhá-lo na viagem a Yalta, para que "ele pudesse dormir quanto quisesse e não precisasse ficar conversando". Se eles quisessem chegar a Yalta ao cair da noite, tinham que partir imediatamente. Recusando os comes e bebes oferecidos, eles entraram numa das limusines Packard de Stálin, acompanhados apenas por um guarda-costas americano e um motorista russo, e iniciaram a viagem por "uma estepe desolada".[13] Automóveis repletos de agentes do Serviço Secreto e "russos armados" iam na frente, seguidos pelo restante das delegações americana e britânica, num longo comboio.

Durante a travessia do Atlântico, FDR fora bombardeado por mensagens alarmistas sobre a situação na Crimeia. Seu assessor, Harry Hopkins, informou que Churchill estava prevendo muitos aborrecimentos. "Ele disse que, mesmo que pesquisássemos durante dez anos, não teríamos encontrado um lugar pior do que Yalta, mas acredita que é capaz de sobreviver levando um suprimento adequado de uísque. Ele assegura que a bebida é boa para combater o tifo e é fatal para os piolhos que infestam aquela região."[14] Dois dias depois, chegou um telegrama do primeiro-ministro descrevendo as estradas entre Saki e Yalta como intransitáveis, devido às nevascas. Emissários britânicos e americanos enviados antecipadamente a Yalta teriam "passado por uma experiência apavorante" ao enfrentar um "caminho montanhoso" rumo ao local da conferência.

A estrada foi fechada a qualquer outro tipo de tráfego, policiada por milhares de soldados do Ministério do Interior, postados a intervalos de 180 metros ao longo de todo o percurso de 130 quilômetros. Muitos dos soldados eram mulheres vestidas, como os homens, com casacões longos e pesados, com cinturões de couro, submetralhadoras penduradas nas costas e insígnias nos ombros semelhantes "àquelas usadas por um almirante americano".[15] As mulheres russas eram "enormes, duronas e com as pernas mais compridas que já vi", admirou-se uma das assessoras de Churchill numa carta que enviou para casa. "Imediatamente ficou claro por que os hunos não as pouparam."[16] Os soldados apresentavam armas quando o presidente passava, fitando-o direto nos olhos e repetindo o procedimento com todos os automóveis que se seguiram.

A estrada estava repleta de escombros deixados pelos trinta meses de ocupação alemã da Crimeia: edifícios destruídos, tanques queimados, trens de carga tombados, aldeias abandonadas e soldados feridos, principalmente nas cidades. Roosevelt tinha lido relatórios sobre o bombardeio aéreo de Coventry e Rotterdam e o modo como Varsóvia e Lidice foram arrasadas, mas essa era a primeira vez que via a destruição nazista de perto. A visão deixou-o profundamente impressionado. Ele disse a Anna que aquelas imagens horríveis ao longo da estrada motivaram-no mais do que nunca a "acertar as contas" com os alemães.[17]

Alguns carros atrás de Roosevelt, Churchill queixava-se em voz alta da "viagem interminável e muito enfadonha". Ele queria saber "há quanto tempo estamos viajando?".

"Uma hora, mais ou menos", respondeu sua filha Sarah.

"Meu Deus! Mais cinco horas disso!"[18]

Um dia depois, Sarah descreveu o estado de espírito do pai numa carta à sua mãe. "Seguindo, seguindo por uma terra gelada, habitada por uns poucos camponeses carrancudos... Seguindo, seguindo, suportando tudo aquilo com coragem, paciência e uma garrafa de um excelente conhaque!" Para se divertir, Churchill recitava trechos do poema épico *Don Juan* para seus acompanhantes.

Depois de passarem por Simferopol, "outra cidade úmida e escura com ruas largas e retilíneas", o comboio aliado começou a subir as montanhas.[19] A paisagem tornou-se mais interessante, mas ainda muito árida. Olhando pela janela entre uma e outra soneca, Roosevelt observou alguns carvalhos raquíticos, "mas quase nenhuma sempre-viva". Os pensamentos do presidente voltaram-se para as 300 mil árvores que plantara em Hyde Park, sua residência no luxuriante vale do rio Hudson, região norte do estado de Nova York. Ele fez uma anotação mental para lembrar-se de dizer a Stálin que "essa parte do país precisa de reflorestamento".[20]

Já passava das três da tarde, e pai e filha estavam ficando com fome. Eles pararam à beira da estrada para comer alguns sanduíches preparados na véspera no *Quincy*, o navio de guerra que, atravessando o Atlântico, os levara até Malta. O embaixador Harriman aproximou-se em seu carro para informar que Molotov convidara toda a comitiva para almoçar numa pousada 45 minutos depois, perto da cidade litorânea de Alushta. As mesas já estavam "cheias de comida e vinho"; os russos tinham até montado uma rampa especial, forrada com tapetes ornamentados, para a cadeira de rodas do presidente. A perspectiva de passar duas horas comendo e bebendo era demais para FDR, que queria chegar logo a Yalta, antes de escurecer. Churchill ("aquela figura rara", segundo Anna) instalou-se diante do banquete com seu apetite rabelaisiano habitual. Depois de Alushta, a estrada afastou-se do litoral, seguindo pelo "caminho de Romanov", construído pelo último tsar para servir de ligação entre seu palácio de verão em Yalta e sua propriedade de caça e concluído no ano anterior àquele em que a Grande Guerra selaria seu destino. Ali, o panorama tornou-se impressionante, até mesmo romântico: montanhas que se erguiam a 1,5 mil metros de altura, vistas arrebatadoras de penhascos e riachos, bosques densos de faias, florestas de pinheiros, inúmeras curvas fechadas na encosta. Foi bom que a estrada estivesse aberta apenas para veículos oficiais: era a tal "pista montanhosa" estreita sobre a qual os emissários tinham advertido. O assessor naval do presidente, vice-almirante Wilson Brown, comentou que

> as curvas eram fechadas e curtas, sem muros de proteção, continuamente [ao longo da] beira de um abismo. Com as frequentes mudanças na direção, os passageiros eram jogados de um lado para o outro; e a um precipício de que se escapava logo se seguia outro do qual o motorista só conseguia desviar-se por um fio; os solavancos e as freadas numa estrada sem pavimentação eram constantes.[21]

E então, de repente, mais uma montanha ultrapassada, e a comitiva presidencial chegou a "outro país", um território de ciprestes e vinhedos e casas com telhados vermelhos sobre um fundo em que se via o mar de um escuro azul.[22] O clima era agradável, quase como o do Mediterrâneo, exalando a doce fragrância das oliveiras e dos bosques com laranjeiras. As montanhas protegiam esse breve trecho litorâneo dos ásperos ventos provenientes da Rússia. Não havia neve: o inverno dera lugar à primavera. O humor de todos melhorou.

Por volta das seis horas, quando começou a anoitecer, a limusine de FDR entrou numa estrada privativa ladeada de pinheiros, palmeiras e ciprestes. Depois de passarem por roseiras e oleandros, surgiu uma ampla construção em estilo renascentista, erguida numa falésia a sessenta metros acima do nível do mar. Era o Palácio Livadia, o ponto de férias favorito do tsar Nicolau II.

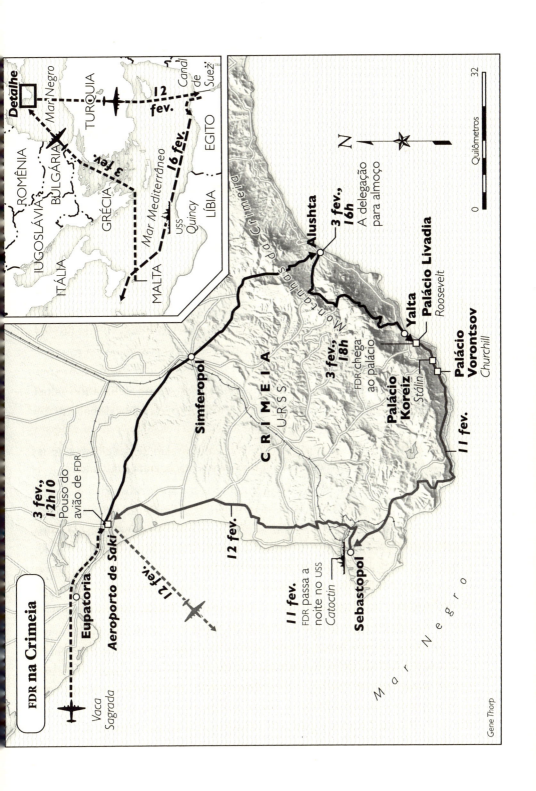

* * *

"Não consigo compreender a preocupação de Winston", murmurou Roosevelt, enquanto era conduzido em sua cadeira de rodas pelo palácio de 116 aposentos. "Este lugar tem todas as conveniências que encontramos em casa."[23]

Os russos haviam feito o melhor possível para proporcionar conforto ao presidente. Lareiras com grandes troncos ardiam alegremente na maioria dos aposentos do andar térreo. Um maître d'hôtel cumprimentou FDR "com muitas mesuras", tratando o presidente de "vossa excelência".[24] O palácio havia sido inteiramente saqueado pelos alemães e mais tarde reformado numa operação frenética, que durou um mês e exigiu o uso de centenas de vagões ferroviários carregados de suprimentos de Moscou até a Crimeia. Milhares de agentes da NKVD, a polícia secreta, e soldados do Exército Vermelho foram mobilizados para pintar as paredes e consertar os encanamentos, enquanto prisioneiros de guerra romenos devolveram aos pisos o antigo esplendor da época do tsar.[25] A mobília e os acessórios principais, inclusive a louça, a porcelana e a roupa de cama, vieram dos mais importantes hotéis de Moscou, juntamente com arrumadeiras, garçons e cozinheiros. Os russos ainda estavam vasculhando Yalta e outras cidades vizinhas à procura de acessórios como "espelhos de barbear, cabides para casacos e bacias para lavagem".

Os anfitriões mostraram a Roosevelt o amplo salão de baile com colunas de mármore, ao lado do hall de entrada, com uma mesa redonda já preparada para a conferência com Stálin e Churchill. Diversos aposentos privativos estavam prontos para ele na ala anexa do palácio, que também levava ao hall de entrada, ao lado de um jardim mourisco. O quarto de dormir e a sala de jantar estavam decorados naquilo que um membro da vanguarda americana descreveria como antigo estilo "vagão Pullman".[26]

> Pinturas pesadas, grandes demais, estavam penduradas nas paredes com painéis de mogno; abajures de latão com quebra-luzes de seda cor de laranja com longas franjas espalhavam-se pelas mesas; e tapetes de Bukhara e almofadas de harém em veludo verde-garrafa estavam espalhados pelo chão. Aqui e ali, uma delicada peça da Rússia imperial resplandecia, em contraste com a rigidez das arcas, dos baús, mesas e cadeiras que Moscou reunira para a ocasião.

Os anfitriões tinham passado a maior parte dos últimos dias colocando e retirando tapetes e pinturas do quarto de dormir do presidente, incapazes de decidir "quais eram as cores orientais com a melhor aparência". Arrumaram e desfizeram a mesa da sala de jantar, testando diversas disposições. A preocupação principal de FDR era com o seu martíni de todo começo de noite, uma tradição sagrada na Casa Branca. Depois de um longo dia, ele tinha um prazer enorme em relaxar com os amigos na "hora das crianças", misturando o gim, o vermute e a salmoura de azeitona numa coqueteleira de prata, com muito gelo. Quando Anna foi providenciar os ingredientes necessários, espantou-se ao ser informada de que não havia gelo. Em vez de martínis, o maître propôs "um aperitivo doce" que parecia ser uma "mistura de praticamente tudo".

A comitiva presidencial logo desistiu dos coquetéis e sentou-se para jantar no salão de bilhar do tsar. "Imediatamente, nossos minúsculos copos ficaram cheios de vodca", anotou Anna em seu diário naquela noite.

> Serviram-nos um caviar delicioso, depois fatias de peixe que, sem estar cozido, era defumado de algum modo (difícil de aguentar até mesmo para meu estômago bem resistente). Ao peixe seguiram-se um prato de caça e um espeto de carne com batatas. E por fim dois tipos de sobremesa e café — E — vinho branco, vinho tinto, champanhe com a sobremesa e licor com café. Toda vez que alguém recusava alguma coisa, a expressão do maître d'hotel ficava sombria como uma nuvem de tempestade ou de alguém que foi mortalmente ferido.

FDR recolheu-se para dormir depois do jantar, deixando o restante da comitiva organizando as atividades do dia seguinte. Harriman tinha sido enviado ao quartel-general de Stálin, a vinte minutos de distância pela estrada, para agendar um encontro com o ditador soviético. Harry Hopkins estava convicto de que o presidente deveria reunir-se antes com Churchill, com o objetivo de discutir a estratégia para as sessões plenárias, mesmo eles já tendo passado um dia inteiro juntos em Malta, antes do voo até a Crimeia. Uma figura fantasmagórica, retinindo de energia nervosa, Hopkins passara grande parte da guerra em voos de ida e volta entre Washington e Londres como convidado quase permanente tanto do presidente como do primeiro-ministro. O relacionamento entre Roosevelt e seu "assessor especial" já não era tão íntimo como antes: Hopkins deixara de morar na Casa Branca no final de 1943, quando se casara pela terceira vez. Mesmo assim, o antigo assistente social ainda desfrutava de grande poder e era um dos raros assessores que ousavam criticar abertamente o presidente.

Anna queria poupar o pai de reuniões desnecessárias, até mesmo com o primeiro-ministro britânico. Ela encontrou Hopkins deitado numa cama do tamanho de um armário de vassouras, à distância de duas portas da suíte de Roosevelt, pálido, aparentando cansaço e com "uma expressão preocupada". Além do câncer no estômago, ele sofria com uma "disenteria terrível", provocada por alimentos muito pesados, pelo fato de com frequência ir dormir tarde e, principalmente, por beber demais. Algumas noites antes, enquanto ainda estavam a bordo do *Quincy*, Hopkins acabara com a última garrafa de uísque de Anna. Ele havia "abusado" tantas vezes que os comprimidos antidiarreicos já não faziam mais efeito. De acordo com Kathleen, filha de Harriman, os médicos disseram para ele "se alimentar apenas com cereais & o tolo comera na refeição duas porções enormes de caviar, sopa de repolho com creme e só depois seus cereais".[27]

Hopkins refutou a alegação de Anna de que um encontro prévio anglo-americano poderia provocar desconfianças em "nossos irmãos russos". Segundo ele, era "imperioso" que o presidente e o primeiro-ministro se reunissem no dia seguinte de manhã.

FDR "pediu esse cargo", disparou Hopkins. "Gostando ou não, ele tem que fazer o serviço."

O sol penetrava pelas janelas do quarto de dormir de Roosevelt, do lado leste, quando ele acordou na manhã de domingo. Dormira razoavelmente bem, com a ajuda de uma dose de codeína e hidrato de terpina para aliviar a tosse e o congestionamento nasal. Um copeiro filipino serviu seu desjejum. Prettyman, o camareiro, que dormia no aposento ao lado numa cama do Exército, ajudou FDR a se vestir, colocando as calças sobre suas pernas atrofiadas. O presidente já não usava mais os pesados suportes de aço que o tornavam capaz de desafiar os suplícios da poliomielite, ao menos na imaginação popular. "Eles me machucam", explicara aos mais íntimos.[28] A última vez que FDR usara os suportes tinha sido no dia da posse, em 20 de janeiro, quando deu uns poucos passos simbólicos até o púlpito instalado no pórtico sul da Casa

Branca, ajudado por seu filho mais velho, James. Nunca mais ele ficaria de pé, forte e seguro de si, sobre suas pernas.

Agora que estava claro, era fácil compreender por que o último tsar tinha escolhido esse lugar remoto para passar suas férias de verão. O litoral acidentado lembrava a Riviera Francesa, na justaposição de montanhas majestosas com um mar cintilante. Esse trecho particular do mar Negro era um ponto de recreação dos governantes da Rússia desde 1860, quando Alexandre II construiu palácios de verão e uma pequena igreja em estilo bizantino num lugar chamado Livadia, nas colinas sobre a estação de férias de Yalta. Entre os primeiros visitantes estava Mark Twain, que teve direito a uma entrevista com o tsar. O cenário fez com que o autor predileto de FDR se lembrasse de Sierra Nevada, na Califórnia, com suas "montanhas altas e cinzentas […] encrespadas com pinheiros, partida em ravinas, aqui e ali um antigo rochedo erguendo-se diante de nossos olhos". O tsar o impressionou por sua falta de ostentação, como ele observou em seu livro de viagens, *A viagem dos inocentes*:

> Pareceu-me estranho — mais estranho do que sou capaz de descrever — pensar que a figura central naquele conjunto de homens e mulheres, conversando aqui debaixo das árvores como se fosse a criatura mais simples da terra, era um homem que, apenas com um movimento dos lábios, faria navios singrarem o oceano, locomotivas viajarem a toda velocidade pelas planícies, mensageiros saírem correndo de uma aldeia a outra, uma centena de telégrafos propagando suas palavras pelos quatro cantos de um império cujas imensas dimensões estendem-se por um sétimo do mundo habitado, e incontáveis multidões de homens correndo para obedecer às suas ordens. Eu sentia algo como um desejo um tanto vago de examinar suas mãos para ver se elas eram de carne e sangue, como as mãos dos outros homens.

Convencida de que seu filho de saúde frágil tinha contraído febre tifoide naqueles prédios úmidos e sombrios, a tsarina Alexandra persuadiu o marido a demolir os velhos palácios em 1909 e construir em seu lugar uma grande mansão florentina. A obra durou apenas dezesseis meses, permitindo à família imperial ocupar sua nova casa de férias já em setembro de 1911. Inspirada por uma viagem à Itália, Alexandra mandou o arquiteto Nicholas Krasnov incorporar ao projeto aspectos de vários palácios italianos, inclusive a Villa Medici de Roma.[29] Mas ela insistiu também em incluir outras tradições arquitetônicas.

Um salão turco e um pátio árabe, com uma fonte no centro, lembravam a herança oriental da Crimeia. O pátio italiano contíguo inspirava-se nos claustros de uma igreja de Florença. Alguns aposentos tinham a influência da residência da rainha Vitória na ilha de Wight, onde Alexandra havia passado muitas temporadas no verão. O salão de bilhar, que servia de sala de jantar para FDR, era no estilo Tudor. No final, Krasnov ficou tão exasperado com seus clientes reais que discretamente incluiu uma caricatura do tsar nos braços dos bancos de mármore situados no lado de fora da entrada principal. Parques e jardins tropicais cercavam a mansão, de um branco cremoso, fornecendo à família imperial 24 quilômetros de alamedas privativas ladeadas de ciprestes, cedros e loureiros.

Nicolau e Alexandra tinham sido muito felizes em Livadia, talvez seus últimos momentos de verdadeira felicidade antes de serem tragados pela maré da história. "Não consigo encontrar palavras para exprimir nossa alegria e nosso prazer em ter uma residência como esta, construída exatamente como desejávamos", escreveu o tsar à sua mãe. A família imperial ia a Livadia todos os verões, até o início da guerra, em agosto de 1914. A vida no Palácio Branco estava em grande parte livre do sufocante ritual da corte de São Petersburgo. "Em São Petersburgo nós trabalhamos, mas em Livadia nós vivemos", era a descrição de uma das filhas do tsar.[30] Nicolau jogava tênis, nadava na praia de rochedos situada abaixo do palácio e fazia longas cavalgadas pelas montanhas das proximidades. Alexandra gostava de vestir o tsarévitche Alexei, que era hemofílico, com trajes de marinheiro e de presidir o bazar anual de caridade, chefiando a caminhada com as grã-duquesas em seus longos vestidos brancos pelas ruas de Yalta. À noite, a família ouvia música no pátio italiano, executada por uma orquestra regimental. Depois de Nicolau ter sido forçado a abdicar, em fevereiro de 1917, ele solicitou que o governo provisório lhe permitisse se recolher em Livadia. O pedido foi recusado: o palácio fora transformado em casa de repouso para "as vítimas do tsarismo".

Infelizmente para FDR e sua comitiva, o tsar não foi capaz de prever as exigências sanitárias da vida moderna. Quando precisava se aliviar, ele simplesmente mandava que um criado lhe trouxesse um penico. Depois que o governante de toda a Rússia concluía o serviço, removia-se o penico e seu conteúdo era depositado em algum lugar do imenso jardim. O Palácio Branco não fora projetado para acomodar mais de uma centena de hóspedes. Havia apenas três banheiros no pavimento térreo do palácio, um dos quais estava reservado para o presidente. O secretário de Estado partilhava um banheiro com seus sete assessores mais próximos, incluindo o espião soviético Alger Hiss. Nos dois pavimentos superiores do palácio, cerca de oitenta generais, almirantes e diplomatas graduados tinham acesso a um total de seis banheiros.

Embora um destacamento médico da Marinha dos Estados Unidos tivesse borrifado o palácio com doses maciças de inseticida, percevejos e piolhos ainda eram um problema, especialmente nas camas "emprestadas" por hotéis russos e outras instituições. "Hoje de manhã, muita gente se queixou de que precisou compartilhar a cama com companhias desagradáveis", escreveu Anna a seu marido naquela noite. "Tive sorte — mas o trabalho de catar piolhos ainda continua!"

Com a exceção dos funcionários de alto escalão, como Hopkins e o almirante William Leahy, chefe da equipe presidencial, todos tinham que compartilhar um quarto de dormir. O principal militar americano, o general George C. Marshall, dividia os aposentos da tsarina com o comandante da Marinha americana, o almirante Ernest King. Como hierarquicamente era o superior, Marshall ficou com o quarto de dormir de Alexandra; o rabugento e mal-humorado King teve que se instalar no boudoir. Eles tinham acesso também a uma escadaria exterior que teria sido utilizada pelo místico louco Rasputin em visitas secretas à imperatriz. Mais abaixo na cadeia de comando, duas dúzias de coronéis foram "aboletados, uma cama encostada na outra, em dois quartos grandes, exatamente como soldados rasos num acampamento do Exército".[31]

Além disso, havia o problema do idioma. O almirante Leahy ficou indignado com um garçom russo "que não falava nenhuma língua conhecida", e de repente apareceu em seu quarto enquanto ele estava se vestindo. O almirante expressou-se em voz alta e com gestos para informar o que queria para o desjejum, "um ovo, torradas e café". O garçom assentiu vigorosamente com a cabeça e voltou quinze minutos depois com uma bandeja carregada com caviar, presunto, peixe defumado e uma garrafa de vodca. Foi recebido com uma saraivada de palavrões de marinheiro e um berro de "pelo amor de Deus, tragam alguém que fale inglês — e tirem esse sujeito e suas mercadorias daqui!".[32]

Na viagem a Yalta, cuja distância dos Estados Unidos representava um terço de uma volta ao mundo, FDR deparou com as limitações logísticas da presidência americana em tempos de guerra. Segundo a Constituição dos Estados Unidos, ele tinha a obrigação de responder a projetos de lei aprovados pelo Congresso dentro do prazo de dez dias. Como levava cinco para que mensageiros de Washington chegassem a Yalta e outros cinco para retornar, o presidente tinha de assinar a legislação imediatamente, para atender às determinações constitucionais. Estabelecera-se um mecanismo elaborado para permitir uma comunicação permanente com Washington. Quando o presidente estava no mar, a correspondência era jogada por trás da popa do *Quincy* num recipiente em forma de torpedo, para ser apanhada por um destroier que acompanhava a embarcação. Anna levou o pai ao convés em sua cadeira de rodas para assistir a uma dessas operações de transferência. Agarrando a amurada "como se a vida dependesse disso", Roosevelt ficou observando enquanto os marinheiros tentavam repetidas vezes apanhar com cordas e ganchos o recipiente que balançava sobre as ondas altas.[33] Por fim conseguiram, porém somente depois de umas sete ou oito tentativas. Malotes subsequentes faziam périplos por mar, ar e terra. Mensagens mais curtas e de maior urgência podiam ser enviadas por um navio de comunicações especial, o uss *Catoctin,* que ficava ancorado no porto de Sebastopol.

A conferência dos Três Grandes estava marcada para começar às cinco da tarde, um dia após a chegada de FDR. Depois de cuidar de assuntos da rotina presidencial, Roosevelt convocou os principais integrantes de sua comitiva às 10h30 para discutir os temas de sua conversa com Stálin e Churchill. Ele resolveu fazer a reunião no Solário, construído especialmente para o frágil tsarévitche como um aposento bem iluminado, com vista para o mar. Uma pilha de livros de referência com capa preta estava sobre a mesa diante do presidente, que a afastou com um gesto de impaciência. Ele tinha pouco interesse em ler os relatórios empolados do Departamento de Estado sobre o panorama da situação. O que de fato importava era seu relacionamento pessoal com o líder soviético. Roosevelt recordou o primeiro encontro dos dois em Teerã, em novembro de 1943, quando brindaram com champanhe, divertiram-se contando piadas sobre Churchill e trocaram confidências políticas. FDR acreditava ter obtido a anuência de Stálin sobre uma nova organização para as Nações Unidas, mesmo que isso significasse o reconhecimento das exigências soviéticas sobre o leste da Polônia. Roosevelt via em Stálin um político como ele, alguém com quem poderia fechar um acordo.

Naturalmente, ele não tinha ilusões sobre a natureza tirânica do regime soviético. Ficara escandalizado com o pacto entre Hitler e Stálin, de agosto de 1939, que rachou a Polônia em duas. Poucos meses mais tarde, após a invasão da Finlândia, ele descrevera a União Soviética como "uma ditadura tão radical como qualquer outra ditadura no mundo".[34] Isso, no entanto, não o impediu de fazer uma aliança com Stálin depois de Pearl Harbor. "Sei que não vai se aborrecer se eu lhe disser com franqueza brutal", Roosevelt escreveu num telegrama a Churchill em março de 1942, "que sou capaz de lidar com Stálin melhor do que o seu Ministério das Relações Exteriores ou meu Departamento de Estado. Stálin detesta profundamente todo o pessoal da sua cúpula. Acredito que goste mais de mim, e espero que continue gostando."[35] O relacionamento entre Roosevelt e Stálin baseava-se em frio calculismo político: para derrotar um ditador, FDR tinha que se aliar a outro. Seus arquivos da Casa Branca incluíam uma "estimativa estratégico-militar", datada de agosto de 1943, segundo a qual a Rússia ocuparia uma "posição predominante" na aliança anti-Hitler mesmo depois que Estados Unidos e Grã-Bretanha abrissem seu tão aguardado "segundo front" na França. A estimativa afirmava cruamente que, "sem a Rússia na guerra, o Eixo não poderia ser derrotado na Europa". Previa ainda que a Rússia dominaria a Europa no pós-guerra. "Com a Alemanha derrotada, não haverá potência na Europa capaz de se opor às suas tremendas forças militares". A conclusão inevitável era que "deveria ser dada toda a ajuda à Rússia e feito tudo que for possível para conseguir sua amizade".

Tudo se resumia a uma questão de aritmética. Ao longo de 1943 e 1944, Hitler enviara entre 180 e 190 divisões ao front oriental com a Rússia.[36] Isso deixava entre quarenta e cinquenta divisões para enfrentar os Aliados ocidentais na França, e de quinze a vinte divisões alemãs na Itália. Não houve mudanças significativas nesse quadro depois dos desembarques do Dia D na Normandia, em junho de 1944. Em fevereiro de 1945, no início da Conferência de Yalta, um total de 68 divisões nazistas enfrentava tropas americanas e britânicas na fronteira entre Alemanha e França. Outras 27 divisões alemãs estavam estacionadas na Itália. Isso em comparação com 173 divisões alemãs dispostas no front oriental. Colocando-se a questão de outra forma, "em cada quilômetro do front ocidental em que estão lutando americanos e britânicos, cada soldado alemão que enfrentam está multiplicado por três ou quatro no front oriental".[37]

Os números de baixas indicavam uma disparidade ainda mais acentuada.[38] Um exaustivo levantamento feito depois de encerrada a guerra mostraria que 2 742 909 soldados alemães tinham morrido no front oriental até o fim de 1944. Esse número era mais de cinco vezes maior do que a quantidade de soldados alemães mortos na França, na Itália e na África somados. No final da guerra, de acordo com as estimativas oficiais, cerca de 8 milhões de soldados soviéticos teriam morrido ou sido dados como desaparecidos no campo de batalha, contra 416 mil americanos e 383 mil britânicos. Churchill estava certo ao concluir que haviam sido os russos, não os americanos nem os britânicos, que "fizeram a maior parte do trabalho de sangrar o Exército alemão".[39]

Do ponto de vista de Roosevelt, havia uma relação inversa entre os sacrifícios russos e americanos. O cálculo político era de um cinismo e realismo brutais: mais russos mortos significava menos americanos mortos. Depois de derrotada a Alemanha, uma lógica similar seria aplicada ao Japão. Como os planejadores militares tinham concluído em 1943, "tendo a Rússia como aliada no combate ao Japão, a guerra pode terminar em menos tempo e com um custo muito menor de vidas e recursos do que se ocorresse o contrário. Se a guerra no Pacífico tivesse de ser travada com uma atitude não amigável ou negativa por parte da Rússia, nossas dificuldades aumentariam de forma incalculável". A dúvida consistia em saber que pagamento Stálin exigiria para fazer seu país entrar na guerra contra o Japão.

Harriman delineou as prováveis exigências de Stálin durante o encontro no dormitório do tsarévitche. Explicou que o líder soviético sonhava em recuperar os territórios perdidos por Nicolau II na desastrosa guerra de 1904 entre russos e japoneses. Isso significaria a entrega da parte sul da ilha de Sacalina e a restauração dos direitos dos russos na Manchúria, província chinesa na época ocupada pelo Japão. Os soviéticos pretendiam retomar o controle da antiga ferrovia tsarista que levava aos portos de Dairen (Dalian) e Port Arthur (Lushun). Queriam também as ilhas Curilas, situadas no extremo norte do Japão (ver mapa da p. 428).

FDR não tinha um plano detalhado para suas reuniões com Stálin. Preferia a linha da improvisação, tentando qualquer coisa que parecesse promissora. Ele era o exemplo perfeito do político que age de acordo com a situação, um estrategista sempre pronto a reagir às pressões e oportunidades do momento. Sua abordagem de questões internacionais era semelhante à maneira como lidou com a política doméstica ao tirar os Estados Unidos da Grande Depressão. "Pegue um método e o experimente. Se não der certo, admita com franqueza e tente outro. Mas, acima de tudo, tente alguma coisa."[40] Ele deu a entender que em princípio estava de acordo com as exigências territoriais de Stálin, como haviam sido aventadas por Harriman.

Pouco antes de partir para Yalta, Roosevelt lera um memorando confidencial de seis páginas sobre a política do Kremlin, preparado pelo correspondente de guerra Edgar Snow. O texto baseava-se numa conversa de três horas que Snow tivera em Moscou com o ex-ministro do Exterior soviético Maksim Litvinov e estava repleto de confidências sobre Stálin que "interessaram enormemente" o presidente.[41] De acordo com Litvinov, o governo soviético estava ficando cada vez mais desconfiado do ocidente e estava disposto a desfazer a aliança e seguir seu próprio caminho. A única maneira de reverter a situação, informou Snow, seria por meio de conversas diretas entre Roosevelt e o "Chefão".

O presidente acreditava que sabia como convencer o ditador russo. Contaria com seu charme pessoal e suas afiadíssimas habilidades políticas, que tinham sido de imensa utilidade ao longo de uma carreira extraordinária. "Stálin?", ele exclamara com desdém poucas semanas antes da Conferência de Yalta. "Sei como lidar com aquela velha ave de rapina."[42] FDR achou ruim quando pessoas próximas manifestaram pena pelos apuros que enfrentaria negociando com o homem que chamava de Tio Joe. "Todo mundo mostra muita pena de mim porque preciso me entender com Churchill e Stálin", brincou. "Gostaria que de vez em quando alguém estendesse esse sentimento a Churchill e Stálin." Nas palavras de Harry Hopkins, FDR "passara a vida inteira controlando outros homens, e Stálin, no fundo, não poderia ser tão diferente assim das outras pessoas".[43] Cansado e doente, ele sempre mantinha a confiança de que seria capaz de conseguir o que outros políticos, de métodos mais convencionais, consideravam impossível. Seu maior dom — comprovado eleição após eleição — era conquistar a simpatia e a confiança das pessoas. Era assim que ele planejava agir com Stálin.

O otimismo de Roosevelt causava admiração e ao mesmo tempo consternação nos assessores mais bem informados, e céticos, sobre a União Soviética. Harriman estava preocupado com a propensão de FDR de "pensar em voz alta" e com sua visão às vezes irrealista de seus poderes de persuasão. Depois de demoradas consultas na Casa Branca, em novembro de 1944, o embaixador registrou em seu diário pessoal que o presidente "não faz ideia da determinação dos russos em resolver assuntos que consideram de importância vital à sua maneira, em seus próprios termos. Eles jamais deixarão que o presidente ou qualquer outra pessoa seja o árbitro. O presidente ainda acredita que conseguirá convencer Stálin a mudar seu ponto de vista em muitas questões sobre as quais, estou plenamente convencido, Stálin está irredutível".[44]

O chefe passou o restante da manhã admirando a vista da varanda do lado de fora do dormitório do tsarévitche. Ele almoçou com Anna e alguns assessores, mas mostrou pouco empenho em discutir questões importantes. Por meio de Molotov e Harriman, Stálin manifestara sua intenção de pedir uma reunião particular com o presidente às quatro da tarde, antes do início da conferência, marcada para as cinco.

Por volta das 15h30, houve uma onda de agitação pelos corredores do Palácio Livadia. O funcionário encarregado dos transportes acabara de receber um telefonema do quartel-general de Stálin informando que, "agora, todas as estradas estão fechadas".[45] Ninguém tinha permissão para sair ou entrar nas dependências do palácio até segunda ordem. "Tio Joe" estava a caminho.

2. Stálin — *4 de fevereiro*

Ióssif Vissarionovich Stálin tinha chegado à Crimeia em seu trem especial três dias antes, na quinta-feira, 1º de fevereiro.[1] O trem era seu meio de transporte predileto nas raras ocasiões em que viajava para fora de Moscou. Ele ainda guardava recordações desagradáveis de sua primeira e única experiência a bordo de um avião sobre o mar Cáspio, a partir de Baku, para encontrar-se com Roosevelt e Churchill em Teerã. O C-47, fornecido pelo governo americano dentro do programa de ajuda militar aos Aliados, enfrentara uma área de intensa turbulência durante o voo, caindo em bolsões de ar sobre as montanhas, fazendo Stálin se agarrar aos descansos de braço. Em Moscou, circularam boatos de que o Grande Líder sofrera um grave sangramento nasal, além de uma dor de ouvido que duraria dias.[2] O Politburo emitiu uma ordem proibindo que Stálin voltasse a voar enquanto a guerra não chegasse ao fim.

Espiando por uma fresta nas pesadas cortinas de veludo marrom de seu vagão à prova de balas, de número FD 3878, o ditador teve vislumbres do panorama devastado. Alguns dos combates mais pesados da guerra tinham ocorrido na área a sudoeste de Moscou, ao redor de cidades como Tula, Orel e Kharkov, ao longo do corredor de 1,3 mil quilômetros que levava à Crimeia. "Estações situadas por toda a ferrovia não eram mais que cabanas de madeira temporárias; cidades e aldeias tinham sido praticamente varridas do solo; florestas inteiras davam a impressão de terem sido arrasadas pela artilharia inimiga."[3] Mas Stálin estava encerrado em sua pequena bolha pessoal, no interior do vagão verde da ferrovia com o brasão da foice e do martelo da União das Repúblicas Socialistas Soviéticas. Seu compartimento era mobiliado com um sofá, uma mesa de reuniões e um pesado armário de mogno para bebidas. Num samovar resplandecente havia chá fervendo, servido com finas rodelas de limão. Um equipamento de comunicação especial de alta frequência estava instalado no trem e nas principais estações ao longo do trajeto, para permitir que o comandante supremo entrasse em contato com Moscou e seus generais.

Para instalar seu quartel-general da Crimeia, Stálin escolhera um palácio que pertencera a Felix Yusupov, o príncipe que se travestia e se tornou célebre por assassinar Rasputin. A residência de verão de Yusupov tinha projeto do mesmo arquiteto que construíra o Palácio Livadia, a oito quilômetros de distância, no pesado estilo neomourisco que a aristocracia apreciava na época. Dois leões guarneciam os degraus de pedra que levavam ao casarão branco, cercado por terraços de palmeiras e ciprestes. O Estado-Maior instalara uma sala de operações, ou *Stavka*, no pavimento térreo da construção, por meio do qual Stálin e seus generais podiam acompanhar a movimentação dos exércitos soviéticos em seu avanço pela Alemanha, vindos da Polônia. Um centro de comunicações no subsolo proporcionava ligação instantânea por telefone e telégrafo com Moscou e unidades do Exército no front. Dez aviões permaneciam de prontidão para serviços de correio entre Yalta e Moscou, além de outros dois para uso particular de Stálin, com seus pilotos pessoais.

Não se pouparam esforços na questão de segurança. Os soldados dispostos ao longo da estrada de Saki a Yalta eram apenas a parte visível de uma vasta operação que se estendia por dezenove quilômetros nos dois lados da estrada. Quatro regimentos de tropas do Ministério do Interior da NKVD tinham sido enviados à Crimeia para limpar a região de "elementos hostis".[4] Os palácios utilizados por Stálin, Roosevelt e Churchill eram cercados por três zonas concêntricas de segurança. As duas zonas internas eram patrulhadas por tropas da NKVD, que se reportavam ao chefe da polícia secreta, Lavrenti Beria; a zona externa era protegida por soldados do Exército Vermelho com cães de guarda. Num memorando com data de 27 de janeiro, Beria garantiu a Stálin que "uma equipe de cem operadores mais uma unidade especial de quinhentos soldados da NKVD" cuidariam de sua proteção pessoal, além de seus guarda-costas habituais. Defesas antiaéreas haviam sido reforçadas em toda a Crimeia; 160 caças estavam preparados para decolar a fim de derrubar aeronaves inimigas. Beria ordenou a construção de um bunker subterrâneo de "primeira categoria" no terreno do Palácio Yusupov, conhecido pelos russos como Objeto Número 1, caso um bombardeiro alemão conseguisse por algum milagre penetrar as notáveis defesas. O bunker de três aposentos tinha a proteção de quase dois metros de concreto reforçado, suficientes para suportar o impacto direto de uma bomba de quinhentos quilos. Um bunker relativamente mais modesto, de "segunda categoria", fora instalado abaixo do Palácio Livadia (Objeto Número 2).

Embora a Crimeia parecesse morta como um cemitério para os visitantes estrangeiros, na perspectiva de Stálin e Beria, a península, do tamanho da Sicília, fervilhava de ameaças e perigos invisíveis. A NKVD suspeitava que os alemães, antes de serem forçados a se retirar na primavera anterior, haviam deixado lá uma rede treinada de espiões e sabotadores. Imediatamente após a liberação da Crimeia, Beria tratou de deportar toda a população tártara por suspeita de "colaboração" com os nazistas. Nas noites de 17 e 18 de maio de 1944, os homens de Beria cercaram as aldeias tártaras e ordenaram que todos saíssem de suas casas. "O barulho e a gritaria eram indescritíveis", recordou uma testemunha ocular. "A única coisa que se podia escutar na aldeia eram os gritos. As pessoas perderam suas filhas, seus filhos, seus maridos."[5] Cerca de 189 mil homens, mulheres e crianças foram detidos, colocados em veículos de carga e transportados para os desertos do Uzbequistão na mesma estrada de ferro que Stálin utilizou para chegar à Crimeia. Milhares de pessoas morreram de sede nos vagões, que ficaram conhecidos pelos tártaros como "crematórios sobre rodas".[6] As portas e janelas dos vagões foram inteiramente fechadas, forçando os que escaparam da morte a viver ao lado de pilhas de cadáveres. Segundo as estatísticas da própria NKVD, pelo menos 17% da população tártara da Crimeia morreu nos dezoito meses que se seguiram à sua deportação. Quando tudo acabou, Beria garantiu a Stálin que suas tropas não haviam cometido "o menor excesso", e praticamente não enfrentaram resistência.

A acusação de que toda a população tártara havia cooperado com os alemães foi um enorme exagero. Alguns tártaros de fato uniram-se aos ocupantes, porém outros serviram no Exército Vermelho. Esse tipo de distinção, no entanto, não tinha importância para Stálin e Beria, que agiam com base na disciplina coletiva e na punição preventiva. Para Stálin, não fazia muita diferença se um acusado era mesmo culpado de um crime. O importante era a potencial motivação por trás do ato. Se determinada pessoa tinha algum motivo para ser desleal, isso era prova suficiente de sua deslealdade. Na terminologia stalinista, essa pessoa era "objetivamente culpada". Foi esse o princípio que regeu o Grande Expurgo dos anos 1930, antes de degenerar numa competição alucinada para preencher cotas arbitrárias de suspeitos de traição. Foi também o princípio que justificou a eliminação dos kulaks, ou camponeses ricos, bem como a limpeza étnica de povos inteiros. Os tártaros, que viviam na Crimeia desde o século XIII, não constituíam de modo nenhum o único alvo da ira de Stálin, que atingia também os chechenos, os calmuques, os alemães do Volga e outros.

É provável que pelo menos parte da destruição que perturbara Roosevelt em sua viagem de carro na véspera não tenha sido causada pelos nazistas, mas sim pelos próprios soviéticos. No percurso de Saki até Yalta, o presidente passara por aldeias tártaras antes prósperas e que se encontravam abandonadas. Muito dessa desolação era consequência da experiência mais terrível de engenharia social ocorrida no mundo. A coletivização dos campos foi seguida pela industrialização forçada, à qual por sua vez sucederam-se deportações maciças de caráter étnico. Aldeias inteiras foram abandonadas para morrer; negligenciaram-se campos de colheita; igrejas, mesquitas e sepulturas foram destruídas. Os oficiais soviéticos fizeram todo o possível para atribuir aos alemães a culpa pela destruição, mas suas justificativas não foram convincentes. Quando um guia russo apontou diversos casarões arruinados em Yalta como exemplo da devastação arbitrária promovida pelos nazistas, o guarda-costas de Churchill "logo apontou árvores bastante crescidas florescendo em meio ao cascalho".[7] As árvores crescem depressa no clima subtropical da Crimeia, mas não tão depressa assim. O inglês concluiu que "a maioria daqueles danos, na verdade, fora causada durante a revolução russa".

A perseguição a sabotadores e traidores continuou de forma ininterrupta durante a Conferência de Yalta. Beria informou a Stálin no final de janeiro que haviam sido empreendidas verificações de segurança "em 74 mil pessoas, 835 das quais foram detidas".[8] Agentes da SMERSH, unidade de inteligência militar cujo nome deve-se ao slogan *Smert' Shpionam*, "Morte aos espiões", estavam atentos para possíveis espiões alemães e quintas-colunas. Além dos tártaros exilados, entre outras nacionalidades suspeitas incluíam-se búlgaros, armênios e gregos.

Desconfiança e cinismo eram as características mais acentuadas do homem que Roosevelt via como essencial para suas esperanças de estabelecer um relacionamento construtivo e de longa duração com a Rússia. No processo de seleção dos dirigentes soviéticos ocorre um fenômeno que pode ser descrito como uma espécie de darwinismo distorcido. Dentro do universo de intrigas e traição generalizada que era a política do Kremlin, a sobrevivência do mais apto significava na prática a sobrevivência do mais paranoico. Os políticos mais impiedosos ascendiam naturalmente aos postos mais elevados, eliminando os rivais e garantindo sua sobrevivência, bem como a sobrevivência do sistema bolchevique. Quaisquer que fossem os freios e contrapesos que algum dia tivessem existido no sistema, tudo isso fora eliminado no final da década de 1930. Stálin tratou de se livrar de possíveis rivais tanto no partido como nas Forças Armadas por meio de uma sequência de expurgos, culminando no julgamento de Nikolai Bukharin, em 1938. Não havia mais autoridade alguma a não ser a exercida pelo próprio Stálin, um nome que se tornou sinônimo da ditadura do proletariado. O antigo seminarista da Geórgia via inimigos em toda parte. Ele dividia o mundo em amigos, ou seja, gente que lhe era subordinada, e rivais, as pessoas que não conseguia controlar completamente. Não havia nenhuma categoria intermediária. "Estamos cercados por inimigos — isso é evidente para todos", afirmou num congresso do Partido Comunista em 1923. "Não se passa um momento sem que nossos inimigos tentem descobrir alguma pequena fresta através da qual possam se infiltrar e nos prejudicar."[9]

A paranoia de Stálin combinava-se com um pragmatismo frio. Sua filha, Svetlana, observou que ele "não tinha um temperamento colérico nem era de abrir o coração, não era emotivo e tampouco sentimental; em outras palavras, faltavam a ele todas as características de um temperamento típico dos homens da Geórgia. Os georgianos são impulsivos, gentis, são de cair facilmente em lágrimas quando tocados pela compaixão ou pela felicidade, ou quando se sentem envolvidos pela beleza [...]. Nele, tudo era ao contrário, e o calculismo frio, a dissimulação, um realismo cínico e sóbrio com o tempo tornaram-se cada vez mais fortes em sua personalidade". O homem que nasceraIóssif Djugashvili falava russo com forte sotaque georgiano, mas se zangava quando era lembrado de sua origem. "Idiotas!", explodia de repente. "Os georgianos são idiotas!"[10] Em seu mundo, não havia lugar para a empatia. Seu próprio apelido, Stálin, "Homem de Aço", já indicava a ausência dos sentimentos humanos habituais. "Você precisa controlar suas emoções", ele aconselhou um visitante comunista iugoslavo pouco antes da Conferência de Yalta. "Se for guiado pelas emoções, você perde."[11] Para Svetlana, "nele, as considerações de ordem política substituíram os sentimentos humanos. Ele conhecia e sentia o jogo político, seus aspectos ocultos, suas nuances. Eram coisas que o absorviam completamente".

No domingo, a vida no Palácio Yusupov já ia entrando na rotina. Em 4 de fevereiro, Stálin, Molotov e Beria estavam hospedados um ao lado do outro na ala principal, com vinte aposentos, tendo como coadjuvantes uma multidão de generais e diplomatas instalados nos anexos. Como em Moscou, Stálin trabalhava até tarde e acordava tarde. Ele ficava estudando memorandos redigidos pelo Ministério das Relações Exteriores sobre o futuro europeu no pós-guerra, bem como análises psicológicas de Roosevelt e Churchill preparadas pela NKVD.[12] Stálin fazia duas reuniões diárias com o Estado-Maior na *Stavka*, ou Quartel-General. A primeira reunião ocorria habitualmente às onze da manhã, logo que Stálin saía da cama, para um exame do que ocorrera na noite anterior. A segunda, e mais importante, era realizada às nove da noite, e nela definiam-se as diretrizes para o dia seguinte. Ele tinha por hábito sentar-se para jantar com alguns dos principais assessores por volta da meia-noite e com frequência não ia se deitar antes das cinco da madrugada.

O ditador estava no ápice de seu poder e prestígio. Os caóticos dias iniciais da guerra, quando ele se retirava para sua datcha em pânico, abalado pelo caráter repentino e feroz da invasão nazista, eram agora uma lembrança distante. Os alemães levaram apenas quatro meses para chegar às imediações de Moscou, causando mais de 2 milhões de baixas ao inimigo. No momento de maior desespero, quando a própria capital parecia na iminência de cair, Stálin conseguira restaurar um pouco da espinha dorsal da resistência soviética, ordenando que os desertores fossem fuzilados e dispondo "tropas de bloqueio" na retaguarda da linha de frente. "Nem um passo para trás" tornou-se a ordem do dia. Os soldados da infantaria russa logo descobriram que era mais perigoso recuar do que avançar. Como Stálin contou a Roosevelt e Churchill durante o jantar em Teerã, a covardia não era uma opção para suas tropas. "Na Rússia, até mesmo os covardes tornam-se heróis. Os que não fazem isso são mortos."[13]

O Exército Vermelho conseguiu manter a linha de defesa em Moscou e

Stalingrado e partiu então para a ofensiva, forçando a Wehrmacht a recuar para o interior do Reich. Em apenas três semanas, a partir de 12 de janeiro, as forças soviéticas avançaram 480 quilômetros do rio Vístula até o Oder. Após libertar o que sobrara de Varsóvia depois que a cidade fora reduzida a escombros pelos nazistas, ainda capturaram a Silésia, área de extração de carvão mais importante da Alemanha. Cinquenta e três divisões alemãs ficaram encurraladas atrás das linhas russas na Prússia Oriental e nos países bálticos.[14] O marechal Georgy Zhukov informou a Stálin em 29 de janeiro que toda a parte ocidental da Polônia, ocupada nos últimos cinco anos e meio pelos nazistas, fora libertada. "Suas ordens — esmagar com um golpe poderoso a resistência dos exércitos inimigos e desencadear uma ofensiva fulminante em direção à fronteira alemã-polonesa — foram executadas."[15]

Durante os três dias em que estava na Crimeia, Stálin aprovara uma série de comunicados triunfantes que aparentemente selavam a sorte do Terceiro Reich. As tropas do Exército Vermelho estavam combatendo os "hitleristas" nas ruas de Budapeste, capital da Hungria. Elas já haviam atingido as portas de Danzig, a cidade portuária polonesa na qual tinham sido disparados os primeiros tiros da guerra, em 1º de setembro de 1939. As tropas russas mantinham várias cabeças de ponte na margem ocidental do congelado rio Oder. Finalmente, em 4 de fevereiro, um comunicado soviético informava que as tropas de Zhukov haviam alcançado a estação ferroviária de Baerwalle, situada apenas 62 quilômetros ao leste de Berlim.[16] Zhukov traçara planos preliminares para capturar Berlim em meados de fevereiro.[17]

"Como andam as notícias do front?" foi a primeira pergunta de Churchill, quando Stálin o chamou às três da tarde daquele dia, a caminho do Palácio Livadia, antes da abertura da conferência.

"Nada ruins, nada ruins", foi sua resposta satisfeita.[18]

Stálin explicou que a Alemanha estava ficando sem os recursos necessários para fazer a guerra, como petróleo, carvão e pão. Hitler revelara-se um mau estrategista. Em vez de retirar seus melhores exércitos da Prússia Oriental, ele os manteve lá, permitindo que fossem cercados e deixando para defender Berlim apenas a *Volkssturm*, mal conduzida e mal treinada. Se, além da Silésia, Hitler perdesse o Ruhr, estaria liquidado. O primeiro-ministro queria saber o que o Exército Vermelho faria se Hitler decidisse abandonar a capital e "dirigir-se ao sul", para Dresden, por exemplo.

"Iremos atrás dele."¹⁹

Churchill convidou Stálin para ver sua Sala de Mapas, já instalada num cubículo no pavimento térreo do Palácio Vorontsov, a residência britânica na Crimeia. O inglês tinha muito orgulho de sua invenção, que lhe permitia acompanhar a evolução da guerra de hora em hora, reunindo informações dos mais importantes fronts num único comando central. As paredes estavam tomadas por mapas dos principais cenários de batalha, cobertos por sinais feitos com lápis de cera, mostrando os movimentos das tropas aliadas e inimigas. Alfinetes coloridos, de vários formatos e tamanhos, pontilhavam os oceanos.

Ficava claro pela disposição dos alfinetes e das marcas a lápis que o resultado da guerra estava sendo decidido no front oriental. No oeste, forças americanas e britânicas ainda se refaziam do pesado revés na Batalha das Ardenas, no leste da França. Os Aliados ocidentais retomaram a ofensiva no princípio de fevereiro, porém foi um movimento vagaroso, de muita cautela, sem a audácia, brutalidade e indiferença diante das baixas que caracterizavam as operações soviéticas no front oriental. O Exército Vermelho, enquanto isso, perdera mais de 300 mil homens entre 12 de janeiro e 4 de fevereiro, número próximo do total de baixas em combate dos americanos em toda a guerra.

Os mortos em combate tinham pouca importância para o homem que os russos conheciam como o *vozhd*, seu líder supremo. "Para ele, apenas o resultado era importante. Ele nunca era atormentado pela consciência nem lamentava pelo enorme número de mortes", escreveu mais tarde um biógrafo russo, o general Dmitri Volkogonov. "Ele acreditava que tanto vitórias como derrotas inevitavelmente trazem uma colheita amarga, que esse é um fato inevitável na guerra moderna."²⁰ O essencial era a questão política no longo prazo: que parte de território ficaria com qual exército, como ficariam as fronteiras da Europa quando estivesse tudo terminado, quem iria controlar o quê. Ele criticara muito os Aliados ocidentais por terem adiado por dois anos os desembarques do Dia D na Normandia, com receio de sofrerem perdas excessivas. Quando, durante visita a Moscou em agosto de 1942, Churchill falou sobre as pesadas baixas que os britânicos estavam sujeitos a sofrer numa operação sobre o canal da Mancha, Stálin, com sarcasmo, observou que o Exército Vermelho perdia diariamente 10 mil soldados. "Não se pode conduzir uma guerra sem correr riscos."²¹

Ao longo das horas seguintes, Stálin teria que tomar uma das decisões mais importantes da guerra. Deveria autorizar as tropas de Zhukov a prosseguir em sua ofensiva com força total sobre Berlim, agora que o último grande obstáculo natural tinha sido ultrapassado? Ou seria o caso de avançar de maneira mais calculada, consolidando seus exércitos para o ataque final enquanto eliminava bolsões de resistência alemã atrás da linha do front, na Polônia e na Prússia Oriental? Prosseguir no avanço era uma promessa de grandes recompensas — um fim rápido para a guerra nos termos ditados pelos soviéticos —, porém significava também correr grandes riscos em caso de um desesperado contra--ataque do inimigo com as forças que lhe restavam.

O *vozhd* não ficou nada impressionado quando Churchill pediu que o marechal de campo Harold Alexander descrevesse os combates travados na Itália. As forças britânicas e americanas estavam avançando vagarosamente na península, mas os alemães resistiam com bravura. A Itália era um palco secundário de luta, insistia Stálin. Seria melhor deixar algumas divisões britânicas para propósitos de defesa e transferir o resto das tropas pelo Adriático até a Iugoslávia e a Hungria, onde poderiam ajudar o ataque soviético a Viena. Churchill julgava que era tarde demais para essa mudança na estratégia, que ele mesmo havia proposto num estágio anterior da guerra, enfrentando objeções dos russos e dos americanos. Agora, aparentemente, Stálin estava a provocá-lo com uma sugestão que ele sabia ser impraticável.

"O Exército Vermelho", o primeiro-ministro respondeu com diplomacia, "talvez não nos dê tempo para completar a operação."

Os soldados soviéticos pareciam estar atrás "de cada arbusto e de cada moita" enquanto Stálin dirigia seu Packard Twelve preto até o Palácio Livadia, pouco antes das quatro da tarde naquele domingo.[22] Molotov estava atrás dele no banco traseiro de veludo da limusine, que carregava um peso extra de cerca de quatro toneladas de blindagem. Os vidros das janelas tinham pelo menos 7,5 centímetros de espessura, suficientes para resistir aos disparos de uma metralhadora pesada, refletindo a imagem dos soldados de pé, atentos ao longo de todo o percurso. Uma bandeira soviética vermelha agitava-se sobre o capô. Ocupando o banco da frente ao lado do motorista estava um corpulento general da NKVD chamado Nikolai Vlasik, que servira como guarda-costas pessoal de Stálin desde 1931 e era então a pessoa mais próxima a ele. Os guardas formavam um rígido cinturão de segurança ao redor do Packard, enquanto outros, no teto do palácio, vigiavam tudo atentamente. Os americanos que ficaram no palácio tinham recebido diversas credenciais, que eram conferidas e reconferidas sempre que se aventuravam para fora de suas dependências. Um coronel americano que observava a cena teve a impressão de que os guardas "iriam atirar se alguém fizesse uma simples careta" para o ditador.

Quando o Packard Twelve estacionou diante da entrada do palácio, Vlasik desceu rapidamente do carro para abrir a porta ao chefe. Stálin saiu vestido num sobretudo de marechal bastante usado, trocou saudações com a guarda de honra e entrou no palácio, seguido por Molotov, Vlasik e um grupo de generais soviéticos. FDR aguardava o ditador em seu escritório, antiga antecâmara do tsar. Revestido de painéis de mogno escuros, o aposento estava decorado com pesado mobiliário italiano e espessos tapetes de Bukhara. Os dois líderes cumprimentaram-se como velhos amigos. O intérprete americano, Chip Bohlen, notou que Stálin permitiu-se "um de seus raros, mesmo que leves, sorrisos" ao retribuir o firme aperto de mão de Roosevelt.[23] O filho de Harry Hopkins, Robert, fotógrafo do comando de comunicação do Exército dos Estados Unidos, teve permissão para entrar na sala e registrar o encontro. O presidente e o "líder supremo" sentaram-se num divã abaixo de um quadro de paisagens geladas dos campos russos. Stálin inclinou-se para a frente em sua amarrotada farda militar, as mãos rechonchudas descansando sobre os joelhos. Roosevelt tinha um ar pálido e abatido, num terno cinza-claro com uma gravata de um colorido vivo.

FDR iniciou a conversa parabenizando o *vozhd* por suas mais recentes vitórias militares. Durante a viagem a bordo do *Quincy*, contou a Stálin, ele apostara para saber se o Exército Vermelho chegaria a Berlim antes que os Estados Unidos chegassem a Manila. Stálin retribuiu o cumprimento, dizendo que certamente Manila cairia antes, já que havia combates muito pesados ao longo do rio Oder. Demonstrando cautela, ele evitou qualquer indicação sobre o momento em que seria desferido um ataque à capital alemã.

Roosevelt tinha decidido que a melhor maneira de conquistar Stálin seria com uma combinação de elogios e comentários levemente maldosos sobre os outros Aliados. Ele estava determinado a desfazer a impressão de um complô anglo-americano contra os russos. Sua vontade era estabelecer um vínculo com Stálin, conversando com ele "como homens e irmãos".[24] FDR lembrou ao ditador um incidente ocorrido em Teerã, que ressaltava a ideia de que eles seriam capazes de encontrar uma linguagem de entendimento mútuo, mesmo que para isso fosse necessário superar as objeções de Churchill. Numa noite, durante um jantar, Stálin exigira a execução de 50 mil oficiais alemães no final da guerra, para assegurar que a Alemanha jamais voltaria a cometer atos de agressão. Não ficou claro se isso era uma ameaça, uma piada ou, como muitas vezes ocorria nas falas de Stálin, uma mistura maliciosa das duas coisas. Sabendo que Stálin era perfeitamente capaz dessas atrocidades, Churchill ficou indignado. "O Parlamento britânico e a opinião pública jamais tolerarão execuções em massa", ele respondeu, bufando de indignação. Roosevelt preferiu dar à questão uma interpretação mais amena, sugerindo, "como um meio-termo", que apenas 49 mil oficiais alemães fossem levados para fuzilamento.

FDR disse então a Stálin que a devastação da guerra que testemunhara na véspera o fizera sentir "uma sede de vingança contra os alemães muito maior" do que sentira em Teerã.[25] Ele esperava que o marechal "voltasse a propor um brinde à execução de 50 mil oficiais do exército alemão".

"Todos nós ficamos mais sedentos de vingança", respondeu Stálin. "Os alemães são selvagens."

O presidente então abordou o tema de comunicação direta entre os comandantes dos exércitos aliados, o general Eisenhower no oeste e o marechal Zhukov no leste. A coordenação do esforço de guerra ficaria simplificada se ambos pudessem falar diretamente um com o outro, em vez de ter que se comunicar através de Washington, Moscou e Londres, como estava ocorrendo. Tratava-se de um tópico delicado para Stálin. Os oficiais soviéticos estavam em contato direto com a equipe de Einsenhower na França, mas o líder soviético não tinha a menor intenção de permitir que oficiais americanos e britânicos circulassem livremente por trás das linhas do Exército Vermelho. Tampouco desejava que seus generais se comunicassem sem intermediação com os oficiais correspondentes do lado ocidental, sem uma noção bem clara das implicações de natureza política. Stálin não queria rejeitar de maneira sumária a proposta de Roosevelt, e portanto deu uma resposta que não o comprometia. Propôs deixar que os militares "discutam os detalhes".

FDR aproveitou a oportunidade para distanciar os Estados Unidos de seus Aliados europeus tradicionais, Grã-Bretanha e França. Ele começou criticando o líder da "França Livre", o general Charles de Gaulle, que se declarava uma espécie de Joana d'Arc, comportando-se como salvador da França. Em tom confidencial, o presidente anunciou que planejava "contar ao marechal algo indiscreto". Os britânicos estavam tentando transformar "artificialmente" a França numa "grande potência" com um Exército de 200 mil homens. Eles pretendiam que a França "mantivesse a pressão" sobre a Alemanha depois da guerra, até que a Grã-Bretanha, empobrecida e exaurida pela longa luta contra Hitler, conseguisse recobrar suas forças. Roosevelt acrescentou que estava "enfrentando muitos problemas" com os britânicos para chegar a um acordo quanto às zonas de ocupação na Alemanha.

"Os britânicos são um povo muito peculiar. Eles querem fazer o bolo sem precisar quebrar os ovos."

Stálin não era inteiramente imune ao carisma do presidente americano. Num plano pessoal, ele gostava de FDR, manifestava solidariedade com seus problemas de saúde e admirava seu senso estoico de dever. Por outro lado, havia pouco espaço para considerações de caráter pessoal na visão geral de Stálin sobre o mundo, que era baseada num cálculo frio de interesses nacionais e de classes e no equilíbrio de poder. Alianças temporárias com um ou outro governo imperialista eram aceitáveis, até necessárias, para consolidar as conquistas do socialismo, de acordo com os ensinamentos marxistas-leninistas. Era vantajoso para a União Soviética tentar dividir o campo inimigo e unir forças com as pessoas mais razoáveis do lado oposto. Mas, ao fim e ao cabo, um imperialista continuava sendo um imperialista. Não poderia haver acomodação permanente entre as forças do progresso e as forças da reação. Apesar de entretido pelas tentativas de Roosevelt de ser simpático, Stálin não se deixou levar pela isca de fazer críticas a Churchill. Em vez disso, perguntou se a França teria sua própria zona de ocupação na Alemanha. Já estava calculando as "concessões" que teria de fazer aos Aliados ocidentais em troca de liberdade para agir à vontade no Leste Europeu.

"Não é má ideia", respondeu Roosevelt. "Mas, se dermos a eles uma zona, será apenas um ato de bondade."

"Essa seria a única razão", comentaram Stálin e Molotov, quase em uníssono.

O *vozhd* tinha mais uma concessão a oferecer. Ele havia rejeitado propostas para um encontro dos Três Grandes em território neutro, explicando que seus médicos não lhe permitiriam viajar para fora do país e opunham-se até mesmo a "uma mudança de clima".[26] Ele precisara de duas semanas inteiras para se recuperar da dor de ouvido após a viagem a Teerã. Stálin propôs que todas as sessões plenárias da conferência fossem realizadas no Palácio Livadia, em consideração ao precário estado de saúde de FDR. Para agradar o russo, Roosevelt concordara em fazer todo o percurso de Washington à Crimeia, uma viagem de "aproximadamente 22 100 quilômetros por trem, pelo mar, pelo ar e de automóvel", somando ida e volta. Stálin retribuiria viajando dezenove quilômetros por dia para se encontrar com o presidente, que estava às portas da morte.[27]

Já eram quase cinco da tarde, hora de deixar o escritório do presidente e ir para o grande salão branco de baile para a sessão plenária de abertura da conferência. Roosevelt foi levado antes em sua cadeira de rodas, a fim de que tivesse tempo para acomodar-se em seu lugar na mesa redonda, coberta por um tecido branco. Stálin ficou alguns minutos conversando com os outros delegados no hall de entrada do palácio, com um cigarro na mão esquerda, a do braço defeituoso. Churchill arrancou um sorriso do ditador ao lhe mostrar sua charuteira com pele de crocodilo. Ele envergava a farda de um coronel britânico e um gorro de pele que engolia sua calva. Como era seu costume, estava viajando "incógnito", usando o pseudônimo de "coronel Kent", um disfarce que não enganava ninguém, mas que satisfazia sua fascinação pelo clima de mistério e suspense.

A mesa da conferência ocupava a extremidade do amplo salão com aparência de caverna, que servira como pano de fundo para o primeiro encontro formal no Palácio Livadia, em setembro de 1911, uma magnífica festa de debutante oferecida pelo tsar em homenagem à filha mais velha. "Foi uma noite perfeita", recordaria um dos convidados. "Os vestidos e as joias das mulheres, e as fardas imponentes dos homens, formavam um espetáculo magnífico sob o brilho das luzes elétricas."[28] O enorme salão agora parecia frio e sem vida. Roosevelt sentava-se de costas para a lareira, que não estava acesa, com Stálin à sua direita e Churchill à sua esquerda. Cada um dos líderes estava flanqueado por quatro dos principais assessores, dois de cada lado. Os intérpretes e alguns outros oficiais puxaram cadeiras, instalando-se atrás das principais. Fecharam-se as cortinas, tirando a vista do pátio mourisco de um lado e das majestosas montanhas do outro. Poltronas estofadas e revestidas de couro haviam sido reservadas para os três líderes, e cadeiras desconfortáveis de madeira para todos os outros. Cada participante recebeu um bloco de anotações nas dimensões oficiais e um cinzeiro. Decidira-se que a sessão de abertura seria dedicada exclusivamente a assuntos militares. Com exceção de FDR e dos três ministros do Exterior, quase todos os demais estavam de farda.

O presidente repeliu com um gesto a aproximação de diversos assessores que queriam participar do encontro, entre eles seu principal médico, o vice-almirante McIntire. De acordo com sua filha Anna, eram pessoas que não tinham muito que fazer a não ser "ficar sentadas jogando baralho".[29] O comandante da Força Aérea britânica ficou alarmado com a aparência abatida de FDR. "Ele está muito magro, e seu rosto está murcho e cheio de rugas, e ele dá a impressão de desconforto o tempo todo, como se estivesse sentindo muita dor. Além disso, é visível que sua mente já não é o que era. A impressão geral é que Truman logo terá um cargo a ocupar."[30]

Como fizera em Teerã, Stálin tornou a convidar Roosevelt a presidir o encontro, como o único chefe de Estado presente. (Os cargos oficiais de Stálin eram de presidente do Conselho de Comissários do Povo, o equivalente soviético ao posto de primeiro-ministro, e de presidente do Comitê de Defesa do Estado.) De uma brutalidade sem limites com os subordinados, ele era sempre de uma polidez extrema com governantes estrangeiros, sempre fazendo questão de pedir a opinião dos convidados antes de manifestar a sua. Expressava-se em frases rápidas, concisas, sem jamais levantar a voz. Estava excepcionalmente bem preparado, sem recorrer a anotações, apenas à sua memória prodigiosa e ao seu domínio do tema. Gostava muito de duelos verbais com Churchill, mas fazia de tudo para ser respeitoso com Roosevelt. O primeiro-ministro britânico podia ser um aliado em tempos de guerra, mas era também um inimigo ideológico, a própria encarnação do imperialismo. Já em relação a FDR, Stálin não tinha tanta certeza. Mesmo sem se deixar impressionar com as vitórias do Exército americano no campo de batalha, ele se mostrava temeroso do poderio militar-industrial dos Estados Unidos e de sua capacidade de fornecer imensas quantidades de equipamento militar aos três aliados. Em caráter privado, reconhecia que a tarefa de negociar com a liderança do poder capitalista ficava muito mais fácil com Roosevelt na Casa Branca do que com qualquer outro presidente.

Churchill, Stálin dizia às pessoas mais próximas, era "o tipo de homem que vai tirar cada centavo de seu bolso se não ficar de olho nele".[31] Roosevelt "não era assim. Ele só enfia a mão para apanhar moedas maiores. Mas Churchill? Churchill faz isso por qualquer tostão!".

Aqueles que nunca antes haviam visto Stálin pessoalmente eram surpreendidos por sua baixa estatura. Os fotógrafos soviéticos eram orientados a tirar fotos dele sempre de baixo para cima, para fazê-lo parecer mais imponente. Na verdade, ele não tinha mais que um 1,70 metro de altura, com um torso atarracado, pernas desengonçadas e um braço esquerdo defeituoso. Ele fazia movimentos rígidos com a cabeça, o pescoço esticado, para que seu queixo duplo não chamasse atenção. Sua compleição amarelada, pálida, e os cabelos espetados, escovados para trás, davam-lhe, nas palavras de um delegado britânico, a aparência de "um porco-espinho desorientado".[32] Os ocidentais ficavam impressionados ao ver seu rosto com marcas de varíola, doença contraída na infância, apenas em parte disfarçadas por muitas camadas de talco. Um bigode que parecia de cavalo-marinho cortado abruptamente dos dois lados ajudava a disfarçar os dentes tortos e escurecidos. O aspecto mais expressivo do rosto estava nos olhos, que percorriam sem descanso todo o salão. Eles forneciam a melhor indicação sobre seu estado de espírito, a um dado momento fixados no teto com um brilho malicioso, ao escutar a retórica de Churchill, fechando-se no momento seguinte quando alguma coisa despertava sua irritação.

O comandante do Estado-Maior das forças soviéticas, o general Alexei Antonov, abriu um mapa sobre a mesa do salão para mostrar as posições no front oriental. George C. Marshall, o oficial americano que ocupava um posto correspondente ao seu, apresentou uma atualização sobre o andamento dos combates no oeste, com a previsão de que no princípio de março os Aliados atravessariam o Reno. Os trabalhos foram interrompidos por volta das seis da tarde "por uma longa procissão de garçons em traje de gala transportando bandejas de prata bem acima de suas cabeças", como recordou um americano.[33] Os russos estavam servindo chá "segundo a visão que o cinema de Hollywood faz da alta sociedade inglesa". Uma dupla de "cavalheiros empertigados com colarinhos engomados, que pareciam ter saído do Ministério das Relações Exteriores britânico", supervisionava toda a operação. Eles movimentavam-se pelo salão na ponta dos pés, distribuindo xícaras de chá aos criados russos, que as entregavam aos delegados seguindo uma rigorosa ordem hierárquica, acompanhadas de bolo e sanduíches. Um "silêncio sepulcral" tomou conta das demais dependências do Palácio Livadia, "como se por trás daquelas portas estivesse alguém sofrendo de alguma doença muito grave".[34]

O silêncio foi logo quebrado pelo que Harriman chamou de "um caso grave de febre de conferência — quando todos querem ir a todas as reuniões porque isso faz com que se sintam importantes".[35] Entre eles estava o ambicioso James F. Byrnes, um ex-juiz da Suprema Corte dos Estados Unidos e senador segregacionista da Carolina do Sul que se considerava "presidente adjunto" para o front doméstico. Byrnes já estava ressentido por ter perdido o cargo de vice-presidente, entregue a Truman. Agora, estava furioso por ter sido excluído da sessão de abertura da conferência, mesmo que em princípio estivesse restrita apenas a questões militares. Byrnes recebera uma mensagem para estar às portas do salão da conferência às seis da tarde, quando seria convidado a entrar. Como Anna Roosevelt anotou em seu diário, o diretor da Agência de Mobilização para Guerra "ficou do lado de fora por quarenta e cinco minutos tentando se acalmar, mas, como ninguém lhe disse nada durante todo esse tempo, ele saiu e foi despejar sua fúria" sobre qualquer um que pudesse escutá-lo. "Descrever aquilo como um acesso de raiva seria pouco! Ele soltava fogo pelos olhos!"

Anna estava organizando um jantar para mais tarde naquela noite, em que seu pai iria homenagear Stálin e Churchill. A mesa, preparada na antiga sala de bilhar do tsar, poderia acomodar catorze pessoas. Entre os convidados do lado americano estava Byrnes, o qual anunciou que iria boicotar o jantar e "providenciar um avião" para levá-lo de volta, em sinal de protesto pela maneira como havia sido tratado. "Estou lhe pedindo o único favor que lhe pedirei em toda a minha vida", ele disse a Anna. "Diga a seu pai que não irei ao jantar."

Depois de muito pedir e argumentar, Anna disse a Byrnes que sua ausência deixaria "a mesa com treze pessoas, o que, tenho certeza, faria o supersticioso FDR ter um ataque!". Ela o convenceu a voltar atrás "na base idiota da superstição — Jimmy dizendo que esse era o único argumento capaz de fazê-lo mudar de ideia".

A delegação soviética foi tomada por um tipo diferente de pânico quando a reunião formal da conferência chegou ao fim. Depois de deixar o salão de baile, Stálin sumiu da vista de seus seguranças, que patrulhavam todos os corredores do palácio, com exceção de uma seção fechada com cortinas ao lado do alojamento privativo de Roosevelt, que ficava sob a guarda do Serviço Secreto americano. De alguma forma, todos aqueles guarda-costas conseguiram perder de vista o *vozhd*. Vlasik e seus subordinados correram de um lado para outro dos corredores, gritando: "Onde está Stálin? Para onde ele foi?".[36] Descobriu-se que estava vagueando pelas dependências do palácio à procura de um banheiro. Como o lavatório perto do salão de baile estava sendo usado pelo primeiro-ministro, um diplomata americano acompanhou Stálin às instalações mais próximas disponíveis, na outra extremidade do palácio. Por um momento, escreveu Kathleen Harriman a um amigo inglês, "instalou-se o caos — todo mundo agitado, sussurrando. Acho que eles devem ter pensado que os americanos tinham planejado um sequestro ou alguma coisa assim. Alguns minutos depois, T. J. [Tio Joe] apareceu na porta com uma expressão aliviada & restaurou-se a ordem".

Durante o jantar naquela noite, os três líderes sentaram-se ao centro da mesa, Roosevelt no meio, entre Stálin e Churchill. A refeição foi uma coprodução russo-americana. Começou, como sempre, com fartas porções de caviar trazidas em grandes tigelas de cristal. Os copeiros filipinos do presidente prepararam molho de tomate para o esturjão do mar Negro, ao qual se seguiu um prato de carne com massas, à moda americana. Para acompanhar, serviram-se alguns dos vinhos da Geórgia favoritos de Stálin, incluindo um suave Tsinandali branco como aperitivo e um Mukuzani tinto seco. Os americanos notaram que Stálin encorajava os outros a beber, mas ele mesmo bebia muito pouco, colocando água em seu copo de vodca quando achava que ninguém estava olhando.

Os três governantes logo estavam confraternizando, em comemoração a uma vitória que parecia praticamente certa. À medida que a noite avançava, notas de discordância começaram a aparecer nos discursos de congratulação. Stálin, "por ser republicano", preferiu não brindar à saúde do rei da Inglaterra.[37] Ele tampouco aceitou a ideia de que países menores deveriam ser ouvidos na definição de acordos pós-guerra; como vencedores do conflito, os Três Grandes teriam conquistado também o direito de ditar os termos de paz. Roosevelt e Churchill concordaram que as grandes potências deveriam ter prioridade nas decisões, porém os demais também teriam o direito de ser ouvidos.

"Iugoslávia, Albânia e nações pequenas como essas não merecem estar nesta mesa", insistiu Stálin. "O senhor quer que a Albânia tenha os mesmos direitos que os Estados Unidos?"[38]

O inglês respondeu com uma citação da peça *Titus Andronicus*, de Shakespeare: "Permite a águia que a avezinha cante,/ Sem que tenha cuidados só por isso".* Os versos que imediatamente se seguiram talvez tenham agradado mais a Stálin: "Pois sabe que, à sombra de sua asa,/ Num instante lhe corta a melodia".

A conversa passou então para os direitos de divergência e liberdade de expressão. Andrei Vyshinsky, que servira como promotor de Stálin nos julgamentos públicos da década de 1930 e que agora era comissário adjunto de Relações

---

* *Teatro completo*. Trad. de Barbara Heliodora. Rio de Janeiro: Nova Aguilar, 2009. v. 1: Tragédias e comédias sombrias, p. 97.

Exteriores, reagiu de maneira categórica a uma observação feita por Bohlen sobre a importância da opinião pública nos Estados Unidos. O povo americano, disse Vyshinsky, "deveria aprender a obedecer a seus líderes".

Com o intuito de restabelecer a harmonia, Churchill levantou seu copo propondo um brinde "às massas proletárias do mundo", porém, na sequência, dissertou sobre as virtudes da democracia parlamentar. O primeiro-ministro comentou ser muitas vezes acusado de reacionário, mas no fim era o único líder presente que podia ser afastado do cargo por decisão dos eleitores. A Grã-Bretanha realizaria eleições para renovar o Parlamento assim que a guerra acabasse. Ele lembrou a Stálin e Roosevelt que o Parlamento tinha o poder de afastar um primeiro-ministro a qualquer momento por meio de um simples voto.

"O senhor parece temer essas eleições", provocou Stálin.

Churchill respondeu vigorosamente que não. "Além de não temer as eleições, orgulho-me do direito que tem o povo britânico de mudar seu governo sempre que julgar necessário."

A essa altura, o doce champanhe soviético fluía livremente, e Roosevelt se sentiu confiante para tentar aprofundar sua ligação com o ditador. O presidente revelou que ele e Churchill referiam-se a Stálin como "Tio Joe" em suas comunicações telegráficas através do Atlântico. Stálin deu a impressão de ter ficado ofendido com a revelação. O termo russo para "tio", "dyadya", tem a conotação de um velho inofensivo que pode ser enganado com facilidade. Ele fez questão de saber exatamente o que FDR quis dizer com o apelido.

"É uma expressão de afeto", assegurou o presidente. "Como se o senhor fizesse parte da família."

Houve um momento de silêncio embaraçoso. Roosevelt mencionara o apelido "Tio Joe" a Stálin antes, em Teerã, mas em um momento a sós. Sempre suscetível a tudo que pudesse arranhar sua dignidade — real ou imaginária —, o *vozhd* não ficou nem um pouco satisfeito ao ser insultado à mesa do jantar, diante de seus subordinados, isso sem falar dos garçons. Molotov insistia em afirmar que Stálin não estava realmente zangado. "A Rússia inteira sabe que o senhor se refere a ele como o Tio Joe", garantiu a FDR.

Roosevelt pediu mais champanhe. Stálin olhou para o relógio e sugeriu que já era hora de ir embora. O clima de tensão foi parcialmente aliviado por Byrnes, que tinha dito antes a Anna Roosevelt que pretendia ficar de boca fechada durante toda a refeição. O 14º convidado, em tom bem-humorado, lembrou aos russos que eles haviam transformado o símbolo do poder americano numa caricatura do capitalismo ocidental.

"Vocês não se importam em falar sobre o Tio Sam, então por que o Tio Joe deveria ser uma expressão tão ruim?"[39]

Churchill convenceu Stálin a ficar mais meia hora, e ele acabou saindo às 23h10. Todos se despediram amistosamente, mas no fundo ficou a sensação de que o jantar de abertura não havia sido um sucesso. Antes de se recolher, o secretário de Relações Exteriores da Grã-Bretanha, Anthony Eden, redigiu uma anotação melancólica em seu diário:

> Jantar com os americanos; um desastre, em minha opinião. O presidente foi vago, frouxo e de pouca eficiência. W[inston], percebendo que o clima não estava nada bom, fez tentativas desesperadas e pronunciamentos longos demais para pôr as coisas novamente em ordem. A atitude de Stálin em relação aos países menores pareceu-me severa, para não dizer sinistra. Éramos gente demais à mesa, e as conversas não seguiam um fluxo contínuo, e tampouco havia troca de opiniões rápidas e vivas, como em Teerã. Fiquei muito aliviado quando aquilo tudo acabou.[40]

As intenções de Roosevelt eram bem transparentes. Ele queria construir um relacionamento amigável, bem-humorado, com Stálin, como aquele que já tinha com Churchill, para fazer o líder soviético sentir que pertencia ao clube e era digno de confiança para partilhar pequenos segredos e rituais. Sua tática, porém, deu totalmente errado. O senso de humor de Stálin limitava-se a piadas sobre outras pessoas. Ao contrário de Churchill, ele não estava disposto a rir de si mesmo.

Sem que essa fosse sua intenção, FDR tinha descoberto uma brecha na blindagem psicológica do ditador. Mesmo com toda sua habilidade na dissimulação, especialmente diante de estrangeiros, Stálin às vezes acabava por se trair. Embora fosse modesto em seu comportamento e nos hábitos pessoais, ele nada tinha de modesto a respeito de si mesmo. Tinha uma visão bastante elevada de suas realizações e de sua importância histórica. Sua imagem estava em toda parte, nos jornais, em cartazes, em pedestais, nos folhetos de propaganda celebrando o "genial Stálin". Até mesmo com os filhos, com frequência se referia a si próprio na terceira pessoa, como símbolo do Estado soviético, e não um simples mortal. "Você não é Stálin e eu não sou Stálin", ele ensinava a seu rebelde filho

Vasily. "Stálin é aquele que está nos jornais e nos retratos, não é você, nem mesmo eu!" Via-se como a encarnação e o guardião da Revolução Bolchevique, o instrumento de grandes forças históricas, muito maiores que sua pessoa. Insultar Stálin seria insultar o Estado soviético.

Stálin havia permitido que se desenvolvesse um gigantesco culto à sua personalidade, que parecia refletir não apenas as exigências da *realpolitik* como também uma profunda necessidade de natureza psicológica. A onda de adulação oficial começara com a comemoração de seu quinquagésimo aniversário, em 1929. Ele se tornou o *vozhd*, o líder tribal, "o mais notável continuador da causa de Lênin". Hipérbole nenhuma era excessiva para descrevê-lo: o mais sábio estadista, o mais brilhante estrategista militar, o maior amigo da classe trabalhadora, o mais destacado teórico do marxismo. Ele acabou acreditando em sua própria propaganda.

A ideia de FDR de que Stálin não era tão diferente de um político ocidental qualquer estava terrivelmente equivocada. O *vozhd* guardava mais semelhanças com Tamerlão ou Ivã, o Terrível, do que com George Washington. Não dava atenção à opinião pública. As noções dos americanos quanto ao pluralismo político, aos direitos e limites de ordem constitucional não tinham o menor significado para ele. Stálin governava o país de acordo com os métodos tradicionais dos tsares russos: sigilo, força bruta, concentração do poder nas mãos do Estado. Seus tsares favoritos não eram aqueles de tendências ocidentalizantes, como Pedro, o Grande, mas sim nacionalistas como Ivã, a quem, em caráter privado, ele se referia como sendo seu mestre.[41] Logo no início da guerra, ordenara a Sergei Eisenstein que fizesse um filme sobre o déspota do século XV, salientando seu papel na destruição dos inimigos da Rússia e suprimindo as divergências internas. Ivã foi apresentado como um monarca absolutista que dependia de sua polícia secreta, a *oprichnina*, para construir um Estado poderoso e destruir os incômodos boiardos. Stálin achava até mesmo que Ivã tinha sido excessivamente brando. Acreditava que o soberano deveria ter agido "de maneira ainda mais decisiva".[42] O tsar demorou muito para tomar medidas contra as famílias feudais e perdeu tempo precioso rezando a Deus e arrependendo-se de seus pecados. Esse era um erro que Stálin jamais cometeria.

O bolchevismo era a ideologia perfeita para Stálin: ela lhe proporcionava uma justificativa histórica para acumular um poder pessoal sem limites. Os bolcheviques acreditavam ser uma elite escolhida pela história para implementar a vontade das massas. Apenas a vanguarda politicamente consciente poderia traduzir os autênticos interesses do povo tais como haviam sido determinados por Karl Marx: o povo em si era incapaz de ver as coisas de maneira clara, porque suas mentes estavam embaralhadas pela "falsa consciência", que incluía religião e nacionalismo. Uma vez que a revolução era uma necessidade histórica, qualquer ação que contribuísse para seu êxito era não apenas permitida, mas exigida. Stálin acreditava que os fins sempre justificavam os meios.

Assim como Roosevelt, Stálin foi criado por uma mãe apaixonada e dominadora, que dedicava toda a atenção possível a seu filho único. Desde muito cedo, os dois foram encorajados a acreditar que estavam destinados a grandes realizações. Ambos superaram provações de natureza física. Durante a maior parte de sua vida adulta, Roosevelt sofreu de doenças que lhe debilitavam o organismo; Stálin passou diversos períodos de exílio político na Sibéria. Mas as semelhanças terminavam aí. FDR cresceu numa atmosfera de amor e segurança, numa mansão luxuosa cercada por parques e árvores; Stálin vivia numa cabana de madeira, e seu pai alcoólatra o espancava impiedosamente. O morador do vale do rio Hudson tinha por natureza uma visão otimista e alegre do mundo; o filho do sapateiro enxergava a vida através da lente mais lúgubre que se possa imaginar. O americano frequentou Groton e Harvard; o georgiano foi expulso de um seminário devido a seu ativismo político. O líder da Casa Branca baseou-se em seu carisma e no prestígio da família para superar os rivais; o dirigente do Kremlin começou a fazer sua reputação como assaltante de estrada, roubando bancos e extorquindo dinheiro de donos de fábricas com o objetivo de levantar fundos para os bolcheviques.

O destino reunira o presidente inválido e o revolucionário de rosto marcado pela varíola à beira do mar Negro para erigirem as fundações de uma nova ordem mundial, juntamente com um aristocrata inglês. Com suas cidades arrasadas e seus palácios gelados, além do campo devastado e das aldeias etnicamente limpas, a Crimeia constituía uma metáfora adequada para o continente que estava prostrado a seus pés.

3. Churchill — *5 de fevereiro*

"Grande insatisfação aqui, devido à escassez de notícias de casa", telegrafara para Londres o secretário particular do primeiro-ministro, na noite anterior. "Rogo-lhes que façam o que for possível para remediar a situação."[1]

Cinzas de charuto e maços de papéis espalhavam-se pela grande cama de casal situada no centro do aposento com painéis de imbuia e vista para o mar Negro. Winston Churchill recostava-se nos travesseiros em seu surrado robe de seda, bufando por causa das falhas na comunicação. Até mesmo o tráfego diplomático rotineiro estava se extraviando ou chegando com atraso. Era manhã da segunda-feira, 5 de fevereiro, e não havia o menor sinal dos jornais de domingo, que já deviam ter chegado de Londres por via aérea, em voo especial. Churchill tampouco recebera o relatório diário do Gabinete de Guerra sobre a situação dos combates nos diversos fronts. Para complicar ainda mais as coisas, Stálin havia se queixado de que os gráficos da Sala de Mapas que o primeiro--ministro tanto apreciava não registravam os mais recentes avanços soviéticos. Um coronel russo, "banhado em perfume", tinha aparecido no Palácio Vorontsov para corrigir as falhas.[2]

Churchill dependia de informações como um homem comum precisa de oxigênio. Em Londres, recebia um resumo diário dos serviços de inteligência no qual estava incluído um pacote com as comunicações telegráficas decifradas de alemães e japoneses obtido por seu principal espião, "C". Nos bons dias, era capaz de se imaginar lendo por sobre o ombro de Adolf Hitler. Churchill marcava as mensagens decifradas com sua caneta de tinta vermelha, apreciando em especial comentários como "Espero que essa informação fique limitada à vossa excelência e ao menor número possível de outras pessoas". Por motivos de segurança, decidira-se que ele não receberia cópias das informações decodificadas do serviço Ultra enquanto estivesse na Crimeia. Desprovido de sua melhor fonte de informações, Churchill sentia-se incompleto.

O chefe da Sala de Mapas, capitão Richard Pim, finalmente apareceu com uma maltratada caixa vermelha. A caixa de mensagens era organizada de modo que os comunicados mais urgentes ficavam sempre na parte de cima, com o material de rotina por baixo. Para combinar com a palavra "Argonauta", o codinome da conferência, o material de chegada era rotulado como "Tosão", e o de saída como "Jasão". Churchill focalizou sua atenção num telegrama "Tosão" quase no topo da caixa, sobre a situação política na Grécia, que parecia à beira de uma guerra civil. Ele havia feito uma vigorosa intervenção pessoal na crise em dezembro, voando até Atenas na manhã de Natal, na tentativa de evitar um levante comunista. A ordem fora restaurada, mas os comunistas agora exigiam uma anistia geral e cadeiras numa coalizão governamental. O primeiro-ministro ditou um telegrama "Jasão" a Atenas, orientando seus representantes a adotar uma postura firme contra as exigências comunistas.[3]

Churchill obedecia de maneira meticulosa a certos rituais sempre que viajava. No topo de sua lista de exigências estava uma ampla cama de casal, destinada não primordialmente para dormir, mas sim para servir de local de trabalho. Ele fez questão de deixar isso bem claro por ocasião de sua primeira visita à Casa Branca, em dezembro de 1942, quando recusou o quarto que fora de Abraham Lincoln. "Não vai servir", ele se queixou. "A cama não é adequada."[4] Depois de se transferir para outro dormitório com cama maior, ele certificou-se de que o pessoal da Casa Branca havia entendido bem suas demais necessidades. "Número um, não gosto de gente conversando perto do lugar em que estou instalado. Número dois, detesto que alguém assobie nos corredores. E, em terceiro lugar, preciso de um copo de xerez no meu quarto antes do café da manhã, uns dois copos de uísque com soda antes do almoço e, à noite, champanhe francês mais um conhaque bem envelhecido antes de me deitar."

O primeiro-ministro ficava na cama durante toda a manhã, lendo os jornais na caixa de despachos e rabiscando notas em suas margens. A equipe encarregada de cuidar dos detalhes da estadia de Churchill teve certa dificuldade para convencer os russos da importância de uma cama de casal espaçosa. Isso só foi finalmente conseguido com base no protocolo: fornecera-se uma cama de casal ao presidente, portanto seria inaceitável se o líder da Grã-Bretanha tivesse que dormir numa cama de menores dimensões. Requisitou-se de Moscou uma cama com as dimensões adequadas, que chegou bem a tempo de evitar uma crise diplomática. Churchill convocava seu pessoal por meio de uma sineta ao lado da cama.

"Sawyers, Sawyers. Onde estão meus óculos?"[5]

O criado assumia a expressão apaziguadora de um Jeeves e indicava com o dedo o bolso do robe de seu patrão.

"Bem ali, senhor."

Outro toque da sineta. Era preciso encher a caneta-tinteiro do primeiro-ministro com mais tinta vermelha. Marian Holmes, uma de suas secretárias favoritas, apareceu. Ela já havia visto Churchill de várias maneiras, com muita ou pouca roupa, e estava acostumada às suas rápidas mudanças de humor. Ele era capaz de deixar qualquer um enfurecido com suas exigências quase infantis, mas era sempre muito divertido. Era dado a rompantes como: "Agarre aquela maldita mosca e torça seu pescoço!". Tratava os integrantes de sua equipe de maneira horrenda, mas fazia com que se sentissem privilegiados por serem parte de uma família muito especial, mesmo que amalucada. Às vezes, era muito atencioso, manifestando preocupação com seu bem-estar. "Veja para que fim de mundo eu trouxe você!", disse a Holmes depois da longa viagem de Londres até a Crimeia.[6]

Uma porta de correr meio emperrada separava o dormitório de Churchill das dependências onde os secretários trabalhavam. Holmes conseguia abri-la apenas alguns centímetros. A visão da jovem de 23 anos, educada num convento, sempre bem-arrumada, esgueirando-se pela abertura estreita, divertiu o septuagenário senhor da guerra. Ele explodiu numa gargalhada.

"Você está parecendo uma lagartixa."

Para aqueles que não o conheciam bem, seu método de trabalho poderia parecer desorganizado, até mesmo caótico. Mas havia método em sua loucura. O tempo que passava na cama durante a manhã era parte de sua preparação para o "grande show" no período da tarde. Ele preparava em sua cabeça belas frases de efeito e as testava junto a seu "círculo secreto" antes de proferi-las diante do presidente e do marechal. Tinha uma habilidade toda especial para combinar num só fôlego o eloquente e o trivial: quando na Inglaterra, costumava ensaiar um pronunciamento importante no Parlamento ao mesmo tempo que conversava com seu adorado gato malhado. O velho rei do jogo de cena sabia como poupar sua energia para estar à altura do grande momento.

O almoço foi servido na cama, às 13h30, depois de uma reunião com o secretário do Exterior.[7] Quando o almoço acabou, Churchill estava pronto para seu cochilo vespertino de uma hora. Com frequência ficava acordado até as três da madrugada, levantando-se às oito da manhã. A sesta lhe permitia "concentrar um dia e meio de trabalho num único dia" e sobreviver com cinco horas de sono regular.[8] Antes, porém, ele precisava certificar-se de que tudo estava no lugar certo. Outro tilintar irritado da sineta.

"Sawyers, onde está minha bolsa de água quente?"

"O senhor está sentado em cima dela. O que não é uma ideia muito boa."

"Não é uma ideia, é uma coincidência", rebateu o primeiro-ministro, divertindo-se com a própria resposta. Pouco depois, já estava dormindo a sono solto.

O primeiro-ministro despertou de sua soneca como "um gigante revigorado".[9] Tomou um banho, que lhe havia sido preparado por Sawyers. O criado ajudou-o a se enxugar e a vestir sua farda regimental. Como um jovem tenente, Churchill tomara parte na derradeira carga de cavalaria do Exército britânico, na batalha de Omdurman, em 1898. Descansado e com as faces coradas, o coronel chefe do Quarto Corpo de Hussardos da Rainha estava enfim pronto para a batalha com Stálin e Roosevelt.

Além do dormitório e do banheiro, a suíte de Churchill no pavimento térreo do Palácio Vorontsov continha um escritório para seus secretários, uma pequena sala de jantar e sua Sala de Mapas, além de uma sala de música, uma sala de bilhar e um luxuoso salão de banquetes. O palácio era uma mistura de estilos arquitetônicos conflitantes. O primeiro proprietário, o príncipe Mikhail Vorontsov, que fora criado ouvindo lendas árabes e histórias românticas escocesas, decorou seu castelo com ameias dispostas no alto de torres cobertas de caprichados entalhes, topos de chaminé na linha Tudor lembrando minaretes, fontes de estilo árabe, belas esculturas de leões em diferentes posições de repouso e imponentes abóbadas persas incrustadas com mosaicos.

"Nunca se viu um lugar assim", um importante diplomata britânico, Alexander Cadogan, contou à mulher. "É uma casa imensa, de indescritível feiura — uma espécie de Balmoral gótico —, com uma decoração tão hedionda que chega a ser quase aterradora."[10] Sarah Churchill foi um pouco mais benevolente, descrevendo o casarão como "fantástico [...] algo como uma construção baronial escocesa por dentro e por fora um chalé suíço com toques mouriscos!".[11] Como as residências de FDR e de Stálin, o Palácio Vorontsov em Alupka fora salvo da destruição pela cobiça dos nazistas. Classificado como botim de guerra, havia sido utilizado como quartel-general do comandante militar alemão Erich von Manstein. Quando os alemães bateram em retirada da Crimeia, no primeiro semestre de 1944, não tiveram tempo de dinamitar o local.

Churchill empolgou-se ao encontrar retratos de família de alguns parentes distantes, os Herbert, pendurados ao lado da lareira da sala de jantar. O motivo para isso era que a irmã do príncipe Vorontsov casara-se com um Herbert quando o pai dela era o embaixador russo na corte de Saint James, no início do século XIX.[12]

Já eram 15h30, momento de sair para a conferência, que havia sido adiantada das cinco para as quatro horas, devido à insistência de Roosevelt. A estrada na encosta entre Alupka e Livadia corria ao longo de uma extensão litorânea montanhosa. A partir de Alupka, Churchill percorreu cerca de cinco quilômetros até Koreiz, onde estava Stálin, e depois mais oito quilômetros até Livadia. Era possível ver golfinhos alimentando-se de cardumes de peixes, juntamente com gaivotas e biguás. A pequena cidade de Yalta, com seu sanatório para tuberculosos quase desabando e um memorial em homenagem a seu mais célebre residente, Anton Tchékhov, ficava a 6,5 quilômetros de distância.

O encontro dos Três Grandes deveria ter sido um momento de triunfo para o líder britânico, que àquela altura já havia se tornado um personagem lendário. Depois de cinco anos e meio de guerra, incluindo os dezoito meses em que seu país estava praticamente sozinho na luta contra os nazistas, a vitória enfim estava à vista. Mas problemas de saúde, exaustão física e um imenso conjunto de preocupações sobre o que a paz haveria de trazer impediam que ele apreciasse a ocasião em sua plenitude. O primeiro-ministro parecia ter se recuperado do estado febril da semana anterior, mas, como seu médico observou, "não é apenas o físico que está mais fraco".¹³ Seu estado de espírito também já não era o mesmo. Ele passava por fases intermitentes de depressão. Lord Moran reconhecera os sintomas em Malta, quando seu paciente voltou o rosto para a parede e chamou a mulher, Clementine, que estava em outro continente, na Inglaterra.

Churchill crescia na adversidade. Enquanto estivesse no centro dos acontecimentos, fazendo história através de sua implacável determinação, aquilo a que ele se referia, num eufemismo, como seu Cão Negro permanecia sob controle. Seu "grande momento" ocorrera em 1940, quando inspirou a Grã-Bretanha, e o mundo, a resistir à avalanche nazista. Foi então que se sentiu "como se eu estivesse caminhando ao lado do Destino". Tornou-se líder de uma nação em sua hora de desespero, prometeu ao povo nada além de "sangue, trabalho, suor e lágrimas" e enfrentou desafios que pareciam insuperáveis. Em comparação, tudo que veio em seguida era quase banal. Como era seu costume, Churchill criou a expressão perfeita para descrever a nova fase da guerra, que nada tinha de glamoroso: "Precisamos apenas KBO".¹⁴ *Keep buggering on.** Depois que Rússia e Estados Unidos entraram na guerra, em 1941, a história deixou de girar em torno do homem com o charuto. KBO tornou-se seu lema de trabalho.

Churchill compreendia bem melhor que a maioria de seus assessores que o poderio militar, e em consequência o poder de tomar decisões de ordem estratégica, estava nas mãos de Stálin e Roosevelt. Ele não tinha outra saída além de sentir que entre os Aliados havia se tornado algo como o sócio minoritário. A disparidade nas contribuições ao esforço de guerra tornou-se mais evidente após a invasão da Normandia, em junho de 1944. Churchill precisou lembrar a seus generais que a Grã-Bretanha colaborou com apenas um quarto das tropas envolvidas nos desembarques do Dia D, e não poderia querer ter voz dominante na formação da estratégia militar. O contraste acentuou-se ainda mais no front oriental. Para pôr a questão em termos bem simples, os Estados Unidos estavam financiando a guerra contra Hitler, e a maior parte dos combates estava sendo travada pelos russos.

O primeiro-ministro gostava de se imaginar como "um leãozinho [...]

---

* Termo que tem origem em expressão de baixo calão, o qual, no contexto acima, deve ser entendido como "continuar insistindo". (N. T.)

caminhando ao lado de um enorme urso russo e um grande elefante americano".[15] Mesmo assim, ele secretamente esperava, "todos vão ver que quem conhecia o caminho era o leão".

Um grupo um tanto diferente de personagens estava reunido em volta da mesa no salão de baile do Livadia para o segundo dia da conferência. Agora, eram diplomatas com ternos escuros que se sentavam nas cadeiras antes ocupadas por generais e almirantes. O belicoso Jimmy Byrnes finalmente conseguira seu lugar a meio caminho entre FDR e Churchill. Cigarreiras esmaltadas e caixas de fósforos estavam dispostas diante de cada delegado, ao lado dos cinzeiros.

Churchill foi tomado de surpresa com um pronunciamento inesperado do presidente. Os Estados Unidos desejavam preservar a paz, porém não ao preço de manter um grande exército por tempo indefinido a 4,8 mil quilômetros de casa. As tropas americanas não poderiam permanecer na Europa por um período "muito maior que dois anos". O Congresso jamais concordaria com um compromisso desse tipo sem data de encerramento.

"Perguntas formidáveis" começaram a se formar na cabeça de Churchill enquanto ele digeria essa "grave declaração".[16] Se os Estados Unidos se retirassem, "a Grã-Bretanha teria que ocupar sozinha toda a parte ocidental da Alemanha. Seria uma tarefa muito acima de nossas forças". Pouco poderia ser feito para impedir que o Exército Vermelho, a partir do leste, abrisse caminho pela Europa Ocidental. Isso aumentou sua determinação de postular um papel mais destacado para a França na ocupação da Alemanha no pós-guerra. A França era a única potência europeia em condições de montar um exército de tamanho suficiente para conter um renascimento alemão — ou um movimento expansionista por parte dos russos.

Churchill acreditava, e nisso ele estava certo, que tinha mais experiência para lidar com Stálin do que Roosevelt. Antes de Yalta, FDR havia se encontrado uma única vez com o ditador, em Teerã, em novembro de 1943. O inglês fizera duas viagens adicionais a Moscou, a primeira em agosto de 1942, quando atribuiu a si mesmo a tarefa nada invejável de anunciar que não haveria um "segundo front" até meados de 1944. Stálin acusou os britânicos de estarem "com medo" dos alemães, mas procurou compensar a alfinetada convidando Churchill para um jantar em seus aposentos privativos no Kremlin, que se estendeu até as três da madrugada. O primeiro-ministro voltou a Moscou em outubro de 1944, ocasião em que negociou o infame acordo de "porcentagens" com Stálin. No afã de evitar que a Rússia ganhasse o controle sobre o leste do Mediterrâneo e as rotas comerciais para a Índia, Churchill anotou num pedaço de papel propostas de esferas de influência nos Bálcãs, conforme reproduzido a seguir:

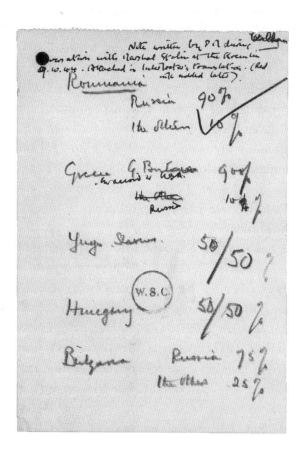

Mais tarde, Churchill descreveria como empurrou o pedaço de papel sobre a mesa. Depois de examiná-lo por poucos segundos, Stálin manifestou sua concordância com uma grande marca azul de aprovação. Seguiu-se um silêncio constrangido, enquanto o papel permanecia no centro da mesa. O inglês sugeriu queimá-lo, para não dar a impressão "de que decidimos questões como essas, fundamentais para milhões de pessoas, de maneira tão casual". Stálin não deu importância à preocupação de Churchill.

"Não, fique com o papel."[17]

O acordo das porcentagens fortaleceu o conceito que Churchill fazia de Stálin como um líder pragmático, com quem poderia negociar, apesar do abismo ideológico. A visão original que ele tinha do bolchevismo era de um "grande mal", comparável ao nazismo, e dos russos como "um povo numeroso, estúpido [...] dirigido pelo terror, por fanatismos e pela polícia secreta". Quando os alemães invadiram a Rússia, em junho de 1941, Churchill agiu de acordo com o princípio de que "o inimigo de meu inimigo é meu amigo". De um momento para o outro, a Mãe Rússia tornava-se vítima da odiosa "máquina de guerra nazista, com seus presunçosos oficiais prussianos em uniformes reluzentes, batendo ruidosamente os calcanhares", comandando "massas embrutecidas da soldadesca de hunos e avançando pesadamente como um enxame de gafanhotos rastejantes".[18] Ele explicou sua impressionante mudança de opinião com seu típico modo espirituoso: "Se Hitler invadisse o inferno, eu faria pelo menos um pronunciamento favorável ao demônio na Câmara dos Comuns". Churchill oscilava entre respeitar Stálin e sentir repulsa por ele. Tentar manter um relacionamento cordial com um comunista, ele disse a seus assessores, era "como fazer carinhos num crocodilo. Não sei se devo fazer cócegas por baixo do queixo ou dar uma pancada no alto da cabeça. Quando o bicho abre a boca, nunca se sabe se ele está tentando sorrir ou se está se preparando para nos devorar".[19]

Nas palavras de um dos primeiros biógrafos de Stálin, Isaac Deutscher, eles formavam uma dupla estranha, "o descendente do duque de Marlborough e o filho de servos, um deles nascido no Palácio de Blenheim, o outro num casebre apertado".[20] Churchill tinha temperamento inflamado, "cheio de idiossincrasias e excentricidades", uma espécie de ressaca da Inglaterra vitoriana "cuja herança imperial ele guardava com todo o vigor de seu temperamento romântico". Stálin ponderava longamente cada movimento e "tinha dentro de si toda a severidade da Rússia tsarista e da União Soviética bolchevista, cujas tempestades dominara com um autocontrole gelado, imperturbável". Tantas diferenças tornavam os dois grandes contendores. Apesar da hostilidade mútua que nutriam, ambos apreciavam os truques e artimanhas do oponente. Stálin tinha um respeito relutante pelas pessoas que ousavam enfrentá-lo, como Churchill e o general De Gaulle, e ficava mais animado em sua presença. O inglês chegou a apreciar, até mesmo confiar em um homem que sabidamente era um ditador cruel. "Venho mantendo boas conversas com o velho Urso", ele escreveu a Clementine em outubro de 1944, depois de seu jantar com Stálin no Kremlin.[21] "Quanto mais o vejo, mais fico gostando dele. Agora eles nos respeitam, e tenho certeza de que querem trabalhar conosco." Churchill acreditava que "jantar com Stálin uma vez por semana não seria nenhum problema. Nós dois nos entendemos como dois velhos turrões".[22]

A grande preocupação de Churchill em relação a Stálin era que ele estava cercado no Kremlin por figuras sombrias, sinistras, que não tinham a menor intenção de cultivar boas relações com o Ocidente. A ideia de que Stálin não mantinha controle absoluto sobre seu pequeno círculo estava completamente errada, mas era compartilhada em larga escala pelos diplomatas ocidentais. Até mesmo George Kennan, o mais calejado de todos os especialistas nos assuntos relativos ao Kremlin, acreditava que Stálin estava bastante restringido por "sua exagerada dependência dos próprios amigos e consultores", que lhe passavam "informações enganosas" e aproveitavam-se de "sua ignorância, seu enorme isolamento e sua natureza georgiana desconfiada".[23] A verdade era que os políticos e diplomatas ocidentais compreendiam muito pouco os mecanismos internos da política soviética, que o próprio Churchill descrevera, em discurso pronunciado no início da guerra, como "um enigma embrulhado num mistério escondido num quebra-cabeça".[24]

Stálin pedira a seu ex-embaixador em Londres, Ivan Maisky, que preparasse um esboço das exigências russas para as reparações do pós-guerra por parte da Alemanha, que se baseavam no princípio da compensação proporcional. Como a Rússia tinha sido a nação que mais sofrera com a guerra e dera a maior contribuição para a vitória, seria inteiramente justo que recebesse a maior parte das reparações. Maisky mencionou valores de 20 bilhões de dólares, dos quais 10 bilhões seriam reservados para a Rússia. Isso pareceu uma quantia exorbitante para Churchill, que duvidava que a Alemanha algum dia chegasse a pagar essa conta. De acordo com o plano de Maisky, a Alemanha ficaria apenas com 20% de sua indústria pesada. Ou seja, seria forçada a pedir grandes empréstimos aos Estados Unidos, como já acontecera depois da Primeira Guerra Mundial, ou haveria fome em massa no país.

"Se você quiser que um cavalo puxe uma carroça, tem que lhe dar algo para comer."

Com relutância, Stálin concordou, acrescentando no entanto um toque característico. "Está certo, mas você precisa tomar cuidado para que o cavalo não lhe dê um coice."

Churchill passou então a uma analogia sem coices. "Se você tem um automóvel, é preciso abastecê-lo com certa quantidade de gasolina para que ele possa andar."[25]

A discussão prosseguiu em círculos até que a sessão se encerrasse, às oito da noite, sem que nada tivesse sido decidido. "É sempre assim nessas conferências: demoram muitos dias até que as coisas engrenem", queixou-se Cadogan em carta enviada à sua casa. "Os figurões não sabem do que estão falando e precisam ser orientados a adotar métodos um pouco mais organizados. Penso que estamos progredindo um pouco, mas este lugar continua parecendo um manicômio."[26]

O primeiro-ministro voltou ao Palácio Vorontsov para jantar com Eden e sua filha, Sarah. A deprimente falta de notícias de casa persistia. Seu secretário particular, John Martin, ficou aborrecido "ao ouvir o coronel Kent pedir de novo e de novo notícias e receber apenas caviar".[27]

O ânimo de Churchill melhorou após o jantar russo com cinco pratos. Um fogo formidável lhe fora preparado na lareira da sala de jantar. Ele reclinou-se numa poltrona estofada, tomando uns goles de conhaque e dando baforadas ocasionais em seu charuto, tendo à sua volta retratos de aristocratas russos e britânicos. A não ser pelas montanhas do lado de fora, poderia perfeitamente estar de volta a Chartwell ou ao hotel Chequers. A refeição, o álcool e a sensação de estar num ambiente familiar fizeram com que esquecesse todas as advertências anteriores sobre os desastres que ocorreriam se os Três Grandes se reunissem na Crimeia. "Não sei por que as pessoas se queixam de Yalta", comentou com seus assessores. "Considero aqui muito confortável mesmo. Acho que é um ótimo lugar."[28]

O comentário de Churchill tornou-se o tema de risos um tanto amargos por parte dos integrantes de sua equipe, que estavam amontoados na parte restante do casarão. Havia uma estranha dicotomia entre "o luxo e até mesmo a magnificência" das abundantes refeições servidas por empregadas com aventais brancos engomados equilibrando-se sobre modernos sapatos de salto alto e "a inconveniência e a falta de asseio" das acomodações destinadas aos funcionários.[29] Os chefes de departamento britânicos estavam "espremidos na única outra sala de refeições" e precisavam fazer uma volta "pelo jardim e através da lama para chegar a seus dormitórios, para que não perturbassem o primeiro-ministro". Muitos britânicos estavam sofrendo com os percevejos; o próprio Churchill havia sido mordido na primeira noite, antes de uma profunda dedetização das dependências realizada por uma equipe americana de saneamento.

A situação dos banheiros era ainda pior no Palácio Vorontsov do que no Livadia. No interior das acomodações principais, havia um único banheiro para 24 pessoas. "As tentativas de manter um revezamento não deram certo porque cada um tentava superar os demais levantando-se cada vez mais cedo para ser o primeiro a tomar banho." Os marechais de campo enviavam seus auxiliares para que guardassem seu lugar na fila. O comandante da Real Força Aérea, Sir Charles Portal, tomou a iniciativa de abrir o fecho da porta com um pedaço de madeira e expulsar dali "pessoas antissociais, incapazes de perceber que não é de bom-tom passar meia hora no banho".[30] Certa manhã, ao invadir o banheiro, ele deu com um marechal de campo rubro de vergonha, que saiu aos tropeções "segurando seu roupão em volta do corpo". Em outra ocasião, surpreendeu o camareiro de Churchill, Sawyers. "Ele pulou para fora do banho e vestiu seu pijama sem nem mesmo se secar, mas consegui a água para me barbear!"

Um banheiro comunitário havia sido instalado numa pequena cabana no jardim, com "uma camponesa muito simpática que aplicava uma vigorosa massagem nas costas, em pessoas de ambos os sexos [...]. Íamos pelo jardim com um sobretudo esperando não apanhar pneumonia no caminho de volta". O jardim também servia de vaso sanitário coletivo. Britânicos com uma formação impecável "perdiam todo resquício de vergonha e comentavam quais eram os melhores arbustos" para utilizar sem ser vistos pelos onipresentes guardas. Atrás da estátua de Lênin havia um lugar muito procurado. Mais tarde, os delegados concordaram que as instalações sanitárias e de banho foram, depois da própria guerra, o "assunto mais discutido" da Conferência de Yalta.[31]

As diferenças culturais eram inúmeras. Os russos não conseguiam compreender a relutância das secretárias britânicas para "tomar banho e nadar totalmente despidas" com os homens, como era habitual no Exército Vermelho. Os britânicos ficaram surpresos com a completa ausência de tampas de ralo para as banheiras. Eles também se espantaram com a enorme preocupação dos russos para satisfazer as vontades de seus hóspedes, como por exemplo subir em limoeiros no outro lado do mar Negro para Churchill tomar seu gim-tônica e FDR acrescentar algumas gotas de limão aos seus martínis. Outra surpresa foi a "maneira extraordinária" como os russos arrumavam suas camas, dobrando lençóis e cobertores numa "espécie de envelope", que precisava ser desmanchado e refeito antes que a pessoa pudesse deitar-se.

A generosa hospitalidade russa contrastava com a penúria e a devastação que Churchill tivera oportunidade de ver com os próprios olhos na Crimeia. Ele também tinha lido notícias de jornal descrevendo colunas com mais de sessenta quilômetros de extensão de mulheres e crianças alemãs fugindo do avanço dos exércitos russos. "Estou inteiramente convencido de que os alemães merecem isso", ele escreveu para Clementine, "mas assim mesmo essa imagem não me sai da cabeça. O sofrimento em qualquer parte do mundo me deixa horrorizado, e receio cada vez mais que novos conflitos possam surgir precisamente a partir desses que estamos conseguindo eliminar com tanto êxito".[32] Naquela noite, antes de deitar-se, ele partilhou suas preocupações com Sarah. "Não acredito que em algum momento da história a agonia mundial tenha sido tão grande nem tão disseminada. Hoje, na hora do pôr do sol, há mais sofrimento em todo o mundo do que jamais houve."[33]

Churchill era um viajante e explorador incansável. Já percorrera dezenas de milhares de quilômetros durante a guerra, tendo cruzado o Atlântico seis vezes para encontrar-se com Roosevelt, além de suas duas viagens a Moscou para reuniões com Stálin. Ele convencera FDR a fazer a viagem pelo oceano em sentido oposto para conferências em Casablanca, no Cairo e em Teerã. Além disso, também fizera várias viagens individuais pelo canal da Mancha, com o objetivo de prestar sua solidariedade aos franceses quando eles se encontravam à beira da derrota no primeiro semestre de 1940, e de manifestar seu apoio às tropas britânicas em sua ofensiva pela Europa ocupada pelos nazistas depois do Dia D. Foi por sua sugestão que o encontro de Yalta recebeu o codinome de Argonauta, numa evocação aos heroicos viajantes da Grécia antiga. Ele acreditava firmemente na diplomacia do contato direto, menosprezando o telégrafo e outras modernas tecnologias de comunicação, os quais considerava como "muros vazios, coisas mortas em comparação com os contatos pessoais".[34]

Todas essas viagens envolviam uma boa dose de perigo — e não apenas por causa do fogo inimigo. Os riscos foram sublinhados com a perda de dois aviões que acompanharam o primeiro-ministro da Grã-Bretanha a Malta. O avião de transporte da estação de York da Real Força Aérea britânica ultrapassou a ilha e caiu no mar, matando a maioria das pessoas a bordo, entre elas assessores pessoais tanto de Churchill como de Eden. Churchill atribuiu o acidente aos "estranhos caminhos do destino".[35] Ele sabia que devia a própria sobrevivência à sorte, mais do que a qualquer outra coisa. Tinha sido alvejado diversas vezes em sua vida, a começar na Revolução Cubana de 1895. "Balas não são motivo para preocupação", ele escreveu à sua mãe depois de ter ficado sob fogo pela primeira vez em seu aniversário de 21 anos. "Além disso, sou tão convencido que não acredito que os deuses teriam criado uma criatura tão poderosa para ter um fim tão prosaico."[36] Sabendo que poderia não voltar de uma de suas viagens durante a guerra, ele escreveu uma carta ao rei George VI indicando Eden como seu sucessor.

À medida que as reuniões de cúpula foram se tornando mais frequentes e mais grandiosas, elas perderam muito de seu caráter íntimo de retiro campestre. Durante sua primeira visita a Washington, em dezembro de 1941, Churchill simplesmente ficou hospedado na Casa Branca, morando, comendo e trabalhando ao lado de FDR durante três semanas seguidas. Em Teerã, Roosevelt ficou com Stálin na embaixada soviética para evitar os riscos de ter que fazer o percurso de lá até a embaixada americana, no outro lado da cidade. Em Yalta, as residências dos três líderes ficavam a quilômetros de distância uma da outra, mas outras tradições foram mantidas. Os delegados cumprimentavam-se como velhos amigos que se reencontravam, trocando piadas e casos curiosos. Até mesmo o pessoal dos serviços domésticos era um prolongamento da família dos Três Grandes. No desjejum, na primeira manhã passada no Palácio Livadia, um garçom russo correu para abraçar Chip Bohlen. O motivo para isso era que ele tinha sido funcionário na embaixada americana em Moscou antes da guerra. Bem de acordo com seu apelido, *Verny Slug*, ou "Criado Fiel", o velho servidor certificou-se de que o quarto de Bohlen estivesse sempre com um bom estoque de caviar e vodca.[37]

Talvez o mais bizarro de todos os rituais das reuniões de cúpula fosse o jogo do "drinque grátis". Inventado por pilotos do Alasca especializados em voar para zonas remotas, o jogo foi adotado por presidentes, primeiros-ministros, embaixadores e generais. As regras eram simples. Um grupo de pessoas viajando juntas assinava cédulas de dinheiro nas quais anotavam quem estava presente. Quem não conseguisse apresentar a nota, ao lhe ser solicitada numa nova reunião, era obrigado a pagar um drinque aos colegas. Conferências anteriores haviam resultado em incontáveis "drinques grátis" com a participação de todo mundo, de Churchill ao general George C. Patton. Na segunda sessão plenária de Yalta, Harry Hopkins decidiu obter a assinatura de Stálin num "drinque grátis" para seu filho fotógrafo, Robert. FDR e Churchill não hesitaram em assinar a nota de dez rublos com o sacrossanto retrato de Vladimir Lênin, mas Stálin negou-se, evidentemente sem entender o espírito da brincadeira. Roosevelt explicou as regras, acrescentando que toda pessoa que atravessasse o Atlântico voando poderia entrar no clube, desde que fosse convidado ao menos por dois membros já atuantes. Isso permitiu que Stálin encontrasse um jeito de cair fora. Ele observou que nunca havia sobrevoado o Atlântico e portanto não estava qualificado.

"Assumo a responsabilidade de cancelar essa exigência agora mesmo", respondeu de forma magnânima o presidente.[38] O *vozhd* acabou assinando — mas não achou a menor graça.

A camaradagem dos tempos de guerra escondia as crescentes diferenças entre americanos e ingleses, que ia de questões de estratégia militar a objetivos do pós-guerra. Em Malta, os comandantes britânicos e americanos divergiram sobre os planos para a invasão da Alemanha. Os britânicos diversas vezes propuseram ataques diversionistas à Wehrmacht no Mediterrâneo e em outras partes, que os americanos rejeitavam por considerá-los um inútil desvio da ofensiva principal. Os oficiais americanos mais graduados, inclusive o presidente, viam Churchill como um imperialista irredutível, disposto a conservar até o fim a última de suas colônias. Enquanto isso, o primeiro-ministro suspeitava que FDR estava transferindo sua atenção, ou até mesmo suas simpatias, para Stálin. Ele sentia-se rejeitado. O fato de americanos e russos estarem negociando diretamente, sem consultá-lo, causava-lhe uma mágoa profunda. De modo geral, os americanos eram menos desconfiados dos russos que os ingleses, pois não viam o Exército Vermelho como ameaça imediata.

Embora os dois líderes permanecessem próximos um do outro, a familiaridade, a extravagância e a grandiosidade dos dias iniciais da aliança de guerra tinham se esvaído. Nada mais seria capaz de se comparar à emoção de seu primeiro encontro, em agosto de 1941, quando os dois sentaram-se juntos no convés de um navio de guerra britânico, o *Prince of Wales*, cantando "Onward, Christian Soldiers" [Avante, soldados cristãos], unidos pela mesma religião, pela mesma causa e pelo mesmo idioma. "Parece que cada palavra mexia com o coração", lembraria Churchill. "Foi um grande momento para se viver."[39] Eles registraram a ocasião redigindo uma Carta de Intenções Atlântica, em que estabeleciam seus objetivos comuns para a guerra:

- Nenhuma expansão territorial ou de qualquer outra ordem.
- Nenhuma alteração territorial que não esteja de acordo com a livre vontade dos povos envolvidos.
- Todos os povos têm o direito de escolher a forma de governo sob a qual viverão.
- Acesso livre ao comércio e às matérias-primas para todas as nações, grandes ou pequenas, vitoriosas ou derrotadas.
- Libertação do medo e da privação.
- Liberdade de viajar por alto-mar e pelos oceanos sem impedimentos.
- Abandono permanente do uso de força nas relações internacionais.

Em seu encontro seguinte, na Casa Branca, em dezembro daquele ano, o presidente, ao entrar, deu com um primeiro-ministro "inteiramente pelado", o corpo molhado do banho.[40] FDR pediu desculpas e começou a se retirar, mas foi interrompido pelo Churchill nu. "Como pode ver, presidente, não tenho nada a esconder do senhor." Roosevelt deu uma enorme gargalhada, enviando mais tarde um telegrama a seu amigo: "É divertido estar na mesma década que o senhor". Quando eles se encontraram no Marrocos, em janeiro de 1943, Churchill, com lágrimas nos olhos, dizia a seus assessores: "Adoro esse homem". Depois da guerra, ele confessou que "amante nenhum chegou a preocupar-se tanto com cada capricho da pessoa amada como eu me preocupava com os caprichos do presidente Roosevelt".[41] Era uma observação que capturava bem o relacionamento desigual entre os dois líderes ocidentais, por trás da aparência extrovertida de ambos. Romântico impulsivo, o inglês havia sido escalado para o papel do galanteador. O americano era um realista frio, o alvo dos galanteios. Leitor voraz e autor de crônicas sobre campanhas militares, Churchill adorava conversar sobre grandes questões de Estado mesmo em seus momentos de folga. Roosevelt relaxava com conversa fiada e rotinas triviais que nada tinham a ver com seus afazeres e obrigações oficiais. Churchill gostava de proferir discursos longos e floreados, enquanto Roosevelt preferia a informalidade da conversa ao pé da lareira.

Churchill precisou esperar até o terceiro dia da conferência, uma terça-feira, 6 de fevereiro, para ter uma conversa em particular com FDR. Eles almoçaram juntos no salão de bilhar do Palácio Livadia com um pequeno grupo de assessores, diante de uma lareira Tudor arqueada. O almoço fora planejado por Harry Hopkins, que sentira a necessidade de uma coordenação maior entre o presidente e o primeiro-ministro. Como frequentemente acontecia, no entanto, Roosevelt não queria discutir questões substanciais, preferindo deter-se em amenidades que disfarçavam suas verdadeiras intenções. "Bastante agradável e divertido, mas não muito útil", escreveu Cadogan, o único outro inglês presente na ocasião. "O presidente certamente envelheceu."[42]

Com a intenção de evitar um desgaste excessivo para FDR, Hopkins havia concordado com Anna em dar o almoço por encerrado às 14h45. Isso permitiria que os dois líderes tirassem uma soneca antes da sessão plenária, marcada para as quatro horas. Hopkins ofereceu a Churchill a utilização da sala de estar do tsarévitche, o filho do tsar, com vista para o mar Negro, próximo ao salão de bilhar. Infelizmente, ela já estava ocupada. O general Edwin "Pa" Watson, assessor militar de Roosevelt, estava fazendo sua sesta. O assessor naval, almirante Brown, ocupava uma cama adjacente, dobrável, do Exército. Como não havia armários, suas coisas estavam empilhadas ao longo das paredes. Hopkins enviou um jovem tenente da Marinha para informar aos dois oficiais que teriam de ceder lugar ao primeiro-ministro. O muito querido Pa era conhecido na Casa Branca como o homem que dava o braço a FDR em eventos oficiais, quando ele avançava com dificuldade até o palanque em seu aparelho ortopédico. Sua principal tarefa era manter todo mundo relaxado, numa atmosfera animada: no Cairo, à falta de companhia feminina, ele dançou um foxtrote com Churchill. Mas o grande e jovial general de voz possante tinha sofrido uma série de ataques cardíacos nos meses anteriores e estava muito doente. Ele viera a Yalta contrariando a orientação de seus médicos e não estava disposto a abrir mão de sua cama para quem quer que fosse.

"Diga a Harry Hopkins que, se ele quer um lugar para Churchill tirar uma soneca, ofereça seu próprio quarto. Nem eu nem o almirante vamos sair daqui."[43]

O tenente caminhou vagarosamente de volta pelo corredor para transmitir seu recado a Hopkins, que também se encontrava doente, e que já havia se retirado para o *seu* cochilo vespertino. Ele não se mostrou nem um pouco compreensivo. Para ele, Pa estava ali como um penetra inútil, doente a maior parte do tempo. Ele contra-atacou ameaçando acordar o presidente de *seu* cochilo se os dois não "saíssem imediatamente". Com isso, encerrou-se a discussão. Queixando-se em altos brados, o general quase à beira da morte abriu mão de sua cama em favor do antigo parceiro de dança.

4. Polônia — *6 de fevereiro*

Depois de dois dias de discussões, os Três Grandes finalmente chegaram ao que Churchill chamou de "ponto crucial da conferência", durante a terceira sessão plenária na terça-feira, 6 de fevereiro. Eles precisavam enfrentar o problema da Polônia, espremida entre Rússia e Alemanha numa vasta planície que havia servido de rota de invasão em ambas as direções para os exércitos de Napoleão e Hitler, do tsar Alexandre e dos mongóis. Stálin fora bem claro em suas exigências. Ele queria levar o problemático país quase 3,5 mil quilômetros para oeste, mudando suas fronteiras, decidido a garantir que a Polônia nunca mais constituiria nenhuma ameaça militar ou política à Mãe Rússia.

Para Roosevelt e Churchill, a Polônia era a pedra de toque das intenções de Stálin. A guerra com quase toda certeza deixaria o Exército Vermelho no controle de uma enorme parte da Europa Central e Oriental, além de uma apreciável porção da Alemanha. Como o maior e o mais importante dos países que cairiam na órbita soviética, a Polônia constituía a chave para o futuro de toda a região. *Àquela altura*, havia na prática dois governos nacionais, cada um com seu exército próprio, cada qual alegando representar 30 milhões de poloneses. Um desses governos tinha sua base em Londres desde o início da guerra, quando foi forçado ao exílio em seguida à divisão por nazistas e soviéticos. O segundo governo fora estabelecido na cidade de Lublin, ao leste, e tinha o controle efetivo de grande parte do país. No que dizia respeito aos Estados Unidos e à Grã-Bretanha, o governo legítimo era aquele estabelecido em Londres; a União Soviética reconhecia o governo de Lublin.

Presidindo a reunião, FDR abriu a discussão adotando um tom conciliatório. Chamou a atenção para o fato de que os Estados Unidos estavam "mais afastados da Polônia do que qualquer outro país aqui" e, portanto, numa posição apropriada para oferecer uma perspectiva equilibrada. Em Teerã, o presidente já atendera a muitas das exigências territoriais da União Soviética. Ele concordou que a Polônia teria que abrir mão de suas províncias ao leste, onde a maioria da população era de ucranianos e bielorrussos. Essas províncias passariam para a União Soviética, com a compensação sendo feita no oeste, às custas da Alemanha. Roosevelt pediu que Stálin abrisse exceção para a cidade de Lwów, na qual os poloneses eram maioria, mas sem fazer muita pressão nesse sentido. Em vez disso, enfatizou a necessidade da instalação de um governo provisório com bases amplas, para que se preparassem eleições livres. A opinião pública americana não aceitaria o governo de Lublin, dominado pelos comunistas, que representava "apenas uma pequena parte" da nação polonesa. Roosevelt era favorável à criação de um novo governo de unidade nacional, representando todos os principais partidos políticos.

Churchill falou em seguida. Assim como Roosevelt, não fez pressões a propósito de questões territoriais. Em Teerã, apoiara a ideia de levar a Polônia mais para o oeste, permitindo assim que a União Soviética mantivesse o território em 1939, de acordo com o Pacto Molotov-Ribbentrop. Para ilustrar o que dizia, distribuiu três palitos de fósforo sobre a mesa, representando União Soviética, Polônia e Alemanha. Em seguida rolou os palitos de leste para oeste, "como soldados num treinamento, dando dois passos à esquerda e parando".[1] O primeiro-ministro então declarou que "uma Polônia forte, livre e independente" era muito mais importante que fronteiras territoriais específicas. Ele lembrou a Stálin que a Grã-Bretanha entrara na guerra contra a Alemanha em 1939 para proteger a independência polonesa. Essa era uma questão de "honra" para a Grã-Bretanha, que "quase custou nossas vidas".[2] Ele estava de acordo que não se poderia permitir que a Polônia "conspirasse" contra a Rússia, mas insistiu que o país "deveria ser senhor de sua própria casa e comandante de sua alma".

Stálin pediu um breve recesso. Ele queria pôr em ordem seus pensamentos, para que pudesse apresentar seu ponto de vista com calma e convicção. Mais que qualquer outro, ele compreendia o que estava em jogo. Por trás das belas palavras sobre liberdade e independência, residia uma questão a propósito de poder político que necessitava ser resolvida: *Kto kogo? Quem* controlaria *quem*? Levar a Polônia a 320 quilômetros para oeste atingiria ao mesmo tempo dois objetivos. Com um só golpe, a Rússia recuperaria todos os territórios cedidos à Alemanha por Lênin, sob coação, em 1918, como preço para sair da Primeira Guerra Mundial no humilhante Tratado de Brest-Litovski. E, igualmente importante, a Polônia passaria a depender das garantias de segurança soviéticas para anexar amplas porções da Alemanha.

O seminarista que se transformara em chefe do comitê central era um debatedor magistral, levando seus oponentes à exaustão por meio de sua lógica implacável, mesmo que tortuosa. Ele sabia como capturar o ponto fundamental da argumentação do antagonista e fazê-lo voltar-se contra o próprio autor. Quando a sessão recomeçou, Stálin se lançou num discurso sobre o uso da palavra "honra" por Churchill. Para a União Soviética, o futuro da Polônia não se resumia a uma questão de "honra"; era também uma questão de "segurança". A Polônia estava montada sobre a tradicional rota de invasão da Rússia a partir do Ocidente. A Rússia precisava de uma Polônia "livre, independente e poderosa", que fechasse de uma vez por todas esse corredor de acesso.

Em seguida, Stálin vetou toda concessão significativa na questão territorial. Sua proposta de uma nova fronteira entre a União Soviética e a Polônia era muito semelhante à chamada Linha Curzon, endossada pela Grã-Bretanha e pela França em 1919, durante a Conferência de Versalhes. O então secretário do Exterior britânico, Lord Curzon, destinara Lwów e a região ao seu redor à Rússia. Para os líderes soviéticos, seria "vergonhoso" caso fossem considerados "menos russos que Curzon". À medida que avançava em sua retórica, o ditador ergueu-se da cadeira, começando a fazer gestos amplos com seu braço direito, o bom. Para quem o conhecia bem, isso era uma clara indicação de sua agitação e determinação. Ivan Maisky pensou que Stálin estivesse a ponto de deixar a mesa da conferência e começar a caminhar pelo salão de baile, como costumava fazer em seu gabinete no Kremlin, mas ele se conteve. Em vez disso, apenas empurrou a cadeira para trás e argumentou "com um fervor incomum".[3]

Já estava ficando tarde. Hopkins, sentado atrás de FDR, ao lado de Alger Hiss, do Departamento de Estado, mostrava-se preocupado com a saúde de seu chefe, que estava com a aparência ainda mais frágil do que de costume. Ele rabiscou um bilhete e passou-o para a frente. "Sr. presidente: Que tal encerrarmos a reunião por hoje quando Stálin concluir — e dizemos que amanhã vamos discutir o assunto?"[4]

Mas Stálin não ia concluir tão cedo. As pessoas podiam tachá-lo de "ditador", mas ele tinha "sentimentos democráticos suficientes para se recusar a criar um governo polonês sem que os poloneses sejam consultados".[5] O problema era que os dois governos rivais não se entendiam: um acusava o outro de ser formado por "criminosos e bandidos". Os que apoiavam o governo de Londres estavam atacando os depósitos de armas soviéticos; já haviam matado 212 soldados russos. Do ponto de vista de Stálin, o governo de Lublin era "bom" porque estava estabelecendo a paz na retaguarda do Exército Vermelho. O governo de Londres era "mau" porque estava prejudicando operações militares.

"Sem uma retaguarda segura, não pode haver mais vitórias para o Exército Vermelho. Todo militar, e mesmo quem não for militar, há de compreender a situação."

FDR tentou encerrar a sessão, mas Churchill, que havia se revigorado com "alguns goles" durante o intervalo, insistiu em ter a última palavra.[6] Ele concordava que os ataques ao Exército Vermelho deveriam ser punidos, mas argumentou que o governo de Lublin não tinha legitimidade popular. Seria necessário algum tipo de acordo.

"A Polônia vem sendo uma fonte de problemas há mais de quinhentos anos", comentou um Roosevelt já esgotado, encerrando enfim a discussão.

A saúde fraca tornara Roosevelt menos tolerante com as idiossincrasias de Churchill, em especial seu temperamento excessivamente volúvel. Uma vez ele brincou que "Winston tem cinquenta ideias todo dia, e três ou quatro delas são boas". A sós com Byrnes depois da discussão sobre a Polônia, ele resmungou que a longa sessão tinha sido "culpa de Winston, porque ele fez muitos discursos".[7]

"Sim, é verdade", concordou o "presidente assistente", agora tendo retomado a posição de intimidade. "Mas foram bons discursos."

FDR deu risada. "Todos os discursos de Winston são assim."

Nos bastidores da conferência, faziam-se esforços frenéticos para conservar as energias do presidente, em declínio constante. Anna estabelecera uma aliança com o cardiologista Howard Bruenn, que finalmente decidira fazer-lhe confidências, contra a vontade de seu superior, o vice-almirante McIntire. Ela estava tentando tudo que podia para manter "as pessoas desnecessárias" longe de seu pai e "deixar que as necessárias se aproximassem nas melhores ocasiões".[8] O próprio Roosevelt contribuía para seu problema de saúde. "Ele fica exaltado demais, tenso, dá a impressão de estar gostando muito de tudo aquilo, mas quer gente demais por perto e depois não vai se deitar na hora certa. O resultado é que ele não dorme bem." Anna confessou suas preocupações numa carta ao marido, John Boettiger:

> Descobri por meio de Bruenn (que não me deixa contar a Ross que esse problema do coração é bem mais sério do que eu imaginava). E a maior dificuldade para lidar com a situação aqui é que não podemos, claro, contar a ninguém sobre o problema do coração. É mesmo bastante preocupante — e não há muito que se possa fazer a respeito. (É melhor rasgar e destruir este parágrafo.)

O impasse sobre a questão da Polônia foi um peso a mais sobre FDR. Ele sabia que Stálin estava em posição de ditar os termos, uma vez que suas tropas ocupavam a maior parte do país. Tinha chegado a hora de jogar a carta que ele imaginava ser seu trunfo: Roosevelt faria um apelo pessoal ao ditador russo, exortando-o a um acordo. Ele disse o que pensava a Bohlen, salientando o perigo de uma divergência séria quanto à questão polonesa. Os americanos estavam se indagando: "Se não conseguimos chegar a um consenso agora que nossos exércitos estão unidos, lutando contra um inimigo comum, como poderemos chegar a um entendimento sobre temas ainda mais vitais no futuro?". Roosevelt sugeriu a convocação de um grupo representativo de lideranças polonesas a Yalta, para encontrar uma solução quanto a um futuro governo provisório na presença dos Três Grandes.

O presidente assinou a carta e enviou-a ao Palácio de Yusupov antes de ir deitar-se.

A oito quilômetros de distância, em Koreiz, Stálin estava reunido com seus conselheiros militares na *Stavka* no andar térreo de seu palácio cinzento. Ele tinha passado a última semana discutindo se deveria ou não autorizar um ataque com força máxima a Berlim. Seus comandantes da linha de frente, em particular Vasily Chuikov, o herói de Stalingrado, queriam avançar. Agora que as tropas soviéticas estavam atravessando o rio Oder, Chuikov tinha certeza que a capital inimiga poderia ser tomada em apenas dez dias, antes que Hitler pudesse reunir reforços em número suficiente. Os oficiais do Estado-Maior Geral opunham-se a uma ofensiva-relâmpago. Eles temiam um contra-ataque das forças alemãs na Polônia e na Prússia Oriental, explorando flancos expostos nas linhas soviéticas e abrindo uma brecha entre os exércitos de Zhukov, no centro, e de seu colega marechal, Konstantin Rokossovsky, ao norte.

A situação havia se tornado mais clara nos últimos dias. Um súbito degelo derretera a neve no Oder, tornando muito mais difícil para as tropas russas concluir a travessia do rio para consolidar as cabeças de ponte na margem ocidental. As forças de Zhukov tinham feito progressos espantosos, cobrindo quase quinhentos quilômetros em vinte dias, mas estavam extenuadas e com poucos suprimentos. Na ofensiva mais recente, algumas unidades chegaram a registrar baixas de 35% a 45%, e o número de tanques perdidos atingia quase o mesmo nível.[9] Enquanto isso, o *vozhd* foi informado por Roosevelt e Churchill de que os Aliados ocidentais não poderiam atravessar o Reno antes de meados de março, na melhor das hipóteses. Não havia a menor possibilidade de que Eisenhower chegasse a Berlim antes de Zhukov. Desferir um ataque com força total a Berlim naquele momento não era apenas muito arriscado. Era também desnecessário.

Outro fator que pesava na mente de Stálin era a luta pelo poder na Polônia. Como ele indicara na sessão plenária da tarde, as tropas soviéticas estavam enfrentando forte resistência por parte do movimento clandestino do Exército Doméstico Polonês, leal ao governo no exílio em Londres. O Exército Doméstico sofrera uma derrota catastrófica em meados do ano anterior, quando perdera 20 mil combatentes durante um levante de dois meses em Varsóvia, mas ainda continuava com um significativo apoio popular. Seus líderes mantinham um ressentimento de longa data contra os soviéticos por terem aguardado no lado oposto do rio Vístula enquanto seu levante era brutalmente reprimido pelos alemães. Eles suspeitavam que Stálin queria que os nazistas matassem o maior número possível de poloneses alinhados com o governo de Londres antes da liberação de Varsóvia pelas forças soviéticas. O *vozhd* se referia aos líderes do levante como aventureiros políticos; tinha até mesmo negado permissão para que aviões aliados aterrissassem em território soviético após terem lançado mantimentos sobre Varsóvia. Os líderes do Exército Doméstico Polonês agora viam a Rússia — e não a Alemanha — como seu principal inimigo. Ao longo das semanas anteriores, tinham organizado uma série de ataques às linhas de suprimento do Exército Vermelho e aos postos policiais estabelecidos pelo governo de Lublin, dominado pelos comunistas. Para conter a ameaça do Exército Doméstico, Stálin precisava dispor três divisões da NKVD na Polônia, tropas que, não fosse esse problema, poderiam ser usadas contra a Wehrmacht.

Em questões militares, assim como na política, em vez de atacar às cegas, Stálin preferia agir com cautela. Bukharin certa vez o chamara de *genialny dozirovshchik*, o "gênio do comedimento".[10] Ele sabia quando avançar, quando recuar e quando consolidar suas conquistas. Gostava de manter suas opções em aberto pelo tempo que fosse possível, cansando os adversários, atento a qualquer fraqueza antes de desferir o golpe decisivo. A perspectiva de encerrar a guerra com um ataque devastador a Berlim era sem dúvida atraente, permitindo que o Exército Vermelho penetrasse profundamente em território alemão. Os riscos, porém, eram grandes demais. Seria preferível obter o controle da Polônia e da Prússia Oriental antes de liquidar Hitler.

O *vozhd* pegou o telefone especial de alta frequência instalado no Palácio Yusupov para permitir uma linha direta com os comandantes de campo. Zhukov atendeu. Estava participando de uma conferência com Chuikov e outros generais da linha de frente. Sobre a mesa havia mapas de Berlim e do Oder.

"O que você está fazendo?", quis saber Stálin.

"Estamos planejando a operação contra Berlim."

"Você está perdendo seu tempo."[11] O *vozhd* ordenou que Zhukov se voltasse para o norte, protegesse seu flanco direito e fechasse a brecha aberta entre suas forças e as de Rokossovsky. Seria necessário impedir a todo custo uma ofensiva alemã a partir da Pomerânia e do norte da Polônia. Chuikov "entendeu que o ataque a Berlim estava sendo adiado por um período indefinido".

O tempo havia melhorado bastante desde o início da conferência, e a temperatura estava surpreendentemente amena para o começo de fevereiro, entre quatro e cinco graus. A quarta-feira, 7 de fevereiro, foi um dia de sol claro, combinado com um agradável vento do leste. Quando Churchill e sua filha passaram pelo casarão de Stálin, no caminho para Livadia, repararam nas austeras elevações rochosas mais adiante. Além dos onipresentes guardas, a mais de cem metros em volta havia poucos sinais modernos de civilização. O sol "brilhava com tanta força sobre o mar que o reflexo nos fazia piscar os olhos", observou Sarah. A cena lembrou o primeiro-ministro de alguma coisa. Subitamente ele se recordou: "A Riviera de Hades".[12]

Quando a conferência recomeçou, às quatro da tarde, para a quarta sessão plenária, Stálin queixou-se de que acabara de receber a carta enviada pelo presidente na noite anterior, e não lhe fora possível agir de acordo com suas sugestões sobre a Polônia. Tentara entrar em contato telefônico com os líderes do governo de Lublin, mas eles estavam viajando, e ele não tinha os endereços dos líderes da oposição. Não havia "tempo suficiente" que permitisse sua vinda a Yalta.

Stálin deu a palavra então a Molotov, que leu um texto que apresentou como termo de compromisso. Os soviéticos continuavam insistindo na manutenção da Linha Curzon como fronteira leste da Polônia, mas se dispunham a fazer ajustes "em algumas regiões entre cinco e oito quilômetros em favor da Polônia". A fronteira ocidental da Polônia acompanharia a linha dos rios Oder e Neisse Ocidental, bem no interior do Terceiro Reich. Era "considerado desejável" acrescentar "alguns líderes democráticos dos círculos de emigrados poloneses" ao governo de Lublin; o "governo ampliado" seria então reconhecido formalmente por Washington, Londres e Moscou. Haveria eleições para um novo Parlamento assim que fosse possível.

Não havia mapas à mão enquanto o comissário soviético de relações exteriores apresentava suas propostas para as novas fronteiras da Polônia. Mais tarde, Churchill admitiu que não percebeu a distinção entre o Neisse Ocidental (Lusatian) e o Oriental (Glatzer), dois afluentes do Oder. Esse detalhe também escapou a Roosevelt, que deixara de ler um estudo do Departamento de Estado mostrando que a região entre os dois rios era de tamanho equivalente ao estado de Massachusetts, com uma população de 2,7 milhões de pessoas de etnia alemã. Esse número somava-se aos 7 milhões de alemães e 2 milhões de poloneses que seriam deslocados de acordo com planos anteriores em princípio já aprovados por Churchill e Roosevelt. A conclusão era que Stálin propunha a realocação à força de cerca de 12 milhões de pessoas vivendo em territórios cuja extensão era equivalente à área da Itália ou do estado americano do Arizona. O relatório do Departamento de Estado sobre a questão previa que transferências tão maciças de população transformariam a Polônia num "mero satélite soviético", que dependeria inteiramente de Moscou para sua proteção.[13]

Em termos de limpeza étnica, as transferências de população representariam o maior episódio da história, maior que o extermínio de 6 milhões de judeus por Hitler, embora sem a mesma letalidade. Mesmo sem apreender inteiramente toda a escala que assumiria a revolução demográfica proposta, Churchill foi apanhado de surpresa. Ele disse a Stálin que existia "uma grande escola de pensamento na Inglaterra que fica chocada com a ideia de se transferir milhões de pessoas por meio da força". Ele, pessoalmente, não partilhava esses sentimentos, mas duvidava que a Polônia pudesse absorver territórios tão extensos no oeste.

"Seria uma grande pena encher o ganso polonês de comida alemã, pois ele acabaria morrendo de indigestão", comentou Churchill.

Stálin acreditava que o problema se resolveria por si só. Em pouco tempo "não haveria mais alemães" naqueles territórios. De um modo geral, "quando nossas tropas chegam, os alemães fogem".

O clima esfriou no amplo salão de baile branco. A Alemanha havia cometido atrocidades indescritíveis contra a Rússia nos primeiros anos da guerra, e agora estava sofrendo a desforra na forma de uma orgia de assassinatos, estupros e saques. Embora os líderes ocidentais não dispusessem de fontes diretas de informação da Polônia e da Prússia Oriental, eles deviam ter uma ideia do que estava ocorrendo. O propagandista soviético Ilya Ehrenburg, uma figura de imensa popularidade, havia tempos incentivava as tropas do Exército Vermelho a matar o maior número possível de alemães, sem fazer distinção entre militares e civis. "Os alemães não são seres humanos", declarou num panfleto amplamente distribuído de 1943, cujo título era "Mate". "Se você não tiver matado pelo menos um alemão por dia, foi um dia desperdiçado [...]. Se matou um alemão, mate outro. Não há nada mais divertido para nós do que uma pilha de cadáveres alemães."[14] No momento em que os soldados soviéticos passaram a combater em território alemão, ele elevou suas exigências de retaliação. "As cidades alemãs estão em chamas. Fico feliz. Alemanha, agora você entra em um redemoinho, e queima, e uiva em sua agonia mortal; chegou a hora da vingança."

Roosevelt e Churchill também demoraram para entender a referência de Molotov a um governo polonês *ampliado*, e não a um novo governo. A escolha do adjetivo tinha importância fundamental. Um *novo* governo, como Roosevelt

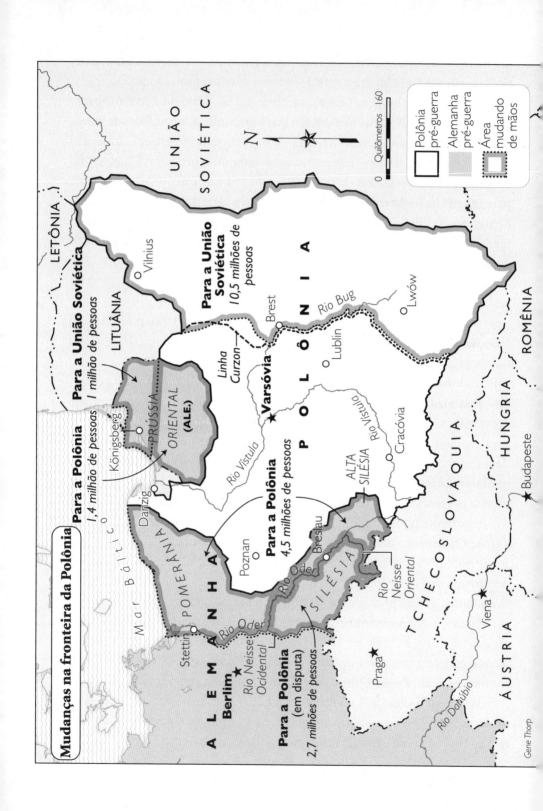

propusera em sua carta da noite anterior, representaria um compromisso autêntico entre comunistas e não comunistas. Um governo *ampliado*, como aquele esboçado por Molotov, estaria construído a partir do já existente governo de Lublin, dominado pelos comunistas, com o acréscimo de algumas figuras meramente simbólicas vindas do exílio. A estrutura básica de poder não seria afetada. Tratava-se de uma controvérsia que consumiria meses de discussões diplomáticas, mas seu verdadeiro significado não se fez muito evidente de imediato.

"Acredito que estamos fazendo um inegável progresso", afirmou Roosevelt.

Cadogan continuava achando Stálin "de longe, o mais impressionante" negociador dos Três Grandes. "Tio Joe está em grande forma", escreveu à sua mulher o diplomata educado em Eton.[15] "O presidente divagava e o primeiro-ministro fazia bastante barulho, mas Joe ficava apenas escutando tudo, parecendo até se divertir. Quando falava, nunca usava uma só palavra supérflua, indo sempre direto ao assunto. É evidente que ele tem bastante senso de humor — e um pavio bem curto!"

Stálin encarava a Polônia à maneira dos tsares, como um país sempre tramando algo contra a Rússia. Além de constituir um corredor para invasões estrangeiras, a Polônia servia também como porta de entrada de indesejáveis influências ocidentais. Nas óperas russas, como *Boris Godunov*, os governantes poloneses tradicionalmente estão cercados por astuciosos padres católicos, procurando meios para estender sua influência ao leste. As maneiras refinadas da corte da Polônia, as elegantes danças mazurca e *polonaise*, parecem afetação, atitudes que não se harmonizam com os modos simples e honestos do povo russo. A Polônia era uma eterna fonte de problemas para a Rússia; nas palavras de Molotov, "os poloneses nunca se acalmam e nunca estão em paz. Eles são irracionais. Estão sempre prontos para atacar alguém".[16]

Uma das óperas favoritas de Stálin era *Ivan Susanin*. Antes da revolução, a obra de Glinka tinha o título de *Uma vida para o tsar*, mas Stálin fez com que o libreto fosse reescrito, tirando o tsar da trama e enfatizando o heroísmo de um simples camponês russo. Ambientada em 1613, durante uma invasão da Rússia por poloneses, conta a história de Susanin, que se oferece para indicar o caminho ao exército invasor, mas na verdade conduz as tropas a uma densa floresta, da qual não há como escapar. Quando os poloneses percebem que foram enganados, matam Susanin. Tarde demais: seu destino já está selado. Stálin gostava de sentar-se em seu camarote no teatro Bolshoi, às vezes mordiscando um ovo cozido, o olhar fixo no palco, enquanto os soldados poloneses morriam congelados na neve. Ele sempre deixava o teatro imediatamente, em vez de permanecer para o ato final com a celebração do triunfo russo. Com frequência, era acompanhado por sua filha, Svetlana, que era incapaz de compreender a fascinação do pai por "essa destruição de poloneses numa floresta".[17] Mais tarde ela especulou que a ópera fazia seu pai se recordar de um massacre mais recente de oficiais poloneses, que ocorrera na floresta de Katyn.

A tragédia de Katyn foi um ótimo exemplo da genialidade de Stálin para fazer com que situações difíceis, até mesmo impossíveis, acabassem voltando-se a seu favor. Em 5 de março de 1940, o *vozhd* havia assinado um decreto sigiloso para "aplicar a pena máxima, o fuzilamento", aos prisioneiros de guerra poloneses que se recusassem a aceitar a autoridade soviética. No total, 21 857 poloneses, em sua maioria militares capturados durante a invasão da Polônia pelos russos, foram executados em consequência dessa ordem. Os corpos de muitos deles foram jogados em valas comuns na floresta de Katyn, onde foram descobertos pelos alemães três anos mais tarde, em abril de 1943. Os nazistas aproveitaram a oportunidade para tentar uma cisão entre a União Soviética e seus Aliados ocidentais, publicando provas do crime, inclusive fotografias de militares poloneses mortos com um tiro na nuca e anotações em diários que se encerravam abruptamente em março de 1940. As alegações alemãs pareceram extremamente plausíveis e chocantes ao governo polonês no exílio, que por mais de três anos tentava descobrir o que acontecera aos prisioneiros, recebendo como resposta apenas desculpas esfarrapadas.

Em vez de assumir responsabilidade pelos poloneses desaparecidos, Stálin contra-atacou acusando o governo no exílio de se aliar aos nazistas. POLONESES QUE COLABORAM COM HITLER! foi a manchete do *Pravda* de 19 de abril de 1943. Uma semana depois, Moscou rompeu relações diplomáticas com os poloneses de Londres, por não terem apresentado "uma refutação da torpe calúnia fascista".[18] Os russos acusavam os nazistas de terem assassinado os prisioneiros poloneses, produzindo provas falsas que incriminassem a União Soviética. As alegações soviéticas estavam cheias de contradições, mas isso não fazia muita diferença. No que dizia respeito a Stálin, qualquer um que duvidasse de sua história estaria sabotando o esforço de guerra contra os nazistas. O governo soviético sustentou a versão de Stálin sobre os acontecimentos durante quase meio século, até o colapso do comunismo, em 1991, quando as ordens para a execução por fim vieram a público.

Stálin atraíra os poloneses de Londres, além de seus partidários ocidentais, para uma armadilha engenhosa e inescapável como aquela concebida na ópera por Susanin. Ele agora dispunha da desculpa perfeita para recusar-se a negociar com um governo considerado profundamente antirrusso. Os poloneses estavam diante de uma escolha impossível. Ou endossavam uma mentira ou seriam considerados traidores. Dilema semelhante apresentava-se para os governos da Grã-Bretanha e dos Estados Unidos. Sem disposição para romper com a nação que na verdade estava travando a maior parte da luta contra os alemães, americanos e britânicos foram forçados a manter um silêncio desconfortável. Tanto Roosevelt como Churchill desencorajaram ativamente qualquer tentativa no sentido de revelar a verdade sobre Katyn. Stálin conseguira converter uma posição de fraqueza numa posição de força.

Para o líder russo, a precisa estrutura política de um futuro governo polonês tinha menos importância que a questão da lealdade pessoal. Era importante manter as aparências democráticas. Nações libertadas pelo Exército Vermelho teriam permissão para manter os respectivos parlamentos, seus sistemas políticos e até mesmo seus reis e rainhas. O poder comunista seria exercido nos bastidores, por meio dos "ministérios do poder", que controlariam a polícia e o Exército. Stálin aconselhou os comunistas iugoslavos, ideologicamente rígidos, a não tomar atitude alguma que desagradasse os Aliados ocidentais sem necessidade. "O que vocês querem com a estrela vermelha em seus quepes?", perguntou em tom irritado a uma delegação iugoslava. "O importante não é a forma, mas sim o que é conquistado, e vocês… com essas estrelas vermelhas! Pelo amor de Deus, não há necessidade de estrelas!"[19]

Stálin estava disposto a admitir duas ou três pessoas de fora no governo provisório polonês que estabelecera em substituição ao governo no exílio em Londres. Mas não ia mexer no princípio fundamental do controle político. Sua posição era virtualmente idêntica à do tsar Alexandre, que em 1815 informara a um secretário do Exterior da Grã-Bretanha que a questão da Polônia "só poderia terminar de uma maneira, com ele na posse dos territórios".[20]

O Leste Europeu não era o único prêmio ambicionado por Stálin como recompensa pela vitória na Segunda Guerra Mundial. Ele queria expandir seu vasto império na direção oposta, extraindo concessões territoriais do Japão e da China, que compensariam as humilhantes derrotas dos tempos tsaristas. Embora a Rússia tivesse um pacto de não agressão com o Japão, agora Stálin via uma oportunidade de entrar na guerra do Pacífico ao lado dos vencedores.

O acordo secreto concretizou-se num encontro de trinta minutos entre Stálin e Roosevelt na tarde da quinta-feira, 8 de fevereiro. O *vozhd* concordou em declarar guerra ao Japão no prazo de "dois ou três meses" após a rendição da Alemanha. Em troca, a Rússia receberia a parte sul da ilha de Sacalina e as ilhas Curilas. Além disso, seriam restaurados os interesses russos na província chinesa da Manchúria, incluindo o direito de arrendar uma base naval nas águas quentes de Port Arthur. Se por um lado Sacalina efetivamente pertencera à Rússia antes da guerra de 1940 contra o Japão, a reivindicação soviética quanto às ilhas Curilas tinha bases muito mais frágeis. A seção ao sul da cadeia de ilhas nunca fizera parte da Rússia, e era considerada pelo Departamento de Estado como "japonesa do ponto de vista histórico e étnico".[21]

Stálin preparou-se cuidadosamente para sua reunião com o presidente. Beria lhe forneceu transcrições de conversas, interceptadas por grampos, envolvendo Roosevelt, Churchill e seus conselheiros. A NKVD dispunha de microfones direcionais de longa distância capazes de captar conversas ao ar livre, além de escutas escondidas em escritórios e aposentos particulares. A operação de monitoramento tinha a supervisão de Sergo, filho de Beria, que catorze meses antes havia realizado tarefas semelhantes em Teerã. Os russos ficavam sempre surpresos pela pouca atenção que os americanos dedicavam às escutas eletrônicas, mesmo fazendo varreduras diárias no Palácio Livadia à procura de equipamentos não eletrônicos. "É estranho", refletiu Stálin em Teerã, enquanto folheava relatórios sobre as conversas de Roosevelt. "Eles dizem tudo, nos menores detalhes."[22] Os americanos partiam do princípio de que em todos os aposentos do Palácio Livadia haviam sido instalados equipamentos de escuta, evitando conversas sobre os temas mais delicados, como o projeto ultrassecreto da bomba atômica.[23] No entanto, abriam a guarda quanto a outros assuntos, fornecendo assim informações úteis aos arapongas.

Além dos relatórios baseados nos serviços de escuta, Stálin também tinha acesso a documentos americanos secretos, que recebia de seus agentes. Depois do colapso do comunismo, descobriu-se que seus arquivos pessoais continham uma cópia de um memorando interno do Departamento de Estado preparado em dezembro de 1944, opondo-se à transferência das ilhas Curilas à União Soviética. Roosevelt não queria se dar ao trabalho de ler as opiniões de seus peritos sobre esses assuntos, enquanto Stálin devorava cada detalhe.

Stálin deleitou-se com o desinteresse de FDR em seguir a orientação do Departamento de Estado. Afora um punhado de pescadores japoneses, as Curilas em grande parte não eram habitadas. No entanto, a cadeia de ilhas com 1280 quilômetros de extensão controlava o acesso ao mar de Okhotsk, um corpo de água com as dimensões do golfo do México, que se tornaria na prática um lago russo. A ilha situada no extremo sul, Kunashiri, estava a apenas dezesseis quilômetros da ilha japonesa de Hokkaido, e era claramente visível à distância. Mais tarde, ao discutir as concessões americanas com seus assessores, Stálin caminhava por seu gabinete no Palácio Koreiz, murmurando: "Bom, muito bom".[24]

O *vozhd* recorria a um estratagema tipicamente russo para justificar suas exigências territoriais no Extremo Oriente: a opinião pública. Ele havia se cansado dos infindáveis discursos de Roosevelt e Churchill sobre as dificuldades que enfrentavam com as respectivas câmaras legislativas, que não passavam de "uma desculpa" para evitar negociações. Se os dois podiam apelar para tal vergonhosa "tática burguesa",[25] ele também podia. Disse a FDR que lhe seria muito difícil justificar ao povo russo uma guerra contra o Japão, a menos que os russos pudessem enxergar nela um benefício direto. Não seria como a guerra contra a Alemanha, que havia ameaçado a própria existência da União Soviética. Nesse caso, a argumentação de Stálin tinha seu sentido, embora ele exagerasse enormemente suas limitações políticas. Ele chegou até a referir-se a problemas que poderiam surgir com o Soviete Supremo a menos que suas reivindicações fossem atendidas. Essa alegação provocou um arquear de sobrancelhas de Bohlen, antigo funcionário soviético e intérprete de Roosevelt, que sabia muito bem que aquela casa legislativa, instituição meramente de fachada, não tinha "poder nenhum".[26]

O presidente não estava disposto a discutir ninharias. Seu objetivo prioritário era reduzir as baixas americanas. A "arma miraculosa" que poderia encerrar a guerra no Extremo Oriente de uma vez por todas não estava pronta e muito menos fora testada, existia só no sonho de um punhado de físicos no

Novo México. Os chefes do Estado-Maior haviam preparado planos para uma prolongada campanha de ataques de ilha em ilha ao Japão, que, acreditavam, poderia levar dezoito meses após a derrota da Alemanha. Duzentas mil vidas americanas poderiam ser salvas se os russos entrassem na Ásia antes dos ataques anfíbios às principais ilhas japonesas. Mais tarde, Bohlen admitiu que os Estados Unidos não teriam cedido as Curilas tão facilmente a Stálin "se o presidente tivesse feito sua lição de casa, ou se algum de nós tivesse mais familiaridade com a história do Extremo Oriente". Essas considerações, no entanto, pareciam triviais quando comparadas aos benefícios que decorreriam da entrada da Rússia naquele front.

Por insistência de Stálin, os chineses não foram informados do acordo, embora os soviéticos estivessem exigindo o controle compartilhado da ferrovia da Manchúria e direitos "preeminentes" sobre dois portos chineses, Port Arthur e Dairen. Roosevelt concordou que "uma das dificuldades de conversar com os chineses era que qualquer coisa dita a eles seria conhecida pelo mundo inteiro em vinte e quatro horas". Ele prometeu cuidar da questão em caráter privado com o líder da China nacionalista, Chiang Kai-shek.

Já eram quatro da tarde, hora da sessão plenária diária. Quando Churchill chegou a Livadia, foi tomado de surpresa ao saber que Roosevelt estava numa conferência particular com Stálin. O secretário de Estado, o alto, franco mas pouco eficaz Edward Stettinius, fora igualmente excluído do encontro. Ele pediu a um assessor para avisar ao presidente que o primeiro-ministro tinha chegado. FDR acabara de confidenciar a Stálin que a colônia britânica de Hong Kong deveria ser devolvida à China. Ele também levantara a possibilidade de uma associação sino-soviético-americana para administração conjunta da Coreia, da qual os britânicos ficariam excluídos. Stálin brincou que Churchill poderia "nos matar" se descobrisse o que estavam discutindo.

Roosevelt não tinha a intenção de incluir seu amigo inglês na conversa sobre questões políticas tão delicadas. Ele mandou uma mensagem de volta a Stettinius:

"Deixe que ele espere."[27]

A quinta sessão plenária finalmente teve início, às 16h15, com quinze minutos de atraso. Roosevelt parecia ainda mais decrépito do que de costume, enquanto era levado em sua cadeira de rodas ao salão de baile de Livadia, atrás de Stálin. Um estrategista militar americano ficou "chocado" com sua aparência. O presidente "estava abatido, seus olhos fundos no rosto enrugado; parecia muito cansado e doente, como se estivesse se mantendo vivo apenas pela determinação férrea de ver a guerra chegar ao fim".[28]

A Polônia continuou sendo o tópico principal da agenda pelo terceiro dia consecutivo. Pouco se avançou na questão básica da composição de um governo provisório. Churchill queixou-se da falta de informação vinda da Polônia, que estava isolada do resto do mundo. Ele fez uma advertência quanto a um clamor público na Grã-Bretanha se os poloneses de Londres fossem simplesmente deixados de lado. Stálin insistiu que seus fantoches poloneses tinham pelo menos tanta legitimidade popular quanto o general De Gaulle, que nunca havia sido eleito para cargo algum. Ninguém estava falando de um acordo de divisão de poderes entre De Gaulle e os comunistas franceses; seria um despropósito "exigir mais da Polônia que da França". Um governo de Lublin "ampliado" levaria o país a eleições democráticas.

"Quanto tempo vai levar até o senhor organizar eleições livres?", quis saber Roosevelt.

"Cerca de um mês", respondeu Stálin em tom tranquilizador. "A não ser que ocorra algum tipo de catástrofe no front e os alemães nos derrotem."

Ele sorriu de sua própria tirada. "Não acredito que isso vá acontecer."[29]

Stálin tinha convidado Roosevelt e Churchill para um jantar cerimonial em Koreiz. Ele anunciou que estaria acompanhado de seus assessores mais próximos, inclusive os três principais líderes militares. Roosevelt preferia que o evento fosse um pouco mais informal, numa atmosfera mais descontraída. Ele deixou os generais e almirantes em Livadia e, em vez deles, foi acompanhado por sua filha Anna e pela filha de Averell Harriman, Kathleen. Churchill levou consigo a filha Sarah, bem como os principais integrantes de sua equipe militar.

Os convidados foram conduzidos ao salão de jantar do Palácio Yusupov, decorado com duas grandes plantas tropicais e uma lareira em estilo mourisco. Mal havia espaço para os convidados se movimentarem em volta da ampla mesa, que fora preparada para trinta pessoas. "Um cavalheiro de aspecto muito sinistro", na descrição de Anna, começou ininterruptamente a oferecer vodca às damas.[30] Era baixo e rechonchudo, careca, com um rosto em forma de lua e olhos escuros, redondos, ampliados por óculos sem aro. O personagem lembrou ao presidente certo "grande homem de negócios americano", conhecido seu. Chip Bohlen achou que "ele tinha a aparência de um mestre-escola". Era Lavrenti Beria, o chefe da NKVD.

A conversa assumiu um tom surreal quando Sarah Churchill tentou usar seu russo limitadíssimo com o temível chefe da polícia secreta. Uma dessas frases úteis de um livro para ingleses que estivessem em visita à Rússia de algum modo ficara gravada em sua memória. "Pode me dar uma garrafa de água quente, por favor?"[31]

O embaixador Maisky ajudou a traduzir a resposta de Beria. "Não acredito que você precise de uma. Com certeza já tem fogo suficiente!" A essa altura, o jantar foi servido, e Sarah resolveu experimentar sua frase da garrafa de água quente com o convidado ao seu lado, Andrei Vyshinsky, de "olhos cintilantes". "Por quê?", ele perguntou, muito preocupado. "Está se sentindo mal?" Sarah, uma aspirante a atriz mais acostumada à vida em casas de campo inglesas do que em palácios tsaristas, recorreu a gestos "para fazer com que ele percebesse que era uma brincadeira". A partir daí, eles se entenderam às mil maravilhas. No dia seguinte, Sarah escreveu à sua mãe que o homem que enviara milhares de supostos inimigos de Stálin à morte era "muito gentil e simpático". Vyshinsky ajudou-a a permanecer sóbria diluindo a vodca e o vinho com água mineral gaseificada Narzan, enquanto eles "brincavam delicadamente" com seus pratos de leitão.

Mesmo os mais experimentados habitués desse tipo de conferências consideraram o jantar de vinte pratos — que incluiu 45 brindes em pé — um terrível suplício. O chefe do Estado-Maior imperial britânico, Alan Brooke, registrou em seu diário que "os discursos foram de um nível particularmente baixo, consistindo na maioria dos casos de uma viscosa sucessão de baboseiras sem a menor sinceridade! Fui me aborrecendo cada vez mais, cada vez mais sonolento, e aquilo continuava se arrastando".[32] De fato, a pieguice e a falta de sinceridade eram a marca registrada da corte do déspota. Stálin cercara-se de acólitos que o elogiavam, nenhum deles com mais habilidade do que Beria, seu compatriota georgiano, e Vyshinsky, o espertíssimo russo. Como os estrangeiros tinham sido convidados para participar do espetáculo, o rei e seus cortesãos estavam dando o melhor de si, mas o roteiro do show pouco mudava. Jantares demorados, com muito álcool, eram parte do ritual do Kremlin sob Stálin, com um tom ameaçador sob a atmosfera de rústica camaradagem. O *vozhd* valia-se de ocasiões sociais para testar a lealdade de seus subordinados, jogando um contra o outro e certificando-se de que eram mantidos sob seu rígido controle.

Para os membros do círculo íntimo de Stálin, os jantares eram eventos assustadores. De um momento para outro, um olhar suspeito ou comentário sarcástico podiam transformar um favorito da corte num "inimigo do povo". Com frequência, o tirano humilhava seus assessores servindo-lhes amplas doses de álcool até que fizessem papel de bobos. "Aqueles jantares eram assustadores", recordou Nikita Khruschóv, um favorito de Stálin, que era obrigado a agachar-se e executar uma dança folclórica para seu amo, chutando para a frente suas pernas curtas e rechonchudas. "Quando Stálin diz 'Dance', o homem que tem juízo dança."[33] Como nunca sabiam quando seriam convidados para uma sessão regada a álcool que duraria a noite toda, os líderes soviéticos tinham que estar sempre prontos. Khruschóv tirava uma soneca à tarde, para estar preparado caso fosse convocado para um jantar à noite. "Sempre havia o perigo de que, se você não tirasse um cochilo e Stálin o convidasse para jantar, você ficasse com sono à mesa; e quem ficasse com sono sentado à mesa com Stálin podia se dar muito mal."

Beria já tinha ganhado uma reputação em Moscou devido às suas aventuras noturnas, que giravam em torno de estuprar garotas capturadas por seus subalternos e entregues em seu casarão na rua Kachalova. Mais tarde encontraram-se pilhas de ossos humanos no seu porão. O recatado Stálin fechava os olhos para essas escapadas, deixando-as arquivadas para usá-las se algum dia o chefe de sua polícia secreta viesse a desagradá-lo. Servil, bajulador, Beria sabia como se tornar indispensável ao *vozhd*, alimentando sua paranoia, destruindo seus inimigos, realizando com eficiência tarefas que estavam acima dos poderes de qualquer outra pessoa. De acordo com Svetlana, Beria exercia uma influência maligna sobre seu pai, elogiando-o de um modo que levava velhos amigos a "fazer caretas de vergonha".[34] O organizador do massacre de Katyn era também o chefe das brincadeiras de mau gosto da corte, colocando tomates nas cadeiras dos outros convidados para jantar e comandando as ondas de gargalhadas gerais quando a vítima sentava-se na cadeira.

Beria pode ter parecido a Svetlana "a personificação da perfídia, da bajulação e da hipocrisia orientais", mas o ditador sabia como mantê-lo em seu lugar. Quando Roosevelt apontou para o homem com um pincenê sentado do outro lado da mesa, perguntando quem era, Stálin respondeu com uma expressão de desdém: "Ah, aquele é o nosso Himmler. É Beria".³⁵ O embaixador soviético em Washington, Andrei Gromyko, declarou que FDR sentiu-se "evidentemente desconfortável" com a comparação, e Beria ficou mortificado. Na companhia de estrangeiros, pelo menos, ele procurava ter um comportamento respeitável. Detestava ser lembrado de que ocupava apenas o último lugar numa longa linha de monstrengos burocráticos que incluíam o "Anão Sanguinário", Nikolai Yezhov, e o apagado burocrata Genrikh Yagoda.

O jantar iniciou-se com tipos diferentes de caviar, prensado ou em grão, pequenas tortas e diversos pratos de peixe, inclusive salmão do Atlântico,³⁶ esturjão beluga, arenque vermelho, arenque branco, tainha, peixe branco em champanhe e peixes pequenos do mar Negro. Em seguida, foram servidos leitão frio, caldo de carnes de caça e sopa de creme de galinha. Depois vieram carne na grelha, cordeiro assado, filé de vitela e um prato de arroz da Ásia Central chamado *plov*, servido com codornas, perdizes e carne de gazela. Couve-flor com miolo de pão, iguaria muito apreciada desde o tempo dos tsares, completava os pratos principais, antes que todos passassem para as diversas sobremesas e frutas. Para concluir a refeição, Churchely, ou "Churchills", um prato de nozes insuportavelmente adocicadas da Geórgia, com a aparência de um longo charuto. Os ingredientes desse formidável festival gastronômico eram o máximo da fantasia para os cidadãos russos comuns, e tinham desaparecido havia muito tempo de uma culinária empobrecida pela guerra e pela revolução.

Os brindes iniciaram-se quase imediatamente, com Molotov servindo como *tamada*, ou mestre de cerimônias. Os longos discursos atrapalharam a expedição dos pratos, grande parte dos quais já havia esfriado no momento em que chegaram à mesa. Stálin ofendera o monarquista Churchill na primeira noite da conferência, ao recusar-se a participar de um brinde ao rei. Ele explicou que sempre fora "contra os reis" por estar "ao lado do povo", mas ergueria um brinde ao rei nessa ocasião, uma vez que tinha muita estima pelo povo britânico, que "honra e respeita seu rei".³⁷ O brinde foi tão tortuoso e canhestro que acabou ofendendo Churchill novamente. Para consertar a gafe, Stálin saudou o primeiro-ministro como "a mais corajosa personalidade no mundo", que havia "enfrentado sozinho" a "poderosa Alemanha hitlerista numa época em que o resto da Europa estava se desmoronando diante de Hitler".

Elevando mais o tom na competição pela retórica, Churchill brindou ao marechal como o "poderoso líder de uma poderosa nação, que recebeu em cheio o impacto da máquina de guerra alemã, quebrou a espinha dos invasores e expulsou os tiranos de seu solo". Ele articulou uma sequência de adjetivos e superlativos para saudar "esse grande homem, cuja fama espalhou-se não apenas por toda a Rússia mas por todo o mundo".

Roosevelt foi o próximo a ser brindado. Stálin elogiou o presidente como o líder que mais fizera para mobilizar uma coalizão internacional contra Hitler, mesmo que os Estados Unidos "não tivessem sido seriamente ameaçados de uma invasão". No passado, o *vozhd* fora relutante em reconhecer a assistência que a Rússia recebera de seus Aliados ocidentais. Nessa oportunidade, ele não poupou palavras para expressar sua gratidão pelo programa de ajuda militar dos americanos, que contribuíra para manter o Exército Vermelho "no campo de batalha contra Hitler". Roosevelt replicou com um discurso aveludado, elogiando a "atmosfera familiar" do jantar. Suas palavras piedosas sobre fornecer segurança e bem-estar para "todo homem, mulher e criança nesta terra" não impressionaram os demais convidados. O comandante da Real Força Aérea queixou-se em seu diário que Roosevelt "proferiu a maior quantidade de bobagens por minuto que já ouvi em minha vida, uma ladainha sentimental sem o menor lampejo de inspiração".[38] Obviamente exausto, o presidente quase não falou mais depois disso.

A essa altura, percevejos estavam mordendo os tornozelos dos convidados. Uma nova rodada de brindes foi proposta para incluir todos os presentes e qualquer outra pessoa que de alguma forma pudesse ter contribuído para a vitória que estava se delineando. Stálin caminhou ao redor da mesa após cada brinde, para efetuar o tradicional tilintar de taças com quem propusera o brinde, um gesto de respeito prejudicado apenas por sua recusa em olhar qualquer convidado diretamente nos olhos "por mais de um quinto de segundo". (Nunca confie num homem que não tenha um aperto de mão firme e que não olhe diretamente nos seus olhos", costumava rugir Averell Harriman.)[39] Ele foi seguido por Churchill e Molotov, com Roosevelt observando tudo de sua cadeira. Ao fundo, um dos onipresentes guarda-costas de Stálin rondava por ali, disfarçado de garçom, um garçom de aspecto bem calejado. "É para qualquer eventualidade, imagino", comentou um convidado britânico.

A maioria dos convidados conseguiu limitar seu consumo de álcool colocando água no champanhe ou regando os vasos de plantas com vodca. O único convidado ocidental que deu a impressão de ter se embriagado foi o embaixador britânico em Moscou, Sir Archibald Clark Kerr. Homem troncudo, a quem Stálin apelidara de Partisan, Kerr era um genuíno excêntrico inglês. Praticava duas horas diárias de exercícios físicos para ficar em forma e mantinha um bando de gansos para lhe garantir um fornecimento ininterrupto de penas para seus despachos diplomáticos. Certa vez tropeçou e caiu de cara no chão diante de Molotov durante uma recepção no Kremlin em homenagem ao Dia da Revolução, derrubando no tombo uma pilha de copos e pratos. Depois de receber uma visita de cortesia do novo embaixador turco, um homem chamado Mustapha Kunt, escreveu uma divertida nota a um colega diplomata: "Todos nos sentimos assim, Reggie, em uma ou outra ocasião, especialmente quando estamos na primavera, mas poucos de nós colocam isso em nossos cartões de visita. É preciso um turco para fazer isso".* Em Yalta, ele deu um jeito de embarcar numa demorada discussão com Beria sobre a vida sexual dos peixes. Depois o embaixador ergueu-se para propor um brinde ao "homem que cuida de nossos corpos", referindo-se a Beria, que era o encarregado das medidas de segurança para a conferência.[40]

Essa maneira incomum de falar divertiu Kathleen Harriman, que conhecia bem Kerr de Moscou, onde havia servido como anfitriã oficial da embaixada americana. "Archie parece sempre conseguir dar um toque obsceno a seus brindes", ela escreveu à sua irmã. Churchill não parecia muito satisfeito. Ele caminhou por trás da mesa até onde estava o diplomata, mas, em vez de bater as taças, movimentou o dedo num sinal de desaprovação.

"Não, Archie, nada disso", grunhiu o primeiro-ministro. "Tenha cuidado."

Stálin assumiu a palavra outra vez como "um velho tagarela". Ele queria brindar à saúde de "nossa aliança entre três potências".[41] Era fácil manter a unidade em tempos de guerra, observou, muito mais difícil em tempos de paz, em que os Aliados tinham "diferentes interesses". Mas Stálin confiava que a aliança "superaria também esse teste", com seus integrantes recusando-se a trair uns aos outros e permanecendo sinceros e unidos. Churchill ficou sensibilizado, jamais imaginando que o *vozhd* pudesse ser "tão expansivo". Sua emoção talvez tivesse sido bem menor se soubesse que Stálin havia empregado linguagem semelhante ao brindar o pacto de não agressão celebrado com os nazistas

---

* O sobrenome do embaixador tem a mesma sonoridade de *cunt*, que, além do órgão sexual feminino, também significa algo como "babaca", "cretino". (N. E.)

no Kremlin, em agosto de 1939. "Sei quanto a nação alemã ama seu *führer*", ele dissera na ocasião a Joachim von Ribbentrop, ministro do Exterior da Alemanha, na tentativa de impedir uma guerra que em seu íntimo sabia ser inevitável. No que dizia respeito a Stálin, não existiam alianças permanentes, nem com países, nem com outros políticos. Existiam apenas casamentos de conveniência.

Os garçons serviram um conhaque americano escolhido especialmente por Stálin para aquele momento. Ainda havia mais brindes para propor e para beber. Churchill divagou sobre a vista que se tem "do alto da colina" e "a radiante luz do sol da paz vitoriosa". Stálin elogiou os líderes militares, acrescentando no entanto o comentário infeliz de que seu prestígio "cairia" depois da guerra, quando "as damas lhes dariam as costas". Isso inspirou Molotov a erguer sua taça brindando às damas na sala. Kathleen Harriman respondeu em russo em nome das "Três Pequenas", elogiando as acomodações da conferência. Jimmy Byrnes bebeu em honra ao "homem comum". Finalmente, quando tudo acabou, Stálin propôs um brinde aos três intérpretes, "que não têm tempo para comer nem para beber", levando Churchill a fazer uma paródia do lema comunista de Karl Marx. "Intérpretes do mundo inteiro, uni-vos!", ele brincou. "Nada tendes a perder a não ser vossa plateia."[42] O ditador custou a parar de rir. Os convidados retiraram-se logo em seguida, quinze minutos depois da meia-noite.

Churchill ainda estava com um excelente humor quando chegou de volta ao Palácio Vorontsov, situado a quase cinco quilômetros de distância. Ele redigiu uma minuta para o Gabinete de Guerra, em Londres, descrevendo o "extraordinário esforço" dos russos para deixar todos confortáveis, combinado com uma "prodigalidade" que "supera qualquer expectativa". Marian Holmes escutou-o através da porta corrediça de madeira cantando um popular hino evangélico, "The Glory Song".[43]

De volta ao Palácio Livadia, Roosevelt foi atendido por seus médicos, como um boxeador retornando ao seu corner entre os assaltos, numa luta pelo título. As sessões de *sparring* com Stálin e Churchill estavam exigindo dele um esforço físico cada dia maior. "Palidez muito grande", escreveu Bruenn em suas anotações médicas. "Esta noite, depois de um dia particularmente árduo e de uma conferência emocionalmente desgastante (o paciente estava preocupado e nervoso sobre o rumo das discussões na conferência), ele, é óbvio, estava muito cansado."⁴⁴ O cardiologista ficou alarmado ao perceber os primeiros sinais de um padrão variante do pulso — batidas fracas em seguida a batidas fortes —, que poderiam ser sintoma de insuficiência cardíaca congestiva.

Não havia muito mais que Bruenn pudesse fazer além de aconselhar o presidente a não se desgastar tanto. Preocupado com a possibilidade de que FDR estivesse trabalhando demais e deixando de fazer seu descanso de todas as tardes, ele rabiscou sua receita. "Horários submetidos a controle rígido para que ele tenha repouso adequado, isto é, nada de visitas antes do meio-dia, e é necessário que tenha pelo menos uma hora de descanso durante as tardes."

5. O Grande Projeto — *10 de fevereiro*

O presidente recebeu uma última visita antes de ir dormir, nas primeiras horas da madrugada da sexta-feira, 9 de fevereiro. Ele já estava na cama quando Ed Stettinius entrou no quarto com a decoração opressiva dos painéis de madeira escura. O secretário de Estado havia proposto vários locais para a conferência de fundação das Nações Unidas — Nova York, Filadélfia, Chicago, Miami —, mas Roosevelt não ficara satisfeito com nenhum deles. "Volte ao trabalho, Ed", ele orientou. "Ainda não encontramos o lugar certo."[1]

O estabelecimento de um novo organismo para substituir a desacreditada Liga das Nações era o objetivo mais importante de FDR em Yalta, depois de vencer a guerra. Em seu quarto discurso de posse, menos de três semanas antes, no pórtico sul da Casa Branca, ele prometera "uma paz duradoura". Um político antes de tudo, ele sabia que se não cumprisse aquela promessa mancharia seu legado histórico. A derrota dos inimigos dos Estados Unidos não bastava. Ele precisava convencer seus concidadãos de que os sacrifícios tinham valido a pena. Roosevelt lembrava-se de outro presidente que não tivera a autoridade nem a habilidade política para convencer o Congresso, e consequentemente a nação a aceitar sua visão internacionalista ao fim da última guerra mundial. Os resultados foram desastrosos. Os Estados Unidos se voltaram apenas para dentro de suas fronteiras, a Alemanha partiu para a vingança e "a guerra para acabar com todas as guerras" voltou a ser travada.

FDR estava determinado a não repetir os erros de Woodrow Wilson. Quando jovem secretário adjunto da Marinha, ele conseguira arranjar uma viagem a Paris, durante a Conferência de Paz de 1919. Embora não exercesse função alguma nas negociações oficiais de paz, ficou no hotel Ritz com os outros delegados e presenciou as manobras nos bastidores. Achou que Wilson cometera um erro fatal ao não persuadir senadores republicanos moderados a bloquear a ratificação do Tratado de Versalhes. Sem a presença dos Estados Unidos na Liga das Nações, o projeto estava destinado ao fracasso. Embora partilhasse da crença de Wilson na segurança coletiva, Roosevelt não era um ideólogo. A criação de um novo organismo de caráter mundial não era um fim supremo em si, como havia sido para Wilson. Era um meio para atingir um fim, uma forma de justificar a guerra para o povo americano, um símbolo da "paz duradoura" que prometera. Os detalhes não tinham importância. Importante era a esperança que ela inspiraria em milhões de pessoas.

Roosevelt era perseguido pela imagem da decrepitude física e mental que cercara o presidente anterior perto do final de sua vida. Poucos meses antes, ele assistira a uma projeção privada do filme *Wilson*, que mostrava um combalido e convicto líder derrubado por um derrame quase fatal em outubro de 1919. "Deus do céu, isso não vai acontecer comigo", ele murmurou para si mesmo enquanto assistia à versão hollywoodiana dos meses finais e trágicos do mandato presidencial de Wilson.[2] A batalha com o Senado em torno do Tratado de Versalhes destruiu Wilson do ponto de vista tanto físico como mental. O derrame deixou-o tão paralisado que ele ficou incapaz de participar das reuniões ministeriais, tendo que deixar as decisões mais importantes para a mulher e seus assessores.

A decadência física de FDR era visível a todos. Ele havia se tornado um presidente de meio expediente, trabalhando apenas de quatro a cinco horas diárias. Com frequência sua visão ficava embaçada, obrigando-o a depender de resumos orais para obter informações. Faltavam-lhe o vigor e a vontade para análises históricas ou discussões detalhadas sobre políticas de governo. O problema era agravado pelo trabalho deficiente de sua assessoria. Seu assessor mais próximo, Harry Hopkins, estava quase tão doente quanto o presidente, e faltava a muitas reuniões importantes. "Harry é um idiota completo quanto à sua saúde", Anna Roosevelt queixou-se a seu marido em carta de 9 de fevereiro. "Não consegue pensar direito quando não está bem, e desse modo não se pode contar com ele."[3] Stettinius era o que os ingleses chamavam de um peso leve, em ex-vendedor da U.S. Steel Corporation, conhecido por seus colegas do Departamento de Estado como Irmão Ed.[4] Era amigável e mostrava a maior disposição em colaborar, mas estava longe de ser um analista abalizado de política internacional. Nas palavras de Anna, "aqui a única pessoa inteligente, no nosso lado, é Jimmy B[yrnes]. O problema é que ele não é 100% leal ao chefe".

Embora o corpo de Roosevelt desse claros sinais de fraqueza, sua mente ainda era arguta. O mestre da política atuava em muitos níveis diferentes, disfarçando suas verdadeiras intenções não só dos inimigos como até dos amigos, e às vezes até de si mesmo. "Sou um malabarista", ele disse a seu vizinho de Hyde Park Henry Morgenthau Jr. "Nunca deixo que minha mão direita saiba o que a mão esquerda está fazendo."[5] Ele equilibrava muitas bolas no ar ao mesmo tempo; política local, política externa, a condução da guerra, suas esperanças para o mundo do pós-guerra, as exigências de Stálin, dados sobre baixas em combate, opinião pública. Em meio a tudo isso, continuava sendo o que sempre fora, um amálgama extraordinário de idealismo e cinismo, autoconfiança e astúcia. Sua secretária do Trabalho, Frances Perkins, estava certa quando descreveu FDR como "o ser humano mais complicado que já conheci". Era difícil distinguir aquilo em que ele realmente acreditava daquilo em que fingia acreditar por motivos táticos. Às vezes era acusado de ingenuidade diante de Stálin, mas essa ingenuidade servia a um objetivo político bem maior. A aliança com a União Soviética e os milhões de soldados russos mortos era crucial para vencer a guerra com um custo tolerável de vidas americanas; para preservar a aliança, era essencial que ele enfatizasse a confiabilidade do mais importante aliado dos Estados Unidos. Se tivesse dito a verdade — que a Rússia era governada por um ditador tão sanguinário e implacável como Hitler —, a Grande Aliança estaria fatalmente minada. Mas aquilo não preocupava o presidente, que admitiu a Morgenthau estar "plenamente disposto a enganar e a contar inverdades se isso nos ajudar a vencer a guerra".

Alguns dos assessores de Roosevelt se exasperavam com o que chamavam de "globaboseira", uma preocupação com ideias abstratas e filosofia nebulosa resumida no slogan "Um só mundo" às custas de realidades geopolíticas definidas.[6] O chefe de gabinete da Casa Branca, almirante Leahy, foi contra seu desejo de conceder à futura Organização das Nações Unidas soberania sobre diversas ilhas do Pacífico capturadas dos japoneses. No entanto, o presidente compreendia que ideias abstratas eram necessárias para manter a disposição americana de continuar lutando. Não se podia pedir que americanos morressem por um punhado de ilhotas no Pacífico. Eles precisavam de uma causa justa, uma visão mais abrangente. FDR havia dado uma resposta a essa necessidade, prometendo criar "um mundo no qual a tirania e a agressão não poderão existir, um mundo baseado em liberdade, igualdade e justiça".[7] Podia ser uma utopia, mas Roosevelt sabia pôr em palavras as mais profundas aspirações do país.

Para Roosevelt, vender a ideia da paz era tão importante como vender a guerra. A essência de seu Grande Projeto consistia na criação de um sistema de segurança coletiva para substituir a tradicional dependência que a Europa tinha da política do equilíbrio de poder. Ele se gabava de que as Nações Unidas acabariam se tornando "o melhor método já criado para evitar a guerra".[8] Ao contrário de Wilson, FDR dava grande atenção à opinião do Congresso. Ele tinha estabelecido uma aliança informal com o senador republicano mais influente no Comitê de Relações Exteriores do Senado, Arthur Vandenberg, que acabara de anunciar sua conversão do isolacionismo ao internacionalismo. O senador era "um homem grandalhão, barulhento, vaidoso, muito autossuficiente, todo empertigado mesmo quando estava sentado", na descrição do colunista James Reston, do *New York Times*, mas que tinha grande influência na ala majoritária dos republicanos.[9] Com o apoio de Vanbenberg, o presidente acreditava que poderia manter os isolacionistas sob controle, desde que voltasse de Yalta com um projeto aprovado de uma nova organização mundial. Sua intenção era convocar o líder republicano para integrar a delegação americana na conferência inaugural das Nações Unidas.

Roosevelt concentrou suas minguantes energias nas questões que lhe eram mais importantes, dando pouca atenção a outros assuntos. Na Crimeia, conseguira atingir a maioria de seus objetivos. Stálin concordara em aderir à guerra contra o Japão seis meses após a derrota da Alemanha nazista. O líder soviético tinha igualmente concordado com o plano americano para as Nações Unidas, com apenas pequenas modificações. Sua exigência mais irritante tinha sido de dois assentos extras para a União Soviética na Assembleia Geral serem destinados à Ucrânia e à Bielorrússia, as duas repúblicas soviéticas que mais haviam sofrido em consequência da invasão nazista. FDR estava disposto a satisfazer essa exigência, ainda que violasse o princípio da representação igual de grandes e pequenos Estados. Aquela parte de seu acordo com o Tio Joe seria mantida em segredo por enquanto, devendo ser revelada em momento oportuno, como o entendimento a propósito do Japão. O presidente tivera ainda a precaução de arrancar uma promessa de Stálin de dois assentos extras para os Estados Unidos, para o caso de precisar tornar a concessão aos soviéticos mais fácil de ser aceita pelos americanos.

Por outro lado, era inegável que Stálin não tinha mostrado a mesma flexibilidade com relação à Polônia. Para FDR, porém, aquela nação desafortunada já era causa perdida. Pertencia à categoria das coisas que ele não poderia mudar, por mais que desejasse tentar. A não ser que entrasse numa guerra contra a Rússia, havia muito pouco que pudesse fazer para mudar as regras do poder político num país ocupado pelo Exército Vermelho. A visão que Roosevelt tinha da Polônia era muito diferente do ponto de vista de Churchill. Para o primeiro-ministro britânico, a liberdade e a independência da Polônia eram questões de "honra", palavra com ressonâncias profundas em sua alma vitoriana. A Polônia evocava imagens de oficiais da cavalaria investindo nas planícies contra tanques alemães, de Chopin e Piłsudski, de soldados poloneses sob comando inglês morrendo em Monte Cassino, de uma nação corajosa, romântica, em nome da qual a Inglaterra havia entrado na guerra. Para Roosevelt, os apuros que a Polônia enfrentava eram antes de tudo uma questão política de ordem prática. Quando pensava na Polônia, a primeira coisa que lhe vinha à cabeça eram os 6 milhões de americanos de ascendência polonesa. Ele queria resolver o problema polonês de maneira a não colocar esses eleitores permanentemente contra os democratas ou fornecer munição aos isolacionistas.

Uma boa noite de sono fazia milagres no ânimo do presidente. Ele acordou revigorado na manhã de sexta-feira, pronto para voltar ao ringue com Stálin e Churchill. Chamou seu secretário de Estado, que passara a noite pensando num local adequado para a primeira conferência das Nações Unidas. O "Irmão Ed" tinha finalmente chegado à solução — San Francisco — às três da madrugada. Seu cérebro "estava fervilhando de entusiasmo e vigor" enquanto pensava no hotel Nob Hill, no teatro de ópera, no Edifício dos Veteranos, no Union Club do Pacífico, no Fairmont, "cada um atendendo a um objetivo".[10] Deitado na cama diante das praias do mar Negro, o antigo vendedor podia vislumbrar a "luz dourada do sol" e "quase sentir o ar fresco e revigorante do Pacífico". Realizar a conferência de abertura das Nações Unidas na costa oeste americana lembraria ao mundo que a guerra estava se transferindo do Atlântico para o Pacífico.

O presidente, parcimonioso, não ficou imediatamente convencido. Sua reação inicial foi no sentido de que a escolha de San Francisco produziria despesas e inconveniências prescindíveis. "Cancelamos toda movimentação desnecessária de pessoas, convenções e assim por diante", FDR lembrou Stettinius. Mas prometeu pensar no assunto.

Às quatro da tarde, os Três Grandes reuniram-se para sua fotografia formal de grupo no pátio italiano do Palácio Livadia, coberto para a ocasião por tapetes orientais. Na varanda do andar superior, guardas soviéticos armados com submetralhadoras sobre o peito observavam tudo atentamente quando Stálin entrou no recinto calçando suas macias botas de couro e sentou-se ao lado de Roosevelt. Uma figura esquelética em sua capa azul-marinho, o presidente parecia mais alerta do que nos dias anteriores, conversava animadamente com o marechal. Churchill foi o último a chegar, com sua farda de coronel e um extravagante chapéu de pele, que provocou alguns risos nos dois outros líderes. Generais e diplomatas se acotovelavam para ser fotografados atrás dos personagens centrais. Os convidados do banquete oferecido por Stálin na noite anterior divertiram-se ao ver um dos "garçons" agora resplandecente em sua farda de general da NKVD.

A sexta sessão plenária começou imediatamente no salão de baile branco. Um discurso monótono de Stettinius sobre as Nações Unidas logo foi animado por um rompante emocional de Churchill. Furioso por ter sido excluído do encontro privado entre Roosevelt e Stálin na quinta-feira, o primeiro-ministro estava muito ressentido. Ele desconfiava que americanos e russos estivessem planejando tomar partes do Império britânico, sob o pretexto de criar curadorias das Nações Unidas, algo a meio caminho entre colônia e nação independente. Ele anunciou que não fora consultado sobre o plano americano relativo a curadorias e "de maneira alguma" consentiria que "quarenta ou cinquenta nações se juntassem para interferir na existência do Império britânico".

"Enquanto eu for primeiro-ministro, não cederei um centímetro de nosso patrimônio", resmungou.

Stettinius procurou acalmar o primeiro-ministro, insistindo que o plano americano referia-se ao Japão, e não à Grã-Bretanha. Sem que fosse essa sua intenção, acabou tocando num nervo exposto do inglês, que havia crescido com as histórias de Rudyard Kipling e as aventuras galantes na Fronteira Noroeste. Churchill tinha apego especial pela Índia, que considerava a joia da coroa britânica, a ser legada às futuras gerações. A perspectiva de uma Índia independente deixou-o horrorizado, ele que denunciava os hindus como um "povo bestial, com uma religião bestial". A ideia de que a Grã-Bretanha, enfraquecida pelos sacrifícios decorrentes da guerra, seria forçada a abrir mão de algumas de suas colônias era mais do que o descendente do duque de Marlborough poderia tolerar.

"Nunca, nunca, nunca", insistiu.

A explosão de Churchill contagiou Stálin, que "se levantou da cadeira, caminhou de um lado para o outro, fez uma expressão de contentamento e de vez em quando aplaudia".[11] O *vozhd* estava se divertindo com a hipocrisia de seus aliados, que se comportavam como se os princípios da independência e da autodeterminação devessem aplicar-se a todo mundo menos a eles. De acordo com a Carta do Atlântico de agosto de 1941, eles haviam assegurado "o direito de todos os povos de escolher a forma de governo sob a qual viverão". Os americanos, contudo, abriram exceções para o hemisfério Ocidental quando abordaram a Doutrina Monroe. Os britânicos excluíram suas colônias. Sempre que Churchill ou Roosevelt tentavam estabelecer uma esfera de influência para seus governos, acabavam por fortalecer a posição de Stálin por uma esfera russa de influência no Leste Europeu.

Stálin não estava muito interessado em perder tempo com declarações generalizantes e visões grandiosas sobre o mundo do pós-guerra. Ele descrevia esse tipo de discussões como "álgebra", em contraste com a "aritmética" dos argumentos de natureza prática. Como dissera a Anthony Eden em 1941: "Sem querer menosprezar a álgebra, mas prefiro a aritmética".[12] Sob a designação "aritmética", ele incluía questões como territórios sob seu controle, o número de divisões de seus exércitos, a quantidade de divisões do inimigo, número de tanques, aviões e outros equipamentos militares, estatísticas de produção industrial, dados demográficos e assim por diante. Esses fatores somavam-se ao que os marxistas-leninistas chamavam de "correlação de forças", a força relativa do mundo comunista em comparação com seus inimigos, reais e potenciais. Todo o resto era retórica, ou "álgebra", na formulação de Stálin. Ele admitiu não ter estudado o plano americano para uma Organização das Nações Unidas, embora tivesse sido submetido à sua aprovação dois meses antes. Sua atitude em relação ao novo organismo internacional era basicamente defensiva. Ele estava disposto a levar o plano adiante, em consonância com os desejos de Roosevelt, desde que a União Soviética conservasse o direito de vetar as decisões com as quais não estivesse de acordo.

Um exemplo típico do que Stálin considerava "álgebra" era uma Declaração sobre a Europa Libertada que fora apresentada por FDR, feita sob medida para a opinião pública ocidental.[13] Moldada segundo as linhas da Carta do Atlântico, incluía a promessa de estabelecer governos de transição "representativos", realizar "eleições livres" e "permitir que os povos libertados destruam os derradeiros vestígios do nazismo e do fascismo, criando instituições democráticas de sua própria escolha". A declaração empregava termos suficientemente vagos para que pudesse ser aceita por Stálin. A expressão "eleições livres" poderia causar problemas no futuro, mas estava aberta a diferentes interpretações. De qualquer maneira, fazia tempo que ele já concluíra que eleições não são decididas pelas "pessoas que depositam os votos nas urnas", mas sim pelas "pessoas que são votadas".[14] A passagem sobre a destruição dos "derradeiros vestígios do nazismo" foi bem-vinda porque poderia ser utilizada para justificar o banimento de todo partido político que o Kremlin decidisse chamar de pró-nazista ou fascista.

Stálin deixou todos surpresos ao anunciar que estava disposto a aceitar o esboço da declaração feito pelos americanos, com apenas mudanças mínimas. Encorajado pela inesperada flexibilidade do ditador, Roosevelt mencionou a futura eleição na Polônia, insistindo que sua pureza deveria ficar "acima de qualquer suspeita".

"Deveria ser como a mulher de César. Não a conheci, mas dizem que ela era pura."

Stálin deu um riso cínico. "Eles diziam isso, mas na verdade ela não era isenta de pecados."

O presidente afirmou que a declaração naturalmente deveria aplicar-se a "cada área ou país sempre que necessário", além da Polônia. Isso fez com que as antenas imperialistas de Churchill se agitassem outra vez. Ele ainda estava irritado com o tema das curadorias. Fazia questão de deixar claro que a Carta do Atlântico "não se aplicava ao Império britânico". Ele já tinha declarado isso taxativamente na Câmara dos Comuns. Além disso, entregara uma cópia de sua declaração ao enviado presidencial Wendel Willkie.

FDR não conseguiu resistir à oportunidade de fazer uma piada tanto às custas de Churchill, por seu extremado espírito de defesa do império, como de Willkie, ex-candidato republicano à presidência, que morrera de um ataque cardíaco poucos meses antes.

"Foi isso que o matou?"

A resposta sarcástica do presidente foi sinal de que ele estava se recuperando do esforço excessivo da véspera. Naquela noite, ele jantou com um pequeno grupo de líderes militares americanos, impressionando-os com sua receita de martíni. Disse ao grupo que tivera "uma porção de problemas com Winston" durante as sessões plenárias.[15] Em seguida, contou que o primeiro-ministro havia "caído num sono profundo, do qual ele despertou muito subitamente, fazendo discursos sobre a Doutrina Monroe" que nada tinham a ver com o debate. Em meio a muitas risadas, FDR disse que o motivo do mau humor do primeiro-ministro era a interrupção de sua soneca da tarde.

O comandante Bruenn ficou aliviado com os sinais claros de melhora da saúde de seu paciente. "O ânimo está bem melhor", escreveu o cardiologista em seu diário do sábado, 10 de fevereiro. "Está comendo bem — delicia-se com os pratos russos e sua preparação. *Pulsus alternans* desapareceu. Sem tosse. Apetite continua bom."[16]

Os Três Grandes reuniram-se à mesa do salão de bailes do Palácio Livadia pouco antes das cinco da tarde para sua sétima sessão plenária. Um acordo, ou pelo menos uma formulação que todos poderiam endossar, estava finalmente à vista no contencioso da Polônia. Os ministros do Exterior conseguiram chegar a uma fórmula segundo a qual o governo de Lublin deveria "ser reorganizado em base democrática mais ampla, com a inclusão de líderes democráticos da própria Polônia e de poloneses no estrangeiro". Molotov ia encontrar-se com os embaixadores dos Estados Unidos e da Grã-Bretanha em Moscou para acertar os detalhes. Assim que um novo "Governo Polonês Provisório de Unidade Nacional" estivesse formado, seria reconhecido pelas três grandes potências. O novo governo estaria "comprometido com a realização de eleições livres e sem restrições o mais cedo possível, na base do sufrágio universal e do voto secreto". Todos os "partidos democráticos e antinazistas" teriam o direito de participar das eleições.

O acordo apresentado estava mais próximo do esboço feito por Stálin que da proposta americana. A frase "reorganizado em base democrática mais ampla" trazia a implicação que o governo existente de Lublin formaria o núcleo do novo governo, conforme a exigência de Stálin. Do mesmo modo, tudo dependeria de negociações em Moscou entre Molotov, Harriman e Clark Kerr. Na prática, os russos ainda poderiam vetar os governantes poloneses que considerassem inaceitáveis. Para os britânicos e os americanos, o único recurso seria recusarem-se a reconhecer o governo.

O almirante Leahy logo percebeu as potenciais armadilhas no texto. "Senhor presidente", objetou o chefe de gabinete depois de examinar o documento, "isso é tão elástico que os russos poderão esticá-lo de Yalta até Washington sem que, do ponto de vista técnico, estejam a desrespeitá-lo."[17]

"Eu sei, Bill", respondeu FDR, cansado. "Mas é o melhor que posso fazer pela Polônia no momento."

A questão das futuras fronteiras da Polônia estava resolvida apenas parcialmente. Os três governantes concordaram com uma declaração validando a Linha Curzon como fronteira leste do país, com pequenas modificações. Isso significava que uma região do tamanho do estado de Missouri, estendendo-se de Vilnius até Lwów, seria cedida à União Soviética. Em troca, a Polônia receberia "acréscimos substanciais de território no norte e no oeste". A "delimitação final" da fronteira ocidental da Polônia seria definida em uma conferência de paz. Stálin queria incluir no comunicado oficial uma menção ao "retorno à Polônia de suas antigas fronteiras na Prússia Oriental e no Oder", mas essa inclusão era demais para Roosevelt e Churchill. O presidente queria saber quando o território em questão havia pertencido pela última vez à Polônia.

"Foi há muito tempo", admitiu Molotov, sabendo que os poloneses teriam que retroceder pelo menos até o século XIII para reivindicar a cidade que chamavam de Wrocław, mais conhecida por seu nome alemão, Breslau.

Em tom de brincadeira, Roosevelt disse que isso poderia encorajar a Grã-Bretanha a reivindicar os Estados Unidos. Voltou-se para o primeiro-ministro: "Talvez vocês nos queiram de volta?". Stálin não insistiu. Tinha conseguido o que desejava no leste. A questão da fronteira ocidental da Polônia podia esperar mais um pouco. Ele observou, sem muito senso de humor, que a existência de um oceano impedia que a Grã-Bretanha reivindicasse suas colônias americanas.

Ao concordar em levar a Polônia 320 quilômetros para oeste, os Três

Grandes subverteram o princípio de autodeterminação delineado por Wilson. Depois da Primeira Guerra Mundial, estadistas tentaram estabelecer fronteiras que refletissem realidades demográficas, criando nações de uma relativa homogeneidade. A atitude de Stálin era exatamente oposta. Transferia populações de um lado para o outro para que se ajustassem às linhas que traçara num mapa para seus objetivos políticos pessoais. O ex-comissário de nacionalidades tinha empregado essa técnica na União Soviética, em especial no Cáucaso, para recompensar grupos étnicos "leais" às custas dos "desleais", como os tchetchenos e os tártaros. Agora, chegara o momento de empregar uma técnica demográfica semelhante em escala bem mais ampla, com o consentimento tácito dos Aliados ocidentais. Os países do Leste Europeu que se curvavam à vontade do senhor do Kremlin, como a Polônia e a Romênia, seriam recompensados com uma porção extra de território. Nações que caíssem em seu desagrado seriam punidas.

Outra questão que precisaria ser resolvida mais tarde era a compensação que a Rússia deveria receber pelos danos de guerra infligidos pelos alemães. Stálin manteve-se firme em sua exigência de uma reparação de 10 bilhões de dólares, a serem pagos em espécie, na forma de fábricas desmontadas e equipamentos industriais, bens e mão de obra. Roosevelt estava preparado para negociar com base nesses valores, porém Churchill opunha-se vigorosamente. Harry Hopkins, que saíra de seu leito de enfermo para participar da reunião, queria recompensar Stálin por sua cooperação no trabalho pelas Nações Unidas. Ele rabiscou um bilhete para o presidente: "Os russos nos concederam tanto nessa conferência que não considero justo decepcioná-los".[18] Roosevelt aceitou a sugestão de seu assessor especial, concordando que a questão deveria ser deixada para a reunião da Comissão de Reparações, em Moscou.

No que dizia respeito a FDR, não havia muito sentido em prosseguir na discussão. A fachada de unidade dos Aliados tinha sido preservada nos tópicos mais importantes: Polônia, Nações Unidas, Alemanha, Japão. As diferenças entre os Aliados reduziram-se a "uma questão de etimologia — encontrar as palavras adequadas".[19] Tudo se resumia a "pôr as decisões no papel", um trabalho para diplomatas, não para presidentes. As divisões remanescentes entre as três grandes potências ficariam disfarçadas num comunicado final engenhosamente redigido. Aquele parecia o momento certo para comunicar a todos que deixaria Yalta às três da tarde do dia seguinte. "Três reis" — os governantes da Arábia Saudita, do Egito e da Etiópia — o aguardavam no Oriente.

A informação do presidente apanhou Stálin e Churchill de surpresa. Eles não acreditavam que os temas da conferência estariam resolvidos no domingo, como pretendia Roosevelt. Havia ainda muito trabalho a ser feito para definir os detalhes finais dos entendimentos. Anthony Eden teve a impressão de que o presidente estava "se iludindo" ao depositar tanta confiança nos poderes mágicos da linguística. Palavras como "eleições", "democracia", "independência", "fascismo" e "liberdade" tinham significados diferentes para os homens reunidos em volta da mesa redonda do salão de baile. Pelo léxico soviético, qualquer pessoa que fosse anticomunista poderia ser chamada de "fascista", palavra que algumas vezes já fora usada até para se referir a democratas convictos como Churchill. De acordo com a visão da história do marxismo-leninismo, "governo democrático" era aquele que dirigia os destinos nacionais em benefício do povo, segundo a definição do Partido Comunista. Eram "palavras elásticas", segundo Alger Hiss, figura em franca ascensão no Departamento de Estado americano.[20]

Um alto preço seria pago por encobrir os problemas mais difíceis da Conferência de Yalta em comunicados repletos do que Anna Roosevelt chamou de "generalizações ofuscantes".[21] Os desentendimentos iam crescer e se agravar, com cada lado acusando o outro de má-fé e de romper compromissos solenemente assumidos. As palavras que por algum tempo haviam unido os vencedores da Segunda Guerra Mundial reapareceriam para dividi-los.

A preocupação com o entendimento prestes a emergir de Yalta não estava limitado apenas ao lado ocidental. Alguns dos assessores de Stálin acreditavam que o *vozhd*, submetido a fortes pressões por parte de Roosevelt e Churchill, havia feito concessões além da conta. Molotov manifestava preocupação com os termos em que fora formulada a declaração sobre a Europa libertada, que obrigava a Rússia a garantir "o direito de todos os povos de escolher a forma de governo sob a qual viverão", como estava sacramentado na Carta do Atlântico. O comissário de Relações Exteriores protestou, alegando que a declaração "constituía uma interferência em assuntos da Europa libertada", mas a objeção foi ignorada por seu chefe. "Não se preocupe", disse-lhe Stálin. "Pense melhor. Mais tarde podemos resolver isso da nossa maneira. O importante é a correlação de forças."[22]

Os russos ressentiam-se do tom intimidador e moralista dos anglo-saxões. Ivan Maisky comentou que "a Inglaterra e os Estados Unidos viam-se como o

Deus Todo-Poderoso, incumbido da missão de julgar o resto desse mundo de pecadores, no qual se incluía a minha nação".[23] Os dirigentes do Kremlin acreditavam que a retórica americana sobre tornar o mundo "seguro para a democracia" era apenas um pretexto para se intrometer nos negócios alheios. Os americanos suspeitavam que os russos pretendiam converter todos ao comunismo, mas do ponto de vista de Stálin a realidade era exatamente o oposto disso: os Estados Unidos tinham a intenção de exportar sua ideologia para o resto do mundo. O que os americanos viam como um internacionalismo de caráter benigno era encarado pelos russos como uma forma insidiosa de imperialismo. "Roosevelt acreditava em dólares", lembraria mais tarde Molotov. "Ele considerava que os Estados Unidos eram tão ricos e nós, tão pobres e esgotados, que com certeza aceitaríamos esmolas."[24]

Stálin não sabia exatamente o que pensar de FDR. Por um lado, ele parecia muito mais razoável do que outros líderes capitalistas e tinha se esforçado bastante para ser amistoso com a Rússia. Por outro, continuava sendo um representante de sua classe, com a firme convicção da universalidade das ideias americanas. O presidente fizera todo o possível para provar suas boas intenções a Stálin, mas também rejeitara por completo a ideia de esferas fechadas de influência. Diversas vezes ele havia lembrado ao *vozhd* que "nesta guerra global, literalmente, não existe questão alguma, política ou militar, em que os Estados Unidos não estejam interessados".[25] Os americanos recusavam-se a seguir as regras pelas quais os europeus viviam fazia séculos. Rejeitavam a noção, formalizada no Congresso de Vestfália em 1648, de que todo governante é soberano nos territórios que controla, e portanto está livre para determinar qual deve ser a religião de seus súditos. Havia uma frase latina para esse conceito tão antigo, de séculos antes: *Cuius regio, eius religio*. "De quem é o reinado, dele será a religião." A implicação lógica do Tratado do Atlântico era que os americanos queriam exportar suas ideias, sua religião, para áreas como o Leste Europeu, que se encontravam sob o controle de um exército que não era o deles. Stálin não podia aceitar isso.

Na visão dos soviéticos, os americanos atribuíam à ideologia uma importância no mínimo tão grande quanto qualquer marxista. O dono da revista *Time*, Henry Luce, havia cunhado uma nova expressão, "o século americano", para descrever o triunfo inevitável da economia de livre mercado e da democracia liberal em todo o mundo. Já as ambições de Stálin eram mais modestas.

Ele estava disposto a dar a americanos e britânicos toda a liberdade que quisessem nos países que ocupavam, como Grécia e Itália. Em troca, queria também plena liberdade em seu pedaço do mundo. Esse era, afinal de contas, o tradicional direito dos soberanos.

O *vozhd* estava disposto a acompanhar os americanos, assinando suas declarações "algébricas", sem sentido. Depois de quatro anos de guerra e ocupação, a União Soviética encontrava-se exaurida e sem condições de entrar em um novo conflito no futuro próximo. Reconstruir uma nação devastada exigiria uma injeção maciça de recursos. Fontes potenciais de financiamento incluíam reparações de guerra da Alemanha, empréstimos e créditos dos Estados Unidos e um aperto no consumo doméstico, ou alguma combinação desses três elementos. Se houvesse uma possibilidade de conseguir da Alemanha ou do Ocidente ao menos parte dos fundos necessários à reconstrução da Rússia, sem dúvida isso seria preferível a ter que depender totalmente dos minguantes recursos da nação. A teoria marxista-leninista básica ensinava que, no longo prazo, o confronto contra os imperialistas era inevitável. "Logo a guerra vai acabar", disse Stálin ao comunista iugoslavo Milovan Djilas. "Vamos nos recuperar dentro de quinze ou vinte anos, e então partiremos para outra."[26] No curto prazo, entretanto, havia muito a ganhar mantendo boas relações com a principal potência imperialista. A Rússia precisava de um espaço para respirar, um *peredyshka*, para ganhar força.

Stálin aceitara um convite para jantar com Churchill e Roosevelt no Palácio Vorontsov. Uma magnífica escadaria cerimonial conduzia dos jardins até o lado sul da fachada mourisca, onde estava hospedado o primeiro-ministro, flanqueada dos dois lados por leões de mármore. Os leões na parte de baixo da escadaria dormiam, os que ficavam no meio estavam em vários estágios de repouso, enquanto aqueles na parte superior encontravam-se firmes sobre suas patas e inteiramente despertos, guardando os portões do palácio. Os homens do serviço de segurança soviético passavam o dia inspecionando as estátuas dos leões, bem como todos os cantos da casa e dos jardins. "Eles trancavam todas as portas das salas de recepção que seriam usadas para o jantar", recordou Churchill. "Os guardas ficavam a postos e ninguém tinha permissão para entrar. Em seguida, eles examinavam todo o aposento — debaixo das mesas e atrás das paredes."[27]

O jantar da noite de sábado foi o mais íntimo dos encontros de Yalta, com a presença apenas dos Três Grandes e seus ministros do Exterior, mais os intérpretes. Churchill ficou aguardando seus convidados no salão baronial, cercado por retratos de aristocratas russos e ingleses, "de olho nos soldados russos".[28] As pesadas portas de carvalho finalmente abriram-se, pouco depois das nove, e Roosevelt, em sua cadeira de rodas, foi conduzido para dentro, desculpando-se por ter chegado tarde. "Não consegui aprontar uma coisa." As secretárias de Churchill ficavam na entrada, com um guarda de honra da Marinha Real, atento aos visitantes. "A entrada de Stálin foi arruinada porque ele chegou praticamente junto com o presidente", comentou Marian Holmes. Churchill desembaraçou-se de Roosevelt para conduzir Stálin e Molotov ao salão do banquete.

Em frente à lareira acesa, beliscando os antepastos de caviar, Molotov perguntou a Stettinius qual seria o local onde se realizaria e conferência inaugural das Nações Unidas. O secretário de Estado atravessou o salão e inclinou-se diante de Roosevelt, ainda em sua cadeira de rodas portátil. "O senhor já está convencido a responder San Francisco?"[29] O presidente fez que sim com a cabeça, e os Três Grandes levantaram um brinde ao "sucesso da Conferência de San Francisco, que será em 25 de abril, apenas onze semanas depois".

O pessoal russo da cozinha tinha preparado um jantar com 25 pratos, que iam do onipresente leitãozinho à cabra selvagem das estepes. Os brindes começaram imediatamente. Depois de pensar por um bom tempo, Churchill concebeu uma estratégia para evitar objeções indesejáveis de Stálin, no caso de se propor um brinde à Sua Majestade, o Rei. Em vez de fazer brindes individuais, ele propôs um brinde coletivo aos três chefes de Estado. Tudo correu muito bem. Por ser o único chefe de Estado presente, Roosevelt exerceu o direito de propor o brinde de resposta. Ele recordou um incidente ocorrido em 1933, antes do estabelecimento de relações diplomáticas com a União Soviética. "Minha mulher visitou uma escola em nosso país. Numa das classes, ela viu um mapa contendo um grande espaço em branco. Ela perguntou o que era o espaço em branco, e lhe disseram que não tinham permissão para mencionar aquele lugar. Era a União Soviética." Era como se o maior país do mundo, cobrindo um sexto da superfície terrestre, simplesmente não existisse.

Stálin continuava mantendo o foco nos negócios, em especial o fracasso de se chegar a um acordo quanto às indenizações de guerra. Ele disse que tinha receio de dizer ao povo soviético que "não iam receber nenhuma reparação porque os britânicos se opunham". Churchill protestou, dizendo que em princípio era favorável a indenizações, mas se lembrou do ocorrido depois da Primeira Guerra Mundial, quando a Alemanha viu-se incapaz de arcar com seus débitos. Pressionados pelo marechal, os dois líderes ocidentais concordaram em incluir no comunicado final uma seção estipulando que a Alemanha teria que oferecer compensações "em espécie" pelos prejuízos causados aos Aliados. Anexou-se um protocolo secreto deixando claro que os americanos, porém não os britânicos, haviam aceitado a quantia de 10 bilhões de dólares proposta por Stálin como "ponto de partida para a discussão".

Quando os Três Grandes passaram para a parte do cardápio reservada às carnes de caça, a conversa entrou no terreno da política doméstica. O primeiro-ministro lembrou a seus convidados que em breve enfrentaria uma "eleição difícil". Stálin não conseguia imaginar que ele tivesse qualquer problema para ser reeleito. "O povo vai compreender que precisa de um líder, e quem seria um líder melhor do que a pessoa que conquistou a vitória?" Churchill explicou que existiam dois partidos políticos na Grã-Bretanha, e ele era líder de apenas um deles.

"Um partido é muito melhor", insistiu Stálin.[30]

Depois do jantar, Churchill convidou os visitantes para ir à sua Sala de Mapas, ao fundo do corredor. Gráficos na parede mostravam os russos a sessenta quilômetros de Berlim, os americanos entrando em Manila e os britânicos e canadenses avançando em direção ao Reno. Fortificado pelos charutos e pelo conhaque, o efusivo inglês entoou alguns acordes de uma canção popular da Primeira Guerra Mundial, "When We've Wound Up the Watch on the Rhine". Ele pareceu magoado quando Stálin sugeriu que os britânicos poderiam considerar a possibilidade de um armistício com os alemães. Retirando-se para um canto da Sala de Mapas com uma expressão simulada de horror, ele iniciou outra velha canção favorita: "Keep Right on to the End of the Road".

"Stálin ficou com ar de quem não tinha entendido nada", recordou o chefe da Sala de Mapas, o capitão Pim. FDR abriu um amplo sorriso, explicando a Stálin que a cantoria de Churchill era "a arma secreta da Grã-Bretanha".[31] O primeiro-ministro finalmente deu boa-noite a seus convidados, por volta de 0h30, conduzindo os oficiais britânicos lá reunidos num vigoroso "três vivas ao marechal Stálin".

Os diplomatas passaram a noite em claro, preparando o texto do comunicado e dos protocolos secretos. Roosevelt permanecia decidido a concluir tudo na manhã seguinte, embora tivesse dito a Stálin que ficaria até segunda-feira se fosse absolutamente necessário. Ele planejava passar uma noite final a bordo do navio americano de comunicações *Catoctin*, no porto de Sebastopol, antes de voar ao Egito para seu encontro com os "três reis". O presidente queria fazer a viagem de 128 quilômetros até Sebastopol, por uma traiçoeira estrada litorânea, à luz do dia.

Os Três Grandes reuniram-se para sua derradeira sessão plenária no domingo, 11 de fevereiro, no salão de baile do Palácio Livadia. Uma pilha de documentos estava sobre a mesa, diante de cada um deles. Os líderes começaram a folheá-los, seção por seção, examinando atentamente o vocabulário empregado. Churchill, que se orgulhava de seu estilo literário, fez restrições à quantidade de americanismos no comunicado final. "Há um excesso de *joints* [conjuntos]", reclamou, indicando uma sentença sobre "nossos planos militares conjuntos." Ele preferia "nossos planos militares combinados".[32] Para um inglês, a palavra "joint" lembrava "a família reunida no domingo para comer carneiro assado". Chegou-se a um acordo com "os planos militares das três potências aliadas".

Roosevelt e Stálin não estavam dispostos a discutir escaramuças. Cada um dava um jeito de se adequar à linguagem do outro para aprovar as passagens mais substanciais do texto. "O.k.", disse rindo bastante Stálin, num inglês macarrônico de sotaque carregado. "*Khorosho*", concordou FDR, num russo americanizado.

Os líderes passaram para uma seção intitulada "Ocupação e controle da Alemanha". O primeiro-ministro olhou com ar de desaprovação para uma frase que começava com a expressão "É nosso propósito conjunto destruir o militarismo e o nazismo alemães [...]". A palavra com que Churchill implicava foi eliminada. "Nosso propósito conjunto" passou a ser "nosso propósito inflexível". A vigilância de Churchill foi esmorecendo à medida que a sessão avançava, fosse pelo cansaço, fosse pelo tamanho da tarefa que impusera a si mesmo. Ele acabou concordando em "declararmos em conjunto" a disposição dos Três Grandes de adotar uma "ação conjunta" para assumirem suas "responsabilidades conjuntas" com o objetivo de "prestar assistência em conjunto" aos povos libertados da Europa.

Churchill manifestou reservas quanto ao acordo sobre a Polônia — "a causa pela qual a Grã-Bretanha empunhou sua espada" —, inclusive no momento de assinar o documento. Ele receava ser "alvo de pesadas críticas" ao endossar as exigências políticas e territoriais dos russos. "Os poloneses de Londres vão fazer uma tremenda gritaria", foi sua previsão sombria. "Eles dirão que eu acabei definitivamente com o único governo constitucional da Polônia."

Houve um debate bem-humorado sobre quem deveria assinar o comunicado primeiro. Churchill reivindicou para si o privilégio, com base na ordem alfabética e na idade. Para Stálin, isso não era problema algum, já que preferia ser o último a assinar. "Se a assinatura de Stálin for a primeira, as pessoas dirão que ele comandou a discussão." Roosevelt deixou que os dois outros fizessem como queriam, concordando em assinar em segundo lugar. Seguiu-se uma pausa para almoço no salão de bilhar do tsar, enquanto os documentos eram preparados para as assinaturas. Como esse processo era muito demorado, os três líderes acabaram assinando "folhas de papel em branco" para muitas das decisões, que seriam preenchidas posteriormente.[33]

Uma fotografia tirada por Robert Hopkins, que estamparia as páginas da revista *Life*, capturou a cena durante o almoço. "Última reunião dos Três Grandes", dizia a legenda, abaixo do retrato de Stálin, Roosevelt e Churchill sentados lado a lado na mesa de refeições.

> Juntos, eles representam uma grande parte da população do planeta. Um deles é filho de um sapateiro, outro, um aristocrata e o terceiro descende de prósperos colonizadores holandeses. Seria difícil encontrar três homens mais diferentes um do outro, em caráter e temperamento. Os debates entre eles estão encerrados — e são grandes as esperanças para um mundo pacífico. Olhe bem para eles! Churchill está se servindo de uma grande porção de caviar, preparando-se para mais outra; Stálin preferiu uma porção mais moderada; Roosevelt declina do prato. Será que isso tem algum significado?[34]

Roosevelt não conseguiu sair de Yalta às três em ponto, como pretendia, mas às quatro já tinha partido. Os russos deram-lhe de presente um enorme cesto com vodca, champanhe, vinho da Geórgia, manteiga e tangerinas, com cestos menores para os outros membros da delegação. Os três governantes despediram-se um do outro nos degraus do Palácio Livadia.

Churchill voltou ao Palácio Vorontsov, um tanto deprimido por ter ficado sozinho. Ele tinha planejado partir na segunda-feira, mas de repente percebeu que não havia a menor razão para ficar. Ele parecia o velho empregado da peça de Tchékhov *O jardim das cerejeiras*, tropeçando solitário pela ampla propriedade, abandonado pelos patrões, enquanto o mundo muda para sempre ao seu redor. Sua secretária, Marian Holmes, percebeu a melancolia que tomara conta dele. Para ela, o primeiro-ministro compreendeu que estava ofuscado pelos "dois gigantes", a União Soviética e os Estados Unidos, e "no futuro não teria mais muita influência nas grandes questões".

"Por que ainda estamos aqui?", quis saber Churchill. "Não vejo motivo para ficar um minuto mais. Vamos embora!"[35]

Depois de um "silêncio de espanto", a equipe do primeiro-ministro entrou em ação. Sarah Churchill foi ajudar o pai, que não conseguia decidir se iria de avião até o Oriente Médio atrás do presidente ou se descansaria um pouco num navio britânico, aproveitando para se atualizar com a leitura dos jornais. "Arcas e grandes embrulhos misteriosos de papel que recebemos de presente dos russos — caviar, esperamos — ocupavam o corredor. A roupa enviada à lavanderia voltou limpa, porém úmida." O criado do primeiro-ministro, Sawyers, tinha "lágrimas nos olhos" enquanto cuidava da arrumação da bagagem, murmurando: "Eles não podem fazer isso comigo". Sarah descreveu o caos numa carta à sua mãe no dia seguinte:

> Papai, bem-humorado e feliz da vida como um garoto fora da escola, com o dever de casa feito, ia de um aposento ao outro dizendo: "Vamos, vamos". Acredite ou não, uma hora e vinte minutos depois, lá pelas 17h30, apareceu um desfile de carros repletos de malas abarrotadas, indo a caminho de Sebastopol! E, por mais que tivéssemos nos apressado, fomos os últimos a chegar! O presidente havia saído uma hora à nossa frente — mas obedecendo a um plano organizado dias antes. Stálin, como se fosse um gênio da lâmpada, simplesmente desapareceu. Três horas após o derradeiro aperto de mãos, Yalta estava deserta, a não ser pela presença daquelas pessoas que sempre precisam fazer a arrumação depois da festa.

6. Euforia — *13 de fevereiro*

Churchill tomou conhecimento dos primeiros comentários da imprensa sobre a Conferência de Yalta quando ainda estava a bordo do luxuoso transatlântico *Franconia*, da companhia Cunard, no porto de Sebastopol. A reação inicial foi "quase histericamente entusiasmada", escreveu um diplomata britânico em seu diário.[1] O *Times* londrino aplaudiu a "notável harmonia no entendimento" entre os três aliados na guerra a propósito de uma série de temas "controversos". O tom do comentário era tão elogioso que o chefe dos serviços de propaganda da Grã-Bretanha enviou um telegrama ao primeiro-ministro, dizendo: "É como se eu mesmo tivesse escrito o artigo". Clementine Churchill descreveu sua "felicidade e orgulho" em carta escrita à mão com data de terça-feira, 13 de fevereiro. "Que resultado maravilhoso, capaz de igualar-se a uma grande vitória militar ou a uma campanha inteiramente vitoriosa."

A devastação em Sebastopol era ainda maior do que no resto da Crimeia. "Um panorama de fato horroroso", recordou John Martin, secretário particular de Churchill. "Deve ter sido uma cidade grande, com grandes edifícios de pedra, mas está quase inteiramente destruída — quilômetros quadrados de ruínas em que é difícil encontrar uma casa ainda em pé. É um absurdo pensar nos pequenos inconvenientes que a guerra nos causou, em comparação com o sofrimento dessa gente."[2] Os alemães tinham dinamitado o grande porto da cidade ao fim de vinte meses de ocupação, reduzindo praças e pátios a um deserto de pedras. "Esta é apenas uma das muitas cidades russas que tiveram esse destino", observou Martin. "Não é de admirar que eles falem de reparações." Sarah Churchill ficou espantada pela visão de luzes cintilando à noite "vindas de porões, de pilhas de pedras", sinal de que a vida estava voltando às ruínas.

Churchill passou o dia com seus generais, percorrendo o vizinho campo de batalha de Baladava, onde a Brigada Ligeira havia realizado uma operação imortalizada pela poesia de Lord Tennyson. O passado fundiu-se com o presente quando um almirante russo, desconhecendo o fascínio dos britânicos pelos eventos de 1854, descreveu o cerco de Sebastopol pelos nazistas, que tinha durado um mês. "Os tanques alemães nos atacaram vindo dali", exclamou o almirante enquanto os ingleses contemplavam o lugar em que os "seiscentos nobres heróis" cavalgaram para dentro do "vale da Morte".[3] Estimulado pelos espíritos da grandeza imperial, Churchill decidiu seguir Roosevelt para o leste do Mediterrâneo e organizar seu próprio encontro com os "três reis" do Oriente. Ele ficara "consternado" com o fato de que os americanos estavam se envolvendo numa parte do mundo que havia tempo era algo como um prolongamento do Império britânico. Harry Hopkins tentou convencê-lo de que o que o presidente estava fazendo não passava de "um grande jogo de cena", seu objetivo principal sendo apenas "apreciar a pompa pitoresca dos soberanos daquela parte do mundo".[4] Nada disso serviu de consolo a Churchill, que tinha profundas suspeitas quanto às exortações americanas pela descolonização e autodeterminação. Segundo Hopkins, ele estava convencido de que "nós tínhamos algum grande plano estabelecido para minar o Império britânico naquelas regiões".

As reações dos americanos às notícias de Yalta começaram a ser filtradas para FDR enquanto ele se preparava para receber os potentados do Oriente Médio a bordo do *Quincy*, sobre as águas plácidas do Grande Lago Amargo, no centro do canal de Suez. O noticiário foi de um entusiasmo praticamente unânime. O *New York Times* disse que os acordos "justificam e superam muitas das esperanças depositadas nesse encontro decisivo".[5] O *Washington Post* cumprimentou o presidente por "essa realização tão abrangente". Na rede de rádio CBS, William Shirer declarou que Yalta representava "um marco na história da humanidade". Para Raymond Gram Swing, da Mutual Broadcasting, a conferência respondeu à "maior de todas as perguntas — os Aliados podem trabalhar em conjunto". O ex-presidente Herbert Hoover previu que os acordos "abririam uma grande esperança para o mundo". Para as expectativas de FDR de conseguir apoio dos dois grandes partidos à sua política com os russos, nada foi mais importante que a declaração do senador Vandenberg, abençoando o comunicado como "de longe o melhor que já foi extraído de qualquer grande conferência".

"Realmente acreditamos, do fundo do coração, que aquilo representava a aurora do novo dia pelo qual vínhamos rezando e conversando por tantos anos", recordou mais tarde Hopkins.[6] "Tínhamos certeza absoluta de que nós havíamos conquistado a primeira grande vitória da paz — e, quando digo 'nós', refiro-me a todos nós, toda a raça humana civilizada. Os russos provaram que podem ser razoáveis e ter uma visão de longo prazo, e não havia dúvida na mente do presidente ou na de qualquer um de nós de que poderemos viver ao lado deles, entendendo-nos num clima de paz por um futuro que haverá de se estender por um tempo muito mais distante que qualquer um de nós pode imaginar." A única incerteza era sobre o que poderia acontecer a Stálin. "Estávamos convencidos de que poderíamos esperar que ele fosse razoável, dotado de sensibilidade e compreensão — porém nunca poderíamos ter certeza de quem ou do quê estaria por trás dele lá no Kremlin."

Uma rara nota de discordância veio de Moscou, na pessoa de George Kennan, o número dois de Harriman e homem com o hábito de refletir bastante sobre qualquer assunto antes de emitir sua opinião. Ele considerou os acordos sobre a ocupação da Alemanha nada mais que "declarações superficiais, sem o menor sentido", manifestando ainda seu espanto pela promessa de grandes reparações à Rússia.[7] Kennan profetizou um futuro sombrio, tanto para a Alemanha como para a Europa. "Como não temos quaisquer ideias construtivas para o futuro da Alemanha, nossa influência lá só pode ser negativa. E, sem nosso apoio, os britânicos nada podem fazer. O resultado é que os russos farão o que quiserem, inicialmente dentro de sua própria zona de atuação e depois, de maneira crescente, dentro da nossa." Isso levaria, em primeiro lugar, "a difundir o caos econômico", "fazer cair o padrão de vida" e mais tarde "gerar confusão generalizada e falta de esperanças", e por fim "ódio e tumultos violentos", sentimentos atiçados e explorados pelo poder totalitário do Leste Europeu. "Nesse turbilhão de desespero humano, que se estenderá pelo coração da Europa Central, os russos e seus parceiros procurarão todo tipo de oportunidade para ampliar suas fortunas e pressionar os países vizinhos."

Um dos últimos atos de Roosevelt antes de deixar Yalta fora presentear Stálin com um luxuoso livro ilustrado com encadernação especial, com o título de *Target Germany* [Alvo Alemanha], apresentando fotografias aéreas sobre o efeito dos bombardeios dos aviões americanos no Terceiro Reich. Os Aliados ocidentais estavam ansiosos para demonstrar a eficácia do poder aéreo de destruição, uma vez que a maior parte dos combates dos russos estava sendo travada em terra, e sua ofensiva fora detida nas Ardenas. Forçar os movimentos de tropas alemãs do front ocidental para o front oriental tinha importância fundamental na lista de exigências dos russos em Yalta. Os generais soviéticos mencionavam especificamente a necessidade de "paralisar as ligações entre Berlim e Leipzig", logo a noroeste de Dresden, capital da Saxônia.[8] Depois de pesquisar vários alvos possíveis, os planejadores aliados decidiram-se por Dresden. Sétima maior cidade da Alemanha, era um importante centro de comunicações, e anteriormente havia sido poupada de bombardeios em grande escala. Situada a pouco mais de cem quilômetros da linha do front russo, Dresden estava repleta de refugiados que tentavam escapar da ofensiva do Exército Vermelho. Segundo a orientação dada aos pilotos britânicos, o objetivo era "atingir o inimigo onde o golpe fosse sentido com a maior intensidade possível, atrás de um front que já entrou parcialmente em colapso [...] e além disso, mostrar aos russos quando eles chegarem o que o Comando de Bombardeios é capaz de fazer". A necessidade de causar uma impressão forte nos russos selou o destino da antiga capital da Saxônia tanto quanto considerações de ordem puramente militar.

A ofensiva contra Dresden foi desfechada na noite de 13 de fevereiro, dois dias após a Conferência de Yalta. A Real Força Aérea atacou de início às 22h14, cobrindo o centro da cidade com quinhentas toneladas de cargas explosivas de grande impacto e 375 toneladas de bombas incendiárias. O fogo espalhou-se depressa pelo coração da cidade barroca, conhecida como a Florença do Elba, destruindo sem distinção pátios de ferrovias, catedrais, palácios e residências. Os pesados bombardeiros Lancaster voltaram a atacar três horas depois, no começo da Quarta-Feira de Cinzas, enquanto os serviços de emergência tentavam controlar o fogo, lançando mais 1800 toneladas de bombas sobre a cidade em chamas. A Oitava Força Aérea dos Estados Unidos chegou para completar o serviço em 14 e 15 de fevereiro, com ataques diurnos "de precisão" a estações de triagem de trens com 527 bombardeiros pesados, que lançaram 1247 toneladas de explosivos. Uma ventania forte ajudou a propagar o fogo.

"Dresden?", ironizou o marechal do ar Arthur Harris, militar responsável pelo Comando de Bombardeios, quando tudo acabou. "Não existe um lugar chamado Dresden."[9]

Roosevelt sentiu uma "emoção especial" ao encontrar-se com os reis orientais sem a presença de Churchill, segundo o relato de Anna.[10] "Todo o evento foi uma coisa fantástica!", FDR disse à Margaret Suckley, sua prima. "Saímos da Crimeia sem nenhum contratempo, fomos de avião até o Canal & vimos o rei Farouk, depois o imperador Hailé Selassié, & no dia seguinte o rei Ibn Saud da Arábia com toda a sua corte, escravos (negros), o provador de comida e bebida, astrólogo & os carneiros." O monarca saudita rejeitou o oferecimento de uma cabine no destroier americano enviado para trazê-lo de Jeddah, preferindo armar sua tenda no convés principal, cercado por uma guarda de guerreiros armados com cimitarras e criados, que incluíam um adivinho e um preparador de café. Os carneiros se esbaldaram com a comida espalhada na popa do navio até o momento de serem sacrificados de acordo com o cerimonial. O presidente recepcionou Saud no convés do *Quincy*, forrado para a ocasião com tapeçarias orientais. Trajando mantos dourados e turbantes em um padrão xadrez vermelho e branco, o rei impressionou Roosevelt como "um homem com aparência de baleia sentado numa poltrona Luís XV". Os dois líderes logo se entenderam. FDR ganhou a gratidão eterna de Ibn Saud ao presenteá-lo com uma de suas cadeiras de rodas e um avião de passageiros DC-3, equipado com um trono giratório que permitia ao rei olhar sempre na direção de Meca.

Mais de cinco anos de uma guerra global e de tensões geopolíticas haviam alterado a ordem internacional de uma maneira que os estadistas ainda tentavam entender. Tudo estava em transformação. O futuro do Oriente Médio mal tinha sido mencionado em Yalta, porque parecia ser uma questão de importância apenas periférica, embora já viesse abrindo passagem em direção ao centro dos acontecimentos. O moribundo presidente decidiu desviar mais de 1500 quilômetros de seu caminho para render homenagens a um potentado oriental cujo petróleo seria de importância fundamental para a economia americana em tempos de paz. Roosevelt estava ciente da necessidade imperiosa de estabelecer um relacionamento sólido com a Arábia Saudita, mas ficou espantado pela veemência com que Ibn Saud se opôs à ideia de um Estado judaico na Palestina. Numa tentativa desajeitada de estabelecer o mesmo relacionamento amigável que buscara com Stálin, em tom de brincadeira, ele ofereceu ao rei "6 milhões de judeus" dos Estados Unidos, além dos judeus deslocados da Europa. Ibn Saud ficou horrorizado: ele previu "uma guerra santa" e "problemas sem fim". Árabes e judeus "jamais poderiam cooperar, nem na Palestina, nem em nenhum outro país [...]. Os árabes prefeririam a morte a ceder sua terra aos judeus". FDR respondeu garantindo ao rei que os Estados Unidos "nada fariam para ajudar os judeus contra os árabes" e não concordariam com a divisão da Palestina "sem a plena e prévia consulta a ambos, judeus e árabes".

Churchill encontrou-se com FDR a bordo do *Quincy* no dia seguinte, 15 de fevereiro, depois de uma visita de avião a Atenas. Além da intenção de descobrir os planos americanos para o Oriente Médio, ele cogitava outro tópico que não quisera abordar em Yalta, por tratar-se de tema muito delicado. Por quase três anos, cientistas americanos e britânicos vinham trabalhando num projeto secreto para construir uma bomba atômica, um tipo inteiramente novo de arma, milhares, talvez milhões, de vezes mais poderosa que explosivos convencionais. Ninguém sabia se o dispositivo a ser produzido a partir do urânio funcionaria, já que nunca fora testado. Com o codinome Projeto Manhattan, o imenso esforço de pesquisa e desenvolvimento estava sob o controle do Departamento de Guerra dos Estados Unidos, que supervisionava uma rede de instalações nucleares do Novo México ao Tennessee e ao estado de Washington. Os britânicos haviam sido relegados a um papel secundário. Se a nova arma funcionasse de acordo com as previsões dos cientistas, o presidente dos Estados Unidos controlaria o destino da espécie humana. O primeiro-ministro queria assegurar-se de que a Grã-Bretanha teria acesso à tecnologia nuclear no futuro, "em escala compatível com nossos recursos".[11]

Roosevelt pareceu cordato, embora fosse evidente que sua atenção estava concentrada em outras questões. Ele disse a Churchill que as perspectivas de explorar comercialmente a energia atômica pareciam menos promissoras do que se imaginava. De acordo com as informações de que dispunha, era provável que os "primeiros testes importantes" da bomba atômica ocorressem em setembro. Encerrada a parte séria da conversa, ele convidou seu amigo inglês para "uma pequena refeição familiar" em sua cabine, com a presença de Sarah e Anna, bem como de Hopkins. O presidente tinha a aparência "plácida e frágil", recordaria Churchill mais tarde. "Tive a impressão de que era frágil seu contato com a vida. Eu não voltaria a vê-lo. Nossas despedidas foram muito afetuosas." O primeiro-ministro permaneceu a bordo do *Quincy* por duas horas e 31 minutos.

Uma a uma, FDR estava perdendo o contato com as pessoas que haviam sido as mais próximas durante os anos mais difíceis de sua vida. Seu leal assessor militar, "Pa" Watson, sofrera um ataque cardíaco quando a comitiva presidencial estava partindo da Crimeia, uma semana após ter sido forçado a ceder sua cama para Churchill. Ninguém, nem Anna, tinha coragem de contar ao presidente a gravidade de seu estado. Ele morreu no mar em 20 de fevereiro, justo quando os médicos pensavam que pudesse estar se recuperando. Roosevelt ocultou seu pesar sob uma aparência de fortaleza, mas a morte do amigo deixou-o "profundamente deprimido" e com pouca disposição para o trabalho.[12] "Ele falou muito pouco sobre Pa durante o almoço ou o jantar naquele dia e no dia seguinte", recordou o autor de seus discursos, Sam Rosenman, mas "estava claro para todos nós que ele tinha sido profundamente afetado." Enquanto isso, Hopkins também estava piorando. Ele deixou o *Quincy* em Argel depois de ter passado três dias confinado à sua cabine durante a volta da comitiva presidencial aos Estados Unidos. Roosevelt estava contando com Hopkins para a preparação do relatório ao Congresso, mas, com seu estado de saúde cada vez pior, o assistente especial recusou-se a passar mais uma semana no mar. O presidente ficou "desapontado e até mesmo aborrecido", de acordo com Robert Sherwood, autor da biografia autorizada de Hopkins.[13] A despedida dos dois "não foi das mais amigáveis — circunstância triste de lembrar, pois Hopkins nunca mais voltaria a ver seu grande amigo".

O primeiro-ministro voltou a uma Inglaterra cinzenta e deprimente no dia 19 de fevereiro. Pouco antes da aterrissagem, seu avião foi desviado para outro aeroporto, devido à neblina, e não havia ninguém para recebê-lo. O otimismo que sentia logo após o encerramento da Conferência de Yalta estava dando lugar a maus presságios. Quando enfim pôde se reunir com seus assessores, ele resmungou que "os americanos foram muito fracos. O presidente parecia envelhecido e doente, tinha perdido a capacidade de concentração e foi de uma incompetência absoluta para conduzir os trabalhos".[14] Churchill também estava aborrecido pelas reclamações de que os acordos de Yalta representavam uma traição à Polônia, o país cuja honra e liberdade a Grã-Bretanha tinha entrado em guerra para defender.

O polonês cuja opinião mais importava para Churchill era o general Władysław Anders, comandante do Exército da Polônia no exílio. Durante os três últimos anos, seus soldados haviam combatido lado a lado com britânicos e americanos, inicialmente no norte da África e em seguida na Itália. O exército de Anders crescera até chegar a 50 mil homens e tinha se envolvido em alguns dos conflitos mais duros da campanha italiana, inclusive a batalha por Monte Cassino. Depois de três tentativas fracassadas dos Aliados de capturar aquela posição estratégica, em 18 de maio de 1944 os poloneses conseguiram fincar sua bandeira vermelha e branca nas ruínas do mosteiro bombardeado. Na batalha, morreram e ficaram feridos mais de 3,5 mil soldados do Segundo Corpo Polonês. Muitos deles eram da região leste da Polônia, próxima a Lwów, que, de acordo com o documento assinado por Roosevelt, Churchill e Stálin, seria transferida para a União Soviética.

Magro, de rosto vigoroso, calvo e com um bigode bem aparado, Anders tinha bons motivos para desconfiar dos russos. Juntamente com muitos soldados sob suas ordens, acabara capturado pelo Exército Vermelho durante a invasão da Polônia, em setembro de 1939. Por ser um alto oficial polonês, foi levado à prisão de Lubyanka em Moscou e torturado. Depois do ataque alemão à Rússia, em junho de 1941, Stálin ordenou que fosse libertado, ganhando permissão para organizar um exército polonês no exílio. O exército de Anders saiu da União Soviética de trem, pelo Irã e pelo Iraque, unindo-se às forças britânicas no Egito. Antes de deixar a Rússia, Anders fora convocado ao Kremlin para um encontro com Stálin, durante o qual o general polonês quis saber o que ocorrera com seus colegas oficiais enviados a Katyn. Stálin garantiu que eles tinham todos "fugido", indo para a Manchúria. A ideia de que 20 mil poloneses pudessem ter desaparecido na China após serem libertados da prisão na Rússia era muito difícil de acreditar. Anders pressionou Stálin em busca de mais informações.

"Com toda certeza eles foram libertados, mas ainda não devem ter chegado", respondeu o homem que assinara a ordem para a execução dos poloneses desaparecidos.[15]

Anders foi informado pelo rádio sobre o acordo de Yalta. Ficou tão transtornado que passou vários dias sem conseguir dormir. Seus soldados tinham feito um juramento de lealdade ao governo do exílio em Londres, que fora abandonado de um dia para o outro pelos Aliados. Até aquele momento, havia sido fácil convencê-los de que estavam lutando pela liberdade e pela independência da Polônia depois da guerra. Com o acordo, na visão de Anders, os Aliados "venderam" a Polônia aos soviéticos, rasgando sua Constituição e substituindo seu governo por uma versão apenas levemente modificada do governo de Lublin, dominado pelos comunistas. Pior ainda, os representantes poloneses nem tinham sido convidados para a conferência que selou seu destino. As decisões de Yalta representavam uma "sentença de morte" para a Polônia, condenada a se tornar uma "república soviética".[16]

Os generais americanos e britânicos alegaram que Churchill e Roosevelt eram homens honrados, que tinham se empenhado em conseguir o melhor acordo possível. A composição exata do futuro governo polonês seria decidida por meio de negociações em Moscou entre o ministro do Exterior soviético e os embaixadores americano e britânico. Isso não tranquilizou Anders, que observou que os exércitos russos estavam "no local". Os russos teriam papel decisivo na formação do novo governo e na manipulação das eleições. "Imaginar qualquer outra coisa é pura ilusão." O antigo prisioneiro soviético em Lubyanka acreditava estar "em condições melhores do que o presidente americano ou o primeiro-ministro britânico para julgar as intenções dos russos".[17] Anders preferia retirar seu exército da linha fronteiriça no norte da Itália a ter de lutar por uma causa perdida, concordando porém em discutir a questão com Churchill, num encontro a se realizar em Londres no dia 21 de fevereiro.

O primeiro-ministro recebeu o general polonês num anexo de sua residência oficial, no número 10 da Downing Street, situado sobre o bunker subterrâneo que durante a guerra funcionara como seu quartel-general. Apesar do respeito pessoal de Churchill por Anders — "um homem de grande nobreza que há muito tempo luta ao nosso lado" —, prevalecia sua frustração com o governo polonês no exílio.[18] Os poloneses que se encontravam em Londres tinham denunciado os acordos de Yalta como "a quinta fragmentação da Polônia, desta vez com a participação de seus aliados", referindo-se às três sucessivas divisões do país nos séculos XVIII e XIX, e mais tarde no Pacto Molotov-Ribbentrop, de 1939. Essa crítica em tom áspero deixou Churchill profundamente ressentido. Embora simpatizasse com os poloneses, ele também ficava exasperado com sua teimosia e intransigência. Eles se recusavam a tirar as conclusões lógicas e inevitáveis de sua posição geográfica nada invejável, situados que estavam entre a Rússia e a Alemanha. Em vez de negociar com Stálin enquanto ainda era possível, os poloneses de Londres recusaram-se a fazer qualquer tipo de concessão territorial. Eles mesmos eram seus piores inimigos.

Churchill não conseguia disfarçar a impaciência enquanto Anders reclamava da "grande calamidade" que atingira seu país. "Nossos soldados lutaram pela Polônia, lutaram pela liberdade de seu país. Agora, o que nós, seus comandantes, podemos lhes dizer? A Rússia soviética, até 1941 em estreita aliança com a Alemanha, apossou-se de metade de nosso território, e pretende estabelecer seu poder na parte restante."

"A culpa é de vocês", rebateu o primeiro-ministro.[19] Ele não ficou abalado com a ameaça de retirar as unidades polonesas das forças comandadas pelos Aliados. "Neste momento, já temos um número suficiente de soldados. Não precisamos da sua ajuda. Pode retirar as suas divisões. Não temos necessidade delas."

Os comentários irritados de Churchill serviam para disfarçar uma consciência pesada. Ele estava atormentado pela imagem de seu antecessor, Neville Chamberlain, que retornara de um encontro com Hitler em Munique, em setembro de 1938, agitando um pedaço de papel e proclamando "paz em nosso tempo" numa voz esganiçada. O homem que sempre carregava um guarda-chuva havia sido exaltado como um salvador, mas agora era uma figura desprezível, um símbolo da desacreditada política de conciliação. Churchill rejeitava toda comparação entre a Tchecoslováquia de 1938 e a Polônia de 1945, entre Munique e Yalta, entre Hitler e Stálin. Os paralelos, porém, eram inquietantes, o que explica por que ele sentia a necessidade de fazer um esforço por contestá-los. "O pobre Neville Chamberlain achava que podia confiar em Hitler", ele disse aos ministros de seu gabinete na manhã de 23 de fevereiro. "Ele estava errado. Mas não acredito que eu esteja errado em relação a Stálin."[20]

O primeiro-ministro tinha em mente a analogia com Chamberlain enquanto se dirigia a Chequers, sua casa de campo oficial, para o fim de semana. Durante a hora que durou o percurso até Buckinghamshire, ficou preparando o esboço inicial do relatório sobre as negociações de Yalta que pretendia apresentar ao Parlamento na terça-feira seguinte. Estava ditando "o trecho mais difícil e polêmico" de seu pronunciamento — a parte relativa à Polônia — enquanto descia de seu sedan Austin, seguindo pelo caminho de cascalho em frente à residência. Churchill defendia a nova fronteira oriental do país como "a mais justa divisão de território que se pode fazer entre duas nações cuja história tem sido tão…". Nesse momento, ele fez uma pausa nos degraus da mansão em estilo Tudor e olhou à sua volta, em busca de inspiração, "acidentada e entrecruzada". O esboço do pronunciamento incluía uma linha sobre a postura da União Soviética de buscar "não apenas a paz, mas a paz com honra". Ao ouvir isso, Jock Colville, o secretário particular de Churchill, ficou horrorizado. "? Cortar", ele rabiscou na margem. "Ecos de Munique."[21] A passagem foi prontamente omitida.

Naquela noite, durante o jantar, o primeiro-ministro, segundo Colville, parecia "um tanto deprimido".[22] Estava preocupado com a possibilidade de que "algum dia a Rússia volte-se contra nós, dizendo que Chamberlain havia confiado em Hitler assim como neste momento ele estava confiando em Stálin (embora ele pensasse que as circunstâncias eram diferentes)". Como já havia feito inúmeras vezes durante a guerra, Churchill procurou consolar-se com um provérbio alemão: "Deus cuida de não deixar que as árvores cresçam até atingir o céu". Com isso, ele queria dizer que sempre existe um mecanismo de autocorreção na política e nas questões internacionais: se Stálin tentasse impor sua vontade e traísse a confiança dos líderes ocidentais, seria inevitavelmente derrubado, como acontece com a árvore que se tornou grande demais para suas raízes. O mau humor de Churchill continuou depois do jantar, enquanto ele estava sentado no grande salão de xadrez, ouvindo *O mikado* sendo executado "devagar demais" ao gramofone, ao lado de Colville e do "Bombardeador" Harris, o destruidor de Dresden. Em 1940, refletiu o primeiro-ministro, tudo estava muito claro: a Grã-Bretanha lutava por sua sobrevivência. Agora, tudo estava confuso: "sombras da vitória" haviam caído sobre a terra. Ele fazia conjecturas sobre "o que estará entre as neves brancas da Rússia e os penhascos brancos de Dover" depois de Harris ter concluído a destruição da Alemanha. No cenário otimista, algo inesperado haveria de ocorrer, capaz de impedir que os russos avançassem rumo ao Atlântico, assim como a morte de Genghis Khan detivera o avanço dos mongóis no século XIII. Os mongóis, lembrou Churchill a seus assessores, simplesmente "foram embora e nunca mais voltaram".

"O senhor quer dizer que eles vão voltar?", perguntou Harris, tentando entender a comparação entre os mongóis e os russos.

O primeiro-ministro não tinha resposta àquela pergunta. "Quem pode saber? Pode ser que eles não queiram voltar. Mas no coração de muitas pessoas existe um temor oculto." Ele só tinha certeza de uma coisa. "Depois da guerra, ficaremos fracos. Não teremos dinheiro nem força e ficaremos cercados pelas duas grandes potências, Estados Unidos e União Soviética."

A ambivalência de Churchill quanto a Stálin e à Rússia refletia seus altos e baixos emocionais, seus conhecimentos históricos e as exigências políticas do momento. Ele e Roosevelt tinham ido até Yalta com a esperança de recrutar o ditador soviético para seu clube. Mas o recrutamento acabou funcionando em uma via de mão dupla. Em termos práticos, Stálin aliou-se a eles na mesma medida em que eles acabaram aliando-se a Stálin. Para conseguir algo de Stálin, os líderes ocidentais viram-se forçados a adotar a "diplomacia do faz de conta", de acordo com a expressão demolidora com que um destacado diplomata do Ministério das Relações Exteriores definiu a política internacional adotada pelo regime da União Soviética — conhecida também como a doutrina da confiança terapêutica.[23] Como Churchill escreveu em suas memórias, "senti-me inclinado a manifestar minha plena confiança na boa-fé de Stálin, na esperança de obtê-la".[24] Tendo apostado alto em Stálin, Churchill e Roosevelt agora deviam convencer a população de seus países de que a aposta era boa. Precisavam garantir não apenas a si mesmos, mas também a todos os outros, que seus instintos políticos estavam corretos.

Tratava-se de uma armadilha que eles próprios haviam montado, mas ao mesmo tempo era um produto das circunstâncias históricas em que os dois se encontravam. Churchill não podia pensar em entrar em conflito com Stálin num momento em que os alemães estavam prontos para enviar "trezentas ou quatrocentas divisões" contra a Grã-Bretanha. "Nossas esperanças otimistas não tardariam a se desfazer. No entanto, eram as únicas possíveis naquele momento."

Churchill sentiu-se encorajado pela atitude moderada de Stálin em relação à Grécia. O líder russo "escrupulosamente" seguira o entendimento sobre as esferas de influência, acertado durante a visita do primeiro-ministro a Moscou, em novembro de 1944. Absteve-se de fazer qualquer coisa que pudesse encorajar os comunistas gregos em sua rebelião contra o governo apoiado pelos ingleses. Parecia ser possível confiar que o *vozhd* ia cumprir o prometido. Churchill também ficou impressionado pela maneira como Stálin havia se referido à Polônia, condenando os "pecados" dos tsares e prometendo tomar medidas de reparação quanto ao passado.

As dúvidas do primeiro-ministro com relação a Stálin eram semelhantes às de Harry Hopkins. Ninguém sabia por quanto tempo mais ele iria viver e quem seria seu sucessor. Era possível negociar com o brilhante ditador, mas e quanto ao sombrio "comitê de comissários" escondido por trás dele, nos cantos mais recônditos do Kremlin?[25] Assim como Hopkins e FDR, Churchill fazia distinção entre "(a) a pessoa de Stálin, que comigo sempre foi extremamente cordial" e "(b) Stálin no Conselho Soviético, uma entidade sinistra por trás dele, que nós e ele mesmo temos de levar em conta". Suas esperanças estavam depositadas numa "única pessoa". Era o equivalente do velho mito do "bom tsar", que atribuía toda a crueldade e injustiça da Rússia aos maus conselheiros que atuavam pelas costas de um governante compreensivo e bem-intencionado.

Os acordos de Yalta foram submetidos à votação na Câmara dos Comuns no dia 28 de fevereiro. Integrantes do grupo do Partido Conservador do Parlamento opuseram-se ferozmente ao acordo sobre a Polônia. Um dos dissidentes acusou Churchill de ter negociado um acordo que levaria a Polônia a "perder quase metade de seu território e um terço de sua população", além de grande parte de seus recursos naturais.[26] Outro citou o comentário desiludido de um jovem oficial britânico: "Ficou perfeitamente claro que lutamos nessa guerra em vão; todos os princípios pelos quais entramos em guerra foram sacrificados". O primeiro-ministro refutou as críticas, argumentando que os dirigentes soviéticos desejavam "viver num clima de amizade honrosa e de igualdade com as democracias ocidentais. Acredito também que a palavra deles é nossa garantia". Depois de dois dias de debates, quando havia uma divisão no plenário da Câmara, o governo alcançara a maioria de 371 votos, com 27 parlamentares votando por uma moção de censura e a abstenção de onze ministros juniores. A rebelião fora contida, mas não iria demorar muito para que Churchill repensasse o voto de confiança que havia dado a Stálin.

Fazia quase doze anos — três mandatos presidenciais — que FDR, num palanque debaixo de chuva, iniciara a trajetória que iria tirar os Estados Unidos da Grande Depressão com sua frase que se tornaria célebre: "A única coisa que devemos temer é o próprio medo". Ele estava de volta ao Capitólio para promover sua visão de "uma paz duradoura" para o povo americano, bem como para convencer o Congresso a apoiar os acordos de Yalta. Pouco antes de entrar na

Câmara dos Deputados, Roosevelt, que sempre gostara de desafios, disse aos congressistas que pretendia "resolver em uma hora o que Winston levou três horas para resolver" em seu pronunciamento ao Parlamento poucos dias antes.[27]

Um suspiro audível foi a reação à entrada do presidente, que vinha empurrado pelo corredor em sua cadeira de rodas sem apoios de braço, às 12h31 da quarta-feira, 1º de março. Sobreveio um súbito silêncio, seguido por aplausos estrondosos no plenário lotado da Câmara. Menos de dois meses antes, a mesma plateia o vira entrar no recinto apoiado no braço de "Pa" Watson, agora falecido. "Seu corpo começava a exibir os sinais devastadores da idade e das imensas responsabilidades, mas ele ainda estava de pé, ainda indomável, enfrentando a enfermidade", recordou o repórter da revista *Time* Frank McNaughton, observando o presidente a partir da área reservada à imprensa, na galeria. "Todos sabiam que Roosevelt não conseguia andar sem a ajuda do aparelho ortopédico; mas era bem diferente vê-lo preso a uma cadeira de rodas, admitindo sua deficiência física." Até aquele momento, o presidente jamais havia "evidenciado sua enfermidade de maneira tão aberta, tão franca, diante de tantas pessoas". Enquanto Roosevelt se acomodava numa outra cadeira, diante de uma série de microfones, os repórteres rabiscavam apressadamente anotações sobre seu abatimento. O terno azul parecia "pendurado de maneira flácida sobre os ombros"; os pulsos finos "davam a impressão de ter perdido os antigos sinais de força"; a pele do pescoço, sem cor, pendia enrugada ao redor do colarinho; suas mãos, ossudas, pareciam cada vez mais magras e tremiam sempre que ele usava uma delas para apanhar um copo d'água.

Ele começou pedindo desculpas pela "postura pouco habitual de permanecer sentado durante a apresentação do que pretendo dizer", explicando que era "bem mais fácil" não ter que carregar "cerca de cinco quilos de aço em volta da parte inferior de minhas pernas". Os congressistas responderam com novos aplausos estrondosos, saudando o homem inválido sentado diante da pequena mesa de mogno. A admissão em público de sua invalidez "deixou um nó na garganta daqueles que o ouviam", segundo o relato de uma testemunha ocular. "Aquela declaração foi feita de maneira tão calma e natural, era tão obviamente sincera e humana, que atingiu a todos como uma bofetada". Os congressistas se inclinaram, esforçando-se para ouvir as palavras do presidente pelo sistema de transmissão de pronunciamentos públicos, cujo volume havia sido reduzido, para evitar o eco vindo dos microfones da rede. A voz já não tinha aquele timbre colorido tão conhecido pelo público americano no momento em que ele abordava o assunto que inquietava a todos, sua própria saúde. "Não era a antiga voz, operística; era um timbre cansado, resultado de um grande esforço, assim como, por trás dela, estava o corpo de alguém cansado, gasto e no limite de suas forças", escreveu McNaughton. Risos solidários responderam à sua observação de que "não fiquei doente nem por um segundo até voltar a Washington", mas as preocupações não se dissiparam.

FDR disse certa vez a Orson Welles que os dois eram os melhores atores dos Estados Unidos. Mesmo no estado precário em que se encontrava sua saúde, ele continuava exibindo um grande domínio de cena. Recorria a seus dotes de ator para disfarçar a dificuldade em focalizar as palavras à sua frente, porque tinha a visão embaçada. A voz ganhava um tom cada vez mais característico de uma conversa íntima, para permitir as frequentes improvisações, enquanto ele se esforçava para se situar no texto escrito. As improvisações quando o presidente saía do texto preparado com antecedência ficavam às vezes sem sentido, deixando horrorizado Sam Rosenman, que passara dias trabalhando no pronunciamento. Quanto mais Roosevelt falava, maiores se tornavam as dificuldades, e o pigarro obstruía sua garganta. Quando ele chegou à parte em que abordava a Polônia, já estava tossindo com frequência. "A voz foi ficando fraca, era cada vez mais baixa, quase sumindo completamente. Ele tinha dificuldade em limpar a garganta, tossia muito, e a partir daí, com breves intervalos, esse processo ia se repetindo de maneira aflitiva." O presidente tirou os óculos de leitura e passou a seguir as linhas escritas em tamanho ampliado com a ajuda do dedo indicador direito. Mais de uma vez, deu a impressão de que não teria forças para prosseguir. "Os congressistas e as pessoas nas galerias também sofriam e acompanhavam o sofrimento do homem sentado naquela grande cadeira vermelha."

FDR tinha enviado emissários à sua frente para assegurar ao povo americano que conseguira o que pretendia em Yalta. Jimmy Byrnes, o "presidente assistente", dissera à imprensa que o superado conceito das "esferas de influência" fora eliminado na conferência.[28] As três grandes potências assumiriam responsabilidade conjunta no sentido de garantir a ordem na Polônia e nos outros territórios libertados até a realização de eleições. Essas alegações eram, no mínimo, enganadoras, mas eram parte fundamental da argumentação para "vender" o que foi decidido em Yalta. Para convencer o Congresso a dar seu apoio a esses acordos, o presidente precisava apresentá-los como um passo necessário para a realização do Grande Projeto de FDR, uma nova ordem mundial. Roosevelt tinha reconhecido de maneira explícita o direito da Rússia de contar com governos "amistosos" em suas fronteiras ocidentais, aceitando ainda uma versão "ampliada" do governo provisório que fora imposto à Polônia pelo Kremlin. Tudo isso estava em desacordo com a promessa feita ao Congresso, de que Yalta representaria "o fim do sistema de ação unilateral, das alianças exclusivas, esferas de influência, equilíbrios de poder e todos os outros caminhos que vinham sendo tentados havia séculos — sem que jamais tivessem dado certo". Foram necessárias todas as habilidades de comunicador do presidente para esconder a distância que separava a realidade do faz de conta.

As pesquisas de opinião pública indicavam que a capacidade de convencimento do presidente tinha funcionado.[29] De acordo com os levantamentos, 51% dos americanos julgavam que a Conferência de Yalta fora "bem-sucedida", enquanto apenas 11% a consideravam "malsucedida". A satisfação com a cooperação entre os Três Grandes subiu de 46% em janeiro para 71% no final de fevereiro, uma elevação inédita. Proporção semelhante do povo americano acreditava que "uma paz de cinquenta anos" poderia ser estabelecida depois da guerra. Ao mesmo tempo, segundo um estudo realizado pelo governo, "a ignorância do público com relação ao conteúdo das decisões da declaração da Crimeia é colossal". Apenas um quarto dos americanos foi capaz de responder a perguntas detalhadas sobre o conteúdo do comunicado de Yalta. Os cidadãos formavam suas opiniões com base em impressões de ordem geral, algo que FDR sabia manipular com muita perícia.

Foi precisamente nesse momento — o momento em que a confiança popular na capacidade do presidente de conseguir uma "paz duradoura" atingira seu ponto mais alto — que o grande número de malabarismo começou a perder sua eficácia. Enquanto FDR fazia seu pronunciamento ao Congresso, notícias inquietantes chegavam do Leste Europeu, indicando que a ideia das esferas de influência, aparentemente lançada na lata de lixo da história, continuava mais viva do que nunca. Em 27 de fevereiro, o mesmo dia em que Churchill defendia os acordos de Yalta na Câmara dos Comuns, Andrei Vyshinsky chegava a Bucareste, capital da Romênia, com um ultimato. O comissário adjunto de Relações Exteriores tinha sido uma presença frequente em Yalta, sempre propondo brindes aos dois governos ocidentais. Agora, sua missão era forçar o jovem rei Miguel a substituir o governo apoiado pelos americanos por uma coalizão dominada pelos comunistas.

O ultimato russo ao monarca pró-Ocidente pegou tanto Roosevelt como Churchill de surpresa, desfazendo as premissas otimistas que vinham acalentando nas duas semanas imediatamente seguintes a Yalta. Numa série de telegramas a FDR, Churchill manifestou sua preocupação de que Stálin estava adotando atitudes na Romênia "inteiramente opostas a todos os ideais democráticos".[30] Ele também chamou a atenção para informações sobre "deportações" e "extermínios na Polônia", observando um crescente mal-estar na Grã-Bretanha, uma sensação de que "estamos abandonando os poloneses". Um comentário em tom ameaçador foi publicado no *Pravda* contestando a interpretação dada pelos americanos sobre a declaração de Yalta quanto ao Leste Europeu. O jornal oficial do Partido Comunista ressaltou que os três Aliados atribuíam significados diferentes a palavras como "democracia". Povos libertados deveriam ter autonomia para criar instituições democráticas "segundo sua própria escolha". O recado era bem claro: os conceitos de liberdade política dos anglo-saxões de maneira alguma eram universais.

Essas novas e sombrias avaliações sobre Yalta infiltraram-se na Casa Branca, a fortaleza da propaganda positiva. Em 5 de março, o presidente recebeu a visita de um velho amigo, Adolf Berle, embaixador americano no México. Berle estava preocupado com o fato de FDR ter feito concessões excessivas a Stálin. Roosevelt explicou que precisava da cooperação dos russos na guerra contra o Japão. Incapaz de convencer Berle da conveniência dos acordos celebrados em Yalta, ele ergueu os braços, num gesto de rendição.

"Adolf, não estou dizendo que o resultado foi bom. Só disse que foi o melhor que pude fazer."[31]

PARTE II
Uma cortina de ferro desceu
Winston S. Churchill

Fevereiro a junho de 1945

7. Camarada Vyshinsky — *27 de fevereiro*

Ao fim da guerra, havia poucos postos mais atraentes para um oficial dos serviços de inteligência dos Estados Unidos do que Bucareste. A cidade, considerada a Paris dos Bálcãs, oferecia tudo que um jovem ambicioso recém-saído de Yale ou Harvard poderia desejar: mulheres bonitas, vida social badalada, acomodações luxuosas com preços bem acessíveis, intrigas internacionais em ambientes exóticos, um manancial de informações. Durante uns poucos meses vertiginosos, era possível circular com desenvoltura entre o palácio real, os comícios do Partido Comunista, salões aristocráticos, missões diplomáticas estrangeiras e festas deslumbrantes oferecidas por industriais milionários enquanto se estabeleciam as fundações de uma carreira voltada a grandes objetivos. O Athénée Palace, um dos grandes hotéis da Europa, ainda era frequentado pelo "mais destacado conjunto de espiões, louras, barbas e monóculos", segundo a revista *Life*.[1] A Romênia estava sob ocupação do Exército Vermelho, mas os Estados Unidos eram o foco das expectativas e dos anseios da elite local, que exercia uma influência que ia muito além de sua simbólica presença militar. Todos, até mesmo os russos, queriam ser amigos dos americanos. E de repente, tão depressa como havia surgido, a boa vida desapareceu.

O primeiro americano a causar sensação na capital romena foi Frank Wisner, um advogado de Wall Street que virou espião profissional. O antigo intelectual de Rhodes embarcou num avião rumo a Bucareste em setembro de 1944, dias depois de a Romênia ter trocado o Eixo pelos Aliados, capturando nesse meio-tempo 21 divisões alemãs. Oficialmente, sua missão para a Agência de Serviços Estratégicos (oss, na sigla em inglês) era providenciar a repatriação de quase 2 mil pilotos americanos derrubados sobre os campos petrolíferos de Ploești, mas ele logo mudou o foco de seu trabalho para a coleta de informações. Como principal oficial americano em Bucareste, o capitão de fragata de 35 anos tinha fácil acesso ao jovem rei Miguel, responsável por articular o golpe de 23 de agosto, que afastou o marechal Ion Antonescu, o mini-Führer da Romênia. O monarca da dinastia Hohenzollern contara com o apoio do movimento comunista clandestino, a mais bem organizada força de oposição no país, para livrar-se da facção de Antonescu, que contava com o apoio dos nazistas. Depois que o Exército Vermelho entrou na Romênia sem enfrentar oposição, Wisner procurou apoiar a atividade de políticos pró-Ocidente, temerosos de uma tomada do poder pelos soviéticos.

Enérgico e bem relacionado, Wisner enviou relatórios frequentes a Washington sobre as manobras políticas na capital e as tentativas de Moscou de "subverter a postura do governo e do rei". No final de setembro, ele e sua equipe mudaram-se do hotel Ambassador para a mansão de trinta aposentos do maior fabricante de cerveja do país, Mita Bragadiru, na exclusiva Aleea Modrogan. Wisner caiu nas graças da esposa do magnata da cerveja, Tanda Caradja, uma princesa romena que herdara os faiscantes olhos escuros e as maçãs do rosto salientes de seu antepassado distante Vlad Dracula.

Tanda, que tinha 24 anos, resolveu organizar a vida social de Wisner e de outros americanos, lubrificando-a com doses generosas dos produtos alcoólicos do marido. "Tornei-me sua anfitriã", ela disse mais tarde. "Ele queria conhecer o quanto antes todo mundo no ambiente da corte", algo extremamente simples para alguém como ela, rica e muito bonita.[2] A princesa Tanda ofereceu jantares requintados para Wisner, contando sempre com criadas de aventais engomados, toalhas de mesa de um branco reluzente repletas de comida e o melhor vinho francês servido em taças de cristal. "Havia festas toda noite", recordou um participante, "festas que iam até a madrugada, algumas dignas, algumas loucas."[3] Desconfiados dos russos, os romenos da alta sociedade estavam ansiosos por cair nas graças dos americanos. Eles alugavam seus apartamentos cobrando preços ridiculamente baixos, satisfeitos por receber cartazes adornados com as listas e estrelas da bandeira americana informando que a propriedade estava sob proteção dos Estados Unidos. Além disso, ainda emprestavam seus automóveis a diplomatas americanos por tempo indefinido, o que lhes parecia muito melhor do que deixar que caíssem nas mãos dos russos. O jardim da mansão Bragadiru logo se transformou numa "abarrotada galeria motorizada", apinhada de luxuosos veículos Ford e Mercedes. Até mesmo os membros do mais baixo escalão da equipe de Wisner tinham carros particulares à disposição.

A vida na mansão Bragadiru seria mais tarde satirizada num *roman à clef* escrito por um daqueles americanos, Beverly Bowie, com o título de *Operation Bughouse* [Operação manicômio]. Era uma referência ao hábito de Wisner de atribuir a suas fontes primárias e secundárias de informação o nome de doenças transmitidas por vírus. O codinome de Wisner era Tifoide; outros agentes recebiam denominações como Gripe, Bronquite, Icterícia e o muito valorizado Amigdalite, um general do Estado-Maior romeno que colaborava com o Exército Vermelho. No livro, o personagem de Wisner tornou-se o comandante Drowne, protótipo dos futuros combatentes da Guerra Fria, que instala seu quartel-general na "mansão de Madame Nitti, uma grande construção branca que parecia uma agência funerária de luxo". O belicoso comandante envia telegramas a Washington relatando "um espantoso aumento na quantidade de estupros" cometidos por soldados russos e alertando sobre a tomada do poder pelos "piores elementos da coalizão, inclusive comunistas e outros tipos de ralé" antes de solicitar "o envio de vinte divisões americanas e a imediata declaração de guerra à União Soviética". Na vida real, Wisner tratava de moderar a postura antissoviética, sabendo que seus superiores nos Estados Unidos continuavam empenhados na manutenção da aliança dos tempos de guerra. Depois de dois meses na mansão Bragadiru, os americanos tomaram posse de um amplo casarão na Strada Batistei, no antigo distrito residencial, a uns 2,5 quilômetros de distância. "Comer, trabalhar, dormir, beber e fazer amor com as mulheres de outros homens debaixo do mesmo teto enquanto maridos e militares estavam por perto era um pouco demais para alguns de nós", recordou-se Robert Bishop, o responsável pelos serviços de contraespionagem de Wisner.[4] Mesmo assim, a melancólica Tanda continuava desempenhando seu papel de mãe--protetora-anfitriã-amante dos americanos.

As informações circulavam livremente na atmosfera fervilhante de Bucareste. Agentes da espionagem americanos, russos e ingleses compartilhavam fontes, bem como amantes, muitas das quais eram herança dos alemães, que tinham ido embora pouco antes. Os romenos bem relacionados viviam trocando de benfeitores sem a menor cerimônia, a depender de qual das grandes potências dava a impressão de que iria assumir o poder. Apesar de sua evidente preferência pelos americanos, a princesa Tanda procurava manter-se em contato com os russos, e seria mais tarde investigada pelo FBI por suas ligações com os comunistas. Zsokie Cristea, a amante de Bishop, era figura conhecida em Bucareste por "levantar informações nos meios democráticos e aristocráticos", passando-as em seguida aos serviços alemães de inteligência, sob o pseudônimo de Mona Lisa. Segundo um relatório elaborado posteriormente pela OSS, Cristea era "uma bela mulher, com muito dinheiro, fluente em vários idiomas, mas com uma péssima reputação na sociedade romena".[5] Antes do envolvimento com Bishop, tivera inúmeros casos com diplomatas alemães e húngaros. Os colegas de Bishop concluíram mais tarde que grande parte de suas descobertas no mundo da espionagem, inclusive um suposto "plano de três anos" para instaurar o comunismo na Romênia, não passava de "pura conversa fiada".[6] As importantes fontes romenas de que se vangloriava tinham inventado aquelas informações em benefício de seus propósitos políticos pessoais e da radical postura antissoviética do próprio Bishop.

As primeiras ameaças a essa boa vida apareceram em janeiro de 1945, quando os russos começaram a manifestar sua impaciência com as tendências claramente pró-Ocidente do governo de Nicolae Rădescu. General da extrema direita, Rădescu tinha sido preso durante a ditadura de Antonescu ao criticar o embaixador alemão por sua interferência nos assuntos internos da Romênia. Seu status de ex-prisioneiro político lhe rendera crédito entre os russos — até ele começar a exibir uma postura independente. Os soviéticos começaram a acusá-lo de não eliminar os antigos fascistas dos serviços burocráticos e de não cumprir os acordos de reparação de guerra. No dia 6 de janeiro, o comando militar soviético deu ordens para a deportação de todas as pessoas de etnia alemã — os homens com idade entre dezessete e 45 anos e as mulheres entre dezoito e trinta anos. Os antepassados desses *Volksdeutsche* tinham se estabelecido nos Cárpatos da Transilvânia nos séculos XII e XIII, mas Stálin precisava deles para trabalhos forçados na Rússia. Unidades da NKVD, a polícia secreta, equipadas com listas de recenseamento, bloquearam as áreas alemãs de Bucareste e de outras cidades, como já haviam feito um ano antes com as aldeias tártaras da

Crimeia. Cerca de 70 mil pessoas foram amontoadas em vagões fechados por trás de barricadas de arame farpado erguidas às pressas e enviadas a aldeias dos montes Urais. Entre os deportados, alguns, mais ricos, eram frequentadores dos salões da princesa Tanda, mas os americanos nada podiam fazer por eles. Wisner percorreu a cidade em seu jipe, tirando da cama seus conhecidos romenos de ascendência germânica, sem que no entanto fosse capaz de impedir as deportações. O agente americano ficou "brutalmente chocado" com essa exibição de truculência dos soviéticos no momento em que os russos faziam brindes a uma nova era de cooperação entre as nações aliadas.[7] Pouco depois, ele deixou Bucareste, determinado a alertar Washington sobre o perigo de uma tomada do Leste Europeu pela União Soviética. Enquanto isso, a indústria de boatos de Bucareste operava a todo vapor. A OSS levantou indicações de um golpe contra Rădescu. Em 22 de janeiro, uma fonte comunista informou que dois entre os mais destacados líderes do partido, Gheorghe Gheorghiu-Dej e Ana Pauker, tinham regressado de Moscou com a promessa de receber apoio por parte dos soviéticos. O momento era mais que propício para que os comunistas, ou algum de seus braços auxiliares, "se apossassem do governo". Assim que a Romênia estivesse firmemente sob controle soviético, passaria a ser tratada como nação aliada e parceira na guerra contra a Alemanha nazista. Como recompensa pela submissão, o país receberia da nação vizinha, a Hungria, a disputada região do norte da Transilvânia. Alguns analistas da OSS consideraram os relatórios "alarmistas", mas os acontecimentos logo se precipitaram. Camponeses começaram a ocupar propriedades rurais, tratando de dividi-las entre si. Na maior metalúrgica de Bucareste, a fábrica Malaxa, ocorreram conflitos violentos entre comunistas e não comunistas. Jornais que apoiavam os principais partidos políticos do pré-guerra foram fechados sob a alegação de terem desobedecido à censura militar. A imprensa controlada pelos comunistas intensificou a campanha contra Rădescu, acusando-o de planejar uma "contrarrevolução fascista" em conluio com os alemães.

Tornou-se evidente que russos e comunistas romenos interpretavam os acordos de Yalta de maneira muito diferente daquela dos Aliados ocidentais. Roosevelt e Churchill acreditavam ter conseguido de Stálin uma garantia de que haveria "eleições livres" no Leste Europeu. Os analistas soviéticos apegavam-se à passagem na Declaração sobre a Europa Libertada que se referia à necessidade de eliminar "os derradeiros vestígios do nazismo e do fascismo", criando instituições "democráticas".⁸ De acordo com o léxico comunista, Rădescu era um "reacionário" e não "um democrata". Era necessário portanto substituir sua administração por "um governo amplamente representativo de todos os elementos democráticos da população", de acordo com o que se decidira em Yalta três semanas antes. Destacados líderes do pré-guerra, como Iuliu Maniu, fundador do Partido Nacional dos Camponeses, foram excluídos sob a alegação de serem também "reacionários" e "fascistas", mesmo tendo se oposto à ditadura de Antonescu. Um novo governo só poderia ser formado pela coalizão de partidos de esquerda, conhecida como Frente Democrática Nacional, a única representante legítima de "todas as forças democráticas do país". Como o personagem Humpty Dumpty, de Lewis Carroll, Stálin fazia com que as palavras significassem exatamente o que queria, "nem mais, nem menos".

A avalanche de propaganda anti-Rădescu ganhou ainda mais força em 23 de fevereiro, quando os jornais da Romênia republicaram um editorial do *Pravda* acusando o primeiro-ministro de "se opor às forças da democracia". Declarações de Rădescu prometendo acabar com a anarquia e impedir que o país fosse dirigido por "estrangeiros" serviram apenas para jogar gasolina na fogueira. A imprensa, controlada pelos comunistas, alegou que Rădescu e sua "camarilha reacionária" planejavam uma guerra civil e encorajavam "o povo romeno e seu exército" a defender a democracia.⁹ Como medida de precaução, duas divisões recém-formadas de tropas da NKVD soviética tomaram posição ao redor da capital.¹⁰ Ao cair da noite, a cidade estava inundada de folhetos convocando "todas as forças democráticas" para um comício no centro de Bucareste, às duas da tarde do sábado, 24 de fevereiro. "Morte aos fascistas!", lia-se num dos folhetos. "Oficiais, oficiais não comissionados, soldados!", estava escrito num outro. "Não obedeçam às ordens dos fascistas, inimigos do povo." "Viva o valente Exército Vermelho!", proclamava um terceiro. "Viva o seu grande Comandante, o marechal libertador Ióssif Vissarionovich Stálin!" Informações que chegaram à missão militar americana davam conta de que os comunistas tinham mobilizado "3500 homens armados", que iam "realizar uma ampla manifestação diante de edifícios importantes" e "fazer um esforço decidido para incitar as forças do governo a abrir fogo".¹¹ Era o início da contagem regressiva para o golpe.

"Cidadãos da capital!", conclamava o jornal do Partido Comunista *Scânteia* [Centelha] em sua edição de 24 de fevereiro.[12]

> Seus direitos e sua liberdade estão ameaçados. Os remanescentes do fascismo, agrupados em torno de Maniu e apoiados pelo general Rădescu, tornaram-se agressivos e estão tentando reprimir sua luta por uma vida melhor. A sombra negra da ditadura volta a pairar sobre nós [...]. Os reacionários comandados por Maniu e Rădescu despertaram desconfiança dos Aliados quanto à sinceridade da política romena. A posição internacional da nação encontra-se ameaçada. Essa situação não pode perdurar [...]. Compareçam todos ao grande encontro convocado para hoje, às duas da tarde, na Praça da Nação.[13]

Cem mil pessoas reuniram-se em volta das fontes da praça elevada, com vista para a parte baixa de Bucareste. Muitos dos presentes eram trabalhadores das fábricas ao redor da cidade, mas alguns tinham sido trazidos de ônibus de aldeias vizinhas. Eles carregavam bandeiras com dizeres como "Morte ao fascismo!", "Abaixo Rădescu!", "Viva o rei!" e "Abaixo os sabotadores no governo". Obedecendo à insistência dos comandantes militares soviéticos, o primeiro-ministro retirara muitas de suas unidades policiais do centro da cidade, e com isso os ânimos se acalmaram. O povo carregava retratos de Stálin, do rei Miguel, de Churchill e Roosevelt, ao lado de bandeiras romenas, russas, americanas e britânicas. Às quatro horas, o comício começou a se dispersar. Sob a direção da líder comunista Ana Pauker, cerca de 25 mil manifestantes saíram em marcha pelas largas avenidas de inspiração francesa da cidade, rumo aos edifícios governamentais agrupados em volta do hotel Athénée Palace.

O clima ficou bem mais tenso depois que a multidão chegou ao Palácio Real. Irrompeu um conflito entre comunistas e anticomunistas sob a estátua do rei Carlos I, grandioso monumento em que o antigo monarca aparecia cavalgando um garanhão empinado, bem acima da multidão. À medida que a aglomeração na praça ficava ainda maior, reforçada por gente vinda da avenida Vitória, em pouco tempo restaurou-se a ordem. Os manifestantes organizaram uma formação maciça diante do Ministério do Interior, um palácio com apenas metade da construção concluída no lado sudeste da praça, onde ficava o gabinete do primeiro-ministro. De repente, tiros de pistola automática foram disparados do prédio de um banco do lado oposto ao ministério. A multidão se dispersou em pânico, mas voltou quando cessaram os disparos. Alguns dos manifestantes armados tinham atirado contra o ministério, por pouco não atingindo Rădescu, que observava os protestos da janela de seu gabinete. Cerca de mil manifestantes forçaram sua entrada pelos portões trancados, chegando ao pátio, o que levou os soldados em pânico a disparar tiros de advertência dos andares superiores do edifício, num total de possivelmente 150 disparos. A ordem era de atirar para cima, por sobre a cabeça dos manifestantes. Oficiais russos e britânicos ajudaram os guardas a convencer os manifestantes a deixar o pátio e fechar os portões.

Na praça havia em torno de uma dezena de pessoas feridas. Um ferroviário e um dos manifestantes que tinham vindo de fora da cidade estavam mortos. A confusão era tão grande que não se conseguia saber se os tiros fatais haviam sido disparados pelos soldados em defesa do Ministério do Interior, por atiradores escondidos em prédios vizinhos ou por homens armados que acompanhavam a manifestação. Os líderes do protesto culparam "o carrasco" Rădescu.

"Eles atiraram sem piedade no povo", gritava Lucrețiu Pătrășcanu, um comunista que ajudara a organizar o golpe de 1944 contra Antonescu. "As pessoas que deram ordem para atirar, as que obedeceram à ordem e todos os verdadeiros responsáveis vão pagar por isso com a própria cabeça." Para Pătrășcanu e seus companheiros comunistas, tudo estava claro. O governo de Rădescu tinha sangue em suas mãos e precisava ser substituído pela Frente Democrática Nacional. "Somente isso será capaz de escorraçar os fascistas."

Às 17h40, o comando militar soviético enviou um ultimato a Rădescu, apenas meia hora depois do episódio dos tiros em volta do Ministério do Interior. O Exército Vermelho seria "forçado a intervir" a menos que os disparos cessassem imediatamente. No começo da noite, muitos milhares de romenos que apoiavam o governo reuniram-se diante de sua sede, entoando slogans patrióticos. Por volta das nove da noite, um veículo com os faróis desligados entrou pela esquina da Praça do Palácio, na rua ao lado do Ministério do Interior. Alguém de dentro do carro disparou uma rajada de metralhadora contra a multidão pró-Rădescu, matando duas pessoas e ferindo outras onze. Sem tomar conhecimento das determinações da censura soviética, às dez da noite o pressionado primeiro-ministro foi a uma emissora de rádio de Bucareste dirigir-se a seus "irmãos romenos" em tom desafiador e nacionalista. Ele culpou os comunistas pelo que ocorrera, descrevendo-os como "gente sem nação e sem Deus", referência nada sutil às origens judaicas de Pauker. Os romenos, ele insistiu, não permitiriam que "essas temíveis hienas" assumissem o controle da nação. A imprensa controlada pelos comunistas imediatamente rotulou o pronunciamento de Rădescu de "criminoso", afirmando que o discurso "por fim o desmascarava como o mais perigoso dos agentes fascistas e um inimigo do povo".

Nunca foi determinado de maneira definitiva quem disparou os tiros que feriram e mataram os participantes da manifestação na Praça do Palácio. O *Scânteia* alegou que os tiros vieram de edifícios do governo e "principalmente do Palácio Real". Os partidários de Rădescu citaram autópsias indicando que as balas que provocaram os ferimentos eram provenientes de armas russas, que não eram utilizadas pelo Exército romeno. Um preeminente jornalista comunista presente na praça admitiu posteriormente que mais pessoas teriam morrido se os soldados no edifício do Ministério do Interior tivessem atirado direto na multidão, em vez de fazer disparos acima das cabeças.[14] No fim, nada disso teve importância. Os comunistas conseguiram emplacar "o assassinato de cidadãos pacíficos" como prova de que o primeiro-ministro tinha perdido o controle. Nas palavras de um comunicado da Frente Democrática Nacional de 25 de fevereiro, "o sangue do povo escorreu por sob os muros do Palácio Real".[15] Os comunistas tinham seus mártires — e os russos, o pretexto de que precisavam para intervir.

Andrei Vyshinsky chegou a Bucareste na tarde da terça-feira, 27 de fevereiro, três dias após o Sábado Sangrento, numa "missão especial".[16] Ele seguiu diretamente à embaixada soviética, onde os diplomatas russos e os comandantes militares tinham formado um núcleo da crise para acompanhar os últimos acontecimentos. Rădescu ainda ocupava o cargo de primeiro-ministro em seu gabinete, mas seu poder estava por um fio. Percebendo a direção para onde os ventos de Moscou estavam soprando, os comunistas e seus aliados de esquerda subiram o tom das ameaças, prometendo "exterminar os bestiais fascistas sem piedade". Os noticiários estavam sob controle dos comunistas, com os censores soviéticos recusando-se a publicar a versão do governo sobre os disparos na área do Ministério do Interior. "Morte aos fascistas!", exigia um comunicado da Frente Democrática Nacional na manhã de terça-feira. O primeiro-ministro contou a diplomatas ocidentais que esperava ser preso a qualquer momento. O rei, que retornara à capital na segunda-feira, deu início a uma série de consultas com líderes políticos sobre a formação de um novo governo. Vyshinsky solicitou uma audiência "entre nove e dez horas desta noite". Era necessário preservar as aparências constitucionais.

O comissário adjunto era bem conhecido de americanos e ingleses. Seus óculos de aro redondo, face avermelhada, bigode bem aparado e cabelos brancos davam-lhe a aparência de um avô saído de algum romance de Charles Dickens. Harold Macmillan, o enviado de Churchill ao norte da África e à Itália, dizia que ele era "exatamente como Mr. Pickwick". Os dois homens tiveram a oportunidade de se conhecer durante as negociações para a formação de um novo governo italiano logo após a queda do regime de Mussolini. Depois de seu primeiro encontro, em Argel, em novembro de 1943, o inglês teve a impressão de que Vyshinsky poderia ser confundido com um "prefeito conservador ou um presidente de distrito eleitoral".[17] Era difícil ajustar essa imagem sugestiva à sua reputação de "comandante cruel do terror russo — o flagelo dos prisioneiros, o torturador de testemunhas, o sádico, implacável, odioso personagem sobre o qual lemos há uns seis ou sete anos". Somente seus olhos o traíam. Com um aspecto bem-humorado e radiante em meio a uma conversa casual, eles tornavam-se duros e ameaçadores quando o comissário adjunto entrava em confronto com representantes dos Aliados durante a discussão de alguma questão espinhosa. O antigo promotor que se convertera em diplomata tinha grande prazer em debater com adversários políticos. Sua aparência amistosa se desfazia quando procurava de todas as maneiras vencer uma discussão. Macmillan lembrava-se de algumas "pérolas" que revelavam sua verdadeira personalidade:

> A democracia é como o vinho. Não faz mal quando é usada com moderação.
> Podemos ser favoráveis à liberdade de expressão, desde que ela não interfira na política do governo.[18]

Vyshinsky era um dos poucos funcionários do primeiro escalão do governo soviético que tinham conseguido conquistar a confiança de Stálin graças a uma combinação de sofisticação intelectual e obediência cega. Era mais bem-apessoado, mais calculista e dotado de mais presença de espírito que seu chefe, Molotov. Falava diversas línguas, inclusive polonês (na Polônia, seu pai fora um químico bem-sucedido), além do francês, tendo ainda um bom domínio do inglês e do alemão. Como um antigo menchevique que só aderiu ao Partido Bolchevique em 1920, era vulnerável a chantagem política. Entre os pontos negativos de seu currículo constava uma tentativa de emitir uma ordem para a prisão de Lênin durante o governo provisório, pouco antes da Revolução de 1917; diversos outros mencheviques, considerados "inimigos de classe", tinham sido condenados à morte por crimes menores. Com sua educação elevada e burguesa, Vyshinsky percebeu que, para sobreviver, dependeria de repetidas provas de lealdade a Stálin, seu "mestre profundamente respeitado e amado líder".[19] Não poderia ser mais servil e dedicado em suas denúncias de inimigos ideológicos. Pôs todos os seus talentos legais e retóricos a serviço do tirano. Isso ajuda a explicar suas críticas ferozes durante os expurgos stalinistas, sanguinárias mesmo para os padrões soviéticos. "Fuzilem esses cães raivosos!", ele exigiu no primeiro dos grandes julgamentos em clima de espetáculo de Moscou, em agosto de 1936.[20] "Abaixo esses animais repulsivos! Vamos acabar de uma vez por todas com esses miseráveis seres híbridos de raposas e porcos, esses cadáveres asquerosos! Vamos exterminar os cães raivosos do capitalismo, que querem reduzir a frangalhos a flor de nossa nova nação soviética!"

O comissário adjunto tinha uma missão delicada em Bucareste. Um ano antes, quando o Exército Vermelho aproximava-se das fronteiras da Romênia, depois de sua rápida passagem pela Ucrânia, Stálin negara qualquer interesse em anexar o território romeno ou alterar a estrutura política e econômica do país. Suas tropas receberam ordens para respeitar "todos os atuais organismos romenos de poder", abstendo-se de instalar um regime como o soviético.[21] Durante uma visita anterior a Bucareste, em dezembro de 1944, Vyshinsky expressara confiança no novo governo burguês comandado por Rădescu, conhecido por suas posições anticomunistas. Para Stálin, era de pouca importância o fato de um político conservador estar governando um país como a Romênia, desde que respeitasse as vontades soviéticas e cumprisse os termos do armistício. Ser leal e confiável era mais importante do que ser ideologicamente correto. Mas Rădescu já havia demonstrado que não era confiável. Seu governo estava tentando livrar-se das obrigações assumidas no acordo do armistício, recusando-se a devolver sua frota do mar Negro em compensação pelos danos infligidos à Rússia pelas tropas romenas que combateram do lado alemão.

Já fazia tempo que os líderes russos suspeitavam de seu extravagante vizinho latino, que corrompia todos aqueles que chegavam ao país, fossem orientais ou ocidentais. "A Romênia, arre!", bufava o tsar Nicolau II, em 1914. "Aquilo não é um estado nem uma nação, é uma profissão!"²² Milhares de soldados do Exército Vermelho desertaram sem mais nem menos, seduzidos pela vida relativamente boa da Romênia. A Moscou chegavam informações sobre tentativas de fascistas romenos, em conluio com os alemães, de criar problemas atrás das linhas soviéticas, organizando levantes contra os russos. O número de episódios de sabotagem e assassinatos contra instalações e oficiais do Exército Vermelho cresceu de maneira acentuada no início de 1945. Paraquedistas alemães tinham pousado em aeroportos militares e feito contato com oficiais romenos. Caso pudesse decidir por si mesma, a Romênia acabaria entrando no campo ocidental, talvez até voltando para o lado dos alemães. Isso era inaceitável. Os comunistas romenos não tinham o apoio do povo — mas, do ponto de vista soviético, eram a única força política com que se podia contar.

O rei Miguel recebeu Vyshinsky em sua casa familiar, situada num distrito residencial da capital, o Palácio Elizabeth, revestido de estuque branco, perto da Kiseleff Chausée, não muito distante da embaixada soviética. O descendente dos Hohenzollern fora forçado a mudar-se do Palácio Real depois de um bombardeio dos alemães, uma vingança pelo golpe de agosto de 1944. O emissário soviético disse ao rei que a única maneira de sair da crise seria a formação de um novo governo, baseado nas "forças realmente democráticas do país", um eufemismo para a Frente Democrática Nacional dominada pelos comunistas.²³ O monarca de 23 anos decidiu ganhar tempo, respondendo que precisava consultar todos os partidos políticos. Ele não contou a Vyshinsky que já havia assinado um decreto, preparado pelo Estado-Maior Geral, demitindo um grupo de dez integrantes de esquerda do governo que escreveram uma carta aberta pedindo a substituição de Rădescu. Quando o russo tomou conhecimento do decreto, na manhã seguinte, pediu nova audiência com o rei, na quarta-feira, 28 de fevereiro. Dessa vez foi muito mais direto, até mesmo rude. A União Soviética não toleraria mais adiamentos. Vyshinsky olhou para seu relógio de pulso.

"O senhor tem duas horas e cinco minutos para revelar ao público que o general Rădescu foi destituído", ele disse ao rei. "Às oito horas, o senhor precisa informar ao público qual será seu sucessor."

Quando o ministro romeno do Exterior levantou a objeção de que o rei teria que agir "de acordo com as normas constitucionais", o russo o mandou calar a boca. Em seguida se referiu ao decreto real demitindo os funcionários anti-Rădescu como "um ato inamistoso", que deveria ser imediatamente anulado. Com o rosto mais vermelho do que o habitual, Vyshinsky levantou-se e saiu, seguido por um assessor do rei. Ele agarrou a pesada porta com as duas mãos e "afastou-a violentamente de si, numa intensa explosão de fúria", provocando "um estrondo".[24] O rei Miguel permaneceu sentado atrás de sua mesa por alguns momentos, até o retorno do assessor, que havia acompanhado Vyshinsky até seu carro. O assessor pediu-lhe que viesse até o corredor. Lá, ao lado da moldura da porta, havia uma fenda no estuque que em pouco tempo se tornaria o símbolo de um momento decisivo na história moderna da Romênia.

Era uma disputa desigual, com desfecho previsível. O rei, bem-intencionado e inexperiente, havia se aliado a ativistas do movimento comunista clandestino e políticos do pré-guerra para prender Antonescu, em agosto de 1944. Os alemães, em plena retirada da Europa, não dispunham de força para reagir e restituir o general ao poder na base da força. A jogada do rei Miguel dera certo — mas a situação agora era inteiramente outra. O Exército Vermelho ocupara a Romênia e tinha o poderio necessário para impor seus objetivos. Rei e primeiro-ministro haviam cometido um erro fatal ao imaginar que eram atores independentes, capazes de conservar alguma liberdade de manobra, jogando a União Soviética contra os Aliados ocidentais. A corte real, conhecida em Bucareste como jardim de infância, devido à juventude do rei e de seus principais conselheiros, não era páreo para o Kremlin. Tolerado pelos russos desde que agisse de acordo com as vontades de Moscou, o anglófilo rei Miguel era uma figura solitária e isolada, perambulando entre seus luxuosos palácios. Ele apreciava a companhia de diplomatas ocidentais, mas o protocolo real o obrigava a recusar seus convites para eventos sociais. Nem americanos nem ingleses estavam em condições de ajudá-lo. O representante político dos Estados Unidos, Burton Berry, recusava-se a discutir candidatos ao cargo de primeiro-ministro, por recear que isso pudesse ser interpretado "como se estivéssemos colocando o dedo no caldo político dos romenos".[25] Isso deixou perplexo o rei, que num tom triste de voz indagou: "Por que vocês deveriam hesitar em colocar o dedo no caldo, quando sabem que um aliado seu enfiou a mão inteira na minha garganta?".

Enquanto Vyshinsky entregava seu ultimato ao rei, os comandantes soviéticos davam ordem às unidades militares da Romênia em Bucareste para que entregassem as armas. Ao mesmo tempo, tanques soviéticos apareceram nas ruas amplas e arborizadas da capital. Declarações procedentes da corte real eram filtradas pelos censores militares russos — e alteradas caso não refletissem a orientação de Moscou. O rei Miguel tornara-se uma figura decorativa, incapaz de interferir nos acontecimentos ou até mesmo de manifestar sua opinião pessoal. Tendo passado pela experiência de lidar com os nazistas, e depois com os comunistas, ele aprendeu pelo método mais árduo "a não dizer o que sinto e a sorrir para aqueles que mais odeio".[26]

A crise encerrou-se da maneira exigida por Vyshinsky — com a nomeação de um governo de coalizão de esquerda dominado pelos comunistas. O novo primeiro-ministro era Petru Groza, líder de um partido agrário conhecido como Frente dos Lavradores. Mas os comunistas ocupavam postos-chave no governo, inclusive os cargos de ministros do Interior e da Justiça. O novo governo dedicou-se a pôr em prática os termos do armistício, expurgando fascistas do Exército e da polícia e repartindo as antigas propriedades rurais. Sua formação refletia a noção stalinista de Democracia do Povo, estágio intermediário entre capitalismo e comunismo que teria sido interrompido pouco antes do estabelecimento do pleno poder soviético. Os países ocupados pelo Exército Vermelho tinham permissão para manter suas instituições nacionais — no caso da Romênia, o rei, a Igreja ortodoxa e o Parlamento — desde que fossem "amigáveis" à União Soviética. A definição exata desse "amigáveis" era propositalmente vaga, mas incluía a proibição a toda crítica em público à Rússia, uma inclinação para Moscou quanto às relações econômicas e um foco seguro e constante na manutenção da lei e da ordem por trás das linhas do front.

Rapidamente vieram as recompensas. Em 3 de março, três dias após a formação do novo governo, Vyshinsky anunciou que o norte da Transilvânia seria devolvido à Romênia. Uma grande cerimônia foi organizada em Cluj, que tinha uma ampla maioria étnica de húngaros; a Alemanha nazista havia cedido a cidade — e a região à sua volta — à Hungria, na tentativa de conseguir o apoio do povo húngaro. Representantes britânicos e americanos recusaram-se a comparecer à cerimônia, pois não queriam conferir legitimidade ao novo governo, dominado pelos comunistas. Vyshinsky não deu importância aos protestos ocidentais, recorrendo à sua interpretação pessoal da observação feita por Churchill em Yalta, a respeito da "águia" que "permite que as avezinhas cantem". O russo descreveu os opositores da nova ordem política da Romênia como "pardais chilreantes".[27]

* * *

No início, as mudanças pareciam imperceptíveis. O rei ainda estava vivendo em seu palácio, industriais milionários continuavam oferecendo festas extravagantes, espiões estrangeiros continuavam reunindo-se no bar do Athénée Palace. "Tudo na cidade está muito sossegado", escreveu em seu diário, em 9 de março, o general Cortlandt Schuyler, representante militar do governo americano em Bucareste.[28] "Conversei com diversos romenos do alto escalão, e a sensação predominante entre eles parece indicar que as coisas não estão tão ruins como receavam. Eles acreditam que estão atravessando um período de mudança gradual para ideias de esquerda e que serão capazes de se adaptar à nova situação sem grande dificuldade." As pessoas em questão tinham se dado bem sob a democracia parlamentarista nos anos que antecederam e sucederam a Primeira Guerra Mundial e a ditadura real, ao estilo da Ruritânia, exercida por Carlos II, conhecido pelos escandalosos casos afetivos e por seus uniformes militares extravagantes. Durante a Segunda Guerra Mundial, eles passaram a governar sob a tutela da Guarda de Ferro Fascista e mais tarde do Exército Vermelho, a partir do segundo semestre de 1944. Eles acreditavam que seriam capazes de continuar no poder mesmo com uma nova mudança de governo.

A mudança no equilíbrio do jogo político logo se tornou aparente, mas de maneiras sutis. Grandes contingentes de conselheiros russos chegaram à cidade, desapropriando as mansões de oficiais americanos e britânicos. No aeroporto, voos de aviões militares dos Estados Unidos foram suspensos, por motivos misteriosos. Reuniões da Comissão de Controle dos Aliados, o comitê conjunto russo-britânico-americano cuja finalidade seria supervisionar o governo romeno, tornaram-se mera formalidade. Os soldados russos afirmavam que agora eles eram os responsáveis pelas frotas de luxuosos automóveis romenos colocados sob "proteção" americana. Eles também prenderam dois oficiais da inteligência americana que estavam observando um comício da Frente Democrática Nacional do topo de um edifício com vista para a Praça do Palácio, chocando os romenos que testemunharam a cena, os quais consideravam todos os estrangeiros intocáveis. A Polícia Secreta, a Siguranta, acompanhava os passos de diplomatas ocidentais, impedindo-os de se movimentarem livremente pelo país.

Os políticos romenos precisavam decidir: ou iam para o exílio, arriscando-se à prisão e talvez até mesmo à morte, ou então procuravam acomodar-se ao novo regime. Dividido entre seus maus presságios quanto ao futuro e seu sentido de deveres reais, o rei Miguel sofreu enormemente ao contemplar a ideia de abdicar. Acabou resolvendo permanecer no posto, dizendo a Burton Berry que ainda lhe seria possível fazer algo por seu povo se "aceitasse a humilhação".[29] Rădescu procurou refúgio na embaixada britânica quando ficou sabendo que estava sendo caçado por "bandos armados de comunistas". O chefe da missão militar britânica, vice-marechal do ar Donald Stevenson, ordenou que seus homens, se necessário, usassem armas de fogo para proteger o primeiro-ministro afastado. Sua atitude deixou alarmados em Londres os funcionários do Ministério das Relações Exteriores, que desejavam a todo custo evitar "um choque direto entre nós e os russos".[30] Eles também tinham dúvidas sobre a capacidade dos guardas da embaixada, descrevendo-os como "uma turma improvisada", que certamente não estava em condições de enfrentar o Exército Vermelho e nem mesmo o Exército romeno. Churchill ignorou as objeções de seus subordinados e autorizou Stevenson, "como último recurso", a "abrir fogo" em defesa de Rădescu.

Ele transmitiu por telegrama a seguinte mensagem: "O que o senhor considerar necessário na defesa da honra britânica será apoiado por nós".

Essa demonstração de dureza por parte de Churchill encheu de ânimo Stevenson, um homem corpulento, de rosto corado, apreciador de metáforas ligadas à caça de raposas. Os russos, ele telegrafou a Londres em 10 de março, tinham "pulado a cerca em grande estilo e nos deixaram na mão na hora de partir para a matança. Mas espero que na próxima rodada tenhamos uma área mais favorável para fazer a mira e nossos segundos cavalos estejam em melhores condições. A caçada de modo algum chegou ao fim".

Mas o jogo já tinha chegado ao fim, ao menos na Romênia. Apesar de seu apoio pessoal a Rădescu, Churchill não queria entrar numa disputa com Stálin por causa de um país que tinha ficado do lado da Alemanha nazista durante grande parte da guerra. Ele sabia que as manifestações de 27 de fevereiro, seguidas pela visita de Vyshinsky, equivaliam a um golpe de Estado contra um governo pró-Ocidente. Por outro lado, também compreendia as preocupações dos russos com relação à segurança. Mensagens interceptadas pelos serviços de inteligência davam conta de que comandos alemães tentavam organizar operações de sabotagem por meio de agentes infiltrados no norte da Romênia, em colaboração com elementos fascistas no exército local.[31] Em alguns casos, desertores do Exército Vermelho tinham se juntado a unidades de partisans chefiadas por alemães. A incipiente insurreição ajudava a explicar a decisão soviética de deportar dezenas de milhares de romenos de origem alemã em janeiro. Stálin deixara claro em Yalta que não toleraria nenhum tipo de rebelião atrás de suas linhas de frente.

Um fator ainda mais importante, do ponto de vista de Churchill, era o acordo com o *vozhd* quanto às esferas de influência, celebrado em Moscou em setembro de 1944. Stálin cumprira sua parte do acordo na Grécia, onde Churchill exigia uma participação de 90%. De acordo com uma minuta do Departamento de Relações Exteriores britânico: "Não há como escapar do fato de que concordamos com uma participação de 10% nos assuntos da Romênia, o que nos dá direito a pouco mais do que proteger os interesses britânicos".[32] Os representantes britânicos receavam que qualquer tentativa de trazer à baila os entendimentos de Yalta quanto à Romênia serviria apenas para encorajar Stálin a fazer o mesmo tipo de exigências "em relação a Grécia, Itália e, eventualmente, a questões da Europa Ocidental". Em Yalta, Stálin repetidas vezes havia deixado claro que depositava "confiança total" na maneira como os britânicos estavam lidando com a rebelião comunista na Grécia e não tinha o menor interesse em interferir nas decisões de Churchill. Sua expectativa não manifestada era a de que os Aliados ocidentais lhe dariam plena liberdade para agir na parte restante dos Bálcãs.

O primeiro-ministro expressou seus pensamentos num telegrama de 8 de março a Roosevelt. Estava "angustiado" pelo rumo dos acontecimentos na Romênia, que se manifestavam de maneira "inteiramente contrária" a todos "os princípios de Yalta".[33] Previa "uma eliminação indiscriminada de todos os romenos anticomunistas" sob a alegação de extermínio de "fascistas". Ao mesmo tempo, queria evitar que Stálin tivesse a chance de dizer "não interferi em suas ações na Grécia, por que vocês não me dão a mesma liberdade na Romênia?". Isso serviria apenas para tirar o foco da "questão muito mais importante da Polônia", que tomara tanto tempo em Yalta.

Em sua resposta a Churchill, em 11 de março, FDR reconheceu que "os russos haviam instalado um governo de minoria escolhido inteiramente por eles" em Bucareste. Por outro lado, não considerava a Romênia "um bom campo de testes" para os acordos da Crimeia. "Os russos vêm mantendo desde o início um controle absoluto sem contestação." Além disso, "com a Romênia situada em meio às linhas russas de comunicação", tornava-se difícil contestar a alegação de necessidade militar e de segurança que eles estão usando para justificar sua ação". Nem Roosevelt nem Churchill tinham estômago para uma confrontação com Stálin em torno da Romênia. Por outro lado, os dois governantes tinham uma queda de braço a enfrentar na outra extremidade do Leste Europeu, na Polônia. A atenção de ambos voltou-se rapidamente para Moscou, onde já haviam começado as negociações para a formação de um novo governo polonês.

8. "Um véu impenetrável" — *7 de março*

Em 7 de março de 1945, a Nona Divisão Blindada dos Estados Unidos capturou uma ponte sobre o rio Reno em Remagen, eliminando o último obstáculo natural importante rumo ao coração da Alemanha. A tomada dessa ponte estratégica animou o pequeno grupo de americanos em Moscou após uma série de triunfos do Exército Vermelho, que tinham ressaltado a disparidade entre os combates nos fronts ocidental e oriental. "Agora, a guerra voltou a correr maravilhosamente bem", escreveu Kathleen Harriman numa carta entusiasmada à sua irmã Mary, no dia seguinte.[1]

> Nossa, é animador. Mas as notícias perdem um pouco a graça devido a nossos nobres aliados, que no momento estão se comportando de maneira nem um pouco nobre. Averell anda muito ocupado — por causa da Polônia, prisioneiros de guerra e, imagino, também os Bálcãs. Aqui em casa, o tempo todo, é gente correndo, vozes e telefone tocando a noite inteira — até o amanhecer.

Como Kathleen observou numa outra carta para sua amiga inglesa (e futura madrasta) Pamela Churchill, "a lua de mel depois de Yalta teve vida curta, ainda mais curta do que os mais pessimistas imaginavam".[2] O otimismo que muitos ocidentais sentiam no encerramento do encontro dos Três Grandes fora abalado por uma série de discussões com os russos sobre a aplicação prática das decisões tomadas em Yalta. Inicialmente, os analistas americanos atribuíram as dificuldades à linha dura do Kremlin, insatisfeita com as concessões feitas por Stálin em Yalta. A revista *Time* levantou a possibilidade de que os acontecimentos inquietantes na Romênia tivessem demonstrado que "Stálin precisava de tempo até conseguir alinhar sua burocracia com a doutrina de Yalta".[3] Mas essa explicação de "bom tsar, maus assessores" foi se tornando cada vez mais difícil de sustentar à medida que os desentendimentos foram se multiplicando até incluir praticamente tudo, desde as atividades de Vyshinsky na Romênia até a formação de um novo governo na Polônia e o repatriamento de prisioneiros de guerra americanos libertados pelo Exército Vermelho. Estava começando a parecer que Stálin vinha interpretando os acordos de Yalta de forma completamente diferente do sentido que lhe atribuíam Roosevelt e Churchill — e que todos os acordos celebrados tinham em termos práticos muito pouco de substancial.

Uma sensação de apreensão e mau agouro tomou conta da Spaso House, residência do embaixador americano em Moscou, uma casa fria e maltratada pela guerra. Construída por um barão da indústria têxtil da Rússia em 1914, a mansão neoclássica, que um dia chegara a ser luxuosa, era agora escura e gelada, muitas de suas janelas tendo sido destroçadas pelas bombas alemãs e substituídas por folhas de compensado, que proporcionavam pouquíssimo isolamento. O jardim estava coberto por montes de terra e sujeira, resultado da escavação de um abrigo antibombas. A escassez de residências obrigara Harriman e sua filha a partilhar a casa com integrantes do pessoal da embaixada e americanos em visita a Moscou. À noite, eles juntavam-se no dormitório do embaixador, no andar de cima, em volta da lareira, jogando besigue e procurando espantar o frio. Nessas circunstâncias, era difícil imaginar as recepções espetaculares que ocorriam ali poucos anos antes, entre elas um grande baile imortalizado no romance de Mikhail Bulgakov *O mestre e Margarida*. A mulher de Bulgakov, Elena, descreveu a cena em seu diário, com a data de 23 de abril de 1935.

> Dançava-se no salão com colunas, luzes coloridas no teto. Por trás de uma rede, um grande número de pássaros voava. Uma orquestra trazida de Estocolmo [...]. Jantar num salão ligado à mansão especialmente para o baile, com mesas separadas. Nos cantos, cercadinhos com cabritos, carneirinhos, filhotes de urso. Ao lon-

go das paredes — gaiolas com galos. Por volta das três da madrugada, ouviram-se os acordeões, e os galos começaram a cantar. Em estilo russo. Massas de rosas e tulipas — vindas da Holanda. No andar superior, um churrasco. Rosas vermelhas, vinho tinto francês. Embaixo, champanhe por toda parte, cigarros.

Em outra festa havia três leões-marinhos do circo de Moscou, que equilibravam garrafas de champanhe sobre o focinho e saíram correndo em disparada quando seu treinador desmaiou por ingerir muito álcool. O grande salão de baile servia agora como uma chancelaria de embaixada transbordando de gente e servindo de cenário para jogos de guerra em que os russos combatiam os japoneses.

Averell Harriman, jogador de polo, atraente, simpático e herdeiro de um magnata de estradas de ferro, chegara como embaixador a Moscou em outubro de 1943 com grandes expectativas. Como enviado especial de Roosevelt à Grã--Bretanha, dentro do programa de ajuda às nações aliadas, desfrutara de fácil acesso a Churchill e com frequência era convidado para passar os fins de semana em Chequers. Os russos tinham estendido o tapete vermelho para ele por ocasião de uma visita especial ao país em setembro de 1941, prometendo grandes quantidades de tanques, caminhões e aviões para ajudar na expulsão dos nazistas das rotas de Moscou e Leningrado. Como vários outros políticos e diplomatas americanos antes dele, tentou estabelecer um bom relacionamento com os dirigentes do Kremlin. "Sei que isso vai ser difícil", disse a seu antecessor, o almirante William Standley, "mas no fundo eles são apenas humanos, esses russos. É possível lidar com Stálin."[4] Ele acreditava que "seria capaz de estabelecer um relacionamento íntimo com muitos de seus comissários; todos eles têm sido extremamente amistosos". De início, pelo menos, estava inclinado a adotar uma visão tolerante das intenções de Stálin com relação ao Leste Europeu no pós-guerra. "Apesar das conjecturas em sentido oposto, não há provas de que ele não esteja disposto a permitir o surgimento de uma Polônia independente", escreveu num memorando de março de 1944.[5] Ele não via motivos para contestar as alegações soviéticas responsabilizando os alemães pelo massacre de oficiais poloneses assassinados pela NKVD em Katyn. Atendendo a uma sugestão dele, Kathleen foi incluída num grupo de diplomatas e jornalistas convidados pelo ministro do Exterior soviético para percorrer o local da execução. Embora tivesse manifestado algumas reservas quanto às provas apresentadas pelos russos, ela foi convencida de que "os poloneses foram assassinados pelos alemães". O embaixador endossou a declaração da filha.

As opiniões de Harriman sobre a União Soviética foram se tornando cada vez menos brandas sob a pressão dos acontecimentos. Durante o levante de Varsóvia, ele ficou consternado com a recusa dos russos em permitir a aterrissagem de aviões britânicos e americanos dispostos a despejar mantimentos para combatentes do movimento clandestino polonês de resistência. Stálin era movido basicamente por "impiedosas considerações de natureza política", pensava Harriman.[6] Ele suspeitava que os soviéticos sentiam que nada teriam a ganhar e muito teriam a perder com a vitória de rebeldes leais ao governo polonês anticomunista com sede em Londres. O embaixador também ficou incomodado com a recusa dos russos em manifestar gratidão pelas imensas quantidades de insumos de guerra que estavam recebendo pelo programa de ajuda aos Aliados. Por ocasião do verão de 1944, ele chegou a defender uma linha de atuação muito mais dura em relação a Moscou, baseada no conceito de negociações firmes e "uma postura igualmente firme porém amistosa de 'uma coisa por outra'". Propôs que se pusesse um fim à política de dar aos russos tudo que pedissem apenas por estarem combatendo os alemães. "Não é assim que nos entenderemos com eles", disse Harriman aos funcionários do programa de ajuda.[7] "Eles são duros e esperam que nós também sejamos."

A mudança de atitude do embaixador refletia também sua crescente irritação pelas condições de vida e de trabalho em Moscou. Embora encontrasse Stálin uma ou duas vezes por mês, com mais frequência que qualquer outro embaixador estrangeiro, suas reuniões eram uma formalidade em geral improdutiva. Tentar resolver alguma coisa com funcionários de nível mais baixo era mais frustrante ainda. Semanas ou meses podiam se passar sem resposta a uma solicitação diplomática. Harriman queixava-se de estar sendo "completamente enrolado" por Molotov, apesar da cordialidade superficial de suas relações.[8] Ele logo descobriu que havia uma enorme diferença entre a maneira como os russos tratavam os enviados especiais e os diplomatas com posto fixo em Moscou. Os visitantes eram recebidos com vinhos e jantares pelos dirigentes do Kremlin, decididos a deixar neles uma impressão favorável; os embaixadores residentes em Moscou muitas vezes eram simplesmente ignorados. Sem conseguir encontrar-se com funcionários soviéticos, muitas vezes Harriman ficava na cama até tarde de manhã, redigindo telegramas para Washington e aguardando instruções. Em várias ocasiões, passava o dia inteiro dentro da embaixada. Quando se aventurava para além da residência diplomática, para assistir a um espetáculo de balé ou para esquiar nos montes sobre o rio Moscou, era automaticamente seguido por quatro agentes da NKVD — em termos oficiais, para sua proteção pessoal. Seus contatos com cidadãos russos fora dos círculos oficiais eram acompanhados de perto. O código criminal da Rússia definia como crime, passível de pena de três anos de prisão até a morte, fornecer qualquer tipo de "assistência" não autorizada a "representantes da burguesia internacional".[9] Praticamente um prisioneiro dentro de sua ampla residência, Harrison sentia-se isolado do ponto de vista físico e desgastado pelas batalhas infindáveis com a burocracia soviética.

A vida na Spaso House teria sido mais extenuante ainda se ele não tivesse a companhia da filha de 27 anos, sempre muito animada. Harriman deixara a mulher, Marie, nos Estados Unidos, devido à sua saúde precária, e contava com Kathleen para servir como sua ajudante de ordens e confidente. Em Londres, ela trabalhara como jornalista e representante do Office of War Information, o serviço de propaganda dos Estados Unidos. Na mudança para Moscou, assumiu a responsabilidade pela administração da Spaso House. Ela era comunicativa, divertida e tinha um senso de humor extremamente vívido, que contrastava com a personalidade do pai, homem circunspecto e que se levava muito a sério. O "programa para relaxar e ficar à vontade" de Kathleen na embaixada incluía inventar novos tipos de coquetel de vodca (vodca com xerez, vodca com vinho, vodca com suco artificial de fruta), jogar bilhar de garrafa e trocar histórias sobre a vida sexual do embaixador do México.[10] Mas mesmo ela admitia que, em algumas ocasiões, ficava difícil suportar a atmosfera opressiva e sufocante de Moscou. "Viver aqui é como viver cercada por quatro muros altos e opressivos", disse a Pamela Churchill em 20 de março de 1945. Ela havia passado a noite "sentada e tricotando" enquanto escutava o ministro do Exterior da Tchecoslováquia, o liberal Jan Masaryk, a ruminar sobre os receios que sentia em relação ao mundo do pós-guerra. Ficou deprimida ao pensar que as questões que preocupavam Masaryk e seu pai — "apenas o direito a uma vida decente e liberdade" — eram "o tipo de coisa que eu tinha como garantia básica antes de vir para este país".

Ao contrário do que esperavam os estrangeiros que viviam em Moscou, a vida na cidade não estava ficando nem um pouco menos austera com a proximidade da vitória final. Na verdade, estava ocorrendo exatamente o oposto. A NKVD estava adotando medidas de segurança que tinham sido abrandadas no auge da guerra, quando todos estavam unidos por um objetivo comum. Um alemão do Volga que trabalhava como jardineiro para a embaixada britânica foi preso e deportado para a Sibéria por não ter entregado seu rádio às autoridades. Os diplomatas britânicos estavam convencidos de que poucos meses antes, quando "uma nova e mais rígida linha partidária" ainda não tinha sido adotada, eles teriam permissão para manter seu "jardineiro criminoso".[11] A polícia secreta também passou a perseguir com mais intensidade as mulheres russas que se apaixonavam por americanos e outros ocidentais, mesmo no caso de estarem legalmente casados. Pedidos pessoais a Molotov para que ajudasse a resolver esses casos tinham como resposta um silêncio sepulcral.

Apesar das restrições soviéticas a contatos com estrangeiros, Kathleen deu um jeito de reunir uma eclética lista de "russos bem-comportados", pessoas que por uma ou outra razão dispunham-se a se relacionar com diplomatas americanos.[12] O mais recente membro do grupo era um ator que ia interpretar o papel de um milionário americano em visita à Rússia e portanto tinha uma justificativa para observar de perto capitalistas da vida real. Outro "russo bem-comportado" era Aleksei Tolstói, parente distante do grande escritor e figura destacada do meio literário soviético. O conde — os comunistas permitiram que ele mantivesse seu título aristocrático — convidou os Harriman para sua datcha fora de Moscou, onde tiveram longas discussões sobre "seu assunto favorito, a alma russa".[13] As festas na Spaso House muitas vezes incluíam o jornalista Ilya Ehrenburg, que procurava manter o visual de um intelectual francês, ao qual não faltava uma boina preta. O articulista do *Red Star*, sedento de sangue, reunia um grupo de diplomatas e militares à sua volta e gostava de proferir alguns "ehrenburguismos" como: "Aquelas distantes balaustradas seriam um local excelente para enforcar alemães".[14] Ehrenburg tinha passado duas décadas em Paris como correspondente do *Pravda*. "Como consequência de suas experiências no exterior, ele formou ideias muito errôneas, mas assim mesmo bastante arraigadas, sobre o resto do mundo", comentou um assessor de Harrison. "Basicamente, elas representam os conceitos equivocados dos comunistas russos em relação ao mundo além de suas fronteiras, modificadas e distorcidas de maneira bizarra por um verniz da cultura ocidental e pela convivência com o aspecto tradicionalmente provinciano da Rive Gauche."

Os membros mais ousados do grupo da Spaso House eram o antigo ministro do Exterior soviético, Maksim Litvinov e sua mulher inglesa, Ivy. Um homem baixo, rotundo, de óculos com aro de metal, Litvinov ocupava uma posição especial na burocracia soviética. Como bolchevique da Velha Guarda que vivera em Londres antes da revolução, ele havia feito amizade com Lênin e impedido que Stálin fosse espancado num pub por um bando de estivadores do East End. Era o diplomata soviético mais identificado com a política de segurança coletiva dos anos 1930, buscando aliança com as democracias ocidentais como escudo contra o poder crescente do fascismo e do nazismo. Sua substituição no posto de comissário para assuntos estrangeiros por Molotov, em maio de 1939, foi sinal de uma alteração fundamental na política exterior soviética e antecipou o pacto de não agressão com Hitler. Litvinov foi retirado da obscuridade diplomática depois do ataque alemão à Rússia, em junho de 1941, e nomeado embaixador soviético em Washington. Sua sofisticação intelectual, aliada a um profundo conhecimento do Ocidente, fez dele o emissário ideal num momento em que Stálin tentava mais uma vez conquistar a simpatia dos Estados Unidos. Mas ele nunca recuperou a confiança do ditador. Molotov o considerava um rival perigoso e o mantinha afastado das decisões importantes. Chamado de volta a Moscou em agosto de 1943 como ministro adjunto do Exterior, Litvinov pouco se empenhou para esconder o fato de que não gostava do chefe. No circuito diplomático dos coquetéis, tanto ele como Ivy faziam comentários depreciativos sobre os burocratas apagados que eram os novos encarregados do Comissariado de Assuntos Exteriores.

Num gesto para estimular o patriotismo em tempo de guerra, Molotov insistia que seus subordinados usassem um uniforme diplomático em estilo militar que ele mesmo havia desenhado. "Nunca vi alguém que tivesse tão pouca semelhança com um general como Litvinov", registrou Cyrus Sulzberger, do *New York Times*, em seu diário. "Seu uniforme cinza estava amarrotado, sem passar, e havia manchas de comida nas lapelas." Para Sulzberger, o vice-comissário parecia "um perfeito Jeremias, com uma visão lúgubre" das relações Oriente-Ocidente.[15] "Primeiro, as potências ocidentais cometem um erro e nos aborrecem, depois nós erramos e aborrecemos vocês", queixou-se. Litvinov resmungou que no Kremlin ninguém mais prestava atenção no que ele tinha para dizer.

Ivy era ainda mais desinibida, dizendo coisas que também estavam na cabeça do marido, mas que ele tinha o cuidado de não manifestar em voz alta. "A senhora Litvinov vem sendo muito franca comigo", comentou Kathleen Harriman em sua carta de 8 de março à irmã. "Ela é bem mal-humorada, mas do tipo divertida, é uma amizade que certamente vale a pena cultivar." Pouco tempo depois dessa conversa, Ivy lembrou o pai de Kathleen de um conselho que havia lhe dado no ano anterior. Tentativas de agradar às autoridades soviéticas serão vistas como demonstração de fraqueza. Se quiser se entender bem com os líderes do Kremlin, seja firme em todas as suas negociações. Ela queixou-se de que os americanos não seguiram esse conselho, e agora as relações estavam se deteriorando. Harriman anotou esses comentários para transmiti-los a FDR. Eram muito semelhantes às duras opiniões que já estavam se formando em sua cabeça.[16]

Mesmo nas melhores épocas, Harriman tinha uma expressão desanimada, fatalista, que fazia dele um personagem sempre sombrio. "Como é possível que um homem com 100 milhões de dólares pareça tão triste?", perguntou certa vez Litvinov a um diplomata americano.[17] O ânimo do embaixador ficou ainda mais sombrio no mês que se seguiu à Conferência de Yalta. Os visitantes notaram que ele parecia cada vez mais cansado e tinha desenvolvido um tique nervoso no olho direito. Passava boa parte de seu dia no caminho de ida e volta entre a Spaso House e o Kremlin, negociando com Molotov o formato de um novo governo provisório na Polônia. Era uma provação que, além de frustrante, tomava muito tempo.

Os Três Grandes tinham delegado a uma comissão, constituída por Molotov, Harriman e Archibald Clark Kerr, o embaixador britânico em Moscou, a responsabilidade de pôr em prática os acordos relativos à Polônia. Os três deveriam convocar a Moscou representantes de diferentes facções polonesas para consultas, com o objetivo de formar um governo "reorganizado", que incluiria "líderes democráticos da própria Polônia e de grupos poloneses no exterior". O texto da declaração de Yalta era de uma imprecisão irritante. Os três comissários logo se envolveram em discussões acaloradas sobre o significado de palavras como "democracia" e "ampliado". Harriman e outros diplomatas americanos queixaram-se de que negociar com os russos era como "comprar duas vezes o mesmo cavalo". Chegava-se a um entendimento quanto à compra — e em seguida era necessário passar horas sem fim regateando sobre a condição do cavalo que tinha sido comprado pouco antes, contando seus dentes, verificando sua linhagem e assim por diante. Cada detalhe tinha de ser conferido de forma minuciosa, um a um.

Molotov imediatamente pôs-se a questionar as credenciais dos "líderes democráticos" que Harriman e Clark Kerr pretendiam convidar a Moscou. No que lhe dizia respeito, todo político polonês que tivesse expressado qualquer tipo de reserva sobre os acordos de Yalta não poderia participar do processo de consultas. Não seria permitido a ninguém contestar as novas fronteiras soviético-polonesas sancionadas pelos Três Grandes. A fórmula de Molotov excluía Stanisław Mikołajczyk, antigo primeiro-ministro polonês, considerado por americanos e britânicos como um moderado, aberto ao diálogo com Moscou. Mikołajczyk tinha feito um pronunciamento reivindicando a permanência da cidade de Lwów como parte da Polônia, por motivos demográficos. Ele também se opunha à criação de qualquer novo governo baseado na "ampliação e reorganização do assim chamado Governo Provisório em Lublin". Molotov insistia que as consultas políticas ficassem restritas aos "*verdadeiros* líderes democráticos" da Polônia, eufemismo para os comunistas e seus aliados.[18] Os embaixadores ocidentais dispunham-se a abrir mão da maioria dos líderes do governo polonês no exílio em Londres, que eram radicalmente antissoviéticos, mas faziam questão da presença de Mikołajczyk. Eles haviam chegado a um impasse.

Logo surgiu outro obstáculo. A versão em inglês do acordo de Yalta especificava que a comissão de três homens faria "consultas em primeira instância em Moscou com membros do atual Governo Provisório e outros líderes democráticos poloneses dentro e fora da Polônia". Americanos e britânicos entendiam que isso significava que representantes de várias facções políticas rivais seriam convidados a Moscou para discutir a criação de um novo governo. Molotov chamou a atenção para o fato de que a ordem das palavras estava invertida no texto em russo. "Consultas em primeira instância em Moscou" ficou "consultas em Moscou em primeira instância com membros do atual Governo Provisório". De acordo com a interpretação de Molotov, esse enunciado garantia uma posição privilegiada ao governo provisório dominado pelos comunistas. Os poloneses de Lublin compareceriam perante a comissão de Moscou "em primeira instância" — e ajudariam a verificar as credenciais "democráticas" dos demais, inclusive seus rivais de Londres. Não poderia haver paridade entre os diferentes grupos de poloneses. O governo de Lublin deveria servir como "a base" para um governo "reorganizado" da Polônia.

Notícias dessa nova intransigência soviética logo chegaram a Washington e Londres. FDR mostrou-se preocupado, mas relutou em interceder pessoalmente perante Stálin. Ele queria que os embaixadores continuassem pressionando Molotov. Churchill julgou que o tempo estava correndo a favor dos soviéticos e de seus fantoches poloneses. Ele concordou com Harriman que "a cada dia que passa o governo de Lublin torna-se mais e mais o governo de Varsóvia e da Polônia".[19] Ele receava que membros do Parlamento britânico, já insatisfeitos com as concessões territoriais feitas a Stálin em Yalta, acusassem os signatários do acordo de terem traído a Polônia. "A Polônia perdeu sua fronteira", telegrafou a Roosevelt em 13 de março. "Ela deverá agora perder sua liberdade?" Churchill também estava preocupado com a falta de informações confiáveis vindas da própria Polônia. Em outro telegrama, três dias depois, observou que "todo acesso à Polônia está vedado aos nossos representantes. Um véu impenetrável baixou à frente do cenário".[20]

Harriman tinha ficado tão desanimado com sua experiência de negociação com Molotov que fez o rascunho de uma carta pessoal ao presidente e secretário de Estado. O texto tinha a data de 21 de março, um dia após sua conversa diante da lareira com Jan Masaryk. Os russos, ele alertou, estavam "tentando pouco a pouco nos levar ao esgotamento" para impor seu ponto de vista sobre a forma que a Europa do pós-guerra deveria assumir. Para nós, chegou o momento de "repensar toda a nossa atitude e todos os nossos métodos de lidar com o governo soviético [...] a não ser que estejamos dispostos a aceitar a invasão bárbara da Europa no século XX". Harriman fez questão de deixar claro que não estava defendendo uma divisão do continente em "esferas de influência", conceito que para Roosevelt permanecia um anátema. No entanto, era favorável a "uma vigorosa política de apoio aos povos que tenham a mesma visão geral [...] e o mesmo conceito de vida que o nosso". Os Estados Unidos deveriam usar seu poder econômico para fortalecer governos pró-americanos na Europa Ocidental. A política de ajuda a países aliados e créditos para a reconstrução do pós-guerra poderiam ser "uma arma" para estimular a cooperação soviética com o Ocidente. Se os russos deixassem de respeitar os compromissos assumidos em Yalta, os Estados Unidos deveriam demonstrar seu descontentamento "da maneira que fosse mais prejudicial aos seus interesses". Era também necessário ser "muito mais preciso na redação de nossos acordos com a União Soviética, explicitando com o maior cuidado o significado exato do que temos em mente". A ambiguidade tornava mais fácil para os russos renegociar os acordos depois que eles já tivessem sido definidos.[21]

Após ditar um rascunho do telegrama, Harriman viveu um conflito íntimo, pensando se deveria ou não enviá-lo. As propostas políticas que ele tinha acabado de esboçar eram contrárias a muitos dos conceitos aos quais FDR se aferrava com firmeza sobre o modo de negociar com os russos. O presidente acreditava que seria possível conquistar a confiança de Stálin estabelecendo com ele um relacionamento pessoal. Ele prestara pouca atenção aos detalhes da redação dos acordos de Yalta, sob a premissa de que no fim tudo daria certo, desde que houvesse boa vontade de ambas as partes. O telegrama do embaixador endossava o ceticismo de seu delegado, George Kennan, que desdenhava da ideia de que burocratas soviéticos poderiam ser influenciados "por partidas de golfe ou convites para jantar".[22]

Plenamente sintonizado com as tendências políticas dominantes em seu país, Harriman guardou o telegrama que acabara de redigir na pasta "correspondência não enviada". Decidiu que seria melhor apresentar seus argumentos pessoalmente em Washington, onde poderia observar a reação de seus interlocutores.

Não havia problema específico que causasse maior preocupação a Harriman do que o destino dos soldados americanos capturados pelos alemães. Quase 30 mil americanos encontravam-se presos em campos de concentração dos alemães na Polônia e em outros territórios libertados pelo Exército Vermelho. Os oficiais soviéticos garantiam que os homens tinham tudo de que precisavam e seriam repatriados aos Estados Unidos pelo porto do mar Negro em Odessa. Harriman acreditava que Stálin estava deixando de executar um acordo já firmado em Yalta, que permitia livre acesso aos campos dos prisioneiros de guerra em trânsito. Ele não tinha a menor ideia do número de americanos que vagavam atrás das linhas do Exército Vermelho sem alimento ou abrigo.

A primeira informação concreta sobre o destino dos prisioneiros libertados veio de um trio de americanos profundamente abatidos que entrou na embaixada dos Estados Unidos em Moscou na rua Mokhovaya, bem em frente ao Kremlin. Além de estarem sem passaporte, os homens nada tinham com eles a não ser os farrapos que cobriam seus corpos. Descobriu-se que eram oficiais do Exército dos Estados Unidos, capturados pelos alemães na Europa Ocidental e no norte da África em 1943 e 1944 e mantidos num campo de concentração em Szubin, no noroeste da Polônia. Em meio ao caos da ofensiva do Exército Vermelho, conseguiram escapar e se juntaram a uma unidade avançada russa. A única maneira pela qual eles poderiam voltar aos Estados Unidos seria indo rumo ao leste, pedindo carona pela Polônia e pela Rússia ocidental. Durante a noite, abrigavam-se em celeiros e casas de fazenda. De dia, pegavam carona em veículos de abastecimento soviéticos que retornavam do front, conseguindo chegar a Moscou após uma odisseia de três semanas. "Acredito que nenhum oficial recebeu boas-vindas mais sinceras que aqueles três ex-prisioneiros esfarrapados quando chegaram ao nosso quartel-general", recordou o general John Deane, o chefe da missão militar americana.[23] Com "banhos quentes, roupas limpas, divisas de oficial, comida americana e uísque", os três homens tornaram-se novamente oficiais do Exército americano.

O capitão Ernest M. Gruenberg e seus dois companheiros abasteceram Harriman com histórias de militares aliados que tiveram seus relógios e outros pertences roubados à mão armada por soldados russos bêbados. Os oficiais descreveram as condições num acampamento que os russos improvisaram nos arredores de Varsóvia para acomodar prisioneiros aliados recém-libertados. Havia pouca água; as instalações sanitárias eram sofríveis; todos, inclusive os guardas russos, dormiam no chão. A comida consistia numa sopa grossa de cevada chamada *kasha*, sem sabor mas que pelo menos enchia o estômago. Não havia informações sobre providências para repatriação. Os três oficiais preferiram se virar sozinhos, confiando na hospitalidade da população civil polonesa, que os acolheu em suas casas, partilhando com os três suas escassas porções de comida. O Exército Vermelho estava ocupado demais enfrentando os alemães e perseguindo rebeldes poloneses para dar muita atenção aos fugitivos.

No dia 13 de março, Harriman enfim conseguiu uma audiência com Molotov para discutir a questão dos prisioneiros de guerra libertados.[24] Ele observou que oficiais soviéticos com acesso autorizado ao quartel-general de Eisenhower tinham permissão para viajar com toda a liberdade pela França e vistoriar antigos campos de prisioneiros na Alemanha. Os oficiais dos Aliados deveriam ter os mesmos privilégios na Polônia. O comissário de assuntos exteriores descartou a comparação. Ele observou que a União Soviética mantinha relações diplomáticas com a França, enquanto os Estados Unidos ainda estavam para reconhecer o governo provisório polonês. As autoridades polonesas, alegou Molotov, estavam levantando objeções. Ficou claro para Harriman que o problema não era com os poloneses, mas sim com os soviéticos. Eles não queriam que os americanos vissem o que estava ocorrendo na Polônia atrás das linhas do Exército Vermelho.

A maioria dos americanos libertados pelo Exército Vermelho ficou aguardando em campos da Polônia e da Alemanha até que pudessem ser repatriados ao longo das linhas do front, após o encontro das forças dos Aliados. Milhares deles, porém, conseguiram chegar a Odessa, onde a missão militar americana foi autorizada a estabelecer um "ponto de recolhimento". Os ex-prisioneiros foram amontoados em vagões de carga sem aquecimento e transportados por 3,2 mil quilômetros através da Polônia e da Ucrânia, até o mar Negro. Seus relatórios forneceram aos oficiais dos serviços americanos de inteligência as primeiras informações detalhadas sobre os valores culturais do Exército Vermelho. Os americanos ficaram maravilhados pelo modo como os soldados soviéticos conseguiam garantir sua sobrevivência, coletando alimentos à medida que avançavam pelo território alemão. Isso lhes permitia evitar muitos dos problemas logísticos que atrapalhavam a movimentação dos exércitos aliados. Quando os soldados russos ocupavam uma cidade, apossavam-se das padarias, que a partir daí tornavam-se responsáveis pelo fornecimento de pão às unidades do front. Quase não havia papelada burocrática. Individualmente, os soldados russos eram amistosos com os americanos, a não ser quando estavam embriagados. Então se tornavam prepotentes, fazendo questão de saber por que o progresso era tão demorado no front ocidental. Muitos americanos comentavam a falta de disciplina entre os soldados soviéticos. "Os russos simplesmente adoram matar civis alemães", informou um tenente. "É muito comum eles cometerem estupro e em seguida assassinato."[25] Ele antecipou "um grande número de problemas" quando russos e americanos por fim chegassem juntos ao coração da Europa, enumerando diversas áreas de preocupação:

- Os russos têm motivos para se mostrar arrogantes pela maneira como conseguiram expulsar os alemães da União Soviética. Eles são abertamente críticos, num tom que às vezes chega a ser de desprezo, quanto à atuação das forças aliadas no front ocidental.
- As zonas de ocupação da Alemanha devem ser estabelecidas de modo que

as linhas divisórias coincidam com os limites das cidades. Em nenhuma circunstância uma guarnição americana e uma guarnição soviética deverão ocupar a mesma cidade.
- Para que, depois de encerrada a guerra, haja possibilidade de amizade entre os Estados Unidos e a União Soviética, todo esforço deverá ser feito no sentido de promovê-la. Permitir que soldados russos e americanos misturem-se promiscuamente é a forma mais segura de provocar ressentimentos mútuos.

Uma só equipe americana de repatriação conseguiu perfurar o "véu impenetrável" estendido ao redor da Polônia por Stálin. Acompanhado por um médico e um intérprete, o tenente-coronel James Wilmeth foi autorizado a viajar até a cidade de Lublin, ao leste da Polônia, um dos quatro pontos oficiais de encontro dos prisioneiros americanos recém-libertados antes de serem enviados a Odessa pelos soviéticos. Quando Harriman enfim conseguiu seu encontro com Molotov, em meados de março, Wilmeth já se encontrava desiludido e desgastado demais por seus confrontos com os militares soviéticos na Polônia. Ele queixou-se a Deane de que fora sistematicamente impedido de realizar sua missão, por não ter encontrado a menor cooperação por parte de quem supostamente era um aliado dos Estados Unidos.

Wilmeth informou que os ex-prisioneiros de guerra americanos eram "obrigados a comer, dormir e marchar" com soldados alemães capturados, uma violação dos acordos de Yalta. Os guardas russos confiscavam seus relógios, anéis, roupas, comida e documentos. Muitos tinham ido se esconder em casas polonesas até receberem garantias de que poderiam deixar o país em liberdade. "A atitude dos soviéticos em relação aos prisioneiros americanos libertados é a mesma adotada com os países que eles libertaram", ele escreveu em tom de repulsa. "Eles podem passar fome, ser roubados e maltratados — e ninguém tem o direito de protestar contra esse tratamento."[26]

Quando os ex-prisioneiros americanos chegaram inicialmente a Lublin, depois de terem perambulado durante semanas pela Polônia, foram encaminhados ao antigo campo de extermínio nazista de Majdanek, nos arredores da cidade, e em seguida transferidos para um prédio em ruínas próximo à universidade, "sem água quente, sem instalações para banho, sem roupas, sem produtos de higiene e sem remédios".[27] A maioria dos homens estava infestada de piolhos. Eles dormiam no chão ou em bancos de madeira cobertos de palha. Suas refeições resumiam-se a duas porções diárias de pão preto e *kasha*. Precisavam cavar suas latrinas com as mãos e apanhar lenha para fazer fogo. Wilmeth lhes forneceu remédios, sabão, escovas de dente, lâmpadas, livros e pás para as latrinas. Ele tentou conseguir permissão para evacuar os ex-prisioneiros em aviões americanos, mas seu pedido foi negado. Em vez disso, foram enviados a Odessa de trem.

As relações entre Wilmeth e os guardas do Exército Vermelho deterioraram-se rapidamente. O coronel foi proibido de viajar a outras cidades polonesas, onde ex-prisioneiros de guerra americanos estavam se reunindo. Era acompanhado por guarda-costas russos, que insistiam na necessidade de protegê-lo de "espiões alemães";[28] seu motorista russo retirou um cabo do distribuidor de seu jipe, para impedir que sua equipe percorresse a cidade sem autorização. O coronel acabou redigindo um relatório com uma lista de 27 diferentes causas de atrito com os russos, desde a compra de gasolina e equipamento médico no mercado negro até comunicações não autorizadas. Ele acusou seus guarda-costas soviéticos de ocultar informações quanto a antigos prisioneiros americanos e de mentir sobre as condições em outras cidades polonesas. De sua parte, os russos queixaram-se de que os americanos desobedeciam a regulamentos sobre estrangeiros e saíam após o toque de recolher. Eles ficaram alarmados com o número de poloneses que visitaram Wilmeth em seu hotel para solicitar cidadania americana ou queixar-se da ocupação soviética. Oficiais do Exército Vermelho repetidamente ordenaram que Wilmeth voltasse a Moscou, mas ele recusou-se a partir sem ter recebido ordens por escrito de Deane.

O tratamento dispensado pelos russos aos ex-prisioneiros americanos não era sempre ruim, como alegava Wilmeth. De acordo com um levantamento feito pelo Pentágono com americanos repatriados, 56% dos entrevistados relataram ter recebido um tratamento bom ou adequado do Exército Vermelho, levando em conta "a situação tática, o padrão russo de vida e os recursos disponíveis".[29] Um entre três americanos disse que o tratamento foi indiferente. Apenas 7% queixaram-se de ter sido importunados ou de ter sofrido maus-tratos. Era mais frequente que as queixas viessem de oficiais, presumivelmente porque tinham expectativas mais elevadas. A maioria dos prisioneiros libertados acreditava que suas condições de vida não eram piores do que aquelas experimentadas pela média dos soldados soviéticos, que tinham um padrão reconhecidamente baixo. Se Wilmeth houvesse sido autorizado a viajar com inteira liberdade pela Polônia, é provável que voltasse com uma impressão bem mais positiva do que a que levou de Lublin, onde seus movimentos estavam sujeitos a fortes restrições. Como era comum acontecer, os russos acabavam piorando sua imagem com um desastrado trabalho de relações públicas.

Os guardas do Exército Vermelho que tanto dificultaram a vida de Wilmeth não agiam assim por serem mal-intencionados. Eles nada mais faziam do que seguir ordens vindas de cima. A NKVD estava empenhada numa guerra em grande parte secreta com o exército clandestino, leal ao governo no exílio em Londres, e não queria gente do mundo ocidental por perto bisbilhotando. Aquele americano solitário estava se colocando no caminho de uma disputa política de grandes dimensões envolvendo o futuro da Polônia. Os russos pediram que Wilmeth fosse embora em oito diferentes ocasiões, ameaçando cada uma das vezes um *bolshoi skandal* — "grande escândalo". Foi apenas em 28 de março, depois que um avião militar americano chegou a Lublin para apanhá-lo, que o indisciplinado coronel concordou em partir. Do ponto de vista soviético, sua partida chegou na hora certa.

O sigilo era essencial aos planos de Stálin para a Polônia. Para controlar o país, em primeiro lugar ele precisava controlar o fluxo de informações dentro do país e entre a Polônia e o resto do mundo. Em Yalta, ele resistira a pedidos de FDR e de Churchill, que pretendiam ter acesso aos territórios ocupados pelos soviéticos no Leste Europeu. Ele não repetiria o erro cometido na Romênia, quando diplomatas ocidentais, espiões e militares receberam autorização para instalar escritórios e se relacionar com políticos antissoviéticos. Os Aliados só teriam permissão para entrar na Polônia depois de reconhecer o governo instalado pelo Exército Vermelho. O "véu impenetrável" de Stálin obedecia a dois objetivos. Americanos e ingleses não poderiam se queixar dos acontecimentos na Polônia sem informações sobre o que estava ocorrendo. O controle da informação era também essencial para a tática política de Stálin de dividir para se impor. Para sobreviver, os opositores do governo provisório dominado pelos comunistas ficavam à mercê de redes de informação independentes. Se não pudessem comunicar-se uns com os outros ou com aqueles que os apoiavam no exterior, poderiam ser apanhados um a um. A cortina de informação funcionava como precursora indispensável do que posteriormente se tornaria conhecido como a cortina de ferro.

A responsabilidade pelo estabelecimento da ordem na Polônia cabia basicamente à polícia secreta de Beria. Enquanto o Exército Vermelho combatia a Wehrmacht, a NKVD realizava uma série de "operações de limpeza" no "front interno".[30] Segundo as informações levadas a Stálin por Beria, a NKVD prendeu 38 660 poloneses entre janeiro e meados de abril. Os "elementos inimigos" incluíam não apenas "terroristas" e "sabotadores" convictos, mas qualquer pessoa suspeita de apoiar o governo exilado em Londres. Relatórios enviados a Beria indicavam não haver nenhum esmorecimento na guerra entre os comunistas e o clandestino Exército Doméstico, ou Armia Krajowa, leal ao governo de Londres. Num incidente típico, combatentes do Exército Doméstico invadiram uma prisão em Lublin no dia 19 de fevereiro, matando dois guardas e libertando prisioneiros que estavam aguardando execução por "crimes políticos". Simpatizantes do Exército Doméstico conseguiram infiltrar-se em formações militares polonesas a serviço do Exército Vermelho, convencendo unidades inteiras a desertar. A NKVD perseguiu os desertores e emitiu ordens para confiscar os aparelhos de rádio dos soldados poloneses, impedindo assim que escutassem as transmissões do governo baseado em Londres. A proibição da posse de rádios logo se estendeu aos civis poloneses.

Os comandantes do Exército Doméstico alteraram sua política de oposição irredutível às autoridades soviéticas nas semanas que se seguiram aos acordos de Yalta. Americanos e britânicos encorajaram o governo exilado a chegar a um termo de compromisso com Moscou, formando um governo de unidade nacional. Surgiram indicações de que o Exército Vermelho estava aberto ao diálogo. Uma carta de 6 de março dirigida ao movimento clandestino por um oficial soviético, o coronel Pimonov, propunha um encontro "para resolver problemas muito importantes e impedir que eles se agravem".[31] Alguns líderes do movimento desconfiaram que era uma armadilha, mas a maioria dos integrantes votou por tentar um diálogo com representantes do Exército Vermelho. Os principais líderes do movimento clandestino foram convidados para "um almoço" no quartel-general do Exército soviético, no subúrbio de Pruszów, em Varsóvia, em 28 de março, o dia em que o coronel Wilmeth foi enfim convencido a deixar a Polônia. Nas conversas iniciais, Pimonov disse aos poloneses que iriam encontrar-se com o marechal Zhukov, responsável por todas as forças soviéticas na Polônia. Foi garantido que estariam em total segurança.

A manhã de 28 de março estava quente e ensolarada, o primeiro dia com clima de fato primaveril. Na antecipação de um encontro histórico que poderia decidir o futuro da Polônia, todos vestiram suas melhores roupas, deixando em casa, porém, os pesados sobretudos. Um ativista do movimento clandestino convenceu seu vizinho alfaiate a lhe emprestar o paletó de um terno que ainda não estava pronto, já que não tinha nada adequado para a ocasião. Havia ao todo treze delegados, representando os principais partidos políticos do pré-guerra. Três outros poloneses, entre eles o general Leopold Okulicki, o líder do Levante de Varsóvia e comandante em chefe do Exército Doméstico, haviam sido convidados na véspera para uma reunião preliminar. O plano era que todos se reunissem durante o almoço e em seguida negociassem com os representantes do Exército Vermelho. O governo de Londres adiantara os nomes de pelo menos seis poloneses para serem levados em consideração pela comissão de Molotov.

Os anfitriões soviéticos foram polidos e afáveis, elogiando a beleza das mulheres polonesas e as delícias de sua cozinha. Mas o almoço prometido não se concretizou. Em vez disso, os poloneses foram levados a um outro edifício, a quase quinze quilômetros de distância, cercado por arame farpado. Suspeitaram estar sendo presos, mas não podiam ter certeza. Seus anfitriões continuaram amistosos, oferecendo-lhe vodca e comida do refeitório dos oficiais. Os russos explicaram que Zhukov tinha sido detido por compromissos importantes no front, mas deixara seu avião pessoal à disposição do grupo. Eles seriam levados ao encontro do marechal na manhã seguinte.

Um avião os aguardava no aeroporto de Varsóvia. Em vez de seguir em direção ao oeste, rumo ao front, ele voou para o leste. Isso deixou os poloneses mais alarmados, mas seu guia soviético tratou de tranquilizá-los. O marechal havia sido chamado inesperadamente a Moscou. Eles iriam encontrar-se não apenas com Zhukov, mas também com "personalidades importantes" do governo russo. Uma violenta tempestade fez com que o piloto se perdesse nas nuvens. Foi preciso fazer uma aterrissagem forçada num campo coberto de neve logo no momento em que o combustível do avião estava chegando ao fim. Os passageiros sentiram um forte solavanco, mas não ficaram feridos. "Em volta, tudo era uma imensa brancura, que no horizonte tornava-se azulada", recordou Zbigniew Stypułkowski, líder do Partido Nacional, de direita.[32] Eles tinham passado da capital e descido nas proximidades da cidade de Ivanovo, 240 quilômetros ao leste. Aos tropeços, o piloto saiu à procura de socorro, enquanto os passageiros, para se aquecer, ficavam bem próximos uns dos outros, na fuselagem gotejante. Eles concluíram a viagem a Moscou em um trem noturno. Na estação, ninguém os esperava. Ficaram aguardando durante meia hora na plataforma gelada, tremendo de frio nas roupas leves que haviam vestido para o almoço em Varsóvia. Finalmente, um grupo de automóveis chegou para levá-los ao seu "hotel".

O "hotel" revelou-se um pesado edifício neobarroco com uma entrada revestida de mármore levando a um pátio interno cercado por muros altos. Os poloneses notaram que todas as janelas estavam cobertas por persianas de ferro. Assim que cada homem descia do carro, era tomado com firmeza pelo braço e conduzido a um corredor longo e escuro. Logo se viram numa série de pequenas celas, com paredes cobertas de feltro. Instintivamente, Stypułkowski procurou no bolso algumas folhas de papel contendo notas e instruções. Rasgou os papéis e engoliu os pedaços. Depois de alguns momentos, uma jovem de compleição vigorosa com cabelos sobre os ombros entrou na cela. Vestia farda da NKVD e tinha uma expressão muito severa. "Tire a roupa", ela ordenou.[33] Stypułkowski percebeu que estava na famigerada prisão de Lubyanka.

9. A morte de um presidente — *12 de abril*

Embora controlasse um enorme império, que se estendia por onze fusos horários, o mundo particular de Stálin era muito pequeno. Ele passou a maior parte da guerra em idas e vindas do Kremlin ao que seus assessores chamavam de "a datcha mais próxima", seu retiro no campo, na periferia oeste de Moscou. Era muito raro aventurar-se para longe da capital. Suas viagens a Teerã e Yalta para encontrar-se com Roosevelt e Churchill eram interrupções numa rotina que consistia em longas noites passadas em seu gabinete do Kremlin, reuniões constantes com líderes políticos e militares e, vez por outra, um filme ou um jantar que lhe proporcionavam algum relaxamento. O comandante supremo do Exército Vermelho visitou o front numa só ocasião, em agosto de 1943, sobretudo com objetivos de propaganda, para mostrar que estava conduzindo a batalha. Uma placa comemorativa foi colocada na pequena cabana de camponeses em que passou a noite, transformando-a num santuário nacional.

A "datcha mais próxima" tinha sido construída especialmente para Stálin em 1931, numa magnífica propriedade conhecida como Volinskoe, próxima à aldeia de Kuntsevo. Como muitos de seus refúgios pessoais, a construção de madeira foi pintada de verde, com propósitos de camuflagem. Um bosque cerrado de abetos de 2 mil metros quadrados, com duas cercas altas, a exterior com 4,5 metros de altura, garantia privacidade total. Os sete aposentos no andar térreo eram amplos e versáteis, úteis para abrigar banquetes e reuniões do Politburo, mas sem nenhum toque pessoal. Durante a guerra, acrescentou-se um segundo pavimento. Pouco depois de ter concluído a renovação, o arquiteto Miron Merzhanov desapareceu no gulag. A natureza de sua infração jamais foi explicada à família. O filho de Merzhanov recordou-se de Ivã, o Terrível, que mandou cegar seu arquiteto favorito para que nunca mais pudesse construir algo tão belo como a catedral de São Basílio. O *vozhd* foi forçado a abandonar sua datcha durante os meses mais perigosos do cerco alemão a Moscou, em 1941, período em que foram instaladas minas em volta da propriedade. Quando Churchill visitou Moscou, no ano seguinte, foi levado a Volinskoe, sem ser informado de que era a residência pessoal de Stálin. Ele ficou impressionado com a "limpeza impecável" e as "luzes elétricas tão brilhantes que chegavam a ofuscar".[1] Um assessor descreveu o lugar como sendo "decorado de maneira vulgar e equipado com todos os acessórios que poderiam ser desejados por um alto comissário soviético", inclusive um espaçoso abrigo antibombas a trinta metros de profundidade no jardim.

Com o tráfego bloqueado na estrada, Stálin levava menos de vinte minutos para percorrer os dez quilômetros de Kuntsevo ao Kremlin, num comboio de Packards americanos pretos. Pedestres boquiabertos observavam a passagem dos carros enquanto se arrastavam pela lama do fim de inverno moscovita nas ruas mal iluminadas com lojas vazias. O poeta Boris Slutsky registrou a cena em alguns versos:

Certa vez eu caminhava pela Arbat
Quando Deus passou em cinco carros,
Seguranças trêmulos estavam por perto
Quase corcundas de tanto medo
Pareciam ratinhos em seus casacos.
Era tarde, e era muito cedo.

Da Arbat, a principal rua de comércio de Moscou, o vagaroso cortejo seguiu para a alameda Afanasev. Stálin entrou no Kremlin pelo Portão Borovitskaya, passando pelo Grande Palácio do Kremlin e as catedrais com cúpulas douradas e vista para o rio Moscou. O comboio então virou à esquerda, em direção a um edifício neoclássico de três pavimentos com telhado verde, construído em forma triangular ao redor de três pátios internos. Era o edifício do Senado, o centro do poder soviético. Uma bandeira vermelha tremulava em sua cúpula, da qual se avistavam a Praça Vermelha e o mausoléu de Lênin, no grande canto em ângulo reto do triângulo. Mais adiante, nos muros do Kremlin, ao lado da torre Nikolskaya, estava a entrada conhecida como o Cantinho. Um chamado para o Cantinho representava muito terror. Um dos generais de Stálin, Nikolai Bulganin, lembrou certa vez que o ditador podia fazer um cumprimento amistoso e em seguida perguntar em tom ameaçador: "Por que seus olhos estão tão agitados hoje?".[2] Um oficial convidado para encontrar-se com Stálin nunca sabia para onde iria em seguida: "para casa ou para a prisão".

Cercado por maciços muros vermelhos, com um perímetro de 2,4 quilômetros, o Kremlin era a cidadela interna de Muscovy, uma fortaleza dentro de uma fortaleza. Tinha sido a residência dos tsares russos até o início do século XVIII, quando Pedro, o Grande, construiu uma nova capital no mar Báltico, que servia de "janela para o Ocidente". Os bolcheviques levaram a capital de volta a Moscou em 1918, e Lênin passou a residir no Kremlin, no terceiro andar do edifício do Senado. Os comissários viviam competindo pelos melhores apartamentos. Stálin morava no Palácio Poteshny, no outro lado do Kremlin, até sua mulher, Nadezhda Alliluyeva, matar-se com um tiro no peito em novembro de 1932. Desesperado com o suicídio de Nadezhda, ele convenceu Nikolai Bukharin, seu amigo e mais tarde vítima, a trocarem de apartamento. Mudou-se então para o Cantinho, e foi lá que fez o papel de anfitrião de Churchill em agosto de 1942, apresentando o primeiro-ministro à sua filha de dezesseis anos, Svetlana. A ruiva sardenta ajudou a servir a mesa, mas foi dispensada assim que a conversa abordou "tópicos habituais como pistolas, canhões e aviões".[3] Svetlana posteriormente veio a crer que a morte de sua mãe tirou de Stálin "os últimos vestígios de calor humano. Ele agora estava livre da sua presença moderadora e, ao mesmo tempo, inibidora. Seu juízo cético e negativo dos homens apenas se agravou".[4]

O modesto apartamento térreo, quatro aposentos com teto abobadado, estava situado diretamente abaixo do gabinete de Stálin, que ficava no segundo pavimento do edifício do Senado. Uma atmosfera permanente de sigilo reinava no chamado Setor Especial, onde os principais líderes bolcheviques tinham seus gabinetes. Um tapete verde com borda vermelha estendia-se pelo centro do comprido corredor. O acesso ao *vozhd* era controlado por seu secretário, Alexander Poskrebyshev, que permanecia sentado diante de uma janela alta na antessala, emoldurada por cortinados que filtravam a pálida luz do sol. O major general, calvo, mantinha anotações detalhadas de todas as pessoas que entravam no gabinete de Stálin, ficando em seu posto até três ou quatro da madrugada. Ele dedicava uma fidelidade canina a seu amo, apesar de uma série de humilhações que culminaram com a prisão de sua jovem esposa, sob a acusação de trotskismo, no auge dos expurgos de 1937. "Não se preocupe", foi o que disse Stálin a seu assistente quando ele tentou interceder em favor da mulher. "Vamos arranjar outra mulher para você."[5] Um par de pesadas portas de carvalho à esquerda da escrivaninha imaculadamente limpa de Poskrebyshev conduzia direto ao gabinete de Stálin.

A mesa de Stálin estava situada no canto à extrema direita da longa sala com painéis de carvalho, repleta de pilhas de mapas e documentos, além dos telefones especiais do Kremlin. Um retrato colocado bem acima da cabeça do secretário-geral mostrava Lênin em sua escrivaninha, olhos fixados na direção de seu sucessor, tendo no rosto uma expressão benigna de aprovação. No canto à esquerda estava um aquecedor de porcelana enfeitado. Junto ao aquecedor, ocupando a maior parte do lado esquerdo do aposento, havia uma longa mesa de reuniões coberta com um espesso feltro verde. Rompendo com a tradição de Lênin, depois da invasão nazista Stálin mandou instalar retratos dos generais tsaristas Aleksandr Suvorov e Mikhail Kutuzov atrás dela. O comissário marxista não via contradição entre aquelas imagens conflitantes. Ele identificava-se com os tsares que construíram o Kremlin, estudava suas campanhas militares e procurava seguir uma política semelhante de expansão territorial para garantir a segurança da Mãe Rússia. Em sua mente, havia uma conexão direta entre suas próprias realizações e os feitos de seus antecessores imperiais. Era impossível escapar dos fantasmas do passado. Pouco antes de incorporar os países bálticos à União Soviética, em junho de 1940, ele escoltou o ministro do Exterior da Lituânia pelas vielas escuras do Kremlin. "Ivã, o Terrível, costumava caminhar por aqui", lembrou a seu convidado.[6]

Enquanto examinava os mapas da Europa em seu gabinete do Kremlin no final de março, Stálin preocupava-se com a possibilidade de ganhar a guerra mas perder a paz. Depois de terem sido detidos durante semanas nas Ardenas, os Aliados ocidentais de um momento para o outro passaram a avançar com uma rapidez suspeita. Churchill vangloriava-se de sua visita de surpresa ao front ocidental em 25 de março, quando passeou "sem ser molestado" pela margem do rio Reno coberta por sacos de areia, em poder dos alemães. A cidade de Frankfurt tinha caído diante do Terceiro Exército de George Patton em 29 de março. Em contraste, no lado leste, a ofensiva soviética perdera boa parte do ímpeto. No final de março, as forças de Zhukov encontravam-se à mesma distância de Berlim que estavam durante a Conferência de Yalta, no início de fevereiro. Ao se deparar na Hungria com uma resistência alemã superior à esperada, o Exército Vermelho viu-se forçado a adiar seu avanço sobre Viena. Mais preocupante ainda, do ponto de vista russo, era a disparidade entre o número de baixas de cada front. Num dia típico, quase oitocentos alemães foram abatidos pelo Exército Vermelho, enquanto no front ocidental o número de soldados alemães mortos tinha sido de apenas sessenta. Além disso, cerca de 2,5 mil soldados alemães eram dados como "desaparecidos" no front oriental, contra uma quantidade de baixas dez vezes maior no oeste. Os alemães rendiam-se "com uma persistência fanática" aos americanos, na desdenhosa expressão de Ilya Ehrenburg, enquanto resistiam desesperadamente aos russos.[7]

Ao analisar o comportamento de Roosevelt e Churchill, Stálin utilizou a mesma linha de raciocínio que empregava com seus subordinados. Eles teriam alguma razão objetiva para traí-lo? A resposta, sem dúvida, era sim. Uma evidência de motivação significava uma prova de culpa, exatamente como ocorrera com as vítimas dos julgamentos públicos de Moscou. A cena de soldados alemães rendendo-se em massa a Patton e Bernard Montgomery indicava algum tipo de acordo. Em troca de dispensarem um tratamento mais benevolente aos nazistas, os exércitos aliados encontrariam o Exército Vermelho muito mais ao leste do que se previa originalmente. Se fizessem aliança com generais nazistas que se opunham a Hitler, poderiam até mesmo voltar-se contra a União Soviética. O fato de o próprio Stálin ter firmado um pacto de não agressão com Hitler em 1939 servia apenas para dar um peso maior às suas suspeitas, já que partia do princípio de que os outros políticos eram cínicos como ele.

Diversos acontecimentos recentes contribuíam para alimentar a paranoia de Stálin. Segundo um despacho da Reuters diretamente do quartel-general de Montgomery em 27 de março, as tropas britânicas e americanas não estavam encontrando resistência em sua ofensiva rumo ao coração da Alemanha. Stálin ficou alarmado também por boatos de negociações com o objetivo de uma rendição em massa das tropas alemãs no norte da Itália. Descobriu-se que o principal espião americano na Suíça, Allen Dulles, mantivera uma reunião secreta em Berna com o comandante das forças da ss no norte da Itália, Karl Wolff. Planejavam-se novos encontros. Quando Molotov questionou a respeito, responderam-lhe que as conversas estavam num estágio muito preliminar. Essa explicação não satisfez Stálin, que em 29 de março enviou a Roosevelt uma carta irritada, acusando-o de estar violando os acordos de Yalta. Alegou que os alemães já haviam "transferido com êxito três divisões do norte da Itália para o front soviético".[8] Para deixar bem claro seu descontentamento, Stálin anunciou que Molotov não estaria presente à conferência inaugural das Nações Unidas, em 25 de abril, um projeto ao qual FDR dedicara grande empenho pessoal. A razão oficial para o cancelamento da viagem de Molotov acrescentava insulto à injúria: a presença de Molotov era necessária para uma sessão meramente formal do Soviete Supremo.

Stálin desconfiava também que os americanos haviam revelado informações falsas ao Exército Vermelho sobre a movimentação das tropas alemãs. Em 20 de fevereiro, o general Marshall passara adiante o conteúdo de informação interceptada pelos serviços de inteligência indicando que o Sexto Exército Panzer da ss estava sendo transferido da região das Ardenas para Viena, para uma planejada incursão no sul da Polônia. A informação, verificou-se depois, era falsa. A unidade, formada por tanques de elite, terminara sua ofensiva na região húngara do lago Balaton, lançando a partir daí uma forte ofensiva contra as tropas soviéticas que se encontravam em volta de Budapeste. A explicação mais provável para a informação equivocada — as ordens originais terem sido alteradas por Hitler — não passou pela cabeça morbidamente desconfiada do líder soviético. Ele expressou suas preocupações quanto a uma traição dos Aliados ocidentais durante reunião com governantes tchecos no final de março. "Estamos combatendo os alemães e vamos combatê-los até o fim", disse-lhes. "Mas devemos ter em mente que nossos aliados tentarão salvar os alemães e chegar a um entendimento com eles. Seremos implacáveis com os alemães, mas nossos aliados vão tratá-los com luvas de pelica."[9]

Quanto mais poder Stálin acumulava, mais se sentia ameaçado. Territórios havia pouco conquistados no Leste Europeu deram à Rússia extrema segurança, mas ao mesmo tempo eram uma fonte de instabilidade. O *vozhd* não podia esquecer que a União Soviética perdera metade de seu território europeu em menos de seis meses, durante o segundo semestre de 1941. Milhões de bálticos, ucranianos e poloneses receberam os invasores nazistas como libertadores. Unidades inteiras se renderam ao inimigo e entraram em guerra contra a União Soviética sob o comando de traidores como o general Andrei Vlasov. Stálin tinha sérias dúvidas sobre a confiabilidade do Primeiro Exército Polonês, liderado por comunistas e formado em território russo com soldados poloneses capturados durante a invasão do leste da Polônia por tropas soviéticas, em setembro de 1939. Relatórios da NKVD sugeriam que muitos integrantes do Primeiro Exército estariam ansiosos para unir-se às forças anticomunistas do general Anders. "Quando as tropas polonesas se encontrarem, a maioria de nossos soldados e oficiais se unirá ao exército de Anders", teria confidenciado um comandante do Primeiro Exército a um informante. "Já sofremos demais com os soviéticos na Sibéria."[10] Com a esperança de impedir uma futura rebelião, a NKVD efetuou prisões em massa de soldados do Primeiro Exército que tivessem parentes servindo sob as ordens de Anders.

Stálin estava obcecado pelo receio de que os Aliados ocidentais pudessem lançar-se subitamente a Berlim e chegar à cidade antes do Exército Vermelho. Estava disposto a tudo para não perder seu grande prêmio. Em 29 de março, ordenou que seus dois principais comandantes de campo, os marechais Georgy Zhukov e Ivan Konev, voassem até Moscou para apresentar seus planos de captura da capital do Terceiro Reich.

O *vozhd* estava num estado de espírito amargo e desconfiado na noite de 31 de março, quando os embaixadores americano e britânico chegaram para uma reunião no Cantinho, acompanhados por seus principais assessores militares. Harriman e Clark Kerr queriam entregar uma carta do supremo comandante aliado, o general Eisenhower, detalhando seu plano para a vitória final sobre a Alemanha nazista. Foi necessário que Poskrebyshev coreografasse a programação com o maior cuidado, para que os enviados não se encontrassem com Zhukov, que deveria apresentar o seu relatório a Stálin mais tarde, naquela mesma noite. O chefe não gostava que seus subalternos trocassem informações com ocidentais.

Harriman entregou a Stálin uma tradução para o russo da mensagem de Eisenhower explicando que sua grande prioridade era o cerco e a destruição das forças alemãs na região industrial do Ruhr. Seus peritos militares espalharam mapas sobre a longa mesa para explicar a fase seguinte do plano. Em vez de ter Berlim como alvo, as forças americanas e britânicas focariam sua "ação principal" na região central da Alemanha, encontrando o Exército Vermelho a 160 quilômetros da capital, na área de Leipzig-Dresden. Haveria uma linha de ataque secundária pelo sul da Alemanha e pela Áustria, para impedir que Hitler recuasse até sua Fortaleza Alpina, conhecida pelos planejadores militares do Ocidente como o Reduto Nacional. Enquanto ouvia Harriman e Deane descreverem as intenções de Eisenhower, o desconfiado ditador "deu a impressão de baixar a guarda". Ele elogiou o plano, comentando que sua aplicação tornaria possível o objetivo de dividir a Alemanha em duas partes. No dia seguinte, 1º de abril, enviou uma mensagem a Eisenhower, aprovando sua estratégia.

"Berlim perdeu sua importância estratégica", escreveu Stálin. "Assim, o Alto Comando Soviético pretende enviar forças secundárias na direção de Berlim." Futuro cronista da queda de Berlim, Antony Beevor descreveria essa mensagem como "o maior primeiro de abril da história moderna".[11]

Longe de considerá-la um local de importância secundária, o *vozhd* estava convencido de que a cidade seria o cenário da batalha decisiva da guerra. O Reichstag e a Chancelaria do Reich eram os símbolos do poder nazista, assim como o Kremlin era o símbolo do poder soviético. Ao contrário de Eisenhower, que pensava quase só em termos militares, Stálin pensava em termos político-estratégicos. Ele jamais teria permitido que seus generais tomassem o tipo de decisão que FDR rotineiramente delegava a seu comandante supremo. O simples fato de Eisenhower ter autorização para comunicar-se direto com Stálin sobre uma questão de tamanha importância, sem consultar seus aliados britânicos, nem mesmo o presidente, evidenciava o abismo existente entre os sistemas soviético e americano, bem como entre suas estratégias para conduzir a guerra.

O principal objetivo de Eisenhower — com o apoio irrestrito de Roosevelt — era vencer a guerra com a menor perda possível de vidas de americanos e de seus aliados. Os acordos a firmar no pós-guerra não lhe diziam respeito. Era um contraste gritante com a postura de Stálin, que nunca se preocupava muito com o custo humano de suas decisões, mas vivia obcecado pelas consequências políticas. A captura da capital inimiga selaria sua reputação como o conquistador da Alemanha nazista, deixando-o praticamente no controle inconteste de uma imensa parte do Leste Europeu. Ele estava disposto a pagar um preço alto em vidas soviéticas e alemãs para atingir seu objetivo.

Os visitantes americanos e britânicos deixaram o gabinete do Cantinho às 20h50, após uma reunião de cinquenta minutos com Stálin. Zhukov foi admitido no santuário interno vinte minutos depois, segundo a meticulosa cronometragem de Poskrebyshev.[12] O comandante do Primeiro Front da Bielorrússia atrasara-se em sua chegada a Moscou, devido à mesma violenta tempestade responsável pela aterrissagem forçada do avião que transportava os líderes do Exército Doméstico Polonês. Depois que seu avião pousou em Minsk, ele prosseguiu a viagem de trem e precisou ir às pressas ao Kremlin para o encontro com o *vozhd*.

Atarracado e de compleição vigorosa, o marechal era um dos raríssimos oficiais do Exército Vermelho que não ficavam com os joelhos tremendo ao falar com Stálin. Sua competência e energia tornaram-no indispensável ao senhor da guerra soviético, especialmente durante o pânico que se seguiu à invasão alemã em junho de 1941. Antigo membro da cavalaria, Zhukov conseguira sobreviver ao terror que eliminou metade da liderança do Exército Vermelho em 1937. Ficara ao lado de Stálin nos bons e nos maus momentos, servindo como chefe do Estado-Maior do Exército durante as semanas iniciais da invasão nazista, antes de ser enviado ao front. À sua maneira, era tão implacável quanto o chefe, embora não tão desconfiado e evasivo. Transmitia suas ordens com frases violentas, em staccato: "Obedeça ou morra!", ou "Se a divisão não estiver pronta às nove da manhã, você será fuzilado".[13] Ele deteve o avanço dos exércitos alemães diante de Moscou formando "batalhões de interceptação" para atirar em covardes e desertores. Foi o mestre do grande cerco, no qual se empregaram exércitos de milhões de soldados, um planejamento meticuloso e uma execução brutal. Tanto em Stalingrado como em Kursk, atraiu as já sobrecarregadas forças alemãs a uma armadilha que acabou com o inimigo totalmente cercado e destruído. Zhukov era ao mesmo tempo temido e adorado por seus soldados, que viam nele um comandante que exigia o máximo de seus homens, mas era de um profissionalismo exemplar. Tratava os subordinados do mesmo modo como era tratado por Stálin, como um cocheiro conduzindo seus cavalos. "Eles gostam e têm pena dos animais, mas o chicote está sempre pronto para ser usado", explicou Lev Mekhlis, um colaborador próximo de Stálin. "O cavalo vê o chicote e logo tira suas conclusões."[14] O *vozhd* o encarava como um aliado e também como uma ameaça. Ele deu ordens para que a NKVD instalasse escutas em seu apartamento de Moscou e vigiasse de perto seus auxiliares.

Depois de ter trabalhado com Stálin por tanto tempo, Zhukov aprendeu a conhecer seu temperamento e suas manias, estudando o modo como o ditador cofiava o bigode ou mexia no cachimbo. Segundo um biógrafo, o cachimbo funcionava "como objeto de cena e como indicador meteorológico".[15] Se estivesse apagado, "era um mau sinal. Se Stálin o pusesse na mesa, isso significava que estava prestes a explodir. Mas, se ele alisasse o bigode com o bocal do cachimbo, era sinal de que estava satisfeito". Zhukov prestava muita atenção aos olhos do ditador. "Ele tinha o hábito de caminhar lentamente pelo aposento, detendo-se de vez em quando, aproximando-se da pessoa com quem estava conversando e olhando-a bem nos olhos." Os seus eram "claros, vigorosos, e davam a impressão de envolver e perscrutar o íntimo do visitante". Numa conversa normal, Stálin era "calmo e mostrava boa índole", mas isso poderia mudar subitamente. Quando se irritava, ele "empalidecia, seu semblante ficava duro e o olhar era tomado por uma expressão pesada e rancorosa".

Momentos após ter se despedido dos enviados ocidentais, Stálin queixava-se a Zhukov de que o front alemão no oeste havia "desabado por completo".[16] Os "hitleristas" praticamente não ofereciam resistência a americanos e britânicos, ao mesmo tempo que reforçavam suas posições no leste. Para provar o que estava dizendo, o *vozhd* foi até sua escrivaninha e pegou uma carta enviada por "um estrangeiro amigo", mais tarde identificado como espião russo pelo Ministério das Relações Exteriores da Grã-Bretanha.

"Leia isto."

A carta alegava que os alemães estavam tentando convencer os Aliados ocidentais a concordar com "uma paz separada". Os Aliados já teriam rejeitado a proposta, mas Stálin não estava convencido. "Não acredito que Roosevelt vá desrespeitar o acordo de Yalta, mas, quanto a Churchill, ele é capaz de tudo."

Dois dias depois, em 2 de abril, Stálin reuniu seus comandantes militares para discutir o ataque final a Berlim. Dessa vez, incluiu no grupo o arquirrival de Zhukov, Ivan Konev, que comandava o adjacente Primeiro Front Ucraniano. Ele mandou que um assessor lesse um relatório descrevendo uma operação conjunta anglo-americana para a tomada de Berlim antes que a capital fosse capturada pelo Exército Vermelho. O documento enumerava uma série de medidas preparatórias adotadas pelos comandantes aliados para assegurar o sucesso da operação.

"Bem, quem vai tomar Berlim, nós ou os Aliados?", perguntou Stálin a seus marechais, depois que o assessor concluiu a leitura do telegrama.[17] Konev apressou-se a responder.

"Nós vamos tomar Berlim. E vamos fazer isso antes dos Aliados."

Stálin esboçou um leve sorriso, indicando que aquela era a resposta certa. "Então esse é o tipo de homem que você é." Ele fora bem-sucedido em estabelecer uma competição não apenas entre russos e Aliados ocidentais, mas também entre seus próprios generais. Sabia que Zhukov queria desesperadamente coroar sua brilhante carreira militar tornando-se o conquistador de Berlim, e já estava pensando em meios de reduzir o empertigado marechalzinho às suas verdadeiras dimensões. Assim, Stálin permitiria que Zhukov prosseguisse com seu plano de atacar a capital alemã pelo leste e pelo norte, mas encorajando Konev a atacar ao mesmo tempo pelo sul. Para tornar possível essa ofensiva, Stálin concordou em transferir a Konev mais dois exércitos de reserva.

Espalharam-se mapas sobre a mesa, mostrando a disposição das diversas forças e a linha de ataque proposta. Enquanto os dois rivais examinavam os mapas, Stálin traçou uma linha pontilhada com um lápis, para indicar a separação entre os dois grupos de exércitos. Interrompeu o traçado quando o lápis chegou à cidade de Lübben, cerca de oitenta quilômetros a sudeste de Berlim, que de acordo com os planos deveria ser tomada no terceiro dia da operação conjunta. Sem pronunciar uma só palavra, tinha deixado sua mensagem extremamente clara. O grande prêmio iria para o comandante que demonstrasse mais iniciativa e energia e fosse o mais implacável. O *vozhd* destinara um total de 2,5 milhões de homens, 7500 aviões, 6250 tanques e 41 600 peças de artilharia para o que acreditava ser a ofensiva final da Grande Guerra Patriótica. Ela deveria começar até 16 de abril.

"Quem chegar primeiro, que tome Berlim", disse Stálin, dando uma baforada em seu cachimbo inglês Dunhill, um presente de Churchill.

No dia 30 de março, enquanto Stálin planejava a tomada de Berlim, Roosevelt iniciou um mais que necessário período de descanso na Georgia. Ele havia embarcado num trem noturno especial em Washington, passando por

Atlanta por volta do meio-dia. Após o almoço, chegou ao local de descanso de Warm Springs. Era Sexta-Feira Santa, e o tempo estava perfeito, "quente e ensolarado". A multidão habitual de simpatizantes estava reunida para recepcionar o presidente na pequena estação ferroviária. Ele costumava vir a Warm Springs desde 1924, logo depois de ter contraído poliomielite, e era visto como um velho amigo pelos cerca de quinhentos moradores locais. Gostava de nadar nas águas frescas da fonte que jorrava da vizinha Pine Mountain, numa temperatura constante de 31 graus. O elevado teor de minerais da água ajudava a relaxar seus músculos castigados pela pólio, fazendo-o sentir-se refrescado e revigorado. Ele construíra seu pequeno chalé branco de madeira no extremo sul da cidade e voltava lá todo ano.

Um murmúrio percorreu a multidão enquanto os homens do Serviço Secreto esforçavam-se para retirar FDR da cadeira de rodas e colocá-lo no assento do motorista de seu Ford conversível 1938 de duas portas. Era comum que o presidente ajudasse os agentes, usando a força dos braços para fazer um movimento harmonioso de rotação para passar da cadeira de rodas para o assento de motorista. Mas agora ele era como um peso morto, sem nenhuma energia. FDR ainda teimava em dirigir o Ford, acionado manualmente, até a "Pequena Casa Branca", mas cansava-se com facilidade, contava menos histórias e tinha pouco apetite. Seu assessor administrativo, Bill Hassett, percebeu que o Chefe estava perdendo o gosto pela vida. Hassett notou pequenos indícios, como a "assinatura fraca", que agora simplesmente se esvaíra, "a antiga energia no traço e a farta utilização de tinta que tinham desaparecido".[18] Naquela noite, expressou sua preocupação a Howard Bruenn, o cardiologista que acompanhara o presidente a Yalta. "Ele está indo embora, e não há força na Terra que possa mantê-lo aqui."

O espartano bangalô à sombra da Pine Mountain era um local de refúgio para FDR, o lugar ideal para descansar. Cercado pelos altos pinheiros da Georgia, tinha três quartos e uma cozinha em torno de uma ampla sala de estar e jantar com uma lareira de pedra. A decoração era modesta, com miniaturas de escunas do século XIX, um retrato de John Paul Jones e umas poucas cadeiras rústicas na varanda. Não havia degraus nem soleira nas portas, de modo que o presidente podia deslocar-se sozinho em sua cadeira de rodas. O ambiente simples e familiar trazia segurança emocional a Roosevelt numa época de crescente isolamento e tensão pessoal. Ele sentia-se mais distante do que nunca da mulher, Eleanor, irritando-se com seus incessantes conselhos. Os dois não eram mais marido e mulher no sentido romântico do termo desde 1918, quando Eleanor descobriu um maço de cartas de amor da antiga secretária de Roosevelt, Lucy Mercer, mas permaneceram parceiros do ponto de vista político. Agora, admitia Eleanor: "Ele não era mais capaz de manter um diálogo de verdade, como nós sempre tivéramos".[19] Quando Franklin anunciou a intenção de ir até a Geórgia para recuperar-se, Eleanor permaneceu em Washington.

Em sua viagem a Warm Springs, FDR tinha a companhia de uns poucos assessores mais próximos; de seu terrier escocês, Fala; e do círculo habitual de adoradoras femininas. Suas primas, Margaret Suckley e Laura Delano, ocupavam os dois outros quartos da Pequena Casa Branca. A secretária, Grace Tully, estava também a postos. Essas eram as pessoas ao lado das quais ele podia descansar. Elas não o aborreciam com assuntos como política, guerra ou relações internacionais. Em vez disso, cuidavam de suas necessidades físicas, riam de suas piadas e davam atenção, sem nenhuma crítica, a tudo que lhe passasse pela cabeça. Sem que Eleanor soubesse, ele também deu um jeito de receber uma visita de Lucy, que voltara à sua vida mais de duas décadas depois do caso amoroso. Ela agora era Lucy Rutherfurd, viúva de um homem da alta sociedade de Nova York. Veio acompanhada por Elizabeth Shoumatoff, a quem encomendara que pintasse o retrato de FDR. O papel de intermediária entre Lucy e Franklin era desempenhado por Anna Roosevelt, para quem o pai merecia "algumas horas de descanso extremamente necessário" do fardo das crises internacionais.[20] Mais tarde, Anna se lembraria da escultural Lucy como "uma senhora atraente, calma, inteligente e reservada", com "dignidade e elegância inatas", que proporcionava conversa alegre e despreocupada a FDR. Ao contrário de Eleanor, Lucy era "uma ouvinte maravilhosa, uma ouvinte inteligente, que sempre sabia qual a pergunta adequada a ser feita, enquanto mamãe logo iria dizendo 'Acho que você está errado, Franklin'".

Mesmo em Warm Springs, Roosevelt não ficava inteiramente livre de Eleanor. Pouco depois de sua chegada, ela telefonou, cobrando do presidente o aumento da ajuda militar ao movimento dos partisans da Iugoslávia. Ela o manteve preso ao telefone durante 45 minutos, mesmo depois de FDR ter lhe explicado que seus pedidos eram impraticáveis. Bruenn permaneceu o tempo todo ao lado do presidente e mediu sua pressão arterial ao final da conversa pelo telefone. Notou que ela subira muito, ficando cinco pontos acima da última leitura. "As veias saltavam em sua testa."[21]

Preocupações em relação à Rússia e à situação do pós-guerra na Europa eram também uma constante para FDR. Logo depois de sua chegada a Warm Springs, ele ficou chocado ao receber um telegrama insultuoso de Stálin, em 3 de abril, acusando os Aliados ocidentais de firmar um acordo secreto com os alemães. O líder soviético rejeitava categoricamente a alegação de Roosevelt de que o encontro na Suíça entre Dulles e Wolff não passava de uma sondagem. Segundo as informações de Stálin, os "anglo-americanos" tinham prometido aos alemães relaxar os termos de paz em troca de um acordo "para abrir o front, permitindo que as tropas anglo-americanas avançassem para o leste". FDR ficou furioso com Stálin por duvidar de sua integridade. Teve o maior cuidado em evitar qualquer crítica pública à Rússia por parte de seus assessores, por recear "danos irreparáveis" ao esforço de guerra. Mas a disputa pela Polônia e as diferenças quanto à Alemanha estavam levando o presidente a questionar sua tática de aproximação com a União Soviética. Ele ficou mais receptivo à argumentação de conselheiros como Harriman, que queriam mais severidade com o Kremlin. "Averell tem razão", ele disse a um amigo em 24 de março, dando murros nos braços da cadeira de rodas. "Não podemos negociar com Stálin. Ele quebrou todas as promessas que fez em Yalta."[22]

O presidente enviou um telegrama a Washington instruindo o almirante Leahy, seu chefe de Estado-Maior, a preparar "uma resposta imediata" a Stálin, que foi transmitida na noite de 4 de abril. A troca de mensagens representou um ponto baixo nas relações entre os líderes da aliança contra Hitler. FDR manifestou "espanto" diante da alegação de que Eisenhower seria capaz de aceitar qualquer coisa que não fosse a "rendição incondicional das tropas inimigas" no front ocidental. Os recentes progressos na ofensiva do front ocidental deviam-se à "ação militar" e ao "terrível impacto de nosso poder aéreo", e não a qualquer tipo de acordo secreto. Seria "uma das maiores tragédias da história" se "a suspeita" e "a falta de confiança" pudessem comprometer a vitória definitiva sobre a Alemanha nazista. Roosevelt aprovou uma frase final agressiva do rascunho de Leahy. "Sinceramente, não consigo evitar uma sensação de amargo ressentimento quanto a seus informantes, sejam eles quem forem, por manifestarem uma interpretação tão torpe de ações minhas ou de meus confiáveis subordinados."

Stálin respondeu em 7 de abril com uma mensagem em tom mais diplomático, garantindo que jamais duvidara da "honestidade e confiabilidade" de

FDR. Por outro lado, não recuou de seu argumento central, de que os alemães tinham cessado de oferecer muita resistência no front ocidental.

> Eles continuam a combater os russos de maneira selvagem em torno de alguma área desconhecida, como Zemlienitsa, na Tchecoslováquia, da qual precisam tanto como um homem morto necessita de um curativo, mas rendem-se sem a menor resistência em cidades da importância de Osnabrück, Mannheim e Kassel, na Alemanha Central. O senhor concorda que esse comportamento por parte dos alemães é mais do que estranho e incompreensível?

Embora irritado com Stálin, Roosevelt queria evitar um confronto. Ao contrário de Churchill, ele não tinha a menor intenção de utilizar o território alemão para barganhar com os russos. O primeiro-ministro ficara consternado com a mensagem de Eisenhower a Stálin cedendo Berlim ao Exército Vermelho. Em telegrama de 1º de abril a FDR, ele ressaltou o fato de que a capital alemã continuava sendo de "alta importância estratégica", prevendo que os russos iam se tornar mais exigentes ainda se, além de Viena, pudessem ficar com Berlim. "Do ponto de vista político, devemos incursionar pelo leste da Alemanha até onde isso nos for possível", disse a FDR. "Se Berlim estiver ao nosso alcance, não há a menor dúvida de que deveremos tomá-la." Churchill também estava preocupado pelo fato de Eisenhower não ter discutido seus planos militares com os britânicos antes de revelá-los a Stálin. "Só existe uma coisa pior do que combater com aliados", ele resmungou a seu principal general, Alan Brooke, "que é combater sem eles."[23]

A argumentação do primeiro-ministro não foi capaz de convencer Roosevelt, o qual concordou com Eisenhower que não fazia sentido sacrificar centenas de milhares de vidas americanas para dominar territórios já definidos como parte da zona de ocupação soviética. Visto que o número de soldados americanos avançando pela Alemanha era duas vezes maior que o de britânicos, Churchill foi obrigado a ceder. "Considero o assunto encerrado e, para demonstrar minha sinceridade, vou recorrer a uma de minhas raras citações em latim", escreveu num telegrama de 6 de abril, *Amantium irae amoris integratio est*." O serviço de mapas da Casa Branca encarregou-se da tradução: "As brigas dos apaixonados são sempre por amor".

Ter de lidar com tantas pressões de natureza política e militar estava se tornando cada vez mais extenuante para FDR. O grande malabarista já não era capaz de manter todas as bolas no ar ao mesmo tempo. Na verdade, tinha dificuldade em dar conta do mínimo de trabalho burocrático que a Constituição exige de um presidente. A correspondência de Roosevelt com Churchill e Stálin era conduzida principalmente por meio de ghost-writers como Leahy ou Marshall em Washington. Ele dormia até tarde pela manhã, e no período seguinte tirava outra demorada soneca antes de sair de carro pelo campo no princípio da noite. Seu horário de trabalho ficava espremido em poucas horas da manhã, durante as quais ele passava os olhos pelos jornais, dava uma espiada nos telegramas vindos de Washington na noite anterior e assinava alguns decretos e projetos de lei. Precisava de muito esforço para ter acesso a seus livros e à adorada coleção de selos, que ficava guardada num longo engradado de madeira agora chamada por ele de "o caixão", um toque de humor negro que deixava Grace Tully alarmada.[24] Acima de tudo, ele ansiava pela chegada de Lucy Rutherfurd.

Segunda-feira, 9 de abril, décimo dia das férias do presidente em Warm Springs, mais um dia belo e ensolarado. Suas primas estavam se preparando para a chegada de Lucy, decorando o aposento de hóspedes com flores recém-colhidas. Quando FDR acordou de sua soneca da tarde, convidou Daisy Suckley a ir com ele e Fala para um passeio na limusine aberta presidencial. Eles foram no sentido leste, em direção a Macon, na Geórgia. Lucy vinha dirigindo em sentido oposto, vindo da Carolina do Sul, a oeste, com sua amiga artista e um fotógrafo. Eles haviam combinado de encontrar-se em algum ponto ao longo da estrada.

O presidente examinava com impaciência todos os carros que vinham em sentido oposto, "imaginando que eles estavam reduzindo a velocidade".[25] Depois de quase 140 quilômetros, ainda não havia sinal de Lucy, que em seu carro passava pela mesma agonia mental, brincando com Shoumatoff e dizendo que "ninguém nos ama". O sol começava a se pôr, e estava esfriando. FDR vestiu sua capa azul-marinho para proteger-se do vento e com relutância concordou em fazer a volta. Eles pararam diante de uma loja de conveniência, a oito quilômetros de Warm Springs, quando Lucy apareceu em seu Cadillac. Sorridente, Roosevelt insistiu para que ela se juntasse a seu grupo no caminho de volta para a Pequena Casa Branca. O presidente tinha uma aparência "extremamente cansada" durante toda a noite, mas exibia um ótimo estado de espírito na hora do jantar, que foi servido na sala de estar do chalé. Ele preparou drinques para seus convidados e divertiu-os com histórias sobre o palácio do tsar em Yalta. Os russos lhe deram a impressão de ser "um pessoal bem agradável", com exceção de "algumas caras sinistras que apareciam aqui e ali".

"O senhor gostou de Stálin?", perguntou Shoumatoff, que era descendente de mencheviques.

O talento de FDR para combinar a leveza com um toque macabro não o abandonara. "Sim, ele era uma figura bem agradável", foi sua resposta. "Mas tenho certeza de que envenenou a mulher!"

A artista começou a trabalhar na manhã da terça-feira. Ela fez com que o presidente posasse para fotos em frente da estante de livros, na sala de estar. A capa ajudava a disfarçar o aspecto frágil, mas ele tinha um olhar perdido. O fotógrafo tirou também alguns retratos de Lucy, um sorriso enigmático nos lábios. À tarde, Franklin e Lucy saíram com Fala em visita a um de seus lugares favoritos, a colina de Dowdell, no fim da trilha da montanha dos Pinheiros. FDR adorava chegar à pequena elevação rochosa, a cerca de 420 metros acima do nível do mar, para um piquenique ou simplesmente para admirar o exuberante verde do vale. Certa vez ele havia recomendado o panorama visto da colina como cura certa para o desespero de alguém, como ele, vítima da poliomielite. O presidente e sua antiga amante ficaram conversando e apreciando o pôr-do-sol durante mais de uma hora, com Fala circulando em torno do carro. "Ele voltou com o rosto bem corado", observou Suckley em tom de aprovação.[26]

Na manhã de quarta-feira, o presidente voltou a dirigir sua atenção a assuntos internacionais, enquanto examinava a pilha de mensagens chegadas de Washington na noite anterior. As tropas de Eisenhower estavam varrendo os derradeiros bolsões de resistência alemã no Ruhr. Os russos tinham enfim capturado Königsberg, capital da Prússia Oriental, que logo teria o nome mudado para Kaliningrado. FDR concluiu os planos para a conferência inaugural das Nações Unidas em San Francisco, "aconteça o que acontecer", como registrou Hassett em seu diário.[27] Ele aprovou uma mensagem de conciliação a Stálin, colocando um ponto final na discussão sobre a reunião em Berna, "que agora parece ter se evaporado no passado, sem ter prestado para nada de útil". Não devemos permitir que esses "pequenos desentendimentos", escreveu o presidente a Stálin, tornem a aparecer no futuro. Imaginar que um problema sem solução era um problema inexistente era um recurso clássico de FDR, que dele se utilizava tanto em sua vida particular como na vida pública. "Se alguma coisa era desagradável e ele não queria tomar conhecimento dela, simplesmente a ignorava e nunca falava a seu respeito", comentou mais tarde sua mulher. "Ele sempre foi da opinião de que, se você ignorasse alguma coisa por tempo suficiente, ela se resolveria sozinha."[28]

Leahy preparou o rascunho da mensagem a Stálin. Mas FDR ditou também uma mensagem a Churchill, igualmente com a data de 11 de abril, que refletia sua filosofia nas negociações com os russos. "Na medida do possível, pretendo minimizar o problema geral soviético porque problemas assim, de uma forma ou de outra, parecem surgir todos os dias, e a maioria deles acaba se resolvendo por si [...]. No entanto, devemos ser firmes, e nosso rumo até agora vem sendo o correto. Roosevelt."[29] Esse foi um dos raros telegramas que se sabe terem sido pessoalmente escritos por ele em Warm Springs.

Os convidados para a ceia daquela noite incluíam o antigo vizinho de Hyde Park, o secretário do Tesouro Henry Morgenthau, que apareceu para uma visita. FDR serviu uma ampla tigela de caviar, que Stálin lhe dera dois meses antes em Yalta, como presente de despedida. Ele mesmo fez questão de preparar os coquetéis, embora suas mãos não deixassem de tremer, por pouco não derrubando as taças. Durante a maior parte da refeição, ficou conversando com Lucy, que estava sentada à sua direita. Morgenthau tentou convencê-lo a apoiar seu plano de sanção econômica à Alemanha depois da guerra, mas FDR foi evasivo. Depois da saída de Morgenthau, as quatro mulheres juntaram-se ao presidente ao redor da lareira, trocando amenidades. Shoumatoff tinha acabado de concluir uma história de fantasmas sobre Catarina, a Grande, quando Bruenn apareceu, lembrando a FDR que já era hora de ele se deitar. Como a artista recordaria posteriormente: "O presidente, como um menino, pediu para ficar acordado até mais tarde, mas por fim concordou em se recolher".[30]

Roosevelt acordou na quinta-feira, 12 de abril, "com uma pequena dor de cabeça e torcicolo".[31] Juntou-se a Lucy e às mulheres na sala de estar, sentando-se em sua poltrona de couro favorita em frente à lareira. Atrás dele, o sol da primavera entrava pelas portas abertas da varanda, juntamente com o perfume das rosas e das azaleias do jardim. Ele tinha separado umas duas horas posando para uma sessão de pintura com Shoumatoff, o que não agradou nem um pouco a Hassett, que julgava a artista "uma pessoa muito agressiva". O assessor administrativo queria que FDR assinasse alguns papéis, mas Shoumatoff tinha outras ideias. Ela "mediu o nariz do presidente, tomou outras medidas do rosto, pediu que o Chefe virasse para um lado e para o outro. O tempo todo, o presidente parecia cansado e aborrecido". Uma pilha de documentos oficiais encontrava-se numa mesa à sua frente. O assunto mais urgente exigindo sua atenção era um telegrama de Harriman de Moscou com objeções à redação da mensagem destinada a Stálin em 11 de abril. Segundo o embaixador, o desentendimento sobre as negociações de rendição na Suíça não poderia ser considerado um problema "pequeno", sendo na verdade "da maior importância". Ele "respeitosamente" sugeria que o envio do telegrama fosse adiado até que o presidente pudesse discutir a questão com o primeiro-ministro.

O telegrama de Harriman chegou a Warm Springs através da Sala de Mapas da Casa Branca, juntamente com o esboço de uma resposta redigida por Leahy, enviada às 10h50. O almirante era favorável a uma linha de negociações mais dura com Moscou, mas sabia que FDR preferia uma abordagem conciliatória. O rascunho de sua resposta orientava Harriman a entregar a mensagem do presidente a Stálin imediatamente. "Não tenho a intenção de retirar a palavra 'pequenos', uma vez que pretendo considerar o desentendimento [suíço] como um assunto menor", eram os termos da resposta sugerida. A Sala de Mapas recebeu a resposta de Roosevelt ao telegrama de Leahy às 13h06. "Aprovado", dizia simplesmente.[32] Foi a última comunicação oficial de FDR.

Nove minutos depois, às 13h15, o presidente tombou para a frente em sua cadeira. Ele ergueu a mão esquerda, que tremia, até a têmpora, olhando na direção de Lucy e Daisy, que estavam sentadas lado a lado numa poltrona. "Estou sentindo uma dor fortíssima na parte de trás da cabeça", disse baixinho.

A primavera havia chegado cedo a Moscou. Em meados de abril, toda a neve já desaparecera, e os salgueiros alinhados ao longo da rua que levava à Spaso House estavam no auge de sua florada. Na noite de 12 de abril, Averell Harriman convidara diplomatas estrangeiros e uns poucos "russos bem-comportados" à sua residência para uma festa de despedida de um membro da embaixada. As pessoas dançavam alegremente ao som de um toca-discos manual quando Kathleen foi levando seu pai para fora, até o adjacente Salão Azul. Pouco depois, o secretário do embaixador desligou abruptamente o aparelho

Victrola e anunciou que já era hora de todos voltarem para casa. Os convidados foram acompanhados até a porta sem nenhuma explicação.

Assim que os convidados se retiraram, Harriman, com a aparência sombria, reuniu os assessores em seu quarto, no andar superior, para informar que FDR havia morrido em virtude de uma hemorragia cerebral aos 63 anos. A notícia tinha sido transmitida pelo rádio à uma da madrugada, mas o embaixador estava "tão acostumado a guardar sigilo sobre qualquer assunto importante" que hesitou em fazer um comunicado público.[33] Em vez disso, telefonou para o Comissariado de Assuntos Exteriores solicitando um encontro com Molotov. O comissário ainda estava acordado, depois de ter participado de uma reunião no Kremlin, tarde da noite, com Stálin e o novo líder comunista da Iugoslávia, o marechal Tito. Às 3h05, um assessor ligou dizendo que Molotov estava a caminho para apresentar suas condolências. Ele chegou pouco depois e foi levado ao Salão Azul. "Ele dava a impressão de estar extremamente comovido e perturbado", declarou Harriman mais tarde naquele dia. "Nunca ouvi Molotov se expressando com tanta sinceridade." O embaixador garantiu ao comissário que o novo presidente, Harry Truman, seguiria a mesma política de seu antecessor.

Harriman vinha pressionando o Departamento de Estado havia semanas em busca de permissão para voltar aos Estados Unidos para consultas. Ele queria alertar Washington quanto ao que considerava uma perigosa e pouco saudável mudança de rumo nas relações entre Estados Unidos e Rússia desde a Conferência de Yalta. Em seu mais recente despacho a Stettinius, redigido em 10 de abril, mas não enviado, ele advertia que os americanos estavam se deixando manobrar pelo Kremlin. "Temos aceitado insinuações e até mesmo insultos do governo soviético sem nenhuma manifestação concreta de nosso descontentamento", queixava-se o embaixador.[34] As autoridades soviéticas "passaram a acreditar que podem nos impor sua vontade". Ele enumerou os "insultos praticamente diários", que iam do impasse quanto à Polônia aos atritos sobre os prisioneiros de guerra americanos até a exigência de aterrissagem de aviões dos Estados Unidos voando em territórios controlados pelos soviéticos. Harriman desejava receber "alguns meios concretos" — talvez a interrupção de algum tipo de assistência nos programas de ajuda aos países aliados — para mostrar "às autoridades russas que essas atitudes inaceitáveis contra nós estão prejudicando interesses que para eles são de vital importância". O embaixador estava convencido que "firmeza" era a única linguagem que Stálin entendia. "Quanto mais esperarmos, mais difíceis as coisas ficarão para nós e mais drástica deverá ser a atitude que precisaremos tomar."

Depois de seu encontro com Molotov no começo da manhã da sexta-feira, 13 de abril, Harriman enviou um telegrama para Stettinius dizendo que pretendia sair de Moscou na manhã da segunda-feira, "para conversar com o senhor e com o presidente, a não ser que receba instruções em contrário".[35] Mais uma vez, o secretário respondeu negativamente. "Agora mais do que nunca, é fundamental para nós que o senhor permaneça em Moscou", foi a mensagem. O embaixador, porém, tinha mais uma carta na manga. Usaria a morte de Roosevelt para convencer Stálin a recuar da sua recusa de enviar Molotov à sessão inaugural das Nações Unidas em San Francisco. Se Stálin concordasse, ficaria difícil para Stettinius continuar recusando as repetidas solicitações de Harriman de voltar ao país. Sua presença nos Estados Unidos se tornaria obrigatória.

Harriman foi conduzido ao gabinete de Stálin no Cantinho às oito da noite. Ele notou que o governante soviético parecia "profundamente deprimido pela notícia da morte do presidente Roosevelt. Cumprimentou-me em silêncio e ficou segurando minha mão por uns trinta segundos antes de pedir que eu me sentasse". Como a maioria dos líderes estrangeiros, Stálin não sabia quase nada sobre Truman e tinha uma porção de perguntas a fazer. Como senador pelo estado de Missouri, o novo presidente tinha sua atividade política voltada quase inteiramente para as questões internas dos Estados Unidos; sua experiência no exterior limitava-se a sete meses de serviço na França como oficial de artilharia durante a Primeira Guerra Mundial. De maneira diplomática, Harriman descreveu Truman como o tipo de "homem que o marechal Stálin apreciaria — um homem de ação e não de palavras".

"O presidente Roosevelt morreu, mas sua causa deve permanecer viva", foi o que Stálin disse num tom grave. "Apoiaremos o presidente Truman com todas as nossas forças e toda a nossa vontade."

Isso proporcionou a Harriman a deixa que ele procurava. A maneira mais eficaz de ajudar o novo presidente e deixar clara a continuidade da política exterior soviética, ele disse a Stálin, seria enviar seu assessor mais próximo aos Estados Unidos. Molotov poderia passar em Washington para encontrar-se com Truman e a partir daí seguir para San Francisco. Harriman teria o maior prazer em deixar um avião à sua disposição, semelhante ao utilizado por Roosevelt em sua viagem à Crimeia. A viagem de Moscou a Washington tomaria apenas 36 horas.

"Poderíamos pintar uma estrela vermelha no avião, colocando a bordo uma tripulação mista, soviética e americana", propôs Harriman, não exatamente de brincadeira.

A ideia de pintar o emblema comunista num avião militar americano não agradou muito ao *vozhd*. Ele sugeriu "uma estrela verde".

"Podemos pintar toda a aeronave de verde, se é o que o senhor prefere", prometeu o embaixador. Como um vendedor decidido a fechar o negócio, ele descreveu o conforto e a velocidade do C-54. Não tinha "palavras para expressar de maneira vigorosa o bastante" a importância que teria para a população americana, e pessoalmente para Truman, a visita do comissário. O mundo inteiro veria o acontecimento como uma "grande influência estabilizadora".

"Tempo, tempo, tempo", protestou Molotov ao fundo. Evidentemente, estava pensando na sessão do Soviete Supremo.

Pressionado pelo americano, Stálin logo cedeu. Molotov fez apenas uma exigência. Em vez de seguir o caminho mais direto, no sentido oeste, cruzando o Atlântico, preferia ir pelo leste, sobrevoando a União Soviética, via Sibéria e Alasca. Esse plano convinha perfeitamente a Harriman, uma vez que o embaixador planejava voltar aos Estados Unidos pelo roteiro mais rápido, em seu próprio avião. Ele chegaria a Washington dois dias antes de Molotov, o que lhe daria tempo de iniciar o processo de educação em política externa do antigo comerciante de miudezas de Independence, no Missouri.

10. O neófito e o comissário — *23 de abril*

Um dia depois de ter prestado juramento como o 33º presidente dos Estados Unidos, Harry Truman voltou à colina do Capitólio. Almoçou com líderes do Congresso, homens que conhecera de perto durante seus dez anos no Senado americano. Um bando de repórteres aproximou-se do novo presidente enquanto ele deixava o gabinete do secretário de Estado. Muitos deles o conheciam como seu colega de pôquer e velho amigo Harry. Ele apertou a mão de cada um, com lágrimas nos olhos. "Rapazes", disse, "se vocês costumam rezar, rezem por mim agora. Não sei se alguma vez vocês já sentiram uma carga de feno caindo sobre vocês, mas ontem, quando me contaram o que havia acontecido, senti como se a Lua, as estrelas e todos os planetas tivessem desabado sobre minha cabeça."[1]

"Boa sorte, senhor presidente", disse um dos repórteres.

"Gostaria que você não tivesse que me chamar assim."

Da noite para o dia, Truman tornou-se o governante de uma superpotência emergente no clímax de um cataclismo global. Agora, era o comandante em chefe de um exército de 12 milhões de homens na Europa e na Ásia. Estava atordoado e um pouco assustado. Truman nada sabia sobre questões internacionais, como ele mesmo admitia. Seu antecessor não o tinha preparado para o desafio de lidar com gigantes como Stálin e Churchill, que conhecia apenas de nome. Durante seus 82 dias como vice-presidente, tivera encontros privados com FDR apenas duas vezes. Roosevelt nunca conversara com ele "sobre a guerra, sobre assuntos da política externa, ou sobre suas intenções para a paz depois da guerra".[2] Estava praticamente no escuro quanto às negociações de Yalta, as disputas sobre a Polônia e o projeto da bomba atômica. Antes de se tornar presidente, não tinha acesso aos arquivos secretos de guerra da Sala de Mapas, essenciais para compreender as decisões tomadas por seu antecessor. Não fazia parte do círculo íntimo da Casa Branca. Nunca tinha se encontrado com Harriman ou qualquer outro dos especialistas em União Soviética do governo. Chip Bohlen considerava Truman "um vice-presidente apagado, que tinha muito menos contato com Roosevelt que eu e sabia menos que eu sobre as relações exteriores dos Estados Unidos".[3]

Os pontos fortes de Truman — assim como os fracos — eram os mesmos do Homem Comum. Ele exibia os sólidos valores do Meio-Oeste americano: honestidade, trabalho duro, decência, modéstia e simplicidade. Tinha se casado com a namorada da infância e via a vida pelo prisma da cidade pequena onde tinha crescido. De índole direta e franca, tomava decisões rapidamente, com base em seus instintos moldados no bom senso, raras vezes mudando de opinião ou manifestando arrependimento. Era um bom ouvinte, embora em certas ocasiões ele pudesse ser "o maior espírito do contra no estado de Missouri", nas palavras de seu mentor político, Thomas J. Pendergast.[4] Ele tinha uma profunda desconfiança dos "puxa-sacos", expressão que empregava para descrever o bando de conselheiros que se reúne em torno de qualquer presidente. Apesar de seu desconhecimento das questões internacionais do momento, era um dedicado estudioso da história, vangloriando-se de ter lido todos os livros da Biblioteca Pública de Independence. Aprofundava-se na vida de grandes homens, de Aníbal a Robert E. Lee. Nele, se havia algo de incomum, era o grau de energia obstinada e a ânsia de autoaperfeiçoamento. Depois que Bess aceitou sua proposta de casamento, no outono de 1913, em carta enviada a ela, ele descreveu-se como "um homem rústico que ambiciona tornar-se governador de Montana e chefe do Executivo dos Estados Unidos".[5] Se isso não fosse possível, prometia continuar "dando duro e acredito que vou acabar conseguindo alguma coisa. Você nunca vai se arrepender, tanto se esperar de mim o melhor como o pior, porque eu sempre me esforçarei para melhorar".

O motivo exato por que Roosevelt escolheu Truman para ser seu vice-presidente em 1944 — em vez de ter optado por políticos mais conhecidos, como Henry Wallace e Jimmy Byrnes — permaneceu um mistério. A explicação mais plausível é que queria alguém capaz de unir as facções rivais do Partido Democrata. Como representante de um estado do Meio-Oeste, Truman não era nem um progressista do norte nem um conservador do sul. Reverenciava FDR como o líder que conseguira salvar os Estados Unidos da Grande Depressão e fora capaz de derrotar a Alemanha nazista e o Japão, mas era também consciente dos seus defeitos. "Ele era o homem mais frio que conheci em minha vida", Truman recordaria mais tarde. "Não dava a menor importância pessoal a mim ou a nenhuma outra pessoa no mundo inteiro, pelo menos até onde eu conseguia ver. Mas foi um grande presidente. Trouxe este país ao século xx."[6]

As personalidades dos dois líderes eram muito diferentes. Roosevelt era um político de origem aristocrática que irradiava autoconfiança. Truman orgulhava-se de suas origens de menino do interior. Roosevelt chegou onde chegou por meio da ocultação e do cálculo, raras vezes revelando o que tinha em mente. Truman era direto e tinha os pés no chão. Roosevelt era um idealista, com um Grande Projeto para o mundo do pós-guerra. Truman era um realista, "um astuto jogador de pôquer", segundo um de seus amigos repórteres, que "tem por princípio conseguir o melhor para os Estados Unidos e não é de blefar facilmente".[7] O método preferido por Roosevelt em suas negociações com Stálin era o de procrastinar, na esperança de que as dificuldades acabassem desaparecendo. Truman acreditava em apresentar os problemas da maneira mais aberta possível. FDR era um mestre da evasiva. O novo presidente exigia clareza.

Se é que Truman tivesse alguma vez pensado na Rússia, sua visão refletia a opinião convencional da maioria do povo americano. Depois que Hitler atacou a União Soviética, em 1941, o senador do Missouri considerou os dois países como vilões. Ele não queria "ver Hitler vitorioso em hipótese nenhuma", mas também não confiava em Stálin. "Se percebermos que a Alemanha está vencendo, devemos ajudar a Rússia, e se a Rússia estiver vencendo, devemos então ajudar a Alemanha, e que assim eles se matem uns aos outros até onde for possível."[8] Mais recentemente, passara a ter um "enorme respeito" pela Rússia devido a seus imensos sacrifícios na guerra. Declarou aos repórteres que era possível e também necessário cooperar com a Rússia sem se envolver nas disputas internas do continente europeu. Ele queria dar prosseguimento à política internacional de FDR. Mas não era o tipo de homem que se deixava manipular.

Averell Harriman fez a viagem de volta para seu país em tempo recorde. Saiu de Moscou na madrugada de terça-feira, 17 de abril, no bombardeiro Liberator convertido em avião civil que ele havia batizado como *Becky*, voando via Itália, norte da África e Nova Escócia. A viagem toda levou 49 horas e vinte minutos, cortando quase seis horas do recorde anterior, via Teerã. Graças à diferença no fuso horário, o embaixador chegou a Washington pouco antes da meia-noite da quarta-feira, 18 de abril. Ao meio-dia da sexta-feira, foi levado ao Salão Oval da Casa Branca para encontrar-se com Truman.

Em sua primeira semana no cargo, o novo presidente tinha ficado até tarde estudando as minutas das negociações de Yalta na Sala de Mapas. Seus olhos ardiam de tanta leitura. Localizado no pavimento térreo da Casa Branca, o centro de comando, de teto baixo, inspirava-se na estrutura do gabinete de Churchill em Downing Street, com mapas cobrindo todas as paredes e alfinetes coloridos indicando a movimentação de navios e tropas. A Sala de Mapas recebia continuamente mensagens vindas de todas as partes do mundo, fornecendo informações constantemente atualizadas sobre os movimentos no campo de batalha. Sentado no centro da sala, Truman podia "ver num relance todo o panorama militar".[9] Em permanente mudança, os mapas mostravam o início da fulminante ofensiva do Exército Vermelho sobre Berlim, ocorrida na madrugada de 16 de abril com um lançamento maciço de bombas e morteiros ao longo do rio Oder. Em 20 de abril, dia do 56º aniversário de Hitler, as tropas de Zhukov atingiram os arredores da cidade. A uns 150 quilômetros de Berlim, a 69ª Divisão de Infantaria dos Estados Unidos aproximava-se do rio Elba para o que prometia ser um encontro histórico com o Primeiro Front Ucraniano de Konev.

Harriman ficou satisfeito ao constatar que Truman fizera seu dever de casa e lera toda a correspondência trocada entre Stálin e Roosevelt. O novo presidente pediu um resumo dos problemas mais urgentes nas relações dos Estados Unidos com a Rússia. O secretário Stettinius, o subsecretário Joseph C. Grew e Bohlen estavam também na sala, mas quem mais usou da palavra foi o embaixador. Ele agora tinha a oportunidade, que lhe fora negada durante os longos meses de inverno na Spaso House, de extravasar suas frustrações pessoalmente na presença do comandante supremo. Em sua apresentação, recorreu a todas as cartas e memorandos que esboçara, sem enviar, em seu gabinete no andar superior, receoso de que seria difícil transpor a lacuna entre as percepções de Moscou e de Washington. O embaixador queria que o presidente compreendesse alguns "fatos desagradáveis".[10]

"Estamos diante de uma invasão da Europa pelos bárbaros", disse abruptamente, empregando uma frase de que Truman recordaria durante muito tempo.

O problema, explicou Harriman, era que Stálin tentava seguir duas políticas contraditórias. De um lado, queria um bom relacionamento com os Estados Unidos e a Grã-Bretanha e era a favor de uma "política de cooperação". Ele precisava da assistência ocidental para reconstruir sua nação devastada. De outro, tentava estender o controle político dos soviéticos sobre as nações vizinhas por meio de uma ação unilateral. O conceito russo de "relações amistosas" com países como a Polônia ia muito além de simplesmente exercer uma influência vigorosa sobre sua política externa. Seu conceito envolvia "a extensão do sistema soviético", baseada numa polícia secreta todo-poderosa, na eliminação da liberdade de imprensa e assim por diante. De acordo com Harriman, havia uma razão muito simples para explicar por que Stálin estava recuando das promessas que fizera apenas dois meses antes em Yalta, de permitir eleições livres na Polônia. Ele sabia perfeitamente que o governo provisório imposto por Moscou representava uma pequena minoria do povo polonês. Em eleições livres, um líder democrático como Mikołajczyk poderia esperar de 80% a 90% dos votos contra os comunistas.

Harriman julgava que ainda havia tempo para chegar a um entendimento satisfatório com Stálin, desde que o governo americano abandonasse suas ilusões. Era tolice imaginar que russos e americanos eram guiados pelos mesmos ideais e princípios. "Alguns elementos ao redor de Stálin" interpretavam erradamente a generosidade e o desejo de cooperação que os americanos demonstravam, imaginando que tais atitudes seriam um sinal de que poderiam fazer tudo que quisessem sem que houvesse sérias repercussões. Os Estados Unidos deveriam adotar uma política de reciprocidade total ao lidar com a União Soviética. Assim, se os russos obrigassem aviões americanos sobrevoando a Ucrânia a aterrissar, os americanos deveriam fazer o mesmo com aviões russos no Alasca. Truman "nada tinha a perder agindo com firmeza" em questões de grande importância para os Estados Unidos.

O presidente garantiu que não temia os russos. "Eles precisam de nós mais do que nós precisamos deles." Truman pretendia ser "firme porém justo". Ele sabia muito bem que era "impossível conseguirmos 100% do que desejamos", mas "devemos ser capazes de conseguir 85%". Ele planejava ser "curto e grosso" para fazer Molotov compreender a importância que os Estados Unidos atribuíam à solução da polêmica sobre a Polônia. Harriman disse ao presidente ter sentido um grande alívio ao ver que ambos "tinham exatamente a mesma postura" em relação aos assuntos mais relevantes.

Molotov levou dois dias a mais para chegar a Washington voando via Sibéria e Alasca. Seu avião atrasou-se devido à falta de equipamentos de navegação em grande parte do território russo, o que tornava impossível a realização de voos noturnos. O gigantesco C-54 aterrissou enfim às 17h46 de 22 de abril, um domingo. O comissário fora chamado para se hospedar na Blair House, residência oficial para convidados em frente à Casa Branca. O casal Truman também se encontrava no mesmo endereço, numa ala separada. Bess insistira numa reforma completa dos aposentos particulares da Casa Branca, que estavam gastos e negligenciados: Eleanor Roosevelt andava tão ocupada em salvar o mundo que não tinha tempo para prestar atenção em tapetes cobertos de mofo e cortinas esfarrapadas. Dois carros repletos de agentes do serviço de segurança soviético estacionaram diante da Blair House poucos minutos antes da chegada de Molotov. Eles imediatamente "vasculharam o território", testando as janelas, abrindo todas as gavetas e subindo e descendo as escadas.[11] "Parecem nossos colegas", foi o comentário sardônico de um agente do Serviço Secreto dos Estados Unidos.

Truman cumprimentou Molotov depois do jantar, às 20h30. A atmosfera do encontro foi amigável mas cautelosa, com os dois homens se estudando, cada um procurando saber qual a interpretação que o outro dava aos acordos de Yalta. Era o primeiro encontro de Truman com um dirigente russo graduado. Ele logo ficou impressionado com "os belos olhos azuis" de Molotov, seu "rosto quadrado" e a grande "cabeça Cro-Magnon, que lembra uma maçã".[12] O comissário ressaltou que dificilmente faria muitas concessões sobre a Polônia, que "estava bem longe dos Estados Unidos, mas tinha fronteiras com a União Soviética". Ele queria saber se o novo presidente apoiava o acordo quanto ao Japão, que fazia diversas concessões territoriais à Rússia em troca da entrada do país na guerra. Truman respondeu que sim.

Os atritos começaram assim que a conversa dirigiu-se ao lado oposto da rua, aos edifícios do Departamento de Estado, do Exército e da Marinha, adjacentes à Casa Branca. O ministro britânico das Relações Exteriores, Anthony

Eden, uniu-se a Stettinius na tentativa de convencer Molotov a mostrar-se mais flexível com relação à Polônia, mas o comissário manteve-se irredutível. Quando Truman reuniu-se com seus assessores na segunda-feira, 23 de abril, às duas da tarde, o secretário de Estado informou que se chegara a "um completo impasse".[13] O presidente ficou impaciente, queixando-se de que os acordos de Yalta haviam se transformado numa "via de mão única". Essa situação não podia continuar: tinha que ser "agora ou nunca". Se os russos não estavam dispostos a cooperar na organização do novo mundo, então que "fossem para o inferno". Em seguida, ele percorreu a mesa pedindo que os diplomatas e generais dessem sua opinião sobre como proceder.

O presidente dirigiu-se primeiro ao reconhecido Sábio do gabinete de FDR, Henry Stimson. Uma figura austera, com seu relógio de bolso de ouro e bigode cuidadosamente aparado, o secretário de Guerra, de 77 anos, tinha a fama de intransigente em sua retidão. Stimson guiava-se por algumas poucas regras, como "a única maneira de tornar um homem digno de confiança é confiando nele". Gostava de ser chamado de "coronel Stimson", como lembrança de sua atuação na artilharia do Exército na França durante a Primeira Guerra Mundial, o momento do qual mais se orgulhava numa longa carreira no serviço público. Como secretário de Estado na presidência de Herbert Hoover, fechou o departamento de decifração de códigos, afirmando insistentemente que "cavalheiros não leem a correspondência dos outros", decisão que acabaria revendo no caso do Japão e da Alemanha. Republicano de longa data, ele agora se sentia como um estranho no gabinete, um veterano estadista cercado por jovens que viviam dizendo "sim, senhor" ao presidente, ansiosos por agradar ao comandante supremo. Ele julgava que o governo, e em especial o Departamento de Estado, tinha "embarcado numa enorme trapalhada" com a Rússia.[14] Graças ao plano de FDR de exibir a conquista de uma "paz duradoura", o governo programara uma grandiosa conferência das Nações Unidas em San Francisco sem que a guerra tivesse chegado ao fim, em vez de tentar em primeiro lugar resolver as diferenças nos bastidores. A opinião pública dos Estados Unidos estava "toda ouriçada" com as promessas de Yalta para uma nova ordem mundial — abstratas e inexequíveis. Depois de ter criado tantas expectativas, agora o governo tinha de satisfazê-las ou arriscar-se à humilhação pública. Stimson censurava Roosevelt por ter dado tanta atenção a questões vagas como "altruísmo e idealismo em vez de preocupar-se com as realidades concretas, ponto forte da Rússia".

O secretário de Guerra foi apanhado de surpresa pela beligerância de Truman, que irrompeu "como uma rajada de metralhadora". Ele sentia-se em desvantagem se comparado aos outros homens presentes, por não ter estado em Yalta. Concordava com Harriman e Deane que os russos tinham causado muitos problemas em "questões militares menores". Eles precisavam aprender a ter bons modos. Por outro lado, haviam mantido sua palavra nas "grandes questões militares". Na verdade, diversas vezes haviam feito até mais do que o prometido, montando grandes ofensivas no leste, diminuindo assim a pressão alemã no front ocidental. Stimson advertiu contra um "choque frontal com a Rússia" na questão polonesa. Lembrou que antes da Primeira Guerra Mundial "praticamente toda a Polônia pertencia à Rússia". Depois de ter passado muito tempo na América Latina, sobretudo na Nicarágua, Stimson mostrava-se bastante cético quanto a conversas sobre "eleições livres". Em sua opinião, os únicos países do mundo que praticavam votações limpas eram os Estados Unidos e a Grã-Bretanha.

Quem falou em seguida foi o secretário da Marinha, James Forrestal. Para consternação de Stimson, seu subordinado acompanhou Harriman na opção por uma linha dura. Forrestal argumentou que o conflito em torno da Polônia dificilmente poderia ser considerado um "incidente isolado": havia claros sinais do desejo da União Soviética de estender seu domínio a outros países vizinhos.[15] Em algum momento, um confronto com os russos seria inevitável. Ele preferia que esse confronto ocorresse o quanto antes. Já o almirante Leahy assumiu uma posição mais moderada, afirmando que os acordos de Yalta eram "suscetíveis de duas interpretações". Na opinião de Leahy, Stálin jamais tivera intenção de permitir a existência de um governo independente na Polônia. O chefe de gabinete da Casa Branca queria evitar um rompimento com os russos, mas achava que o presidente deveria deixar claro a Molotov que "defendemos a existência de uma Polônia livre e independente".

Os representantes do Departamento de Estado presentes à reunião, incluindo Stettinius e Bohlen, alinharam-se com Harriman e Forrestal. Stimson encontrava-se em franca minoria. Naquela noite, ele queixou-se em seu diário que recebera apoio apenas do general Marshall, "um homem de grande bravura e sabedoria". O chefe de Estado-Maior do Exército lembrou a Truman que havia a expectativa de que o Exército Vermelho desempenhasse um papel de grande importância no combate aos japoneses. Os russos poderiam "adiar sua entrada no Extremo Oriente até que tenhamos completado todo o trabalho pesado". Assim como Stimson, Marshall acreditava que um rompimento com a Rússia provocado por um atrito quanto à Polônia poderia ser "algo muito sério". Após o encerramento da reunião, o presidente disse a Bohlen que estava disposto a seguir "o conselho da maioria".

A segunda reunião de Truman com Molotov, que ocorreu horas depois naquela tarde, tornou-se parte da mitologia da Guerra Fria. Historiadores soviéticos, com o apoio de estudiosos revisionistas americanos, tomaram esse rápido encontro como sinal de uma mudança na política exterior dos Estados Unidos após a morte de Roosevelt, que teria passado da busca por um entendimento a uma tendência de confronto com a Rússia. O próprio Truman contribuiu para a criação desse mito, ao apresentar uma versão exagerada da descompostura que teria aplicado em Molotov, em seu relato escrito por um ghost-writer, publicado em 1955, quando ele estava ansioso para ressaltar o tratamento duro que dispensou aos soviéticos. A verdadeira história foi menos dramática.

Molotov chegou à Casa Branca às 17h31, depois de percorrer pela avenida Pennsylvania os 45 metros que a separavam da Blair House num comboio de duas grandes limusines escoltadas por uma dúzia de motocicletas da polícia. O presidente recebeu-o em seu gabinete, tendo ao lado Harriman e Stettinius. Ele entrou imediatamente no assunto, dizendo lamentar não haver ocorrido "nenhum progresso" no tema da Polônia.[16] O comissário disse que também lamentava. Bohlen atuou como intérprete pelo lado americano, com Vladimir Pavlov fazendo o papel correspondente pelo lado russo, como em Yalta. A conversa logo se tornou circular, sem nenhum avanço, já que ambos os lados apenas voltavam a afirmar suas posições anteriores. Cada qual garantia que seu governo estava cumprindo meticulosamente os acordos de Yalta. Era um confronto entre iguais. Molotov recebera o apelido de Traseiro de Pedra devido à sua capacidade de passar horas sentado na cadeira sem recuar um só centímetro. Como presidente de um comitê do Senado e sendo filho de um proprietário de mulas do Missouri, Truman tinha bastante experiência em lidar com oponentes irredutíveis. Ele acabou por dar um fim à conversa improdutiva apresentando uma carta com um apelo a Stálin no sentido de permitir que três ou quatro poloneses não comunistas, inclusive o líder camponês Mikołajczyk, participassem das discussões em Moscou para a formação do novo governo. Ele fez questão de ressaltar que havia sido alcançado um acordo quanto à Polônia "e que faltava apenas que o marechal Stálin agisse em conformidade com a palavra dada".

Molotov o interrompeu para dizer que alguns dos poloneses na lista americana estavam trabalhando contra o Exército Vermelho. Seu rosto "ficou um pouco pálido" enquanto tentava transferir a discussão de volta à guerra no Extremo Oriente, onde os dois lados estavam de acordo. Truman o cortou, dizendo que desejava amizade com a União Soviética, porém não na base de "uma via de mão única". Ele levantou-se para se despedir, indicando que a reunião estava encerrada. Tinha durado apenas 24 minutos.

"Isso é tudo, senhor Molotov. Gostaria que o senhor comunicasse minhas posições ao marechal Stálin."

O atarracado comissário apanhou seu chapéu de feltro e uma capa de chuva bege grande demais para ele, que lhe passava dos joelhos e dos pulsos. Foi acompanhado até a porta pelo elegante e atencioso Stettinius, com seus cabelos brancos, e foram recebidos por um bombardeio de flashes de fotógrafos. Repórteres gritavam perguntas sobre a Polônia e as Nações Unidas, mas Molotov nada tinha a declarar. Seu rosto não exprimia a menor emoção.

"Polônia: continua impasse dos Três Grandes", dizia a manchete do *New York Times* do dia seguinte.

O encontro marcou a mudança de tom em relação à Rússia por parte do presidente dos Estados Unidos. "Ele começou a falar comigo num tom arrogante", Molotov se queixou mais tarde.[17] Bohlen, por sua vez, "divertiu-se" muito fazendo a tradução das falas do presidente, "provavelmente as primeiras palavras duras proferidas durante a guerra por um presidente americano a uma autoridade soviética". Quanto ao conteúdo, no entanto, a opinião de Bohlen foi que Truman estava dizendo apenas o que Roosevelt teria dito se ainda estivesse vivo. O tom de FDR provavelmente teria sido "mais diplomático e um pouco mais suave", mas em suas últimas semanas de vida ele também vinha se queixando das violações soviéticas aos acordos de Yalta.

"Fui com tudo para cima dele", vangloriou-se Truman poucos dias depois. "Não perdi tempo. Foram dois diretos bem no queixo."[18]

A história do confronto do presidente com o Traseiro de Pedra ganharia contornos mais vibrantes a cada vez que voltasse a ser contada. Algumas novas linhas de diálogo foram aos poucos se introduzindo no relato de Truman, cuja publicação se deu no auge da Guerra Fria. Enquanto se levantava para sair, Molotov teria dito a Truman: "Ninguém jamais falou comigo assim na minha vida".[19] Ao que o presidente teria de pronto respondido: "Cumpra os seus compromissos que ninguém lhe falará assim".

Um exame dos registros pessoais de Truman revela que essas palavras quase certamente nunca foram pronunciadas. O próprio Truman guardava uma recordação bem diferente do encontro. Num memorando de maio de 1951, descreveu ter dito a um Molotov "bem truculento" que esperava que a Rússia cumprisse sua parte dos acordos. Referindo-se a uma conversa posterior, à qual não esteve presente, ele acrescentou: "Molly [Molotov] disse a Bohlen que jamais alguma potência estrangeira havia se dirigido a ele naqueles termos".[20] Os redatores das memórias do presidente aproveitaram esse memorando para apimentar seu relato do confronto Truman-Molotov. Não há menção desse incidente nas recordações gravadas de Truman, que foram a principal fonte para a redação do livro. Bohlen, que na ocasião fez anotações do encontro, nega que o belicoso diálogo final tenha ocorrido. Quando o primeiro volume das memórias de Truman, intitulado *Year of Decisions* [Ano de decisões], foi publicado, ele já havia passado por várias equipes de redatores, e o presidente, cansado do projeto, deixou de conferir os sucessivos esboços de suas próprias memórias. As palavras atribuídas a Molotov pelos ghost-writers de Truman acabaram tornando-se parte dos registros históricos em virtude de sua incessante repetição.

Henry Stimson tinha um segredo que desejava desesperadamente partilhar com o presidente. Nos três últimos anos, tinha sido o membro do governo responsável pela supervisão de um projeto que poderia mudar o rumo da história. Dentro da burocracia estatal, ele era sigilosamente citado como S-1, que significava "Seção 1" do Departamento de Pesquisa Científica e de Defesa. Outro nome era Projeto Manhattan, uma vez que fora confiado ao recém-criado Distrito Manhattan de Engenharia do Corpo de Engenheiros do Exército. Em abril de 1945, o trabalho no projeto estava suficientemente avançado para que os cientistas pudessem sentir-se "99% certos" de seu sucesso. Em pouco tempo, o presidente dos Estados Unidos teria o poder de ordenar a destruição de cidades inteiras com uma única bomba. Quase 2 bilhões de dólares haviam sido gastos numa rede de instalações secretas que se estendiam pelo continente, empregando mais de 100 mil pessoas.

Assim como quase todo mundo em Washington, Truman praticamente nada sabia sobre o S-1 quando se tornou presidente. No ano anterior, quando ainda estava no Senado, tinha ouvido boatos de misteriosas fábricas no Tennessee e no estado de Washington onde estavam sendo realizadas custosas experiências científicas. Ele presidiu um comitê para o acompanhamento de gastos militares excessivos e pensou em enviar assessores com o intuito de investigar. Stimson ficou alarmado, referindo-se a Truman em seu diário como "um estorvo e um homem que não merece confiança".[21] Truman recuou quando o secretário de Guerra assumiu responsabilidade pessoal por toda a verba gasta no projeto, descrito por ele como "altamente secreto" e de vital importância para a segurança nacional. Truman aceitou as garantias de Stimson e não fez mais perguntas. No dia de sua posse, 12 de abril, Stimson sussurrou umas poucas palavras misteriosas em seu ouvido sobre "o desenvolvimento de um novo explosivo com um poder de destruição quase inacreditável".[22] O momento de revelar os detalhes havia chegado.

Eles se encontraram em 25 de abril no Salão Oval, onde Truman recebera Molotov dois dias antes. O presidente estava refletindo sobre um telegrama "perturbador" de Stálin, que chegara na noite anterior, reiterando a recusa em fazer qualquer concessão na questão da Polônia. O líder russo traçou uma comparação com a Bélgica e a Grécia. Ninguém o consultara quanto à formação dos governos nesses países, portanto, por que ele deveria permitir que gente de fora determinasse o que ia acontecer na Polônia? Do ponto de vista ocidental, as circunstâncias eram bem diferentes: Estados Unidos e Grã-Bretanha estavam inteiramente preparados para respeitar a vontade dos eleitores nas nações libertadas. Mesmo assim, Stálin tinha sua razão ao abordar o fato de não ter sido consultado. Ele demonstrava muito talento para apontar contradições na hipocrisia da postura ocidental.

"Os senhores estão exigindo muito de mim", ele dissera a Truman e Churchill. "Não posso voltar-me contra meu próprio país."[23]

O presidente ainda estava digerindo esse telegrama quando Stimson lhe entregou um memorando de três páginas resumindo o trabalho no S-1, que ele fez questão de ler em voz alta. O memorando começava com uma série de previsões dramáticas:

1. Dentro de quatro meses, com toda probabilidade, teremos concluído a construção da mais terrível arma já conhecida em toda a história da humanidade, uma bomba capaz de destruir uma cidade inteira.
2. Embora tenhamos partilhado seu desenvolvimento com o Reino Unido, no momento atual os Estados Unidos encontram-se na posição de controlar os recursos com os quais a arma pode ser construída e usada, e nenhuma outra nação poderá atingir essa posição por alguns anos.
3. No entanto, é quase certo que não poderemos permanecer indefinidamente nesta posição.[24]

Truman continuou ouvindo "com o maior interesse" enquanto seu secretário de Guerra descrevia as assustadoras possibilidades que se abriam. A única outra nação capaz de produzir armas nucleares "dentro dos próximos anos" era a União Soviética. Contudo, era "extremamente provável" que a tecnologia nuclear pudesse cair nas mãos de "países ou até mesmo grupos menores". As armas atômicas podiam ser construídas em segredo, o que permitiria que uma nação poderosa e desavisada pudesse ser "conquistada em poucos dias por outra muito menor". Os planos para uma "organização pela paz mundial" estarão fora da realidade se não incluírem algum sistema que permita controlar a proliferação de armas atômicas. Seria extremamente difícil pôr em prática tais controles, uma vez que envolveriam "direitos de inspeção e controles internos" de caráter draconiano, "que até hoje jamais foram cogitados". A questão de compartilhar ou não compartilhar armas atômicas com outros governos logo se tornará "uma questão primordial em nossas relações exteriores".

Stimson considerou imprescindível esclarecer em primeiro lugar os aspectos mais importantes, antes de apresentar ao presidente uma descrição técnica específica da bomba atômica. Para isso, chamou o comandante do Projeto Manhattan, Leslie Groves. Para evitar os repórteres, o general havia sido "contrabandeado" para o interior da Casa Branca por uma passagem subterrânea. Ele ingressou no Salão Oval por uma porta traseira, tendo em mãos um relatório de 24 páginas sobre o projeto S-1, recomendando que fosse lido imediatamente pelo presidente. Stimson e Groves foram lendo com Truman, enquanto ele se embrenhava pelos aspectos complexos do programa de enriquecimento de urânio em Oak Ridge, no Tennessee, e dos trabalhos para a montagem da bomba em Los Alamos, no Novo México. O relatório descrevia os esforços realizados pelos Estados Unidos para transportar com total segurança suprimentos de urânio da Europa até o Congo Belga. Truman teria preferido ler o documento sozinho, mas isso era considerado um risco de segurança.

"Não gosto de ler documentos", ele resmungou, tentando extrair algum sentido daquela avalanche de novas informações.[25]

"Não temos como contar tudo isso numa linguagem mais concisa", insistiram os visitantes. "Trata-se de um grande projeto."

A reunião estendeu-se por 45 minutos. Truman aprovou formalmente o projeto da bomba atômica e a criação de um comitê encarregado de determinar como a nova e assustadora arma deveria ser usada. Concluída sua tarefa, Stimson retirou-se para sua soneca da tarde, mas foi acordado por um assessor com a informação de que o presidente estava "vagando" pelo Pentágono. Ele tinha ido até lá para atender a um telefonema internacional de Churchill, vindo de Londres. Quando o idoso secretário de Guerra chegou ao local, os dois líderes estavam profundamente engajados em sua primeira conversa pelo telefone. O primeiro-ministro acabara de receber a informação de que o chefe da Gestapo, Heinrich Himmler, queria organizar uma rendição em separado aos Aliados ocidentais. A essa altura, Hitler teria morrido ou estaria mortalmente enfermo. Havia tanta interferência estática na linha que às vezes era difícil compreender o que o outro estava dizendo, mas o sentido estava claro.

> TRUMAN: Penso que nem devemos cogitar uma rendição por partes.
> CHURCHILL: Não, não, não. Nada de rendição por partes.
> TRUMAN: É isso mesmo. É exatamente assim que eu penso. [...] Se ele está falando em nome de todo o governo alemão, isso deve incluir a rendição total, e deve ser uma rendição aos três governos.[26]

Truman estava exercendo a presidência havia menos de duas semanas — mas já se sentia como se tivesse passado a vida toda no cargo. Era impossível absorver, muito menos compreender, tudo que ele ficara sabendo em poucas horas e dias. O mundo estava mudando diante de seus olhos. A Europa estava em ruínas; a Alemanha encontrava-se à beira da derrota total; os japoneses preparavam-se para um último esforço de resistência em suas ilhas; uma nova superpotência erguia-se no Oriente. A vitória estava ao alcance da mão, mas as possibilidades de um acordo duradouro para o pós-guerra pareciam cada vez mais remotas. E, para completar, acabara de ser inventada uma arma que prometia derrubar as convicções de gerações de estadistas, mas entre os assessores mais próximos do presidente não havia um consenso sobre qual era o significado de tudo isso. Jimmy Byrnes garantiu a Truman ser bem possível que a bomba "nos coloque na posição de ditarmos os nossos termos ao fim da guerra".[27] Por outro lado, o almirante Leahy achava que o Projeto Manhattan foi "a coisa mais idiota que já fizemos. Essa bomba nunca vai funcionar, e digo isso como perito em explosivos".

Se a bomba funcionasse, as consequências seriam extensas e imprevisíveis. Praticamente de um dia para o outro, os Estados Unidos se tornariam a nação mais poderosa do mundo, mas estariam também expostos a perigos novos e inconcebíveis caso outros países adquirissem a tecnologia nuclear. A nova arma talvez fizesse com que Stálin ficasse mais razoável — mas poderia também fazer com que se tornasse ainda mais obstinado. A bomba transformava a guerra em algo pavoroso demais para ser imaginado, mas um dia poderia ser capaz de destruir a civilização como um todo.

Viatcheslav Molotov era o número dois perfeito — o *apparatchik* personificado, o perfeito executor, jamais criador, de uma política. Modesto e avesso aos holofotes, ele seguia escrupulosamente as instruções recebidas, era por natureza um subordinado, de início de Lênin, em seguida de Stálin. Segundo os registros do Politburo, a única ocasião em que Molotov manifestou alguma independência diante do fundador do Estado soviético foi quando se opôs à proposta de Lênin de fechar o teatro Bolshoi durante a guerra civil, como medida de economia. Mais tarde, quando Stálin foi nomeado secretário-geral do Partido Bolchevique, em 1922, Molotov tornou-se seu braço direito. O mais destacado membro de um punhado de bolcheviques que sobreviveu ao Grande Terror, ele devia sua vida a dois fatores: lealdade e indispensabilidade. Ao ser nomeado presidente do Conselho dos Comissários do Povo, ou primeiro-ministro, em 1930, pôs fielmente em prática as políticas do *vozhd* de coletivização da agricultura, supervisionando a eliminação da classe dos *kulaks*, os pequenos proprietários de terra. Provocada pela ação humana, a fome generalizada que se sucedeu causou a morte de algo em torno de 7 milhões de ucranianos, russos e cazaques. Molotov não sentia remorsos por enviar pessoas para a morte. Sua assinatura, assim como a de Stálin, aparecia com frequência em documentos ordenando a execução de dezenas de milhares de supostos "sabotadores", "trotskistas" e "oposicionistas". "Todas essas 3167 pessoas devem ser fuziladas", estava escrito à mão numa das ordens assinadas pelos dois dirigentes em 12 de dezembro de 1938.[28] Mais tarde naquela noite, ambos foram ao cinema do Kremlin para relaxar.

"Molotov" era um pseudônimo, derivado da palavra russa "molot", ou "martelo", adotado durante seus anos de ativista nos movimentos clandestinos. O pseudônimo representava a essência de seu relacionamento com Stálin: o "Martelo" para o "Homem de Aço". Ele nasceu em 1890, recebendo o nome de Viatcheslav Mikhailovitch Skriabin, o nono de dez filhos de um balconista de loja. Como exilado político antes da revolução, ganhava um rublo por hora tocando bandolim em restaurantes e cinemas. Pelos padrões bolcheviques, recebera uma educação razoável, tendo estudado economia no Instituto Politécnico de São Petersburgo. Khruschóv, que era autodidata, afirmava que ele tinha educação universitária, o que era um exagero, uma vez que seus estudos serviam principalmente como disfarce para sua atividade clandestina. "Ele sabia dançar como os estudantes", contou o antigo chefe do partido ucraniano. "Ele adorava música e sabia até tocar violino." Molotov causou em Khruschóv a impressão de ser "um homem com muita força de vontade, independente, capaz de pensar por si mesmo". Outras pessoas não ficaram tão impressionadas. Aleksandra Kollontay, a feminista de espírito livre exilada como embaixadora soviética na Suécia, descreveu-o como a encarnação da "mediocridade, do tédio e do servilismo".[29]

Era verdade que o comissário podia ser um tanto pedante. Quando outros membros do partido chamavam-no de Traseiro de Pedra, Molotov insistia que o apelido era realmente Traseiro de Ferro.[30] Mas ele tinha um lado pessoal mais suave, embora em público fizesse questão de mantê-lo bem escondido. Quando os arquivos soviéticos foram abertos, após o colapso do comunismo, pesquisadores encontraram uma pilha de cartas de amor de Molotov à sua mulher, Polina, escritas durante as viagens dele pelos Estados Unidos. "Polinka, querida, meu amor!", era como começava uma carta. "Estou dominado pela impaciência e pelo desejo de estar perto de você, de seus carinhos. Beijo você, minha amada, desejada."[31] A carta estava assinada por "seu apaixonado Vecha". Outra, endereçada ao "mel de meus prazeres", declarava: "Estou impaciente para beijá-la, e beijá-la em todo o corpo, doçura adorada, meu amor". Molotov sabia muito bem que sua mulher estava sempre correndo perigo. Stálin já mandara prender as esposas de outros colaboradores próximos, como Poskrebyshev e Mikhail Kalinin, numa brutal demonstração de seu poder. Polina, judia de nascimento, mulher realizada, responsável pela supervisão das indústrias da pesca e dos cosméticos, encontrava-se em situação particularmente perigosa. Stálin suspeitava de suas conexões com o exterior: o irmão dela era um homem de negócios bem-sucedido nos Estados Unidos. Por saber que a qualquer momento sua mulher poderia ser deportada ou executada, Molotov tornava-se mais determinado ainda a seguir de olhos fechados a linha do partido elaborada por Stálin, sem o mais leve sinal de vacilação.

Além de uma memória excepcional e de sua extraordinária capacidade de trabalhar duro, Molotov era conhecido pelo autocontrole. Andrei Gromyko, embaixador soviético em Washington, recordava-se de uma ocasião típica quando seu chefe decidiu fazer uma pausa depois de ter passado muitas horas trabalhando num documento. "Vou para a sala ao lado descansar por treze minutos", comunicou. Ele retomou o trabalho na hora prevista, "nem um segundo depois", com a aparência bem descansada.[32] Em muitos aspectos, ele era o oposto de seu antecessor no cargo de comissário de Relações Exteriores, Maksim Litvinov. Não tinha sua sofisticação intelectual nem seu conhecimento do mundo, tendo passado a vida inteira na Rússia, mas conhecia as políticas do Kremlin nos mínimos detalhes. Tinha um instinto para farejar o poder, o que o ajudava ao lidar com líderes estrangeiros tão diferentes entre si, como Hitler e Churchill, Göring e Eden, Roosevelt e De Gaulle.

"Um homem de habilidade extraordinária e dotado de um sangue-frio implacável" foi como Churchill o descreveu. "Sua cabeça com aspecto de uma bala de canhão, o bigode preto e os olhos que tudo observavam, seu rosto de pedra, a agilidade verbal e o comportamento imperturbável são manifestações adequadas de suas qualidades e habilidades [...] nunca vi um ser humano que representasse tão bem a concepção moderna de um robô. E no entanto, com tudo isso, lá estava um diplomata aparentemente razoável e altamente polido."[33] Como diversos outros ocidentais, o primeiro-ministro concluiu que uma negociação com Molotov sobre questões polêmicas era quase sempre "inútil", mas desenvolveu um respeito — ainda que relutante — por seu parceiro russo nos duelos diplomáticos. "Na condução da política exterior, Sully, Talleyrand e

Metternich lhe dariam as boas-vindas, isso, é claro, se os bolcheviques estivessem dispostos a viver num outro tipo de mundo."

Antes de abril de 1945, Molotov estivera apenas uma vez nos Estados Unidos, em junho de 1942, num momento em que os nazistas estavam às portas de Leningrado e Stalingrado. Ele ficara hospedado na Casa Branca como convidado pessoal do presidente, sob o pseudônimo de "senhor Brown". ("Por que não, senhor Red?", um repórter perguntou, quando o segredo por fim vazou.) Juntamente com seu terno diplomático cinza-escuro, ele tinha trazido um revólver. Sua principal realização foi assinar um acordo dentro do programa dos Estados Unidos de ajuda aos países aliados, abrindo caminho para imensos fornecimentos de material bélico dos americanos ao Exército Vermelho, sitiado pelos nazistas. Ele também convenceu Roosevelt a endossar uma declaração que citava "um segundo front na Europa em 1942", promessa que os Estados Unidos não estavam em condições de cumprir. "Uma grande vitória para nós!", comentou mais tarde.[34] "Sabíamos que eles não poderiam ter a ousadia de montar um segundo front, mas conseguimos que concordassem com isso por escrito. [...] Aquilo o deixou muito mal [FDR] diante de seu próprio povo."

Apesar de ter atuado no Kremlin como o porta-voz oficial para o exterior por quase seis anos, Molotov tinha pouca experiência em lidar com uma imprensa livre. Ele praticamente não teve contato com repórteres durante suas viagens aos Estados Unidos e à Grã-Bretanha em 1942 ou à Alemanha em novembro de 1940, para consolidar o acordo Molotov-Ribbentrop, retalhando o Leste Europeu. Como muitos outros comunistas do alto escalão, sentia um profundo desprezo pela maneira como os governantes ocidentais frequentemente invocavam a opinião pública como justificativa para suas ações. Ele julgava isso um truque diplomático, com o objetivo de obter vantagens nas negociações. Na União Soviética, a opinião pública não tinha papel significativo. O Partido Comunista falava em nome da classe trabalhadora, a principal força na sociedade. No que dizia respeito a Molotov, os governos burgueses representavam os interesses dos capitalistas, e não dos trabalhadores. Afora isso, os métodos eram iguais. Ele não podia aceitar o argumento de que políticos dotados de imenso poder, como Truman ou Roosevelt ou Churchill, estavam limitados em suas ações pela necessidade de tranquilizar uma noção tão nebulosa como a "opinião pública". Sendo assim, não estava nem um pouco preparado para a enorme aglomeração que encontrou em San Francisco, onde mais de 2 mil repórteres estavam reunidos para a sessão inaugural das Nações Unidas.

A conferência de fundação ocorreu na tarde de 25 de abril. Bandeiras de 46 países decoravam o palco modernista do teatro de ópera de San Francisco. Em meio às bandeiras, havia quatro pilares dourados representando as "quatro liberdades" prometidas pelo presidente Roosevelt — liberdade de expressão, liberdade de religião, liberdade de viver sem fome e liberdade de viver sem medo. Baterias de refletores serpenteavam pelos veludos e pelo aço cromado do auditório, iluminando os galões dourados dos generais e almirantes, os ternos de risca de giz dos diplomatas e, às vezes, o manto e o turbante de um príncipe oriental. Repórteres e espectadores sentados no balcão estavam em número muito maior que os delegados nas poltronas de veludo da plateia. Às 16h30 — 19h30 em Washington —, Stettinius subiu ao palco acompanhado por Alger Hiss, secretário-geral interino da nova organização das Nações Unidas. O secretário de Estado chamou a atenção de todos pedindo um "momento de meditação". Em seguida, convidou Truman, que estava na Casa Branca, para dirigir-se aos delegados pelo rádio. Tinha sido um dia particularmente intenso, com inúmeros acontecimentos. O presidente já recebera seu primeiro resumo sobre a bomba atômica e falara longamente com Churchill num telefonema internacional sobre a iminente rendição da Alemanha. Sua voz estava "marcada pela rouquidão" quando advertiu os delegados de que o incessante aumento da brutalidade na guerra moderna poderia levar "ao esmagamento de toda a civilização".[35]

"Em suas mãos está depositado nosso futuro", ele disse. "Precisamos construir um novo mundo — um mundo muito melhor — no qual a dignidade eterna do homem seja respeitada."

Durante os dois primeiros dias da conferência, Molotov permaneceu longe dos batalhões de repórteres ávidos por notícias, protegido em todo lugar aonde ia por uma falange de guarda-costas. Os constantes flashes dos fotógrafos deixavam-no nervoso, mas ele acabou extraindo um prazer indireto de sua nova condição de celebridade. "Polinka, meu amor", ele escreveu à mulher. "Aqui, em meio ao público burguês, tornei-me o foco das atenções, enquanto os outros ministros quase não despertavam interesse!"[36]

No terceiro dia, ele finalmente concordou em encontrar-se com os jornalistas em seu hotel. Cerca de quatrocentos repórteres acotovelaram-se no salão de gala do Saint Francis, berrando perguntas sobre a formação de um novo governo polonês. Ele os tratou com um gélido sorriso e escudou-se por trás da ambiguidade das "excelentes" decisões de Yalta.

"Vamos colocá-las em prática. Isso ficou claro?"

"Não", gritaram os repórteres.

Tudo ia correndo razoavelmente bem até que uma colunista social pediu ao principal assessor de Stálin que ele dissesse como deveria ser soletrado o nome da bebida favorita da Rússia, "v-o-d-c-a" ou "u-ó-d-c-a". A pergunta da colunista foi saudada com uma explosão de gargalhadas dos jornalistas presentes, mas o comissário do povo não achou graça. "Peço que me deem licença", ele respondeu secamente, dando por encerrada a entrevista.

Nos dias iniciais da conferência, aos olhos do público americano Molotov ficou identificado como o próprio "sr. Nyet". Foi contrário aos planos americanos de que Stettinius, na qualidade de anfitrião, presidisse a conferência, argumentando que a posição deveria ser dividida igualmente entre Rússia, Grã-Bretanha e China. Opôs-se à proposta de que a Argentina fosse aceita como integrante das Nações Unidas a menos que se aceitasse também a Polônia. Sua objeção à Argentina e ao governo fascista à frente dela tinha certa lógica. A Conferência de Yalta estabelecera o prazo final de 1º de março para que os países que pretendessem tornar-se membros fundadores das Nações Unidas declarassem guerra à Alemanha nazista. A Argentina, que era governada por uma junta de generais simpatizantes de Hitler, havia esperado até 27 de março para unir-se ao grupo. Mesmo tendo o país perdido o prazo marcado, Stettinius queria que a Argentina fosse incluída, como forma de agradar à América Latina. Molotov não via por que o governo fascista da Argentina deveria estar representado em San Francisco, já que o governo dominado pelos comunistas da Polônia era excluído.

Ele conseguiu o que queria no assunto da presidência, mas foi derrotado na questão da Polônia e da Argentina. Apenas Tchecoslováquia e Iugoslávia ficaram ao lado da União Soviética na exigência de que os comunistas poloneses fossem aceitos. O ministro do Exterior da Tchecoslováquia, Jan Masaryk, recebeu uma nota de Molotov dizendo que precisaria votar a favor da proposta soviética "ou abrir mão da amizade do governo soviético".[37] Ele concordou, mas, em caráter privado, queixou-se amargamente a seus amigos americanos das táticas da diplomacia soviética. "Podemos até estar de joelhos, e isso ainda não é o suficiente para os russos."

A divergência entre a Rússia e seus Aliados ocidentais, que havia sido amenizada em Yalta, tornava-se finalmente visível para todos. A conferência inaugural de San Francisco estava recebendo mais atenção da imprensa do que a própria guerra — e as manchetes enfatizavam o impasse. "Russos vetam Stettinius e esperanças da conferência diminuem", proclamou o *Washington Post*. "Três Grandes voltam a brigar pela Polônia", declarou o *New York Times*. "O que querem os russos?", perguntou o *Atlanta Constitution*.

Nos bastidores, Averell Harriman estava fazendo tudo que podia para alertar seus amigos jornalistas sobre as táticas linha-dura de Molotov e Stálin. Ele organizou uma série de reuniões extraoficiais em sua suíte de cobertura no hotel Fairmont, o quartel-general da delegação americana. A mensagem que transmitiu aos repórteres era a mesma que tinha passado anteriormente a Truman: os russos estavam procurando conseguir controle político total sobre o Leste Europeu, ou por meio de "ditaduras comunistas ou governos de coalizão em que os comunistas tinham o chicote nas mãos, impondo-se pelo terror ou pela intimidação".[38] Alguns repórteres foram receptivos às advertências de Harriman, as quais repetiram em análises publicadas em matérias assinadas. Outros ficaram preocupados com a mudança do tom em relação a Moscou. Durante os quatro anos anteriores, eles tinham recebido um volume imenso de propaganda oficial enaltecendo "nosso valoroso aliado soviético". O Exército Vermelho fora apresentado em discursos, livros, artigos de revista e filmes de Hollywood como um baluarte contra os nazistas. Agora, estava sendo descrito como um instrumento de dominação comunista sobre a metade de um continente. Dois jornalistas entre os convidados de Harriman, Walter Lippmann e Raymond Gram Swing, ficaram tão chocados com o que estavam ouvindo que se retiraram em sinal de protesto. A revista *PM* acusou o embaixador, citando seu nome, de ser o inspirador de muitos discursos do tipo "adotem uma postura agressiva com a Rússia" ao longo da conferência.

Entre uma e outra sessão da conferência, Molotov fez o possível para se familiarizar com a poderosa nação que diante de seus olhos estava se transformando de país aliado a inimigo quase declarado. Num dia, ele foi levado para visitar os Estaleiros Kaiser em San Francisco, que fabricavam muitos dos navios Liberty e aviões de transporte usados no esforço de guerra. Ficou extremamente impressionado. "Então essas são as classes trabalhadoras americanas", comentou em tom de espanto enquanto seus olhos arregalados contemplavam a atividade febril. "Quanto poder isso representa!"³⁹ A imagem o fez pensar no que os comunistas poderiam realizar se tivessem a oportunidade de organizar e dirigir um país de economia tão pujante e próspera. Ele ficou também surpreso com a evidente riqueza à sua volta, as "casas bem-arrumadas, os jardins bem cuidados, e os automóveis em todas as ruas e garagens, todos pertencentes a simples americanos da classe trabalhadora". Ele diria mais tarde a pessoas de sua intimidade que os Estados Unidos eram "o país mais adequado para o socialismo. O comunismo vai chegar lá mais cedo do que em outros países".

A Rússia tinha se exaurido e praticamente se arruinado para vencer a guerra contra a Alemanha nazista. Já os Estados Unidos, pelo menos até onde Molotov podia ver, conseguira a vitória quase sem esforço, graças à sua riqueza extraordinária e sua capacidade industrial. Os sacrifícios americanos, tanto em termos humanos como econômicos, haviam sido apenas uma fração daqueles sofridos pela Rússia. O número de americanos mortos na guerra era inferior a meio milhão, enquanto os russos tinham perdido mais de 20 milhões de pessoas. Durante os cinco anos de combates, o valor real dos salários na Rússia caíra brutais 60%. A produção de aço caíra 33%, de ferro-gusa, 41%, de tratores, 76%.⁴⁰ Por outro lado, o padrão de vida do americano médio havia melhorado em consequência da guerra, com uma renda líquida 40% mais alta. Em 1945, os Estados Unidos tinham uma produção de petróleo doze vezes maior que a da União Soviética e produziam seis vezes mais aço e eletricidade.

A todos os lugares dos Estados Unidos ao qual ia, Molotov era perseguido por perguntas sobre o destino dos dezesseis ativistas do movimento clandestino polonês que tinham desaparecido misteriosamente em meados de março, quando se dirigiam ao encontro de comandantes do Exército Vermelho. Um relatório detalhado sobre os poloneses chegara às suas mãos em 29 de março, um dia depois que eles foram presos e levados de avião para Moscou. Tanto ele como Stálin tinham sido plenamente informados por Beria sobre a preparação para as prisões e os subsequentes interrogatórios na prisão de Lubyanka. Durante seis semanas, Molotov mentiu sobre o que acontecera com os poloneses, alegando "não ter informações" e dizendo que precisava investigar o assunto. Na noite de 4 de maio, obedecendo a instruções de Moscou, finalmente admitiu o que já sabia desde o início. Fez a revelação inesperada a Stettinius, durante uma recepção no consulado soviético em San Francisco, enquanto se cumprimentavam na entrada. "Aliás, sr. Stettinius, quanto àqueles dezesseis poloneses, foram todos presos pelo Exército Vermelho."[41] O secretário de Estado permaneceu parado de pé na entrada com "um sorriso fixo no rosto", enquanto Molotov voltava-se para cumprimentar o secretário de Relações Exteriores britânico.

A confissão de Molotov deixou os Aliados ocidentais chocados. Em San Francisco, foram suspensas as conversas entre os três ministros do Exterior sobre a formação de um novo governo polonês. Os britânicos sentiram-se particularmente indignados. Anthony Eden já deixara registrado em seu diário que as Nações Unidas não teriam muita utilidade a não ser que "os russos possam ser obrigados a tratar a Polônia com um mínimo de decência". Churchill concordou. Em 11 de maio, enviou ao secretário de Relações Exteriores um telegrama manifestando ceticismo sobre o projeto das Nações Unidas como um todo.

> Em muito pouco tempo, nossos exércitos estarão dissolvidos, mas os russos poderão continuar com centenas de divisões dominando a Europa de Lübeck a Trieste, e até a fronteira grega no Adriático. Tudo isso é, de longe, muito mais importante que as emendas a uma constituição mundial que talvez jamais chegue a se concretizar e acabe sendo superada, após um período de paz, por uma Terceira Guerra Mundial.[42]

As fronteiras para a divisão da Europa já estavam sendo traçadas.

11. O encontro — *25 de abril*

O primeiro-tenente Albert Kotzebue decidiu desobedecer a suas ordens. O comandante de sua companhia o escolhera para chefiar uma patrulha a leste do rio Mulde, "para fazer contato com os russos", permanecendo no entanto a oito quilômetros da margem.[1] Quando chegou à pequena cidade de Kühren, ele deveria retornar. Em vez disso, decidiu aventurar-se além dos limites externos da zona que deveria patrulhar.

Um rapaz magricela de 21 anos com um sorriso dentuço, de Houston, no Texas, Kotzebue vinha de uma família de militares: tanto seu pai como seu padrasto eram coronéis das forças regulares do Exército. Ele tinha se alistado em novembro de 1942, imediatamente após Pearl Harbor, e conquistara a reputação de um excelente líder de pelotão, abrindo caminho desde a Normandia até o coração da Alemanha. Sabia que os russos estavam bem perto, e essa era sua oportunidade de entrar para a história. Enquanto comandava o pelotão pelas terras planas entre os rios Mulde e Elba, com suas pitorescas aldeias banhadas pelas cores da primavera, sentia uma tentação irresistível de ir adiante, apesar das ordens expressas em sentido contrário que recebera.

A data era 25 de abril de 1945, o dia de abertura da conferência das Nações Unidas em San Francisco, na qual Truman foi informado sobre a bomba atômica. Macieiras e cerejeiras já estavam florescendo; sobre os campos estendia-se um tapete amarelo de agrião do inverno; tulipas e lilases cobriam jardins limpos e bem cuidados. As aldeias ao longo da estrada estavam apinhadas de pessoas com expressão abatida, a maioria de mudança, guiadas por um instinto elementar de sobrevivência. Refugiados empurravam bicicletas e carroças nas quais se empilhavam camas, comida e roupas, potes e panelas e de vez em quando um tapete oriental. Nas casas havia bandeiras brancas dependuradas. Um repórter da Associated Press que percorreu a mesma estrada dois dias depois descreveu "um exército da miséria" — formado por "velhos e jovens, doentes e aleijados, com os pertences pessoais amontoados às pressas enquanto os russos se aproximavam" — andando soturnamente pela estrada.[2]

> As mães colocavam suas crianças em carroças. Mulheres carregando nas costas pacotes pesados tropeçavam na poeira sufocante, exatamente como cinco anos antes as populações assustadas da Bélgica e da França fugiam dos nazistas que se aproximavam. Medo e cansaço crispavam seu rosto, e percebia-se um desesperado sentimento de urgência em suas atitudes.

Misturadas com os refugiados estavam colunas de soldados alemães, já sem a menor disposição para lutar, e prisioneiros de guerra aliados, ainda desacostumados com sua súbita liberdade. "Meu Deus, ianques! Como é bom ver vocês", gritou um prisioneiro britânico, que na véspera escapara de seus captores alemães. "Caralho, faz cinco anos que estamos esperando por vocês."

Kotzebue recebera ordens para retirar-se sem lutar se encontrasse alguma resistência organizada. Em vez disso, deparou com o problema oposto. Várias vezes foi detido por grupos enormes de soldados inimigos desesperados para render-se aos americanos — a qualquer americano — para não serem capturados pelos russos. Apenas em Kühren, o pelotão de 36 homens comandado por Kotzebue cercou e desarmou 359 abatidos soldados alemães. Os alemães foram agrupados no pátio de uma fazenda e colocados sob a guarda de soldados britânicos libertados. O *bürgermeister* [prefeito] encarregou-se de reunir mais uma centena de soldados alemães feridos que estavam escondidos nas cercanias da cidade, aterrorizados com a possibilidade de que os russos chegassem antes dos americanos. Kotzebue ordenou que um oficial capturado designasse três de seus homens para inutilizar uma vasta pilha de fuzis entregues durante a rendição. A situação parecia "fantástica para aquele pequeno grupo de americanos bem no coração de uma terra de ninguém em solo alemão", descreveu mais tarde o relatório de uma unidade. Os habitantes da cidade estavam aterrorizados, e muitas das mulheres choravam, enquanto todos perguntavam: "Os russos estão chegando?".

Antigos prisioneiros de guerra informavam que os russos tinham atingido a margem esquerda do Elba, em frente a uma cidade de nome Strehla, cerca de 25 quilômetros adiante na estrada. Kotzebue calculou que, caso não se apressasse, outra patrulha aliada faria o primeiro contato tão aguardado — então decidiu que seria melhor que as honras coubessem ao seu pelotão. Além disso, ele sempre quis saber como eram os russos. Constava que um de seus antepassados, o dramaturgo alemão August von Kotzebue, havia sido um favorito de Catarina, a Grande. Outro parente distante, o navegador Otto von Kotzebue, explorara a costa do Alasca numa corveta russa, descobrindo o golfo de Kotzebue. Nas veias da família Kotzebue corria sangue de americanos, russos e alemães. Empolgados, os soldados do pelotão do tenente explodiram em vivas quando ele comunicou sua decisão de desrespeitar o limite de oito quilômetros.

A patrulha avançou essa distância pelo leste até a aldeia de Dahlem, onde capturou mais 31 alemães, "todos muito jovens e morrendo de medo". Era só alguém mencionar de passagem a presença de russos nas proximidades que os moradores da aldeia fugiam, apavorados. Dois homens de meia-idade, ansiosos para agradar aos americanos, ofereceram-se para lhes indicar o caminho de volta para Strehla. Treze quilômetros adiante, o comboio de sete jipes do Exército dos Estados Unidos chegou ao povoado de Leckwicz. Dirigindo pela rua principal, Kotzebue viu um solitário homem a cavalo, que entrou num pátio antes que o americano pudesse identificá-lo. "Ele tinha um aspecto esquisito", é o que consta nos registros militares. "O coração de todos começou a bater mais forte. Seria agora?"

Kotzebue seguiu o cavaleiro pelo pátio, onde logo o pelotão viu-se cercado por uma multidão de refugiados. Descobriu-se que o misterioso cavaleiro era um batedor, chamava-se Aitkalia Alibekov e vinha do Cazaquistão.[3] Ele mostrou-se muito reticente, sem ser exatamente hostil, mas "reservado, distante, desconfiado, nem um pouco animado". Eram 11h30 na Alemanha, 5h30 em Washington, 12h30 em Moscou. A 69ª Divisão de Infantaria dos Estados Unidos acabara de estabelecer contato com a 58ª Divisão da Guarda de Rifles do Exército Vermelho. O primeiro contato dos exércitos americanos e russos não foi "um encontro de grande alegria, mas antes de cauteloso estudo mútuo. Ou, talvez, o soldado russo apenas estivesse aturdido, sem perceber exatamente o que tinha acontecido."

Quando Kotzebue pediu que o cavaleiro lhe indicasse a localização de seu posto de comando, ele agitou o braço indicando o leste. Um partisan polonês libertado ofereceu-se a mostrar o caminho aos americanos. Eles rumaram pelos campos planos em direção a Strehla e ao Elba, a menos de três quilômetros de distância. Naquele ponto, o rio tinha cerca de 45 metros de largura. Por seus binóculos, Kotzebue conseguia ver no lado oposto algumas figuras com camisas de cor marrom movimentando-se. Ele tinha ouvido dizer que os soldados russos usavam suas medalhas nas batalhas: pura verdade, o brilho do sol refletia-se em suas fardas. Ele disparou um sinalizador verde, indicação aceita pelos dois exércitos como pedido de reconhecimento. Não houve resposta. O partisan polonês gritou "Amerikanski", o que provocou alguns acenos do outro lado.

O problema seguinte era a travessia do rio. Kotzebue usou uma granada de mão para soltar um veleiro preso a um píer na margem oeste. Ele pulou na água, seguido por cinco de seus homens. A forte correnteza ameaçava carregar o pequeno barco, mas eles conseguiram agarrar-se ao que restava de um pontão destruído, destacando-se da margem leste do rio. O restante do pontão estava coberto com os corpos carbonizados de civis alemães, incluindo uma menina pequena agarrada a uma boneca com uma das mãos e à mãe com a outra. Obviamente, os refugiados tinham morrido tentando atravessar a ponte quando ela foi explodida, por aviões britânicos ou americanos ou pela artilharia russa. Os americanos tiveram de "arrastar-se mergulhados até os joelhos nos corpos" dos alemães para poder chegar até os russos.

Inicialmente os russos cumprimentaram os americanos de maneira muito cuidadosa. Houve apertos de mão formais e troca de saudações. Kotzebue explicou que queria providenciar um encontro entre os comandantes dos russos e dos americanos. Levaram-no ao encontro de uma sucessão de oficiais de patente mais elevada, culminando num general que se mostrou "muito reservado" e inseguro quanto ao protocolo correto para dirigir-se a um tenente americano. O clima desanuviou-se quando Kotzebue e seus homens puderam conversar com os soldados rasos russos. Logo estavam dando tapinhas nas costas uns dos outros, bebendo para saudar o fim da guerra e fazendo brindes "a nossos grandes líderes — Stálin e Roosevelt" (os russos pareciam não saber que FDR morrera e tinha sido substituído por Truman).

Encontros semelhantes foram ocorrendo nas horas seguintes perto da cidade de Torgau, a 25 quilômetros descendo o rio a partir de Strehla. O líder do pelotão, o tenente William Robertson, tinha improvisado uma bandeira americana aproveitando um lençol velho sobre o qual pintou uma versão um tanto tosca das tradicionais estrelas e listas. Quando agitou a imitação de bandeira na direção dos russos que se encontravam no outro lado do rio, teve como resposta uma saraivada de disparos antitanque e de armas de mão. Depois de muitos gritos de "Amerikanski", "Tovarisch" e "Rússia, América", os russos finalmente pararam de atirar. Robertson rastejou pela viga mestra toda distorcida de uma ponte dinamitada para trocar um aperto de mãos com um soldado russo sobre o rio Elba. Como "não conseguia pensar em algo apropriado para dizer" e na verdade não falava russo, apenas sorriu e deu umas palmadas nos joelhos do sargento Nikolai Andreyev. Mais tarde, os russos explicaram que tinham confundido os americanos com alemães, já que dois dias antes um grupo deles também lhes acenara com as estrelas e listras.

O comandante da 69ª Divisão, major-general Edwin Reinhardt, ficou furioso quando descobriu que seus soldados, desobedecendo às ordens, não permaneceram dentro das zonas de patrulhamento designadas. Ameaçou prender todos os envolvidos. As ameaças foram esquecidas assim que os repórteres foram informados da história e começaram a promover "o encontro no Elba" como um dos grandes momentos simbólicos da guerra. Em vez de serem levados à corte marcial, Kotzebue e Robertson foram condecorados com a Estrela de Prata. Reinhardt aproveitou-se dessa glória quando cruzou o Elba numa canoa no dia seguinte, 26 de abril, para um encontro muito fotografado com o oficial russo que lhe correspondia, o major-general Vladimir Rusakov. Finalmente, a Alemanha nazista tinha sido dividida em duas. Em Washington, Truman emitiu uma declaração saudando o fim iminente de "Hitler e seu governo de gângsteres". Em Moscou, Stálin ordenou uma salva de 324 tiros em homenagem ao histórico encontro.

Durante alguns dias gloriosos, soldados americanos e russos embebedaram-se juntos, trocaram cigarros e relógios, examinaram as armas uns dos outros, cantaram e dançaram ao som de acordeões e riram das piadas que contavam. Andy Rooney, repórter do *Stars and Stripes*, o jornal do Exército americano, resumiu o sentimento de euforia descrevendo seus amigos russos como "o mais despreocupado bando de malucos que já foi reunido num exército. A melhor descrição que se pode fazer deles é que são exatamente como os americanos, só que duas vezes mais".[4]

O pelotão de Kotzebue passou duas noites no lado russo do Elba, na cidade de Kreinitz. Grande parte do tempo foi dedicada a bebidas e celebrações, mas foi o suficiente para demonstrar que os russos não eram "exatamente como os americanos". Os americanos ficaram surpresos com o primitivismo do Exército Vermelho. Não foi por acaso que o primeiro soldado soviético visto por um patrulheiro americano tenha sido um cavaleiro. Os russos dependiam de carroças puxadas por cavalos para muitas de suas necessidades logísticas e ações de exploração e reconhecimento. Os cavalos arrastavam peças de artilharia para suas posições; os soldados da infantaria iam à frente a pé. Tanques e artilharia pesada eram reservados para operações de assalto mais complexas, como o ataque a Berlim. Os jipes, muitos deles fornecidos dentro do programa americano de ajuda a Aliados, ficavam reservados para oficiais mais graduados. Os soldados de Kotzebue tiveram dificuldade para imaginar como os russos "conseguiram realizar tantos avanços contra o poderio bélico alemão contando com armamentos tão primitivos".

Eles também ficaram surpresos com o hábito dos russos de entrar nas casas alemãs e atirar toda a mobília e a louça na rua. As ruas de Kreinitz "pareciam uma zona de desastre", recordou Alfred Aronson, sargento no pelotão de Kotzebue.[5] "Era uma diferença enorme do modo como tínhamos nos acostumado a agir no Exército." Os americanos gostavam de dormir em camas confortáveis sempre que se apossavam de um local para ficar. Seus novos amigos russos preferiam dormir no chão, deixando que a mobília fosse levada por "brigadas de troféus", formadas especialmente com essa finalidade. Na hora de comer, os russos simplesmente esquartejavam um porco ou uma vaca da fazenda mais próxima, deixando espantados os americanos, habituados a um fornecimento constante de rações K.

Oficiais mais graduados tiveram impressões semelhantes. "Eles parecem descender em linha reta de GENGHIS KHAN — tanto no aspecto como nas atitudes", escreveu o comandante do 272º Regimento de Infantaria em carta a um amigo de Washington.⁶ "São bárbaros selvagens, pode ter certeza." Embora não duvidasse da habilidade de combate dos russos, o coronel Walter Buie estava convencido de que eles não seriam páreo para o Exército americano. "Nós 'podemos com eles' a qualquer momento. Uma mistura sem a menor organização como nunca tinha visto — uns 10% deles estavam com roupas civis, mas armados com qualquer coisa que possa atirar. [...] Posso garantir que eles só reconhecem uma coisa: FORÇA."

Um oficial americano que atravessara o Elba duas semanas antes, para resgatar prisioneiros de guerra aliados, ficou impressionado com a "aparência mongoloide" dos soldados russos.⁷ "Os homens eram de uma sujeira repugnante", comentou o major Mark Terrel.

> Muitos vestiam fardas esfarrapadas, alguns usavam só metade do uniforme misturada com roupas civis. Nenhum deles tinha capacete de aço. Todos davam a impressão de estar extremamente cansados. Havia muitos dormindo nas carroças cheias de palha nas quais faziam o percurso, e alguns tinham adormecido montados a cavalo. Os trens transportando suprimento eram sobretudo vagões com porcos e galinhas vivos.

Terrel viu soldados russos cercando rebanhos de gado e bebendo diretamente a água dos rios. Numa viagem posterior, teve uma impressão "bem mais favorável". As tropas estavam limpas e bem disciplinadas, saudando de forma ordenada os soldados americanos com que cruzavam no caminho. Seus cavalos estavam "muito bem cuidados" e "conduzidos de forma excelente". Já sua impressão dos motoristas russos manteve-se inalterada. "Todos os motoristas russos dirigem com uma das mãos na buzina, a outra na direção e os dois pés no acelerador. Eles usam o sistema da linha sempre reta, e tudo que ficar entre os dois pontos dessa linha é logo destruído."

Se os americanos tinham curiosidade sobre os russos, os russos eram igualmente curiosos sobre os americanos. Eles oscilavam entre um espinhoso — embora compreensível — orgulho por suas realizações militares e um desejo infantil de agradar a seus aliados. Dividiam seus parcos pertences pessoais, vangloriavam-se de suas vitórias sobre os alemães e dos sacrifícios feitos pelo Exército Vermelho e maravilhavam-se com o equipamento militar dos americanos. Um historiador do Exército dos Estados Unidos, Forrest Pogue, que participou do encontro no Elba, lembrou-se da maneira como "os americanos de outras épocas" esforçavam-se para causar boa impressão aos europeus.[8] Ele informou que os russos estavam "perdendo seu provincianismo", como "os americanos na virada do século". Os soldados que encontrou no Elba representavam "um estado em sua infância, consciente de seu novo poder, tendo noção de sua inexperiência, desejando a boa vontade das nações ao lado das quais havia lutado. [...] Esses russos observam atentamente a realidade à sua volta e estão ansiosos para descobrir como funciona esse mundo que os cerca".

Ao contrário dos americanos, os soldados da 58ª Divisão da Guarda de Rifles haviam lutado batalhas ferozes até a chegada ao Elba. Quanto mais se aproximavam do rio, mas intensa tornava-se a resistência alemã. Os soldados alemães lutavam "com a obstinação daqueles que se sentem condenados à morte". Eles entravam com tudo na batalha — ss, Gestapo, Juventude Hitlerista — causando baixas pesadas aos russos. Uma companhia de cavaleiros tinha cruzado o rio debaixo de neblina numa balsa improvisada na manhã de 25 de abril. Sem encontrar resistência, os soldados avançaram rumo à entrada de Strehla. A cidade parecia deserta, mas os russos decidiram não entrar, temendo que os alemães tivessem preparado uma emboscada. Estranharam, achando até um tanto irritante, ver os soldados do pelotão de Kotzebue entrar sem oposição em Strehla, saudados pelos moradores como salvadores. O comandante russo, o tenente Grigori Goloborodko, lembraria 25 de abril como "o primeiro dia em que nossos homens podiam caminhar sem ter que se agachar".[9] Eles tinham passado tanto tempo deitados em trincheiras e rastejando pela lama que suas fardas estavam ficando esfarrapadas, principalmente nos joelhos e cotovelos.

"Os americanos ficaram espantados porque não usávamos capacetes", recordou o sargento Alexander Olshansky.[10] No Exército dos Estados Unidos, o uso de capacetes era uma medida obrigatória de segurança. Os soldados do Exército Vermelho consideravam esse equipamento um estorvo inútil, especialmente durante uma ofensiva. De acordo com seu raciocínio, os homens da infantaria tinham mais probabilidade de ser atingidos por estilhaços do que por balas. Capacetes pesados de metal atrapalhavam a visão e prejudicavam a mobilidade numa luta. Os russos ficaram bem mais impressionados com as baionetas nos rifles dos americanos, mas se desapontaram quando seus aliados admitiram que nunca as usavam em combate — somente como abridores de latas.

As realizações do Exército Vermelho no campo de batalha baseavam-se numa total indiferença pela vida humana. A 69ª Divisão de Infantaria americana passara apenas 65 dias em combate durante sua ofensiva de cerca de 1,1 mil quilômetros da Normandia até o Elba; as mortes por todas as causas foram 309, cerca de 2% de toda a sua força operacional. Do outro lado, muitos soldados da 58ª Divisão da Guarda de Rifles haviam enfrentado combates quase ininterruptos desde a invasão da Rússia pelos nazistas, em junho de 1941. Eles foram abrindo caminho a fogo ao longo de 2300 quilômetros do continente, de Stalingrado e Kursk, pela Ucrânia e pela Polônia, até as amargas batalhas finais em território alemão. A divisão havia sido montada e remontada depois de sofrer baixas que se tornaram numerosas demais para serem contadas.

Ao todo, entre o Dia D e o Dia V, as baixas soviéticas superaram as americanas na proporção de cinco para um, pelo menos. O Exército dos Estados Unidos sofreu 11 mil perdas fatais durante sua ofensiva final pela Alemanha, em abril de 1945. Por sua vez, os russos registraram a morte de mais de 78 mil homens apenas na batalha de Berlim.[11] Mais tarde, o marechal Zhukov descreveria o sistema russo de avanço por um campo minado para o general Eisenhower, que teve dificuldade em acreditar no que ouvia. Zhukov explicou que seus homens simplesmente não tomavam conhecimento da existência das minas, avançando como se elas não estivessem lá. Os soviéticos partiam do princípio que as baixas provocadas pelas minas antipessoais não eram mais elevadas que as causadas no curso normal de combate, pela artilharia e pelas metralhadoras do inimigo. Guerra e mortes estavam sempre associadas. Depois que os soldados da infantaria tinham passado por um campo com minas e estabelecido uma cabeça de ponte, os especialistas tratavam de deixar o terreno livre das minas destinadas a explodir veículos.

Os comandantes soviéticos de patente inferior à de Zhukov ressentiam-se da atitude condescendente dos generais aliados com apenas uma fração de sua experiência em combate. Os soviéticos escutavam com ceticismo as histórias dos Aliados sobre suas glórias no campo de batalha e mais tarde, às suas costas, riam deles. Um dos oficiais aliados mais ridicularizados pelos russos era o general britânico Sir Bernard Montgomery, que pretendia competir com Zhukov para ver quem chegaria antes a Berlim, mas foi desautorizado por Eisenhower. Os oficiais russos não se impressionaram quando Montgomery se vangloriava de sua grande vitória sobre Rommel em El Alamein, que o britânico considera-

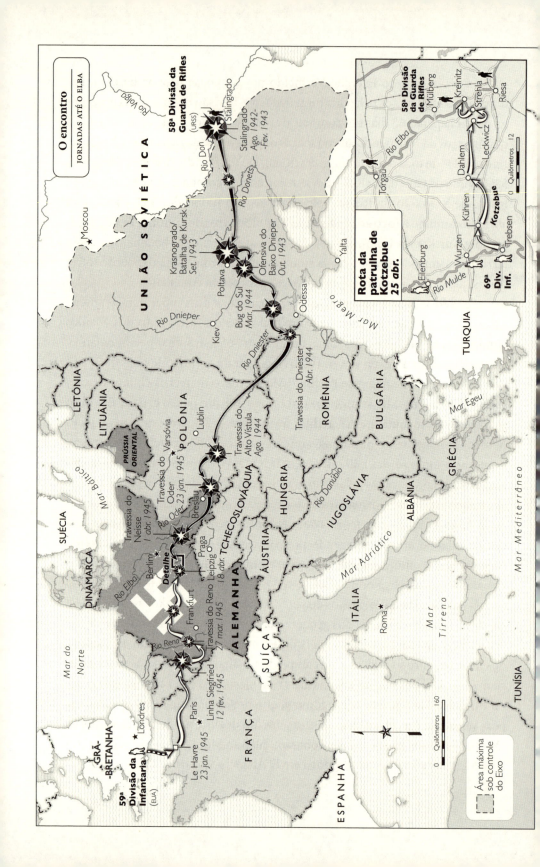

va um momento de virada na guerra equivalente a Stalingrado. Em El Alamein havia cerca de 400 mil soldados dos dois lados, além de 1,5 mil tanques, e ocorreram 45 mil mortes — números impressionantes, sem dúvida, mas certamente bem abaixo das proporções da batalha de Stalingrado (2,1 milhões de homens, 2 mil tanques e 1,9 milhão de mortos) ou de Kursk (1,5 milhão de homens, 6,5 mil tanques, 1 milhão de mortos). Em tom de ironia, os generais do Exército Vermelho indagavam-se quantos títulos de nobreza seriam adequados para comandantes como Zhukov e Konev, "que haviam obtido uma série de brilhantes vitórias de importância muitas vezes maior que El Alamein, tanto em seus resultados como em suas dimensões".[12]

Depois de batalhas árduas em toda a ofensiva até Berlim e o Elba a partir de Kursk e Stalingrado, os soldados soviéticos se julgavam merecedores de alguma recompensa tangível. Suas casas e aldeias tinham sido destruídas pelo invasor nazista: seria no mínimo razoável que recebessem uma justa compensação. Comparada com a Rússia, a Alemanha parecia uma nação de uma riqueza fantástica, mesmo após cinco anos de guerra. Antes de abril de 1945, muitos soldados russos jamais tinham usado um relógio, pedalado uma bicicleta ou possuído um par de sapatos decentes. Para um garoto camponês do Cáucaso ou da Ásia Central, uma casa sem nada de especial numa cidade como Kreinitz ou Strehla dava a impressão de um palácio; um modesto caminho no campo alcançava as dimensões de uma majestosa rodovia; as vacas bem alimentadas da Alemanha não tinham a menor semelhança com os animais esqueléticos de uma fazenda coletiva soviética. Tanta opulência praticamente implorava por uma resposta satisfatória a certa pergunta: se os alemães tinham uma vida tão boa, por que resolveram invadir a empobrecida e oprimida Rússia?

"Como esses parasitas viviam bem!", um tenente russo, Boris Itenberg, escreveu da Alemanha em carta à esposa.

> Vi casas arruinadas, mobília abandonada, calçadas arborizadas com todo o capricho, bibliotecas com livros novos que ainda nem haviam sido lidos e dúzias de outros pequenos sinais de uma vida incrivelmente boa. Nas casas que ainda estão intactas, você ficaria espantada com o que encontraria: cadeiras, poltronas, guarda-roupas. Eles tinham uma vida tão boa. Por que precisavam de mais? Eles queriam uma guerra — e conseguiram a guerra que queriam.[13]

Dmitri Shchegolev, um oficial servindo sob as ordens de Zhukov, teve uma impressão semelhante. Alojado num apartamento nos arredores de Berlim, ocupado anteriormente por um ferroviário alemão, ele escreveu em seu diário, em 28 de abril, que a despensa estava bem abastecida com "carne defumada em casa, frutas em conserva, geleia de morango. Quanto mais penetramos na Alemanha, mais revoltados ficamos com a fartura que encontramos por toda parte. [...] Adoraria arrebentar com meus punhos todas aquelas fileiras de latas e garrafas cuidadosamente arrumadas".[14]

Passar da inveja à raiva e da raiva a crimes contra a população civil tornou-se uma progressão lógica para muitos soldados do Exército Vermelho. Eles recordaram as palavras de Ilya Ehrenburg: "Não conte os dias, não conte as verstas, conte apenas o número de alemães que você matou". O conhecido propagandista os incentivava a não manifestar "o menor tipo de piedade" em relação ao inimigo alemão derrotado, um conselho que eles seguiram literalmente. Uma médica do Exército Vermelho relatou que com frequência ouvia soldados comentando "como é agradável ver uma bela Frau chorando em nossos braços".[15] Quando ela perguntou se eles "recompensavam" a mulher alemã por sua companhia, a resposta típica era: "Será que ela precisa mesmo de mais um grama de presunto?". O poeta Boris Slutsky, que serviu como o oficial político de um pelotão da infantaria, acreditava não haver "necessidade de justificar" atos de crueldade contra alemães. "Esta não é a hora de falar em Lei e Verdade. Os alemães foram os primeiros a escolher o caminho entre o bem e o mal. Que eles sejam pagos na mesma moeda, cem vezes mais."

A ânsia por butins de guerra prevalecia sobre qualquer consideração de ordem moral. "Primeiro vamos reduzir os alemães a cinzas, depois podemos voltar a escrever belos livros, teoricamente corretos sobre humanismo e internacionalismo", disse um comandante soviético a seus oficiais na Prússia Oriental. "Mas agora o que precisamos é que os soldados tenham disposição de continuar lutando. Isso é o mais importante."[16] Um decreto assinado por Stálin em dezembro de 1944 foi amplamente interpretado como um convite ao saque. Permitia que os soldados enviassem pacotes mensais às suas famílias pesando até cinco quilos. Para os oficiais, a permissão era de dez quilos, e para generais, de dezesseis quilos. "Nossa gente, como um bando de hunos, avançou sobre as casas", escreveu um capitão do Exército Vermelho à família, no mês seguinte à captura de Gumbinnen, na Prússia Oriental. "Em questão de horas, apartamentos maravilhosamente decorados, casas riquíssimas, foram destruídos e agora parecem um depósito de lixo, em que quadros rasgados misturam-se com o conteúdo de jarros quebrados de geleia."[17]

Alguns oficiais ficavam espantados com o que viam. Quando as tropas russas aproximavam-se de Berlim, um propagandista do Exército Vermelho, Georgi Solyus, registrou uma série de impressões marcantes em seu diário pessoal:

> Pilhagem por toda parte. Carros, Studebakers, empilhados até o teto com material saqueado. Um saque selvagem, no verdadeiro sentido da palavra. Mulheres sendo estupradas. É terrível escrever isso. É a violência primitiva destruindo todo tipo de disciplina. Quase todos os edifícios estão em chamas. Fumaça e fuligem deixam tudo escuro. As paredes desabam, esmagando as pessoas, mas nada disso detém os soldados. Eles invadem as casas como antes, vão aos porões, às adegas, levando tudo consigo, arrastando, arrastando. E já não se trata apenas de soldados da linha de frente, mas de auxiliares, motoristas, gente que tem como levar as coisas embora. Se o soldado da linha de frente pega alguma coisa, ele pega relógios, anéis, vodca.[18]

Não demorou muito para que os relatos de saques e estupros chegassem até os americanos, na margem ocidental do Elba. A reação apavorada da população civil alemã à aproximação do Exército Vermelho foi um primeiro sinal dos terríveis acontecimentos que se desenrolavam do outro lado do rio. À medida que novas unidades americanas abriam caminho até a recente linha de demarcação, eram praticamente atropeladas por uma "enorme massa de refugiados, atordoados e sem a menor organização [...] a pé, em bicicletas, carroças, vagões e qualquer outro meio disponível".[19] O movimento dos refugiados era quase sempre no mesmo sentido: do leste para o oeste.

Enquanto soldados americanos e russos davam tapinhas nas costas uns dos outros nas margens do Elba, no final de abril, a 1,6 mil quilômetros de distância, na Ucrânia central, uma grande experiência de cooperação militar entre Estados Unidos e União Soviética estava chegando a um desfecho amargo e que não seria lamentado. As relações entre os Aliados em tempo de guerra, que já não eram boas, tinham afundado ainda mais na base aérea americana em Poltava, inaugurada ao som de fanfarras menos de um ano antes. Saudados pela imprensa como embaixadores da boa vontade na Rússia de Stálin, centenas de pilotos americanos viram-se sob vigilância constante da polícia de segurança da NKVD. Seus aviões estavam detidos no solo devido a infrações dos regulamentos, que proibiam voos fora do território soviético. Os oficiais de ligação russos agiam como se esperassem que um conflito irrompesse a qualquer momento — não com os alemães, que já estavam derrotados, mas com seus aliados americanos. Àquela altura sem contribuir mais para o esforço de guerra, levados ao ostracismo por seus anfitriões soviéticos, os americanos de Poltava faziam piadas, dizendo que haviam se tornado "os bastardos esquecidos da Ucrânia".[20]

Assim como o encontro no Elba, a Operação Frenesi começara num tom otimista e bem-humorado. Construir uma base aérea americana em território soviético parecia uma ótima ideia quando o tema foi aventado, no início de 1944. A nova pista de decolagem e aterrissagem tornaria possível a pesados bombardeiros B-17 estacionados na Inglaterra e na Itália atacar alvos alemães antes fora de alcance. Em vez de serem obrigados a fazer a volta sobre a Alemanha, as Fortalezas Voadoras poderiam simplesmente seguir até a Ucrânia, despejando suas bombas durante o percurso. Esse tipo de manobra aérea para operações de bombardeio produziria também dividendos políticos. Ao trabalhar em conjunto, as equipes de solo mistas, de americanos e russos, ganhariam experiência que lhes permitiria realizar operações aéreas conjuntas contra o Japão. Essa colaboração simbolizaria a unidade e a força da aliança contra o Eixo, refutando as alegações do chefe da propaganda nazista, Joseph Goebbels, de que uma ruptura entre soviéticos e americanos era inevitável.

A primeira força aérea operando nessas condições, constituída por 129 unidades B-17 chegou em 2 de junho de 1944, depois de um ataque bem-sucedido a um pátio de manobras ferroviárias na Hungria. O triunfo transformou-se em tragédia três semanas mais tarde, quando um avião alemão de reconhecimento perseguiu até Poltava uma esquadrilha de Fortalezas Voadoras que voltava de um bombardeio sobre uma refinaria de petróleo nas proximidades de Berlim. Naquela noite, uma grande esquadrilha de bombardeiros Heinkel 111 surgiu sobre a base aérea. Um grupo de repórteres de Moscou, a postos para testemunhar um magnífico exemplo de cooperação entre soviéticos e americanos, encolheu-se de medo em trincheiras enquanto cinquenta B-17 explodiam à sua volta na pista coberta de aço, juntamente com 1 milhão de litros de combustível de avião. Como queria limitar o número de pessoal militar americano em Poltava, Stálin não autorizara a permanência de caças Spitfire na base aérea. As equipes antiaéreas soviéticas, formadas principalmente por mulheres, sofreram pesadas perdas ao atirar nos intrusos com muita coragem, porém pouca eficiência. "Meu Deus, se pelo menos a gente tivesse alguns Spitfires", queixou-se um piloto americano furioso, enquanto seu avião se incendiava. "Eles acabavam com aquele lixo lá no alto em dez minutos, e iam perseguir o que sobrasse até a Alemanha."[21] Os americanos admitiram que a defesa soviética atuara corajosamente, mas criticaram o sistema político que deixara os russos expostos a um ataque alemão devastador.

Seguiram-se mais decepções. Após muitas recusas, Stálin por fim concordou com uma única remessa de suprimentos como assistência ao Levante de Varsóvia, em setembro de 1944, mas a medida chegou tarde demais para ajudar os rebeldes. A maior parte do material atirado do avião caiu fora do alvo; suspenderam-se então as operações durante o inverno. Ao longo dos meses seguintes, as relações entre americanos e russos deterioraram-se muito. Os pilotos americanos irritavam-se com as restrições que lhes eram impostas pelos soviéticos e começaram a efetuar missões não autorizadas; os russos queixavam-se de que alguns americanos eram antissoviéticos; funcionários russos invadiam depósitos americanos; por sua vez, americanos arranjavam encrenca por dirigir de maneira imprudente em Poltava. Uma operação projetada para ser um exemplo da cooperação aliada acabou transformando-se num caso típico de choque cultural e ideológico.

A simples presença de centenas de pilotos estrangeiros em território soviético era uma ameaça a um regime que almejava controle social e político total. Em nenhuma outra área isso era mais aparente que nas tentativas da polícia de segurança da NKVD, de regular as atividades românticas de rapazes americanos libidinosos. Embora não houvesse proibição formal de namoro entre americanos e garotas locais, esses relacionamentos eram considerados suspeitos. Se uma jovem ucraniana saísse com um americano, invariavelmente seria chamada ao quartel-general da NKVD para um demorado interrogatório.

"Por que você está saindo com um americano?"
"Os homens russos não servem para você?"
"Ele lhe dá presentes?"
"Você está apaixonada por ele?"

"Não percebe que ele só está querendo levar você para a cama?"

"Vocês conversam sobre o quê?"[22]

Os interrogadores da polícia diziam às jovens que elas nunca teriam permissão para casar-se com seus americanos, muito menos para deixar o país com eles. Se elas quisessem continuar com o relacionamento, teriam de espionar os americanos para a NKVD. Antes de serem liberadas, as moças precisavam assinar sob juramento uma declaração prometendo não divulgar informação alguma sobre o interrogatório.

As autoridades soviéticas preocupavam-se especialmente com qualquer pessoa que tivesse passado pela experiência de dois anos da ocupação nazista de Poltava, entre setembro de 1941 e setembro de 1943. De início, muitos ucranianos deram as boas-vindas aos alemães, que viam como libertadores, dando-lhes os tradicionais presentes de pão e sal. Os alemães permitiam a iniciativa privada e acabaram com as detestadas fazendas coletivas, conquistando um sentimento de boa vontade que posteriormente acabariam por perder, como resultado de sua aspereza e crueldade. Quando o Exército Vermelho voltou a ocupar a Ucrânia, centenas de milhares de suspeitos de traição foram fuzilados ou enviados ao exílio. Pessoas que nada haviam feito de desleal eram suspeitas apenas por terem vivido sob domínio estrangeiro; essa gente teria de passar novamente por todo o processo de doutrinação. Uma garota ucraniana sussurrou a seu amigo, um piloto americano, que a NKVD estava decidida a impedir qualquer pessoa de "conhecer a cultura superior de um segundo país estrangeiro". A NKVD temia que o povo de Poltava percebesse que "alemães e americanos têm mais conforto e mais liberdade que os russos".

Os americanos não davam importância aos avisos da polícia secreta sobre o risco de relações sexuais com "prostitutas" locais e faziam piadas sobre a NKVD, dizendo que suas iniciais significavam "No Ketch Venereal Disease".* Suas namoradas ucranianas e russas viviam com medo da polícia secreta, mas com frequência se dispunham a correr o risco de uma demorada pena no gulag em troca de algumas horas de prazer e conforto. "Vou cumprir minha pena de cinco ou dez anos mais tarde, agora tudo que quero é ficar sozinha com meu americano" era uma opinião muito comum.

O mercado negro era outra causa de atrito com as autoridades soviéticas.

---

* "Não pegue doenças venéreas". (N. T.)

Os americanos eram obrigados por lei a trocar seus dólares por rublos segundo a cotação altamente desvantajosa de cinco por um. Negociando no mercado negro, poderiam conseguir entre cem e 250 rublos por dólar. A tentação de aumentar seu poder de compra em 2000% era grande demais para muitos pilotos. Os parques e ruas de Poltava logo se tornaram o cenário de um próspero negócio de mercado negro, envolvendo a troca de cigarros e peças de vestuário dos americanos por câmeras e joias russas. Um estudo realizado por americanos revelou que mais de metade do pessoal da base havia comprado câmeras russas que não teriam condições de adquirir segundo a taxa de câmbio oficial de um dólar por cinco rublos. Os oficiais do Exército Vermelho reclamavam que muitos moradores de Poltava andavam pela cidade com jaquetas de piloto dos Estados Unidos e camisetas de soldados americanos "que eles nem se preocuparam em disfarçar".

As relações tensas entre americanos e russos em Poltava chegaram a uma crise de grandes proporções ao fim de março de 1945, provocada por acontecimentos que pouco tinham a ver com as operações da base aérea. Os russos acusaram um piloto americano, que fez uma aterrissagem forçada na Polônia, de tentar levar ilegalmente um dissidente polonês para o exterior. Em outra ocasião, um sargento russo insatisfeito embarcara rumo à Itália num avião americano que foi obrigado a descer na Hungria. Os dois incidentes foram mais o resultado de disciplina militar frouxa do que propriamente uma quebra em alto nível de acordos feitos com os russos. Os passageiros clandestinos foram logo entregues às autoridades soviéticas, mas isso não foi suficiente para apaziguar os russos, que exigiram corte marcial para os responsáveis. Para a mente sempre desconfiada de Stálin, ficou claro que a aviação militar americana estava sendo usada "para fins escusos": os aviões com certeza estavam "enviando suprimentos, equipamentos de rádio sem fio e agentes [do governo londrino] ao movimento clandestino polonês".[23] Para deixar clara sua insatisfação, ele ordenou que todos os aviões americanos voando sobre territórios controlados pelos soviéticos fossem forçados a aterrissar. Até mesmo prisioneiros de guerra feridos foram impedidos de sair de Poltava.

O comandante soviético em Poltava, o major general S. K. Kovalev, preparou-se para "um confronto armado com os americanos".[24] Num encontro com seus subordinados em 31 de março, ele determinou uma série de "medidas de precaução" para o caso de irromper um conflito:

- Em caso de alerta de combate, o batalhão técnico deverá cercar o campo americano e cortar as comunicações.
- O batalhão de engenharia deverá manter guarda sobre aviões e bombas para evitar manobras diversionistas dos americanos.
- A SMERSH (a contrainteligência do Exército Vermelho) deverá ocupar a estação de rádio americana, impedindo a transmissão de notícias sobre os incidentes.
- Não será permitido a nenhum americano que estiver na cidade no momento do alerta retornar a seu posto. É necessário preparar uma área especial para sua detenção.

Num piscar de olhos, amigos estavam sendo transformados em inimigos.

A situação em Poltava permaneceu nesse impasse durante quatro semanas, até 26 de abril, um dia depois de soldados americanos e russos confraternizarem no Elba. Stálin finalmente concordou em suspender a proibição dos voos, depois que a missão militar americana em Moscou tomou medidas disciplinares contra os pilotos infratores. Os pilotos de Poltava estavam agora livres para partir, com exceção de alguns motoristas que tinham se envolvido em acidentes de trânsito fatais.

Ao contrário de alguns de seus subalternos, Stálin sabia que não podia tratar seus aliados da maneira como lidava com o próprio povo russo. Ele estava calculando um período extenso de paz com as "forças do imperialismo" — ou pelo menos uma ausência de guerra — para reerguer sua nação esfacelada. Queria garantir empréstimos e créditos dos americanos para a reconstrução, mas não ao custo de enfraquecer seu poder político pessoal. Isso significava a manutenção de relações corretas com os americanos enquanto, ao mesmo tempo, ele os conservava à distância. Era um delicado número de equilibrismo, que se refletia em sua ordem às unidades do Exército Vermelho na Alemanha sobre o modo como deveriam comportar-se com os Aliados ocidentais. Ele orientou os soldados soviéticos a aceitar "polidamente" pedidos de encontros feitos por unidades americanas e britânicas, mas sem "tomar a iniciativa" de organizar tais eventos.[25] Dos comandantes de campo esperava-se que colaborassem com os correspondentes oficiais aliados na definição de uma linha demarcatória estabelecida de comum acordo, mas também que evitassem fornecer "qualquer informação sobre nossos planos ou as atividades de combate de nossos exércitos".

Acima de tudo, Stálin estava determinado a manter um rígido controle pessoal sobre todos os contatos entre russos e estrangeiros. Seus arquivos mostram que, para ele, isso era quase uma obsessão. Relatórios de incidentes envolvendo ocidentais eram habitualmente dirigidos ao *vozhd* para sua informação. Encontros sem prévia autorização eram proibidos, até mesmo conversas triviais precisavam ser explicadas e justificadas. Quando um comandante do Exército Vermelho como Zhukov ou Konev encontrava um general americano do alto escalão, quase sempre era acompanhado por um comissário político que se reportava diretamente a Stálin. Em alguns casos, o ditador queria certificar-se de que os subordinados não estavam ultrapassando os limites de sua autoridade. "Acalmem o camarada Kovalev", ele ordenou, quando ficou sabendo pela SMERSH do alerta militar em Poltava. "Impeçam que ele tome medidas independentes." Mas Stálin tinha outro motivo para suspeitar de oficiais do Exército que tivessem passado muito tempo longe da Rússia: a história dos tsares. Ele era atormentado pelo precedente do levante Dezembrista de 1825, surgido entre oficiais russos desiludidos, contaminados pelas ideias liberais colhidas na Europa Ocidental durante as guerras napoleônicas.

Os riscos políticos de enviar tropas russas para conquistar territórios estrangeiros foram resumidos numa piada que se tornou popular no Leste Europeu no verão de 1945. "Stálin cometeu dois erros: ele mostrou a Rússia à Europa, e a Europa aos russos."[26] Histórias sobre a brutalidade russa envenenaram a mente de milhões de poloneses, alemães e húngaros. Os sinais evidentes de prosperidade ocidental — pelo menos quando comparados com as condições existentes em sua terra natal — levavam os russos a fazer perguntas inconvenientes sobre seu próprio sistema político.

Encerrado em seu gabinete com painéis de madeira, Stálin refletia sobre o problema de como lidar com uma Alemanha derrotada. Ele defendia o comportamento dos soldados soviéticos que cometiam estupros e saques em sua marcha pela Europa. "O senhor, naturalmente, leu Dostoiévski?", ele perguntou, em tom professoral, a Milovan Djilas quando o puritano comunista iugoslavo ousou criticar o comportamento dos soldados do Exército Vermelho em territórios libertados do domínio nazista.

O senhor percebe que coisa complicada é a alma de um homem, sua psique? Pois então, imagine um homem que lutou de Stalingrado a Belgrado — ao longo de milhares de quilômetros de sua própria terra devastada, passando pelos corpos de seus camaradas e entes queridos! Como pode um homem assim reagir normalmente? E o que há de tão terrível quando ele se diverte um pouco com uma mulher, depois de tantos horrores? O senhor imaginou o Exército Vermelho como sendo ideal. E ele não é ideal, nem pode ser [...]. O importante é que ele combate os alemães — e está fazendo bem esse combate, o resto não tem importância.[27]

Stálin precisou de muito tempo para perceber que agir com crueldade sobre um povo conquistado poderia ser contraproducente do ponto de vista político e militar, como ficou claro pela continuação e pela intensidade das lutas no front oriental. O primeiro sinal público de uma mudança nessa política ocorreu em 14 de abril, quando o *Pravda* publicou um editorial criticando Ilya Ehrenburg por sua retórica exageradamente inflamada. Com a manchete "Camarada Ehrenburg simplifica demais", o texto fazia uma distinção entre nazistas e a população civil alemã, insistindo no fato de que o Exército Vermelho jamais tomara a decisão de "destruir o povo da Alemanha". O texto aparentemente vinha como resposta a um artigo de Ehrenburg publicado três dias antes, alegando que "a Alemanha não existe; o que existe é apenas uma gangue gigantesca". Mas na verdade era mais do que isso, significava uma profunda mudança política, autorizada pelo próprio Stálin. Acostumado à adulação dos soldados do Exército Vermelho sedentos de vingança, Ehrenburg ficou arrasado ao ver-se no papel de vítima a ser sacrificada. Suas tentativas de se explicar ao *vozhd* permaneceram sem resposta.

Quase uma semana depois, em 20 de abril, Stálin emitiu uma ordem do dia definindo a nova política:

- Os exércitos devem mudar sua atitude diante dos prisioneiros alemães e da população civil e tratar melhor os alemães.
- O tratamento cruel aos alemães está fazendo com que eles reajam com terror, incentivando-os a resistir de maneira obstinada, recusando-se à rendição.
- A população alemã, receosa de vingança, está se organizando em bandos. Esse tipo de atitude não nos ajuda.[28]

Promulgar uma nova linha para o partido era bem mais simples do que mudar o comportamento dos soldados. Ehrenburg continuou muito popular entre as tropas do front, que o inundavam com cartas elogiosas e perguntavam por que seus artigos não estavam mais sendo publicados. À medida que as tropas do Exército Vermelho abriam caminho até "o covil da besta fascista", os ataques à população civil aumentaram de maneira descontrolada, abastecidos por um amplo sortimento de álcool que a ss e a Wehrmacht deixaram para trás. Historiadores ocidentais calculariam mais tarde que pelo menos 2 milhões de alemãs foram estupradas por soldados soviéticos, muitas delas mais de uma vez. Dezenas de milhares suicidaram-se. A frase "*Frau, komm*"* ganhou um significado terrível para todas as mulheres alemãs. Os oficiais soviéticos que desejavam manter ordem e disciplina foram incapazes de deter a orgia de violência. Um comandante soviético relatou a Beria em 11 de maio que "a ordem do camarada Stálin sobre a necessidade de tratar melhor os alemães" tivera pouco resultado. "Até agora, infelizmente, não houve nenhuma redução nos saques à população local e tampouco no estupro de mulheres alemãs."[29] O ódio não era algo que pudesse ser ligado e desligado como quem abre e fecha uma torneira.

À medida que se aproximava o dia da vitória, Stálin se viu forçado a resolver um enigma perturbador, do ponto de vista político e militar. Seus exércitos tinham arcado com a maior parte da luta contra o inimigo nazista: eles haviam "arrancado as tripas do Exército alemão", na frase de Churchill. As perdas alemãs nos combates do front oriental eram mais do que três vezes superiores às baixas ocorridas no front ocidental. O Exército Vermelho matara pelo menos 800 mil do 1,2 milhão de soldados alemães que tombaram no auge das batalhas pelo território da Alemanha, entre janeiro e maio de 1945. Por critérios puramente de combate, o típico soldado soviético era superior à média dos soldados americanos ou britânicos. Mas as guerras não são vencidas apenas no campo de batalha. São uma disputa entre ideologias, sistemas econômicos, modos de vida e todo o conjunto do potencial industrial-militar. A sociedade que for mais forte — quando se combinam todas as dimensões — será no final a vencedora. O Exército americano não podia se comparar ao Exército soviético quando se levava em conta o número de alemães mortos, mas era infinitamente superior quanto à capacidade de conquistar a confiança dos derrotados. Não havia

---

* "Venha, mulher." (N. T.)

equivalência moral entre os dois exércitos. O fato de que os Aliados ocidentais chegaram ao fim do conflito com 5 milhões de alemães como prisioneiros de guerra, em comparação com os 3 milhões capturados pelo Exército Vermelho, já era uma notável indicação do rumo que os acontecimentos estavam tomando.

Enquanto Stálin havia demonstrado que seus exércitos conseguiam conquistar enormes extensões de território, ele ainda precisava provar que seria capaz de obter a lealdade dos povos "libertados". Até aquele momento, havia pouquíssimas indicações de que alemães, poloneses, húngaros e romenos se submeteriam de bom grado à dominação de Moscou. Sem certo grau de consentimento popular, porém — ou pelo menos de aceitação —, Stálin só seria capaz de manter o controle soviético sobre esses territórios por meio da coerção e do terror. Seriam necessários também muros e cercas para controlar o movimento da população: do contrário, os moradores do Leste Europeu simplesmente se expressariam com os pés e fugiriam para o Ocidente. De uma ou outra maneira, o ditador estava determinado a não abrir mão de suas conquistas.

A disposição de recorrer à brutalidade extrema havia sido essencial para o sucesso do Exército Vermelho; agora isso estava se tornando uma fraqueza fatal. A luta militar logo seria superada por uma batalha de caráter ideológico. Como o próprio Stálin já constatara em suas instruções aos comandantes soviéticos que se preparavam para ocupar Berlim, "a Alemanha foi conquistada militarmente, mas precisamos ainda conquistar as almas do povo alemão".[30] Ele descrevia um novo tipo de disputa — pelos corações e mentes dos europeus comuns —, que dominaria a política internacional por quase meio século, opondo a tradicional confiança russa na força bruta e na autoridade centralizada à crença americana na liberdade individual.

12. Vitória — *8 de maio*

"A guerra ainda não acabou", repetia Stálin, com irritação na voz, depois de receber notícias da rendição incondicional da Alemanha em ambos os fronts, oriental e ocidental. O *vozhd* estava em seu gabinete do Kremlin, cercado por seus comandantes militares.[1] Todos no gabinete concordaram que os alemães precisariam assinar os documentos de rendição em Berlim, a capital do Terceiro Reich, ao país que "mais tinha contribuído para a vitória". A Grande Guerra Patriótica não haveria de se encerrar com uma modesta cerimônia em alguma escola de tijolos vermelhos de uma cidadezinha qualquer no interior da França.

Desconfiado como sempre, Stálin estava furioso com os Aliados por lhe apresentarem como *fait accompli* os termos da rendição alemã nas primeiras horas de 7 de maio. E ficou mais furioso ainda ao descobrir que um general do Exército Vermelho, de nome Ivan Susloparov, tinha assinado o documento em nome da União Soviética. "Quem diabos é esse famoso general russo?", esbravejou. "Ele será severamente punido."[2] Descobriu-se que o desafortunado Susloparov era um oficial soviético de ligação cedido ao quartel-general de Eisenhower. Ele telegrafara a Moscou pedindo instruções quando generais alemães chegaram a Reims em 6 de maio com uma proposta de rendição, mas não recebeu resposta até o momento da cerimônia de rendição. Como a rendição era incondicional, decidiu assinar o documento por iniciativa própria. Para sua sorte, acrescentou ao documento uma ressalva, frisando que qualquer um dos Aliados tinha o direito de insistir numa cerimônia separada. Pouco depois, recebeu uma mensagem de Moscou orientando-o a não assinar documento nenhum.

Caminhando de um lado para o outro sobre o tapete verde de seu gabinete, Stálin acusou os governos ocidentais de tramar um "acordo escuso" pelas suas costas. Ele não renegaria a rendição de Reims, mas tampouco a reconheceria. A capitulação da Alemanha teria que ser tratada como "um fato histórico da maior importância", devendo ser ratificada no "local onde se originou a agressão fascista". Num telefonema a Berlim, Stálin ordenou que Zhukov tomasse as providências necessárias. Truman e Churchill não viam necessidade de outra cerimônia de rendição, mas não estavam dispostos a discutir com seu aliado na vitória.

Como não conseguia encontrar um edifício intacto no centro da capital nazista, Zhukov teve que se contentar com o refeitório de uma escola militar de engenharia no subúrbio de Karlshorst, região leste da cidade. Ele conduziu os representantes aliados ao refeitório à meia-noite de 9 de maio. Eisenhower foi representado por seu delegado britânico, o marechal do ar Arthur Tedder. Stálin despachara de Moscou seu habitual solucionador de problemas, Andrei Vyshinsky, com o objetivo de ficar de olho em Zhukov. Os vitoriosos sentaram-se a uma longa mesa coberta com feltro verde. Poucos minutos depois, os representantes alemães foram levados ao salão. Os rostos dos russos exprimiam indignação, contentamento e uma grande curiosidade enquanto os homens que haviam causado tanta destruição a seu país instalavam-se diante de uma mesa menor como escolares indisciplinados. Eram liderados pelo chefe de gabinete de Hitler, Wilhelm Keitel, que quatro anos antes aceitara a rendição da França. Completamente a caráter, de monóculo e carregando um bastão, o marechal de campo, de rosto avermelhado, parecia perfeito no desempenho do arrogante oficial prussiano, exceto pelo fato de que sua mão tremia ao assinar os instrumentos de rendição. Zhukov notou seu "aspecto abatido".[3]

O banquete da celebração estendeu-se por toda a noite, com brindes infindáveis à amizade entre soviéticos, americanos e britânicos. A comida viera de Moscou, e a porcelana e a prataria, de residências alemãs na vizinhança. Os americanos notaram que a toalha de mesa fora "feita de lençóis de linho sobrepostos e que não haviam nem sido alvejados, e os guardanapos não passavam de pequenos quadrados de tecido rasgados dos lençóis". Todos os homens presentes sentiram-se "tomados pela emoção, pela vodca, ou ambas".[4] Zhukov fez uma animada dança russa com Vyshinsky no papel da parceira feminina, comentando mais tarde que os generais soviéticos eram "de longe os melhores dançarinos". Até mesmo Keitel e seus companheiros alemães tiveram o direito de participar da festa, embora numa sala à parte, reservada para os derrotados. Às seis da manhã, os generais aliados e os diplomatas voltaram cambaleando para os seus carros, para uma excursão pela cidade devastada, com seu início no bombardeado teatro de ópera no começo da Unter den Linden, passando pelo outrora radiante hotel Adlon, até as ruínas da Chancelaria do Reich, onde Hitler se suicidara oito dias antes.

As ruas da cidade tinham sido tomadas por soldados do Exército Vermelho que disparavam suas armas numa atmosfera de júbilo e embriaguez. "Todos estão dançando, rindo, cantando", recordou Vasily Grossman, repórter do jornal militar *Red Star*.[5] "Centenas de foguetes coloridos são disparados para o alto, todos fazem saudações com rajadas de submetralhadoras e tiros de fuzis e pistolas." Muitos desses soldados eram o que os russos chamam de cadáveres vivos. Desesperados por álcool, eles encontraram no Tiergarten barris contendo um produto industrial venenoso que se mostrou fatal três dias após ser ingerido. A quebra na disciplina manchou o que de outra forma teria sido considerado um momento singular de grande alegria. "Uma das maiores vitórias em todo o mundo", comentou Grigory Pomerants, um intelectual que servia na infantaria soviética.

> É uma só alegria e uma canção de que todos participam. E nitidamente, em meio ao clima de festa, um sentimento de vergonha. Uma capital do mundo. Grupos de trabalhadores estrangeiros amontoados pelos cantos, voltando à França, à Bélgica, e diante de seus olhos — que vergonha! Soldados bêbados, oficiais bêbados. Sapadores com detectores de minas vasculhando canteiros de flores à procura de garrafas de vinho escondidas.[6]

Civis famintos em farrapos, principalmente mulheres e velhos, esperavam pacientemente em fila para receber um pouco de água extraída com uma bomba. Muitos usavam braçadeiras brancas como sinal de rendição ou de cor vermelha para mostrar que apoiavam o Exército Vermelho. Dependuradas nos edifícios, era possível também ver bandeiras vermelhas soviéticas. Wolfgang

Leonhard, um comunista alemão enviado pelos russos de avião a Berlim para estabelecer uma administração municipal, reparou que várias delas eram "recém-transformadas a partir de bandeiras com a suástica".[7]

O primeiro dia de paz trouxe ao mesmo tempo alegrias e preocupações quanto ao futuro. "Antes eu pensava: será que vou viver?", o cabo do Exército Vermelho David Samoilov escreveu em seu diário. "Agora eu penso: como vou viver?"[8]

A notícia da rendição da Alemanha chegou ao cidadão soviético comum às duas da madrugada no horário de Moscou, uma hora no horário de Berlim, em 9 de maio. O anúncio triunfal foi transmitido pela Rádio Moscou por Yuri Levitan, que noticiara a invasão nazista em junho de 1941 e posteriormente diversas outras derrotas e vitórias. Quando a sonora voz de Levitan saiu do ar, os moscovitas tomaram conta das ruas para encenar a maior manifestação espontânea já vista na capital soviética. Pela manhã, milhões de pessoas espalhavam-se pelo centro de uma cidade coberta por bandeiras e estandartes vermelhos, da rua Gorky até a Praça Vermelha, ao longo do rio Moscou e ao redor das imponentes muralhas de tijolos vermelhos do Kremlin. Naquela noite, Moscou foi iluminada por um magnífico espetáculo de fogos de artifício. Holofotes destacavam as cúpulas douradas das catedrais ortodoxas e as estrelas vermelhas no alto das torres do Kremlin; uma salva de mil tiros ouviu-se pela cidade enquanto aviões, em voo rasante, baixavam as asas numa saudação à vitória; os sobreviventes da Grande Guerra Patriótica dançavam nas ruas e nas praças. "Eles estavam tão felizes que nem precisavam beber", relatou uma testemunha ocular britânica. "Até hoje, nada semelhante havia acontecido em Moscou. Desta vez, a cidade de Moscou deixou de lado toda moderação e comedimento."[9]

Nos alto-falantes presos aos postes de iluminação, retumbavam os acordes do hino nacional soviético, juntamente com "The Star Spangled Banner" e "God Save the King". A embaixada dos Estados Unidos, na praça Manezh, defronte ao Kremlin, logo se tornou foco do entusiasmo popular, especialmente depois que membros da missão militar apareceram fardados na varanda para saudar o povo nas ruas. "Viva os grandes americanos!", rugiu a multidão, quando uma bandeira soviética apareceu ao lado das estrelas e listras que simbolizam os Estados Unidos. "Viva Truman! Viva Roosevelt!"[10] Americanos que se aventuravam pelas ruas eram erguidos e atirados para o alto sem a menor cerimônia. No interior do edifício, os diplomatas americanos não sabiam bem o que fazer diante daquela explosão de amizade em relação a uma "potência burguesa", mesmo sendo um aliado de guerra. As autoridades soviéticas fizeram algumas tentativas, sem muito empenho, para manter o povo longe da embaixada, montando um palanque na extremidade oposta da ampla praça, mas sem resultado. Harriman ainda estava nos Estados Unidos, tendo deixado seu principal assessor, George Kennan, como embaixador interino. O sisudo diplomata de 46 anos ficou "um tanto constrangido" diante de tanta adulação popular, mas sentiu-se na obrigação de agradecer os aplausos da multidão.[11] Por fim, acabou subindo num dos enormes pedestais neoclássicos que adornavam a frente da embaixada e dirigiu-se à multidão em russo:

"Parabéns no dia da vitória! Todas as honras aos Aliados soviéticos!"

Um sargento americano fardado que acompanhava Kennan foi puxado do pedestal e carregado para unir-se às comemorações após "ser jogado, de um lado para o outro por um oceano de mãos, sem nada poder fazer". Ele só voltou à embaixada no dia seguinte. Kennan conseguiu escapar para dentro da embaixada, sentindo-se muito feliz, mas também um pouco triste. Mais tarde naquela noite, ele explicou a um jornalista britânico por que considerava tão difícil compartilhar a alegria espontânea da multidão lá embaixo. A Rússia era um país devastado; o trabalho de reconstrução seria demorado e árduo; a paz jamais poderia corresponder às expectativas exageradas das multidões em júbilo. Olhando para a praça abarrotada mais abaixo, Kennan murmurou: "Eles pensam que a guerra acabou, mas na verdade está apenas começando".[12]

A reação ambivalente era típica do maior especialista americano sobre a União Soviética. Um homem introspectivo, atormentado, capaz de momentos de brilhantismo, George Frost Kennan sempre permanecera afastado do centro dos acontecimentos. De uma família presbiteriana de agricultores que havia se fixado no Meio-Oeste americano, ele se sentiria mais à vontade no século XVIII que no século XX. Em Princeton, recusara-se a ingressar em qualquer clube, um pouco por timidez, um pouco por desprezo pela elite da Costa Leste. Deslocado e distante, era "um estranho no campus, sem ser excêntrico nem ridicularizado e tampouco antipatizado, apenas imperfeitamente visível a olho nu".[13] Para sua grande surpresa, ao deixar Princeton, em 1925, foi admitido no Serviço Diplomático. Decidiu especializar-se na União Soviética, um país com o qual na época os Estados Unidos nem sequer mantinham relações diplomáticas. A inspiração para a escolha veio do exemplo de um primo distante, também chamado George Kennan, que viajara pela Sibéria no tempo dos tsares e redigira uma obra seminal sobre o sistema penal da Rússia. Sem poder ir até Moscou, o jovem Kennan estudou o país a partir de um posto de escuta na capital da Letônia, Riga. Quando Roosevelt reconheceu a União Soviética, em 1933, o novo embaixador em Moscou, William Bullitt, escolheu Kennan como seu intérprete principal e especialista residente em assuntos russos.

Tanto por temperamento como por experiência própria, Kennan era um pessimista, inclinado a ter uma visão sombria das perspectivas das relações entre Estados Unidos e Rússia, pelo menos a curto e médio prazo. Nada do que presenciara em duas longas permanências em Moscou modificou sua opinião inicial de que a União Soviética não era "um aliado ou um associado, de fato ou em potencial" para os Estados Unidos.[14] Como já fizera Tocqueville antes dele, Kennan baseava sua opinião não tanto nos acontecimentos atuais, mas numa análise aprofundada da história, da cultura, dos sistemas políticos e econômicos, da geografia e até mesmo do clima das duas superpotências emergentes. O impulso para a expansão dos russos refletia "a antiga sensação de insegurança de um povo sedentário criado numa planície exposta, situada na vizinhança de povos nômades e agressivos". A necessidade de dominar o vasto território da Eurásia exigia um Estado forte e altamente centralizado. Isso, por sua vez, pressupunha um exército poderoso, capaz de oferecer proteção a ameaças externas, bem como a existência de uma força policial onipresente para suprimir dissensões internas e qualquer indício de influência estrangeira. Desde o tempo de Ivã, o Terrível, até a era de Stálin, os governantes russos preferiram "manter seu povo na escuridão do que esclarecê-lo pelo contato com culturas e ideias do exterior".[15] Mesmo governantes com tendências ocidentalizantes, como Pedro, o Grande, procuravam limitar e controlar os contatos da Rússia com o resto da Europa: sua fascinação era antes com a tecnologia ocidental do que com as ideias políticas do Ocidente.

Embora suas simpatias na grande batalha ideológica com a Rússia soviética evidentemente estivessem com seu próprio país, Kennan tinha uma postura crítica em relação a muitos aspectos do sistema de governo dos Estados Unidos. Ele julgava que os governantes americanos davam atenção demais à opinião pública doméstica, o que interferia na adoção de uma política externa sensata.

Para um político americano, a pergunta mais importante com frequência não era "minha política é eficiente?", mas sim "será que pareço esperto, decidido, de um patriotismo desafiador?". Kennan não gostava da postura moralista presente na política externa americana, a tendência a repreender os governos de outros países por suas supostas atitudes equivocadas. Encarava com desconfiança os grandes slogans que serviam de sustentação ao Pacto do Atlântico e as ideias de FDR para a criação de uma nova ordem mundial a ser erguida em torno das Nações Unidas. Kennan acreditava que os Estados Unidos tinham que permanecer fiéis a seus ideais, mas o país não deveria tentar impô-los a outros povos, com tradições nacionais totalmente diferentes. Detectava na conduta política americana "certa futilidade histriônica, que a levava a perder a eficácia na busca pelos verdadeiros objetivos de interesse nacional; essa postura fazia com que a política degenerasse numa simples tomada de atitudes diante do espelho da opinião pública doméstica".[16] No caso da Rússia, causava-lhe certa angústia a tendência americana de buscar acordos como se fossem um fim em si mesmos, basicamente com o objetivo de evidenciar a união entre os Aliados. Os Estados Unidos tinham se colocado deliberadamente no papel do "pretendente sempre esperançoso".[17] Kennan julgava que seria muito melhor aceitar uma posição de discordância do que "tomar com frequência uma atitude de quem está sempre procurando agradar".

Para Kennan, ficou claro que a União Soviética estava decidida a construir uma zona exclusiva de controle político no Leste Europeu. Os Estados Unidos deveriam recusar-se a apoiar um governo dirigido pelos comunistas na Polônia, mesmo que incluísse uns poucos ministros não comunistas — o que na prática teria importância apenas simbólica —, empenhando-se em criar sua própria esfera de influência na Europa Ocidental. O mesmo tipo de lógica aplicava-se à Alemanha. "A ideia de uma Alemanha governada em conjunto com os russos é uma quimera", ele escreveu em meados de 1945.

> Nossa única opção é conduzir nossa parte da Alemanha — a parte sobre a qual nós e a Grã-Bretanha se responsabilizaram — a uma forma de independência tão próspera, tão segura e tão superior que o setor leste jamais poderá ameaçá-la. [...] Antes uma Alemanha desmembrada na qual o Ocidente, pelo menos, possa atuar como um anteparo às forças do totalitarismo que uma Alemanha unida que volte a levar essas forças ao mar do Norte.[18]

A atitude fatalista de Kennan foi motivo de inúmeras discussões com seus colegas do Departamento de Estado, especialmente com seu amigo Chip Bohlen. Embora adotassem pontos de vista semelhantes sobre a natureza da Rússia de Stálin, tendo ambos servido juntos na embaixada em Moscou na década de 1930, suas posturas ao tratar objetivamente a questão não poderiam ser mais diferentes. Indicado para a Casa Branca na função de conselheiro de FDR em questões soviéticas, Bohlen era um diplomata mais prático, atento aos desejos e expectativas de seus chefes políticos. Considerava as propostas de Kennan para a divisão da Alemanha em blocos de ideologias opostas "totalmente impraticável" de um ponto de vista tanto político como de relações públicas.[19] "Política externa desse tipo não pode ser feita numa democracia", pontificou para Kennan. "Somente Estados totalitários podem conceber e conduzir esse tipo de política." Ao contrário de Bohlen, pessoa muito sociável, Kennan, com seu temperamento introvertido, não tinha a menor preocupação com a opinião pública. Via as relações soviético-americanas por uma perspectiva implacavelmente analítica, como um exercício intelectual, livre das atribulações irrelevantes da vida política prática.

De volta a Moscou em 1944 como o número dois de Harriman, Kennan sentia-se isolado e pouco valorizado. As restrições a estrangeiros haviam se tornado ainda maiores desde seus primeiros deslocamentos a serviço, que coincidiram com os expurgos stalinistas. Apesar da aliança dos tempos de guerra, os diplomatas americanos eram tratados pela polícia secreta soviética como se fossem "portadores de alguma espécie de praga", devendo manter distância dos cidadãos soviéticos comuns.[20] Era difícil até mesmo conseguir que seus pedidos rotineiros de informação, na qualidade de representante oficial de outro país, fossem atendidos. Tomado de curiosidade sobre a "Rússia real", Kennan misturava-se com as massas nos parques, teatros e nos congestionados trens de subúrbio. O estrangeiro alto, trajando sempre calça, paletó e colete, parecia uma figura deslocada quando tropeçava ou era empurrado por garotos malcomportados, viúvas de guerra e camponesas em suas andanças. Ele tentava imaginar o mundo que lhe permanecia obscuro aliando a seu conhecimento da história russa os fragmentos de conversas que escutava nas ruas. Nessas ocasiões, sentia-se como um "homem sedento" que se atira "numa corrente de água cristalina". Seu anseio por conhecer o *narod*, o mítico "povo" da Rússia, nunca pôde ser satisfeito.

O Palácio Livadia foi construído como residência de verão de Nicolau II, o último tsar da Rússia, e sua família. Durante a Conferência de Yalta, FDR realizou reuniões com seus assessores no solar com vista para o mar Negro, originalmente projetado como dormitório do tsarévitche Alexei, cuja saúde era frágil.

FDR em uma reunião particular com Stálin no primeiro dia da Conferência de Yalta em seu gabinete, antiga antecâmara do tsar. Os governantes estão acompanhados de seus intérpretes, Charles Bohlen (parcialmente encoberto), e Vladimir Pavlov (de costas para a câmera). Fotografia de Robert Hopkins, do comando de comunicação do Exército americano.

As sessões plenárias da Conferência de Yalta foram realizadas no salão de baile do Palácio Livadia, antigo palco das extravagantes festas oferecidas pelo último tsar da Rússia. Na foto, à direita de Stálin aparecem Vladmir Pavlov (intérprete russo, sentado mais atrás), Ivan Maisky, Andrei Gromyko, o almirante Leahy, o secretário Stettinius, FDR, Charles Bohlen (com os papéis), Viatcheslav Molotov (de pé), Arthur Birse (intérprete britânico, de costas para a câmera), Winston Churchill, Edward Bridges, Archibald Clark Kerr, Fyodor Gusev e Andrei Vyshinsky. Alger Hiss está sentado na segunda fileira, entre Stettinius e Roosevelt.

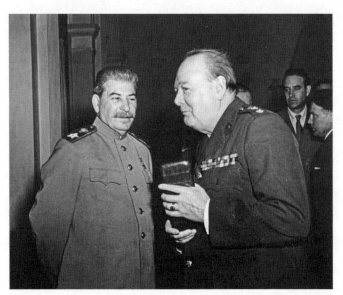

Stálin e Churchill, com sua charuteira favorita, durante uma pausa na conferência. O primeiro-ministro está vestindo uma farda de coronel da Real Força Aérea. Averell Harriman está visível ao fundo.

Quarto usado por FDR durante a Conferência de Yalta. As camareiras soviéticas eram do hotel Nacional de Moscou. Roosevelt era o único membro da delegação americana a contar com um banheiro privativo.

Harry Hopkins (à esquerda) era o conselheiro mais próximo de FDR em Yalta, mas estava quase tão doente quanto o presidente. Já sofria de câncer do estômago, além de uma disenteria provocada pelo excesso de álcool e alimentos gordurosos. Na foto está acompanhado do secretário de Relações Exteriores britânico, Anthony Eden.

A icônica fotografia dos Três Grandes em Yalta. Os oficiais de pé são, da esquerda para a direita, almirante britânico Sir John Cunningham, o almirante Ernest King (chefe de operações navais), S Charles Portal (marechal da Real Força Aérea), o almirante William Leahy (logo atrás de FDR), o g neral Alexei Antonov (comandante do Estado-Maior do Exército Vermelho), Sergei Khudyak (marechal da aviação) e o tenente-general Anatoly Gryzlov (assistente de Antonor).

As "Três Pequenas". Acompanhando seus pais em Yalta estavam (da esquerda para a direita) Sarah Churchill, Anna Roosevelt e Kathleen Harriman.

O secretário Stettinius e seu assessor, Alger Hiss, que mais tarde foi desmascarado como espião soviético. Hiss foi o conselheiro de FDR em Yalta para assuntos relacionados à Organização das Nações Unidas, e foi secretário-geral da conferência de fundação da ONU em San Francisco, em abril de 1945.

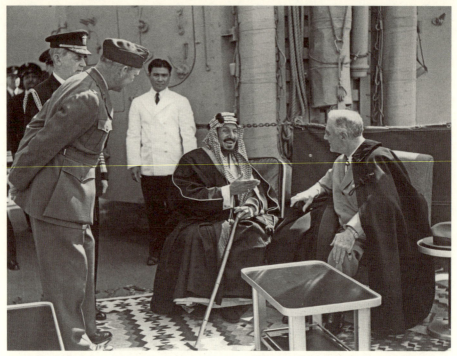

Depois da Conferência de Yalta, FDR viajou até o canal de Suez para um encontro com o rei saudita Ibn Saud no convés do USS *Quincy*. O rei estava acompanhado de seu provador pessoal de café, de seu astrólogo e de um rebanho de oito ovelhas.

Winston Churchill chega para a sessão de abertura da conferência no Palácio Livadia com um chapéu russo de pele e seu tradicional charuto.

Refugiados alemães em Torgau fugindo do avanço do Exército Vermelho. Algumas pessoas carregam mercadorias saqueadas.

Um soldado da 69ª Divisão de Infantaria explica o funcionamento de seu fuzil americano M-1 para seus curiosos camaradas do Exército Vermelho logo depois de atravessar o rio Elba, em 25 de abril.

Soldados soviéticos compartilham uma revista *Yank* com aviadores americanos em Poltava, na Ucrânia.

Um tanque americano cruza com uma carroça de suprimentos do Exército Vermelho a caminho de Berlim.

O general Eisenhower e o marechal Zhukov assistem a um sobrevoo cerimonial durante a visita de Zhukov à base militar aliada em Frankfurt, em 10 de junho de 1945.

Oficiais do Exército americano inspecionam uma "máquina de urânio" nazista em Haigerloch, na Alemanha, descoberta pela Missão Alsos.

Um oficial russo aprecia os artigos disponíveis no mercado negro na boate Femina, em Berlim, em julho de 1945.

Um dos principais pontos de atividade do mercado negro em Berlim era a esquina em frente ao Reichstag, que se tornou um local de encontro para soldados do Exército Vermelho comprarem relógios e cigarros de militares americanos, além de roupas e câmeras de civis alemães.

A praça diante do Portão de Brandemburgo, em Berlim, ainda um cenário devastado pela guerra quando da chegada dos americanos, em julho de 1945.

O secretário Byrnes (à esquerda) com Andrei Gromyko (centro) e Andrei Vyshinsky no aeródromo de Gatow, em Berlim.

Soldados americanos vigiam um ponto de bloqueio no subúrbio de Babelsberg, local usado para abrigar o presidente Truman e os outros delegados da Conferência de Potsdam.

Truman saindo do Palácio Cecilienhof, seguido por Stálin, por sua vez acompanhado por seu guarda-costas, o general Nikolai Vlasik (à direita), mais tarde acusado de manter negociações no mercado negro de Potsdam.

Churchill, Truman e Stálin posam para uma fotografia oficial na Conferência de Potsdam. Churchill moveu sua cadeira para ficar mais perto do aliado americano.

Joseph Davies, ex-embaixador americano em Moscou e enviado especial de Truman a Churchill. Davies recebeu a Ordem de Lênin em maio de 1945 por sua contribuição às "boas relações soviético-americanas".

Byrnes (à esquerda) e Harriman na Conferência de Potsdam, com Bohlen ao fundo fumando um cigarro.

Na varanda da residência oficial de Stálin, no número 27 da Kaiserstrasse, em Babelsberg, em 18 de julho de 1945. Da esquerda para a direita: Byrnes, Gromyko, Truman, Stálin, Molotov.

Hiroshima depois da bomba.

Truman ficou sabendo do sucesso do bombardeio a Hiroshima a bordo do USS *Augusta* mais ou menos ao meio-dia de 6 de agosto, enquanto voltava para os Estados Unidos depois da Conferência de Potsdam. Na foto, ele é visto almoçando com a tripulação momentos antes de receber a notícia.

Kennan sentia-se igualmente frustrado pela falta de solicitações, por parte do governo americano, de seus conhecimentos especializados. Suas opiniões pareciam não ter a menor importância. Era muito raro que os longos relatórios que enviava a Washington recebessem algum comentário. Ninguém pedia sua opinião sobre o futuro das relações entre Rússia e Estados Unidos. Até mesmo Harriman, que Kennan considerava um aliado, falava num tom depreciativo sobre seus elaborados esforços literários. O embaixador achava que seu assessor estava "perdendo tempo com bobagens". Harriman deixava Kennan cuidando da embaixada enquanto dedicava sua atenção a questões políticas de maior importância, no papel de intermediário pessoal do presidente com Stálin. Harriman via seu conselheiro como "um homem que compreendia a Rússia, mas não compreendia os Estados Unidos".[21]

Ignorado em Washington, evitado em Moscou, Kennan decidiu demitir-se do serviço diplomático. Enquanto isso, tinha uma série de despachos a redigir, se não para a burocracia ingrata, ao menos para a posteridade. Logo depois do Dia V, começou a analisar "A posição internacional da Rússia no desfecho da guerra com a Alemanha".[22] Ficou intrigado com um paradoxo surpreendente. Pela primeira vez em seus mil anos de história, a Rússia encontrava-se "sem uma única grande potência que rivalizasse com ela em todo o território eurasiano". A vitória deixara o país "no controle físico de imensas novas áreas desse território, algumas delas áreas até as quais o poder russo jamais havia se expandido". Essas novas conquistas simbolizavam um novo poderio, até então inédito para a Rússia, mas eram também uma fonte potencial de fraqueza e instabilidade. Kennan registrou suas principais vulnerabilidades:

- *Extensão imperial*. As províncias há pouco conquistadas já haviam se provado "indigestas para o tsarismo", e provavelmente seriam também indigestas para os comunistas. Kennan via pouca diferença entre os "generais e comissários de mão pesada atualmente no comando das capitais da Europa Central" e "os sátrapas tsaristas" de um século antes. Revoltas bem-sucedidas dos povos poloneses, bálticos ou ucranianos poderiam "abalar toda a estrutura do poder soviético".
- *Incompetência econômica*. A insistência soviética em subordinar a economia às necessidades do setor militar iam rebaixar o padrão de vida do povo e arruinar setores inteiros da indústria e da agricultura. Esses modelos

funcionaram, até certo ponto, no território russo, onde as expectativas sociais eram modestas. Já quem não era russo mostrava-se menos propenso a "aceitar um padrão de vida tão baixo como o dos povos soviéticos".
- *Contaminação ideológica*. Para controlar seus novos territórios, o governo soviético necessitaria de um corpo de administradores coloniais que corriam o risco de "ser corrompidos pelas amenidades e tentações de uma existência mais confortável e uma atmosfera mais tolerante". O contato com nações e culturas estrangeiras minava um dos alicerces do Estado soviético.

Enfim, a Rússia "provavelmente não seria capaz de manter com sucesso por qualquer período de tempo seu domínio sobre todo o território que hoje pretende reivindicar". A certa altura, seria obrigada a abrir mão de algo. No longo prazo, era quase certo que o mundo ocidental, sob a liderança dos Estados Unidos, haveria de prevalecer — desde que se mantivesse unido e firme diante da agressividade do Kremlin.

A aclamação da multidão que se acotovelava em frente ao número 10 da Downing Street e ao longo da Whitehall ecoavam em seus ouvidos, mas Winston Churchill não se sentia inclinado a participar da euforia do povo. O homem festejado como o maior líder britânico em tempos de guerra estava exausto e apático. Nas suas caixas vermelhas de despachos, acumulavam-se os papéis. Quando chegava o momento de sua soneca vespertina, muitas vezes era necessário que dois fuzileiros navais o levassem numa cadeira até o dormitório no andar superior. A seus assessores, ele dizia que "duvidava ter forças para continuar".[23]

Alguns dos que tinham acesso à casa da Downing Street acreditavam que a letargia do primeiro-ministro era uma característica de sua personalidade. A adversidade trazia à tona o que havia de melhor em Churchill; a vitória roubava a fonte de sua energia. Seus generais brincavam dizendo que "o primeiro-ministro é capaz de marcar cem pontos num jogo de críquete entre seleções nacionais, mas num torneio da segunda divisão é um péssimo jogador".[24] Após cinco anos de desafios a Adolf Hitler, o guerreiro veterano e durão não tinha mais o temperamento adequado à política do dia a dia. Embora houvesse muita verdade nesse diagnóstico, seus conflitos íntimos eram também o reflexo de uma situação internacional cada vez mais tensa. Na visão de Churchill, a ameaça nazista tinha sido substituída pela soviética. A calamidade sempre acompanhava a vitória. *Triunfo e tragédia* seria o título do volume final de suas memórias de guerra. Seu secretário particular, John Colville, empregou uma frase em latim como lema da era que estava se iniciando. *Bellum in Pace*. "A guerra na paz."[25]

O primeiro-ministro demonstrou suas preocupações sobre o mundo do pós-guerra em telegrama enviado a Truman no sábado, 12 de maio, quatro dias depois do colapso final da Alemanha nazista. "Estou profundamente preocupado com a situação europeia", começava.[26] Os exércitos britânico e americano já estavam "se dissolvendo", deixando um vácuo militar que poderia ser explorado pelo poder totalitário do Oriente. "Uma cortina de ferro desceu sobre seu front", queixou-se Churchill. "Não sabemos o que acontece por trás. Parece haver poucas dúvidas de que todas as regiões ao leste da linha Lübeck-Trieste-Corfu logo estarão inteiramente em suas mãos."[27] Outra grande extensão do território alemão, então ocupada pelos Aliados ocidentais do lado oeste do rio Elba, havia sido prometida aos russos em troca de uma parte de Berlim. Em pouco tempo, o caminho estaria aberto para os russos "avançarem, se quiserem, até as águas do mar do Norte e do Atlântico".

Quando Churchill mencionou a "cortina de ferro" baixada sobre a Europa, referia-se mais a uma barreira de informação, que constitui o precursor essencial a um regime totalitário, do que a uma barreira de natureza física. Para impedir a livre circulação de notícias, os soviéticos estavam tornando praticamente impossível que jornalistas e diplomatas dos Aliados ocidentais viajassem pelas áreas sob seu controle. Churchill já havia acusado os russos de cobrir suas ações militares na Polônia com "um véu impenetrável" no telegrama de 16 de março a Roosevelt; duas semanas mais tarde, queixou-se a Stálin do "véu de sigilo [...] lançado sobre o cenário polonês".[28] Stálin refutou a queixa, alegando que os poloneses considerariam a entrada de observadores estrangeiros em seu país como "um insulto à sua dignidade nacional".

O primeiro-ministro passou o fim de semana seguinte ao Dia da Vitória em Chequers, elaborando um pronunciamento nacional sobre a vitória. Juntaram-se a ele sua mulher, Clementine, que acabara de voltar de uma viagem à Rússia, e o filho, Randolph. Churchill estava trabalhando na redação do discurso por vários dias, sendo tomado pela emoção quando abordava os desafios à frente da Grã-

-Bretanha "em anos que não verei".²⁹ Ele finalizou o ditado do texto na noite de sábado, logo depois do habitual filme após o jantar. A certa altura, ficou tão absorvido na própria oratória que colocou na boca a extremidade acesa de seu charuto. "Veio então um acesso de cusparadas e imprecações, mas ele nos garantiu que não tinha queimado os lábios", sua fiel secretária, Marian Holmes, anotou em seu diário. Concluído o texto do discurso, ele relaxou recitando a "Ode à morte de Lord Wellington" ("Grande nos conselhos e grande na guerra/ Capitão supremo de seu tempo"). Havia lágrimas em seus olhos quando ele recitou a parte sobre a morte do homem que derrotou Napoleão.

O primeiro-ministro colocou um tom melancólico em seu discurso de vitória. Admitia que uma fase de comemorações era necessária ao "espírito da nação", mas se preocupava com o fato de que "os simples e honrados propósitos que nos levaram à guerra" corriam o risco de ser "deixados de lado".³⁰ Palavras como "liberdade", "democracia" e "independência" estavam sendo despidas de seu verdadeiro significado. Ele advertiu que "não haverá muita utilidade em punir os hitleristas por seus crimes se a lei e a justiça não se impuserem e se governos totalitários ou policiais vierem a substituir os invasores alemães". Embora evitasse citar abertamente Stálin ou a Rússia, o sentido da advertência de Churchill estava claro. Novos conflitos estavam para ocorrer. Seriam necessários mais sacrifícios para impedir que a Grã-Bretanha caísse na "vala da inércia, da confusão de objetivos, e no temor covarde de ser grande".

Sem que o público soubesse, e nem mesmo seus aliados americanos, o primeiro-ministro estava se preparando para um possível confronto militar com a União Soviética. Pouco depois de seu discurso de vitória, ele recebeu o marechal de campo Montgomery no número 10 da Downing Street. O comandante das forças britânicas na Alemanha registrou que Churchill estava "extremamente irritado com os russos".³¹ Ele deu ordem verbal a Montgomery para que não destruísse as armas dos 2 milhões de soldados alemães que haviam se rendido aos britânicos no fim da guerra, dizendo-lhe que "tudo deve ser guardado, talvez tenhamos que combater os russos com a ajuda alemã". Churchill tomou precauções semelhantes para evitar a rápida desmobilização da Força Aérea britânica, bem como a destruição dos aviões de guerra capturados dos alemães. "Toda redução do Comando de Bombardeiros deve ser interrompida", ordenou em 17 de maio. "Nenhuma aeronave alemã em nosso poder que possa ser útil para finalidades militares, inclusive para fornecer peças sobressalentes, deverá ser destruída pelos alemães ou por nós sem autorização do Gabinete."[32] No dia seguinte, ele disse ao embaixador Fyodor Gusev que a Grã-Bretanha "recusava-se a ser pressionada" e adiara a desmobilização de sua Força Aérea para fortalecer sua capacidade de negociação nas "discussões sobre o futuro da Europa".

Novos problemas de natureza geopolítica vinham se acumulando por todos os lados. Churchill estava decidido a conservar todos os territórios possíveis no lado ocidental de sua cortina de ferro imaginária. Muito mais atento que Truman à ameaça militar soviética, insistia com o governo americano para que exigisse um preço alto pela "enorme área" no lado oeste do Elba que ficaria sob controle soviético em troca da metade de Berlim. O primeiro-ministro preocupava-se com a possibilidade de que os russos e seus aliados se apropriassem de terras em todo lugar que pudessem. Paraquedistas do Exército Vermelho haviam capturado a ilha dinamarquesa de Bornholm, no mar Báltico, num ataque relâmpago no dia 9 de maio, em meio às comemorações do Dia da Vitória. Em Trieste, desenrolava-se um confronto perigoso entre os partisans de Tito e as tropas britânicas sob o comando do marechal de campo Harold Alexander. Não estava claro se o líder iugoslavo estava agindo por iniciativa própria ou com o apoio de Stálin para se apossar do porto italiano da cidade, mas Churchill julgou mais prudente assumir a pior hipótese.

Ele decidiu que deveria também preparar-se para o pior. Poucos dias antes, tinha orientado seus chefes militares a planejar a Operação IMPENSÁVEL, um ataque preventivo ao Exército Vermelho.[33] A data prevista para "a abertura das hostilidades" era 1º de julho de 1945. O objetivo seria "impor à Rússia a vontade dos Estados Unidos e do Império britânico", de modo a assegurar "um acordo justo para a Polônia". Assustados com o pedido do primeiro-ministro, os generais responderam com um documento intitulado "Rússia: ameaça à civilização ocidental". Observaram que o Exército Vermelho tinha duas vezes e meia o total de divisões das forças aliadas do Ocidente somadas. No front central, em volta de Dresden, britânicos e americanos estariam "em desvantagem de um para dois em matéria de blindados e de um contra quatro na infantaria". Mesmo que os exércitos aliados alcançassem inicialmente algum sucesso de caráter limitado, os russos ainda teriam a opção de travar "guerra total" por um tempo prolongado, como haviam feito contra os alemães. As chances de vitória se tornariam "uma quimera" se os americanos abandonassem o projeto. Em resumo, a Operação IMPENSÁVEL era impraticável. "A ideia é claramente fantasiosa, e as chances de êxito são quase impossíveis!", comentou em seu diário o chefe de Estado-Maior imperial Alan Brooke. "Não há a menor dúvida que deste momento em diante a Rússia é todo-poderosa na Europa."

Churchill sentiu-se perdido e abandonado em seu momento de triunfo. Compreendeu que não tinha mais o poder de moldar os acontecimentos por pura força de vontade. Os americanos pareciam não querer mais nada da Europa senão fazer as malas e voltar para casa. Se por um lado ficara impressionado pelo vigor do presidente Truman e sua capacidade de tomar decisões, ao mesmo tempo seu desconhecimento das questões europeias o deixava preocupado. A máquina militar dos Estados Unidos carecia de "indispensável orientação política". Os últimos meses constituíram-se num "hiato mortal [...] um vazio melancólico" em que "um presidente não podia agir e o outro não podia saber".[34] Churchill estava consciente de que nada poderia fazer sem o apoio dos Estados Unidos. Ele se movia em meio ao aplauso das multidões "com dor no coração e a mente oprimida por maus presságios".

Enquanto Churchill ditava seu discurso da vitória em Chequers, Harry Truman estava se acomodando na Casa Branca. Passara as quatro semanas iniciais de seu mandato na Blair House, enquanto a velha mansão dilapidada no outro lado da avenida Pennsylvania era pintada e reformada. Truman sentia-se oprimido pelo trabalho e pelas responsabilidades de seu novo cargo. "Por aqui, as coisas vêm acontecendo numa velocidade fantástica desde 12 de abril", escreveu à sua mãe no Dia da Vitória. "Não se passou um dia sem que uma decisão de grande importância tivesse que ser tomada."[35]

Assim como Churchill, Truman preocupava-se com a deterioração das relações com a Rússia, mas colocava ao menos parte da culpa no inglês. Na visão de um homem do Missouri, Churchill era o exemplo típico do imperialista com "acessos de fúria" quando não conseguia o que desejava. Os assessores da Casa Branca divertiam Truman com histórias sobre a rotina alcoólica do primeiro-ministro: gim e algum drinque amargo ao acordar, champanhe no café da manhã, refeições acompanhadas por várias doses duplas de conhaque. O novo presidente já recusara os pedidos de Churchill nos dias finais da guerra por uma investida vigorosa sobre Berlim e Praga com o objetivo de obter uma posição mais vantajosa nas negociações com os russos. Ele não ia ser manobrado pelos caprichos do "gordo velho que é o primeiro-ministro da Grã-Bretanha".[36]

No domingo, 13 de maio, cinco dias antes do Dia da Vitória, Truman recebeu um telefonema de um velho amigo de FDR chamado Joseph Davies, que na década de 1930 fora embaixador em Moscou. Grande doador para o Partido Democrata, Davies era conhecido como o conselheiro de Roosevelt mais simpático à Rússia. Sua determinação de compreender "o ponto de vista russo" chegava à cegueira deliberada com relação aos crimes do stalinismo. Tendo acompanhado os julgamentos públicos soviéticos de 1937, no auge do Terror, chegara à conclusão de que os réus eram culpados de todas as acusações. Antigo promotor público de Washington, fazia algumas ressalvas aos procedimentos legais, mas ficou impressionado com o "teor consistente"[37] das declarações de altos funcionários do Kremlin que confessaram tudo de que eram acusados, desde arruinar a economia até cometer atos de espionagem em benefício de Alemanha e Japão. Para Davies, os expurgos tinham sido "bem justificados". Ele ficou mais entusiasmado ainda depois de ter conhecido pessoalmente Stálin, de constatar seu comportamento de uma "modesta sinceridade", bem como seus hábitos de uma "absurda simplicidade". Para Davies, "ele dá a impressão de um homem de mente vigorosa, que sabe ser contido e sábio", como escreveu em carta à sua filha Emlen. "Seus olhos castanhos transmitem uma sensação incomum de bondade e gentileza. Uma criança gostaria de sentar-se em seu colo, e um cachorro faria festa para ele." Desde seu retorno de Moscou, em 1938, o ex-embaixador trabalhava assiduamente para promover a amizade entre americanos e soviéticos.

Com o receio de alguma rusga na aliança estabelecida durante a guerra, Davies pretendia ter um encontro pessoal com Truman, para sugerir meios "de manter a situação num clima de harmonia".[38] O presidente disse-lhe para vir logo. Eles se reuniram na sala Oval, no segundo pavimento da residência. Truman estava em mangas de camisa, furioso com a maneira como a imprensa vinha noticiando a crise. Estava especialmente irritado com uma matéria do *Chicago Tribune* revelando o conteúdo de mensagens diplomáticas secretas de Stálin para Churchill e Truman.

MENSAGENS DE STÁLIN ASSUSTAM ALIADOS!
Diplomatas se espantam

WASHINGTON, DC, 11 DE MAIO — O ditador Stálin deixou alarmados os Aliados ocidentais hoje com uma mensagem de rudeza espantosa ao primeiro-ministro Churchill, na qual afirma de maneira categórica não haver possibilidade de cooperação entre Rússia e Grã-Bretanha [...]. O vigor da linguagem de Stálin em seu comunicado de mil palavras a Churchill surpreendeu diplomatas de carreira em [Londres e Washington]. Segundo uma alta autoridade, Stálin acusou Churchill de distorcer a verdade e de não cumprir os acordos celebrados em Yalta. O documento foi considerado um dos mais espantosos em toda a história da diplomacia.

"Esses malditos tabloides estão complicando as coisas", resmungou o presidente. "Estão tornando tudo mais difícil."[39]

A matéria do *Tribune* era sensacionalista e exagerada, mas continha certa dose de verdade. Stálin havia escrito a Churchill em 4 de maio descartando um acordo na questão da Polônia, a menos que o governo provisório dominado pelos comunistas formasse a "base" para o futuro "governo de união nacional". Ele havia enviado a Truman um telegrama mais curto, mas numa linha semelhante, no dia 10 de maio. As duas mensagens equivaliam a uma rejeição sumária da interpretação dos acordos de Yalta feita pelos ocidentais. Longe de recuar diante dos "dois diretos bem no queixo" que Truman pensava ter aplicado em Molotov, Stálin reagira com um contragolpe muito mais forte. Sua posição quanto à Polônia agora não era negociável. Se os Aliados quisessem um acordo, teriam que aceitar os seus termos.

Além das controvérsias sobre o Leste Europeu, Truman também havia se colocado numa posição embaraçosa sobre o programa de ajuda militar aos Aliados. Seguindo os conselhos do Departamento de Estado, assinara uma ordem para cancelar todos os fornecimentos à Europa dentro dos termos do programa, partindo do razoável princípio de que a guerra estava encerrada. Carregamentos de comida, roupas, armas, petróleo e caminhões Studebaker à Rússia e a outras nações europeias a partir de portos na Costa Leste cessaram abruptamente; alguns navios retornaram quando já se encontravam no meio do oceano. Prosseguiram os carregamentos pelo Pacífico a portos no extremo leste soviético, em antecipação à entrada da Rússia na guerra contra o Japão. Os britânicos foram mais afetados que os russos, uma vez que dependiam inteiramente dos carregamentos enviados pelo Atlântico. Mesmo assim, as autoridades russas interpretaram essa decisão como medida endereçada exclusivamente a eles. Ao perceber que tinha "dado a Stálin um motivo de disputa que ele com certeza traria à baila sempre que surgisse uma oportunidade", Truman revogou sua ordem.[40] A assistência seria eliminada progressivamente, e não mais de um dia para o outro. Mas o estrago diplomático já estava consumado.

Mesmo com toda a sua propalada capacidade de tomar decisões rápidas, Truman não conseguia resolver como deveria lidar com os russos. Ele já começava a se perguntar se não teria cometido um erro com a descompostura que aplicara em Molotov. Se havia um princípio guiando suas ações, era o desejo de levar adiante o legado de FDR, mas fazê-lo sempre de maneira adequada não era tarefa fácil. Os acordos de Yalta eram bem mais ambíguos do que ele imaginava originalmente. Truman estava dividido por sugestões conflitantes. Harriman e o Departamento de Estado eram favoráveis a uma política de endurecimento; Stimson e o Pentágono insistiam na necessidade de uma cooperação contínua, nem que fosse apenas para assegurar a participação soviética na guerra ao Japão. Neófito no cargo, o presidente oscilava entre os campos rivais, sem convicção para apoiar nenhum dos dois. Por não ter conhecimento suficiente nem a experiência que lhe permitiria formar um juízo independente, era influenciado por quem quer que lhe batesse à porta.

Desconfiado da "brigada das calças listradas" do Departamento de Estado, Truman recorreu aos antigos conselheiros de Roosevelt. Ele considerava Davies um de "nossos três mais competentes homens de relações exteriores", juntamente com Harry Hopkins e o ex-secretário de Estado Cordell Hull.[41] Davies escrevera um best-seller com o título *Missão em Moscou*, levado à tela num longa-metragem com Walter Huston no papel do embaixador. Filmado em 1943, numa época em que os meios de comunicação dos Estados Unidos comemoravam os êxitos militares soviéticos, o longa-metragem mostrava um paraíso da classe trabalhadora em que as lojas tinham um amplo sortimento de mercadorias, as fábricas produziam grande quantidade de armamentos e nas mesas havia comida de sobra, tudo num ambiente que parecia uma estação de férias nos Alpes. No Departamento de Estado, os especialistas em Rússia consideraram o filme "uma das mais escandalosas peças de propaganda já vistas na tela". A produção adulava a Rússia a tal ponto que quase deixou constrangidos os líderes soviéticos quando Davies os convidou para uma exibição privada no

Kremlin. O comissário da indústria cinematográfica soviética, Ivan Bolshakov, afirmou que os retratos açucarados de "imensos samovares, homens barbudos, dançarinos cossacos, trenós decorados com flores e assim por diante" eram "ingênuos" e risíveis.[42] Stálin, contudo, percebeu a utilidade do ex-embaixador e o condecorou em maio de 1945 com a Ordem de Lênin, por sua contribuição "às relações amistosas entre soviéticos e americanos".

Um milionário de Wisconsin que construiu do zero sua fortuna, Davies parecia uma das pessoas com menos probabilidades de receber a maior honraria concedida pela União Soviética. Era casado com uma das mulheres mais ricas dos Estados Unidos, Marjorie Merriweather Post, herdeira do império da General Foods. Ostentava uma bengala com empunhadura de ouro e estava sempre imaculadamente bem vestido, com frequência num traje de três peças. Seus dentes "reluziam como teclas muito bem polidas de um piano"; os olhos, "chispantes, perscrutadores", movimentavam-se com impaciência.[43] Ele teria preferido um posto de embaixador em Londres ou Paris, mas foi convencido a aceitar a embaixada de Moscou por FDR, pois o presidente acreditava que ele poderia "conquistar a confiança de Stálin". Davies ordenou uma reforma completa da Spaso House antes de sua chegada, em janeiro de 1937, incluindo novas instalações elétricas para o funcionamento dos 25 congeladores de alta potência para armazenar remessas de alimentos que viriam regularmente dos Estados Unidos. Inevitavelmente, o sistema de energia elétrica entrou em pane, estragando quatrocentos litros de creme de leite. Funcionários da embaixada apressaram-se para jogar fora o creme estragado, mas não conseguiram impedir que a história chegasse ao conhecimento da imprensa americana, causando profunda consternação ao embaixador e à sua mulher. Suscetível à adulação, Davies foi festejado em grande estilo por altos oficiais do Kremlin durante os quinze meses de sua permanência em Moscou. Marjorie reuniu uma vasta e valiosa coleção de arte e porcelana russas, em grande parte adquirida de museus estatais, a preços baixíssimos.

A experiência de Moscou convenceu Davies de que a solução para um bom relacionamento com a Rússia estava em encontros face a face entre líderes soviéticos e americanos ou seus representantes de confiança. Ele atribuía pouca importância a profissionais da política externa e burocratas do Departamento de Estado, referindo-se a eles como "uns sujeitinhos".[44] A reação a esse desprezo era ainda mais pesada. Bohlen o descreveu como sendo de uma "sublime ignorância até mesmo das realidades mais elementares do sistema soviético".[45] Com sarcasmo, George Kennan escreveu sobre ter que "providenciar os sanduíches do embaixador" durante os processos públicos de Moscou, "enquanto ele trocava ideias pomposas com os representantes da imprensa sobre a culpa das vítimas".

No encontro com o presidente, Davies disse a Truman que era fundamental desfazer a impressão de Stálin sobre um "mundo hostil, capitalista [...] conspirando" contra a Rússia. A "abordagem dura" jamais daria certo com os soviéticos: eles estavam prontos a "mostrar-se ainda mais duros" com qualquer um que considerassem hostis.[46] As autoridades russas haviam chegado a uma encruzilhada: uma atitude compreensiva por parte das Nações Unidas poderia receber uma resposta favorável do Kremlin, enquanto uma atitude de confrontação poderia ter como resultado "um Napoleão soviético". Somente Truman poderia "resolver a situação".

O presidente estava disposto a um encontro pessoal com Stálin, mas não queria fazer a longa viagem até Moscou. Perguntou a Davies se ele poderia atuar como seu emissário pessoal junto ao líder soviético, como fizera para FDR. Davies ficou lisonjeado, mas teve que recusar o convite, citando sérios problemas intestinais e "ordens médicas" para limitar suas atividades. Mas prometeu escrever uma mensagem em caráter pessoal a Stálin sugerindo um encontro Estados Unidos--União Soviética no Alasca ou na Sibéria. Ele propôs enviá-la por meio da embaixada soviética em Washington, utilizando o código diplomático soviético, passando por cima de Harriman e do Departamento de Estado.

No fim da conversa, Davies sentiu que estava se entendendo bem com Truman. O presidente convidou-o para participar de uma "ceia familiar" informal com sua mulher, Bess; a filha, Margaret; e a mãe, de 93 anos, recém-chegada do Missouri. "Foi uma noite muito agradável", recordou Davies. "Eles formam uma ótima e típica família americana."

Seis semanas após ter assumido a presidência, Truman continuava inseguro. Preocupava-se com a possibilidade de Stálin rejeitar seu convite para um encontro. Impossível, replicou Davies, decidido a sustentar um tom otimista. Truman então falou da "enorme responsabilidade" que herdara e sobre ser "a última pessoa indicada para assumi-la". Conformado com o que o destino lhe reservara, ele disse bruscamente uma série de versos mal elaborados que resumiam os pensamentos sombrios que corriam por sua mente.

Aqui jaz Joe Williams,
Ele fez o melhor que pôde.
É o máximo que alguém pode fazer.
Mas ele era muito lento no gatilho.

13. "A salvação do mundo" — *26 de maio*

A garoa ininterrupta parecia não incomodar o homem de idade avançada de gravata-borboleta e chapéu-coco. Trajando um sobretudo cinza bastante usado com um cerzido na parte da frente, onde havia sido queimado por um charuto, reuniu algumas mulheres de meia-idade e crianças pequenas à sua volta debaixo da chuva. Elogiou a coragem deles ao enfrentar as bombas alemãs e esquivou-se de perguntas sobre a escassez de alimentos. "Eu não vim aqui para prometer cerveja e tira-gostos."[1] Um ônibus vermelho de dois andares passou pelo grupo. O motorista inclinou-se para fora e exclamou: "Grande velho Winnie". O cavalheiro edwardiano tirou o chapéu e com um movimento solene acenou para o ônibus. Quando acabou de falar, a multidão gritou "Hip, hip, hurra!" e cantou "Ele é um bom companheiro".

Era um sábado, 26 de maio, menos de três semanas depois do Dia da Vitória. Winston Churchill decidira convocar eleições. Como dissera a Roosevelt e Stálin em Yalta, ele era o único membro dos Três Grandes que corria o risco iminente de perder o cargo. O momento finalmente tinha chegado. Agora que a guerra na Europa acabara, o Partido Trabalhista havia retirado seu apoio à grande coalizão formada por Churchill nos dias sombrios de 1940. Seguindo a tradição britânica, o primeiro-ministro estava dando início à campanha em seu distrito eleitoral, situado nos subúrbios da região nordeste de Londres. Para propósitos eleitorais, era apenas um dos 640 membros da Casa dos Comuns. O subúrbio de Woodford, que de resto nada teria de notável, agrupado em torno de uma área verde e de um clube de trabalhadores, era onde o líder da Grã-Bretanha durante a guerra submeteria sua atuação ao julgamento dos eleitores. Woodford era o exemplo perfeito de um cenário inglês. "Não se viam bandeiras, não se faziam desfiles como na Alemanha nazista, não havia um trem especial para o presidente, como nos Estados Unidos", observou um repórter americano, "apenas um senhor corpulento segurando na mão direita seu chapéu derby [...] dirigindo algumas palavras hesitantes, sob uma chuva leve, a uma plateia de donas de casa que saíram de manhã para fazer suas compras."[2]

De Woodford, Churchill atravessou Londres de carro até seu retiro de campo oficial em Chequers, para cumprimentar um visitante nada bem-vindo. Depois de declinar do convite de Truman de ir até Moscou para amenizar a situação com Stálin, alegando razões de saúde, Joe Davies ofereceu-se para uma missão em Londres. Ele convenceu o presidente de que seria capaz de "abrir os olhos" de Churchill, um eufemismo para que o primeiro-ministro adotasse uma atitude menos agressiva em relação à União Soviética.[3] O britânico considerava Davies "apenas um amador", segundo Anthony Eden.[4] "Ele é o apaziguador nato [...]. Os mesmos erros e ilusões de Neville C., com a Rússia no lugar da Alemanha." O presidente recém-empossado não via problema em escolher o homem que acabara de receber a Ordem de Lênin como seu emissário à Corte de Saint James. Tinha decidido enviar o ex-assessor de FDR Harry Hopkins a Moscou, no lugar de Davies. Se podia despachar o amigo de Churchill para encontrar-se com Stálin, por que não enviar o amigo de Stálin para encontrar-se com Churchill?

Como muitos visitantes estrangeiros, Davies achou o solar elisabetano frio, e se incomodou com as correntes de ar. Castigada pelo clima, a residência de tijolos vermelhos ainda mostrava as marcas da camuflagem feita durante a guerra como proteção contra os bombardeios alemães. Na lareira do Grande Salão, porém, crepitava um fogo convidativo. Winston e Clementine chegaram vinte minutos depois de Davies, com muitas histórias sobre ter de ficar beijando bebês e detalhes sobre campanhas eleitorais. Churchill fez questão de mostrar seu dormitório ao enviado presidencial, onde foi recebido pelo fogo de outra lareira, "um enorme, exagerado bule de chá de cobre polido" e "várias outras indicações da vida rural inglesa".[5] O jantar foi servido às 20h30. Sempre preocupado com sua saúde, Davies avisara que teria de deitar-se cedo, mas a rigorosa rotina de Chequers não podia ser alterada. Era necessário dar atenção aos outros convidados: ao jantar seguiram-se um filme, charutos e conhaque. Foi somente às onze da noite que Churchill enfim convidou Davies a acompanhá-lo à sua pequena biblioteca particular, para uma conversa confidencial. A discussão prolongou-se quase até o nascer do dia em frente ao inevitável fogo da lareira.

"O primeiro-ministro é um dos maiores homens de nosso tempo", relataria Davies mais tarde a Truman, "mas em primeiro lugar e acima de tudo é um inglês. Continua sendo o ministro do Rei que não vai liquidar o Império. Ele ainda é o Grande Britânico de Runnymede e Dunquerque. [...] Não consegui evitar a impressão de que basicamente está mais preocupado em preservar a posição da Inglaterra na Europa do que em preservar a paz."[6]

Churchill sentiu-se imediatamente ofendido quando Davies sugeriu um encontro entre Truman e Stálin antes de uma conferência dos Três Grandes. Como Davies explicou, o presidente estava "em desvantagem" por nunca ter se encontrado com o líder soviético. Era importante desfazer a impressão de que as nações capitalistas estavam "conspirando" contra o aliado comunista. A visão de Churchill sobre a questão era muito diferente. Ele não gostava de ver a expressão "conspirando" aplicada aos encontros de um presidente americano e um primeiro-ministro britânico. Ambas as nações partilhavam de muitos ideais comuns — entre eles o compromisso com a liberdade política — que eram considerados anátema pelos líderes da União Soviética. Nada mais natural, portanto, que coordenassem suas posições entre si. Churchill ficou "surpreso e magoado" por ter sido excluído desse primeiro encontro com Stálin após a vitória. Ele "jamais, jamais concordaria" com esse tipo de arranjo, que tinha toda a aparência de um "acerto" entre russos e americanos.

Foi a vez de Davies sentir-se contrariado. Ele levantou-se e caminhou em direção à lareira, dizendo-se ressentido com as insinuações maldosas contra o presidente dos Estados Unidos. Embora estivesse lá como convidado do primeiro-ministro, não queria "sentir-se obrigado a retirar-se de sua casa". Churchill tranquilizou o emissário, garantindo que sua intenção não foi atingir a honra do presidente. Ele mandou trazer mais um conhaque para si e um pouco de sopa ("um produto sintético, mas muito nutritivo") para seu hóspede.

O mais difícil para Davies foi digerir a hostilidade de Churchill em relação a Stálin e à Rússia. "Senti dificuldade em acreditar no que ouvia", ele se queixou mais tarde em seu diário. "Tive a impressão de estar ouvindo GOEBBELS, GOERING e HITLER. Era aquela velha cantilena deles de que a Europa precisava ser salva dos bolcheviques, e da ameaça comunista, e que a Alemanha e HITLER eram os salvadores da Europa etc." Sem o menor tato, Davies sugeriu que para Churchill seria melhor morrer "no auge de sua contribuição à independência e à liberdade, antes que ele acabasse concluindo que HITLER estava certo". A resposta de Churchill não foi citada. "Foi coisa pesada", recordou Davies. "Mas ele não se conteve — e eu tampouco. Nós dois ficamos bem exaltados."

Conduzindo o hóspede até seu dormitório às 4h30 da madrugada, Churchill manifestou seu prazer em conversar com alguém "com uma visão tão incomum dos acontecimentos". Davies, sempre pronto a aceitar bajulações, não foi capaz de perceber o sarcasmo. Ele recorreu ao seu estoque de superlativos como forma de retribuir ao que havia considerado um elogio: "Boa noite, Sir Winston, o Maior Inglês de Todos os Tempos, que vive os sonhos de Shakespeare, e que traduz em realizações tudo que os grandes ingleses ensinaram". Churchill disse a amigos mais tarde que "precisava de um banho para livrar-se de toda a babação" do americano.[7]

Davies teve uma noite agitada. Procurando um banheiro, acabou abrindo por engano a porta do quarto de outro hóspede. Ficou vagando pelos corredores às escuras, com uma vela na mão, até finalmente encontrar um toalete, escondido por trás de uma tapeçaria. Às onze da manhã, ainda em seu robe, foi chamado ao dormitório do primeiro-ministro. Churchill estava instalado na cama, lendo telegramas. Ele ainda estava "aborrecido e preocupado" pela conversa da noite anterior. O primeiro-ministro antecipava um desastre se as tropas americanas saíssem da Europa. Davies teve de ouvir mais outro "monólogo de censura aos russos" durante o almoço, com advertências sombrias sobre "os métodos policiais por trás da Cortina de Ferro". Dessa vez, o emissário de Truman preferiu manter-se em silêncio. Sem conseguir explicar a desconfiança de Churchill em relação a Stálin, concluiu que de algum modo ela estava ligada à "eleição que se aproxima".

Churchill, por sua vez, ficou tão perturbado por suas discussões com Davies que escreveu uma longa carta a Truman lembrando-o do relacionamento especial entre os dois países de língua inglesa. Ele recusava-se a aceitar a ideia de que os Estados Unidos deveriam tratar Grã-Bretanha e Rússia de modo igual, como "duas potências estrangeiras, seis de um lado e meia dúzia do outro, com as quais os problemas da recente guerra teriam de ser ajustados".[8] Para o primeiro-ministro britânico, as "grandes causas e princípios pelos quais Grã-Bretanha e Estados Unidos sofreram e triunfaram não se resumem à mera questão do equilíbrio de poderes. Na verdade, envolvem a salvação do mundo".

Enquanto Joe Davies atravessava o Atlântico para reunir-se com Churchill, Harry Hopkins estava a caminho da União Soviética para seu encontro com Stálin. Sua comitiva incluía Averell Harriman, de volta a seu posto em Moscou, e Chip Bohlen, que atuaria como intérprete. Sentiam-se completamente perdidos, depois de terem decolado do aeroporto de Orly em Paris logo após o café da manhã, voando rumo ao leste sobre uma sucessão de cidades destruídas, cada uma mais arrasada que a anterior. Segundo os cálculos do navegador, deviam estar em algum lugar sobre a Polônia.

Enquanto o C-87 entrava e saía das nuvens baixas, a trezentos metros de altitude, os passageiros viram o que parecia ser uma das imensas autoestradas de muitas pistas construídas por Hitler. Voando sobre diversos lagos e um amplo palácio com um rombo no teto do tamanho de uma bomba, eles aproximaram-se de uma cidade arruinada, aparentemente deserta. Não havia sinais de vida além de um grande fogo à distância. Nenhum dos edifícios dava a impressão de estar habitado. O navegador informou que a cidade abaixo era Poznan. Harriman e Bohlen, que haviam visitado a Alemanha antes da guerra, reconheceram as ruínas do Portão de Brandenburgo e a Unter den Linden. Estavam sobre Berlim. O palácio destroçado que tinham visto dez minutos antes era Sanssouci, o palácio de Potsdam de Frederico, o Grande.

"É uma outra Cartago", murmurou Hopkins, chocado, ao ver lá embaixo os escombros do Terceiro Reich.[9]

Depois de trazerem a bordo um navegador russo, os americanos chegaram a Moscou na noite de 25 de maio. Na noite seguinte, enquanto Davies iniciava suas conversas ao pé do fogo com Churchill em Chequers, Hopkins era levado à sala de Stálin no Kremlin. Os dois se cumprimentaram como velhos amigos. Lutando para recuperar-se de um câncer no estômago, Hopkins descreveu o derrame sofrido por FDR dois meses após seu encontro com o russo em Yalta. Uma "morte rápida e sem sofrimento" era preferível a arrastar-se como um "inválido totalmente dependente dos outros". O *vozhd* demonstrou solidariedade ao ouvir o relato, lembrando que Lênin também morrera de uma hemorragia cerebral em seguida a um derrame que deixara sua mão paralisada.

O enviado especial passou então para o objetivo da visita: a rápida deterioração das relações entre os Estados Unidos e a Rússia. Truman autorizara Hopkins a utilizar "linguagem diplomática" ou "o taco de beisebol" ao lidar com Stálin, dependendo do modo como avaliaria a situação.[10] Ele preferiu a abordagem suave. Sentado em frente à habitual mesa revestida de feltro do ditador, tentou explicar como funcionava a política nos Estados Unidos. Um presidente americano era obrigado a ficar atento à opinião pública. Sem esse apoio, seria bem difícil para Truman levar adiante a política de cooperação com a União Soviética estabelecida por Roosevelt. Muitos americanos, inclusive milhões de pessoas que haviam apoiado a aliança com a Rússia na época da guerra, estavam se sentindo pouco à vontade com os últimos acontecimentos. Um dos fatos que deixavam os americanos mais desorientados era a incapacidade de se chegar a uma solução sobre a Polônia dentro dos princípios acertados em Yalta. Se as atuais tendências continuassem, "toda a estrutura de cooperação mundial [...] a que o presidente Roosevelt e o marechal haviam se dedicado com tanto empenho para construir seria destruída".

Stálin culpou Churchill pelo impasse. Os "conservadores" britânicos recusavam-se a aceitar "uma Polônia em relações amistosas com a União Soviética", desejando reviver um sistema de cordão sanitário em volta da Rússia. Apesar de sua desconfiança dos britânicos, Stálin não mostrou entusiasmo pela proposta de Davies de um encontro de cúpula entre ele e Truman no Alasca ou na Sibéria. Não era de seu interesse comemorar a vitória sobre a Alemanha nazista num lugar longínquo e insignificante. Como alternativa, propôs um encontro dos Três Grandes na própria Berlim. Assim como Hopkins, Stálin adotou um tom razoável nesse primeiro encontro no Kremlin. Em vez de acusarem um ao outro de má-fé, ambos preferiram manter a conversa num clima vago de generalidades. As verdadeiras negociações seriam feitas mais tarde.

Mesmo assim, Stálin deu o tiro de largada no que haveria de se tornar uma prolongada campanha soviética de desinformação. Em resposta a uma dúvida de Hopkins, expressou a surpreendente opinião de que "Hitler não estava morto, mas escondido em algum lugar". Ele aventou a possibilidade de que o líder nazista teria fugido para o Japão num submarino alemão com grandes quantidades de ouro e alguns de seus mais íntimos colaboradores, inclusive Joseph Goebbels e Martin Bormann. Stálin disse a Hopkins que "não acreditava" nos relatórios de médicos que teriam conseguido identificar os corpos de Goebbels, sua mulher e seus seis filhos pequenos.

Versões posteriores desse mito sobre Hitler, deliberadamente espalhadas por Stálin, levantavam a possibilidade de que o Führer fugira para a Espanha ou Argentina ou que ainda se encontrava na Alemanha, escondido na zona britânica de ocupação. Na verdade, agentes dos serviços soviéticos de inteligência tinham resgatado o corpo carbonizado de Hitler e sua arcada dentária das ruínas da Chancelaria do Reich, em Berlim. Eles enviaram a arcada por avião a Moscou numa caixa forrada de cetim, juntamente com registros de próteses de ouro idênticas às encontradas nos dentes do Führer. Apesar da inevitável confusão envolvendo as circunstâncias precisas da morte de Hitler, em 30 de abril, a equipe soviética que realizou a autópsia não teve dúvida alguma de que encontrara o homem. A autópsia oficial da SMERSH relatando "suicídio por ingestão de compostos de cianeto" foi apresentada a Stálin em 27 de maio.[11] Ele recusou-se a endossar as conclusões de seus próprios peritos e insistiu em lançar uma versão alternativa da história.

Pode ser que o líder soviético simplesmente se divertisse fazendo os serviços de inteligência ocidentais embarcarem naquilo que um historiador da CIA mais tarde descreveu como "uma interminável perseguição sem sentido".[12] Mas a teoria da conspiração era também conveniente para Stálin, deixando-o com uma carta na manga que poderia ser usada mais tarde, se necessário. Se as relações com americanos e britânicos continuassem a se deteriorar, ele poderia culpar os políticos do Ocidente pelo desaparecimento do Führer. A hipótese de que Hitler fugira para a América Latina através da Espanha tinha o objetivo parcial de justificar uma ação dos Aliados contra Franco, vingando desse modo a derrota comunista na Guerra Civil Espanhola.

Havia também um componente doméstico na campanha de desinformação de Stálin. Durante gerações, as famílias russas vinham assustando suas crianças com histórias do mítico *buka* — um monstro escondido debaixo da cama que ia devorá-las caso se comportassem mal. Hitler era o *buka* perfeito. Histórias sobre sua volta iminente poderiam ser usadas para deixar os russos assustados, levando-os a se unirem contra um inimigo comum. Para provocar o medo do *buka* entre o povo, Stálin certificou-se de que seus subordinados espalhassem os boatos sobre a fuga miraculosa de Hitler. Obedecendo a orientações do *vozhd*, o marechal Zhukov reformulou seu relato original de que Hitler havia morrido em seu bunker. No dia 9 de junho, ele declarou a repórteres ocidentais que Hitler "poderia ter fugido [de Berlim] no último minuto", acrescentando num tom de crítica velada: "Cabe a vocês, britânicos e americanos, descobri-lo".[13]

Stálin manipulava da mesma maneira aliados e rivais em potencial, forçando-os a aceitar sua versão da história, exatamente como forçara britânicos e americanos a engolir suas mentiras sobre o massacre de Katyn, e as vítimas dos processos de expurgo a confessar acusações absurdas de espionagem e traição. Em ambos os casos, era possível confiar nas engrenagens do Estado soviético para produzir as provas necessárias. As pessoas que ousassem contradizer "o grande líder e mestre" seriam torturadas até mudarem de opinião. "Hitler está vivo!", berrou um interrogador russo quando o antigo camareiro do Führer, Heinz Linge, tentou descrever o suicídio de seu chefe supremo. "Hitler está vivo!"[14]

Fosse por ser astuto, paranoico e perverso, fosse simplesmente por gostar de incentivar ilusões, Stálin não comentou os fatos concretos a respeito da morte de Hitler com os líderes ocidentais e nem mesmo com seus generais. Pelo contrário, fazia questão de promover uma fantástica teia de mentiras a que os serviços de inteligência soviéticos deram o nome de "Operação Mito".[15]

No auge de seu poder e prestígio, Stálin via perigo por toda parte. Seu país estava em ruínas, com a economia despedaçada pelos quatro anos de guerra. Milhões de cidadãos soviéticos comuns haviam sido expostos à propaganda estrangeira. Como Kennan havia previsto, o *vozhd* não estava nem um pouco confiante em sua capacidade de controlar seu novo império do Leste Europeu. Ele duvidava da lealdade de diversos povos não russos que viviam dentro dos limites geográficos da União Soviética. Grande parte de seu rancor era dirigido contra comunidades pequenas, como os tártaros da Crimeia e os chechenos, que se tornaram alvo de deportações maciças por suspeita de traição. Mas as deportações expandiam-se de modo a abranger representantes de outros grupos étnicos maiores, como ucranianos, bálticos e bielorrussos.

Apesar de precisar do bloco ocidental, Stálin era refratário a ele. Os empréstimos dos Estados Unidos ajudariam na reconstrução da União Soviética. O reconhecimento pelos países ocidentais dos regimes instalados pelo Exército Vermelho simplificaria a tarefa de assegurar o controle político soviético sobre o Leste Europeu. Um entendimento diplomático com Truman e Churchill permitiria à Rússia concentrar-se na reconstrução interna, liberando recursos que em outras circunstâncias seriam gastos em objetivos militares. Ao mesmo tempo, uma aproximação excessiva com os capitalistas envolvia riscos. O primeiro Estado mundial da classe trabalhadora não poderia abrir sua guarda ideológica. Embora fosse importante ser flexível, Stálin não faria nenhum tipo de concessão que pudesse minar seu controle político, tanto internamente como nos novos Estados satélites. Os bolcheviques sempre souberam estabelecer uma distinção nítida entre tática e estratégia. Stálin estava disposto a dar um passo para trás em certas ocasiões, desde que o recuo tornasse possível que no futuro desse dois passos para a frente.

O desafio mais premente era proceder à restauração do país devastado pela guerra, uma destruição bem maior do que aquela oficialmente reconhecida. Com muita relutância, Stálin acabou por aceitar um número de 7,5 milhões de baixas em combate e uma quantidade semelhante de civis mortos. Na verdade, as perdas soviéticas totais estavam provavelmente na casa dos 26 milhões a 27 milhões, dos quais 10 milhões haviam caído no campo de batalha ou sido mortos no cativeiro. A União Soviética perdera em torno de 14% de sua população do pré-guerra e quase um terço de sua riqueza nacional. O catálogo da destruição incluía mais de 1,7 mil cidades, 70 mil aldeias, 64 mil quilômetros em trilhos de ferrovias e 100 mil fazendas coletivas.[16] Muitas cidades haviam sido reduzidas a escombros: em Stalingrado, apenas um edifício permanecera de pé. A produção de aço caíra 33%; a de petróleo, 38%; a de tratores, 76%. Na realidade, a Rússia seria forçada a iniciar novamente todo o seu processo de industrialização. Os avanços conquistados a um custo enorme na década de 1930 haviam sido reduzidos a cinzas.

Depois de décadas de sacrifício, Stálin precisava preparar os sobreviventes da Grande Guerra Patriótica para novos sacrifícios e mais penúria. O valor real dos salários tinha caído cerca de 60% em relação aos níveis já baixos do pré-guerra. As colheitas estavam reduzidas à metade. A fome voltava a ameaçar a nação. Beria enviava regularmente a Stálin relatórios sobre a escassez nas províncias, inclusive o relato de uma camponesa que teria matado a filha e comido o seu cadáver.¹⁷ Da Sibéria chegavam relatos sobre gente que comia a casca de árvores caídas. A morte de tantos jovens na guerra tinha criado um grave desequilíbrio populacional. Nas fazendas e nas fábricas, era necessário recorrer a mulheres e adolescentes para que o trabalho não fosse interrompido. Nas ruas de Moscou e de outras grandes cidades, havia inúmeros homens aleijados, sem um braço ou sem uma perna, locomovendo-se em carrinhos de mão caseiros. Nas comemorações em todo o país pela vitória, em 9 de maio, mulheres dançavam com mulheres para compensar a falta de homens fisicamente capazes.

Se a economia despedaçada constituía um calcanhar de aquiles do sistema soviético, o outro era o nacionalismo reprimido. Mesmo depois de terem derrotado a Alemanha nazista, os exércitos de Stálin continuavam numa luta não declarada e não reconhecida contra revoltosos na Polônia, na Ucrânia ocidental e nos países bálticos. Somente na Polônia, perto de seiscentos soldados do Exército Vermelho morreram em batalhas com remanescentes do Exército Doméstico, que se mantinha leal ao governo no exílio em Londres. No dia 17 de maio, o *vozhd* recebeu um preocupante relatório de Beria, descrevendo a extensão do levante polonês. Unidades do Exército Doméstico "continuavam lutando em muitas partes da Polônia, atacando prisões, unidades da milícia, postos de segurança estatais, bancos, fábricas e organizações democráticas".¹⁸ A NKVD contara 39 "bandos armados" diferentes, formados por mais de 10 mil revoltosos. O governo provisório dominado pelos comunistas era incapaz de controlar a situação com eficiência. Durante os dez primeiros dias de maio, um batalhão inteiro das tropas do Ministério do Interior da Polônia desertara, passando para o Exército Doméstico, devido a boatos de que seus contingentes seriam desarmados. Sete regimentos da NKVD — cerca de 10 mil homens pertencentes a tropas de elite — já estavam combatendo essa rebelião. Beria recomendava que fossem enviados para a Polônia mais três regimentos encarregados de proteger as fronteiras.

As notícias vindas da Polônia confirmavam as hipóteses mais pessimistas de Stálin quanto à natureza precária de seu domínio sobre o Leste Europeu. Tornava-se evidente que não seria possível manter controle sobre os territórios recém-conquistados aderindo aos princípios de eleiçõcs livres e governos de maioria celebrados nos acordos de Yalta. Uma "Polônia forte, independente e com relações amistosas com a União Soviética" era uma contradição em si, ao menos segundo a interpretação que Stálin dava à palavra "amistosas". Por vontade própria, a Polônia jamais haveria de submeter-se ao imenso vizinho situado ao leste de seu território. O poder soviético num país como a Polônia não poderia ser assegurado na base da aprovação popular. Para impor sua vontade em seu império do Leste Europeu, Stálin via-se forçado desde o início a depender do apoio de uma minoria.

Por mais ameaçado que o *vozhd* pudesse estar se sentindo quando se encontrava sozinho com seus pensamentos, sempre que aparecia em público ele projetava uma imagem de absoluta autoconfiança e de força. Em 24 de maio, um dia antes de Hopkins chegar a Moscou, ele presidiu uma esplendorosa recepção em comemoração à vitória no Grande Palácio do Kremlin. Trajando sua farda de marechal, desceu a ampla escadaria de mármore do Salão de São Jorge precisamente às oito da noite sob ensurdecedores brados de "Hurra!" vindos de mil gargantas. Perfilados em homenagem à sua frente, numa série de mesas de banquete, encontravam-se generais, almirantes, líderes do governo e do partido, atores famosos, cientistas, escritores, inventores, heróis de todas as atividades humanas. Os nomes dos mais destacados regimentos estavam gravados em placas fixadas nas paredes, ligando os comunistas ali presentes ao passado tsarista. De pé, debaixo dos brilhantes candelabros na cavernosa câmara adornada com pilares dourados, o filho de um sapateiro da Geórgia bebia sob os aplausos da elite russa e soviética. Em seus 65 anos de vida, tinha passado de seminarista a assaltante no Cáucaso, a *apparatchik* conspirador e a comandante de um império que agora se estendia por metade do mundo. Rosto com marcas de varíola, de baixa estatura, desprovido tanto de carisma convencional como de brilho intelectual, tinha conseguido ofuscar seus antecessores tsaristas em termos de conquistas territoriais e na quantidade de pessoas que exterminara, que só podia ser medida em escala industrial. "É Genghis Khan com um telefone", foi como uma de suas vítimas o descreveu. Ele se apossara do manto de Lênin, assassinara Bukharin e milhões de outros, caçara Trótski, derrotara Hitler e, com suas manobras, passara para trás Churchill e Roosevelt. Foi uma das trajetórias mais extraordinárias da história.

Certa vez, quando lhe perguntaram qual era a experiência mais agradável que poderia imaginar, Stálin falou sobre a satisfação que sentia ao preparar uma armadilha para um inimigo. Depois de escolher seu alvo, ele iria "preparar o ataque, desferir o golpe, e em seguida beber uma garrafa de vinho tinto e ir dormir".[19] A execução seria rápida, mas o processo de planejamento nunca poderia ser apressado. Era etapa por etapa, levando a vítima a uma falsa sensação de segurança antes de aplicar o golpe fatal. Um abraço do ditador podia ser um gesto de estima — mas podia também ser o prelúdio de uma queda abrupta. Enquanto seu olhar passeava pelo salão branco como neve adornado por pilares dourados, via os rostos de rivais em potencial cheios de orgulho pela vitória coletiva. Ele já estava planejando a empreitada seguinte.

Seu número dois na política, Viatcheslav Molotov, atuava como mestre de cerimônias. O comissário de Relações Exteriores convidara Zhukov e os outros marechais para que se unissem à liderança política na mesa principal. Um por um, os oficiais levantaram-se de seus lugares em outras partes do salão, seus corpos curvados pelo peso das medalhas. Ondas de aplausos tomaram conta do recinto enquanto os marechais eram instalados em lugares de honra perto do *vozhd*. Embora Molotov elogiasse os líderes do Exército Vermelho, ele descreveu Stálin como o arquiteto da vitória, "que conduziu e conduz todo o combate".

Stálin reservou para dois homens um elogio especial. Sobre "nosso Viatcheslav", ele disse: "Às vezes, uma boa política externa é mais valiosa que dois ou três exércitos na linha de frente". Em seguida, ergueu sua taça em saudação a Zhukov, o supremo comandante das Forças Armadas. "Abaixo a Berlim de Hitler, viva a Berlim de Zhukov." Suas palavras foram recebidas com sorrisos e aplausos, porém misteriosamente retiradas do registro oficial dos eventos, publicados no dia seguinte pelos jornais. Em seu lugar, a imprensa focalizou o último e mais significativo brinde no banquete da vitória, "ao povo da Rússia".[20] Ele citou os "equívocos" do governo soviético e os dias sombrios de 1941 a 1942, quando o Exército Vermelho teve que recuar antes da vitória sobre os alemães, "porque não havia opção". Expressando-se com seu acentuado sotaque do sul da Rússia, ele descreveu os russos como "a nação mais importante" da União Soviética, o suporte essencial do Estado.

> Em outros países, o povo poderia ter dito ao governo: "Vocês não corresponderam às nossas expectativas, vamos substituí-los por outro governo, que negociará com os alemães e haverá de nos garantir a paz". Mas o povo russo não agiu assim. Ele acreditou que a política seguida por seu governo estava certa e sacrificou-se para assegurar a derrota dos alemães. Essa confiança do povo russo no governo soviético mostrou-se o fator decisivo que garantiu a vitória histórica sobre o inimigo da humanidade, sobre o fascismo. Agradeço ao povo russo por essa confiança.

Um rugido preencheu o salão, prosseguindo por muitos minutos. A comemoração durou mais de nove horas: quando os convidados se retiraram, as cúpulas douradas do Kremlin estavam iluminadas pelos primeiros clarões do amanhecer. O tributo de Stálin ao povo soviético podia ser interpretado de várias maneiras. Em um nível, tratava-se de um notável mea-culpa assumido por um líder supostamente infalível que se recusara a acreditar nas inúmeras advertências de uma invasão nazista e teve de recuar em pânico até sua casa de verão nos primeiros dias da guerra. Em outro, marcava a apoteose da transformação de Stálin de revolucionário bolchevique em nacionalista russo. Ele já não fazia mais distinção entre a União Soviética como mãe pátria do socialismo internacional e a Rússia de Ivã, o Terrível, e Catarina, a Grande. Sob a liderança de um seminarista da Geórgia que abandonara sua fé, o Partido Comunista soviético havia restaurado a verdadeira grandeza da Mãe Rússia. E ainda num outro nível, o discurso podia ser entendido como uma advertência às "nações traidoras" — bálticos, tártaros, tchetchenos e outros. Todos aqueles que deixaram de depositar sua total confiança no *vozhd* enfrentariam uma vingança terrível.

Por fim, e o mais importante, as palavras de Stálin tinham o objetivo de enfatizar o vínculo inquebrável do *vozhd* com o místico e tão sofrido *narod*. Ao elevar a posição do homem comum, ele diminuía a contribuição das elites militares e civis reunidas no Kremlin. O crédito mais significativo pela maior vitória na história da Rússia não deveria ir para os marechais, almirantes e comissários perfilados à sua frente, mas aos homens simples do povo russo, unidos em torno de seu líder.

Stálin e Hopkins tiveram sete reuniões no Kremlin durante as duas semanas do final de maio e início de junho. A experiência de uma negociação face a face com o ditador soviético de algum modo deve ter servido como uma injeção de vitalidade no americano de aparência espectral que poucas semanas antes mal tinha forças para levantar-se da cama. Stálin foi bastante amistoso, mas não se mostrou nem um pouco disposto a fazer concessões significativas. Em sua segunda reunião, no dia 27 de maio, ele partiu para a ofensiva, fazendo uma preleção a Hopkins sobre uma série de ações indevidas por parte dos americanos, indo do súbito cancelamento do programa de ajuda a nações aliadas à admissão da Argentina fascista nas Nações Unidas. O aspecto que mais o preocupava, porém, era a configuração política na Polônia. Ele manifestou uma profunda aversão pelo argumento americano de que os acordos de Yalta propunham a criação de um governo inteiramente novo.

"Qualquer pessoa com um mínimo de bom senso deve concluir que o novo governo deve ser formado com base no governo atual", ele esbravejou. "Os russos são um povo simples, mas não devem ser considerados idiotas. Esse é um erro que os ocidentais cometem com frequência."[21]

De maneira desdenhosa, o *vozhd* não levou em consideração o argumento apresentado por Hopkins, de que a opinião pública americana tornava difícil a Truman resolver a questão polonesa segundo os termos estipulados pelos russos. Ele jamais tentaria usar a opinião pública soviética como "uma justificativa" para suas alegações. Em termos práticos, disse que talvez houvesse a possibilidade de incluir no governo provisório "quatro ou cinco" poloneses que não fossem de Lublin. Essa concessão ainda deixaria os comunistas e seus aliados com quinze ou dezesseis ministros, uma esmagadora maioria. A essa altura, Molotov sussurrou algo em russo a Stálin, que imediatamente tratou de se corrigir. Os poloneses de Lublin estavam dispostos a aceitar "não mais que quatro ministros de outros grupos democráticos".

Incapaz de fazer grande progresso na formação do novo governo, Hopkins lembrou a Stálin suas promessas em Yalta, de assegurar liberdades fundamentais na Polônia e em outras nações do Leste Europeu. Ele citou a liberdade de expressão, a liberdade de associação, a liberdade de ir e vir e a liberdade religiosa. Nesse ponto, o ditador interveio. Essas liberdades, disse a Hopkins, "poderiam ser inteiramente aplicadas apenas em tempos de paz, e mesmo assim com certas limitações". Qualquer governo, e nisso ele incluía o americano, reserva-se o direito de restringir tais liberdades "quando se encontra ameaçado pela guerra". Além disso, mesmo em tempos de paz, "partidos fascistas" empenhados em derrubar um "governo democrático" não poderiam gozar das liberdades garantidas a partidos não fascistas.

Stálin era mestre em levantar objeções às amplas declarações de princípios, tão caras aos corações dos estadistas americanos. Uma vez que ele reservava o direito de definir quem era fascista e quem era democrático, as exceções lhe permitiam fazer o que bem entendesse. Era necessário ter um ouvido bem treinado para apreender todas essas nuances. Quando Hopkins perguntou se a

União Soviética estava disposta a cumprir outras cláusulas dos acordos de Yalta, Stálin tergiversou.

"A União Soviética sempre cumpre sua palavra", ele protestou.[22] Em seguida, murmurou algo em russo que seu intérprete, Vladimir Pavlov, deixou de traduzir.

"Acho que ficou faltando alguma coisa, Pavlov", murmurou Bohlen, que estava servindo de intérprete para Hopkins.

Constrangido, Pavlov acrescentou a ressalva, que serviria para qualquer caso. "Exceto em caso de extrema necessidade."

Stálin tinha se recusado a fazer concessões na questão essencial de quem, afinal, controlaria o governo polonês. Mas ofereceu uma solução para salvar as aparências de seus Aliados ocidentais. Um dos ministros não comunistas do governo seria Stanisław Mikołajczyk, líder do partido camponês, considerado pelos americanos como o mais razoável dos poloneses de Londres. Mikołajczyk, um homem de voz suave e rosto arredondado, seria o fiador das liberdades democráticas na Polônia. Como desconfiava dos russos, estava extremamente pessimista quanto às suas chances de sucesso. Mesmo assim, sentiu-se obrigado a aceitar a proposta de Stálin. Ao voltar à Polônia, atuaria como ponto de convergência dos poloneses contrários ao comunismo, que constituíam a grande maioria do país. Talvez ele pudesse conseguir atenuar a perseguição ao Exército Doméstico, bem como as prisões e deportações dos poloneses que se opunham a Moscou. Na pior das hipóteses, seria uma voz independente.

O acordo final sobre a Polônia ficou muito mais próximo das exigências iniciais feitas por Stálin em Yalta do que das contrapropostas ocidentais. Em troca da nomeação de Mikołajczyk como vice-primeiro-ministro, americanos e britânicos teriam que romper ligações com o governo polonês no exílio em Londres. O pleno reconhecimento diplomático ao governo ampliado de Varsóvia foi concedido em 5 de julho. Desanimado, Churchill admitiu que os ministros não comunistas estavam "numa minoria sem perspectivas" e que havia poucas chances de eleições realmente livres. Porém, sentia-se extenuado por meses de discussões diplomáticas e se viu obrigado a aceitar qualquer acordo que Hopkins fosse capaz de conseguir. Ele pressionou Mikołajczyk para aproveitar "esta última oportunidade de colocar não apenas um pé, mas toda a perna na porta".[23]

No nível pessoal, Stálin esforçou-se ao máximo para ser hospitaleiro com Hopkins, que tinha visitado Moscou nos dias sombrios de 1941, logo após a invasão nazista. Como assessor mais próximo de Roosevelt e arquiteto do programa de ajuda aos Aliados, Hopkins simbolizava os melhores momentos das relações entre russos e americanos. Estava acompanhado pela mulher, enfermeira diplomada que foi levada numa visita aos hospitais de Moscou. De volta à Spaso House, Louise Hopkins regalou os outros convidados com relatos minuciosamente detalhados de uma revolucionária técnica russa para restauração de pênis decepados. A conversa animada durante os coquetéis cessou inteiramente enquanto ela descrevia a miraculosa cirurgia num tom de voz que podia ser ouvido nas áreas mais distantes do salão. "E ele continuou a ter relações sexuais com sua mulher!"[24]

Stálin supervisionava sessões de entretenimento todas as noites para o casal Hopkins, culminando com um jantar de gala no Kremlin em 1º de junho, no qual puderam conhecer de perto a elite soviética. Kathleen Harriman descreveu a cena numa carta à irmã:

> Havia quarenta convidados, que se sentaram a uma ampla mesa que ocupava todo o comprimento do salão de festas de Catarina, a Grande. Os russos estavam divididos em dois grupos bem diferentes: o pessoal culto, de boa aparência, geralmente com barbas curtas e bem aparadas (todos de farda) e os tipos gordos e sinistros com olhos de porco e pincenês. Louie os classificou como os "infelizes". Eles formavam a grande maioria. É assustador tentar imaginá-los oferecendo qualquer tipo de cooperação a estrangeiros.[25]

Depois do jantar, Stálin levou Hopkins a uma sala contígua, onde o emissário americano levantou a questão dos dezesseis poloneses da oposição ao governo de Lublin que haviam sido presos em Lubyanka sob a acusação de terem organizado movimento de resistência ao Exército Vermelho. Hopkins tentou, mais uma vez, explicar a importância da opinião pública na definição da política externa dos Estados Unidos. Se os poloneses fossem submetidos a um simulacro de julgamento, toda a estrutura das relações entre americanos e soviéticos poderia ser ameaçada, comprometendo os avanços já conseguidos na formação de um novo governo polonês. Stálin prometeu examinar o assunto. Os homens ainda teriam que ir a julgamento, mas ele faria tudo que pudesse para que fossem tratados "com indulgência".[26]

No dia seguinte, Stálin enviou seus emissários à Spaso House com um caminhão repleto de presentes para Louise Hopkins. Uma deslumbrante seleção de peles, tecidos caros e joias foi colocada na sala de visitas da residência do embaixador. Louise foi encorajada a levar o que quisesse na volta aos Estados Unidos. Preocupado com acusações de conduta imprópria, Hopkins insistiu para que sua mulher mandasse tudo de volta, ficando apenas com uma pedra semipreciosa, relativamente modesta, dos Urais. Ele mesmo contentou-se com duas grandes latas de caviar. Averell Harriman teve menos escrúpulos quanto ao recebimento de presentes de seus anfitriões soviéticos. Durante o jantar do Kremlin, ele contou a Stálin que era um ótimo cavaleiro e manifestou admiração por um magnífico garanhão marrom montado pelo chefe de Estado-Maior do Exército Vermelho durante a parada de maio. O *vozhd* imediatamente presenteou Harriman com o cavalo, além de uma segunda montaria para Kathleen. O embaixador multimilionário aceitou os animais como uma "ajuda aos Aliados invertida", mas não modificou suas atitudes linha-dura.[27]

"Quando querem, os soviéticos podem fazer coisas das quais se orgulham", comentou em seu diário seu assessor habitualmente cáustico, Robert Meiklejohn.

A imprensa americana saudou o acordo sobre o novo governo polonês como um triunfo diplomático do enviado especial de Truman. Mas Hopkins sentiu muito pouco da euforia que experimentara no encerramento da Conferência de Yalta, quando ficou convencido de que chegara "a aurora de um novo dia". Juntamente com Joe Davies, ele havia sido o funcionário americano mais identificado com a política de Roosevelt em relação à União Soviética. Acusara os especialistas em assuntos relativos à Rússia no Departamento de Estado de formar um "grupo antissoviético". As longas horas de negociação com Stálin estavam fazendo com que mudasse de opinião sobre as perspectivas de cooperação entre russos e americanos. Ele agora acreditava que a relação deveria ser "turbulenta", sobretudo devido às posturas diametralmente opostas sobre a questão das "liberdades humanas".

Hopkins estava ciente de que, na formulação da política externa dos Estados Unidos, a ideologia tinha um papel ao menos tão importante quanto na formulação das relações exteriores soviéticas. O aspecto ideológico fornecia aos dois sistemas políticos sua *raison d'être* fundamental: no caso dos Estados Unidos, liberdade; no caso da União Soviética, a construção de uma utopia comunista. Estados Unidos e Rússia tinham em comum um veio messiânico, proselitista, um desejo de disseminar seus valores políticos por todo o mundo. Depois de suas conversas com Stálin, Hopkins disse a Bohlen que a "crença dos Estados Unidos em liberdade" poderia "levar a sérias divergências nas relações com outros países".[28] Como ele escreveu mais tarde, "o povo americano não quer liberdade apenas para si [...] quer liberdade em todo o mundo, também para os outros povos [...] os americanos simplesmente não gostam da noção de que você não pode dizer o que quiser quando quiser".

Um aspecto essencial nas diferenças entre Estados Unidos e Rússia estava no papel desempenhado pela opinião pública. Autocrático, Stálin reagia com impaciência sempre que políticos americanos salientavam a necessidade de apoio popular para adotar medidas importantes na área das relações exteriores. Para ele, esse tipo de atitude não passava de um truque desavergonhado nas negociações. Na verdade, porém, essa preocupação estava no cerne do modo de funcionamento do sistema político americano. Nenhum governante americano podia dar-se ao luxo de ignorar os anseios do público de seu país. FDR era um mestre em antecipar-se à opinião pública, conduzindo-a na direção que ele mesmo desejava seguir, porém sempre sintonizado com as exigências caprichosas, às vezes irracionais, da população. Sua estratégia para as negociações em Yalta era em grande parte determinada pela necessidade de convencer o povo dos Estados Unidos de que ele, como presidente, seria capaz de proporcionar à nação uma paz justa e duradoura. Se os americanos concluíssem que os soviéticos não estavam cumprindo suas promessas sobre o Leste Europeu, as bases da ordem do pós-guerra estariam profundamente abaladas.

Como seu chefe anterior, Hopkins era um consumado malabarista político. Seu objetivo na viagem a Moscou era manter todas as bolas americanas no ar simultaneamente, ainda que por pouco tempo. O acordo sobre um novo governo polonês preservava a ilusão de um entendimento entre os Aliados que haviam derrotado a Alemanha nazista. Só que, na verdade, não houvera entendimento algum em questões elementares, como o significado da democracia e eleições livres.

Antes de deixar Moscou, Hopkins foi ouvir a opinião de George Kennan. O especialista em assuntos soviéticos acompanhara as demoradas negociações sobre a Polônia com "enfado e repulsa", convencido de que a simples ideia de uma Polônia livre e independente que tivesse relações amistosas com a União

Soviética era "uma causa perdida". Em sua opinião, era um desperdício de tempo barganhar com os soviéticos em questões desse tipo. Em qualquer circunstância, Stálin haveria de fazer com a Polônia tudo que quisesse. Kennan disse a Hopkins que os Estados Unidos deveriam "recusar-se a assumir qualquer responsabilidade por aquilo que os russos fizessem na Polônia".[29]

"Então você acha que está tudo errado, e que devemos marcar nossa posição contrária", insistiu Hopkins.

"Exatamente isso."

"Respeito sua opinião", concluiu com tristeza na voz o enviado especial. "Mas não me sinto em posição de aceitá-la."

14. O pôquer atômico — *1º de junho*

Enquanto Stálin e Hopkins negociavam o destino da Polônia no Kremlin, outro tipo de drama se desenrolava nos Estados Unidos. No cargo de presidente havia apenas seis semanas, Harry Truman viu-se em meio a uma série de acontecimentos que mudavam o curso da história: a derrota da Alemanha nazista, a ascensão de uma superpotência comunista, a divisão da Europa, os espasmos mortais do Japão imperial. As decisões mais aterradoras envolviam uma arma inteiramente nova, que prometia liberar os poderes ocultos do universo, mudando a relação entre homem e natureza. A bomba atômica tinha sido desenvolvida a um custo e esforço enormes, por receio de que os nazistas conseguissem obtê-la antes. Esse receio, como se descobriria, era exagerado, mas o projeto logo acabaria ganhando impulso por si só. O primeiro teste atômico estava programado para julho. O novo presidente tinha que decidir se a nova e revolucionária arma seria usada contra o Japão. Ele tinha também que se confrontar com problemas muito mais amplos, como a questão da partilha da tecnologia nuclear com potências rivais, em especial a Rússia, na esperança de impedir uma nova e devastadora corrida armamentista.

Em busca de ajuda para resolver esses problemas angustiantes, Truman procurou um homem que poderia perfeitamente estar ocupando a Casa Branca em seu lugar. Um jovem interiorano precoce da Carolina do Sul, que abandonara a escola aos catorze anos, Jimmy Byrnes tinha uma vasta experiência política, que abrangia os três ramos do governo. Ele passara catorze anos na Câmara dos Deputados e dez no Senado. Ascendera na carreira jurídica, indo de estenógrafo de tribunal a juiz adjunto da Corte Suprema. E, acima de tudo, fora muito ligado a Roosevelt, incialmente como arrecadador de fundos para suas campanhas, mais tarde como redator de seus discursos e por fim como responsável pelo trabalho de mobilização para a guerra. Byrnes supervisionara a política nas áreas econômica e doméstica, deixando o presidente livre para dedicar-se às grandes questões internacionais. Presumindo-se "presidente assistente", ele se considerava fazia tempo — e assim era visto por muitos conhecedores do universo da política — o legítimo sucessor de FDR.

Roosevelt levara Byrnes a acreditar que seria seu companheiro de chapa em 1944, substituindo o vice-presidente Henry Wallace, considerado excessivamente místico e esquerdista para tornar-se um presidente aceitável. Como era seu hábito, porém, FDR não fez nenhuma promessa explícita. Ele preferia esperar que os acontecimentos se definissem antes de revelar suas intenções. Ao fim, considerações de política interna impediram que o ambicioso nativo da Carolina do Sul ganhasse o grande prêmio. Byrnes hostilizara importantes blocos de eleitores do Partido Democrata. Ele também ficou malvisto entre seus pares católicos, ao casar-se com uma mulher da igreja episcopal e abandonar o catolicismo. Líderes sindicais opunham-se a ele devido a suas atitudes no Legislativo, dificultando a realização de greves nos tempos de guerra. No entanto, o fator mais determinante para sua rejeição estava no fato de que os eleitores negros lembravam-se de seu currículo de segregacionista do sul e de sua veemente oposição a um projeto de lei federal contra linchamentos. Numa eleição muito disputada, esse tipo de consideração poderia ser decisivo, prejudicando a alta popularidade de Roosevelt entre a população afro-americana. Harry Truman, um senador moderado de estado do Meio-Oeste, que se dava bem com todos, era uma aposta mais segura. Sem dar a menor explicação a Byrnes, FDR acabou escolhendo o senador relativamente desconhecido do Missouri.

Byrnes ficou "magoado" com a decisão do presidente.[1] Homem de baixa estatura, magro e rijo, exalava uma energia nervosa, mas contida. Vestia-se com apuro e dava a seus chapéus homburg uma inclinação elegante. Sobrancelhas baixas e enviesadas conferiam a seu rosto anguloso um ar de perplexidade. Era um homem que podia ser petulante quando as coisas não corriam como desejava, como Anna Roosevelt descobriu em Yalta, quando ele foi excluído da sessão de abertura da conferência dos Três Grandes. Além de ter se irritado com FDR, Byrnes sentiu-se traído por Truman, que prometera formalmente indicá-lo para a vice-presidência na convenção do Partido Democrata em Chicago. Por mais que Truman se esforçasse para fazer as pazes, ficou para sempre com a impressão de que seu velho amigo continuava ressentido. "Depois que me tornei presidente, sabia que, sempre que eu e Jimmy conversávamos, ele pensava que deveria ser o contrário. Ele, e não eu, era quem deveria estar sentado na cadeira onde eu estava."

Naquela ocasião, contudo, Truman dependia de seu antigo colega no Senado para orientá-lo nas coisas do mundo. Logo após ter assumido a presidência, ofereceu a Byrnes o cargo de secretário de Estado, o que também o colocaria como o primeiro nome na linha de sucessão presidencial, de acordo com as disposições constitucionais em vigor na época (não havia cláusula prevendo a escolha de um novo vice-presidente, e Truman exerceu o mandato sem um vice). O afável porém pouco eficiente Stettinius seria afastado de maneira honrosa depois de encerrada a Conferência de San Francisco. Truman confiou a Byrnes o trabalho de coordenação da política da bomba atômica enquanto aguardava sua indicação para o novo cargo.

Uma de suas primeiras tarefas foi receber uma delegação de cientistas de Los Alamos em campanha para um mundo livre do poder nuclear. Quem liderava o grupo era um dos pais do Projeto Manhattan, Leo Szilard, que vinha investigando a possibilidade de uma reação nuclear em cadeia desde 1933. O físico, nascido na Hungria, patenteara também um reator neutrônico que transformaria massa em energia, hipótese que pesquisadores rivais haviam considerado uma ideia sem o menor fundamento. Quando suas teorias tornaram-se realidade, Szilard começou a pôr em dúvida "o sentido de testar e usar bombas", especialmente depois que a Alemanha tinha sido derrotada. Seu maior receio era que o teste bem-sucedido de uma bomba atômica americana levaria a Rússia a acelerar seu programa nuclear, num esforço desesperado para se igualar aos americanos. Na opinião de Szilard, a única maneira de os Estados Unidos sustentarem sua pretensão de superioridade moral, assim como sua liderança científica, seria abster-se inteiramente de testar a bomba. Ele pedira uma audiência com Truman para explicar seu ponto de vista, mas em vez disso foi orientado a conversar com Byrnes. Como Byrnes ainda não tinha um cargo no governo, convidou

Szilard e seus dois colegas para um encontro em sua casa, em Spartanburg, na Carolina do Sul, em 28 de maio.

A conversa teve um mau começo. Szilard apresentou um memorando por escrito alegando que os riscos de uma corrida por armas nucleares só poderiam ser devidamente compreendidos "por homens que tenham conhecimento em primeira mão dos fatos envolvidos, isto é, pelo reduzido número de cientistas envolvidos de maneira direta nesse trabalho". Ele pedia a formação de um comitê científico para aconselhar o presidente quanto a uma política nuclear. Byrnes irritou-se com a sugestão de que os políticos não estavam qualificados para tomar decisões sobre a bomba atômica. Os dois homens representavam dois mundos bem diferentes: o mundo da prática política e o mundo da física teórica. Byrnes via a bomba como arma militar, mas também como arma diplomática, que haveria de dar aos Estados Unidos uma vantagem decisiva nas negociações com uma Rússia cada vez mais recalcitrante. O foco das preocupações de Szilard estava nos perigos da proliferação nuclear e na destruição da humanidade.

Eles foram incapazes de chegar a um acordo até mesmo quanto aos detalhes técnicos. Byrnes contestou a afirmação de Szilard de que a Rússia poderia alcançar os Estados Unidos num prazo relativamente curto. Em sua opinião, a União Soviética levaria pelo menos uma década até conseguir fabricar uma bomba atômica.

"O general Groves disse-me que não há urânio na Rússia."[2]

Szilard concordou que o minério de urânio de alto teor era raro e poderia ser difícil de encontrar na Rússia. Comprovadamente, os maiores depósitos encontravam-se no Congo Belga, sob controle dos Estados Unidos e da Grã--Bretanha. Por outro lado, os russos tinham acesso a pequenas quantidades de minério de urânio de alta qualidade na Tchecoslováquia. Além disso, certamente seriam capazes de recorrer a reservas de urânio de qualidade inferior, que também poderia ser utilizado na construção de uma bomba.

Byrnes reagiu com desdém ao pedido de Szilard para que os Estados Unidos abandonassem a ideia de testar uma arma que custara mais de 2 bilhões de dólares para desenvolver (equivalentes a 24 bilhões de dólares de 2010). Para o ex-senador, isso não fazia o menor sentido. "Como podemos conseguir que o Congresso destine verbas para pesquisa de energia atômica se não mostramos resultados para o dinheiro que já foi gasto?", foi sua pergunta.

O físico e o político também não entraram em acordo quanto à hipótese de que a demonstração do poderio tecnológico americano seria capaz de levar Stálin a fazer concessões políticas. "O senhor, que vem da Hungria", Byrnes lembrou Szilard, "gostaria que Stálin ficasse na Hungria para sempre?" Szilard ficou "totalmente perplexo" com a sugestão de que "detonar a bomba poderia fazer com que a Rússia se tornasse mais maleável". O cientista julgava que o risco de uma corrida pelas armas atômicas entre Estados Unidos e Rússia superava todas as preocupações que pudesse ter quanto ao destino de seu país natal sob a ocupação soviética.

Foi um diálogo de surdos. Caminhando de volta à estação ferroviária, Szilard sentiu-se profundamente deprimido. Ele desejou jamais ter sonhado com a ideia de reações nucleares em cadeia. Teria sido melhor que ele se dedicasse à política, e não à física. Já Byrnes ficou feliz por ter se livrado daquele visitante tão polêmico. "Sua conduta de um modo geral e sua vontade de participar de decisões de natureza política causaram-me uma impressão desfavorável", escreveu mais tarde.[3]

Havia amplo consenso dentro do governo de que a bomba atômica poderia tornar-se uma carta decisiva no jogo diplomático, se jogada da maneira certa. O próprio Byrnes dissera ao presidente em abril que a bomba permitiria aos Estados Unidos "ditar as regras" no fim da guerra. Seu uso contra o Japão poderia salvar a vida de centenas de milhares de soldados americanos que se preparavam para invadir as ilhas japonesas. A demonstração do poderio tecnológico americano serviria também de contrapeso ao poderio territorial da União Soviética. Na opinião do secretário de Guerra, Henry Stimson: "Essa era uma área em que todas as cartas estavam em nossas mãos". Os Estados Unidos agora possuíam "um *royal straight flush*, e não podemos errar na maneira de utilizá-lo".[4] A analogia com o jogo de pôquer fora calculada para agradar a Truman, para quem nada havia de melhor do que um jogo de cartas à noite com seus amigos.

Pouco depois de seu encontro com Szilard, Byrnes foi a Washington para uma reunião de dois dias sobre a bomba atômica, que começou no dia 31 de maio no Pentágono. Truman havia formado um Comitê Provisório para coordenar a tomada de decisões nas questões nucleares, com o secretário de Estado atuando como seu "representante pessoal". A reunião foi presidida por Stimson e incluía cientistas do mais alto nível, como Robert Oppenheimer e Enrico Fermi, bem como generais no topo da hierarquia, como Marshall e Groves. O tema principal da agenda era uma análise do trabalho feito por um comitê militar que selecionara três alvos possíveis para a primeira bomba atômica: Kyoto, Hiroshima e Niigata. O Comitê do Alvo recomendava que "o artefato" fosse lançado no "centro da cidade escolhida" em vez de ser dirigido a instalações militares e industriais específicas, que eram "um tanto dispersas" e situadas nas periferias das cidades.[5] A escassez de dispositivos atômicos tornava impossível lançar bombas em localidades diferentes: uma única bomba teria de ser suficiente para destruir todo um conglomerado urbano. Embora o termo "bombardeio de precisão" já fizesse parte do léxico militar, era inteiramente impraticável para uma bomba atômica de primeira geração.

A ideia de usar a nova bomba como arma de terror deixou horrorizado Stimson, que se considerava um baluarte da "lei e da moralidade internacionais", mesmo numa época de "guerra total". Ele ficara perturbado com as bombas incendiárias lançadas em Tóquio, poucos dias antes, pelo conjunto de aviões B-29 de Curtis LeMay, que provocou a morte de dezenas de milhares de civis japoneses. Stimson havia visitado Kyoto antes da guerra e compreendia a importância cultural e histórica da antiga capital imperial, com suas centenas de templos budistas e santuários xintoístas. Ele deixou bem claro que não permitiria a destruição da cidade, mesmo que do ponto de vista militar se tratasse de um alvo atraente, por ter sofrido anteriormente poucos danos provocados por bombas. "Esta é uma ocasião em que serei a autoridade que dará a decisão final", disse a Groves, desgostoso com o que ouvia. "Nesta questão, eu sou o chefe supremo."[6]

Também estava claro para Stimson que a bomba representava uma revolução não apenas nos assuntos militares, mas na "relação do homem com o universo".[7] Ele disse aos integrantes do Comitê Provisório que a nova arma poderia ser usada para "aprimorar a civilização internacional", ou poderia transformar-se "num Frankenstein". Sofrendo de insônia crônica, o secretário de Guerra tinha acabado de passar "uma noite realmente pavorosa no que diz respeito a dormir". Virou e se revirou na cama enquanto tentava pensar sobre as implicações da bomba, não apenas na guerra contra o Japão, mas também quanto às relações com a Rússia e com toda a era do pós-guerra.

Stimson estava ciente de que a bomba era algo inevitável. Ao contrário de

Szilard, ele não julgava que o projeto atômico poderia ser cancelado, nem mesmo retardado. Era da opinião que os Estados Unidos deveriam partilhar suas conquistas tecnológicas com outras nações, especialmente a Rússia, mas na base de uma estrita reciprocidade, como a liberalização política e um regime de inspeção transparente. Atraído pela possibilidade de acesso aos segredos atômicos, além da ajuda americana à devastada economia soviética, Stálin poderia ser levado a cooperar com o Ocidente.

O apoio à postura de Stimson veio de diversos outros integrantes do comitê, incluindo Marshall e Oppenheimer. O diretor de Los Alamos sempre fora favorável a organismos internacionais de controle da energia atômica, chegando ao ponto de tornar-se suspeito de deslealdade por serviços antiespionagem. Cuidadoso na escolha de palavras, ele agora propunha uma discussão "experimental" com os russos quanto a uma futura cooperação "em termos extremamente genéricos, sem fornecer detalhes sobre o que já conseguimos". Era importante não fazer "julgamentos prévios" com relação à atitude que a Rússia adotaria.

O chefe de Estado-Maior do Exército foi mais longe ainda na defesa de uma abertura em relação a Moscou. Segundo a visão de Marshall, independentemente de sua postura política, os russos sempre haviam cumprido as obrigações militares assumidas com seus aliados. A resistência que manifestavam em cooperar em questões militares com frequência poderia ser explicada como paranoia, "a necessidade de preservação da segurança". Era possível confiar que os russos não passariam os segredos atômicos americanos aos japoneses. O general chegou até a cogitar se não valeria a pena "convidar dois destacados cientistas russos" para assistir ao primeiro teste atômico.

Havia chegado o momento de Byrnes mostrar sua autoridade. O obstinado negociador do Senado não tinha a menor intenção de fazer algum tipo de acordo envolvendo os segredos nucleares dos Estados Unidos sem ter certeza absoluta de receber em troca alguma coisa bem concreta e de imenso valor. Ele receava que compartilhar informações, "mesmo em termos genéricos", poderia levar Stálin a exigir uma parceria. Isso causaria problemas infindáveis. O melhor seria levar adiante a produção de armas atômicas da maneira mais rápida possível, esforçando-se ao mesmo tempo no aprimoramento de relações com a Rússia. Depois que o representante de Truman deixou clara sua posição, os outros integrantes do comitê puseram-se de acordo.

Byrnes foi bem-sucedido também em impor seu ponto de vista sobre o que fazer com a bomba depois que tivesse sido testada com sucesso. Ele se opôs à proposta de alguns cientistas, que desejavam anunciar publicamente uma demonstração, para forçar os japoneses a se render. Sempre haveria a possibilidade de que a bomba não explodisse, o que daria "ajuda e ânimo" ao inimigo. Byrnes insistiu para que a bomba fosse "usada contra o Japão assim que fosse possível" e "usada sem aviso prévio". Sua única concessão às preocupações de Stimson quanto ao aspecto moral de matar grandes contingentes de civis estava na modificação da linguagem sugerida pelo Comitê do Alvo. O lugar escolhido para o lançamento seria "uma instalação militar cercada por casas de trabalhadores", e não "o centro da cidade". Tratava-se apenas de uma distinção semântica para aplacar a consciência dos responsáveis pela decisão, que na prática fazia pouca diferença. Muitos japoneses trabalhavam em sua casa produzindo material bélico. Nas palavras de um homem nada sentimental como Curtis LeMay, "toda a população participava e trabalhava para fabricar aqueles aviões ou munições para a guerra [...] homens, mulheres, crianças. Sabíamos que mataríamos uma porção de mulheres e crianças quando incendiávamos uma cidade. Era o que precisava ser feito".[8]

Assim que a reunião do Comitê Provisório terminou, Byrnes dirigiu-se rapidamente à Casa Branca para apresentar suas recomendações a Truman. Os dois políticos examinaram as opções para forçar os japoneses à rendição. De acordo com alguns cálculos, 100 mil americanos poderiam morrer durante uma invasão das ilhas japonesas semelhante àquela realizada no Dia D. A escolha acabou sendo muito clara, baseando-se na possibilidade de salvar vidas americanas. Apesar de alguns sentimentos íntimos de pesar, o presidente, ainda não habituado a decisões de tamanha magnitude, não estava disposto a discutir as conclusões de seus conselheiros, bem mais experientes que ele. Com relutância, disse a Byrnes que "não conseguia pensar em outra opção".[9] A decisão de lançar a bomba atômica no Japão foi efetivamente tomada no dia 1º de junho de 1945, mesma data do jantar de gala oferecido por Stálin a Hopkins em Moscou. Menos de quatro semanas tinham se passado desde a rendição da Alemanha. Ainda que não fosse irrevogável, seria necessária toda a força da disposição presidencial para chegar a um desfecho diferente. Na visão de Groves, Truman era como "um garoto num tobogã", descendo em alta velocidade a rampa da história, uma perna para cada lado, montado numa invenção que mudaria o mundo.

* * *

Os acontecimentos estavam ganhando dinâmica própria, independente de qualquer força externa. Se a bomba atômica estava chegando a um ponto em que se tornava impossível detê-la, a ideia de dar início à nova era com um acordo de cavalheiros com os russos transformava-se rapidamente numa ilusão. Cientistas, políticos e até mesmo generais podiam sonhar com a cooperação, mas, no nível operacional, aquele que realmente tinha importância, já se iniciara uma ferrenha competição. A derrota da Alemanha nazista tornara disponíveis seus cientistas nucleares, inventores de foguetes, suas reservas de urânio e suas peças de mísseis. Todas as nações vencedoras estavam ansiosas para se apossar desse arsenal inestimável e, o que era igualmente importante, impedir que caísse nas mãos de qualquer outro país. Os aliados em tempos de guerra transformavam-se em rivais da Guerra Fria.

No começo da guerra, não era possível de maneira alguma ter a certeza de que os Estados Unidos se tornariam o primeiro país a construir uma bomba atômica. Antes de 1939, cientistas de vários países estavam empenhados em pesquisas nucleares, e partilhavam livremente esse conhecimento com colegas de outras nações. Uma química franco-polonesa, Marie Curie, descobrira o princípio básico da radioatividade. Um judeu nascido na Alemanha, Albert Einstein, concebeu a teoria da relatividade, que serviu de sustentação ao posterior desenvolvimento da física nuclear. Um italiano, Enrico Fermi, deu sequência às pesquisas pioneiras de Szilard, cientista nascido na Hungria, sobre reações em cadeia. Otto Frisch, um judeu austríaco, explicou como um átomo de urânio pode ser dividido em dois, cunhando o termo "fissão" para descrever o processo. O dinamarquês Niels Bohr mostrou como o isótopo U-235 do urânio poderia tornar-se a base para a bomba atômica. Foi somente depois que os nazistas invadiram a Polônia, em setembro de 1939, que a pesquisa nuclear tornou-se um segredo militar cuidadosamente preservado.

Se houve uma nação pioneira na liderança da corrida nuclear, foi o Terceiro Reich. Diversos físicos e químicos importantes permaneceram na Alemanha, ainda que muitos outros tivessem saído da Europa em consequência da perseguição nazista por sua ascendência judaica. Os alemães também controlavam as ricas reservas de urânio que a empresa belga de mineração Union Minière extraíra do Congo, a não ser por uma porção enviada para os Estados Unidos no início da guerra. Acreditava-se que o físico Werner Heisenberg trabalhava intensamente na construção de uma "máquina de urânio", denominação que os alemães davam a um reator nuclear, empregando água pesada da Noruega como elemento moderador. O projeto atômico alemão deixou de atingir seu potencial em razão de disputas internas dos cientistas e da falta de interesse por parte dos oficiais nazistas, descrentes da possibilidade de que uma arma em condições de ser utilizada pudesse ser produzida em tempo hábil para vencer a guerra. Mesmo assim, os componentes essenciais já existiam, espalhados pela terra de ninguém situada entre as ofensivas dos exércitos americano e russo.

Antecipando-se à disputa pelo legado nuclear da Alemanha, o general Groves organizara uma unidade de inteligência denominada Alsos (a palavra grega para "grove", ou "bosque"). Quem liderava o grupo era o extravagante Boris Pash, descendente de uma preeminente família de emigrantes mencheviques, que haviam lutado contra os comunistas durante a guerra civil na Rússia. Seu pai, Theodor Pashkovsky, era líder da Igreja ortodoxa russa na América do Norte. Com sua cara de buldogue e seus óculos sem aro, Pash já se celebrizara como um implacável caçador de comunistas ao conduzir uma série de interrogatórios de segurança nacional sobre Oppenheimer e outros cientistas de Los Alamos. Ex-seminarista que se tornara coronel do Exército americano, Pash foi encarregado de localizar cientistas alemães e seu material para a fabricação de bombas. Quando se descobriu uma grande quantidade de documentos num laboratório alemão de física abandonado em Estrasburgo, no final de 1944, Pash e sua equipe correram para o local. Eles logo perceberam que tinham encontrado um tesouro. "Ficamos estudando aqueles papéis por dois dias e duas noites até nossos olhos começarem a arder", recordou-se um pesquisador americano.[10] Os documentos forneceram à equipe da Alsos um roteiro para o abortado esforço nuclear alemão.

Um dos primeiros itens na lista da Alsos era a indústria química Auer, situada em Oranienburg, cerca de 25 quilômetros ao norte de Berlim, onde o minério de urânio estava sendo transformado em metal. Como Oranienburg localizava-se na área destinada à ocupação soviética, não era possível que tropas americanas ou inglesas chegassem lá antes dos russos. A única solução seria o bombardeio aéreo da fábrica. Groves enviou um mensageiro para explicar o problema ao general Carl Spaatz, comandante das forças aéreas estratégicas americanas na Europa. Foi dito a Spaatz que a indústria de Oranienburg fabricava "certos metais com características especiais para a produção de armas secretas, até hoje não utilizadas, de um potencial extraordinário".[11] Na tarde de 15 de março, a Oitava Força Aérea enviou 1347 bombardeiros, escoltados por 762 caças, para destruir a fábrica e alguns pátios para manobras ferroviárias situados nas proximidades. Sobre Oranienburg despejaram-se 1784 toneladas de bombas e de material incendiário. Spaatz relatou "a destruição quase total" do alvo.[12] Oficialmente, o ataque aéreo era dirigido contra os alemães, mas os homens da Alsos sabiam muito bem que àquela altura o projeto atômico alemão não era uma ameaça imediata; o verdadeiro objetivo da operação era impedir que os russos se apossassem do urânio.

Documentos recolhidos pela Alsos dão a entender que a maior parte do minério do urânio enviado do Congo Belga estava escondida numa fábrica de Stassfurt, próxima à cidade de Magdeburg, no norte da Alemanha. Assim como Oranienburg, Stassfurt estava na futura zona de ocupação russa, mas suficientemente próxima da linha de separação para tornar possível uma rápida investida pelo urânio. Os oficiais americanos "previam todo tipo de problemas com os russos" se uma equipe da Alsos penetrasse a área, mas o general Omar Bradley autorizou a operação. A essa altura, as forças dos americanos e dos russos ainda não tinham se encontrado no Elba.

"Os russos que se danem", exclamou o comandante do 12º Agrupamento do Exército quando um subordinado perguntou sua opinião.[13]

No dia 17 de abril, a equipe da Alsos encontrou 1,1 mil toneladas de minério de urânio numa mina de sal perto de Stassfurt. O urânio estava armazenado em barris de madeira empilhados em celeiros com as laterais abertas. Vários barris estavam apodrecidos ou arrebentados, indicando que se encontravam lá havia muito tempo. As placas de rochas, de um cinza prateado, sem dúvida teriam que ser novamente acondicionadas antes que pudessem ser transportadas. Em busca de material adequado para armazenar as placas, os americanos vasculharam cidades vizinhas e descobriram uma indústria que manufaturava caixas pesadas de papelão. Encontraram também uma fábrica na qual se produzia arame, que podia ser utilizado para costurar as caixas de papelão. Em 19 de abril, centenas de operários alemães reunidos às pressas estavam empacotando novamente o urânio e colocando-o em caminhões. Durante os três dias e as três noites seguintes, 20 mil barris de urânio foram transportados por 150 quilômetros até um hangar nas proximidades de Hanover, no interior da zona britânica. A partir daí, o urânio foi levado por navio e pelo ar até a Inglaterra.

Enquanto isso, Pash prosseguia em sua caça aos físicos. Ele recebeu uma dica de que eles se encontravam na pitoresca cidade de Haigerloch, situada no topo dos Alpes da Suábia, ao sul de Stuttgart. Ao chegar à cidade, em 22 de abril, foi saudado por um mar de lençóis brancos, toalhas e travesseiros tremulando em mastros e janelas. Cansados da guerra, os moradores estavam desesperados para render-se aos Aliados ocidentais, mas Pash não tinha tempo para isso. Ele dirigiu-se a uma igreja no topo de um penhasco, onde descobriu uma gruta protegida por uma porta de aço fechada com cadeado. Mandou chamar o responsável pelo local, que alegou ser apenas um contador e parecia relutante em destrancar a porta.

"Atirem no cadeado", Pash ordenou a seus homens. "Se ele ficar no caminho, atirem nele também."

O funcionário rapidamente tratou de abrir a porta, revelando uma cavidade de concreto com três metros de largura. No centro estava um espesso cilindro de metal contendo um "vaso também de metal, a pouco mais de um metro abaixo do nível do chão". Eles haviam encontrado a "máquina de urânio" dos alemães. O artefato encontrava-se ainda na fase experimental, uma impressionante realização científica, porém pequena demais e ainda muito rudimentar para dar início à reação em cadeia autossustentável capaz de provocar uma explosão atômica. Pash respirou aliviado. Agora ele tinha a prova definitiva de que os nazistas não dispunham de uma bomba atômica. Como ele escreveria mais tarde, "o fato de a bomba atômica alemã não ser uma ameaça imediata foi provavelmente a revelação mais importante obtida pela inteligência militar em toda a guerra. Só aquela informação já era suficiente para justificar a criação da Alsos".

A equipe da Alsos reuniu os principais físicos alemães ao longo dos dias seguintes, uma vitória preventiva sobre os soviéticos, exatamente quando soldados russos e americanos estavam confraternizando no Elba. A maioria deles foi aprisionada na área de Haigerloch, na cidade de Hechingen. Um homem ainda conseguiu escapar da equipe: Werner Heisenberg. Na opinião do general Groves, o líder do projeto nuclear nazista "para nós valia mais do que dez divisões alemãs".[14] Era fundamental impedir que ele caísse nas mãos dos russos. Pash imediatamente saiu à sua procura.

Por meio de interrogatórios, descobriu-se que Heisenberg havia deixado Hechingen de bicicleta no dia 20 de abril, pouco antes da chegada da unidade Alsos, seguindo para o leste, até a Baviera, onde nascera. Era uma época perigosa para viajar nessas circunstâncias pela Alemanha: bandos de ss fanáticos estavam executando sumariamente pessoas suspeitas de deserção; aviões americanos e britânicos bombardeavam as estradas; hordas famintas de refugiados e trabalhadores estrangeiros vasculhavam as zonas rurais em busca de alimento. O cientista de 44 anos fez o percurso com cuidado, dormindo ao lado de cercas vivas durante o dia e viajando à noite. A certa altura, ele conseguiu uma carona num trem. Levou três dias para completar os 250 quilômetros de estrada até a aldeia à beira do lago de Urfeld, onde tinha uma casa de campo. Sua mulher ficou espantada ao ver o marido, um cientista ganhador do prêmio Nobel, "faminto, exausto por ter subido a montanha, as roupas e o corpo imundos com a sujeira da estrada".[15]

Pash entrou em Urfeld no fim da tarde de 2 de maio, bem à frente das unidades avançadas do Sétimo Exército dos Estados Unidos. Toda a área ainda estava nas mãos das tropas alemãs. O general no comando pediu que Pash aceitasse a rendição de milhares de soldados, mas o chefe da Alsos estava atrás de uma presa mais importante. Como estava também preocupado com a falta de apoio militar, procurou ganhar tempo, alegando que o general ao qual era subordinado encontrava-se nas proximidades, mas não podia ser incomodado com formalidades. Os alemães "teriam que aguardar até a manhã seguinte para que sua rendição fosse oficialmente aceita". Decidindo que é melhor ser cuidadoso do que corajoso, ele retirou-se até as linhas americanas, retornando na madrugada seguinte com um batalhão de infantaria. Heisenberg recebeu a chegada de Pash com alívio. Como escreveu mais tarde, sentiu-se como "um nadador completamente esgotado colocando o pé em terra firme".

"Estava esperando o senhor", ele disse ao americano.[16]

Stálin e Beria vinham recebendo um fluxo de informações dos serviços de inteligência sobre o Projeto Manhattan desde março de 1943, enviado por espiões e simpatizantes do comunismo na Grã-Bretanha e nos Estados Unidos, convictos de que a Rússia merecia partilhar dos segredos da bomba por ter sido a nação responsável pela maior parte da luta contra a Alemanha nazista. A polícia de segurança da NKVD passou as informações a Igor Kurchatov, o cientista encarregado do incipiente programa atômico da União Soviética. Kurchatov, por sua vez, usou a informação para sugerir novas linhas de pesquisa a seus subordinados, sem revelar a fonte de suas extraordinárias intuições. O cientista, conhecido por sua longa barba, ficou desde o início impressionado pelo valor dos serviços de inteligência, que tinham "um significado enorme, inestimável, para nosso Estado e nossa ciência".[17] O fluxo constante de documentos proporcionou aos cientistas soviéticos muitos atalhos, evitando os longos desvios de percurso que atrasaram o trabalho de seus pares ocidentais.

Enquanto o Terceiro Reich entrava em colapso, a NKVD ia formando seus grupos especializados de pesquisa para resgatar o que fosse possível dos destroços do programa nuclear alemão. As equipes nucleares tinham como modelo as brigadas de troféus, que já trabalhavam desmontando as fábricas alemãs e enviando os componentes para a União Soviética. Seu trabalho realizava-se de maneira muito parecida com o procedimento das unidades americanas Alsos: recolhiam informações, procuravam reunir cientistas alemães e tentavam chegar a prováveis instalações de pesquisas nucleares antes de seus rivais. Para os soviéticos, o troféu mais importante de todos era o urânio. Como os americanos já haviam previsto, a União Soviética tinha reservas muito escassas do metal radioativo. Sem obter quantidades maiores de urânio, seria impossível a construção de uma bomba russa. Graças a seus espiões em Londres, os russos sabiam que os alemães controlavam uma grande porção do urânio vindo do Congo Belga, transferido para "regiões do leste da Alemanha".

Uma equipe de trinta cientistas russos, liderada por um general da NKVD, voou para Berlim em 3 de maio, apenas um dia após a queda da capital alemã diante das tropas de Zhukov. A equipe incluía muitos cientistas de destaque fardados como coronéis da NKVD, para fins conspiratórios. Yuri Khariton, físico formado em Cambridge que projetaria a primeira bomba atômica soviética, era uma figura particularmente cômica. Principal assistente de Kurchatov, usava um quepe de tamanho muito maior que sua cabeça. Felizmente, suas orelhas eram grandes, o que impedia que o quepe engolisse toda a metade superior de sua cabeça estreita de homem da ciência. Ao chegar a Berlim, Khariton e os outros "coronéis" foram diretamente ao Instituto Kaiser Wilhelm de Física, no subúrbio de Dahlem, situado na parte sudoeste da cidade. Em meio aos destroços do edifício caiado de branco de três andares, eles descobriram os planos do projeto nuclear alemão. Eles indicavam que os alemães estavam bem atrás dos soviéticos, e mais ainda dos americanos, em seu trabalho pela bomba atômica. Os principais cientistas, inclusive Heisenberg, tinham sido evacuados e enviados a Haigerloch dois anos antes, juntamente com a maior parte de seu equipamento. Além de documentos valiosíssimos, os físicos russos retiraram do instituto tudo que restara, até "as torneiras, maçanetas de portas e pias".[18] Era necessário agir com rapidez, antes que os Aliados ocidentais chegassem, já que Dahlem era considerada parte do setor americano de Berlim.

Os "coronéis" dividiram-se em grupos menores, que foram esquadrinhar a área da Alemanha ocupada pelos soviéticos em busca de materiais para a construção de bombas. Ficaram aborrecidos quando souberam que os americanos haviam chegado antes ao mais importante estoque de minério de urânio, em Stassfurt, dentro do setor soviético. Isso os obrigou a procurar reservas menores, com base num estudo meticuloso dos documentos e no interrogatório de cientistas alemães. Era uma investigação detetivesca que se estendia pelo país inteiro. Depois de interrogar o administrador de uma fábrica em Potsdam, Khariton descobriu que os alemães haviam escondido centenas de toneladas de urânio numa cidadezinha chamada Neustadt. Infelizmente, havia vinte cidadezinhas com esse nome na Alemanha, entre elas dez situadas no leste alemão, setor controlado pela União Soviética. A equipe de Khariton visitou nove delas até chegar a Neustadt am Glewe, 250 quilômetros a noroeste de Berlim, bem no início da zona de ocupação soviética. Lá descobriram cem toneladas de óxido de urânio enriquecido, no depósito de um curtume. Essa descoberta isolada foi suficiente para proporcionar a Khariton e sua equipe matéria-prima suficiente para construir o primeiro reator experimental de urânio-grafite, em dezembro de 1946. Antes de maio de 1945, o total das reservas de óxido de urânio da Rússia não passava de sete toneladas.[19]

Enquanto isso, outro físico transformado em coronel da NKVD, Georgi Flerov, encarregava-se da usina de processamento de urânio em Oranienburg, bombardeada pelos aviões americanos em março. Homem irritadiço com uma cabeleira negra rebelde por baixo do quepe militar, Flerov fora um dos pais do projeto da bomba atômica soviética. Em 1942, escrevera a Stálin advertindo-o que era praticamente certo que os americanos estavam trabalhando num dispositivo nuclear. Quando redigiu a carta, atuava na linha de frente como engenheiro militar. Aos vinte anos de idade, não tinha acesso a nenhuma informação especial dos serviços de inteligência. O espantoso trabalho de dedução de Flerov baseava-se num palpite; ao ler publicações americanas especializadas em física numa biblioteca local, ele percebeu que não havia artigo nenhum sobre fissão nuclear, assunto que pouco tempo antes aparecia com bastante frequência no noticiário. Os mais destacados físicos nucleares nos Estados Unidos e na Grã--Bretanha de um momento para o outro deixaram de publicar os resultados de seu trabalho. A conclusão era óbvia: esses cientistas tinham sido recrutados para trabalhar num projeto militar altamente sigiloso e estavam amordaçados pela censura. Tratava-se do equivalente ao "cachorro que não latiu" na história de Sherlock Holmes.[20]

Flerov valeu-se de seus dotes de detetive para localizar o cientista chefe da Companhia Auer, especializada no processamento de minério de urânio. Em meados de maio, logo depois da rendição nazista, encontrou Nikolaus Riehl em sua casa de campo nas proximidades de Berlim e convidou-o para "alguns dias" de discussões científicas.[21] Como Riehl escreveu mais tarde: "Esses alguns dias duraram dez anos". Incentivados por promessas de excelentes instalações para pesquisas e condições de vida, além do receio pelo que poderia lhes acontecer se recusassem o convite, dezenas de cientistas alemães, "metade voluntariamente, outra metade compulsoriamente", concordaram em juntar-se ao programa da bomba atômica soviética. Embora a equipe não tivesse um nível tão elevado como o grupo reunido pela Alsos no oeste Alemanha, os cientistas do leste alemão incluíam alguns químicos e engenheiros de ponta. Riehl tornou-se diretor de um laboratório de processamento de urânio no recanto de Sukhumi, no mar Negro, voltando para casa somente em 1955, dois anos após a morte de Stálin. Antes de deixar a Alemanha, acompanhou Flerov e outro "coronel" à fábrica Auer em Oranienburg, bombardeada pelos americanos em 15 de março. Naquela época, os ataques "não tinham o menor sentido" para Riehl. As instalações de Oranienburg não estavam fazendo nenhuma contribuição significativa para o esforço de guerra alemão, que de qualquer maneira já estava praticamente liquidado. Enquanto observava seus novos colegas russos caminharem com ar desanimado pelos escombros, Riehl subitamente compreendeu o objetivo do maciço ataque dos bombardeiros. "As bombas não eram dirigidas contra os alemães, mas contra eles."

Como se verificou mais tarde, as Fortalezas Voadoras e os Liberators deixaram de efetuar sua missão mais importante, apesar das afirmações de sucesso quase total. A fábrica em si havia sido destruída, mas um estoque de quase cem toneladas de óxido de urânio de alta qualidade continuava intacto. O material foi imediatamente embalado e enviado a Moscou. Além do urânio recuperado de Neustadt por Khariton, os russos dispunham agora de matéria-prima suficiente para um reator nuclear capaz de produzir plutônio em grande escala, para se somar ao seu reator experimental. Mais tarde, Kurchatov calculou que o urânio encontrado na Alemanha nas semanas imediatamente após o Dia V "economizou um ano de trabalho" para o projeto atômico soviético.[22]

Os americanos talvez estivessem certos ao acreditar que tinham vencido o jogo de pôquer com seu *royal straight flush* por serem os primeiros a detonar uma bomba atômica. Mas o torneio do pôquer nuclear estava longe do fim. Na verdade, estava apenas começando.

15. O império vermelho — *24 de junho*

Enquanto a União Soviética escorraçava os invasores nazistas, Stálin vinha desenvolvendo um profundo interesse por geografia política. Ele tinha um grande globo instalado no anexo de seu gabinete do Kremlin no qual explicava sua estratégia militar a visitantes que iam de Molotov a Churchill e Khruschóv. Gostava de indicar a movimentação de suas tropas com o cabo do cachimbo, à procura de oportunidades e pontos vulneráveis. Seu objetivo era recuperar todos os territórios perdidos pelos tsares e pelos bolcheviques em momentos de fragilidade. Corrigindo humilhações passadas, queria ter certeza de que a Rússia nunca mais haveria de se tornar vulnerável a invasões estrangeiras, como ocorrera em junho de 1941.

Com a rápida expansão das fronteiras do império vermelho, era necessário atualizar constantemente os mapas. Um dia, pouco depois do fim da guerra, um novo mapa foi levado ao ditador para a sua aprovação. Stálin o prendeu com alfinetes à parede de sua datcha em Kuntsevo e começou a examiná-lo. "Vejamos qual é o resultado para nós", disse em tom reflexivo a Molotov.[1] Os dois homens olharam inicialmente para a fronteira com a Finlândia, onde o Exército Vermelho conseguira apossar-se do istmo da Carélia e das praias ao norte do lago Ladoga na Guerra do Inverno de 1940, que à parte disso, de modo geral, fora desastrosa. O rosto de Stálin exprimia satisfação.

"No norte, tudo está exatamente como deveria estar. Ótimo. A Finlândia cometeu uma grande ofensa contra nós, e afastamos a fronteira de Leningrado."

Ele voltou-se então para os Estados Bálticos, conquistados pela Rússia, por Pedro, o Grande, na Batalha de Poltava, no início do século XVIII. Estavam novamente sob o controle da Rússia, em parte graças ao acerto que Stálin fizera com Hitler em 1939, assim como uma faixa de 250 quilômetros de território que se estendia da antiga Prússia Oriental no norte até os Bálcãs no sul. Estava claro para o *vozhd* que não haveria possibilidade de surgir perigo algum daquele lado.

"A costa do Báltico — território russo há séculos — é novamente nossa. Agora, todos os bielorrussos estão vivendo conosco, os ucranianos também, assim como os moldavos. No oeste, tudo está bem."

As fronteiras do leste da União Soviética mostravam um retrato igualmente feliz. Pelo acordo celebrado em Yalta com FDR, e ratificado por Truman, a Rússia recuperaria a parte sul da ilha de Sacalina e estabeleceria soberania sobre as ilhas Curilas em troca de sua declaração de guerra ao Japão. As cidades portuárias chinesas de Port Arthur e Dairen passariam para controle soviético, juntamente com o sistema ferroviário da Manchúria. Stálin apontou seu cachimbo em direção à Ásia.

"A China, a Mongólia, tudo está em ordem."

Ele transferiu sua atenção para a parte de baixo do mapa. Um sinal de preocupação surgiu em seu rosto marcado pela varíola ao apontar o cabo do cachimbo para o sul, abaixo das montanhas do Cáucaso, em direção ao Irã e à Turquia. Essa era a primeira parte do mundo que ele conhecera, tendo crescido na Geórgia.

"Mas aqui não estou gostando da nossa fronteira."

O jovem Estado soviético havia sido forçado a ceder à Turquia o distrito de Kars e Ardahan, ao sul, logo após a revolução. Os habitantes da região eram em sua maioria turcos, armênios e curdos, e ela somente havia sido parte do império russo a partir de 1878, mas Stálin a considerava sua por direito. Como um jovem revolucionário, tinha assaltado bancos em Kars quando a região era um prolongamento da sua Geórgia natal. Como os políticos tsaristas, Stálin também estava incomodado com a situação no Dardanelos e no Bósforo, os estreitos canais de ligação entre os mares Negro e Egeu. Em 1936, a Convenção de Montreux havia declarado que os estreitos eram uma rota internacional de navegação, mas deixara que permanecessem sob o controle efetivo da Turquia. A

Marinha russa estava encerrada no mar Negro. Dardanelos formava uma passagem natural para a Rússia através da área chamada por Churchill de "o baixo-ventre vulnerável da Europa". Uma frota naval britânica navegara pelos estreitos em 1854 para cercar Sebastopol e atacar a Rússia durante a Guerra da Crimeia. Franceses e ingleses usaram a mesma rota para intervir a favor dos mencheviques na guerra civil russa, em 1918. Como Stálin dizia a seus companheiros, "historicamente, o início da ameaça sempre foi aí".[2] Ele tinha pouco respeito pela Turquia, que considerava um conglomerado artificial de nações, inclusive georgianos, armênios e curdos, sob a tutela dos turcos. A União Soviética também era um Estado multiétnico, mas as diferentes nações mantinham-se unidas por uma ideologia comum.

"Vá em frente", ele orientou a Molotov, traçando suas exigências para um controle conjunto de Dardanelos com os turcos. "Pressione-os para uma posse conjunta!"[3]

Na maioria das questões de política externa, Molotov gostava de realizar as vontades de seu comandante. Essa era uma das raras ocasiões em que achava que o *vozhd* estava indo longe demais. Ele sabia que exigências territoriais em domínios da Turquia encontrariam uma oposição vigorosa não apenas por parte dos turcos, mas também por parte de britânicos e americanos.

"Eles não vão permitir", balbuciou.

"Exija."

Molotov aguardou até um dia após a volta de Hopkins para os Estados Unidos para entrar em ação. Em 7 de junho, chamou o embaixador da Turquia, Selim Sarper, ao seu gabinete, para discutir um novo "tratado de amizade" entre as duas nações. Mencionou de passagem que a União Soviética havia sido forçada a ceder a região de Kars e Ardahan à Turquia em 1921, numa época em que "estávamos muito fracos". Molotov queria saber se a Turquia estava disposta a reparar a situação, agora que a Rússia tinha recuperado sua força. Como condição para a assinatura de um novo tratado, ele também exigia garantias de segurança na forma de bases militares soviéticas ao longo de Dardanelos. "Precisamos nos unir para defender os estreitos", comentou com Sarper. A falta de sutileza de Molotov chocou o embaixador, que rejeitou de imediato a proposta. "A União Soviética não tem necessidade nem de mais territórios nem de mais alguns milhares de habitantes."[4]

Sarper lembrou a Molotov que o acordo de 1921 havia sido assinado por

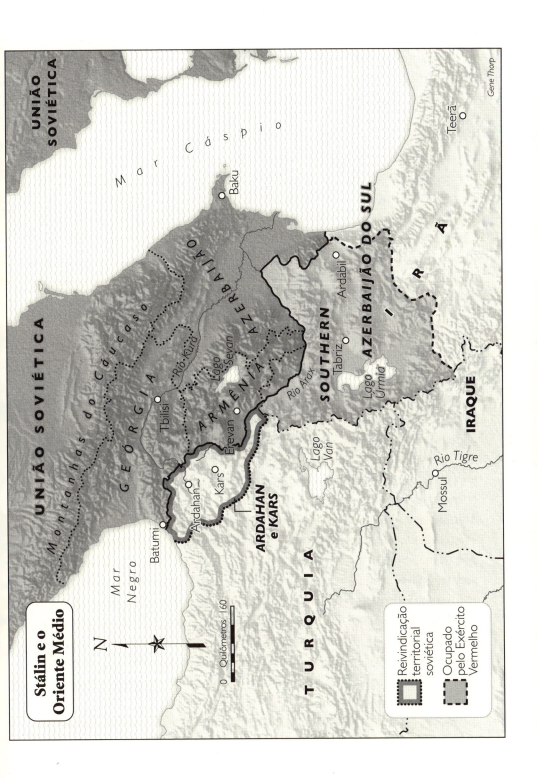

Lênin e ratificado por Stálin. O comissário argumentou que Lênin, sob pressão, assinara também um tratado "injusto" com a Polônia. Os territórios cedidos à Polônia, incluindo a cidade de Lwów, agora haviam voltado à Rússia. A Polônia podia servir como "exemplo positivo" para as relações entre Turquia e União Soviética.

Ao buscar concessões territoriais da Turquia, Stálin estava seguindo o velho ditado de Lênin: "Sonde o terreno com baionetas; se encontrar mingau, vá em frente; se encontrar aço, recue". Ele continuava com a intenção de manter boas relações, ou pelo menos relações toleráveis, com os Estados Unidos e a Grã-Bretanha. Ao mesmo tempo, queria extrair o máximo de vantagens políticas em compensação pelos sacrifícios da Rússia durante a guerra e aproveitando a posição de força em que agora se encontrava. As negociações com Hopkins sobre a Polônia levaram Stálin a pensar que seria possível encontrar a solução ideal para um problema aparentemente insolúvel. Ele poderia pressionar o Ocidente com uma série infindável de exigências territoriais sem dar início a um novo confronto global. Foi um erro fatal de cálculo.

Obrigar a Turquia a aceitar as exigências russas era difícil até mesmo para Stálin, já que não havia tropas soviéticas no país. Mesmo sem desistir de uma presença militar russa ao longo de Dardanelos, ele não tinha meios para concretizar sua vontade além de uma demorada guerra de nervos. Com outro país vizinho, o Irã, o desafio de certo modo era bem mais fácil. O Exército Vermelho tinha ocupado a parte norte do país em 1941 no momento em que os britânicos dirigiam-se ao sul do Irã. O objetivo era negar à Alemanha rotas importantes de abastecimento, assegurando também a entrega de suprimentos dos Estados Unidos à União Soviética no programa de ajuda a países aliados. Os russos tinham prometido retirar-se do Irã no prazo de seis meses depois de encerrada a guerra, assim como os britânicos, mas não davam sinal de que pretendiam fazê-lo.

Uma versão do século XX do Grande Jogo já estava em andamento no Irã, opondo Rússia, Grã-Bretanha e Estados Unidos entre si. Dessa vez, o objetivo não era conquistar caminhos por terra até a Índia, mas sim o acesso às amplas reservas de petróleo do Oriente Médio. Por terem chegado lá primeiro, os britânicos levavam vantagem, pois a disputa se relacionava com a Pérsia, que eles queriam sob sua proteção. Os britânicos já tinham suas concessões petrolíferas no sul do país. Os americanos, interessados numa política de "portas abertas", apresentavam-se como honestos intermediários entre russos e britânicos. Obviamente, não era assim que Stálin via a questão. Ele desconfiava de uma conspiração anglo-americana destinada a impedir o acesso da Rússia a recursos estratégicos. Disse a seu ministro responsável pela política do petróleo que os Aliados ocidentais iriam "nos esmagar se vissem uma possibilidade".[5] Sem petróleo, Stálin explicou, seria impossível o funcionamento de tanques, aviões e demais equipamentos necessários para um exército moderno. "O petróleo é a força vital da tecnologia militar", gostava de repetir o *vozhd*.

A paranoia de Stálin era alimentada por Beria, que em agosto de 1944 informou que "britânicos, e possivelmente também americanos, estavam trabalhando em segredo para impedir uma transferência dos campos petrolíferos do norte do Irã para a União Soviética".[6] Um dos delegados de Molotov, Sergey Kavtaradze, foi enviado a Teerã para exigir concessões de petróleo, mas voltou de mãos vazias. Encorajado pelos Estados Unidos, o governo iraniano recusou-se a negociar novos acordos enquanto todas as tropas estrangeiras ainda permanecessem em seu território. Ao receber a informação, Kavtaradze comentou que isso teria "consequências desagradáveis".[7] Ele acusou o primeiro-ministro iraniano de uma atitude "desleal" e "hostil". A decisão do Irã representava um sério revés para Stálin; além dos direitos ao petróleo, ele pretendia garantir a segurança de suas fronteiras ao sul pelo estabelecimento de uma zona de proteção no norte do Irã semelhante àquela que estava criando no Leste Europeu.

Repelido pelos iranianos, Stálin decidiu atingir seus objetivos pelo caminho que lhe era habitual. Tendo sido anteriormente comissário para assuntos de nacionalidades, compreendia melhor que ninguém de que maneira atuar no jogo das etnias, tanto na política nacional como na internacional. Tinha vasta experiência no desenho de novas fronteiras, jogando grupos étnicos uns contra os outros, fomentando movimentos de secessão, punindo nações desobedientes e inventando exigências de anexação de territórios. Para Stálin, o certo e o errado em algum conflito étnico específico eram praticamente irrelevantes. O importante era obter o poder supremo e o fortalecimento da União Soviética como uma grande nação multiétnica.

Encontrar a carta adequada para utilizar no jogo étnico contra o Irã era simples. A parte norte do país era o lar de milhões de azerbaijanos com origens étnicas quase idênticas às dos azerbaijanos do outro lado da fronteira, na república soviética do Azerbaijão. Os russos referiam-se a essa região do Irã, ao redor da cidade de Tabriz, como "o Azerbaijão do Sul". A maneira mais fácil de exercer pressão política sobre o Irã seria atiçando as chamas do nacionalismo azerbaijano, o que seria feito incentivando a população local a exigir autonomia do governo central em Teerã. A declaração de uma República Autônoma do Azerbaijão do Sul seria o primeiro passo para incorporar a região à União Soviética. Stálin tinha como certo que os líderes do Azerbaijão soviético apoiariam com entusiasmo uma política que, como salientou Molotov, "praticamente duplicaria o tamanho de sua república às custas do Irã".[8] À secessão do Azerbaijão do Sul do Irã se seguiria a separação da região curda fronteiriça com Turquia e Irã.

A campanha para unificar as duas partes do Azerbaijão deixando ambas sob controle soviético começou em 10 de junho, quando Stálin emitiu uma diretriz secreta estabelecendo instalações industriais em Tabriz e outras cidades situadas no norte do Irã. Centenas de geólogos soviéticos foram enviados à região, em busca de petróleo. No dia 7 de julho, o Kremlin ordenou a criação de um "movimento separatista" para o Azerbaijão do Sul, a ser controlado pela capital do Azerbaijão soviético, Baku. Estabeleceu-se um novo partido político, o Partido Democrático Azerbaijano, encarregado de divulgar o movimento, contando com jornais, editoras e uma ampla rede de comitês locais. Os ativistas do partido foram orientados a organizar "encontros, manifestações, greves e o desmantelamento de comissões eleitorais que nos sejam inconvenientes". De acordo com o projeto do partido nacionalista, era preciso atrair uma parte mais ampla da população azerbaijana que aquela alcançada pelo Partido Marxista-Leninista Tudeh, que tinha sido o veículo dos esforços soviéticos de propaganda no passado. Stálin contava com o apoio de "clérigos, proprietários, comerciantes e intelectuais progressistas", que se somariam aos comunistas já engajados.[9] Ele compreendia muito bem que o nacionalismo tinha uma força motivacional maior que o comunismo, pelo menos no Irã e no Cáucaso, onde nascera.

Para liderar o novo movimento político, Stálin escolheu um ex-jornalista e membro atuante do Partido Comunista chamado Jafar Pishevari. Em tom de aprovação, um relatório endereçado ao Politburo soviético salientava que ele havia trabalhado muito tempo no Azerbaijão soviético e fora enviado como agente do Comintern no Irã em 1927. Pishevari havia passado dez anos nas prisões do xá, tendo sido libertado apenas em 1941, em seguida à invasão russa.

Dois de seus irmãos, um deles médico do Exército Vermelho, eram cidadãos soviéticos. Pishevari foi chamado a Baku para receber suas instruções do líder do Partido Comunista do Azerbaijão.

Os acontecimentos seguiram o roteiro programado pelos manipuladores de marionetes de Moscou e Baku. Era um script conhecido por qualquer um que tivesse presenciado eventos semelhantes em Budapeste, Varsóvia, Riga ou Sófia. Distribuir "20 mil fuzis e 2 milhões de balas" entre simpatizantes políticos, certificando-se de que não fossem de fabricação soviética.[10] Formar comitês populares, ou sovietes, para substituir as administrações existentes. Conquistar os camponeses com promessas de reforma agrária, infiltrar no norte do Irã agentes do Azerbaijão soviético para um levante armado. Criar gráficas e controlar os meios de comunicação. A propaganda tinha importância especial. Como o cônsul britânico em Tabriz observou em um de seus relatórios mensais, "nenhuma ação russa no Azerbaijão é realizada sem seu prólogo e epílogo dedicados à propaganda. Os azerbaijanos já se tornaram peritos na previsão dos acontecimentos a partir do prólogo. Todo funcionário soviético, naturalmente, é um propagandista: qualquer comentário aparentemente casual feito numa conversa particular traz o aroma inconfundível da Diretriz".[11]

O primeiro ato do drama — a tomada do poder no norte do Irã — completou-se em novembro de 1945. Ativistas armados do Partido Democrático capturaram seguidamente postos policiais. Logo estavam controlando todas as vias principais. O Exército Vermelho impediu que as autoridades centrais iranianas enviassem reforços para o norte. Magistrados e proprietários de terras que tentaram resistir à ocupação de fazendas e edifícios públicos foram mortos. Instalou-se um "Congresso do Povo" para formar uma "república autônoma", com Pishevari como "primeiro-ministro". Seu programa incluía a criação de um "exército nacional popular", o estabelecimento do turco em lugar do farsi como língua oficial, distribuição de terra, emprego para todos e liberdade religiosa.

Considerada a maior cidade do mundo na época de Marco Polo, Tabriz tinha sido reduzida a uma província atrasada. Uns poucos edifícios imperiais erguiam-se sobre um oceano de cabanas ressecadas de barro, como lembranças de um passado glorioso quando a cidade era a porta de passagem para o Oriente. O novo primeiro-ministro instalou-se num grandioso palácio cercado por jardins imponentes, que pertencera ao antigo governador-geral do Irã. Ele recebia seus visitantes num amplo aposento destinado a recepções, decorado apenas com algumas cadeiras Luís XVI. Do lado de fora da janela, cavaleiros russos, em grupos de quatro ou oito, galopavam pelas ruas sem pavimentação. Segundo Robert Rossow, o vice-cônsul americano, Pishevari

> nada tinha que lembrasse um impiedoso *Gauleiter* comunista — mas essa era uma impressão enganadora. Ele tinha cerca de 1,65 metro de altura, cabelos grisalhos, bigodinho sob um nariz adunco, usava um traje de sarja azul brilhante com camisa colorida puída nos punhos e visivelmente encardida no colarinho, que estava abotoado mas sem gravata. Suas mãos eram ásperas e rudes como as de um camponês e as unhas estavam sujas.[12]

O verdadeiro poder por trás do trono, acreditava Rossow, era o ministro da propaganda, Mohammed Biriya, que liderava a Sociedade de Amigos do Azerbaijão Soviético. Antigo flautista e líder do Sindicato dos Varredores de Rua, dirigido pelos comunistas, o garboso Biriya, também de baixa estatura, era um "Mestre do Terror". Sob o pretexto de recrutar novos membros para a Sociedade de Amigos, suas "forças armadas" percorriam as áreas rurais recolhendo assinaturas para uma petição exigindo a unificação com o Azerbaijão soviético. Todos que se recusassem eram "violentamente espancados".

Os diplomatas ocidentais no Irã tinham poucas dúvidas sobre quem efetivamente manipulava o jogo nos bastidores. O embaixador britânico em Teerã, Reader Bullard, informou em 23 de julho que os russos estavam "esforçando-se muito para conseguir o controle sobre a Pérsia antes que chegasse o momento de retirar suas tropas [...]. De modo geral, o embaixador soviético comporta-se mais como um comissário num Estado báltico do que como um diplomata num país estrangeiro independente".[13] De Tabriz, o cônsul britânico John Wall enviava um fluxo regular de relatórios que narravam a progressão do golpe em câmera lenta. Os relatórios encerraram-se em agosto com o cônsul concluindo que "os russos estão mais determinados que nunca a manter seu domínio nesta região".[14] Em vez de retirar suas tropas, eles as reforçavam. Sabia-se que Pishevari todos os dias "passava horas no consulado geral soviético".[15] Os artigos publicados no jornal do Partido Democrático vinham redigidos no idioma baku, e não no dialeto da língua turca falado em Tabriz, sugerindo que a publicação era produzida na União Soviética.

"Não há ferrovias para Teerã, mas há uma muito boa para Baku, e neste momento parece que é para lá que o Azerbaijão Autônomo está indo", relatou Wall no fim de dezembro de 1945. "O Azerbaijão Autônomo sente-se fazendo muito mais parte da Rússia do que do Irã."[16]

A ameaça mais séria à coesão do império soviético no Leste Europeu nas semanas que se seguiram ao Dia V veio de um compromisso que ele, imprudentemente, assumira com FDR em Yalta. Stálin logo teria que cumprir sua promessa de "eleições livres" — ou arriscar-se a uma rusga com seus aliados dos tempos de guerra. A única força política da região com a qual Moscou poderia contar para votar de acordo com suas vontades eram os comunistas, que no entanto não dispunham de uma base sólida de apoio popular. A única maneira de conseguir maioria seria pela formação de alianças nos moldes de uma Frente Popular com outros partidos de esquerda. Em países como Polônia, Romênia e Bulgária, nos quais atuavam sob a proteção do Exército Vermelho, os comunistas já controlavam os ministérios mais importantes, supervisionando os órgãos de segurança e a administração da Justiça. Aos poucos, iam consolidando seu poder, empregando aquilo que viria a ser chamado de técnica do salame, colocando uma fatia bem fina sobre a outra sem chamar atenção. Quando o resto do mundo percebesse o que estava acontecendo, o salame comunista já estaria com um volume considerável.

"Uma delícia, um sabor formidável", recordou-se Molotov mais tarde. "Até hoje não descobrimos uma política melhor."[17]

Como Stálin e Molotov não queriam deixar nada ao acaso, ambos insistiam que as coalizões deviam ser formadas *antes*, e não *depois* da votação. Os partidos "progressistas" disputariam as eleições como um bloco homogêneo. As vagas no Parlamento e os postos nos ministérios seriam previamente distribuídos, garantindo aos comunistas o controle do governo, qualquer que fosse o resultado do voto popular. Para que essa estratégia funcionasse, era necessária a colaboração de outros líderes esquerdistas. Como compensação por terem abdicado de sua independência, os políticos seriam aquinhoados com uma parte do poder, sob a liderança dos comunistas. Mas sempre havia aqueles que se recusavam a colaborar. Para fazer com que os refratários entrassem na linha, empregavam-se vários métodos, como intimidação, suborno e chantagem.

Caso nenhum deles funcionasse, os recalcitrantes poderiam ser presos, exilados ou eliminados fisicamente.

Um dos primeiros entre os impassíveis foi o líder da oposição búlgara Georgi Dimitrov — conhecido por todos na Bulgária como Gemeto, uma brincadeira com suas iniciais para distingui-lo do outro Georgi Dimitrov, o líder do Comintern e membro de confiança do círculo íntimo de Stálin. Como chefe do Partido Agrário, Gemeto contava com a lealdade de milhões de camponeses da Bulgária, o que o tornava o político mais popular do país. Ele havia sido preso e torturado pelo regime de direita do tsar Boris III, que se aliou a Hitler durante a Segunda Guerra Mundial. Orador de grande carisma, não estava disposto a deixar seu partido subordinado à Frente Patriótica, dirigida pelos comunistas. Sua atitude de desafio levou-o à prisão domiciliar e provocou uma campanha de propaganda contra os "gemetovistas". Todos os suspeitos de gemetovismo — que logo se tornou sinônimo de "fascismo" e "traição" — eram expulsos dos quadros do Partido Agrário, tornado subserviente e expurgado de elementos indesejáveis.

Sofrendo de broncopneumonia, Gemeto conseguiu escapar da prisão domiciliar e chegar ao apartamento de um diplomata britânico. Os britânicos encontravam-se numa posição difícil. Churchill havia prometido a Stálin o controle de 80% da Bulgária como parte de um acordo que assegurava aos britânicos liberdade de ação na Grécia.[18] Sem disposição de prejudicar esse acordo, os britânicos levaram o líder da oposição à residência do representante americano, no contraforte do monte Vitosha, a pouco menos de cinco quilômetros de Sófia. O diplomata no comando, Maynard Barnes, dormia profundamente por ter bebido "um pouco demais" na noite anterior.[19] Quando por fim acordou, logo conduziu o inesperado visitante ao quarto de hóspedes, entregando-lhe um pijama. A questão, segundo o americano, era agora bem simples. Stálin estava tentando estabelecer o regime de partido único na Bulgária e em outras nações do Leste Europeu.[20] Havia chegado o momento de os Estados Unidos manifestarem "a máxima resistência aos projetos russos em todas as áreas de nosso interesse no que diz respeito à manutenção da paz e oposição a atos de agressão".

Previsivelmente, o ministro comunista dos Assuntos Internos ficou furioso quando descobriu para onde Dimitrov tinha ido. Ele enviou unidades armadas da milícia para cercar a residência do americano, com ordens de revistar qualquer pessoa que saísse ou entrasse. A reação de Barnes foi rápida, chamando meia dúzia de soldados americanos a serviço na Comissão de Controle Aliado para ficar em volta de sua casa. Fecharam-se as venezianas do andar térreo. Gemeto recebeu um fuzil e instalou-se ao lado de uma janela no andar superior. Como ele escreveu mais tarde, "eu estava pronto para morrer com o fuzil na mão, lutando contra os ocupantes de nosso país, os tiranos que tinham destruído a liberdade e a independência de meu povo! Lado a lado com os combatentes americanos em defesa da liberdade e da democracia!".[21] Barnes telegrafou a Washington pedindo instruções. O Departamento de Estado aprovou sua decisão de oferecer proteção a Gemeto, mas o advertiu a não resistir "a uma tentativa de levar Dimitrov à força".

Enquanto boatos sobre o destino de Gemeto corriam pela cidade, todos que pudessem ser suspeitos de ajudá-lo a escapar eram presos e interrogados. No dia 30 de maio, o ministro do Interior anunciou que sua antiga secretária, Mara Racheva, suicidara-se pulando pela janela do quarto andar da estação central de polícia. Um médico que examinou o corpo encontrou diversos sinais de tortura, inconsistentes com a queda alegada pelo ministro:

- Todas as unhas dos dois pés haviam sido arrancadas.
- Três dedos da mão esquerda tinham sido amputados na altura da segunda articulação.
- Ambas as orelhas tinham sido cortadas.
- O seio direito fora extirpado.
- A língua fora arrancada e todos os dentes tinham sido extraídos.
- Havia uma esfoladura de cerca de cinco centímetros de pele ao longo de um quadrante da cintura.[22]

O impasse em torno de Gemeto estendeu-se por dois meses e meio. Barnes começou a se cansar do "homem que veio para o café da manhã".[23] A companhia permanente de um "refugiado político búlgaro (por mais agradável e interessante que fosse) e dois ou mais soldados americanos" acabou tornando-se inconveniente, fazendo com que sua casa se transformasse numa "fortaleza em miniatura". A situação só foi resolvida em 5 de setembro, quando o governo búlgaro permitiu que o dissidente e líder do Partido Agrário deixasse Sófia num avião americano, escoltado por Barnes. Dois meses depois, finalmente, realizaram-se as eleições. A Frente Patriótica, dominada pelos comunistas, obteve quase 90% dos votos. O outro Georgi Dimitrov — o amigo de Stálin — foi nomeado primeiro-ministro.

Em todo o Leste Europeu, havia muitas pessoas inconvenientes, exatamente como Gemeto, com as quais era preciso lidar, de uma ou de outra maneira. Em 18 de junho, começou em Varsóvia o julgamento dos dezesseis líderes do movimento clandestino polonês presos dois meses antes pelo Exército Vermelho. Os homens foram levados em veículos blindados da prisão de Lubyanka ao Salão das Colunas, situado nas proximidades, no centro de Moscou. Antes da revolução, aquele amplo espaço, feericamente iluminado, abrigara os bailes luxuosos da aristocracia russa, mas agora servia de palco para o espetáculo dos julgamentos públicos stalinistas. Baterias de câmeras cinematográficas e poderosos refletores focalizavam a tosca plataforma de madeira cercada com estacas na qual tinham sido colocados os prisioneiros, distribuídos em quatro fileiras de assentos. Para um repórter ocidental que observava cenário e personagens, pareciam "rotarianos de uma cidadezinha qualquer, levados a uma situação que os deixava atordoados e assustados".[24] Quem presidia a corte era um conhecido juiz militar, o coronel-general Vasily Ulrich, "homem de rosto redondo, queixo duplo, olhos cintilantes e um alegre sorrisinho que às vezes dava a impressão de que logo se transformaria num riso de escárnio". Seu aspecto jovial escondia uma reputação de ferocidade por ter condenado à morte dezenas de milhares de antigos camaradas durante os expurgos do Exército Vermelho, em 1937. A plateia era formada por uma fileira atrás da outra de oficiais com fardas repletas de medalhas e galões dourados, além de um punhado de diplomatas e jornalistas com ternos escuros.

O principal réu era o general Leopold Okulicki, antigo comandante em chefe do Exército Doméstico, que permanecera leal ao governo no exílio de Londres. Conhecido no movimento clandestino como Filhote de Urso, Okulicki havia sido um dos líderes do fracassado Levante de Varsóvia contra os nazistas. Agora estava sendo acusado de crimes que iam desde a criação de um movimento de resistência armada na retaguarda do Exército Vermelho até o emprego de transmissores ilegais de rádio para atos de sabotagem que provocaram a morte de pelo menos 594 soldados soviéticos. Testemunhando em defesa própria, ele tentou caminhar pela linha tênue entre a negação de ter ordenado atos específicos de terrorismo e a aceitação de responsabilidade pelas ações de seus subordinados. Capaz de manter a dignidade até o fim, descreveu-se como "um soldado obedecendo às ordens de seu governo". Ao ser interrogado, admitiu que conseguira manter o Exército Doméstico "por meio de um financiamento sigiloso", deixando de entregar "munição, armas e estações de rádio" às tropas soviéticas de ocupação.[25]

> PROMOTOR: Como o senhor descreve isso?
>
> OKULICKI: Descrevo como desobediência às ordens do comando do Exército Vermelho.
>
> PROMOTOR: Com que objetivo?
>
> OKULICKI: Com o objetivo de preservar tudo para o futuro.
>
> PROMOTOR: E para que objetivo final?
>
> OKULICKI: Para um combate futuro, no caso de uma ameaça à Polônia.
>
> PROMOTOR: Combate contra quem?
>
> OKULICKI: Contra aqueles que nos ameaçaram.
>
> PROMOTOR: Que país o senhor tinha em mente?
>
> OKULICKI: A União Soviética…
>
> PROMOTOR: Minha última pergunta. O senhor admite que suas ações eram dirigidas contra o Exército Vermelho e a União Soviética?
>
> OKULICKI: Admito, mas tudo foi feito porque acreditávamos que a União Soviética era uma ameaça à independência da Polônia.

Os veredictos de culpa eram um desfecho inevitável. Para aplacar os Aliados, as sentenças foram mais brandas do que o habitual: dez anos de prisão para Okulicki, de cinco a oito anos para outros membros do movimento clandestinos e penas mais curtas para os prisioneiros menos importantes. Três réus foram absolvidos. Mas, por ter levado adiante o julgamento apesar dos protestos dos ocidentais, Stálin atingiu seu objetivo de deixar claro que não permitiria desafios concretos à dominação da Polônia pela Rússia. Ao mesmo tempo, conseguiu evitar um rompimento ostensivo com americanos e britânicos. A consternação provocada nas capitais ocidentais pelo julgamento dos dezesseis poloneses foi equilibrada pelo alívio diante da formação de um governo polonês de coalizão que incluía Mikołajczyk. O novo vice-primeiro-ministro logo descobriu que sua influência política era mínima. Os colegas comunistas de

Mikołajczyk refutaram seus pedidos de um requerimento ao Kremlin pela libertação dos líderes condenados do movimento de resistência.

"Stálin ia ficar zangado", garantiu o presidente da Polônia Bolesław Bierut, um antigo agente do Comintern. "Além disso, atualmente não estamos precisando dessas pessoas aqui na Polônia."[26]

Os inimigos não eram os únicos integrantes da lista de criaturas consideradas inconvenientes por Stálin. Ele estava ciente de que precisaria lidar com marechais e generais que conquistaram posição de destaque durante a guerra, compartilhando do crédito pela vitória final. Um homem como Zhukov poderia facilmente mostrar-se um foco alternativo de poder para o Politburo, assim como Bonaparte apresentou-se contra o Diretório nos desdobramentos da Revolução Francesa. O marechal gozava de grande popularidade, não apenas no Exército, mas entre os cidadãos soviéticos comuns, que viam nele o salvador que escorraçara os alemães das portas de Moscou, Leningrado e Stalingrado.

O *vozhd* já tomara medidas para pôr os líderes do Exército Vermelho em seu lugar. Ele nomeou Zhukov comandante da zona de ocupação soviética na Alemanha, assegurando-se porém de que estaria cercado de conselheiros políticos e agentes da NKVD. Andrei Vyshinsky, o onipresente diplomata do Kremlin encarregado de resolver problemas, estava constantemente ao lado de Zhukov, enquanto Ivan Serov, um delegado de Beria, atuava como chefe da administração civil na zona soviética. Serov enviava a Moscou um fluxo permanente de relatórios depreciativos, queixando-se de que Zhukov vivia "vangloriando-se de suas vitórias e estava até mesmo planejando uma conspiração militar".[27] Zhukov não dispunha da liberdade de ação que os militares ocidentais do mesmo escalão ostentavam. Os americanos logo concluíram que "era Vyshinsky, um civil, e não Zhukov, quem decidia as questões com implicações políticas, decisões que Eisenhower tinha plena autoridade para tomar e que efetivamente tomava".[28] Com frequência, Zhukov desconhecia o que se passava em sua própria zona de operações. Ficou espantado ao saber, muitos anos mais tarde, que os restos mortais de Hitler encontravam-se em posse da NKVD enquanto ele mesmo declarava aos jornalistas do Ocidente que o antigo Führer provavelmente estava foragido.

Em Yalta, Stálin havia lembrado aos líderes militares, de maneira explícita, que depois da guerra chegaria a ocasião em que eles seriam "rapidamente esquecidos".²⁹ Esse dia estava se aproximando bem depressa. Antes que chegasse, porém, ele lhes permitiria um momento derradeiro de glória.

Stálin vinha planejando uma triunfante parada da vitória pela Praça Vermelha em 24 de junho, sete semanas após a queda de Berlim. Todos os exércitos que haviam participado do ataque à Alemanha nazista estariam representados por um regimento completo de combate. De acordo com a tradição russa, que vinha do tempo dos tsares, caberia ao comandante em chefe passar em revista as tropas, montado a cavalo. Um magnífico garanhão branco havia sido especialmente selecionado para Stálin, mas o *vozhd* não era um cavaleiro. Quando montou Kumir para um ensaio, o cavalo empinou em protesto e atirou-o ao solo. Furioso, Stálin chamou Zhukov à sua datcha e perguntou se ele ainda sabia cavalgar.

"Não esqueci", respondeu Zhukov, um consumado cavaleiro na juventude. "Às vezes, ainda costumo cavalgar."³⁰

"Muito bem, você vai passar as tropas em revista na Parada da Vitória."

"Obrigado pela honraria, mas não seria melhor se o senhor passasse as tropas em revista? O senhor é o comandante supremo. Por direito e por dever, a honra caberia ao senhor."

"Estou velho demais para isso. Você é mais jovem. Você fica encarregado."

Poucos dias depois, Vasily Stálin contou a Zhukov o "grande segredo". Na verdade, seu pai pretendia passar as tropas em revista, mas desistiu depois que "o cavalo se exaltou". Foi uma advertência amigável para que o conquistador de Berlim não fizesse um papel ridículo no grande dia. O coração de Zhukov "bateu mais forte" ao montar Kumir no Portão de Spassky na hora marcada. A chuva pesada tinha deixado os paralelepípedos da Praça Vermelha escorregadios. Vestido com seu sobretudo do Exército, Stálin subiu pelos degraus do mausoléu de Lênin, seguido por Beria e outros potentados do Politburo. Quando o relógio do Portão de Spassky deu as dez horas, Zhukov entrou galopando na praça, em pleno controle do imponente garanhão branco. Rokossovsky, vitorioso na Polônia e que já fora vítima de um expurgo, galopou ao seu encontro vindo da direção oposta, montado num cavalo negro igualmente esplendoroso. Os dois marechais estavam acompanhados por oficiais assistentes, cada um deles aparentemente à mesma distância de seu superior, tudo em perfeito sincronismo. De 10 mil vozes na praça ecoou um possante *viva!* quando os marechais se encontraram em frente ao mausoléu, indiferentes à chuva, que logo se transformaria num aguaceiro. A banda tocou o hino patriótico de Glinka, "Slavsya", ou "Glória".

Ao contrário das comemorações populares improvisadas de 9 de maio, foi um desfile privado, bem mais restrito, para ser usufruído apenas por algumas centenas de oficiais do alto escalão. A Praça Vermelha estava enfeitada com retratos de Stálin ao lado de Lênin. O "Homem de Aço" parecia uma divindade para seus seguidores, que marchavam sobre as pedras escorregadias do calçamento.

"Você o viu?", o correspondente de guerra Alexander Avdeenko perguntou ao filho, sentado sobre seus ombros.[31]

"Aham", respondeu o menino, entusiasmado. "De pé debaixo da chuva. Um velho. Ele não está se molhando?"

"O aço temperado não tem medo da chuva."

"Ele é um homem de aço?* É por isso que se chama Stálin?"

"Ele é um homem como os outros, mas com uma vontade de aço."

O menino percebeu que o "pai do povo" tinha franzido a testa.

"Papai, por que ele não está contente? Está zangado com alguém?"

"Provavelmente com Deus, por não ter nos enviado um tempo bom."

"Então por que Stálin não mandou Deus enviar um tempo bom para nós?"

O clímax da cerimônia aconteceu quando duzentos oficiais com uniforme de gala, marchando em passo de ganso, lançaram ao chão, diante de Stálin, bandeiras e estandartes capturados dos alemães. Naquela noite, em uma recepção no Kremlin, os marechais propuseram que Stálin fosse promovido a generalíssimo, posto que nunca existira antes no Exército Vermelho. O *vozhd* deu uma exibição de modéstia, dizendo não ser merecedor de tamanha honraria, mas seus acólitos perceberam que ele não vetou a iniciativa. E ele tornou-se generalíssimo. Uma vez mais, como havia feito em 24 de maio, ergueu sua taça para saudar o homem do povo. Elogiou os "pequenos parafusos e porcas" da máquina militar "sem os quais todos nós, marechais e comandantes dos fronts e dos exércitos, não teríamos valor algum".[32] Era sua maneira de lembrar aos generais que eles nada eram em comparação com o *narod*, representado pelo Partido Comunista, na pessoa de seu secretário-geral. Moscou logo estaria fervilhando com piadas, evidentemente espalhadas pela NKVD, sobre os hábitos arrogantes da nova "casta militar".

---

* Referência a *steel*, "aço" em inglês. (N. E.)

O povo, é claro, não tinha direito a voz. Os habitantes comuns de Moscou estavam cansados da guerra, cansados do Terror, e esperavam desesperadamente por algum tipo de vida normal. Quando um diplomata britânico, Hugh Lunghi, voltou à Praça Vermelha bem mais tarde naquele dia, viu um pequeno grupo de russos olhando com atenção para as bandeiras nazistas encharcadas de chuva, arremessadas sem a menor cerimônia em frente ao mausoléu. Não havia a menor expressão arrogante de triunfo, ninguém as pisoteava. Pelo contrário, o que se percebia era apenas um profundo pesar pelos enormes sofrimentos da guerra.

"Então isso é o fim de tudo aquilo", comentou uma senhora ao olhar para os símbolos da derrota alemã. "O que precisamos agora é de um novo começo."[33]

Ao apertar a mão da mulher, Lunghi ficou muito comovido. Percebeu que era impossível dissociar vitória e tragédia. Não haveria um "novo começo" para o povo russo. O espírito vingativo de Stálin estava prestes a se manifestar com uma força extraordinária.

Os americanos tiveram um vislumbre em primeira mão do terror inspirado pelo regime de Stálin menos de uma semana depois da parada da vitória na Praça Vermelha. Em 28 de junho, o Departamento de Estado divulgou que 154 cidadãos soviéticos mantidos como prisioneiros de guerra em Fort Dix, estado de Nova Jersey, seriam enviados de volta à Rússia, em obediência aos acordos de Yalta. Todos estavam vestidos com fardas alemãs no momento de sua captura pelo Exército americano, mas de modo nenhum formavam um grupo homogêneo. Alguns dos prisioneiros eram antigos integrantes do Exército Vermelho que haviam desertado para a Wehrmacht devido ao ódio que sentiam pelo comunismo, homens como o tenente Karalbi Baschew, cujos pais tinham sido fuzilados pela NKVD. Outros, como o soldado Wassily Tarrasuk, um antigo partisan da Bielorrússia, haviam sido forçados a juntar-se ao Exército alemão contra sua vontade. Esses detalhes tinham pouca importância para Stálin. Ele considerava que todos eram "traidores da Mãe Pátria". Sua Ordem de número 270, emitida em agosto de 1941, logo em seguida à invasão alemã, determinava que soldados soviéticos "cercados pelo inimigo devem lutar até o fim". Aqueles que se rendessem deveriam "ser destruídos por todos os meios disponíveis, e suas famílias não receberão nenhum tipo de assistência".

Os prisioneiros de Fort Dix sabiam perfeitamente o destino que os aguardava se fossem devolvidos à União Soviética. Um oficial da Wehrmacht de quarenta anos disse aos americanos que o capturaram: "Eu sabia que era um traidor porque, quando era comandante do Exército Vermelho, li pessoalmente essas ordens para minhas tropas".[34] De um dia para o outro, os prisioneiros de guerra planejaram cometer suicídio em massa. Desmontaram as camas de metal de suas barracas, transformando-as em primitivos porretes, que esconderam nas roupas. Às nove da manhã do dia seguinte, o superintendente da prisão lhes deu a ordem, em alemão, de sair do alojamento e ir até o pátio preparar-se para a transferência.

"*Nein, nein*", gritaram os prisioneiros.

Eles fizeram uma barricada no alojamento e desobedeceram a todos os pedidos para que saíssem. Do lado de fora, percebeu-se que havia fumaça escapando por uma janela. Munidos de granadas de gás lacrimogêneo e máscaras de gás, os guardas receberam ordem de atacar o alojamento. Um grande número de prisioneiros correu para uma porta dos fundos, brandindo suas armas improvisadas.

"Atirem em nós", gritaram, indicando o peito na altura do coração enquanto atacavam os guardas.[35]

Os guardas conseguiram restabelecer a ordem pelo uso do gás lacrimogêneo e de suas armas. Ao entrarem no alojamento, descobriram os corpos de três prisioneiros russos, que haviam se enforcado. Outros quinze laços estavam pendurados em portas e nas armações das janelas, prontos para serem usados.

O levante de Fort Dix gerou manchetes sombrias no dia seguinte, suscitando uma profunda análise da política de repatriação forçada do governo Truman. Não havia ilusões sobre o que estava reservado para os prisioneiros se fossem enviados de volta à Rússia. Uma enxurrada de relatórios perturbadores, redigidos por diplomatas ocidentais, chegara a Washington descrevendo o terrível tratamento aplicado aos ex-prisioneiros de guerra russos e aos operários forçados a trabalhar em regime de escravidão nas minas e fábricas alemãs. Havia casos documentados de prisioneiros levados para trás de um depósito assim que desembarcavam em Odessa e sumariamente fuzilados. Aos que escapavam da execução estavam reservadas demoradas penas de prisão no gulag. Um telegrama de 11 de junho enviado pela embaixada dos Estados Unidos em Moscou descrevia "vagões repletos de repatriados" passando pela capital russa rumo ao leste, para algum destino desconhecido. "Diante da postura soviética quanto à rendição, é provável que os prisioneiros sejam considerados desertores a não ser que apresentem provas de circunstâncias atenuantes."[36] Na opinião da embaixada, a "enorme quantidade de repatriados" conduzidos nos trens hermeticamente fechados integraria "batalhões de trabalhos forçados" na Sibéria ou na Ásia Central.

As repatriações compulsórias deixaram o secretário de Guerra Henry Stimson horrorizado. "Desse jeito, logo seremos responsáveis pela execução em massa dos russos", ele anotou num memorando. Um grupo de oficiais americanos na Europa previu "uma onda de opinião pública desfavorável" se fossem obrigados a continuar com o processo da repatriação. O conselheiro legal do Departamento de Estado, Richard Flournoy, também levantou fortes objeções. Ele argumentou que a política constituía uma violação "do espírito e do objetivo" da Convenção de Genebra quanto ao tratamento de prisioneiros de guerra. "Nada encontrei no texto da convenção que exija ou justifique a atitude do governo de enviar os infelizes soldados de nacionalidade russa à União Soviética, onde é praticamente certo que serão executados", ele escreveu.[37] Contudo, Flournoy foi voto vencido diante de funcionários mais graduados do Departamento de Estado, receosos de uma retaliação soviética contra prisioneiros de guerra americanos, não apenas na Europa mas também na Ásia. Milhares de prisioneiros americanos em poder dos japoneses na Manchúria poderiam cair sob o controle do Exército Vermelho assim que a União Soviética entrasse em guerra com o Japão.

A tragédia dos prisioneiros de guerra vinha da época dos acordos de Yalta, que equiparavam "cidadãos dos Estados Unidos libertados por forças agindo sob o comando soviético" a "cidadãos soviéticos libertados por forças agindo sob o comando dos Estados Unidos".[38] Na verdade, não era possível aplicar o princípio de analogia entre os dois grupos. Não havia problema algum na repatriação dos prisioneiros americanos, uma vez que eles queriam desesperadamente voltar ao seu país. Para o governo dos Estados Unidos, assegurar o retorno desses homens constituía uma prioridade de caráter humanitário. Não era o que ocorria com os prisioneiros russos, sobretudo aqueles que haviam se juntado à Wehrmacht, voluntariamente ou contra sua vontade. Enquanto muitos estavam ansiosos para rever suas famílias, outros viviam aterrorizados pela perspectiva de cair nas mãos da polícia de segurança. Não era por motivos humanitários que Stálin os queria de volta, mas sim para que servissem de exemplo. Em 11 de maio, menos de uma semana após o Dia V, ele emitiu uma ordem criando 93 campos de prisioneiros na Europa Central para a triagem de ex-prisioneiros de guerra soviéticos, separando os traidores dos covardes. Em muitos casos, a NKVD aproveitou a estrutura dos campos originalmente construídos pelos nazistas para prender judeus, opositores políticos e outros "degenerados".

Stálin compreendia muito bem a importância que os governos ocidentais atribuíam ao retorno de seus prisioneiros e valia-se dela como elemento de barganha. Era um jogo no qual demonstrava habilidade e cinismo. Os protestos dos Aliados sobre a demora por parte dos russos em cumprir as decisões tomadas em Yalta com relação aos prisioneiros de guerra invariavelmente levavam o Kremlin a fazer contraprotestos. Os dirigentes soviéticos reclamavam das condições "intoleráveis" nos campos de transferência de prisioneiros dos Aliados, de casos de envenenamento em massa por comida e álcool e do assassinato de prisioneiros russos.[39] No fim, americanos e britânicos acabavam sendo obrigados a concordar com as exigências soviéticas. Sete dos prisioneiros de Fort Dix escaparam da repatriação depois de comprovado que nunca haviam sido cidadãos soviéticos. Os demais foram enviados secretamente à Europa, passando para o controle soviético no final de agosto, após dois meses de medidas para prevenção de suicídio. Os prisioneiros tinham direito a colchões, mas sem camas ou qualquer outro objeto que pudesse ser empregado como "utensílio de autodestruição".[40] A partir daí, não se ouviu mais falar deles. Esses homens juntaram-se a cerca de 1,8 milhão de antigos prisioneiros de guerra entregues à NKVD para triagem.[41] Esse número representava aproximadamente um terço do total de sobreviventes soviéticos nos campos de prisioneiros da Alemanha. Algo em torno de 1 milhão de antigos prisioneiros foram imediatamente executados ou condenados a 25 anos de prisão em campos de trabalhos forçados. Outros receberam penas mais leves. Muitos se suicidaram. Aqueles que foram readmitidos ao país, apesar de poder voltar para casa sem ser submetidos à triagem da NKVD, quase nunca conseguiam emprego: passavam a enfrentar um estigma permanente segundo o qual eram "socialmente perigosos".

A insistência de Stálin no retorno desses prisioneiros desprezados pode ser explicada em parte pela *realpolitik*. Ele queria eliminar "testemunhas indesejáveis contra o comunismo", ou seja, qualquer um que tivesse conhecido o modo de vida fora da União Soviética, além de dissuadir outros "traidores" em potencial.[42] Mas ele também era motivado por uma sede visceral de vingança. Segundo sua filha, Svetlana, Stálin passava por "metamorfose psicológica" quando suspeitava que alguém o havia traído ou deixara de servir à causa.[43] Nesse momento, um "demônio interior" sussurrava: "Não estou reconhecendo você". Anos de amizade e até mesmo de convívio íntimo familiar subordinavam-se às exigências políticas.

O que Svetlana via como "a natureza cruel, implacável" de Stálin era demonstrado pela maneira como ele tratou seu filho Yakov, um tenente de artilharia de 33 anos aprisionado pelos alemães no início da guerra. O *vozhd* imediatamente fez com que sua nora judia fosse presa, de acordo com a Ordem nº 270. Quando lhe perguntaram sobre Yakov, logo depois de seu aprisionamento pelos nazistas, ele respondeu: "Não tenho um filho chamado Yakov".[44] Stálin recusou uma proposta dos alemães para trocar Yakov por um marechal de campo alemão que se rendera em Stalingrado. A amigos íntimos, disse lamentar a sorte do filho, mas alegou não ter escolha. Se aceitasse a proposta alemã, "eu deixaria de ser Stálin".

Na época do episódio de Fort Dix, uma equipe anglo-americana de serviços de inteligência apossou-se do dossiê alemão sobre Yakov, incluindo os registros de sua detenção no campo de Sachsenhausen. Os documentos indicavam que Yakov era motivo de frequentes brigas entre presos britânicos e russos. Um companheiro de cela russo havia testemunhado que ele sofrera muito pela recusa do pai em trocá-lo pelo marechal de campo Friedrich Paulus.

Na noite de 14 de abril de 1943, foi visto caminhando entre as cercas de arame farpado em volta do campo de concentração. Quando se aproximou da cerca eletrificada, gritou para um guarda da SS: "Não seja covarde. Atire, atire".[45] O guarda disparou uma única bala na cabeça do prisioneiro. O filho do déspota russo agarrou o cabo de alta tensão precisamente naquele momento.

Funcionários do Departamento de Estado discutiram se deveriam ou não mostrar a Stálin os documentos sobre Yakov, mas concluíram que eram "desagradáveis" e talvez "embaraçosos" demais para ser compartilhados.[46] Na verdade, o *vozhd* manifestou certa satisfação com a notícia da morte do filho, quando a história foi divulgada. Ao optar pela morte, o "traidor da Mãe Pátria" finalmente tinha correspondido às expectativas do pai.

PARTE III
Uma paz que não é paz
George Orwell

Julho a agosto de 1945

16. Berlim — *4 de julho*

"É necessário que pareça democrático", Walter Ulbricht orientou seus seguidores com seu acentuado sotaque saxônico. "Mas precisamos ter tudo sob nosso controle."[1]

Eles se autodenominavam o Grupo Ulbricht, um pequeno bando de comunistas alemães que se refugiara na Rússia após a ascensão de Hitler. Passaram os anos de guerra em Moscou, interrogando prisioneiros da Wehrmacht e transmitindo programas de propaganda. Depois de mais de uma década fora do país, estavam de volta a Berlim, munidos de imponentes credenciais de livre trânsito do Exército Vermelho e com cartões de racionamento reservados aos russos do alto escalão. Sua missão era estabelecer um novo governo alemão seguindo as linhas aprovadas por Stálin. Por enquanto, a instrução que tinham recebido era de manter um perfil discreto. Os cargos mais visíveis na nova administração da cidade seriam preenchidos por "representantes da burguesia" com credenciais comprovadamente "antifascistas", ao lado de sociais-democratas perseguidos pelos nazistas antes da guerra. Os postos-chave de cada distrito, porém, inclusive os encarregados de assuntos policiais e relativos ao comportamento dos cidadãos, deveriam ficar a cargo de "camaradas merecedores de plena confiança". Em conversas de caráter pessoal, autoridades russas deixavam claro que encaravam o Grupo Ulbricht como os futuros dirigentes da Alemanha.

Dois meses após a captura de Berlim pelo Exército Vermelho, uma aparência de normalidade havia voltado à cidade. A capital ainda estava repleta de veículos militares carbonizados e grandes pilhas de escombros, mas a vida era visível em meio às ruínas. Prédios de apartamentos que pareciam inteiramente destruídos estavam iluminados pelo brilho tímido das lâmpadas elétricas. Em meio aos destroços, viam-se roupas estendidas em varais. Lojas, mesmo toscas, surgiam às margens do rio Spree, apesar do "cheiro azedo de morte e podridão" que saía do "esgoto a céu aberto".[2] Nas ruas, havia grandes placas indicativas escritas no alfabeto cirílico para orientar as forças soviéticas de ocupação. Militares russas vestidas como balizas comunistas, com botas e cintos de couro, postavam-se nos principais cruzamentos, dirigindo o reduzido tráfego com bandeiras vermelhas e amarelas. Uma faixa vermelha proclamando "Saudações aos soviéticos conquistadores de Berlim" tremulava no topo do Portão de Brandenburgo. Nos letreiros, era possível ler citações de discursos de Stálin, entre eles um que se tornou uma mensagem otimista de propaganda: "Hitlers vêm e vão, mas a nação alemã e o Estado alemão permanecem". Retratos gigantescos de Stálin, Truman e Churchill foram colocados no Tiergarten, onde Hitler celebrara seu quinquagésimo aniversário em 1939, diante de 2 milhões de adoradores berlinenses.

Diminuiu o terror dos primeiros dias da ocupação, quando soldados embriagados do Exército Vermelho vagabundeavam pela cidade cometendo estupros e assassinatos. "A pistola deixou de ser a linguagem do amor", resumiu numa frase o soldado da infantaria Grigory Pomerants; os soldados russos passaram a utilizar cartões de racionamento e roupas para conquistar os favores das mulheres alemãs.[3] Não eram mais movidos basicamente por ideias de vingança, embora os saques ainda continuassem sendo um problema. Um funcionário da missão diplomática suíça relatou no princípio de julho que "ainda era totalmente arriscado usar um relógio nas ruas do setor russo".[4] Bicicletas também eram um valioso objeto de cobiça, que a qualquer momento poderia ser subtraído de seu dono.

Stálin sabia que Ulbricht e seus seguidores não tinham a menor esperança de sair vitoriosos numa eleição livre. "Comunismo num alemão é como uma sela numa vaca", ele zombava.[5] Sua estratégia política na Alemanha era semelhante à que ele empregava em todo o Leste Europeu, construindo uma coalizão de partidos "progressistas", na qual os comunistas assumiriam os postos-chave.

No dia 10 de junho, as autoridades soviéticas de ocupação emitiram a Ordem nº 2, autorizando a retomada da atividade política no setor russo da Alemanha, sob condições cuidadosamente controladas. Stálin pretendia aproveitar a popularidade dos sociais-democratas, que havia muito tempo alegavam ter o maior número de seguidores em Berlim. No momento adequado, os sociais-democratas seriam obrigados a fundir-se com os comunistas, formando um "partido operário" e seguindo o precedente já estabelecido na Bulgária, onde o Partido Comunista estava absorvendo o Partido Agrário. Stálin ordenou que o Grupo Ulbricht adotasse um programa político destinado a conquistar o maior número possível de eleitores. Marx e Engels foram banidos da carta de princípios do Partido Comunista, juntamente com qualquer referência a socialismo. O programa do partido pedia o "desenvolvimento completo e irrestrito do livre-comércio e da iniciativa privada sobre as bases da propriedade privada".[6]

Os lapsos de natureza ideológica eram relevados, desde que os membros do partido fizessem o que lhes fosse ordenado. Ulbricht, assim como Stálin, considerava a obediência a maior de todas as virtudes. Filho de um alfaiate que organizara o assassinato de oficiais da polícia berlinense nos meses finais da República de Weimar, era tido em baixa estima pelos líderes soviéticos. Beria o considerava um "completo imbecil" e "um canalha capaz de matar o pai e a mãe", avaliação curiosa vinda do degenerado chefe da polícia secreta.[7] Ulbricht havia passado seus anos em Moscou fomentando intrigas e delatando seus colegas de exílio. Para Stálin, isso não tinha a menor importância. Ao ser informado de que o único talento de Ulbricht consistia em "escrever denúncias", o *vozhd* fez apenas uma pergunta: "Ele faz isso sem cometer erros?". Quaisquer que fossem suas deficiências, era possível ter certeza de que Ulbricht, com toda sua estreiteza intelectual, obedeceria às ordens que lhe fossem dadas. Como agente do Comintern, ele tinha colocado em prática zelosamente todas as alterações e reviravoltas determinadas pela política do Kremlin, desde a perseguição aos republicanos antistalinistas na Guerra Civil Espanhola à efetivação do Pacto Molotov-Ribbentrop, em 1939. Tinha grande habilidade para a organização e era dotado como poucos para o trabalho pesado.

Uma das maiores prioridades de Ulbricht ao voltar a Berlim, em maio de 1945, consistia em sufocar iniciativas políticas vindas de baixo. Logo após a derrota de Hitler, surgiram de forma espontânea comitês antifascistas em diversas cidades alemãs. Muitos desses comitês eram liderados por comunistas que tinham passado para a clandestinidade durante o domínio nazista ou que haviam sido libertados de campos de concentração. Stálin nutria um profundo desprezo por ativistas independentes ostentando braçadeiras vermelhas e determinou que Ulbricht acabasse com eles. Ele executou a tarefa com o zelo habitual, descrevendo os comitês como "um espetáculo cômico".

"Eles devem ser dissolvidos imediatamente", disse a seus subordinados. "Provisórios ou não, esse showzinho tem que acabar."[8]

Para controlar a população, o Grupo Ulbricht reviveu uma instituição nazista profundamente odiada, conhecida como *Blockleiter*, ou "líder do quarteirão", estendendo-a até o nível de "líderes domésticos" individuais. Os *Blockleiters* eram responsáveis por organizar a remoção de entulho, a administração dos cupons de racionamento e a aplicação das medidas sanitárias. Mas funcionavam também como uma rede de "espionagem, delações e de pequenos tiranos", nas palavras de um alto funcionário americano.[9] O sistema dos *Blockleiters* permitiria aos russos manter certo controle sobre os setores ocidentais de Berlim depois que passassem para a administração dos Estados Unidos e da Grã-Bretanha.

Havia outras questões a resolver antes que americanos e britânicos se instalassem em seu setor. "Retirem tudo de Berlim Ocidental", ordenou Vladimir Yurasov, um oficial da área de reparações de guerra do Exército Vermelho. "Tudo mesmo! O que não puderem transportar, destruam. Mas não deixem nada para os Aliados: nenhuma máquina, nem mesmo uma cama; nem mesmo uma panela."[10] Os americanos calcularam que os russos tinham levado consigo 80% do maquinário industrial de seu setor. "Eles desmantelaram o sistema de refrigeração do matadouro, destruíram fogões e a tubulação das cozinhas dos restaurantes, inutilizaram as máquinas de usinas e fábricas e estavam concluindo o saque das indústrias das máquinas americanas de costura Singer quando chegamos", queixou-se uma autoridade americana da ocupação.[11] Grande parte da rede de trens de superfície da S-Bahn também havia sido desmontada, juntamente com a linha Berlim-Potsdam e a maior parte da rede telefônica central da cidade. Milhares de cavalos, bois e vacas tinham sido levados para o setor soviético.

Os russos podiam até afirmar algumas realizações positivas nos dias iniciais da ocupação de Berlim. Eles tinham limpado a cidade, restaurado o sistema de fornecimento de água, eletricidade e outros serviços básicos e estabelecido um governo civil. Os jornais circulavam novamente na cidade. O teatro de ópera havia sido aberto, assim como cinemas, e as instalações esportivas tinham voltado a funcionar. Para a maioria dos alemães, contudo, essas realizações não significavam muito, quando comparadas com experiências pessoais da brutalidade soviética. Com uma política de ocupação mais humana, talvez tivesse sido possível conseguir o apoio da maior parte da população derrotada. Os berlinenses culpavam os Aliados ocidentais, e não os russos, pelos ataques aéreos que haviam reduzido sua cidade a escombros muito antes da chegada do Exército Vermelho. "Os russos eram nossos inimigos, mas pelo menos não nos bombardearam", era uma opinião ouvida com frequência.[12] Mas a oportunidade de cativar um sentimento de boa vontade às custas dos Aliados ocidentais foi desperdiçada com a orgia inicial de saques e estupros. No quesito relações públicas, o Exército Vermelho era o maior inimigo de si mesmo.

Ao fim de junho, um relatório dos serviços soviéticos de inteligência reconheceu o que já era óbvio. "Exceto por umas poucas pessoas genuinamente antifascistas, toda a população está insatisfeita com a presença do Exército Vermelho em solo alemão e torce pela chegada dos americanos ou dos ingleses."[13] Esse dia estava se aproximando rapidamente.

A primeira unidade avançada do Exército dos Estados Unidos partiu para Berlim na madrugada de 17 de junho. Quem a comandava era o coronel Frank Howley, ex-publicitário da Filadélfia escolhido para liderar o governo militar americano na capital alemã. Irlandês de pavio curto, Howley chegara à Alemanha como um propagador dos "princípios jurídicos anglo-saxões" e do modo de vida americano. O conceito que fazia dos russos era de "uns tipos grandalhões, alegres, que gostam de tocar balalaica, bebem quantidades imensas de vodca e têm o hábito de praticar luta livre na sala de visitas".[14] Bastante confiante em suas habilidades e no poder dos Estados Unidos, ele não esperava ter muitas complicações com esses bobalhões desengonçados. Certamente surgiriam alguns problemas, mas seriam resolvidos com base no espírito da amizade entre os Aliados.

A bandeira dos Estados Unidos tremulava sobre o para-lama direito da limusine preta de Howley enquanto ele cruzava o rio Elba por uma ponte decorada com retratos de Lênin e Stálin e um sinal com os dizeres "Bem-vindo à Mãe Pátria". O coronel decidira fazer sua grande entrada na capital alemã num conversível Horch, "o maior e melhor carro da Alemanha", confiscado de um antigo dirigente nazista. Ele tinha o apoio de uma força de reconhecimento de aproximadamente quinhentos oficiais e homens em 120 veículos militares, inclusive carros blindados repletos de metralhadoras. O imponente comboio foi forçado a parar cerca de um quilômetro e meio dentro da zona russa por "uma barreira vermelha e branca que atravessava a estrada".[15] Impaciente, Howley ouviu de um militar do Exército Vermelho que integrava sua escolta que havia algumas "formalidades" obrigatórias. Depois de diversas rodadas de drinques e brindes, os russos alegaram que "o acordo de Berlim" limitava o contingente americano a "37 oficiais, cinquenta veículos e 175 homens". Não era permitido armamento pesado. Howley nunca tinha ouvido falar desse acordo, mas não conseguiu convencer os russos a permitir sua passagem. Foram necessárias seis horas para proceder a uma nova arrumação de toda a bagagem e para enviar os veículos não autorizados de volta à zona de ocupação americana.

Quando o comboio finalmente partiu, no meio da tarde, os americanos ficaram espantados ao ver os "destacamentos de tropas soviéticas, com aparência de ciganos, cuidando do gado nos campos".[16] Ao se aproximarem de Berlim, os jipes e caminhões dos americanos foram retardados pelos "comboios de carroças asiáticas puxadas por cavalos, que pareciam barcos sobre rodas". Howley lembrou-se das fotos desbotadas dos trens de suprimento do Exército dos Estados Unidos durante a Guerra Civil. "Eram as tropas mais pobres que eu já vi", ele recordou mais tarde. "Os homens usavam trajes surrados de algodão, um enorme contraste com os trajes impecáveis do meu comboio. E como estavam sujos! Um terço deles tinha feições nitidamente de mongóis." Ao contrário do que Howley esperava, os americanos não tiveram autorização para entrar em Berlim. Em vez disso, foram encaminhados a um lugar chamado Babelsberg, a cerca de quinze quilômetros do centro da capital, próximo da cidade imperial de Potsdam. Antes da guerra, Potsdam era o centro da indústria cinematográfica alemã, uma versão prussiana de Hollywood.

Howley tinha vindo a Berlim esperando fazer um trabalho logístico de preparação da ocupação da cidade pelos americanos. Sua nova missão, como ele ficou sabendo, contrariado, consistia na preparação de palacetes que serviriam para acomodar os delegados participantes da conferência dos Três Grandes, que começaria em Potsdam em meados de julho. O complexo de Babelsberg foi cercado por soldados da NKVD com ordens de não permitir a passagem de ninguém. Howley e seus homens eram "quase prisioneiros". A frustração deles só aumentou quando o Exército dos Estados Unidos divulgou uma longa lista de regras sobre a confraternização com os russos, que consistia principalmente de proibições:

- Nunca deixe um bufê preparado quando estiver recebendo russos (a comida desaparece em minutos).
- Nunca ofereça uma bebida a um russo sem comida para acompanhar.
- Nunca discuta política com um russo e nunca critique seu governo.
- Não seja muito curioso.
- Não faça perguntas sobre a Rússia combatendo o Japão.
- Tente de todos os modos possíveis ter um relacionamento amigável com os russos. Eles são nossos aliados.

"Será que devemos nos ajoelhar antes de pedir permissão para dirigir a palavra a um russo?", perguntou Howley com sarcasmo.[17]

Uma semana depois de ter chegado a Babelsberg, Howley recebeu permissão para fazer um rápido giro por Berlim, sob o pretexto de visitar o aeroporto de Tempelhof. Embora estivesse acostumado a presenciar morte e destruição, ficou chocado com o que encontrou. A cidade parecia o cenário de um filme sobre o apocalipse, com escombros de edifícios bombardeados apontando para todas as direções. Os berlinenses davam a impressão de criaturas "arrasadas física e mentalmente". Excetuando-se as vias mais importantes, "as ruas estavam repletas de destroços, e em muitos casos nem era possível enxergá-las com nitidez". Howley não entendia por que os Estados Unidos ainda se empenhavam tanto para ficar com uma parte daquela cidade arruinada. Seria melhor deixar Berlim para os russos e ficar com as ricas terras agrícolas da Saxônia e da Turíngia, que foram tomadas pelos americanos nas semanas finais da guerra, mesmo que fizessem parte da zona destinada aos soviéticos.

"Berlim é um monte de ruínas", disse o coronel a seus homens. "Aquilo não vale um hectare de terra boa com gado. Acho que a melhor coisa a fazer é ficar com o que temos e deixar que os russos fiquem com o que eles têm."[18]

Os superiores de Howley não pensavam assim. De Truman para baixo na hierarquia, as autoridades dos Estados Unidos continuavam com uma visão otimista da cooperação entre o Oriente e o Ocidente no pós-guerra. O novo presidente vetou uma sugestão de Churchill para que o território a oeste do Elba fosse usado numa barganha com Stálin. O inglês estava alarmado com a projeção do poderio soviético no "coração da Europa Ocidental e com a instalação de uma cortina de ferro entre nós e tudo o mais no lado leste".[19] Ele queria vincular a retirada americana, "caso seja mesmo necessária", ao "estabelecimento de muitas grandes coisas que se tornariam os fundamentos da paz mundial". Truman achava que os acordos territoriais deveriam ser respeitados por todos os lados. Ele receava que a postura de Churchill seria "extremamente prejudicial a nossas relações com os soviéticos".[20] Em 29 de junho, generais americanos do primeiro escalão reuniram-se com o marechal Zhukov com o objetivo de fazer os acertos finais para a entrada dos Estados Unidos em Berlim e a desocupação simultânea da Saxônia e da Turíngia.

As linhas das zonas de ocupação na Alemanha e em Berlim estavam traçadas desde 1943, época em que o Exército Vermelho avançava rapidamente e o tão falado segundo front existia apenas no papel. O trabalho de definir os acordos para o pós-guerra fora confiado a um obscuro corpo diplomático, a Assessoria Consultiva Europeia, que fazia reuniões secretas em Londres. O governo Roosevelt mostrava pouco interesse nos trabalhos dessa assessoria, e os britânicos acabaram assumindo as rédeas. O Departamento de Relações Exteriores propôs uma Alemanha unificada que, para propósitos de administração, ficaria dividida em zonas britânicas, americanas e russas. Para garantir a cooperação de Stálin, os planejadores britânicos ofereceram aos russos 40% do território alemão, 36% da população e 33% dos recursos produtivos. Por estar na parte leste do país, Berlim faria parte da zona soviética, mas seria ocupada em conjunto pelos três poderes. Os planejadores usaram as antigas linhas de administração alemãs na divisão da cidade, atribuindo oito distritos aos russos e doze para serem repartidos entre americanos e britânicos (posteriormente, os britânicos cederiam dois de seus distritos aos franceses). O Portão de Brandenburgo e a Unter den Linden ficaram dentro do sctor russo.

Na reunião de 29 de junho no quartel-general de Zhukov em Karlshorst, o lado americano foi representado pelo general Lucius Clay. Um viciado em trabalho que fumava um cigarro atrás do outro e bebia vinte xícaras de café por dia, Clay era o homem-chave de Eisenhower para a ocupação da Alemanha. Fora altamente recomendado por Jimmy Byrnes, que ressaltou o fato de que seu ex-subordinado na Agência de Mobilização para a Guerra seria capaz de aprender em seis meses como dirigir "a General Motors ou a US Steel".[21] Clay logo chegou a um acordo com Zhukov quanto à logística do envio a Berlim de 30 mil soldados da Segunda Divisão Blindada (autointitulada "O Inferno sobre Rodas"). Os dois comandantes acertaram um acordo temporário permitindo que tropas britânicas e americanas utilizassem a principal estrada entre Halle e Berlim, uma linha ferroviária e dois corredores aéreos.

Pouco se pensou na questão do acesso permanente aos setores ocidentais de Berlim. A impressão era que se tratava de uma discussão puramente acadêmica. Os três Aliados dos tempos de guerra pretendiam dirigir a cidade por meio de um organismo unificado, que seria conhecido como a Kommandatura. Supunha-se que esses assuntos seriam resolvidos por boa vontade dos três lados. Clay não queria colocar por escrito nada capaz de prejudicar o princípio de acesso irrestrito que supunha implícito no acordo de 1943. Ele acreditava não ter autoridade para associar a questão das vias de acesso com a retirada americana de uma ampla área do leste da Alemanha. Foi um descuido que atormentaria os Aliados ocidentais por décadas.

O grosso das tropas dos Estados Unidos seguiu pela rodovia de Halle no dia 1º de julho, enquanto o Exército Vermelho viajava no sentido oposto. "A estrada para o hospício", como Howley a denominou, tornou-se um brutal emaranhado de tanques, caminhões, carretas e todo tipo de veículos militares.[22] Alguns dos russos davam as boas-vindas, querendo apenas erguer brindes de vodca a seus aliados americanos. Já outros "comportavam-se como pequenos comissários". Howley regozijou-se quando viu um general americano empurrar "um oficial do Exército Vermelho especialmente irritante" para dentro de uma vala, depois que seus soldados foram detidos numa barreira russa. Uma chuva pesada começou a cair quando os americanos chegaram a Berlim. Confinado em Babelsberg, Howley não conseguira providenciar alojamentos para as tropas de ocupação, e assim os soldados tiveram que acampar ao ar livre em pequenas barracas, debaixo de árvores que gotejavam. "Sem dúvida, aquela foi a entrada de uma poderosa nação vencedora na capital do país que derrotara mais desprovida de brilho de toda a história", recordou-se mais tarde um assessor. "Precisamente naquele lugar e naquele momento, nasceu nas Forças Armadas dos Estados Unidos um ressentimento contra os russos que nunca mais desapareceria."[23]

Uma crise de refugiados de proporções bíblicas aguardava as recém-chegadas tropas americanas e britânicas. Berlim estava inundada por multidões de almas perdidas, arrancadas de suas casas nas semanas finais da guerra, vagando sem sentido de um lugar para outro. "Os errantes" podiam ser vistos em todas as esquinas, repousando a cabeça em patéticos pacotes com seus pertences embalados em sacos de aniagem. Fizesse frio ou calor, com frequência vestiam sobretudos esfarrapados, porque, se não os usassem, seriam obrigados a carregá-los. Muitos tinham uma aparência assustada, os olhos esbugalhados exprimindo atordoamento e resignação. Em outros a cabeça parecia grande demais e os membros davam a impressão de terem sido esticados, sinal claro de que estavam a um passo da inanição, depois de percorrer centenas de quilômetros, escapando das cidades e aldeias em chamas da Silésia e dos Sudetos. Havia muitos órfãos, amadurecidos prematuramente pelos horrores que tinham passado. Aos refugiados misturavam-se hordas de "desalojados" — russos, poloneses, franceses e belgas, trabalhadores em regime de escravidão que tinham sido forçados a servir ao Reich durante a guerra e agora tentavam voltar para suas casas.

A tragédia dos refugiados era mais visível nas estações ferroviárias bombardeadas de Berlim, àquela altura transformadas em lar para as massas de pessoas desarraigadas e desesperadas. Todos os dias, vagões de transporte de gado chegavam do leste, repletos de "soldados cegos, mutilados, meninos sem lar, mães famintas e crianças infestadas de vermes".[24] Famílias viajavam sobre o teto dos vagões de gado. Velhos e velhas, seus rostos enrugados cobertos por lenços, tentavam precariamente se agarrar às laterais, às vezes caindo de exaustão. Diariamente, funcionários da Cruz Vermelha retiravam dúzias de cadáveres dos vagões, cobrindo os narizes devido ao mau cheiro da morte. Para Robert Murphy, conselheiro político dos Estados Unidos na Alemanha, as cenas nas estações ferroviárias traziam à mente imagens de Dachau e Buchenwald. "O que vemos aqui é a punição em grande escala", ele escreveu ao Departamento de Estado, "só que não infligida ao *Parteibonzen* [os ativistas do Partido Nazista], mas a mulheres e crianças, aos pobres, aos enfermos."[25] Não havia horário para os trens, que operavam com muitas paradas obrigatórias, uma vez que os russos tinham retirado longas extensões de trilhos. O percurso de quatrocentos quilômetros entre Danzig e Berlim podia levar até uma semana.

Os errantes chegavam em ondas, irrompendo pela cidade superpopulada numa avassaladora maré de miséria. A primeira onda havia fugido aterrorizada com a aproximação do Exército Vermelho, em seu avanço devastador pela Prússia Oriental e pela Pomerânia no fim de 1944 e início de 1945. A segunda onda veio dos Sudetos, ao fim da guerra, quando os tchecos vingaram-se da minoria que havia saudado Hitler com entusiasmo em 1938. A onda final veio da Polônia, quando o novo governo comunista ocupou a Silésia, habitada por alemães, em troca de territórios cedidos pela União Soviética no leste. Quando as fugas e expulsões chegaram ao fim, aproximadamente 12 milhões de alemães tinham sido arrancados de suas casas. Cerca de 1 milhão perderam a vida durante o êxodo, de doença, fome e das marchas da morte forçadas. As ondas sucessivas de limpeza étnica mudaram permanentemente o mapa da Europa. Uma área de 113 mil quilômetros quadrados, quase do tamanho da Inglaterra, fora arrancada da Alemanha que Hitler herdara em janeiro de 1933.

Dar um novo traçado às divisões étnicas era uma das especialidades de Stálin, mas tchecos, poloneses e iugoslavos não precisavam de muito incentivo quando se tratava de reparação por injustiças da guerra. Ao perceber a oportunidade de pôr um fim definitivo a disputas étnicas que já duravam séculos, dedicaram-se à tarefa de expulsar os alemães com uma ferocidade que espantou até mesmo seus patronos russos. De um dia para o outro, os perseguidos transformaram-se em perseguidores.

Na Tchecoslováquia, o governo simplesmente aproveitou as leis antissemitas criadas pelos nazistas e aplicaram-nas aos alemães dos Sudetos, obrigados a usar peças de roupas com a letra N (de *Němec*, termo tcheco para "alemão") no lado esquerdo do peito. Qualquer pessoa que tivesse se ligado a organizações nazistas ainda era obrigada a usar essa letra nas costas. Os alemães só tinham permissão para ir a algum estabelecimento comercial uma hora antes do fechamento, depois que os cidadãos tchecos já tivessem sido atendidos. Eles não tinham permissão para usar transporte público, ir a parques ou sair de casa após as oito da noite. Se passassem diante de um oficial russo ou tcheco na rua, eram obrigados a "tirar seus chapéus ou bonés e manter-se a uma distância apropriada".[26] O campo de detenção nazista em Theresienstadt, utilizado para a triagem dos judeus a caminho de Auschwitz, tornou-se um campo para alemães à espera da deportação. Havia pouco esforço para distinguir os "maus alemães" dos "bons alemães". Aos olhos do governo de Edvard Beneš, eram todos culpados. A Igreja Católica adotava posição semelhante. O cônego de Vysehrad, monsenhor

Bohumil Stasek, estava exultante. "Pela primeira vez em mil anos, chegou o momento de acertar as contas com os alemães, que são maus e a quem o mandamento de amar o próximo não se aplica."²⁷

Como acontecera antes deles com os judeus, os alemães tiveram um tempo de às vezes apenas quinze minutos para se preparar para a deportação. Eram obrigados a entregar as chaves das casas e deixar a maioria de seus bens para trás. Todo aquele que manifestasse o menor sinal de hesitação era brutalmente espancado, com frequência até morto. Um estudo acadêmico realizado por um americano revelou que "os alemães eram pendurados em árvores pelos calcanhares, encharcados de petróleo e incendiados. Em verdadeiros pogroms, soldados da milícia tcheca irrompiam por cidades e aldeias de maneira selvagem, atirando à vontade nos alemães". Em Brno, toda a população alemã da cidade recebeu ordem para reunir-se na rua na noite de 30 de maio de 1945. Os homens fisicamente capazes já tinham sido expulsos, deixando atrás de si cerca de 30 mil mulheres, crianças, doentes e idosos. Cercados por guardas armados, os alemães foram conduzidos como gado em direção à fronteira austríaca, a 55 quilômetros de distância. Quem não fosse capaz de acompanhar a marcha era atirado numa vala para morrer. Cerca de 1,7 mil pessoas não conseguiram sobreviver à marcha da morte.

Embora Stálin tivesse autorizado as expulsões, no dia 4 de julho a NKVD queixou-se que as deportações estavam ocorrendo de "maneira desorganizada, sem aviso prévio aos nossos comandantes".²⁸ Em mensagem enviada de Berlim a Beria, o general Serov informou que 5 mil alemães chegavam diariamente da Tchecoslováquia, "a maioria dos quais mulheres, velhos e crianças". Ele observou que muitos deportados preferiam "cometer suicídio, cortando os pulsos".²⁹ Um oficial soviético havia contado "71 cadáveres com os pulsos cortados" em uma única ocorrência. Em seu desespero, os alemães acabavam recorrendo à Cruz Vermelha para se proteger dos tchecos, ainda mais brutais.

Os governos ocidentais não sabiam como reagir às expulsões em massa dos alemães do Leste Europeu. Tanto Roosevelt como Churchill tinham endossado o princípio do intercâmbio de populações em grande escala, para criar Estados etnicamente homogêneos, seguindo a linha das transferências ocorridas entre gregos e turcos que se seguiram à dissolução do Império Otomano. Num discurso pronunciado na Câmara dos Comuns em dezembro de 1944, Churchill afirmou que as expulsões eram preferíveis à "mistura de populações" como na Alsácia-Lorena, que provocara "conflitos sem fim" entre franceses e alemães. "Será realizada uma boa varredura", previu. "Não fico alarmado com a perspectiva de separação das populações e tampouco por essas grandes transferências, que se tornaram mais viáveis do que eram antes das condições da vida moderna."[30] Representantes do Ocidente preocuparam-se com a possibilidade de virem a perder a batalha pela opinião pública em países como a Tchecoslováquia e a Polônia caso adotassem posição contrária às expulsões, que contavam com o apoio do cidadão médio tcheco e polonês.

Por outro lado, a maneira como as expulsões estavam sendo conduzidas afrontava a consciência de muitos no Ocidente. Fotos chocantes de refugiados alemães à beira da inanição começaram a ser publicadas em jornais e revistas em meados de 1945, provocando um profundo exame de consciência em britânicos e americanos. Um oficial dos Serviços de Inteligência Militar dos Estados Unidos, que pudera conhecer por dentro aquilo que Churchill já estava chamando de cortina de ferro, enviou para seus superiores relatos chocantes sobre o tratamento brutal imposto aos alemães dos Sudetos. "O tratamento dispensado pelos tchecos aos alemães é muito semelhante ao tratamento que os alemães dispensavam aos judeus", escreveu o tenente John Backer, em relatório que teve ampla circulação. "*Dois erros não fazem um acerto. Injustiças e instabilidade econômica em uma das regiões mais sofridas da Europa podem estabelecer os fundamentos para perigosos desdobramentos políticos.*"[31] A conclusão do relato era que os governos ocidentais aceitavam a limpeza étnica maciça como inevitável, mas queriam que ela se realizasse de maneira ordeira e civilizada.

Nada disso servia de consolo aos milhões de refugiados que não paravam de chegar todos os dias a Berlim e outras cidades alemãs. Eles eram molestados e roubados em todas as etapas de sua viagem. Um general americano em Berlim observou que os refugiados só eram autorizados a "levar pouca coisa consigo e obviamente carregavam apenas os artigos que consideravam mais valiosos. Essas pessoas ficam amontoadas nas estações ferroviárias e naturalmente se tornam de grande interesse para saqueadores".[32] Por sorte, a maioria das grandes estações de trem em Berlim estava no setor americano, próximas à fronteira com o setor russo. Os refugiados eram presa fácil para qualquer bandido armado.

Os comandantes russos e americanos haviam fixado originalmente a data de 4 de julho para que o Exército dos Estados Unidos assumisse a responsabilidade pelo seu setor de Berlim. Um contratempo surgiu no último minuto, quando Zhukov anunciou que a transferência de autoridade teria que aguardar a formação da Kommandatura, o comando aliado unido. Enfurecidos, os americanos decidiram simplesmente assumir o comando da cidade em suas seis áreas, como fora planejado. "Entramos lá ao nascer do dia e instalamos o Governo Militar", disse Howley a seus subordinados. "Os russos não se levantam antes do meio-dia."[33]

Logo ocorreu um confronto. Os soldados de Howley colocavam cartazes anunciando a formação de um governo militar americano; os soldados de Zhukov os arrancavam. Quando um coronel do Exército Vermelho tentou abrir caminho até o setor americano para apanhar "objetos que ficaram por lá", encontrou tanques da Segunda Divisão Blindada impedindo sua passagem. Os berlinenses exultaram: já fazia tempo que tinham previsto um desentendimento entre os ocupantes. Durante alguns dias, houve "dois governos militares no setor — um americano e um russo". Howley conquistou uma pequena vitória quando os russos deixaram de arrancar os cartazes americanos. Ele parabenizou a si mesmo por ter se tornado especialista na arte do "*fait accompli*, a técnica russa favorita", mas logo estaria envolvido em batalhas maiores e mais importantes.

No dia 7 de julho, Zhukov chamou os comandantes americano e britânico para uma reunião no seu quartel-general em Karlshorst, local onde havia aceitado a rendição alemã apenas dois meses antes. Os ocidentais pensaram que o convite era para algum evento social, mas o marechal tinha outros assuntos em mente. Ao lado de seus especialistas em economia, informou que o nível das reservas de alimentos tinha baixado a um ponto crítico. Os suprimentos de farinha e açúcar se esgotariam em seis dias, e a carne duraria apenas mais uma semana. As reservas de carvão também estavam quase inteiramente esgotadas. Quando os estoques chegassem ao fim, cada exército de ocupação seria responsável pelo fornecimento de alimentos e energia para seu setor.

"Esse difícil problema dos alimentos precisa ser resolvido imediatamente", advertiu Zhukov. "Caso contrário, as pessoas vão passar fome."[34]

Americanos e britânicos ficaram espantados pelo inesperado ultimato dos russos. Eles davam como certo que Berlim continuaria a importar alimentos das produtivas fazendas ao leste, na Pomerânia, sob controle do Exército Vermelho. O carvão tradicionalmente vinha da província da Silésia, no leste da Alemanha. Sem aviso, e sem ter feito nenhum preparativo, os Aliados ocidentais viram-se responsáveis pelo abastecimento de comida e combustível para quase 2 milhões de berlinenses. Eles teriam que conseguir de algum modo 21 mil toneladas de alimentos da Europa Ocidental — cujas reservas já estavam em nível crítico — e transportá-las centenas de quilômetros por um território sob controle soviético, passando por pontes bombardeadas e ferrovias arruinadas. Para piorar, tinham acabado de abrir mão das ricas terras agrícolas situadas a leste do Elba, outra fonte óbvia de alimentos para a capital. De um momento para o outro, os americanos perceberam que estavam enfrentando "um problema quase insolúvel de abastecimento".[35]

O principal representante americano presente ao encontro era o general Clay, gênio da logística do Exército dos Estados Unidos. Ele disse a Zhukov que também havia escassez de alimentos na zona americana. "Existem dificuldades de transporte e organização. Mesmo que estivéssemos dispostos a trazer comida e combustível, seria difícil, porque não há ponte grande sobre o Elba."

Os russos permaneceram impassíveis. Zhukov explicou que as grandes alterações demográficas provocadas pela guerra não tornavam possível a Berlim recorrer a seus fornecedores tradicionais. A Pomerânia e a Silésia agora faziam parte da Polônia. Todos os alemães que viviam naquelas regiões "tinham fugido", passando em massa para a zona soviética, juntamente com 4 milhões de cidadãos soviéticos repatriados do Ocidente. Não havia excedente de comida. Os russos tinham arrumado uma forma de manter a população de Berlim Ocidental na situação de refém a qualquer tempo, por meio de atrasos na entrega de alimentos e combustível.

"Nossos governos concordaram que a própria Alemanha precisa se encarregar de sua alimentação", protestou debilmente o assessor político de Clay, Robert Murphy. "O país deve ser tratado como uma só unidade." No que dizia respeito aos americanos, a Silésia ainda pertencia à zona alemã sob ocupação soviética.

Restou a Zhukov assinalar a dura realidade política. "A Alemanha não existe. Os alemães precisam ser alimentados por meio dos esforços dos governos aliados." Depois de expor o estado calamitoso do problema de abastecimento, ele convidou os generais aliados para "um chá". "Naturalmente, o que Zhukov nos ofereceu estava longe de ser um chá", foi o comentário azedo de Howley, "apenas montanhas de caviar e rios de vodca, cerveja e outras bebidas que os russos chamam de chá por serem servidas por volta das quatro ou cinco da tarde".³⁶

Os problemas enfrentados pelos americanos foram agravados pelas orientações ainda secretas sobre o tratamento da Alemanha no pós-guerra. Um documento do Pentágono conhecido como JCS 1067 determinava que as forças de ocupação americanas "não tomassem nenhuma medida" no sentido da reabilitação econômica do país. A Alemanha deveria ser tratada como "uma nação derrotada" que nunca mais pudesse tornar-se "uma ameaça à paz mundial".³⁷ Isso significava um controle rígido sobre a indústria pesada e o desenvolvimento de uma economia autossuficiente, de base eminentemente agrícola. Estabeleceram-se cotas para a produção de ferro, aço, produtos químicos, máquinas industriais e automóveis. Foi proibida a confraternização entre americanos e alemães. Antigos membros do Partido Nazista ficavam excluídos de cargos não apenas de executivos, mas também de operários especializados. O processo de desnazificação dificultou a obtenção de trabalhadores qualificados para fazer funcionar as ferrovias, obrigando os americanos a colocar pessoas incompetentes em posições-chave.

Essas restrições tinham como objetivo tornar um renascimento militar impossível, porém seu efeito prático foi sufocar a maior parte dos setores produtivos da economia alemã. Quem acabou pagando o preço pela importação de comida suficiente para impedir uma epidemia de fome em Berlim e outras cidades americanas foi o contribuinte americano. Clay e seus assessores perceberam logo que a JCS 1067 os deixava com as mãos amarradas, mas eles não podiam desobedecer a uma instrução endossada pelo presidente. "Essa coisa foi montada por idiotas em economia", queixou-se Lewis Douglas, o mais importante perito em economia de Clay. "Não há o menor sentido em proibir os trabalhadores mais capacitados da Europa de produzir o máximo que puderem em benefício de um continente que está precisando desesperadamente de tudo!"³⁸ Por razões óbvias, nenhum dos outros Aliados sentiu-se constrangido pelas proibições contidas na diretriz emitida pelo Pentágono. No setor russo, ex-nazistas se mobilizavam em massa para integrar o novo Partido Comunista, que acabara de ser legalizado. Os russos logo se ocuparam de se entender com os alemães que os americanos tinham sido orientados a rejeitar.

O contraste entre as intenções dos líderes políticos e diplomatas em Washington e a realidade concreta da Berlim conquistada tornava-se a cada dia mais evidente. Os estadistas decretaram que deveria existir uma só estrutura de governo para a Alemanha, a ser conhecida como o Conselho de Controle Aliado, que incluiria representantes dos Estados Unidos, da União Soviética, da Grã-Bretanha e da França. Todas as decisões seriam tomadas por consenso. As mesmas diretrizes políticas e econômicas seriam aplicadas às quatro zonas de ocupação. Não levou muito tempo para se constatar que não havia unanimidade em questões fundamentais, entre elas qual deveria ser a organização da economia alemã e de que maneira o país deveria ser governado.

As ruínas de Berlim tornaram-se uma placa de Petri para uma das experiências sociais mais extraordinárias já concebidas — a fusão dos princípios americanos do livre mercado com a filosofia russa de uma economia submetida a um comando central. A disputa em torno das questões de abastecimento foi uma amostra dos problemas que viriam pela frente. Como *The Economist* publicou em 14 de julho: "As probabilidades de que os Aliados estariam dispostos e seriam capazes de, em comum acordo, chegar a uma política satisfatória e viável para a Alemanha nunca foram muito grandes. E estão diminuindo visivelmente". Os generais mais graduados eram obrigados a fazer todo o possível para assegurar o êxito de uma ocupação conjunta, mesmo quando seus subordinados concordavam com os repórteres ocidentais e manifestavam sérias dúvidas.

Clay olhou espantado para Howley quando ele se atreveu a sugerir que havia muitos problemas sobre os quais americanos e russos nunca chegariam a um acordo.

"Você está totalmente errado", respondeu com frieza o administrador americano. "Acabo de vir de Washington, e sem dúvida a intenção de nosso governo é que a administração de Berlim seja feita de forma unânime."[39]

Os abalos secundários de um terremoto de natureza geopolítica estavam sendo sentidos de Varsóvia a Viena, de Budapeste a Bucareste. Era como se duas placas tectônicas — representando duas ideologias rivais — tivessem entrado em colisão, lançando tremores gigantescos ao longo de um continente devastado pela guerra. Para os observadores ocidentais, era difícil acompanhar os acontecimentos em grande parte dos territórios controlados pelos soviéticos, uma vez que estavam impedidos de viajar livremente em países como a Polônia e a Hungria. Berlim, em compensação, tinha se tornado uma cidade aberta, com a chegada de dezenas de milhares de soldados americanos e britânicos e de administradores civis. Era lá que o contraste entre os sistemas político e econômico rivais tornava-se mais agudo e evidente, revelando-se em inúmeros encontros cotidianos entre os diferentes exércitos de ocupação.

"Os russos continuam ocupando a zona dos Estados Unidos e estão saqueando tudo de maneira sistemática como uma praga de gafanhotos", relatou um oficial americano em meados de julho, dois meses após o Dia V.[40] Era difícil ir a qualquer lugar de Berlim sem deparar com sinais do vandalismo e da violência gratuita dos russos. Robert Murphy mudou-se para uma casa nova em Dahlem, na qual antes oficiais russos haviam residido. Segundo o zelador, um homem de idade, os habitantes anteriores tinham bebido praticamente todo o conteúdo de uma magnífica adega de 2 mil garrafas de vinho. Eles divertiam-se "dando tiros pela casa todas as noites. Tetos, paredes e retratos de família estavam cheios de buracos. Os russos gostavam especialmente de atirar nos candelabros de cristal".[41] O zelador alegava que os oficiais tinham encontrado um soldado alemão gravemente ferido deitado num divã na noite em que chegaram, "e imediatamente o fuzilaram". Até mesmo o edifício de escritórios que servia como quartel-general americano tinha sinais de que o Exército Vermelho estivera lá anteriormente. A mobília incluía um conjunto de belas cadeiras com estofamento de couro com furos enormes nos assentos e nos encostos. Descobriu-se que os russos cortaram partes do estofamento de cada uma das cadeiras para fazer botas com o couro.

Os britânicos sentiram-se tão ofendidos quanto os americanos com o comportamento dos russos. Richard Brett-Smith ficou surpreso pela rápida deterioração das relações entre os Aliados. "Desapontamento, espanto, desilusão, irritação, amargura e possivelmente até mesmo ódio desenvolveram-se em poucas semanas entre a grande maioria de todos os lados", escreveu mais tarde o oficial do Exército.

> Muitos soldados britânicos vêm a Berlim com uma mente aberta em relação aos russos, ou então uma mente que *já traz um juízo favorável* sobre eles, resultado dos repetidos elogios feitos pelos jornais populares. Mas não há um único soldado britânico que eu tenha conhecido que saiu Berlim com qualquer tipo de sentimento diante dos russos que não seja de desconfiança. Quase todos ficaram com muita raiva deles.[42]

Segundo Goronwy Rees, um oficial dos serviços de inteligência que na juventude tinha flertado com ideias marxistas, uma visita à Alemanha era antídoto certo para "toda possível simpatia com qualquer coisa ligada ao comunismo".[43] Rees encerrou uma excursão de seis dias pela zona britânica, em julho de 1945, concluindo que "a guerra entre os russos e as democracias está se aproximando, e de fato já começou".

Assim como Truman, Stálin havia abraçado publicamente a ideia de uma Alemanha unida, sob o governo de uma autoridade conjunta dos países aliados. Ele abandonara uma proposta anterior, sugerida cinco meses antes em Yalta, no sentido de desmembrar o Reich. Esperava que o país derrotado se tornasse um Estado "democrático, antifascista", dirigido por uma coalizão de partidos de esquerda controlada pelos comunistas e seus aliados social-democratas. Enquanto houvesse alguma possibilidade de extrair reparações em grande escala dos alemães — uma cifra de 10 bilhões de dólares fora mencionada em Yalta —, Stálin tinha toda a motivação para insistir no princípio de uma só Alemanha. O ditador soviético continuava ressaltando a importância da "unidade da Alemanha" ainda em fevereiro de 1946. "A unidade é o certo", disse a Ulbricht.[44]

Por outro lado, Stálin era acima de tudo um realista. Independentemente do que acontecesse, estava decidido a manter controle pessoal sobre os territórios conquistados pelo Exército Vermelho. Embora esse não fosse seu desfecho preferido, havia uma possibilidade bem real, até mesmo uma probabilidade, de que os setores leste e oeste de Berlim acabassem se separando. Stálin chegou a insinuar isso durante uma reunião com Ulbricht e outros comunistas alemães em junho de 1945.

"Haverá duas Alemanhas", ele previu, "apesar da unidade entre os Aliados."[45]

17. Terminal — *16 de julho*

Como de hábito, Truman acordou cedo na manhã de 16 de julho, em seu 96º dia como presidente. Ele se viu numa cama estreita, numa casa estranha, à beira de um lago. Não havia tela de proteção nas janelas, e enxames de mosquitos tinham perturbado seu sono durante grande parte da noite. Ele partilhava um banheiro com o almirante Leahy, seu chefe do Estado-Maior, cujo dormitório era um pouco adiante no corredor. O segundo pavimento da suíte presidencial incluía uma sala de estar completa, com um piano de cauda, uma sala para o café da manhã e um amplo escritório a partir do qual era possível caminhar até a varanda de frente para o lago. Os três pavimentos da casa eram todos mobiliados, mas com um mau gosto medonho. Nada combinava com nada. Poltronas art déco tinham sido colocadas arbitrariamente ao lado de pesados móveis barrocos. Os tapetes multicoloridos entravam em rota de colisão com as flores do papel de parede, que por sua vez nada tinha a ver com as cortinas de veludo escuro. "Mesa e cadeiras no estilo francês ou Chippendale — possivelmente uma mistura de ambos" — haviam sido colocadas na sala de jantar, ao lado de "um aparador alemão de duas toneladas".[1] Truman concluiu que a casa inteira era o "pesadelo" de um decorador de interiores. Mosquitos à parte, porém, era, "no todo, um lugar bem confortável".

Ele saiu da cama às 6h30 e tomou o café da manhã. Em seguida, foi explorar o ambiente, percebendo com desagrado que a "Casa Branca de Berlim" era uma combinação "de um amarelo sujo com vermelho". Detectou na construção elementos de um castelo francês, mas qualquer semelhança com algum estilo arquitetônico uniforme tinha sido "destruída pelo empenho dos alemães em esconder os traços franceses. Em cada lado da varanda em frente ao lago, eles ergueram um par de chaminés com aspecto de lápides, para que escondessem a beleza do telhado e da torre". O aspecto geral da obra fazia Truman lembrar-se da estação ferroviária de Kansas City. "Aquilo parecia o inferno, mas um inferno tipicamente alemão." Salvava-se apenas um belo jardim relativamente isolado, com pinheiros e salgueiros-chorões, que se estendia até um lago estreito, o Griebnitzsee. A bandeira dos Estados Unidos tremulava no alto de um mastro próximo ao lago, que fazia uma curva para a direita. Uma densa floresta de pinheiros cobria a margem oposta do lago, distante cerca de noventa metros, fornecendo uma visão maravilhosamente tranquilizadora.

O Exército americano tinha erguido dezoito postos de guarda ao redor da casa, aos cuidados de policiais militares com reluzentes cintos e perneiras de cor branca. Só a parte frontal do lago contava com a proteção de cinco postos militares e uma lancha de patrulhamento. Truman passeou pelo portão frontal da Kaiserstrasse 2 e foi caminhando rapidamente pela rua, seguido por sua guarda do Serviço Secreto. Ao longo da rua viam-se atraentes casarões de dois ou três andares, construídos no final do século xix para ricos industriais e aristocratas. Babelsberg miraculosamente tinha conseguido sobreviver incólume à guerra, tornando-se o lugar ideal para acolher os líderes políticos, diplomatas e generais convidados para a conferência dos Três Grandes na vizinha Potsdam. No mês anterior, os russos haviam deixado mais de uma centena de casas disponíveis para os americanos, após terem dado aos proprietários anteriores um prazo de trinta minutos para desocupá-las. Preparou-se uma imensa máquina militar para atender às necessidades cotidianas dos novos ocupantes, desde lavagem de roupas a seco de um dia para o outro e serviço de engraxate, barbeiros e pedicures até entregas e coletas de correspondências duas vezes por dia.

Ao voltar de sua caminhada matinal, o presidente aguardou em seu gabinete pelo primeiro encontro que teria com Winston Churchill. O primeiro-ministro estava a pouco mais de quinhentos metros de distância, num casarão cor-de-rosa em estilo toscano, de frente para o lago. Surgiu diante dos portões do número 2 da Kaiserstrasse às onze da manhã, vestindo um terno tropical branco amarrotado, salpicado com cinzas de charuto. Truman achou divertido saber que esse era o horário em que o lendário senhor da guerra havia saído mais cedo da cama nos últimos dez anos. Mais tarde, registrou suas impressões iniciais de Churchill em seu diário:

> Tivemos uma conversa muito agradável. Ele é um homem encantador e extremamente esperto — e digo "esperto" no sentido de "inteligente", e não de "malandro". Ele me cobriu de um excesso de elogios, falando da grandeza de meu país e dizendo que fora um grande amigo de Roosevelt e queria ser também um grande amigo meu etc. etc. Bem, recebi-o da maneira mais cordial possível, comportando-me, é claro (espero), como uma pessoa polida e agradável. Estou certo de que podemos nos dar bem se ele não vier com muita conversa fiada para cima de mim.[2]

Churchill refutou as tentativas de Truman de discutir uma agenda para a conferência, dizendo: "Não preciso de agenda".[3] Como era de esperar, acreditava ser capaz de ir resolvendo as coisas à medida que as questões surgiam. Tinha passado a semana anterior em férias dedicadas à pintura no sul da França, recusando-se a passar os olhos em sua agenda e nos telegramas que não paravam de chegar de Londres. "Estou muito deprimido", disse ao seu médico.[4] "Não sinto vontade de fazer nada. Estou sem energia. Fico pensando se ela vai voltar." Sua amargura provinha em parte de preocupações sobre o resultado das eleições parlamentares na Grã-Bretanha, que decidiriam seu futuro como primeiro-ministro. A votação ocorrera no dia 5 de julho. Os resultados seriam divulgados somente três semanas mais tarde, devido aos problemas logísticos envolvidos na contagem dos votos dos soldados estacionados na Europa. A maioria dos observadores estava prevendo uma vitória dos conservadores, mas Churchill não estava tão certo disso. "Até conhecer o resultado das eleições, serei apenas meio homem", afirmou. "Dizem que as mulheres estão do meu lado, mas os homens voltaram-se contra mim." Sua esposa o lembrou que ele havia feito forte oposição ao voto feminino quando era secretário de Estado, durante o movimento sufragista. "É a pura verdade", ele reconheceu num tom taciturno.

Enquanto caminhava de volta para a residência onde estava hospedado, ele disse à filha que "gostara imensamente do presidente" e estava convencido de que os dois poderiam trabalhar bem em conjunto.[5] Ficou impressionado com "o jeito animado, preciso, radiante de Truman e seu claro poder de decisão". Mary "quase chorou de alegria e alívio". O pai havia se recuperado do último encontro com o "Cão Negro". Sentia-se "aliviado e confiante" outra vez.

Como o paradeiro de Stálin ainda permanecia um mistério, ambos os governantes aproveitaram a tarde para fazer um pouco de turismo. Truman saiu de Babelsberg num conversível Lincoln às 15h40. À sua frente iam um general de duas estrelas e dois agentes do Serviço Secreto num carro fechado, com ordens de "livrar-se o quanto antes de quem tentasse brincar de tiro ao alvo com o presidente". As brisas frescas traziam algum alívio num dia de calor sufocante. Em posição ao longo da estrada estavam os tanques e homens da Segunda Divisão Blindada, que tinham irrompido pelo oeste da Tchecoslováquia com Patton. Truman e seus principais assessores amontoaram-se num caminhão que deu ao presidente a impressão de "um vagão cheio de vagabundos e sem o teto".[6] Eles levaram 22 minutos para passar vagarosamente pelos 1200 tanques Sherman e minitratores nas proximidades da floresta de Grunewald. "Esta é a mais poderosa força terrestre que já vi na vida", foi o comentário maravilhado de Leahy, um almirante de cinco estrelas. "Não vejo como alguém seria capaz de detê-los se realmente quisessem ir a algum lugar."[7]

"Ninguém foi capaz de detê-los até hoje", respondeu com orgulho o general comandante.

A vegetação passou por uma transformação radical ao longo da viagem de quase trinta quilômetros até Berlim. Em Babelsberg, as árvores eram espessas e exuberantes, mas não mostravam o mesmo viço no Grunewald. Quando Truman chegou ao Tiergarten, o grande parque no centro da cidade, lá sobravam apenas tocos de árvores, sem casca. A folhagem fora sendo sistematicamente arrasada, primeiro pelas bombas, depois pelos saqueadores em busca de lenha. No Siegesallee, a comitiva do presidente passou por um banco de parque no qual ainda era possível ler a inscrição NICHT FÜR JUDEN, "Vedado aos judeus". Eles dirigiram-se rapidamente às ruínas do Reichstag e ao Portão de Brandenburgo, entrada do setor russo, sendo saudados pelos comandantes do Exército Vermelho. Finalmente, fizeram uma parada do lado de fora da Chancelaria do Reich, na Wilhelmstrasse, onde as autoridades europeias vinham prestar homenagens a Hitler. Sentado em sua limusine conversível, ao lado de Byrnes e Leahy, Truman contemplou a varanda de pedra de onde o Führer conduzia seus seguidores a frenesis de nacionalismo. Um enorme monte de escombros — sobre o qual, de forma incongruente, estava uma poltrona vazia —, empilhava-se na rua por onde dezenas de milhares de nazistas tinham marchado em procissões iluminadas por archotes. O presidente não sentiu vontade de descer do carro. Em vez disso, dedicou pensamentos sombrios a cidades como "Cartago, Baalbek, Jerusalém, Roma, Atlântida, Pequim, Babilônia, Nínive" e conquistadores como "Ramsés II, Tito, Herman, Sherman, Genghis Khan, Alexandre, Dario, o Grande". Ele nunca tinha visto tamanha destruição.

"Foram eles mesmos que provocaram tudo isso", o presidente disse aos repórteres agrupados ao redor de seu carro. "Isso demonstra o que o homem é capaz de fazer quando sai de seus limites."[8]

O presidente seguiu por um caminho diferente na volta a Babelsberg, passando pelo bombardeado Palácio dos Esportes, na Potsdamerstrasse, onde Hitler pronunciara seu primeiro discurso como chanceler em fevereiro de 1933. "A nação alemã precisa ser novamente erguida do solo", declarou então o Führer. Dez anos mais tarde, depois do desastre de Stalingrado, Goebbels acorrera ao mesmo local para perguntar aos alemães se estavam prontos para "uma guerra mais total e radical do que qualquer coisa que seja possível imaginar". Eles estariam dispostos a fazer tudo que Hitler ordenasse? "Führer, ordene, nós o seguiremos", gritaram em resposta.

Ainda mais perturbador para Truman que os edifícios em ruínas foi o desfile aparentemente sem fim de "velhos, velhas, mulheres jovens, crianças — de bem pequenas a adolescentes — carregando trouxas, empurrando carrinhos, puxando carrinhos" pelas ruas secundárias de Berlim. Havia uma impressionante ausência de homens jovens. Não ficava claro de onde vinham os refugiados, ou para onde estavam se dirigindo — só era possível saber que evitavam o território sob controle soviético. Certamente, procuravam qualquer lugar onde pudessem encontrar comida e abrigo. Eram poucos os que demonstravam algum interesse pela passagem da comitiva do presidente. "O aspecto mais triste da situação é a população hitlerista desiludida", recordou Truman. "Sem dúvida, os russos sequestraram os fisicamente capazes, e imagino que os tenham transformado em trabalhadores forçados. Eles também saquearam todas as casas em que havia algo para saquear e enviaram a pilhagem para a Rússia. Mas Hitler tinha feito o mesmo com eles."[9]

Churchill chegou à devastada Chancelaria do Reich dez minutos depois da saída do presidente, num jipe aberto, ao lado de Anthony Eden. Ao contrário de Truman, estava decidido a explorar o cenário macabro. Ficou surpreso ao ver

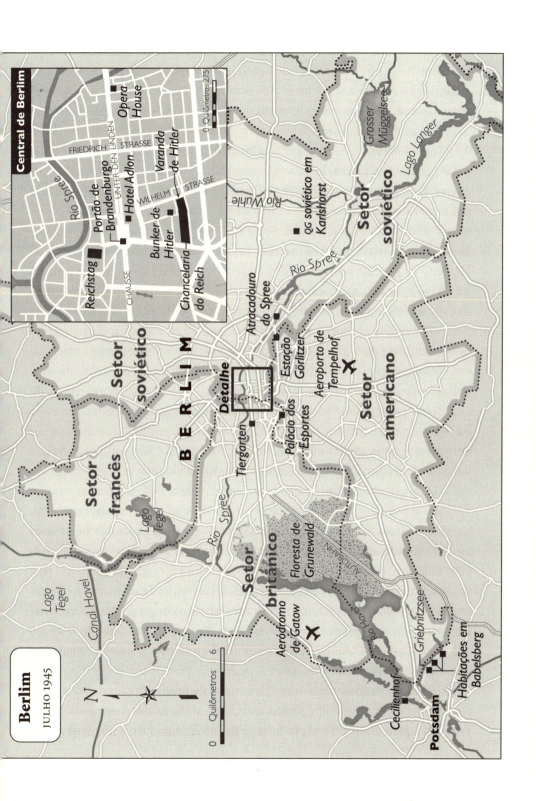

que uma pequena multidão de alemães "começou a aplaudir" quando ele caminhou em direção a eles em sua farda militar, mascando seu charuto. "Meu ódio desapareceu diante dessa atitude de rendição, e fiquei muito comovido com suas manifestações e também com seu aspecto abatido e suas roupas esfarrapadas", ele escreveu mais tarde.[10]

Soldados russos escoltaram o primeiro-ministro e sua comitiva por um pátio entulhado de carros blindados incendiados, tanques e outros destroços de guerra. Eles subiram os degraus até a Chancelaria, abrindo caminho em meio a pilhas de mosaicos em pedaços e candelabros caídos. Albert Speer havia projetado a galeria para ter um comprimento duas vezes maior que o Salão dos Espelhos em Versalhes, de modo a fornecer aos visitantes de Hitler uma amostra do "poder e da grandiosidade do Reich alemão".[11] "Uma cratera muito elegante" adornava agora o centro da galeria, "revelando dois pavimentos abaixo uma abundância de tubulações rompidas e maquinário despedaçado".[12] Passando pelo salão repleto de entulho, Churchill examinou os restos do outrora grandioso escritório de Hitler. Seu intérprete notou sobre a parede uma inscrição em russo, grande parte da qual estava redigida em "linguagem altamente antiparlamentar". Soldados russos tinham feito a escrivaninha de mármore do Führer em pedaços, que passaram a distribuir como suvenires. Eden recordou que Hitler o recebera para jantar num salão próximo em 1935, pouco antes da entrada de tropas alemãs na desmilitarizada Renânia. Churchill não resistiu à tentação de dar uma alfinetada em seu secretário do Exterior.

"Com certeza esse jantar não saiu de graça, Anthony", ele rosnou.[13]

Em seguida, o grupo desceu sete lances de escadas pelo bunker onde, segundo os boatos, Hitler teria cometido suicídio com Eva Braun. O local estava escuro e úmido, e eles tiveram que avançar tateando à luz de archotes. O chão estava coberto por "móveis quebrados, livros e papéis espalhados, objetos pessoais de escrivaninhas, portas de cofres destruídas, vidros e acessórios de iluminação em pedaços". Em alguns trechos, os destroços chegavam a 1,80 metro de altura e emitiam um odor de cadáveres em decomposição. Quando o grupo voltou à superfície, Churchill sentou-se numa cadeira dourada e enxugou o suor da testa. "Hitler deve ter subido até aqui para tomar um pouco de ar e escutou os tiros chegando cada vez mais perto", murmurou.[14]

Ele ficou olhando para o ponto onde, segundo os relatos, o corpo de Hitler teria sido queimado, antes de se afastar, de cabeça baixa, fazendo com a mão direita o V da vitória num gesto rápido e nada alegre. De repente, sentiu um impulso de empatia pelo ditador morto. "Isso é o que teria acontecido conosco se *eles* tivessem vencido a guerra. Nós seríamos o bunker."[15]

Na Casa Branca temporária na Kaiserstrasse, o jantar foi servido num amplo salão com vista para o lago. A banda da Segunda Divisão Blindada estava reunida do lado de fora, no gramado, para encarregar-se do entretenimento musical. Os convidados de Truman incluíam Averell Harriman e Joe Davies, representando os gêmeos antípodas da confusa política russa. Receptor orgulhoso da Ordem de Lênin, Davies preocupava-se com o fato de o presidente estar cercado por pessoas que espalhavam boatos depreciativos sobre os soviéticos. Ele desconfiava que Harriman pretendia uma "guerra imediata" com a Rússia.[16] Harriman, por sua vez, sentia desprezo pelo advogado milionário. Aborreceu-se quando soube que seu rival estava usando seus contatos sigilosos para a realização de um encontro entre o presidente e Stálin. Descobriu-se que o *vozhd* chegara a Potsdam secretamente naquela manhã e tinha manifestado a intenção — comunicada por meio de Vyshinsky e Davies — de encontrar-se com Truman assim que fosse possível. Harriman era da opinião que entendimentos desse tipo deveriam ser feitos pelo representante diplomático em atividade, e não por um ex-embaixador.

O presidente estava tomando café após o jantar quando soube que o secretário de Guerra queria vê-lo sobre "um assunto importante". Henry Stimson viera a Potsdam por iniciativa própria por julgar que decisões de enorme importância precisariam ser tomadas a respeito da guerra contra o Japão. Ele queria informar Truman pessoalmente sobre os resultados do primeiro teste atômico já realizado, que fora marcado para as 5h30 daquela manhã no deserto do Novo México (14h30, pelo horário de Berlim). Stimson estava aguardando notícias com impaciência no casarão em que estava hospedado em Babelsberg, a um quarteirão e meio de distância da Pequena Casa Branca. Às 19h30, enfim recebeu um telegrama da Casa Branca, que levou diretamente ao presidente. Era assinado por George Harrison, executivo de uma companhia de seguros que atuava como seu assistente especial em todas as questões relacionadas com o Projeto Manhattan.

ULTRASSECRETO

DE HARRISON APENAS PARA STIMSON

EM FUNCIONAMENTO ESTA MANHÃ. DIAGNÓSTICO AINDA INCOMPLETO MAS RESULTADO PARECE SATISFATÓRIO E JÁ SUPERA EXPECTATIVAS. DIVULGAÇÃO PARA IMPRENSA LOCAL NECESSÁRIA POIS INTERESSE ATINGE GRANDE DISTÂNCIA. DR. GROVES SATISFEITO. ELE VOLTA AMANHÃ. MANTEREI O SENHOR INFORMADO.

Truman parecia aliviado, porém cansado, quando voltou ao encontro de seus convidados. A mensagem estava redigida de modo obscuro, mas ele compreendeu exatamente o que queria dizer. O mundo havia entrado na era nuclear.

"Está tudo certo?", perguntou Davies.

"Sim, tudo bem."

"Aqui ou lá em casa?"

"Lá em casa."

Davies insistiu com o presidente para que ele concordasse com o pedido de Stálin para um encontro naquela noite. Ele dissera a Vyshinsky que Truman aceitaria "de bom grado", mas precisaria confirmar. Para seu "espanto", Truman não tinha o menor interesse em uma reunião tarde da noite com Stálin. O dia tinha sido cheio, exaustivo, encerrando-se com a notícia sobre a bomba atômica. O presidente estava habituado a deitar-se cedo. Ele disse a Davies para que tentasse adiar o encontro para a manhã seguinte.

Desalentado pela mudança no rumo dos acontecimentos, o enviado especial fez outra vez o trajeto entre a Pequena Casa Branca e o quartel-general russo, um percurso de três minutos de carro. Vyshinsky, habitualmente amistoso, mostrou-se "frio como o gelo" quando Davies explicou a mudança nos planos.[17] A essa altura, já eram mais de dez da noite. Davies teve mais uma de suas conversas "de peito aberto" com o presidente, dizendo-lhe que estava se arriscando a criar um antagonismo com seu aliado soviético. Truman cedeu e concordou em ver Stálin imediatamente. Mas, a essa altura, o generalíssimo tinha mudado de ideia. Um encontro no dia seguinte estaria ótimo.

Truman ainda precisou acalmar o histriônico Davies, que havia começado "a perguntar-se qual era a política [que o presidente] desejava manter com os soviéticos". Ele receava que os "homenzinhos" — o termo depreciativo com que designava Harriman e o Departamento de Estado — estivessem agora no comando. Davies ofereceu-se a voltar para os Estados Unidos "sem dizer uma palavra" caso tivesse perdido a confiança do presidente.

"O senhor nem me verá indo embora."

"Estou fazendo o possível para salvar a paz", respondeu Truman num tom sincero. "Quero o senhor ao meu lado na mesa da conferência."

Um filme soviético de propaganda de 1949, *A queda de Berlim*, mostra Stálin chegando à capital alemã num gigantesco avião civil, escoltado por quatro pequenos caças. Enquanto o avião sobrevoa Berlim, soldados do Exército Vermelho em júbilo correm pelas ruas, para dar as boas-vindas ao *vozhd*. Acompanhados por alemães felizes, eles surgem no aeroporto segurando bandeiras vermelhas, uma cena que faz lembrar Eisenstein apresentando a tomada do Palácio de Inverno. Interpretado pelo seu ator favorito, Mikheil Gelovani, georgiano como ele, Stálin desce do avião numa brilhante túnica branca, uma figura divina descendo dos céus. Ex-prisioneiros de campos de concentração, vestidos ainda com seus uniformes listrados de detentos, saúdam o libertador. Um meio sorriso surge nas simpáticas feições do generalíssimo enquanto ele agradece o aplauso das massas.

Naturalmente, não foi assim que as coisas aconteceram. Stálin tinha pavor de viajar de avião e nunca colocou os pés em Berlim. Um trem blindado levou-o diretamente até a estação de Potsdam, após uma viagem noite adentro desde Moscou. Ele chegou ao meio-dia de 16 de julho, recebido pelo marechal Zhukov e uns poucos assessores mais próximos. Stálin deixou bem claro que não deveria haver "guarda de honra com bandas" a postos em sua chegada.[18] Depois de cumprimentar o grupo de recepção "com um rápido aceno de mão", foi levado à residência em Babelsberg numa limusine com espessos vidros à prova de bala, idêntica ao veículo usado em Yalta. Ao contrário de Truman e Churchill, Stálin não mostrou interesse em percorrer a devastada capital da Alemanha.

A viagem de 1923 quilômetros de Moscou a Potsdam exigira várias semanas de planejamento. O trecho de 830 quilômetros através da Alemanha e da Polônia foi inteiramente reconstruído de acordo com a bitola mais larga das ferrovias russas, para que o ditador não passasse pela inconveniência de trocar de trens em Brest-Litovski. As medidas de segurança eram ainda mais rígidas do que em Yalta, devido aos riscos que Stálin corria por estar viajando fora do país, através de territórios em que ainda havia atividade de partisans anticomunistas.

O percurso tinha a guarda de 17 mil soldados de elite da NKVD, além de milhares de soldados regulares. Ao longo de cada quilômetro e meio de estrada na Polônia e na Alemanha postavam-se trinta homens para tomar medidas contra eventuais sabotagens. Oito trens blindados com tropas da NKVD mantinham-se em estado de patrulha constante.

Babelsberg parecia uma Berlim em miniatura, dividida em setores russo, americano e britânico, cada um protegido e patrulhado pelo respectivo exército nacional. Os soldados russos caminhavam pelos setores americano e russo sempre que queriam, mas não permitiam a entrada de seus aliados no setor soviético. "Precisamos caminhar como um tigre, dando voltas e mais voltas ao redor de uma jaula", queixou-se o diplomata britânico Alexander Cadogan em carta à sua mulher.[19] "Se saímos do setor britânico, a cada metro temos que encarar sentinelas soviéticas armadas com metralhadoras." Os três chefes de governo tinham casarões ao longo da Griebnitzsee. O de Stálin, no número 27 da Kaiserstrasse, era menor que os de Truman e Churchill, mas ostentava uma atraente varanda na parte de trás. Assim como Truman, Stálin podia caminhar para fora de seu gabinete no segundo pavimento até uma plataforma com vista para o lago. O estilo era de um art nouveau funcional: o arquiteto, Alfred Grenander, fizera sua reputação projetando estações do metrô de Berlim. O antigo proprietário era um próspero dono de lojas de departamentos, despejado para alojar Stálin.

"A casa está inteiramente equipada", relatou Beria a Stálin, dias antes de sua chegada. "Ela dispõe de um centro de comunicações. Deixou-se um estoque de carnes de caça, aves, iguarias, gêneros alimentícios em geral e bebidas. Foram providenciadas três outras fontes de abastecimento, a sete quilômetros de Potsdam, com animais de criação, aves domésticas e quitandas. Há duas panificadoras funcionando. Todo o pessoal veio de Moscou."[20]

As pessoas que moravam em Babelsberg sumiram de vista durante a conferência. A maioria foi viver em "condições miseráveis" nas proximidades, instalando-se em qualquer lugar onde alguém se mostrasse disposto a abrigá-las.[21] Elas receberam ordens de não sair às ruas, permanecendo numa situação de virtual prisão domiciliar. A provação dos proprietários da Pequena Casa Branca, situada nas proximidades da residência destinada a Stálin, era um exemplo típico do que ocorria. Truman foi informado que o imóvel anteriormente era ocupado pelo líder da indústria cinematográfica nazista, "que agora está num batalhão de trabalhos forçados em alguma parte da Rússia".[22] Na verdade, a propriedade pertencia a um importante editor, Gustav Müller-Grote, cujo pai construíra a casa em 1896. Numa carta a Truman muito anos depois, o filho do editor contou o que acontecera depois de chegada do Exército Vermelho:

> Dez semanas antes de sua entrada nesta casa, os moradores viviam num clima de constante medo e pavor. Dia e noite, soldados russos entravam e saíam da casa, cometendo saques, pilhagens e estuprando minhas irmãs diante dos próprios pais e filhos, espancando meus pais. Toda a mobília, os guarda-roupas, arcas, baús etc. foram destroçados com golpes de baionetas e de coronhas de fuzil, o conteúdo esparramado e destruído de um modo indescritível. Todos os objetos de valor de uma casa bem cuidada foram destruídos em questão de horas. [...] Em meados de maio, bem depois da capitulação, os proprietários desta casa, bem como seus inquilinos, tiveram apenas uma hora para abandonar o local. Eles foram autorizados a levar consigo apenas os objetos mais básicos de primeira necessidade.

Os russos retiraram toda a mobília original da residência dos Müller-Grote, além das pinturas dos velhos mestres, e a redecoraram com uma miscelânea de peças confiscadas de casarões e castelos nas proximidades. Isso lhes permitiu a instalação de instrumentos de escuta nos aposentos mais importantes da casa, inclusive o gabinete do presidente. "Ficar ouvindo as conversas alheias ainda fazia parte do programa", observou Sergo Beria.[23] Como já ocorrera em Yalta, Stálin estava bem familiarizado com o andamento das negociações de americanos e britânicos em Potsdam. Os relatórios de escuta ainda eram enriquecidos por telegramas do Departamento de Estado e do Ministério das Relações Exteriores roubados pelos espiões soviéticos em Washington e Londres. Em alguns casos, Stálin estava mais informado sobre a política do Ocidente que os próprios governantes ocidentais, zombando de seus esforços afoitos para manter sigilo.

Um rugido de motocicletas anunciou a chegada de Stálin à Casa Branca temporária ao meio-dia de uma terça-feira, 17 de julho, em seu Packard à prova de balas. O assessor militar do presidente, general Harry Vaughan, desceu os degraus para cumprimentar o ditador como um "colega rotariano".[24] O pessoal do serviço soviético de segurança pareceu surpreso com o excesso de familiaridade demonstrado pelos tapinhas nas costas, mas permitiu que Vaughan conduzisse seu chefe para cima. Truman estava aguardando o visitante em seu gabinete no segundo pavimento, com vista para o lago. Quando Stálin entrou no gabinete, ele levantou-se de sua mesa de madeira caprichosamente entalhada. Uma natureza morta e um pato morto estavam pendurados na parede, sobre a lareira com moldura de mármore.

Seguiram-se as habituais saudações desajeitadas. Tentando seguir a linha de seu antecessor FDR, Truman arriscou uma brincadeira com o apelido "Tio Joe", mas "não provocou nem mesmo um esboço de sorriso", segundo Chip Bohlen, que atuava como intérprete.[25] Byrnes fez uma alusão jocosa ao hábito de acordar tarde de Stálin, enquanto Molotov dava mostras de desconforto ao fundo. O filho de sapateiro da Geórgia trajava uma farda cáqui simples, com listras vermelhas nas calças e uma túnica abotoada até o pescoço; o antigo comerciante de miudezas do Missouri vestia um terno com paletó transpassado, sapatos bicolores, gravata-borboleta de poás combinando com o lenço na lapela.

Os dois governantes não perderam tempo e foram logo ao que interessava. Stálin disse estar disposto a manter a promessa feita em Yalta, de declarar guerra ao Japão invadindo a Manchúria, que se encontrava sob ocupação japonesa. "No dia 15 de agosto, ele entrará em guerra com o Japão", escreveu Truman naquela noite em seu diário. "Quando isso ocorrer, será o fim do Japão."[26] Em troca, o *vozhd* tinha uma série de exigências geopolíticas a fazer. Irritado com o fato de um ditador fascista continuar no poder na Espanha, ele queria que os Estados Unidos se unissem à Rússia em seu rompimento de relações com Francisco Franco. Ele também manifestou interesse nas colônias italianas na África, como a Líbia e a Eritreia. "Isso é dinamite", Truman registrou devidamente, "mas também tenho um pouco de dinamite comigo, que por enquanto não vou detonar." Feitas todas as contas, ele sentiu que podia "lidar com Stálin. Ele é sincero — mas esperto como o diabo". Truman ficou favoravelmente impressionado com a polidez e o bom humor de Stálin e com o fato de que o ditador, "quando conversa com você, olha diretamente nos seus olhos".[27]

Num impulso de momento, Truman convidou seu novo amigo a ficar para o almoço. Stálin disse que tinha compromissos, mas acabou aceitando o convite. Não havia tempo para preparar nada de especial, e assim o pessoal da cozinha tratou de "aumentar as porções de fígado e bacon" que tinha planejado servir ao presidente como prato principal.[28] A entrada foi sopa de creme de espinafre com pão de centeio. Preocupados com o sucesso do almoço improvisado, os funcionários da cozinha ficaram exultantes ao ver Stálin alisando o bigode, satisfeito com o sabor do fígado e do bacon. Ele apreciou tanto os vinhos que "fez questão de perguntar quem era nosso fornecedor". Truman aproveitou a deixa e enviou trinta garrafas de Niersteiner, Moselle e Porto ao endereço do generalíssimo.

A conversa durante o almoço passou por vários assuntos. Quando Truman lhe perguntou como achava que tinha sido a morte de Hitler, Stálin sustentou a história que havia contado a Harry Hopkins. Ele disse que o Führer provavelmente ainda estava vivo e escondido "na Espanha ou na Argentina".[29] Não mencionou o relatório da autópsia feita pelos soviéticos, concluindo que Hitler se suicidara em seu bunker. Em vez disso, alegou que uma pesquisa minuciosa não fora capaz de encontrar "nenhum sinal dos restos mortais de Hitler" ou prova conclusiva de sua morte. Era a primeira das muitas mentiras que contaria a Truman.

A sessão plenária de abertura da Conferência de Potsdam estava marcada para as cinco da tarde daquela terça-feira. Os russos tinham escolhido a casa de campo da família real alemã para abrigar o encontro. Conhecido como Cecilienhof, o palácio foi descrito por um representante britânico como "a ideia que um corretor de ações faz do paraíso".[30] Fora construído a um alto custo entre 1914 e 1917 para o príncipe Guilherme da Prússia, um anglófilo apaixonado. A arquitetura imitava o estilo Tudor, com vigas expostas, cumeeiras suspensas e chaminés elevadas, além de uns poucos pináculos pseudogóticos e janelas com vidros decorados. No pátio, os russos tinham plantado milhares de begônias, formando uma gigantesca estrela vermelha. Ao redor do palácio, havia um parque bem projetado contendo as lápides dos cães e gatos de estimação do príncipe e os túmulos despojados dos soldados alemães mortos durante o ataque russo a Potsdam.

Para chegar a Cecilienhof, Truman precisava passar diante da residência de Stálin, no número 27 da Kaiserstrasse, e atravessar um frágil pontão de mão única instalado sobre o Griebnitzsee, no setor americano de Berlim. Em seguida, voltava à zona sob controle soviético, por uma ponte provisória de madeira erguida sobre o rio Havel, de Berlim a Potsdam, paralela a uma ponte suspensa de aço destruída nos últimos dias da guerra. Como os potentados reais do passado, cada governante dispunha de um acesso privativo para entrar no palácio de 176 aposentos. Truman entrou pelo saguão da frente. Churchill utilizou a entrada pelo pátio, com sua vasta passagem circular. Stálin fez a volta até a entrada dos fundos. Instalara-se às pressas um arco sobre as portas francesas, para que o *vozhd* tivesse direito à sua entrada cerimoniosa. O palácio também estava dividido em setores russo, americano e britânico, seguindo o padrão já habitual de Babelsberg e Berlim. Destinou-se a cada governante um gabinete, uma sala de refeições e uma porta privativa conduzindo ao local das conferências, uma espaçosa sala para banquetes com dois aposentos. Devido ao projeto labiríntico do palácio, a porta de Churchill exigia que ele fizesse um desvio inconveniente por um corredor sombrio. Os representantes britânicos tentaram persuadir o comandante russo a permitir que o primeiro-ministro usasse um dispositivo de portas duplas que de sua suíte conduzia diretamente ao salão de conferências. "Não é possível" foi a resposta. "Eles usam as três portas menores, uma para cada um."[31] As portas duplas permaneceram firmemente trancadas o tempo todo. De acordo com o protocolo, os chefes de delegação deveriam fazer suas entradas e saídas através de portas que fossem precisamente do mesmo tamanho.

Na hora marcada, os três líderes entraram no salão cavernoso, com painéis de carvalho, decorado com as bandeiras dos Aliados vitoriosos. Uma mesa redonda com 3,5 metros de diâmetro, coberta por um espesso tecido de lã, encomendada especialmente à fábrica de móveis Luks, de Moscou, fora colocada no centro do aposento, juntamente com quinze cadeiras. Três poltronas idênticas, decoradas com miniaturas de Cupido, estavam reservadas para os líderes, cada um deles cercado por seu intérprete e os três principais assessores. Os delegados ficaram "quase cegos diante da bateria de refletores e câmeras de cinema" em movimento constante, à espera do início dos trabalhos.[32] A sessão de fotos foi uma pequena concessão aos milhares de repórteres que haviam ido a Berlim para acompanhar a reunião de cúpula dos Três Grandes, que recebera o codinome Terminal. Os jornalistas passaram o restante da conferência nos bares de Berlim, dedicando-se ao que Churchill chamou de "um furioso estado de indignação" pela ausência de informações. Depois de dez minutos, os fotógrafos se retiraram e Stálin decidiu dar início à reunião. Como fizera em Yalta, ele propôs que o presidente conduzisse os trabalhos.

Grande parte da primeira sessão foi dedicada à discussão da agenda. Truman e Stálin fizeram comentários curtos e diretos. Churchill insistiu em períodos longos e rebuscados, para consternação de seus assessores. "Ele intromete-se a todo momento e diz uma porção de bobagens irrelevantes", relatou Cadogan à sua mulher. "Truman é bem ligeiro e vai direto ao assunto. Nessa reunião inicial, estava apenas tentando determinar a lista dos temas que devem ser abordados. Sempre que ele mencionava algum tópico, Winston dava início a um discurso empolgado que os esforços combinados de Truman e Anthony [Eden] tinham dificuldade em conter."[33]

Uma vez mais, Stálin comprovou sua perícia de debatedor. Deixando clara sua admiração, Davies o observava

> sentado em sua cadeira, escutando, com os olhos quase fechados. Quando ele fala, vai direto ao assunto. Cada sentença é uma ideia revelada, expressa no menor número possível de palavras. Ele dispara ideias como uma metralhadora. Sua mente é dotada de um forte poder de retenção. Ao ver-se diante de uma postura contrária, ele analisa e expõe os argumentos apresentados. Em seguida, aborda-os um a um e os rebate com contra-argumentos.[34]

Os atributos principais de Truman eram sua modéstia e determinação. "Ele está sempre alerta, tem o espírito aguçado, sabe onde quer chegar, é positivo e franco", observou Davies.

Com sua maneira direta, o presidente deixou claro que a ação era mais importante que as palavras. "Não quero apenas discutir", disse aos outros. "Quero decidir." Além disso, gostaria que as reuniões se realizassem diariamente às quatro da tarde, e não mais às cinco horas.

"Vou obedecer às suas ordens", respondeu Churchill, que estava vestido com sua farda de coronel.

Isso fez Stálin partir para o que lhe interessava. A parte aproveitável da força naval alemã — três cruzadores, quinze destroieres e uma dúzia de torpedeiros — estava então em poder dos ingleses. O generalíssimo queria sua parte da pilhagem.

"Já que hoje está com uma disposição tão obediente, senhor primeiro-ministro, gostaria de saber se vai compartilhar conosco a frota naval alemã."

Churchill respondeu que a frota seria compartilhada ou destruída. Armas de guerra eram "coisas terríveis".

"A Marinha deveria ser dividida", insistiu Stálin. "Se o senhor Churchill prefere afundá-la, tem toda a liberdade para afundar sua parte. Não tenho a menor intenção de afundar a minha."³⁵

Para os americanos e os britânicos, houve momentos em que as ambições dos russos pareciam não ter limites. Durante uma pausa na conferência, Harriman comentou com Stálin que ele deveria sentir "uma grande satisfação por estar em Berlim". O *vozhd* o encarou com desdém. "O tsar Alexandre", respondeu por fim, "foi a Paris."³⁶

Um segundo telegrama chegou durante a noite, enviado por Harrison do Pentágono, fornecendo mais detalhes da misteriosa "operação" que tanto tomara a atenção de Truman e de seus principais assessores. A mensagem não fez muito sentido para os funcionários encarregados da decodificação do centro de mensagens do Exército.

> DOUTOR ACABA DE INFORMAR ENTUSIASMADO E CONFIANTE QUE CAÇULA É TÃO BRAVO COMO IRMÃO MAIS VELHO. LUZ NOS SEUS OLHOS DAVA PARA VER DAQUI ATÉ HIGHHOLD E PUDE ESCUTAR SEUS GRITOS DAQUI ATÉ MINHA FAZENDA.

Todo empolgado, Stimson atravessou a rua levando a mensagem até a Pequena Casa Branca na manhã da quarta-feira, 18 de julho. Explicou seu significado a Truman. A bomba de plutônio testada nas proximidades de Alamogordo, no Novo México, tinha superado todas as expectativas. Groves (o "doutor") acreditava que era pelo menos tão potente como o "irmão" mais velho, a bomba ainda não testada de urânio. O clarão da explosão atômica de 16 de julho pudera ser visto a quatrocentos quilômetros, a mesma distância entre Washington e Highhold, a propriedade rural de Stimson em Long Island. Quanto ao ruído da explosão, pôde ser ouvido a oitenta quilômetros, a distância até a fazenda de Harrison, na Virgínia. O presidente ficou "extremamente satisfeito".³⁷

Truman tinha um almoço marcado com Churchill. Ele guardou o telegrama de Harrison no bolso, para mostrá-lo ao primeiro-ministro, e foi andando rapidamente até o número 23 da Ringstrasse, uma caminhada de seis minutos. Os dois almoçaram a sós, discutindo a bomba. A grande dúvida era se deveriam revelar o segredo a Stálin — e, nesse caso, quando fazê-lo. Truman julgava melhor aguardar até o encerramento da conferência. Churchill achava melhor contar logo a Stálin, para evitar a pergunta: "Por que não nos contou isso antes?". Truman ficou impressionado com essa lógica. Concordou com Churchill que deveria revelar apenas a existência da bomba, sem entrar em detalhes.

"Acho que o melhor seria eu lhe contar, depois de um de nossos encontros, que temos uma forma completamente nova de bomba, uma coisa bem fora do comum, que segundo acreditamos terá efeitos decisivos sobre a disposição dos japoneses de continuar com a guerra."[38]

Truman havia programado encontrar-se com Stálin à tarde, para agradecer pela visita na véspera. Sua comitiva motorizada chegou à residência do generalíssimo às 15h04, depois de fazer o percurso de dois minutos desde o casarão de Churchill. O presidente ficou atônito ao ver que um outro banquete estava à sua espera, embora tivesse acabado de sair do almoço. Depois dos habituais drinques, com as elaboradas saudações de sempre, os dois líderes recolheram-se para uma conversa particular. Stálin entregou a Truman uma cópia de uma nota do governo japonês, transmitida por meio do embaixador em Moscou, declarando que o imperador desejava negociar o fim da guerra. Ele lembrou que a Rússia ainda não estava em guerra com o Japão. Talvez fosse melhor "ganhar um pouco de tempo com os japoneses", pedindo mais detalhes sobre os termos da rendição.[39] Dessa vez, foi Truman quem fez o trabalho de dissimulação. Ele já estava informado das sondagens de Tóquio pela paz, pois os especialistas americanos tinham decifrado o código diplomático japonês. Mas fingiu nada saber.

Uma resposta em termos vagos seria bem "satisfatória", disse o presidente a Stálin.

A conferência arrastou-se lentamente. Os Três Grandes não conseguiam chegar a um acordo nem mesmo em questões básicas como a forma da Alemanha no pós-guerra. Stálin arrancara uma ampla porção da Alemanha e a entregara à Polônia sem ter chegado a um entendimento com os Aliados. Ele insistia em afirmar que a Alemanha "é o que ela se tornou depois da guerra. Não existe outra Alemanha".

"E por que não a Alemanha de 1937?", questionou Truman.

"Menos o que ela perdeu", replicou Stálin. "Não podemos nos afastar dos resultados da guerra."

"Mas precisamos ter um ponto de partida."

Acuado, Stálin concordou em usar a "Alemanha de 1937" como um "ponto de partida". Mas rapidamente acrescentou uma ressalva: "É apenas uma hipótese de trabalho".

"Então estamos de acordo que a Alemanha de 1937 deve ser o ponto de partida", disse Truman, ansioso por obter algum tipo de progresso na discussão.

Após apenas três dias em Berlim, Truman sentia-se "cansado dessa história toda", mas ainda acreditava ser capaz de "levar o troféu para casa".[40] Estava decidido a impedir que Stálin e Churchill arrastassem os Estados Unidos numa jornada estéril, e manteve-se fiel ao objetivo de uma "paz duradoura" prometido por FDR. "Estufei o peito e mostrei a eles por onde seguir, e foi isso que eles fizeram", escreveu o presidente a Bess, após uma sessão improdutiva em 19 de julho.

> Tenho que deixar bem claro para eles, pelo menos uma vez por dia, que no que diz respeito ao presidente Papai Noel já morreu e que minha maior preocupação é com os Estados Unidos. Depois disso quero vencer a guerra com o Japão e quero que os dois participem dela. Em seguida, quero a paz — a paz mundial — e farei tudo que puder para obtê-la. Mas com certeza não vou instalar um outro governo aqui na Europa, pagar indenizações de guerra, dar de comer ao resto do mundo sem receber nada em troca.

Em termos pessoais, os três governantes se entenderam muito bem. Mais tarde, naquela noite, Truman os recebeu para um jantar na Pequena Casa Branca. Quando chegou o momento dos brindes, Stálin e Churchill iniciaram uma disputa bem-humorada em louvor do homem do povo. Stálin fez um discurso insistindo que as "massas trabalhadoras" mereciam o crédito pela vitória na guerra.[41] Esse havia se tornado um de seus temas prediletos, uma maneira nada sutil de depreciar as contribuições de Zhukov e dos outros marechais. Ele ressaltou o fato de que "massas trabalhadoras" incluíam "soldados rasos e marinheiros". Churchill ergueu as mãos num gesto brincalhão de quem entrega os pontos. Ele propôs seu próprio "brinde às massas trabalhadoras, sejam elas formadas por soldados, marinheiros ou operários, conservadores ou liberais, brancos ou negros, Tory ou republicanos, ou até mesmo comunistas". Stálin deu um sorriso.

Depois do jantar, o presidente conduziu seus convidados até a varanda com vista para o lago. Ainda havia luz do dia: Berlim agora estava no mesmo horário de Moscou, e o sol do verão só se punha à meia-noite. Truman trouxera de avião um pianista profissional para tocar uma seleção de peças de Chopin, Shostakovich e Tchaikóvski. Truman uniu-se ao recital, tocando um minueto no piano e virando as páginas da partitura para o sargento Eugene List. Em carta enviada a Bess, descreveu a noite como um grande sucesso. "Stálin mostrou-se tão amistoso que ofereceu um brinde ao pianista quando o músico tocou uma composição de Tskowsky (você que encontre a grafia certa desse nome) especialmente para ele. O velho adora música. Ele me disse que iria trazer o maior pianista da Rússia amanhã para mim. Nosso rapaz saiu-se muito bem."

Um mensageiro do Pentágono chegou a Babelsberg no sábado de manhã, 21 de julho, com o relatório completo do teste de Alamogordo. Stimson marcou encontro com o presidente na Pequena Casa Branca às 15h30. Novamente, fez questão de ler em voz alta todo o relatório de doze páginas. O general Groves descreveu a "enorme bola de fogo" que se elevou do local do teste, pulverizando uma torre de aço erguida para simular um edifício de vinte andares.[42] "A explosão arrancou a torre de suas fundações, torceu-a, despedaçou-a e a estatelou no solo." A bola de fogo transformou-se numa nuvem de fumaça em forma de cogumelo com 3 mil metros de altura, que podia ser vista nitidamente em Albuquerque e El Paso, a mais de trezentos quilômetros de distância. Groves em seguida citou um memorando redigido por seu auxiliar, o brigadeiro general Thomas Farrell, que acompanhou o teste no abrigo de controle, dez quilômetros ao sul da explosão.

> O clima no interior do abrigo era de uma dramaticidade impossível de ser expressa em palavras. […] Todos pareceram perceber imediatamente que a explosão ultrapassara de longe as expectativas mais otimistas e as maiores esperanças dos cientistas. A impressão foi de que todos haviam presenciado o nascimento de uma nova era. […] Pode-se dizer que os efeitos foram sem precedentes, magníficos, deslumbrantes, estupendos e aterrorizantes. Jamais um fenômeno produzido pelo homem havia produzido um efeito tão poderoso. O impacto visual foi indescritível. Toda a região foi inundada por uma luz incandescente de uma intensidade muitas vezes maior que o sol do meio-dia. Ela era dourada, purpúrea, violeta e azul. Iluminou todos os picos, todas as fendas e todos os sulcos da montanha mais próxima com tanta claridade e beleza que não há como descrever, só vendo para

imaginar. Era aquela beleza com a qual os grandes poetas sonham, mas conseguem descrever somente de modo precário e inadequado. Trinta segundos após a explosão, veio inicialmente a rajada de ar, pressionando com uma força enorme pessoas e coisas, seguida quase imediatamente pelo rugido poderoso, contínuo e assustador que era uma advertência do Juízo Final.

"Estamos todos conscientes de que nosso verdadeiro objetivo ainda está por vir", concluiu Groves. "O teste em campo de batalha é o que realmente contará na guerra contra o Japão."

O relatório deixou Truman "tremendamente empolgado", de acordo com o testemunho de Stimson.[43] Após cem dias no posto de presidente, ele agora tinha em mãos "a bomba mais terrível na história do mundo". Era uma responsabilidade enorme, que no entanto lhe proporcionava "uma sensação inteiramente nova de confiança". O secretário de Guerra sentiu reação semelhante por parte de Churchill, depois de ler o relatório para o primeiro-ministro no dia seguinte. "Stimson, o que era a pólvora? Uma coisa banal", respondeu entusiasmado o primeiro-ministro. "E a eletricidade? Insignificante. Essa bomba atômica é o Segundo Advento de Cristo, na forma de Ira."[44] Churchill tinha certeza de que a nova arma "retificaria o jogo de forças com os russos" e modificaria completamente o "equilíbrio diplomático" na conferência. Ele sonhava com o momento de colocar todas as cartas na mesa diante de Stálin.[45] "Se você insistir em fazer isso ou aquilo, nós podemos simplesmente varrer da terra Moscou, depois Stalingrado, depois Kiev, depois Kuibyshev."

O entusiasmo de americanos e britânicos tornou-se logo evidente no salão de conferências em Cecilienhof. O secretário assistente de Guerra John McCloy anotou em seu diário que Truman e Churchill comportavam-se "como meninos com uma grande maçã vermelha escondida no bolso".[46] Churchill achou que Truman havia se tornado "um outro homem" depois de ter ouvido Stimson ler o relatório. "Ele postou-se diante dos russos de maneira mais marcante e decidida. Disse aos russos tudo que eles podiam e não podiam querer e de um modo geral comandou toda a reunião."[47] Robert Murphy manifestou a mesma opinião. "Percebemos uma nítida mudança na atitude do presidente", registrou em suas anotações, referindo-se à sessão plenária do fim da tarde de 21 de julho. "Ele dava a impressão de estar muito mais seguro de si, com uma disposição maior para participar dos debates, para contestar algumas das declarações de Stálin. Era evidente que havia acontecido alguma coisa."[48]

Truman abriu a reunião avisando que os Estados Unidos recusavam-se a reconhecer os governos de Romênia, Bulgária, Hungria e Finlândia até que estivessem "estabelecidos de maneira adequada", depois de eleições livres. Além disso, fez questão de lembrar a Stálin do compromisso que assumira, de organizar eleições livres na Polônia. Em seguida, queixou-se de que os russos estavam tentando apresentar-lhe um *fait accompli* com relação às fronteiras ocidentais da Polônia. Em Yalta, Roosevelt e Churchill haviam concordado em compensar a Polônia pelo território que o país perdera para a União Soviética, mas não houve acordo sobre onde seria traçada a nova fronteira com a Alemanha. Seis meses depois, negociadores americanos finalmente conseguiram fazer a distinção entre o rio Neisse Ocidental e o Neisse Oriental. O território situado entre os dois rios era mais ou menos do tamanho do estado americano de Massachusetts. Nele estavam incluídas Breslau, capital da Silésia, que permanecera por séculos em mãos da Alemanha, e algumas das minas de carvão mais produtivas do país, além de amplas propriedades rurais.

A transferência da Silésia e da Pomerânia à Polônia alterava os cálculos econômicos dos planejadores do pós-guerra. Essas regiões tradicionalmente forneciam à capital alemã carvão e alimentos, que com a escassez teriam que vir da parte ocidental do país — juntamente com bilhões de dólares de reparações à União Soviética. Tomando por base o que ocorrera depois da Primeira Guerra Mundial, Truman receava que no fim os Estados Unidos acabariam tendo que pagar a conta. Para piorar a situação, refugiados da parte leste da Alemanha estavam vindo em massa para áreas controladas pelos Aliados ocidentais. Dar de comer a essa gente toda se tornaria responsabilidade dos Estados Unidos e da Grã-Bretanha.

"Não podemos concordar com as indenizações se forem entregues partes da Alemanha", disse Truman sem rodeios. Ele lembrou Stálin do entendimento segundo o qual a "Alemanha de 1937" seria usada como "ponto de partida" para a negociação dos acertos do pós-guerra.

O *vozhd* tentou introduzir uma dose de realidade geopolítica no debate. "Nenhum alemão ficou no território que vai ser entregue à Polônia [...]. Todos fugiram." Esses territórios eram agora habitados por poloneses.

O almirante Leahy inclinou-se para perto do presidente. Obviamente não havia mais alemães ao leste da linha Oder-Neisse, ele sussurrou. "Os bolcheviques mataram todos eles."[49]

Sentado do outro lado de Truman, Joe Davies ficou alarmado com o tom áspero que a discussão estava tomando. Ele rabiscou uma nota num pedaço de papel e entregou-o ao presidente.

"Acho que Stálin sentiu-se ofendido. Por favor, seja gentil com ele."[50]

Churchill interveio no debate em apoio a Truman. Ele expressou a esperança de que os refugiados voltassem assim que as condições melhorassem. Stálin reagiu com desdém.

"Se eles voltarem, serão enforcados pelos poloneses." Ele não tinha a menor compaixão por "canalhas e criminosos de guerra".

"Certamente não é possível que oito milhões e meio de pessoas sejam criminosos de guerra", ponderou Churchill. Assim como Truman, ele não queria a obrigação de cuidar de "massas de pessoas famintas na Alemanha".

O problema de alimentar alemães famintos era irrelevante para Stálin. Ele deu a seus interlocutores capitalistas uma rápida aula sobre a teoria marxista do imperialismo. "Quanto menos indústria houver na Alemanha, maior será o mercado para os seus produtos. Nós destruímos o seu concorrente."

A sessão encerrou-se num tom de discórdia. Truman havia traçado uma linha além da qual não estava disposto a negociar. Se a Rússia continuasse a agir como quisesse na sua parte da Alemanha, Estados Unidos e Grã-Bretanha tratariam a sua parte do país como uma entidade separada. Sem o fornecimento de alimentos e energia por parte do Oriente, o Ocidente não faria pagamentos de caráter indenizatório à Rússia. O projeto traçado em Yalta de uma Alemanha derrotada porém unida, sob ocupação e administração conjunta dos Aliados dos tempos de guerra, estava se desfazendo.

18. Pilhagem — *23 de julho*

Edwin Pauley mandou seu motorista dirigir-se ao pátio de carga e aos atracadouros que se esparramavam pela margem norte do rio Spree, no setor russo de Berlim. O ex-executivo da indústria petrolífera americana e dirigente do Partido Democrata recebera um relatório detalhado de sua equipe sobre a pilhagem, pelo Exército Vermelho, do equipamento industrial e de bens de consumo da Alemanha. Seus assessores tinham visto comboios de caminhões americanos, do programa de ajuda às nações aliadas, penetrando numa extensa área cheia de "máquinas de serraria, fornos para panificadoras, teares, geradores elétricos, transformadores, equipamento de telefonia".[1] Constava que milhares de soldados russos, ajudados por operários alemães arrebanhados à força, estavam empilhando o butim em vagões de trem destinados à União Soviética. O saque ia desde grandes volumes de equipamento industrial, como prensas e máquinas de moagem, a pilhas de mobiliário e imensos fardos de vestuário. Pauley fez questão de ver pessoalmente o que estava ocorrendo.

Californiano de 1,90 metro e cabelos pretos penteados para trás, Pauley era um misto de articulador político e homem de ação. Sua carreira como perfurador de poços de petróleo chegara ao fim num desastre aéreo, que o deixou com fraturas nas costas e no pescoço, trinta ossos quebrados pelo corpo e despesas médicas de 19 mil dólares. Inspirado pelo exemplo de FDR em sua luta contra a poliomielite, ele tratou de superar o acidente, empenhando-se em fundar sua própria companhia petrolífera. Levantou fundos para as campanhas presidenciais de Roosevelt e colaborou na indicação de Truman para o cargo de vice-presidente em 1944. Quando Truman sucedeu Roosevelt na chefia do Executivo, o novo presidente pagou sua dívida com Pauley nomeando-o representante dos Estados Unidos na Comissão Aliada de Reparações. O empresário, agressivo mas bom de conversa, ficou com a missão de negociar com os russos um acordo de indenizações pela guerra.

"Negocie com os russos exatamente como você lida comigo na mesa de pôquer que tudo vai dar certo", foi a orientação do presidente.[2]

Deixando sua escolta militar para trás, Pauley, em plena forma aos 42 anos, galgou o topo de um muro de tijolos em frente ao pátio de cargas e à ferrovia. De seu ponto privilegiado no alto do muro, podia ver centenas de vagões sendo carregados com equipamento industrial. Começou a filmar a cena com uma câmera cinematográfica de dezesseis milímetros, mas logo foi interrompido pelos gritos e gestos frenéticos de um sargento russo, que veio correndo em sua direção. Convencido de que em situações como essa a cautela é melhor do que a coragem, Pauley desceu do muro, defrontando-se com o furioso sargento, que tinha passado por um portão na cerca. Pauley notou que ele era de aparência "mongol" e "evidentemente não compreendia inglês".

Com uma das mãos, o russo fez movimentos agressivos na direção de Pauley com a baioneta de seu rifle, enquanto com a outra apossava-se de sua câmera. Em seguida, agarrou o próprio Pauley, tentando prendê-lo. Pauley gritou pedindo ajuda, mas o homem que o escoltava, um coronel americano, estava a muitas quadras de distância na rua.

Enquanto o enviado especial de Truman era levado pelo sargento, o coronel finalmente percebeu o que estava acontecendo. Ele correu em socorro de Pauley, brandindo uma pistola automática calibre 45 carregada e um passe militar russo. O sargento percebeu que estava diante de alguém com patente mais alta e saiu correndo em busca de um oficial superior. "Não é preciso sequer dizer que não ficamos esperando", recordou Pauley mais tarde. "Tratamos de deixar o pátio de cargas para trás — e bem depressa."[3]

Pauley lera muitos relatórios sugerindo que os russos não tinham interesse em restaurar o potencial econômico da Alemanha, mas era bem diferente observar a pilhagem com os próprios olhos. Ele ficou chocado ao descobrir que em diversas fábricas pertencentes aos americanos o maquinário fora desmontado e removido. Na fábrica em Berlim Ocidental da International Telephone and Telegraph Company, as equipes de reparações do Exército Vermelho tinham retirado todas as máquinas, "até as ferramentas menores", dias antes que o Exército dos Estados Unidos entrasse na cidade, em 4 de julho.[4] Agora, o próximo alvo da pilhagem era uma subsidiária da General Electric situada na zona de Berlim oriental sob controle dos soviéticos. A rua ao lado da fábrica "encontra-se interditada por uns dois quarteirões e mantida sob guarda", informaram os assessores de Pauley. "Está cheia de tornos pequenos, rolamentos e outros equipamentos, tudo sendo empacotado com papel pardo ou encaixotado. [...] Quando passamos [pela fábrica], um vagão com mobília de escritório em bom estado estava sendo retirado do prédio da administração pela entrada principal."

"Parece que toda essa retirada de material viola completamente os esforços de manter as indústrias 'sem potencial bélico' na Alemanha", queixou-se Pauley em memorando de 27 de julho ao secretário Byrnes. "O resultado das remoções seria a destruição completa das oportunidades de emprego na região. O que vimos constitui atos de vandalismo não apenas contra a Alemanha, mas contra as forças de ocupação dos Estados Unidos."[5] Mais tarde, os assessores de Pauley apresentaram uma lista de vinte companhias americanas cujas instalações fabris tinham sido removidas pelo Exército Vermelho, entre as quais Business Machines, Gillette, Ford Motor Company, F. W. Woolworth e Paramount Pictures.

Do ponto de vista intelectual, Pauley podia compreender a motivação para a atitude soviética quanto às reparações, apesar da repulsa que sentia pela maneira como tudo estava sendo conduzido. Ele tinha acabado de voltar de uma viagem de um mês à Rússia, durante a qual mantivera conversas amistosas com o funcionário soviético que ocupava cargo correspondente ao seu, Ivan Maisky. Ex-jornalista e ex-embaixador na Grã-Bretanha, Maisky era fluente em inglês e "inteiramente aceitável no cenário da vida social inglesa".[6] Sabia como conversar com capitalistas e imperialistas em sua própria linguagem. O cavanhaque, as maneiras impecáveis e o aspecto um tanto rechonchudo davam-lhe a aparência de "um imperturbável intelectual da área literária". Pauley considerava Maisky como "o tipo de homem mais agradável que se poderia esperar para representar a URSS na Comissão Aliada de Reparações".

Além de oferecer uma pródiga hospitalidade a Pauley e de apresentá-lo ao Balé Bolshoi, Maisky insistiu para que ele visitasse Stalingrado, onde o Exército

Vermelho havia expulsado as hordas hitleristas em 1942. Do ponto de vista dos russos, Stalingrado fora a batalha decisiva da guerra. Enquanto seu avião sobrevoava a cidade devastada sobre o Volga, Pauley ficou com uma sensação inesquecível das dimensões épicas do combate, com milhões de homens, dezenas de milhares de tanques e esquadrilhas de caças a jato. Pilhas de escombros, metal retorcido e vegetação arrasada estendiam-se por todas as direções, até onde a vista podia alcançar. Ao levar Pauley a Stalingrado, Maisky apresentava o argumento não muito sutil de que seu país passara por "um sofrimento tão terrível nas mãos dos alemães que praticamente todo tipo de reparação seria justificado".[7] Stálin tinha transformado a Rússia numa nação industrializada ao custo de um sacrifício incalculável de seu povo, apenas para ver o trabalho de uma vida destruído pela máquina de guerra nazista. As indenizações constituíam uma segunda oportunidade para que o ditador cumprisse sua promessa de superar o atraso da Rússia em relação ao Ocidente. Na visão de Stálin, não havia escolha. "Estamos cem anos atrasados em relação aos países avançados", ele disse aos administradores de suas indústrias em 1931. "Temos que superar essa defasagem em dez anos. Ou fazemos isso, ou eles nos esmagam!"

Calejado homem de negócios, Pauley não permitiu que sua compaixão pelo povo russo interferisse em sua determinação de defender os interesses econômicos americanos. Ele explicou sua posição a Maisky, fazendo uma comparação entre a Alemanha e uma vaca leiteira. Estados Unidos e União Soviética tinham interesse em garantir que a vaca fornecesse bastante leite. Para atingir esse objetivo, era necessário dar à vaca certa quantidade de forragem, que seria paga com parte do leite. O leite que sobrasse poderia então ser utilizado para as indenizações. Os Estados Unidos não estavam preparados para aceitar uma situação em que a Rússia ordenhasse todo o leite enquanto os americanos forneciam a forragem. Nem estavam dispostos a deixar que a vaca morresse de fome. O argumento de Pauley era simples: os Aliados em tempo de guerra tinham que chegar a um acordo sobre como a vaca deveria ser alimentada *antes* de dividirem seu leite.

Maisky não se deixou influenciar pelo argumento americano de que o crescimento da economia alemã era a chave para o pagamento de reparações: os comunistas sempre estiveram mais interessados na redistribuição de riquezas do que em sua criação. Ele lembrou a Pauley que em Yalta FDR havia concordado com um valor de 20 bilhões de dólares como "base de discussão" para reparações de pós-guerra. Ficou entendido que a Rússia teria direito a 50% do total das indenizações, o que seria o equivalente a 10 bilhões de dólares. Na opinião de Maisky, era tudo muito simples: os americanos estavam querendo se esquivar dos compromissos assumidos em Yalta. Para ele, as comparações bovinas de Pauley não passavam de um estratagema com o objetivo de desviar as negociações de uma quantidade específica e bem definida de dólares para alguma porcentagem vaga e imprecisa. Os americanos ainda estavam dispostos a conceder aos russos 50% ou até mesmo 55% do total das indenizações, mas se recusavam a estipular uma soma concreta. Além disso, agora insistiam que o custo das importações necessárias para manter as fábricas alemãs em funcionamento — a "forragem", na analogia da vaca — fosse considerado como "encargo prévio" na economia alemã, com precedência sobre as indenizações a serem pagas à Rússia.[8] Quando essas importações fossem pagas, talvez não restasse nada mais para ser destinado à Rússia. Não era preciso ser um gênio matemático para saber que 55% de nada é igual a zero. O impasse era total.

À primeira vista, parecia que Stálin tinha conseguido uma importante vitória quando convenceu Truman e Churchill a reunir-se com ele em Potsdam, coração da Alemanha sob ocupação soviética. Após ter conquistado metade da Europa, o *vozhd* estava recebendo seus pares ocidentais no seu território, com o Exército Vermelho encarregado da segurança. Como os príncipes medievais chamados a reunir-se com o imperador, eram os outros que estavam viajando para ir a seu encontro — não era ele quem tinha que se deslocar para encontrá-los.

Mas, na verdade, tratava-se de uma vitória de pirro. Ao convidar os líderes ocidentais a Berlim, Stálin permitia que eles espiassem por trás da "cortina de ferro" que havia instalado em volta de seu império. Pela primeira vez na vida, milhares de diplomatas e oficiais militares, americanos e britânicos, tinham diante de si a realidade da tirania soviética. Muitos oficiais aliados chegavam a Berlim com admiração pelos russos e ódio pelos alemães, por terem testemunhado o horror dos campos de concentração nazistas. Mas mudavam rapidamente de opinião quando presenciavam o que acontecia na zona sob ocupação soviética. Oficiais do bloco do Ocidente que chegaram a passar mal com a visão de Buchenwald agora trocavam relatos sobre a pilhagem de fábricas da Alemanha por tropas soviéticas e estupros em massa de mulheres alemãs.

O sentimento de indignação com o comportamento dos russos estendia-se a alguns funcionários americanos de alto escalão que antes mostravam-se inclinados a conceder o benefício da dúvida a seus aliados soviéticos. Henry Stimson estava revendo sua posição inicial de partilhar os resultados da pesquisa atômica com os russos. "Para mim, torna-se cada vez mais evidente", escreveu ele com tristeza em 19 de julho, "que uma nação cujo sistema baseia-se na liberdade de expressão e em todos os elementos da liberdade, como é o caso da nossa, não pode ter certeza de um entendimento permanente com outra na qual a liberdade de expressão é submetida a um controle rígido e onde o governo emprega a mão de ferro da polícia secreta."[9] Na autobiografia que escreveu alguns anos mais tarde, redigida na terceira pessoa, ele disse ter se sentido

> muitíssimo perturbado [...] na primeira vez em que pôde observar diretamente a polícia do governo russo em ação. Parte em primeira mão e parte por meio de relatos de oficiais do Exército que haviam visto de perto os russos durante os meses iniciais da ocupação, Stimson agora enxergava com clareza a brutalidade generalizada do sistema soviético e a supressão total de liberdade que os governantes russos infligiam primeiro ao seu próprio povo e em segunda mão ao povo dos países que ocupavam. Para ele, o termo "Estado policial" adquirira um significado bem definido e terrível. Que espécie de homens eram aqueles com os quais deveria ser construída a paz na era atômica?[10]

Embora Truman se entendesse razoavelmente bem com Stálin — "eu simpatizava com o filho da mãe", ele admitiu —, o presidente acabou formando dos russos uma imagem de "um pessoal que vinha de um lado mais barra-pesada da cidade".[11] Numa entrevista para um livro sobre sua vida, lembrou que soldados soviéticos saqueavam lares alemães, levando consigo tudo, desde camas, fogões até o velho relógio do avô. "Eles destruíam a maioria das coisas. Os soldados russos nunca tinham visto uma cama confortável e não sabiam como usá-la ou o que fazer com ela." A disposição do presidente em acreditar nesse tipo de relatos deixava espantado um russófilo obstinado como Joe Davies. "Essas histórias vêm sendo divulgadas de maneira sistemática", ele queixou-se em seu diário em 21 de julho. "Isso está envenenando totalmente a atmosfera."[12]

Os relatos de pilhagens não surpreenderam os diplomatas americanos vindos de Moscou. Averell Harriman contava a quem quisesse ouvir que a Rússia era "um vácuo para o qual todos os bens que pudessem ser movidos seriam sugados".[13] Concluindo que "não havia nada que pudéssemos fazer para impedir que os russos levassem tudo que quisessem para fora de sua zona", ele era inflexível em sua posição de que "não devemos permitir que eles retirem coisa alguma das zonas ocidentais. Porque, se permitíssemos, o contribuinte americano estaria pagando a conta para sustentar os alemães, que não teriam condições de se sustentar com todo seu equipamento industrial sendo transportado para a Rússia". Robert Meiklejohn, assessor do embaixador, comentou com satisfação que os oficiais do serviço de reparações dos Estados Unidos estavam "aprendendo rapidamente a lidar com os russos". Depois de assistir a uma das apresentações de Harriman, o secretário da Marinha dos Estados Unidos, James Forrestal, anotou em seu diário que "todos os setores" estavam sendo afetados pelo comportamento dos russos quanto às indenizações. "Eles estão retirando todo o material que puder ser transportado de todas as áreas em que atuam, ao mesmo tempo que pedem reparações e denominam os produtos de que se apossam como espólio de guerra. Eles estão fuzilando e expulsando cidadãos alemães do distrito americano."[14]

Diante da imagem de soldados russos apossando-se de qualquer coisa com algum valor em Berlim, as autoridades americanas decidiram mudar sua política em relação ao Ruhr, o coração industrial da Alemanha, que então fazia parte da zona sob ocupação britânica. Stálin e Maisky estavam exigindo a "internacionalização" do Ruhr. Os recursos econômicos — minas de carvão, siderúrgicas, fábricas de produtos químicos — que haviam alimentado o militarismo nazista não podiam permanecer sob controle dos alemães. Até algumas semanas antes, autoridades do governo de Truman estavam dispostas a levar em conta ao menos algumas das exigências soviéticas. Elas chegaram a pensar num plano de "pastoralização" da Alemanha concebido por Henry Morgenthau, secretário do Tesouro de FDR. Mas subtrair todo o potencial industrial da parte oeste da Alemanha já não parecia uma ideia tão boa para os americanos, agora que enfrentavam a ameaça de precisar alimentar milhões de alemães reduzidos a uma situação de não ter o que comer. Dividir o país em zonas econômicas distintas, e impedir que os russos conseguissem indenizações dos setores ocidentais, seria ir contra o espírito dos acordos de Yalta, o que inevitavelmente levaria a uma Alemanha e a uma Europa divididas. Mas isso talvez fosse o menor de dois males. John McCloy registrou em seu diário no dia 23 de julho que a divisão da Alemanha era preferível à "situação de constante desconfiança e dificuldade que enfrentaríamos com a presença russa em nossas zonas, com eles sabendo tudo que nelas ocorre, e nós sem podermos estar presentes nas zonas controladas por eles".[15]

> Seria melhor estabelecer uma linha bem nítida de separação entre os dois lados e conduzir as negociações a partir dessa linha. Trata-se de uma opção com enormes desdobramentos para a Europa, mas a alternativa leva a considerações mais sinistras e não muito favoráveis quando se tem em mente a atmosfera em que as negociações são atualmente conduzidas em Berlim [...]. Os pontos de vista mostram-se tão antagônicos, e há tanta falta de entendimento entre as partes, que não consigo pensar em outra maneira de fazer com que as coisas funcionem.

A despeito do sentimento de superioridade moral que pudessem acalentar em relação aos russos, os ocupantes americanos de Berlim tinham que levar em conta um fato que não lhes era nem um pouco agradável. Quem tinha aberto caminho através da cidade de Berlim — ferozmente defendida pelos alemães e a um custo terrível de vidas humanas — fora o Exército Vermelho, e não o Exército dos Estados Unidos.[16] Somente na batalha por Berlim, o Exército Vermelho perdeu perto de 80 mil homens, entre mortos e desaparecidos em combate. Num contraste marcante, o Exército americano perdeu apenas 9 mil homens em seu avanço durante as semanas finais da guerra desde o Reno até o Elba, em que precisou enfrentar uma oposição pouco significativa. Dos 5,5 milhões de soldados alemães que perderam a vida durante a guerra, calcula-se que 3,5 milhões tenham morrido no front oriental, enquanto menos de 1 milhão morreu na Europa Ocidental, Itália e norte da África (o restante pereceu nas guerras de partisans dos Bálcãs ou como prisioneiros de guerra).

Em conversas nos refeitórios militares, muitos oficiais americanos referiam-se em tom depreciativo ao Exército Vermelho, que consideravam desleixado, mal equipado e, com frequência, indisciplinado. Por outro lado, quando resolviam ser sinceros, os americanos eram obrigados a admitir que as tropas de Stálin tinham arcado com a parte mais árdua da luta contra Hitler. O chefe de Estado-Maior adjunto das forças americanas de ocupação em Berlim, general John Whitelaw, ficava mortificado pelo tom de "sarcasmo ou desprezo ou ridículo" que muitos americanos utilizavam quando se referiam aos russos. "É claro que eles cheiram mal, têm organização precária e cometem alguns roubos", escreveu numa carta particular à sua esposa, nos Estados Unidos. "Mas a verdade é que esses cossacos fedorentos, com toda sua organização deficiente, fizeram a gangue da Wehrmacht passar por maus momentos enquanto nós estávamos brincando de guerra no Tennessee com armas de madeira. Mais tarde, quando puderam contar com nossa ajuda, eles destruíram o exército de Hitler."[17]

Uma sequência de vitórias militares, combinada com sacrifícios em tempos de guerra que estavam além da compreensão da maioria dos americanos, incutiu tanto nos generais como nos soldados rasos do Exército Vermelho uma vigorosa noção de propriedade sobre o que conquistaram no campo de batalha. Os comandantes militares soviéticos estabeleceram para seus soldados um padrão predatório ao acumular vastas quantidades de material saqueado. Depois que Zhukov caiu em desgraça, a polícia secreta da NKVD recuperou dezenas de caixas de prataria e cristais de sua datcha, juntamente com 44 tapetes, 55 "valiosas pinturas clássicas", 323 casacos de pele e quatrocentos metros de seda e veludo.[18] Zhukov alegou que tinha pagado pelas mercadorias com seu soldo do Exército Vermelho, com a intenção de presentear a seus parentes. Segundo um relatório da NKVD, a datcha estava inteiramente mobiliada com "todo tipo de artigo estrangeiro luxuoso" e "um amplo quadro mostrando duas mulheres nuas" estava colocado sobre a cama do marechal. Excetuando-se o capacho do lado de fora da porta de entrada, não havia ali uma só peça fabricada na União Soviética.

Sem dúvida nenhuma Stálin estava informado das pilhagens praticadas por seus subordinados, que encarava como um modo de recompensá-los e também como algo que poderia ser usado contra eles no futuro. O próprio chefe de sua guarda pessoal, o general Vlasik, aproveitava seu tempo em Potsdam para extrair da Alemanha algumas reparações por conta própria. Em sua volta a Moscou, trazia consigo um jogo de porcelana de cem peças, além de dezenas de vasos de cristal e taças de vinho. Após ser preso, em 1952, ele alegou que altos oficiais dos serviços de segurança soviéticos que participavam da conferência haviam recebido jogos de porcelana semelhantes, mas que as peças de cristal tinham sido colocadas em sua bagagem sem seu conhecimento. Bem mais difícil de explicar foi a origem das duas vacas, do touro e do cavalo que foram parar na propriedade de sua família na Bielorrússia. Vlasik disse que os animais foram "um presente do Exército Vermelho", como recompensa pelo gado confiscado de seus parentes pelos alemães durante a ocupação da Bielorrússia.[19] Aqueles animais, privatizados por Vlasik, tinham sido confiscados de fazendas alemãs e transferidos para uma reserva agrícola da NKVD organizada para atender às necessidades alimentares dos participantes da Conferência de Potsdam.

"Foi-se o tempo em que encomendas enviadas à Alemanha iam abarrotadas de nossas coisas russas", comentou exultante um comandante de pelotão. "Agora, vai ser ao contrário. Mulheres com nomes russos comuns — Nina, Marusia, Tonia e muitas outras — vão receber pacotes de seus amados maridos, noivos e amigos. Elas vão regozijar-se com as vitórias do Exército Vermelho e amaldiçoar nossos inimigos."[20] Quanto mais elevado o posto, maiores as recompensas. Um decreto de junho de 1945 assinado por Stálin dava autorização para que todo general e almirante do Exército Vermelho recebesse um "automóvel de troféu", como uma Mercedes ou um Opel, enquanto soldados de escalão inferior ganhavam motos ou bicicletas.[21]

Os estatísticos soviéticos mantinham registros detalhados de tudo que era retirado da Alemanha, preenchendo relatórios minuciosos que eram enviados ao Kremlin de duas em duas semanas. Durante os primeiros meses da ocupação soviética, 400 mil vagões de trem levando butins de guerra foram despachados da Alemanha para a Rússia, contendo, entre outras coisas, 60 149 pianos, 458 612 aparelhos de rádio, 188 071 tapetes, 941 605 peças de mobília, 3 338 348 pares de sapatos e 1 052 503 chapéus. Entremeados com esses objetos domésticos, havia 24 vagões contendo peças de museus, 154 vagões com peles e vidrarias valiosas, mais de 2 milhões de toneladas de cereais e 20 milhões de litros de álcool. Calcula-se que 2 885 fábricas alemãs foram escolhidas para ser desmanteladas e ter seu conteúdo enviado para a Rússia até 1946. Como escreveu o historiador russo Vladislav Zubok, "para os soviéticos, a Alemanha era um gigantesco shopping center, de onde podiam levar tudo que quisessem ser ter que pagar nada".[22]

Pressionado a explicar a pilhagem soviética, Zhukov apresentou uma lista das irregularidades cometidas por americanos e ingleses, que iam do desmantelamento de laboratórios científicos e da remoção de material de ferrovias ao desaparecimento de cientistas alemães e de documentos técnicos de vital importância. Num relatório enviado a Truman, Pauley admitiu que a lista soviética era "em grande parte provavelmente correta", mas alegou que as expropriações americanas limitavam-se a "avanços de natureza técnica realizados pelos alemães para uso imediato na guerra e na produção bélica", constituindo assim, "claramente, conquistas militares".²³ Numa atitude contrastante, os russos estavam também se apossando de equipamento necessário para a reconstrução da economia civil, como maquinário agrícola e equipamentos da indústria têxtil. Alguns historiadores ocidentais admitem que Zhukov até certo ponto tinha razão, ao menos no que diz respeito à exploração do conhecimento tecnológico. Milhares de eminentes cientistas e técnicos alemães foram praticamente sequestrados para os Estados Unidos, numa operação ultrassecreta designada Projeto Clipe, com o objetivo, ao menos parcialmente, de impedir que a Rússia soviética utilizasse seus serviços. Segundo algumas estimativas, o valor dessas "reparações intelectuais" sigilosas atingia uma cifra próxima dos 10 bilhões de dólares, a base das indenizações que os soviéticos estavam exigindo da Alemanha.²⁴ Mas essas transferências de cientistas efetuadas no Projeto Clipe eram menos visíveis e, portanto, provocavam no alemão médio um choque menor que as depredações das brigadas de troféus do Exército Vermelho.

O empenho das brigadas de troféus deixava constrangidos alguns oficiais russos, em especial aqueles responsáveis pela administração da zona soviética da Alemanha. Eles percebiam muito claramente que um regime pesado de ocupação minaria toda boa vontade que porventura ainda houvesse em relação à União Soviética por parte dos cidadãos alemães, além de prejudicar a economia de um potencial mercado importador. A NKVD apresentou relatórios manifestando solidariedade aos protestos de trabalhadores alemães contra o comportamento particularmente ultrajante das tropas soviéticas, incluindo um incidente na cidade de Plauen, "quando máquinas e peças que nem sequer haviam sido escolhidas para remoção foram tão danificadas pela equipe de desmontagem que não podiam mais ser utilizadas".²⁵ Em atitudes que além de provocar prejuízos materiais eram extremamente humilhantes, com frequência os soldados soviéticos obrigavam operários alemães a desmontar suas próprias fábricas e enviá-las para a Rússia. A NKVD citou como exemplo a Nona Brigada de Troféus, que cercou um estádio de futebol, suspendeu o jogo que estava sendo disputado e arrastou os espectadores para desmontar uma fábrica. Exibições de filme e até mesmo espetáculos de dança eram interrompidos, transformando o público presente em mão de obra forçada para as operações de reparação de guerra. A revolta dos alemães com os ocupantes era expressa numa canção popular, que chamou a atenção do governo militar soviético:

Sejam bem-vindos, libertadores!
Vocês levam os nossos ovos,
A carne e a manteiga, o gado e a comida,
E também relógios, anéis e muitas coisas mais.
Vocês nos libertam de tudo, de carros e de máquinas.
Levam embora vagões de trem e até os trilhos.
Dessa porcaria toda — vocês nos libertaram!
Nós choramos de alegria.

Os comandantes do governo militar soviético não se esforçavam muito para esconder sua consternação diante do comportamento das equipes de troféus, que estavam prejudicando sua missão de conquistar o apoio popular ao regime de ocupação. Um oficial da área política do Exército Vermelho apontou um grupo de novas residências a um destacado comunista alemão, Wolfgang Leonhard, durante um giro por Berlim.

"É lá que mora o inimigo."

"Quem — os nazistas?", indagou Leonhard, surpreso.

"Não, muito pior — a nossa turma de reparações."[26]

Outros russos viviam uma situação de conflito em meio a uma complexa mistura de sentimentos: orgulho pelo que seu país havia conquistado, inveja com relação aos padrões de vida superiores da Europa Ocidental, ressentimento diante do moralismo dos americanos e anseio por uma maior liberdade individual. Essa esquizofrenia política era exemplificada pelo renomado fotógrafo de guerra Yevgeny Khaldei, que tirara a foto altamente simbólica dos soldados soviéticos erguendo a bandeira vermelha no alto do Reichstag. Khaldei jamais esqueceria que "os fascistas mataram minha mãe e minhas três irmãs. Eles não se limitaram a atirar nelas. Eles as arremessaram vivas numa cova, juntamente com outras 75 mil pessoas". Enquanto caminhava pelas ruínas da cidade incendiada, Khaldei ficou impressionado com a extensão dos danos causados pelos bombardeios americanos e britânicos. Em sua opinião, os Aliados ocidentais não tinham direito de repreender o heroico Exército Vermelho em termos de brutalidade contra civis. Quanto a todos os relatos de russos estuprando mulheres alemãs, ele considerava que "não havia necessidade de violentá-las porque elas se ofereciam".

Por outro lado, assim como seus conterrâneos do Exército Vermelho, Khaldei sentia uma enorme curiosidade pelo mundo exterior. Ele julgava ter conquistado o direito de merecer a confiança do regime político em que vivia. Quando repórteres americanos trabalhando na cobertura da Conferência de Potsdam convidaram jornalistas soviéticos ao seu hotel para uns drinques, sua reação inicial foi aceitar. Ele procurou o assessor de imprensa da embaixada soviética, que lhe disse para pedir permissão ao comissário adjunto de Relações Exteriores Vyshinsky.

Vyshinsky respondeu que de sua parte não havia problema algum, mas que ele deveria dirigir-se a Molotov. O ministro estava dormindo.

"Ninguém tinha coragem de acordar Molotov", recordou Khaldei décadas depois. "Por isso não fomos. Foi uma grande decepção."[27]

Caso os participantes da Conferência de Potsdam precisassem de um exemplo da incompatibilidade dos sistemas econômicos conflitantes propostos para a Alemanha, bastava que fizessem um passeio pelo centro de Berlim. Os parques e as ruas em volta do Tiergarten, antes um elegante ponto de encontro, haviam se transformado, na definição de um delegado presente à conferência, no "maior de todos os mercados negros", dedicado a lucrar com as contradições entre o capitalismo americano e a economia planificada no estilo soviético.[28] Na opinião de um desiludido capelão do Exército americano, Berlim tornara-se a "cidade mais imoral do mundo", corrompendo qualquer um que andasse por suas ruas.[29] "Aqui, multidões de soldados reúnem-se todos os dias para fazer comércio, tanto legal como ilegal", informou a revista *Life*, apresentando quatro páginas duplas de fotos que mostravam soldados do Exército Vermelho com aspecto furtivo comprando relógios de pulso e cigarros de sorridentes GIs americanos.

> Os alemães, que caminham com ar de esperança pelo Tiergarten levando seus objetos domésticos em carrinhos de bebê e mochilas, querem em troca comida, cigarros e moeda corrente estrangeira. Os homens do Exército Vermelho, arrastando malas repletas de notas que equivalem a anos de seus soldos, desejam câmeras fotográficas, roupas e especialmente relógios de pulso. Americanos, britânicos e franceses, circulando com os bolsos cheios de todo tipo de geringonça para ser vendida, querem dinheiro.[30]

Para os americanos que trabalhavam no setor da ocupação, era possível obter lucros fabulosos com a venda de objetos de consumo comprados nas lojas do Exército americano. Um pacote de cigarros Lucky Strike era vendido por cem dólares (em preços de 1945), cem vezes mais do que o preço original. Soldados russos compravam relógios do Mickey Mouse — vendidos nas lojas militares por 3,95 dólares —, por quinhentos dólares cada. As Forças Armadas dos Estados Unidos enviavam vastas quantidades de relógios de pulso, cigarros e doces a Berlim para atender à demanda desse mercado comprador em expansão, que ultrapassava de longe os padrões de consumo dos militares americanos em serviço em outras partes do mundo. Os responsáveis pelas lojas queixavam-se que membros do Serviço Secreto de Truman "acabavam" com grande parte do estoque, "comprando relógios, câmeras e esse tipo de mercadoria às dezenas".[31]

Inicialmente, o mecanismo de toda essa atividade do mercado negro era um mistério para os oficiais da área financeira do Exército americano, mas eles acabaram descobrindo como as coisas funcionavam. Trabalhando dentro do espírito de cooperação entre Aliados, os americanos tinham compartilhado com os soviéticos as placas para impressão do novo papel-moeda das forças de ocupação. Cada lado imprimia suas próprias cédulas, que eram praticamente idênticas. Os soldados americanos podiam converter suas notas em dólares, segundo a cotação oficial de dez marcos de ocupação para um dólar. Os soldados do Exército Vermelho recebiam seu soldo em maços desses mesmos marcos de ocupação, que não teriam nenhum valor quando voltassem para casa, porque não podiam ser convertidos em rublos. Os russos deixavam todo o seu salário nas ruas de Berlim, comprando relógios e jantando em boates caras. Os preços ao redor do Tiergarten acompanhavam as leis de oferta e procura. Tudo estava à venda, de goma de mascar a jipes do Exército.

Em termos práticos, o incauto Exército americano estava abastecendo as duas extremidades da cadeia do mercado negro: fornecia a matéria-prima original, na forma de cigarros e outros itens de consumo, e trocava notas que de outra forma não teriam nenhum valor por dólares de verdade. Durante algum tempo, todo mundo ficou satisfeito. Até que oficiais da área financeira perceberam que os soldados americanos estavam enviando para casa quantias que de maneira nenhuma poderiam ter economizado de seus soldos. Nas palavras de um burocrata militar: "Depois da entrada dos Aliados em Berlim, o volume de marcos das forças aliadas impressos pelos russos que recebemos para enviar aos

Estados Unidos atingiu proporções alarmantes. A remessa de fundos de Berlim [por soldados americanos] ultrapassou o total de salários e ajudas de custo na proporção de *seis* ou *sete* para *um*".[32] Aparentemente, alguém estava roubando dinheiro do Tio Sam. O caráter não unificado do sistema financeiro da ocupação, em que se prestavam contas a duas autoridades diferentes, funcionava como uma receita garantida para a especulação. Para agravar o caos, o velho marco do Reich não tinha praticamente valor algum, o que transformara os cigarros na verdadeira moeda de troca.

O escambo representava o único caminho para os berlinenses satisfazerem suas necessidades cotidianas. "O problema", observou um oficial americano, "é que os cigarros americanos, utilizados como moeda de troca, fazem com que, quando americanos negociam com alemães, os preços fiquem inteiramente fora de proporção; com dois pacotes de cigarros seria possível comprar um piano, se o comprador tivesse como transportá-lo."[33]

As autoridades militares fizeram várias tentativas, sem grande empenho, para acabar com o mercado negro em Berlim durante a semana de abertura da Conferência de Potsdam. A polícia militar foi orientada a anotar as placas dos veículos militares americanos nas vizinhanças do Tiergarten, que ficava no setor britânico da cidade. Em 20 e 21 de julho, policiais civis alemães foram enviados ao parque para examinar os documentos e prender suspeitos de atuar no mercado negro. Envergando túnicas no antigo estilo prussiano, com pontas agudas no alto de seus capacetes, esses policiais desarmados davam a impressão de terem saído do palco de uma ópera cômica. Não constituíam uma força de segurança muito eficiente, embora tenham conseguido apreender cerca de 3 mil suspeitos, entre eles uma dúzia de soldados americanos. O mercado negro havia se tornado uma atividade lucrativa demais para os militares aliados, envolvendo inclusive hierarquias superiores, para que uma força policial alemã desarmada pudesse reprimi-la.

Quase todo mundo, excetuando-se os militares do alto escalão mais ciosos do regulamento, dava um jeito de ganhar um dinheiro extra. John Whitelaw pôde ter uma ideia da tentação a que seus subordinados estavam expostos quando seu veículo oficial foi parado por "um russo com um maço de notas grande o suficiente para fazer um boi se engasgar" quando se dirigia a Berlim pela autoestrada. O russo lhe ofereceu, em marcos de ocupação, o equivalente a quinhentos dólares por seu relógio de pulso e cinco dólares por maço de cigarros. "E ele estava com o dinheiro na mão", comentou admirado o general, numa carta à sua mulher. "Ficou muito aborrecido quando não fizemos negócio. Disseram-me mais tarde que tivemos sorte por ele não estar armado."

Os soldados mais espertos valiam-se de civis alemães para atuar por eles no mercado negro, remunerando-os com uma parte dos lucros. Eles também procuravam pontos de troca no setor soviético, onde os preços invariavelmente eram 20% mais altos que nos setores ocidentais. Os operadores de grande porte do mercado negro eram conhecidos como BTOs.*[34] Muitas vezes, as atividades do mercado negro articulavam-se com a ação dos serviços de inteligência. Em troca da permissão para continuar seu trabalho, os operadores alemães do mercado negro forneciam informações valiosas aos agentes da inteligência ocidental sobre seus contatos com oficiais de alta patente do Exército Vermelho. Um oficial da Divisão de Investigações Criminais do Exército dos Estados Unidos tornou-se conhecido por subornar especuladores e forçar mulheres atraentes envolvidas com o mercado negro a ter relações sexuais com ele.

Os tentáculos da extensa rede de operações do mercado negro estendiam-se até mesmo à Pequena Casa Branca, instalada em Babelsberg. O assessor militar do presidente, general Vaughan, que cumprimentara Stálin de maneira tão efusiva no primeiro dia da conferência, negociou algumas roupas que não usava mais com um soldado russo por "uns dois mil dólares".[35] A tripulação do avião presidencial, o "Vaca Sagrada", utilizava seu tempo de folga competindo nos negócios com os BTOs locais. O compartimento de carga do avião presidencial estava lotado de mercadorias do mercado negro, inclusive "um avião alemão de pequeno porte inteiramente desmontado" e "pelo menos uma motocicleta". Um membro da tripulação vangloriava-se de ter ganhado 6,5 mil dólares, quase o dobro de seu salário anual, com a venda de relógios e outras mercadorias. Até mesmo Truman foi tentado pelos preços extremamente baixos nas lojas do Exército americano. Numa carta para casa, ele disse a Bess que sua marca de perfume favorita, Chanel nº 5, estava esgotada, mas ele "tinha dado um jeito de conseguir uma outra marca" por seis dólares a onça. "Disseram-me que o perfume é igual ao número cinco, e que aí é vendido por trinta e cinco dólares a onça. Assim, se você não gostar, dá para obter um lucro com o frasco."[36]

* Sigla para *big time operators*. (N. T.)

* * *

Harry Truman orgulhava-se de ser um "esperto vendedor de cavalos do Missouri". Estava convencido de que sempre valia a pena regatear ao máximo, tanto na loja do Exército como nas negociações com os russos. Mas em Potsdam deixou grande parte das pechinchas do dia a dia com seu secretário de Estado, que tinha vasta experiência em negociar com políticos e resolver diferenças. "Habilidoso e calculista", Byrnes era excepcional na arte da negociação, pressionando o oponente com uma hábil prestidigitação verbal antes de lhe oferecer uma saída honrosa. Parecia ser o homem ideal para penetrar na muralha defensiva daquele "autômato implacável", Viatcheslav Molotov.[37]

Alguns assessores de Truman desconfiavam de Byrnes, que consideravam movido basicamente por seus interesses pessoais. "Uma toupeira", era a definição sucinta que Leahy fazia dele.[38] Harriman era da opinião que ele se mostrava excessivamente disposto a fazer concessões aos soviéticos. "Ele dava a impressão de ter ido a Potsdam pensando que conseguiria resolver os problemas com a mesma facilidade que encontrava no Senado", queixava-se o embaixador. "Quando surgia alguma controvérsia, procurava colocar panos quentes na discussão." Mas ele continuava contando com a confiança do presidente. Os dois políticos tinham cruzado juntos o Atlântico, ocupavam quartos adjacentes e posavam abraçados para os fotógrafos. "Meu parceiro tem uma mente afiada", anotou Truman com admiração em seu diário em 7 de julho, após uma discussão sobre o tema das reparações. "E é honesto. Mas essa é uma característica de todos os políticos do interior. Eles têm certeza de que todos os outros políticos são ardilosos em suas negociações. Mas quando alguém diz a eles a pura verdade, sem qualquer enfeite, esses políticos nunca acreditam nela, o que é uma vantagem às vezes."[39]

Byrnes pediu que Molotov fosse encontrá-lo, acompanhado apenas por intérpretes, no gabinete abarrotado de livros do príncipe herdeiro em Cecilienhof na manhã de 23 de julho, uma segunda-feira. Habilmente, armou um estratagema para que os americanos se livrassem da reparação de 10 bilhões de dólares prometida a Stálin em Yalta, sob a alegação de que os soviéticos queriam transferir uma ampla porção da Alemanha para a Polônia. Essa medida, ele observou, "exporia britânicos e americanos em suas respectivas zonas a sérios perigos, relacionados a um plano abrangente de reparações".[40] Como a Alemanha de 1937 não existia mais, ele "pensava se não seria melhor" para cada uma das forças de ocupação buscar as reparações em suas respectivas zonas. De acordo com os cálculos dos americanos, cerca de 50% da riqueza alemã estava na zona soviética, portanto, Stálin nada perderia com esse acordo. Se os russos quisessem equipamentos ou máquinas do Ruhr, podiam trocá-los por carvão da Silésia.

A nova postura de negociação dos Estados Unidos ligava o tema das reparações à questão das futuras fronteiras ocidentais da Polônia, que por sua vez estava ligada à anexação por parte dos soviéticos dos territórios poloneses no leste, ao redor da cidade de Lwów. Do ponto de vista dos americanos, as reparações constituíam apenas parte de um pacote diplomático muito mais amplo acertado em Yalta, no qual se incluíam diversos compromissos de ordem política, tais como eleições livres nos países liberados e um entendimento justo quanto às questões de fronteiras. Decidido a não abrir mão de nada no que dizia respeito a territórios, Molotov começou a recuar quanto às reparações. O marechal Stálin, ele disse a Byrnes, mantinha uma postura firme em favor de um plano de reparações abrangente em relação à Alemanha, mas estava disposto a reduzir a exigência soviética de 10 bilhões de dólares, em prol de um entendimento.

Ao longo daquela tarde, Molotov recuou ainda mais quando se realizou o encontro dos ministros de Relações Exteriores, do qual participaram também Pauley e Maisky. Byrnes perguntou-lhe se era verdade, como alguns oficiais americanos haviam informado, que as equipes soviéticas de reparação estavam retirando amplas quantidades de materiais e maquinário de sua zona, além de "equipamento doméstico, como encanamento, prataria e mobília".[41]

O homem conhecido por seus colegas do Kremlin como Traseiro de Pedra admitiu, com relutância, que "certa quantidade de material" tinha sido retirada. Tentando ser magnânimo, propôs "fazer um abatimento de 300 milhões de dólares por materiais diversos retirados".

Isso não satisfez Byrnes, que lembrou que os Estados Unidos já haviam gastado 400 bilhões de dólares no apoio à causa aliada na Segunda Guerra Mundial.

"A União Soviética está disposta a reduzir suas exigências, de 10 bilhões para 9 bilhões de dólares, como compensação pelo material removido até agora e assim resolver definitivamente a questão", respondeu Molotov.

Memorandos internos revelam que nem Byrnes nem Molotov estavam sendo inteiramente sinceros um com o outro em seus cálculos. Byrnes havia deliberadamente arredondado para cima as estimativas americanas sobre a riqueza relativa da zona soviética.[42] Baseando seus cálculos na situação das fronteiras do país em 1937, os economistas americanos acreditavam que a zona soviética respondia por 39% da indústria e mineração alemãs e 48% da agricultura, não 50% ao todo, como alegava Byrnes. Já os especialistas soviéticos haviam informado Molotov de que a União Soviética extraíra aproximadamente 1,5 bilhão de dólares em espólios de guerra até 8 de julho de 1945, ou seja, cerca de cinco vezes as cifras apresentadas a Byrnes.

Byrnes ainda não estava convencido a chegar a um acordo com Molotov. Desde o fim da guerra, quase 5 milhões de refugiados tinham passado para a zona americana. Segundo cálculos dos economistas americanos, o custo para alimentar toda essa gente seria de 1,5 bilhão de dólares — isso apenas no primeiro ano.

Molotov estava se tornando mais complacente, decidido a pôr um ponto final na fixação das cifras do acordo. "Estamos dispostos a reduzir o valor de nossas reparações a 8,5 bilhões de dólares, até mesmo a 8 bilhões, mas temos que insistir em uma quantia definida quanto ao Ruhr", ele pleiteou. "Digamos, 2 bilhões de dólares."

Anthony Eden interveio, dizendo que os Aliados ocidentais enfrentariam o espectro da "fome generalizada" em suas zonas no próximo inverno. Tudo indicava que os soviéticos "não estavam dispostos a fornecer alimentos e carvão provenientes do território que pretendiam entregar à Polônia".

O Traseiro de Pedra retorceu-se uma vez mais. "Essa é uma questão que pode ser discutida."

19. "FINIS" — *26 de julho*

Winston Churchill mostrava-se extremamente ansioso, até mesmo irascível. As eleições gerais britânicas — "essas malditas eleições" era seu termo preferido — "eram como um véu que cobria todo o futuro".[1] Ele voaria de volta a Londres no dia 25 de julho, para saber o resultado das apurações, que estavam se arrastando por três semanas. Os assessores garantiam que o seu Partido Conservador continuaria com uma maioria confortável na Câmara dos Comuns, mas o primeiro-ministro não poderia excluir a hipótese de que as urnas trouxessem uma surpresa. No sábado anterior, seu rival do Partido Trabalhista, Clement Attlee, fora efusivamente saudado pelas tropas britânicas reunidas no Tiergarten para uma parada da vitória. Inicialmente, Churchill pensou que o alvo das saudações era ele e ergueu a mão, fazendo com os dedos o V da vitória. Quando ouviu os gritos "Attlee", baixou a mão e "seguiu em frente com uma expressão carrancuda". Seus assessores ficaram espantados, julgando ser "profundamente esquisito, sem dúvida" que "o grande líder dos tempos de guerra, sem o qual nunca teríamos chegado a Berlim, recebesse uma saudação muito mais fraca" que uma figura opaca como Attlee.[2] Mas eram educados demais para mencionar o incidente.

Churchill passara os últimos dez dias em Potsdam, esforçando-se para aceitar sua crescente irrelevância. Truman e Stálin ouviam polidamente suas demoradas intervenções e riam de suas piadas, mas prestavam pouca atenção às suas preocupações. Eles comportavam-se como adultos que se divertiam com os rompantes de uma criança precoce, mas na verdade estavam concentrados em seus problemas de gente grande. Mesmo com toda a sua patriotada exibicionista, Churchill estava ciente, de maneira bem dolorosa, de que a guerra deixara a Grã-Bretanha em grande débito com os Estados Unidos, dependente da generosidade de sua antiga colônia. O Império britânico vivia assolado por conflitos étnicos e revoltas nacionalistas, e corria o risco de desintegrar-se. A Marinha Real continuava sendo uma força formidável, mas o extenuado Exército britânico não era páreo para o Exército Vermelho. Sem a presença militar constante dos americanos, a Europa Ocidental estaria indefesa diante do urso soviético.

Problemas de natureza pessoal contribuíam para o mau humor do primeiro-ministro do rei. Como Truman e Stálin, Churchill fora instalado num amplo casarão com vista para o lago. Do lado de fora das janelas, o eco das botas com metal nas solas dos sentinelas britânicos lhe perturbava o sono. Ele exigiu que os soldados passassem a usar botas com sola de borracha e que marchassem fora do alcance de seus ouvidos. Na noite de 22 de julho, uma forte tempestade havia caído sobre Babelsberg, deixando as ruas "obstruídas por árvores". Uma limeira de um século na área externa da residência de Churchill, no número 23 da Ringstrasse, tombou com a tempestade, rebentando o encanamento quando suas raízes foram arrancadas da terra. "Primeiro-ministro muito aborrecido por não poder tomar seu banho", um graduado diplomata britânico escreveu em seu diário. "Ele diz que isso é 'um ato absolutamente inadmissível da Providência.'"[3]

A tempestade ocorreu num momento particularmente infeliz para o primeiro-ministro, que havia programado um jantar cerimonial para Truman e Stálin na noite de 23 de julho. Com certa malícia, ele estava ansioso pela ocasião, pois lhe permitiria "desforrar-se" dos dois outros estadistas pelas "maratonas musicais" infligidas dias antes na conferência. Stálin havia respondido à abertura musical de Truman, que apresentara um pianista e um violinista, elevando o nível da produção com dois pianistas e dois violinistas, trazidos de Moscou de avião para entreter os convidados.[4] O presidente ficara impressionado com suas habilidades musicais, embora nem tanto com sua aparência. "Eles eram excelentes", admitiu, em carta para a mãe e a irmã. "Seus rostos pareciam sujos, no entanto, e as moças eram bem gordinhas."[5] Já para o primeiro-ministro, a noite foi "de um tédio de provocar lágrimas". Churchill preferia a vibração de marchas militares a delicados concertos de piano. Ele refugiou-se num canto com o almirante Leahy, resmungando e tramando sua vingança, que viria na forma da banda da RAF, a Real Força Aérea britânica. O primeiro-ministro escolheu um programa deliberadamente desprovido de sofisticação, começando com "Ay-Ay-Ay", uma serenata mexicana, e encerrando com "Irish Reels" e a "Skye Boat Song".

O jantar oferecido por Churchill foi bem mais grandioso que os de Truman ou Stálin. Se chegara o momento em que o império teria de sair de cena, que ao menos fosse em grande estilo. O primeiro-ministro encomendou a engenheiros do Exército britânico a construção de uma mesa especial capaz de acomodar confortavelmente 28 convidados, incluindo os chefes de Estado-Maior dos três exércitos aliados. Diante da entrada do casarão encontrava-se uma guarda de honra do Regimento dos Escoceses, com fuzis e baionetas a postos para saudar os convidados, a maioria deles fardados.

Guardas russos fortemente armados assumiram posição em volta do casarão meia hora antes da chegada de Stálin. Para evitar qualquer tipo de incidente, os guarda-costas de Churchill, em maior número, retiraram-se para a varanda. O *vozhd* fez o percurso de um minuto de duração de sua residência, quase na esquina, num comboio de grandes limusines. Ele envergava uma nova farda de generalíssimo, que consistia num cintilante casaco branco com apliques dourados no colarinho, uma estrela de ouro de Herói da União Soviética e calças azuis com uma listra dupla de cor vermelha no centro, em contraste com seu modesto estilo anterior. O traje fazia com que ele ficasse parecido "com o imperador da Áustria numa comédia musical de segunda categoria", na opinião de um oficial britânico, mas seus seguranças armados projetavam uma imagem de força em estado bruto.[6] Stálin respondeu à saudação da guarda de honra de Churchill com um erguer rígido do braço. Truman, por sua vez, que tinha vindo a pé da Pequena Casa Branca, fez uma entrada discreta. Os três governantes permaneceram juntos por alguns segundos na varanda, apertando as mãos, para que os fotógrafos registrassem devidamente o encontro.

O jantar propriamente dito consistiu na rodada habitual de brindes efusivos, com todos trocando elogios e cumprimentos entre si, isso quando suas vozes não eram abafadas pela banda da RAF no aposento ao lado. Churchill enalteceu "a sinceridade, franqueza e poder de decisão de Truman". O presidente adotou um tom de humildade, descrevendo-se como um tímido "rapaz do interior do Missouri" que se sentia constrangido por estar na companhia de "personagens de tanta grandeza como o primeiro-ministro e o marechal Stálin". O soviético respondeu dizendo que essa manifestação de modéstia era "uma genuína indicação de caráter", no caso, combinada ainda com "força" e "honestidade de propósitos".

Stálin dava a impressão de estar realmente apreciando a ocasião. Bem-humorado, com um brilho nos olhos, disse ao intérprete de Churchill, Arthur Birse, que gostava da "dignidade" com que se conduziam os jantares ingleses, e comparou os generais americanos e britânicos de maneira favorável em relação aos generais soviéticos.

"Os nossos ainda precisam aprender boas maneiras", queixou-se o *vozhd*, olhando na direção do marechal Zhukov. "Eles não sabem se comportar de maneira adequada. Nosso povo ainda tem um longo caminho pela frente."[7]

Stálin estava obviamente pensando na expansão territorial ao longo do jantar. Quando Churchill rejeitou sua exigência de uma posição fortificada no mar de Mármara, adjacente ao estreito de Dardanelos, ele pleiteou uma base militar no mar Egeu. Fazendo questão de não ser indelicado com seu convidado, o primeiro-ministro deu uma resposta diplomática. "Sempre darei meu apoio às reivindicações russas no sentido de uma liberdade nos mares ao longo de todo o ano."[8] O generalíssimo não fez segredo de suas ambições no Extremo Oriente. Ele surpreendeu Churchill e Truman ao revelar, na presença de uma verdadeira falange de criados e garçonetes — isso sem falar na banda da RAF no aposento ao lado —, seus planos de atacar o Japão. A União Soviética ainda não havia declarado guerra ao Japão e continuava — ao menos em teoria — presa aos termos de um pacto de não agressão que só expiraria em abril de 1946.

O clima estava muito animado, e os convidados trocavam frequentemente de posição para conversarem mais à vontade. No final da refeição, Stálin levantou-se de seu lugar e caminhou ao redor da mesa recolhendo assinaturas no seu cardápio. "Nunca poderia imaginar que ele fosse do tipo que coleciona autógrafos", comentou Churchill mais tarde. Logo, todos estavam recolhendo autógrafos uns dos outros, como recordação do encontro dos Três Grandes. Stálin e Truman dirigiram-se ao aposento ao lado para fazer brindes à banda e pedir que tocassem suas músicas favoritas.

Churchill estava pensando nas eleições e em seu destino político. Erguendo sua taça em saudação a Attlee, propôs um brinde "ao próximo líder da oposição — seja ele quem for".

* * *

O telegrama que Harry Truman ansiosamente aguardava chegou a Babelsberg na noite da segunda-feira, 23 de julho, enquanto ele brindava com Stálin e Churchill. Estava redigido na linguagem repleta de eufemismos que os altos funcionários dos Estados Unidos empregavam para discutir a mais aterradora arma da história. Nela, a bomba atômica era citada como "o paciente". Ainda dentro da terminologia médica, sua utilização contra o Japão era descrita como "a operação". Encabeçando a lista de possíveis alvos estabelecida pelo Departamento de Guerra estava a cidade de Hiroshima, que tinha sido poupada do pior durante os bombardeios de Curtis LeMay.

<small>OPERAÇÃO PODE SER POSSÍVEL QUALQUER MOMENTO A PARTIR 1 DE AGOSTO DEPENDENDO ESTADO DE PREPARAÇÃO DO PACIENTE E CONDIÇÕES ATMOSFÉRICAS. APENAS DO PONTO DE VISTA DO PACIENTE, ALGUMA CHANCE ENTRE 1 E 3 DE AGOSTO, BOA CHANCE ENTRE 4 E 5 DE AGOSTO E SALVO RECAÍDA INESPERADA QUASE CERTA ANTES DE 10 DE AGOSTO.[9]</small>

O telegrama estava endereçado ao secretário de Guerra. Às 9h20 da manhã seguinte, Henry Stimson caminhou pela Kaiserstrasse para entregar a mensagem ao presidente na Pequena Casa Branca. Ele encontrou Truman em seu gabinete no segundo pavimento da "casa do pesadelo", contemplando o lago. Truman declarou estar "profundamente encantado" com a notícia.[10] Agora, o presidente podia lançar um ultimato formal ao governo japonês, oferecendo a escolha entre a "rendição incondicional", que ele ainda se recusava a aceitar, e "a imediata e completa destruição".

"É exatamente o que eu queria", disse o presidente, entusiasmado.

Os dois homens consideravam que a equação militar no Extremo Oriente tinha sido transformada pela bomba atômica. A participação soviética na guerra contra o Japão — que inicialmente parecia a única maneira de evitar a morte de centenas de milhares de americanos — não era mais essencial, nem mesmo desejável. O presidente e seus assessores esperavam que a bomba obrigasse os japoneses a se renderem, impedindo que os russos entrassem no conflito "na hora do golpe final", o que lhes permitiria exigir em troca concessões territoriais.[11] "Devemos decidir esse conflito com os japoneses antes que os russos possam intervir", era como Byrnes analisava a questão. "Depois que eles entrarem em cena, não será fácil fazer com que saiam."¹² Informado por Byrnes dos últimos acontecimentos, Churchill concluiu que, "no momento atual, os Estados Unidos não desejam a participação dos russos na guerra contra o Japão".¹³ O impulso para a rendição final dos japoneses estava se transformando numa corrida entre o poderio aéreo e tecnológico dos americanos e o poder terrestre do Exército Vermelho, que estava se concentrando na fronteira com a China.

Stimson convenceu Truman de que a bomba não deveria ser lançada sobre a antiga capital japonesa, Kyoto, cidade de incomparável importância histórica. O presidente anotou em seu diário que a bomba seria utilizada contra "soldados e marinheiros" e não contra "mulheres e crianças".¹⁴ Os Estados Unidos não desceriam ao nível de seus inimigos. "Mesmo que os japoneses sejam selvagens, implacáveis e fanáticos, nós, como líderes mundiais favoráveis ao bem-estar, não podemos arremessar essa bomba terrível sobre a antiga nem sobre a nova capital."

"Ele & eu estamos de acordo", escreveu Truman, referindo-se a Stimson.

> O alvo será puramente militar, e faremos um comunicado de advertência para que os japoneses rendam-se, salvando vidas. Tenho certeza que eles não farão isso, mas teremos dado a eles essa oportunidade. Com certeza foi bom para o mundo que nem a turma de Hitler nem a turma de Stálin tenham descoberto essa bomba atômica. Ela me parece a coisa mais terrível já descoberta até hoje, mas que pode se tornar também a mais útil.

Dificilmente seria possível considerar Hiroshima como o alvo "puramente militar" alegado por Truman. Embora a cidade fosse uma base naval importante, era impossível para os pilotos dos bombardeiros americanos fazer uma distinção entre fábricas a serviço das forças militares e residências da população civil. As instruções relativas ao alvo da bomba especificavam uma "área industrial urbana", com o objetivo de "produzir os maiores efeitos psicológicos contra o Japão".¹⁵ Calculava-se que a bomba "destruiria de maneira quase total uma área de cinco quilômetros de diâmetro". Hiroshima constituía um alvo especialmente atraente porque "era de um tamanho tal que uma grande parte da cidade poderia sofrer vasta destruição". As colinas situadas nas proximidades provavelmente "reforçariam o foco do impacto, o que aumentaria de maneira considerável os danos da explosão".

Embora Truman mais tarde tenha considerado 24 de julho como o "dia da decisão", ele não chegou a transmitir uma ordem formal da presidência para a destruição de Hiroshima.[16] O programa S-1 tinha adquirido vida própria, empregando 130 mil pessoas de mais de trinta áreas a um custo de 2 bilhões de dólares. O presidente era apenas uma engrenagem de uma máquina gigantesca que vinha funcionando de maneira inexorável. A partir do momento em que Truman recebeu a primeira informação sobre a nova arma, duas semanas após ter assumido a presidência, decidiu que ela seria usada para "provocar a rendição mais rápida possível do Japão". Sua única dúvida era se a arma funcionaria, mas essa questão estava resolvida, graças ao teste no Novo México. Nas palavras de seu assessor militar, George Elsey, não havia "decisão a ser tomada" com relação à bomba.[17] Truman "já não poderia detê-la", assim como não poderia deter "um trem correndo sobre os trilhos".

A ordem para lançar uma série de bombas atômicas sobre o Japão foi esboçada pelo general Groves em Washington e enviada a Stimson e ao general Marshall em Potsdam para aprovação.[18] Foi emitida em nome do secretário de Guerra e do chefe do Estado-Maior do Exército dos Estados Unidos. A lista dos alvos seguia a seguinte ordem: Hiroshima, Kokura, Niigata, Nagasaki.

Fortalecido pela certeza de que "a mais terrível bomba na história mundial" era agora uma realidade militar, Truman partiu para uma de suas mais ásperas reuniões com Stálin. A sessão de brindes da noite anterior foi substituída por uma negociação obstinada sobre o futuro da Europa. Tanto Truman como Churchill estavam preocupados com a criação de uma rede de satélites soviéticos desde o norte da Polônia até o sul da Bulgária. O governo dominado pelos comunistas na Polônia foi reconhecido pelo Ocidente em troca da inclusão de poloneses de Londres, mas havia concessões a exigir também no caso de Hungria, Romênia e Bulgária. O presidente comunicou ao generalíssimo que os governos dos outros países-satélites deveriam ser reorganizados "segundo linhas democráticas", conforme acertado em Yalta.

Stálin insistiu que os satélites soviéticos eram "mais democráticos" que a Itália, onde americanos e britânicos estavam dando as cartas. Ele argumentou que, desde a derrubada do aliado de Hitler, Benito Mussolini, não tinham sido realizadas eleições na Itália. Do ponto de vista de Stálin, "se um governo não é fascista, é democrático".

Churchill defendeu os italianos. Não havia censura na Itália: ele mesmo com frequência era atacado nos jornais italianos. Logo haveria "eleições democráticas". Oficiais e funcionários do governo soviético seriam "bem-vindos na Itália, com liberdade de ir para onde quisessem". Exatamente o contrário do que ocorria na Bulgária e na Romênia, onde representantes dos países ocidentais não tinham autorização para se deslocar livremente. Queixando-se de que membros da missão militar britânica em Bucareste tiveram seus movimentos limitados "a ponto de estarem praticamente presos", ele lançou uma frase que ainda estava aprimorando.

"Uma cerca de ferro foi baixada em volta deles."

"Isso é conto de fadas", rebateu Stálin.

"Os estadistas podem chamar os argumentos de outros estadistas de contos de fadas, se quiserem."

"A mesma situação ocorre na Itália."

"Isso não é verdade. Na Itália, você tem o direito de ir aonde quiser."[19]

Sentado a duas cadeiras de distância de Truman, o almirante Leahy considerou que a conferência chegara "a um completo impasse".[20] Lembrando o que ocorrera em seu relato diário sobre a reunião diplomática dos Três Grandes, concluiu que aquele momento representava "o início da Guerra Fria entre os Estados Unidos e a Rússia".

Truman foi mais otimista, dizendo à sua mulher, Bess, que "fizemos um ótimo progresso", depois de "termos ficado brigando como gato e rato nesses últimos dias".[21] Ele citou a formação de um conselho de ministros do Exterior e de "um governo para a Alemanha". Mesmo assim, reconheceu haver

> algumas coisas sobre as quais não conseguimos concordar. Somos definitivamente contrários ao reconhecimento de governos de caráter policial nos países do Eixo alemão. Disse a Stálin que, até obtermos livre acesso a esses países e até nossos compatriotas verem seus direitos de propriedade restaurados, de nossa parte jamais haverá esse reconhecimento. Ele parece gostar quando eu lhe dou uma martelada.

Stálin deixou o presidente aborrecido ao rejeitar com impaciência a ideia, muito cara a Truman, da internacionalização das principais hidrovias europeias. O antigo capitão de artilharia da Primeira Guerra Mundial estava convencido de que os europeus não mais entrariam em guerra uns com os outros se pudessem ter relações comerciais livres entre si. "Não quero entrar em outra guerra daqui a vinte anos provocada por um desentendimento no Danúbio", ele dissera a Stálin e Churchill em 23 de julho. "Queremos uma Europa próspera e autossustentável. Uma Europa em bancarrota não interessa a nenhum país e tampouco à paz mundial."[22] A perspectiva de navios americanos navegando pelo Danúbio através da Romênia, da Iugoslávia e da Hungria, todas sob controle soviético, não agradou a Stálin.

Como isca para Churchill, e também para tirar o Danúbio do foco das atenções, Stálin ampliou a discussão de modo a incluir os caminhos marítimos para a Índia, a joia do Império britânico.

"O que será feito do canal de Suez?", perguntou.

Imediatamente, o buldogue inglês viu-se na defensiva.

"Ele será aberto."

"E quanto ao controle internacional?"

"Essa é uma questão que ainda não foi levantada."

"Então eu estou levantando."

Num tom levemente desafiador, Churchill afirmou que não ocorrera "reclamação alguma" quanto ao acordo vigente, que garantia o controle britânico sobre o canal pelo menos até 1956. Stálin tinha conseguido chamar a atenção para a hipocrisia das potências ocidentais, que eram a favor de controle internacional quando isso lhes era conveniente, porém não em outras circunstâncias. Assim encerrou sua argumentação.

A questão das hidrovias, disse a Truman e Churchill, não estava "pronta para ser discutida".[23]

A sessão tinha sido tensa e num clima de irritação, mas ainda havia um tópico final a ser abordado. Quando a reunião chegou ao fim, às 19h30, Truman caminhou em direção a Stálin, sem seu intérprete, como se fosse apenas para uma troca de amabilidades. Para não ser acusado de falta de sinceridade, o presidente decidira informar seu aliado soviético sobre a existência da bomba atômica, mas sem revelar detalhes. Dirigindo-se a Stálin por meio do intérprete do líder russo, Vladimir Pavlov, ele mencionou — no tom mais casual de que foi capaz — que os Estados Unidos tinham descoberto "uma arma com um poder de destruição incomum".

"Fico contente em saber", respondeu o generalíssimo. "Espero que façam bom uso dela contra os japoneses."[24]

Do outro lado do salão, Churchill presenciou aquele "diálogo importantíssimo". Ele já fora informado das intenções de Truman e prestou muita atenção às reações de Stálin. O rosto do ditador permaneceu "alegre e amigável".[25] Parecia não ter compreendido inteiramente a "revolução nas questões mundiais" que já estava em andamento. Churchill convenceu-se de que o líder soviético "não tinha ideia do significado daquilo que acabara de ouvir". Truman e seus assessores mais próximos tiveram a mesma impressão. Se Stálin tivesse uma noção, por mais remota que fosse, do poder da bomba atômica, certamente teria pressionado os americanos por mais detalhes. No entanto, parecia quase desinteressado.

"Então, como foi?", Churchill indagou do presidente, enquanto aguardavam seus carros, do lado de fora do Palácio Cecilienhof.

"Ele não me perguntou nada."

A expressão de pouco interesse no rosto de Stálin não passava de um disfarce. Ele estava esperando que Truman revelasse o segredo da bomba atômica desde que chegara a Potsdam — e irritou-se um pouco, ao mesmo tempo que também se divertiu com a abordagem informal do presidente. Graças à rede de espionagem sobre assuntos atômicos que espalhara pelos Estados Unidos, Stálin estava mais informado sobre o Projeto Manhattan do que o próprio Truman antes de assumir a presidência. Os serviços de inteligência soviéticos no exterior tinham conseguido recrutar, apenas em Los Alamos, três agentes, e já estavam de posse de um esboço do projeto da bomba. Um desses agentes, o físico alemão Klaus Fuchs, informara ao oficial soviético a quem se reportava que o primeiro teste da bomba atômica seria feito "por volta de 10 de julho".[26] O teste acabou sendo adiado para 16 de julho.

O *vozhd* havia pensado bastante sobre como reagir se o presidente falasse sobre a bomba. Depois de avaliar suas diversas opções, decidiu "fingir não ter compreendido", sem demonstrar a menor curiosidade.[27] Não queria que os americanos concluíssem que ele ficara impressionado com sua nova arma, tornando-se assim sujeito a algum tipo de intimidação política. Stálin estava quase certo de que o governo americano pretendia valer-se da arma atômica para negociar com um pulso mais firme. Ele não iria sujeitar-se a intimidações ou chantagem.

Embora agisse como se nada de grande importância tivesse ocorrido, Stálin era o realista supremo em política, procurando visualizar permanentemente o que os marxistas-leninistas gostavam de chamar de "correlação de forças". Percebeu de imediato que o quadro mundial do equilíbrio de poder havia se modificado. Mesmo que continuassem com a desmobilização de seus exércitos, Estados Unidos e Grã-Bretanha agora tinham como neutralizar a ampla vantagem soviética no que dizia respeito às forças convencionais.

De volta à sua residência de Babelsberg, após a rápida conversa com Truman, Stálin telefonou para o diretor do projeto atômico soviético, Igor Kurchatov. Já fazia mais de dois anos que os cientistas russos realizavam pesquisas nucleares numa escala relativamente modesta, uma vez que não havia garantia de sucesso. O *vozhd* receava que parte do material de espionagem vazado de Los Alamos constituísse informação falsa, destinada a desviar os recursos soviéticos de projetos militares mais úteis. Assim, ordenou que Kurchatov "apressasse as coisas".[28] Uma bomba atômica soviética demoraria no mínimo mais dois anos, mas, pelas informações de seus espiões, ele sabia que os americanos dispunham de material de fissão nuclear suficiente apenas para duas ou três bombas. Isso dava à Rússia uma oportunidade de alcançar os americanos.

Privadamente, tendo à sua volta apenas uns poucos assessores mais próximos, Stálin fez um inflamado discurso sobre a falta de sinceridade de seus parceiros ocidentais. Estava convencido de que o tom áspero adotado por Truman e Churchill ao rejeitar os planos soviéticos para o Leste Europeu e para as reparações do pós-guerra estava ligado ao desenvolvimento da nova superarma. Os americanos tinham a petulância de queixar-se das pilhagens soviéticas ao mesmo tempo que enviavam o "melhor equipamento, completo e com toda a sua documentação" para os Estados Unidos.

"A União Soviética está sendo enganada", esbravejou. "Truman nem ao menos sabe o que significa justiça."[29]

"Os americanos vêm fazendo todo esse trabalho com a bomba atômica sem nos contar", disse Molotov.

"Isso porque somos aliados", acrescentou Stálin com amargura na voz.

Ele começou falando com calma, mas em seguida começou a praguejar contra Truman, Churchill e até mesmo Roosevelt "com termos bem pesados". A estratégia anglo-americana estava clara para Stálin. Os imperialistas pretendiam usar o monopólio americano sobre armas nucleares para intimidar a Mãe Rússia.

"Eles querem nos forçar a aceitar seus planos nas questões que afetam a Europa e o mundo. Bem, isso não vai acontecer."

Seus assessores tentaram acalmá-lo fazendo piadas sobre os outros governantes. Andrei Gromyko, o embaixador soviético em Washington, fez uma descrição do primeiro-ministro britânico como um libertino. "Churchill ficou tão fascinado por nossas inspetoras de tráfego em seus maravilhosos uniformes que derrubou cinza do charuto em cima do terno."

Pela primeira vez na reunião, o ditador deu um sorriso.

Havia pouco que Stálin pudesse fazer para arrancar as riquezas do Ruhr de Truman e Churchill. Mas ele estava em posição de conseguir o que quisesse na Polônia, onde o Exército Vermelho tinha tudo sob controle. Meses antes, decidira que a Polônia teria permissão, e até mesmo incentivo, para incorporar 100 mil quilômetros quadrados de território alemão, estabelecendo suas fronteiras ocidentais nos rios Oder e Neisse Ocidental. Stálin estava também decidido a garantir que o governo em Varsóvia permanecesse nas mãos dos comunistas poloneses treinados em Moscou, que lhe deviam total lealdade. Americanos e britânicos podiam pleitear à vontade eleições livres e liberdade de imprensa, mas em hipótese nenhuma Stálin permitiria que a Polônia fugisse de seu controle. Sua posição era praticamente idêntica à de seu antecessor tsarista, Alexandre I, no Congresso de Viena em 1815, onde deixou claro aos estadistas ocidentais que a questão polonesa "só poderia terminar de uma maneira, com ele na posse dos territórios".[30]

Stálin organizou uma delegação de dirigentes poloneses para divulgar seus planos sobre o formato da nova Polônia. Eles eram liderados por um comunista veterano, Bolesław Bierut, agente da NKVD de longa data, sobrevivente do Grande Expurgo que eliminara a maioria de seus camaradas. Agora no cargo de presidente, Bierut era conhecido pelos políticos ocidentais por sua postura de bajulador de Stálin; ele tinha provado sua lealdade ao exigir em altos brados que os territórios da parte leste da Polônia, ao redor da cidade de Lwów, fossem entregues à União Soviética. Num papel secundário estava a figura solitária de Stanisław Mikołajczyk, o ex-primeiro-ministro no exílio, cujo papel agora resumia-se a fornecer uma aparência de respeitabilidade ao regime de Bierut.

Os poloneses não foram convidados a unir-se aos Três Grandes nas sessões plenárias de Cecilienhof. Seu papel foi entrar em contato com os ministros de Relações Exteriores e funcionários mais graduados, recitando longas listas de estatísticas que justificassem sua postulação a amplas porções da Alemanha. Churchill, feliz por ter uma plateia cativa, dedicou a eles quase duas horas de seu tempo. Truman livrou-se deles depois de quinze minutos, antes de se apressar para o encontro com o primeiro-ministro e o generalíssimo.

Em suas conversas com os britânicos, Bierut zombava das preocupações de Churchill de que a democracia estava em perigo na Polônia. Ele chamou a atenção para o fato de que, antes da guerra, a Polônia tinha "vinte e três partidos políticos, mais até do que a Grã-Bretanha".[31] Todos estariam autorizados a participar das eleições, que seriam realizadas sob as vistas de jornalistas estrangeiros. Em particular, Mikołajczyk disse aos britânicos que Bierut tentava "estabelecer um sistema de partido único".[32] Seria impossível haver eleições livres enquanto o Exército soviético e a NKVD permanecessem no país, e não havia o menor sinal de que eles iam se retirar. As posições de liderança no Exército polonês, de major para cima, eram exercidas por "russos com farda polonesa", e muitos nem sequer falavam polonês. Dezenas de milhares de partisans poloneses continuavam nas florestas do leste do país, receosos de serem apanhados numa onda de prisões em massa. Contudo, mesmo assim Mikołajczyk apoiava a postura de Bierut de exigir para a Polônia territórios alemães na Silésia e na Pomerânia.

Os oficiais do bloco ocidental, especialmente os britânicos, mostravam-se desiludidos e desanimados quando lidavam com poloneses. "É uma gente terrível, todos eles, com exceção de Mikołajczyk", queixou-se Cadogan em seu diário.[33] Nem mesmo Churchill, que gostava de lembrar a Stálin que a Grã-Bretanha entrara em guerra contra Hitler por causa da Polônia, tinha apetite para as incessantes discussões diplomáticas. "Estou cheio desses malditos poloneses", ele disse a seu médico, Charles Moran. Em conversas particulares, referia-se ao três mais destacados dirigentes poloneses como "a Raposa, a Serpente e o Gambá".[34] Seu biógrafo oficial reconheceu a triste realidade geopolítica: "A Polônia pela qual a Grã-Bretanha entrou na guerra em 1939 não existia mais".[35]

Na noite seguinte à reunião com os poloneses, Churchill teve um sonho vívido e perturbador. "Sonhei que a vida tinha acabado", ele disse a Moran na manhã da quarta-feira, 25 de julho. "Eu vi — tudo estava muito nítido — meu cadáver sob um lençol branco em cima de uma mesa num quarto vazio. Reconheci meus pés descalços projetando-se para fora do lençol. Foi muito real." Ele fez uma pausa para pensar no significado do sonho. "Talvez o fim tenha chegado."[36]

Contrariando o habitual, ele levantou-se cedo para cuidar de alguns assuntos de última hora antes de voar de volta a Londres para aguardar o resultado das apurações. Recebeu Bierut uma segunda vez às dez da manhã, fazendo-lhe um discurso sobre a importância de "eleições livres".[37] O dirigente comunista concordou com um movimento de cabeça, garantindo a Churchill que a Polônia não pretendia "copiar o sistema soviético". Indagado sobre quando a polícia secreta soviética deixaria a Polônia, Bierut respondeu que "a NKVD não atua na Polônia", que dispunha de seus próprios serviços independentes de segurança. Churchill não se convenceu, mas estava cansado demais para discutir. Insistiu com o dirigente polonês "para que aproveitasse ao máximo as oportunidades do momento" e "se entendesse bem" com Mikołajczyk.

Os três governantes foram cumprimentados por uma falange de cinegrafistas e fotógrafos quando chegaram a Cecilienhof, às 10h45. Eles haviam concordado com uma foto do grupo no jardim do palácio antes do início da sessão plenária, marcada para as onze. As cadeiras de vime tinham sido colocadas no gramado banhado pelo sol de maneira que ficassem exatamente a um pé de distância uma da outra. Por estar presidindo a conferência, Truman sentou-se na cadeira do centro, a uma distância igual dos outros líderes. Stálin, resplandecente em seu casaco de generalíssimo de cor creme, instalou-se na cadeira à esquerda do presidente. Churchill, trajando sua farda de coronel, não gostou do arranjo das cadeiras. Virando o rosto para os fotógrafos, agarrou furtivamente a cadeira, que àquela altura estava atrás de si, e puxou-a para a esquerda. Agora, os líderes das duas democracias estavam visualmente — e simbolicamente — unidos, enquanto o ditador soviético estava isolado, a um pé de distância. Surpreendido com a nova disposição, Truman tentou arrastar sua cadeira de volta para o meio. Como agora estava suportando todo o peso de seu corpo, a cadeira quase não saiu do lugar. Churchill pareceu muito satisfeito, como um garoto na escola que acabou de aprontar com o professor. Seu movimento com a cadeira foi executado com tanta habilidade que ninguém, com exceção de Truman, parecia ter percebido. Imperturbável, Stálin manteve o olhar fixo para a frente.

A sessão plenária consistiu num diálogo de surdos entre Churchill e Stálin, com Truman fazendo o possível para pôr um pouco de ordem nos trabalhos. Estava claro que todos tinham ensaiado suas falas, como atores que obedecem meticulosamente ao roteiro. Churchill queixou-se das terras cedidas à Polônia pelos russos ao longo do Neisse Ocidental e da interrupção do fornecimento de alimentos a Berlim. Segundo o primeiro-ministro, poloneses e russos estavam "empurrando os alemães para as zonas de americanos e britânicos para serem alimentados". Stálin replicou indagando sobre as remessas de aço e carvão do Ruhr à zona russa da Alemanha, questão que considerava de "importância muito maior" que a alimentação dos refugiados alemães. Deveria haver algum tipo de reciprocidade, retrucou Churchill: se os mineiros do Ruhr não fossem alimentados, não seriam capazes de produzir carvão.

"Ainda está sobrando bastante gordura na Alemanha", debochou Stálin, descartando a remessa de alimentos das terras da Pomerânia, de uma agricultura rica, "porque aquele território vai para a Polônia."[38]

Derrubado pelos mesmos argumentos, Churchill tentou uma tática diferente, dizendo a Stálin que a Inglaterra enfrentava a possibilidade de um "inverno sem aquecimento".[39] Isso não sensibilizou Stálin, que observou por sua vez que na Rússia havia escassez de carvão e de quase tudo o mais. O primeiro-ministro "choraria" se conhecesse a situação desesperadora do povo soviético.

"Eu entrego os pontos", disse finalmente Churchill, erguendo as mãos num gesto de rendição.

"Que pena", foi o comentário de Stálin.

"Vamos fazer um recesso e voltamos sexta-feira, às cinco da tarde", disse bruscamente Truman.

Não havia necessidade de despedidas formais; todos esperavam que Churchill estivesse de volta a Potsdam dentro de 48 horas. Stálin apontou para a figura diminuta de Clement Attlee, encolhido em sua cadeira, próximo à delegação soviética. Com sua cabeça calva, bigode bem aparado e óculos de aro redondo, o líder do Partido Trabalhista parecia mais um gerente de banco que um futuro primeiro-ministro. "Um cordeiro em pele de cordeiro", gostava de zombar Churchill.[40] O líder supremo da Rússia tinha uma opinião também desdenhosa.

"O senhor Attlee não me dá a impressão de um homem sedento de poder."[41]

Encerrada a sessão plenária, Churchill dirigiu-se rapidamente ao aeródromo de Gatow, após uma curta passagem por sua residência. Na base da RAF em Northolt, na Grã-Bretanha, ele foi recebido pela mulher, pelo irmão e por seu assessor político, Jock Colville. Todos ainda estavam otimistas quanto ao provável resultado da eleição. À noite, Colville escreveu em seu diário que gente de dentro do Partido Trabalhista "esperava uma maioria de trinta cadeiras na Câmara".[42] Era menos do que as estimativas anteriores, mas ainda um número respeitável. Churchill foi dormir no número 10 da Downing Street "acreditando que o povo britânico gostaria que eu continuasse meu trabalho". Ele pretendia convidar Attlee a unir-se em mais um governo de coalizão nacional, com membros dos dois partidos em proporção correspondente à sua representação na nova Câmara dos Comuns.

Acordou pouco antes da alvorada na manhã seguinte, quinta-feira, 26 de julho, com "uma pontada de dor quase física".[43] Subitamente, foi tomado por um acesso de pânico. "Uma certeza até então subconsciente de que tínhamos sido derrotados veio à tona e tomou conta de meus pensamentos", como ele recordaria mais tarde. "O poder de dar forma ao futuro me seria negado. O conhecimento e a experiência que eu reunira, a autoridade e a disposição de colaborar que tinha conquistado em tantos países, desapareceriam." Virou-se na cama e voltou a dormir, despertando apenas às nove da manhã.

Sua assessoria tinha instalado um centro para acompanhamento dos resultados da eleição na Sala de Mapas, no Anexo da Downing Street, onde ele passara os últimos quatro anos atento aos movimentos dos exércitos aliados e inimigos. O chefe da Sala de Mapas, o capitão Pim, tinha pendurado nas paredes uma lista alfabética de todos os parlamentares que votavam, bem como os nomes dos ministros no governo de Churchill; ao lado de cada nome havia um pequeno espaço em branco, no qual se colocaria um sinal indicando sua reeleição ou sua derrota. Havia painéis para contabilizar ganhos, perdas e o total de representantes eleitos pelos principais partidos políticos. Quando Churchill chegou, pouco depois das dez da manhã, vestindo seu macacão do tempo da guerra, o pessoal da Sala de Mapas já começara a retirar as fitas do gravador e colocava os primeiros resultados num dos painéis. Um após o outro, redutos eleitorais dos Tories estavam sendo conquistados pelos trabalhistas. Inicialmente, Churchill não "demonstrou sinais visíveis de surpresa ou emoção", acompanhando cada resultado com um aceno de cabeça, mesmo sendo contrários a todas as previsões da imprensa.[44] Seus assessores lhe garantiram que a tendência das apurações mudaria a seu favor assim que fossem contados os votos das zonas rurais, mas isso não aconteceu.

Na hora do almoço, tudo havia acabado. A família Churchill estava sentada à mesa de refeições, mergulhada numa "melancolia estigeana". Foi Clementine, a mulher de Churchill, quem quebrou o silêncio.

"Winston, isso pode ser uma bênção disfarçada."[45]

O velho combatente olhou para a esposa com um sorriso amargo nos lábios.

"No momento, está mesmo muito bem disfarçada."

Ele ficou repetindo que os resultados representavam "a vontade do povo", mas não conseguia ocultar um sentimento de profunda traição. "Eu os cortejei e eles me desprezaram", disse aos seus ministros. "Eu deveria ter percebido isso nos olhos deles."

A família Churchill passou um último fim de semana em Chequers, a casa de campo tradicionalmente destinada ao primeiro-ministro do Reino Unido. Churchill "esforçou-se bravamente para parecer animado", jogando cartas e croqué com seus convidados. Assistiu a um filme americano de propaganda e a um documentário sobre a fase inicial da Conferência de Potsdam. Mas não demorou muito para que descesse "uma nuvem negra de melancolia". Não havia comunicados altamente sigilosos para analisar, nada de mensageiros trazendo caixas vermelhas. "Nenhum trabalho, nada para fazer", ele resmungou. Suas filhas colocaram discos para ele no gramofone, inclusive as melodias que o pai mais apreciava, de Gilbert e Sullivan, mas foi inútil. Por fim, bem depois da meia-noite, todos foram dormir. No dia seguinte, antes de partir, todos assinaram o livro de visitantes de Chequers.

Churchill fez questão de ser o último a assinar. Abaixo de sua assinatura, ao pé da página, ele escreveu apenas uma palavra:

FINIS

20. Hiroshima — *6 de agosto*

O *vozhd* suspeitava de uma traição. Ele já tinha decidido entrar na guerra contra o Japão, cumprindo a promessa que fizera a Roosevelt em Yalta. Como recompensa por desferir o golpe definitivo contra os militaristas japoneses, a União Soviética receberia uma série de concessões territoriais, que iam da ilha de Sacalina até o controle dos principais portos da Manchúria. Stálin mantinha esperanças até mesmo de uma ocupação conjunta do território japonês — com um oficial soviético atuando como vice do supremo comandante aliado, o general MacArthur.

De repente, sem nenhuma explicação, tudo mudou. Truman já não exibia a mesma ansiedade para garantir a participação soviética na guerra que havia manifestado em sua chegada a Potsdam, apenas duas semanas antes. A mais recente versão do ultimato aliado ao Japão omitia a referência ao "vasto poderio militar da União Soviética", que fazia parte de uma redação anterior.[1] Em vez disso, sugeria a existência de uma nova arma que asseguraria "a devastação total do território japonês", bem como "a completa destruição das Forças Armadas japonesas".[2] As referências cifradas podem ter parecido obscuras aos japoneses, mas para Stálin eram de uma clareza cristalina, graças a seus espiões em Los Alamos. Ele percebeu que a União Soviética e os Estados Unidos estavam agora envolvidos numa ampla competição geoestratégica, que se estendia pela Europa e pela Ásia. O foco imediato era a rendição do Japão. Com seu novo equipamento de destruição, os Estados Unidos, conseguiriam liquidar o Japão antes que o Exército Vermelho invadisse a Manchúria, em poder dos japoneses?

Molotov recebeu de Byrnes, tarde da noite de 26 de julho, o texto da proclamação de Potsdam. O documento trazia as assinaturas de Truman, Churchill e do presidente da China nacionalista, Chiang Kai-shek, que dera seu consentimento por telegrama. Os russos não tinham problema em reconhecer Chiang como governante legítimo da China — ignorando as reivindicações do comunista Mao Tsé-tung —, mas queriam ter o direito de interferir nos termos da rendição japonesa. Os assessores de Molotov começaram imediatamente a trabalhar numa declaração alternativa de quatro potências, confirmando que a União Soviética estava pronta a entrar na guerra contra os "militaristas japoneses". "O Japão precisa compreender que qualquer resistência adicional é inútil", declarava o esboço soviético da declaração. "O Japão precisar dar um fim à guerra, depor suas armas e render-se incondicionalmente."[3]

Um assessor de Molotov, Vladimir Pavlov, telefonou para a delegação dos Estados Unidos cinco minutos antes da meia-noite de 26 de julho, pedindo um adiamento de três dias no envio do documento, para a realização de algumas consultas.[4] Seu contato americano ligou de volta quinze minutos depois, dizendo que era tarde demais. Estações de rádio americanas da Costa Oeste, às onze da noite, horário de Berlim, já tinham começado a transmitir o texto completo da declaração em inglês, com alguns destaques em japonês. Quando a proclamação foi transmitida, um dos signatários já não estava mais no poder. A British Broadcasting Corporation anunciara a renúncia de Churchill ao cargo de primeiro-ministro no noticiário das nove da noite — dez da noite pelo horário de Berlim.

Não houve reunião dos Três Grandes em 27 de julho, uma vez que os britânicos ainda não tinham voltado de Londres. Truman voou até Frankfurt durante o dia, para passar em revista as tropas americanas. Quando Molotov ligou para Byrnes, às seis da tarde, enfatizou o fato de que Stálin ficara irritado por não ter sido incluído na proclamação de Potsdam. Byrnes apresentou uma desculpa um tanto frágil. "Não consultamos o governo soviético porque vocês não estão em guerra com o Japão. Não queríamos deixá-los constrangidos."[5]

"Não estou autorizado a falar mais nada sobre esse assunto", foi a resposta seca de Molotov.

A sessão plenária seguinte, em 28 de julho, foi retardada até as 22h30, para que Clement Attlee pudesse chegar a Berlim. O novo primeiro-ministro britânico afundou-se em sua poltrona, dando baforadas em seu cachimbo. Ele estava acompanhado de seu secretário de Relações Exteriores, Ernest Bevin, que foi quem mais usou a palavra. O presidente e o generalíssimo não ficaram impressionados. Dois "rabugentos", foi como Truman descreveu Attlee e Bevin numa carta à sua filha.[6] Ele já estava acostumado e à vontade com "o velho gordo Winston", apesar de toda sua oratória pomposa. "Sem dúvida, ele sabe falar bem o inglês, e depois de meia hora de discurso teríamos ouvido pelo menos uma frase brilhante e talvez uns dois pensamentos que na verdade poderiam ter sido ditos em quatro minutos." Sem a presença de Churchill, Truman não via a hora de voltar para casa.

Stálin encarou Attlee e Bevin com desconfiança, chocado não apenas com a ingratidão do eleitorado britânico mas também com a incapacidade de Churchill de manipular o resultado. Numa conversa particular, dissera a Churchill que esperava sua reeleição com uma maioria confortável de "uns oitenta" representantes.[7] "Esta manifestação estranha de nossa democracia britânica está bem além da compreensão dos russos", comentou Archibald Clark Kerr, o embaixador da Grã-Bretanha em Moscou, numa carta de condolências a Clementine Churchill. "Para um russo, é inexplicável que o povo tenha o direito de afastar do cargo um homem que conduziu o país ao longo do período mais sombrio de sua história até uma vitória extraordinária."[8] Clark Kerr viu-se cercado por "um bando de russos perplexos e que não paravam de falar", pedindo explicações. Molotov, em particular, estava "obviamente muito perturbado" com o resultado da eleição, "erguendo duas mãos gordas e perguntando 'por quê, por quê?'".

Com um sentimento malicioso de prazer, Clark Kerr imaginou Stálin indo para casa naquela noite, livrando-se de "sua farda mais recente (e um tanto afetada)" e imaginando "para onde uma eleição popular livre e sem nenhum tipo de manipulação na Rússia iria levá-lo". Por meio de um dirigente polonês, ele ficou sabendo que a primeira reação de Stálin à derrota de Churchill foi afirmar que o povo da Grã-Bretanha estava "cansado da guerra. A população estava afastando seus pensamentos da preocupação em vencer o Japão, fixando-se em problemas internos. Isso pode fazer com que eles se tornem mais compreensivos com os alemães". O *vozhd* não permitiria que acontecesse o mesmo com seu povo.

Stálin não perdeu tempo para deixar bem claro seu descontentamento com a declaração de Potsdam.[9] Começou dizendo que havia recebido uma nova sondagem de paz do governo japonês. Ele considerava que era seu "dever" comunicar isso aos Aliados — embora eles não o tivessem informado sobre o ultimato ao Japão. A União Soviética, anunciou Stálin de maneira seca, recusaria o pedido japonês para atuar como mediadora. Esse gesto de solidariedade com os Aliados não era tão magnânimo como ele quis que parecesse. Ele sabia que os americanos tinham conseguido decifrar o código das mensagens diplomáticas japonesas — e eram capazes de ler as comunicações trocadas entre Tóquio e Moscou.

Uma indicação mais verdadeira da mudança de atitude de Stálin em relação aos Estados Unidos foi sua decisão de apressar os preparativos para o ataque ao Japão. Generais soviéticos haviam contado a seus pares americanos que o Exército Vermelho estaria pronto para invadir a Manchúria na segunda metade de agosto. Decidido a não permitir que os americanos passassem à frente dos russos, Stálin deu novas ordens, secretas, para antecipar as hostilidades em dez a catorze dias.[10] Ele também nomeou o marechal Alexander Vasilevskii para o posto de comandante supremo de todas as forças soviéticas no Extremo Oriente. A corrida para liquidar o Japão já tinha começado para valer.

O descontentamento de Stálin com seus Aliados ocidentais ia muito além de suas preocupações com o Japão. Ele se convencera de que Truman estava voltando atrás nas promessas feitas em Yalta por FDR. Em conversas com Davies, o interlocutor americano mais simpático aos soviéticos, assessores de Stálin queixavam-se de que a Rússia estava tendo roubados os frutos que conquistara com a vitória que tanto custara ao país. Molotov queria saber por que os Estados Unidos tinham mudado de atitude quanto às reparações. Num raro rompante emocional, descreveu como os exércitos de Hitler tinham "saqueado tudo de valor" da Rússia. "Eles escravizaram mulheres e crianças em bárbaras câmaras de morte. Torturaram e mataram milhares e milhares. Destruíram cidades inteiras." Para Molotov, parecia que os americanos estavam mais preocupados com o bem-estar dos alemães derrotados do que com seus aliados russos, que tanto haviam sofrido. Ele não conseguia compreender por que ocorrera "uma mudança de postura tão grande desde Yalta".

"Confiamos no presidente Roosevelt e acreditamos nele", disse Molotov, com amargura. "Para nós, não é fácil compreender seu novo presidente."[11]

* * *

Jimmy Byrnes sentiu que chegara o momento de fazer um acordo. "Sei como lidar com os russos", vangloriou-se à sua equipe. "É exatamente como no Senado dos Estados Unidos. Você instala uma agência dos correios no estado deles, e eles instalam uma agência no nosso."¹²

O esboço do provável acordo de Potsdam tinha uma clareza correspondente à dose de cinismo. As três partes envolvidas manteriam aquilo que já tinham, fazendo apenas pequenas concessões quanto a conceitos grandiosos porém vagos, como "cooperação aliada", uma "Alemanha unida" e o "espírito de Yalta". Stálin não permitiria a menor ameaça à estabilidade e coesão de seu novo império do Leste Europeu. Tampouco se comprometeria em relação às fronteiras da Polônia, que estavam totalmente sob controle de Exército Vermelho. Do mesmo modo, Truman não tinha a menor intenção de relaxar seu domínio sobre as partes da Alemanha que se encontravam sob ocupação dos americanos ou dos britânicos. Ele não permitiria que Stálin conseguisse o que pretendia quanto às reparações, apesar de tudo que FDR tinha sugerido ou prometido à Rússia. Truman estava firmemente decidido a não fazer "reparação nenhuma" se os russos continuassem a arrancar tudo da sua parte do país.¹³

Truman e Byrnes convidaram Stálin e Molotov para uma sessão privada de negociações no domingo, 29 de julho, na Pequena Casa Branca de Babelsberg. Molotov veio sozinho e foi levado ao gabinete do presidente, no segundo pavimento, com vista para o lago. Ele explicou que seu chefe "estava resfriado, e seus médicos o proibiram de sair de casa".¹⁴ Os americanos não tinham como saber qual a gravidade da doença do generalíssimo, nem mesmo se era real ou uma saída diplomática. A questão chegou a deixar Truman alarmado, quando ele pensou sobre as consequências políticas da morte de Stálin. "Seria o fim dos Três Grandes", refletiu numa anotação em seu diário, no dia seguinte.

> Primeiro Roosevelt pela morte, depois Churchill pela derrota política e em seguida Stálin [...]. Se algum demagogo oportunista assumisse o controle da eficiente máquina militar da Rússia, durante algum tempo poderia prejudicar muito a paz na Europa. Fico pensando também se existe um homem com a força necessária e com seguidores suficientes para ocupar o lugar de Stálin e manter a paz e a solida-

riedade dentro das fronteiras nacionais. Os ditadores não têm o hábito de treinar líderes para sucedê-los.[15]

Pesando bem cada coisa, o presidente concluiu que para o Ocidente era melhor ficar com o mal conhecido do que com o desconhecido.

Ansioso para sair "desta terra abandonada por Deus" o mais depressa possível, Truman deixou que Byrnes ficasse encarregado da maior parte das negociações.[16] O secretário delineou as duas questões mais importantes: fronteiras ocidentais da Polônia e reparações. Depois que isso fosse resolvido, seria possível encerrar a conferência. Para abrir as negociações, ele ofereceu aos russos 25% do equipamento industrial alemão "disponível para reparações" no Ruhr e uma fronteira polonesa que acompanhava o percurso do rio Neisse Oriental.[17] Isso não satisfez o astuto Molotov. Ele ressaltou que "25% de um valor não definido não tinha grande significado". Ele pediu uma "quantia fixa", equivalente a 2 bilhões de dólares, e também insistiu numa fronteira polonesa ao longo do Neisse Ocidental, acordo que daria à Polônia 20 mil quilômetros quadrados de território alemão. Depois de rejeitar a proposta inicial americana, Molotov percorreu de carro o quilômetro e meio que o separava da Kaiserstrasse para consultar Stálin.

Byrnes e Molotov reuniram-se novamente às 16h30 de 30 de julho, dessa vez no Palácio Cecilienhof. Truman decidiu não comparecer; Stálin continuava "indisposto". O secretário comunicou que estava inclinado a concordar com a fronteira no Neisse Ocidental. Ele também acenou com a possibilidade de um acordo quanto ao reconhecimento pelos ocidentais dos governos de Romênia, Hungria, Bulgária e Finlândia. Mas deixou claro que essas concessões deveriam fazer parte de um pacote no qual estaria incluída a questão das reparações.

A barganha continuou durante o encontro dos ministros de Relações Exteriores, às cinco da tarde, no salão do palácio do príncipe herdeiro. Percebendo que de sua parte era necessário fazer também uma concessão, Molotov reduziu seu pedido de equipamento industrial do Ruhr de 2 bilhões para 800 milhões de dólares.

Byrnes repetiu que era "impossível" determinar com antecedência alguma quantia fixa. "Não temos informações sobre o total dos equipamentos que estarão disponíveis para o pagamento das reparações."[18]

Ao perceber que o obstáculo era intransponível, Molotov mudou de direção. Queria saber quem ia determinar a quantidade de equipamento que estaria "disponível para reparações". Os russos pretendiam que esse poder ficasse com um "Conselho de Controle" central, representando todas as forças de ocupação. Americanos e britânicos desejavam ter a palavra final sobre a quantidade de equipamento que seria retirada dos territórios que controlavam.

"Não podemos concordar com a retirada do poder de veto do comandante da zona", insistiu Byrnes. Ele lembrou a Molotov que os Estados Unidos haviam feito uma grande concessão à União Soviética quanto ao Neisse Ocidental.

"Foi uma concessão à Polônia, não a nós", retrucou o russo.

Deixou-se a decisão final com os Três Grandes, ou os "Dois Grandes e Meio", como um britânico espirituoso denominou a troika sem Churchill.[19] Stálin voltou à mesa de negociações na tarde de 31 de julho, não aparentando nenhum efeito de sua "indisposição". O *vozhd* conseguiu deixar clara a linguagem quanto às reparações. A maior parte das reparações que a Alemanha teria que pagar à União Soviética viriam da zona sob controle soviético, mas uma quantidade não especificada de equipamento industrial poderia ser retirada das zonas ocidentais assim que as necessidades de uma "economia de paz alemã" estivessem satisfeitas.[20] A União Soviética teria o direito de adquirir "10% desse equipamento industrial" dentro da sua contabilidade de reparações "sem nenhum tipo de pagamento ou compensação". Os russos ainda teriam o direito de negociar alimentos e matéria-prima de sua zona em troca de um aumento de 15% de equipamento industrial excedente na porção ocidental da Alemanha. O total de material industrial disponível seria determinado pelo Conselho de Controle, sujeito à "aprovação final do Comandante da Zona na Zona da qual o equipamento seria retirado". Os Aliados ocidentais tinham preservado o direito de veto.

Truman esquivou-se do pedido feito por Stálin, de um convite formal para entrar na guerra contra o Japão. Ele diluiu o texto esboçado pelos soviéticos de modo a eliminar sugestões de que os Estados Unidos estavam na posição de requerente — ou *demandeur*, no jargão diplomático. O máximo que estava disposto a fazer seria assinar uma carta declarando que os russos, de acordo com os princípios havia pouco estabelecidos pelas Nações Unidas, tinham a obrigação de "fazer consultas e cooperar com as outras grandes potências" na eliminação da ameaça à segurança representada pelos japoneses. O presidente recusou-se a pedir. Em vez disso, nas palavras de um historiador de Potsdam, "ele dava mais a impressão de um professor lembrando um aluno negligente de suas obrigações".[21]

Enquanto isso, chegava a Babelsberg um telegrama ultrassecreto enviado por Stimson, que já estava de volta a Washington. O secretário de Guerra informava a Truman que as preparações para um ataque atômico ao Japão estavam quase concluídas. O governo japonês tinha declarado que pretendia "ignorar" o ultimato aliado. O presidente já dera a ordem verbal para ir em frente com a bomba. A única tarefa que lhe restava era autorizar a divulgação do comunicado à imprensa "assim que fosse necessário". Ele disse a seu assessor George Elsey que a notícia não poderia ser divulgada antes de sua saída de Potsdam, agora programada para o início da manhã de 2 de agosto. "Não quero ter que responder a nenhuma pergunta de Stálin", explicou.[22] Ele rabiscou uma resposta destinada a Stimson e entregou-a a Elsey para que a enviasse a Washington.

"Divulgue quando estiver tudo pronto, mas não antes de 2 de agosto. HST"

A Conferência de Potsdam encerrou-se com duas sessões plenárias finais em 1º de agosto. O destino dado aos recursos da Alemanha em territórios estrangeiros foi decidido de uma maneira que já anunciava a divisão política da Europa. Stálin e Truman rapidamente concordaram com uma linha imaginária de divisão "estendendo-se do Báltico ao Adriático", correspondente ao alcance dos diferentes exércitos aliados.[23] Todos os recursos da Alemanha a leste da linha iriam para a União Soviética, e tudo que estivesse do lado oeste pertenceria aos Estados Unidos e à Grã-Bretanha.

O presidente tinha ainda uma última questão que estava decidido a levantar antes de deixar Potsdam. Ele queria levar adiante sua obsessão diplomática favorita — a proposta para um sistema de transporte sobre as águas estendendo-se por todo o território europeu, sob controle internacional. Stálin havia rejeitado a ideia por considerá-la impraticável, mas Truman queria que se fizesse pelo menos uma menção a ela no comunicado final. O autoproclamado "idealista inocente" estava convencido de que canais e rios tinham sido a chave para o desenvolvimento econômico dos Estados Unidos e poderiam desempenhar o mesmo papel na Europa devastada pela guerra.[24] Lembrando ter "aceitado diversos acordos durante esta conferência", dirigiu um "pedido pessoal" a Stálin para que ao menos reconhecesse que a ideia da navegação livre fora "discutida" em Potsdam. O empenho de Truman não foi suficiente para sensibilizar o generalíssimo.

"Essa questão não foi discutida", ele disse friamente.

"Mas eu a levantei detalhadamente em três ocasiões diferentes."

Stálin argumentou que nada havia no comunicado sobre sua exigência de fortificações russas ao longo de Dardanelos, que ele julgava muito mais importante para a segurança nacional de seu país que a internacionalização de vias hídricas. Quando Truman propôs que ambos os tópicos fossem incluídos na declaração, Stálin ficou visivelmente irritado.

"*Nyet*", ele fulminou. Em seguida, proferiu as únicas palavras em inglês que os presentes em Potsdam o escutaram dizer: "*No. I say no*".[25]

O rosto de Truman ficou ruborizado com a negativa. "Não consigo entender esse homem", murmurou para si mesmo. Virou-se para seu secretário de Estado, que estava sentado logo à sua direita. "Jimmy, você percebeu que estamos aqui há exatamente dezessete dias? Ora, em dezessete dias pode-se decidir qualquer coisa!"

A única coisa que faltava era encerrar a conferência com as tradicionais expressões de agradecimento e de amizade. Pouco depois da meia-noite, Stálin manifestou seu agradecimento pessoal a Byrnes, "que trabalhou arduamente, talvez mais que qualquer um de nós, para tornar essa conferência um sucesso". Truman, que havia decidido consigo mesmo nunca mais passar por uma provação diplomática semelhante, disse que esperava receber o encontro seguinte em Washington.

"Se Deus quiser", disse o líder do primeiro Estado ateu.[26]

O presidente e o generalíssimo deram-se as mãos para nunca mais se encontrarem.

No papel, a Conferência de Potsdam mantinha um Estado alemão unificado. Os governantes reunidos em Cecilienhof decretaram que a "Alemanha ocupada seria tratada como uma só unidade econômica" e preconizavam "uniformidade de tratamento de toda a população alemã por toda a Alemanha".[27] Na prática, porém, as coisas foram muito diferentes. De modo inexorável, as decisões tomadas em Potsdam levaram o país a ser dividido em duas entidades rivais — guiadas por ideologias, relações de natureza geopolítica e sistemas econômicos e políticos em competição. O propósito da unificação estava desde o início minado pela decisão de fazer com que os comandantes militares nacionais se tornassem responsáveis pelas políticas de ocupação em suas respectivas zonas. O Conselho de Controle não podia agir sem a permissão dos comandantes nacionais, que dentro de suas jurisdições tinham poder soberano.

Americanos e russos responsáveis pela política de seus países jamais foram capazes de chegar a um acordo quanto à mais básica das questões — dar de comer ao povo alemão derrotado na guerra ou deixá-lo à míngua. A resposta a esse dilema determinaria tudo o mais: os recursos necessários para o funcionamento da "economia em tempos de paz" da Alemanha, o reflorescimento da indústria alemã e a criação de instituições democráticas. Noel Annan, oficial dos serviços de inteligência britânicos, chegou à conclusão de que a decisão quanto às reparações moldaria "o futuro da Alemanha. Todos os debates sobre um governo central — reunificação, desnazificação, fronteiras e o resto — tinham caráter secundário diante da decisão sobre as reparações. A decisão determinava que as potências ocidentais eram responsáveis pela economia alemã dentro de suas zonas".[28] Americanos e britânicos nunca fizeram mais do que transferências meramente simbólicas de equipamento industrial para a zona soviética. Stálin perdeu o interesse na ideia de uma Alemanha unificada ao compreender que receberia muito pouco em troca.

As divergências quanto às reparações e ao abastecimento da Alemanha terminaram por criar uma "cortina de ferro econômica dividindo a Europa em duas", nas palavras de um dos assessores econômicos de Truman.[29] Os comandantes ocidentais se tornaram responsáveis por garantir a alimentação de 2 milhões de refugiados que passaram para as zonas americana e britânica da Alemanha por uma série de razões de ordem política e econômica. Em hipótese nenhuma desmontariam as fábricas alemãs, enviando seu conteúdo para o leste, em um momento em que precisavam se esforçar ao máximo para atender às necessidades mais elementares da população em suas zonas. Queixas de que o outro lado não estava cumprindo as promessas feitas tornavam-se cada vez mais comuns. Os oficiais militares do lado ocidental, responsáveis por lidar com as crises econômicas do dia a dia, logo concluíram que não havia excedentes que pudessem ser enviados para os russos. "Estamos impedindo que a Alemanha tenha qualquer tipo de economia e ao mesmo tempo inundando a imprensa e o rádio com uma porção de conversa fiada sobre princípios democráticos", resmungou o subcomandante americano em Berlim. Pôr em prática as cláusulas econômicas estipuladas em Potsdam era como "espetar baionetas num cadáver".[30]

Fornecer comida e matérias-primas a Berlim tornou-se um pesadelo logístico para os Aliados ocidentais depois que os russos suspenderam as fontes tradicionais de abastecimento, em meados de julho. A farinha precisava ser enviada da Holanda, o carvão do Ruhr, as batatas de Hanover. Os trens de carga tinham que parar em Magdeburg, o único ponto de transição entre as zonas americana e russa, porque os trilhos haviam sido retirados pelo Exército Vermelho. Para alimentar os berlinenses, os americanos conduziam rebanhos de gado ao longo da fronteira até a zona russa, mas não encontravam tropas soviéticas autorizadas "a receber o gado, que estava sem água nem comida".[31] Um memorando do Pentágono comentou com ironia que "fazendeiros alemães na zona dos Estados Unidos obviamente não ficaram contentes em levar o gado" até Berlim.

As remessas de carvão aos setores ocidentais de Berlim tornaram-se "uma fonte contínua de atrito e discussões". Somente após muitos meses foi possível acumular reservas estáveis.

As queixas dos oficiais de nível inferior acabaram chegando ao general Lucius Clay, responsável geral pela ocupação. Inicialmente, Clay tentou pôr em prática as cláusulas estabelecidas em Potsdam para uma Alemanha unificada, mas a tarefa estava acima de suas forças. "Após um ano de ocupação, as zonas representavam territórios hermeticamente fechados, entre os quais quase não havia livre circulação de produtos, pessoas e ideias", ele escreveu num relato aos seus superiores, em maio de 1946. "A Alemanha atual consiste em quatro pequenas unidades econômicas, que só conseguem lidar entre si por meio de tratados."[32] Sem livre-comércio nem mercado livre, executar o plano de reparações era "inteiramente impossível". A situação levaria ao "caos econômico".

Fazia menos de cem dias que soldados americanos e russos trocaram abraços e votos de amizade eterna às margens do rio Elba, mas a impressão era de que tudo aquilo ocorrera em outra época. Representantes dos exércitos de ocupação rivais em Berlim estavam atirando uns nos outros ao mesmo tempo que seus comandantes supremos posavam para fotos de família e divulgavam comunicados triunfantes, a pouco mais de vinte quilômetros de distância, em Potsdam. O sonho de uma Alemanha derrotada porém unida, sob ocupação conjunta de seus conquistadores, estava dando lugar à realidade da competição entre as superpotências. Em nenhum lugar os dois exércitos encontravam-se mais próximos um do outro — e envolvidos numa disputa tão intensa — que nas ruínas da capital de Hitler.

Na tarde de 31 de julho, enquanto Truman e Stálin debatiam os termos das indenizações alemãs no palácio de Cecilienhof, a polícia militar americana era informada de saques praticados por tropas russas na estação ferroviária de Görlitzer, em Berlim. Era a mesma história de sempre. Soldados do Exército Vermelho atacavam as centenas de milhares de refugiados que acorriam à cidade vindos da Silésia em vagões tão abarrotados que as pessoas precisavam se agarrar ao teto e às portas externas. Quando os trens chegavam a Berlim, os passageiros eram revistados por soldados russos armados à procura de joias, relógios e outros itens de valor. Como a estação de Görlitzer localizava-se no setor dos Estados Unidos, os americanos sentiam-se na obrigação de proteger os refugiados.

Quando a polícia militar apareceu, às cinco da tarde, os russos tinham requisitado um aposento no hotel da estação. Os oficiais soviéticos recusaram-se a permitir que os americanos revistassem o local. Alegaram estar "descansando" antes de embarcar num trem. Pediram-se reforços — e logo o hotel estava cercado por veículos blindados americanos. A essa altura, três dos russos decidiram ir embora, ignorando as tentativas de prendê-los.

"Parado!", gritou um soldado americano que acabara de chegar ao local. Ele apontou sua pistola em direção aos russos, dois dos quais pararam imediatamente. O terceiro, major Mikhail Kolomets, continuou caminhando. O americano gritou "Parado!" novamente e segurou Kolomets pelo ombro. Ele viu o russo estender a mão em direção ao bolso do quadril e "olhar para mim de um jeito estranho".

"Não", gritou o americano, disparando sua pistola contra o major do Exército Vermelho, ferindo-o no estômago. Kolomets morreu dois dias depois.[33]

Incidentes como esse tornaram-se cada vez mais frequentes à medida que americanos e britânicos procuravam impor sua autoridade nos setores de Berlim sob sua responsabilidade. Praticamente todos os dias havia novos relatos de pilhagens cometidas por soldados russos, sequestro de oponentes políticos, estupros, tiroteios, assaltos à mão armada e inúmeros casos de bebedeiras. A única casa noturna remanescente em Berlim teve que ser fechada depois de um conflito entre americanos pesadamente armados e soldados do Exército Vermelho. Grande parte dos confrontos terminou com derramamento de sangue e recriminações entre oficiais de alta patente.

"O senhor precisa controlar e disciplinar suas tropas", recomendou o comandante americano a seu colega soviético. "Não pode esperar que nós os deixemos criar confusão em nosso setor, saqueando e dando tiros, sem que tomemos alguma providência."[34]

"Talvez eles tenham bebido um pouco além da conta e o vinho os tenha levado a perder o controle", admitiu o general russo. "Mas nós não atiramos em americanos quando eles entram em nosso setor."

O general americano explicou que atirar primeiro era "uma tradição americana, vinda dos dias da fronteira selvagem", quando "quem atirava primeiro sobrevivia". Não há registro histórico sobre a reação do russo a essa explicação tão autoindulgente.

A culpa não era totalmente dos russos. Em cartas enviadas para casa, um oficial graduado americano admitiu que alguns de seus homens eram do tipo "que prefere atirar primeiro e só perguntar depois". O general Jack Whitelaw queixou-se de que o nível do soldado médio americano havia caído muito desde o final da guerra. "Não temos um exército de verdade aqui. Nosso Exército não passa de uma porção de rapazes com saudade de casa misturados com um punhado de patifes."[35] Em outras cartas, ele escreveu à mulher que

> um número muito grande de saqueadores russos vem sendo morto em nossa área [...]. A Rússia não vai abrir mão de nada que considere essencial ao seu bem-estar sem lutar, e *lutar* para valer. Se é isso que desejamos, é bom estarmos prontos para isso. Não acredito que os Estados Unidos queiram combater a única nação com a qual nunca estivemos em guerra. Mas posso estar errado. Com certeza, vejo aqui à minha volta canalhas e idiotas que parecem loucos para arranjar encrenca.

Assim como os russos, os alemães também se queixavam do hábito americano de atirar primeiro e perguntar depois. Relatos reunidos pelo governo militar a partir da interceptação de correspondência alemã estavam repletos de histórias de tiroteios aleatórios praticados por soldados americanos. "Alguns [americanos] agem como gângsteres", era a queixa típica de um morador no bairro de classe média de Zehlendorf. "Aqui em nosso distrito, eles arrastam algumas pessoas até o bosque, as espancam e roubam."[36] Um homem de Steglitz contou que dois amigos foram atacados por cinco soldados americanos. "Eles levaram socos, foram atirados ao chão e bateram suas cabeças num muro. Depois, levaram chutes nas costelas." O incidente mais marcante envolveu o maestro da Orquestra Filarmônica de Berlim, Leo Borchard, morto num posto de controle militar americano. O maestro estava sendo levado para casa tarde da noite por um coronel britânico amante da música, que o convidara para jantar. O coronel não estava informado da existência do posto de controle. As luzes de seu carro ofuscaram a visão da sentinela americana, que não reconheceu o veículo oficial britânico. Embora o soldado tenha apontado para os pneus, acabou atingindo Borchard na cabeça. O músico teve morte instantânea.

Durante seus primeiros cinco meses em Berlim, tiros disparados pelos soldados dos Estados Unidos mataram dez russos e deixaram sete outros feridos, sem que os americanos sofressem nenhuma baixa. O chefe do governo militar americano, o coronel Howley, tentou explicar essa discrepância:

- Os russos sacam suas armas como elemento de persuasão, sem a intenção de atirar.
- Mesmo quando disparam, eles tendem a atirar para o ar, em vez de atirar na direção do soldado aliado.
- A pistola russa, curta, do tamanho da palma da mão, é uma arma de pouca precisão.
- Na maioria das vezes, o oficial ou o soldado russo tinha bebido tanto que era impossível acertar o alvo.[37]

Os oficiais americanos desconfiavam que os alemães faziam todo o possível para jogar um exército de ocupação contra o outro. "Eles fazem com que os soldados fiquem xingando e culpando os russos por toda dificuldade que encontram", queixou-se o major general James Gavin, comandante da 82ª Divisão Aérea, que chegou à cidade no princípio de agosto. "Os alemães ficarão desapontados e surpresos, creio eu, se não entrarmos em conflito com os russos antes do fim do inverno."[38]

Truman ficou contente de poder enfim sair de Potsdam, logo após o café da manhã da quinta-feira, 2 de agosto. Ele foi de avião até Plymouth, sudoeste da Inglaterra, onde embarcou no cruzador *Augusta* para a travessia de cinco dias pelo Atlântico. Durante os três primeiros dias de viagem, nada ocorreu que chamasse a atenção, com o mar apresentando uma calma incomum. O presidente aproveitou a oportunidade para descansar e ouvir suas melodias clássicas favoritas tocadas pela orquestra do navio. Passou a noite de 5 de agosto assistindo a *O regresso daquele ano*, o sucesso mais recente da Metro-Goldwyn-Meyer, estrelando William Powell e Myrna Loy. O cruzador manteve uma velocidade estável de cinquenta quilômetros por hora.

No dia seguinte, segunda-feira, 6 de agosto, Truman decidiu almoçar com a tripulação no convés inferior. Àquela altura, o *Augusta* estava a cerca de 320 quilômetros ao sul da Nova Escócia, a apenas um dia de Newport News, na Virgínia. Pouco antes do meio-dia, um dos oficiais de plantão na Sala de Mapas, o capitão Frank Graham, entregou ao presidente uma mensagem urgente que acabara de chegar do Departamento de Guerra, em Washington. Um enorme sorriso se abriu no rosto de Truman quando bateu os olhos no conteúdo. Uma bomba atômica tinha sido lançada sobre o Japão dezesseis horas antes. "Hiroshima foi bombardeada com apenas um décimo de cobertura de nuvem às 19h15, horário de Washington, 5 de agosto", dizia a mensagem. "Não houve reação de caças nem de artilharia antiaérea [...] resultados amplamente satisfatórios em todos os aspectos. Efeitos visíveis maiores do que em todos os testes."

"Este é o maior acontecimento da história!", exclamou Truman, apertando a mão do mensageiro.[39]

Minutos depois chegou uma segunda mensagem, agora de Stimson, confirmando o conteúdo da comunicação anterior. "Primeiros relatórios indicam sucesso total, ainda mais evidente que teste anterior."

O presidente levantou-se de um salto, chamando Byrnes do outro lado do refeitório. "É hora de voltarmos para casa." Num gesto triunfante, agitou a mensagem em código, enquanto se dirigia à tripulação. Já não tinha a menor dúvida de que a guerra contra o Japão definitivamente chegara ao fim. Pearl Harbor estava vingado.

"Por favor, fiquem em seus lugares e prestem um momento de atenção. Tenho um comunicado a fazer. Lançamos uma bomba sobre o Japão mais poderosa que 20 mil toneladas de TNT. Foi um sucesso espetacular."

A tripulação respondeu com aplausos e vivas, batendo nas mesas à sua frente. "Senhor presidente, acho que isso quer dizer que agora vou voltar mais cedo para casa!", exclamou em voz alta um marinheiro. O sistema de rádio do navio começou a transmitir notícias entusiasmadas de Washington. Um pronunciamento presidencial descreveu o Projeto Manhattan como "a maior aposta científica da história".[40]

> Dominamos a força básica do universo. A força de onde o Sol retira seu poder foi arremessada contra aqueles que levaram a guerra ao Extremo Oriente [...]. Agora, estamos preparados para eliminar mais rápida e completamente todo empreendimento produtivo que os japoneses tenham sobre o solo em qualquer cidade [...]. Foi para poupar o povo japonês da aniquilação total que lançamos em 26 de julho o ultimato de Potsdam. Seus governantes rejeitaram aquele ultimato. Se agora não aceitarem nossos termos, podem esperar uma chuva de destruição vinda do ar, de uma forma jamais vista sobre a Terra.

O pronunciamento deixava claro que americanos e britânicos não partilhariam os segredos da bomba com seus aliados russos, pelo menos no futuro próximo. "Nas atuais circunstâncias, não se pretende divulgar os procedimentos técnicos de produção nem todas as aplicações militares, dependendo do exame mais detalhado de possíveis métodos para proteger nosso país e o resto do mundo da ameaça de uma destruição súbita."

Para muitos americanos, o júbilo pela derrota do Japão, que já parecia iminente, vinha acompanhado por certo pressentimento. A descoberta da energia atômica era "a maior conquista científica desta guerra e talvez venha a ser a maior da história", escreveu em editorial o *Chicago Tribune*. "Ela também pode significar o extermínio da civilização que tornou possíveis descobertas como essa."[41] O *Washington Post* descreveu o sentimento de "temor reverencial e perplexidade" com que a notícia fora recebida. "Precisamos amar uns aos outros ou perecer", advertiu o jornal. "Porque caso contrário a história do homo sapiens se tornará, como o falecido Lord Balfour disse certa vez, 'um episódio breve e desagradável na história de um dos planetas menores.'" O especialista em assuntos militares do *New York Times*, Hanson Baldwin, advertiu que os "efeitos secundários" da bomba — ele ainda não estava familiarizado com o termo "radiação" — poderiam deixar os sobreviventes da explosão inicial "desfigurados ou mutilados, cegos, surdos, doentes".

> Ontem, o homem liberou o átomo para destruir o homem, e abriu-se outro capítulo da história da humanidade, um capítulo em que o bizarro, o estranho, o horrível, torna-se o banal, o óbvio. Ontem conquistamos a vitória no Pacífico, mas semeamos o furacão.

Na Europa e na Grã-Bretanha, a reação também foi ambivalente. O diplomata britânico Pierson Dixon resumiu as espantosas possibilidades num registro lacônico em seu diário, naquele mesmo dia. "É a aurora da utopia ou o fim do mundo."[42]

Stálin viajou de volta a Moscou num trem blindado com escolta fortemente armada através da Polônia, país que sem a menor cerimônia havia sido transferido, como um vagão de trem, quase 320 quilômetros para o oeste. Ele ouviu as notícias sobre a destruição de Hiroshima em sua datcha de Kuntsevo, na noite de 6 de agosto, um dia após seu regresso de Berlim. (O horário de Moscou estava sete horas adiantado em relação ao de Washington, e seis horas atrasado em relação a Tóquio.) Sua filha, Svetlana, chegou à datcha para mostrar seu bebê recém-nascido, a quem dera o mesmo nome do pai. Mas Stálin estava preocupado demais para prestar atenção em seu primeiro neto ou na única filha. Ele era constantemente interrompido pelos "visitantes habituais" trazendo relatos sobre a bomba atômica.[43]

Stálin e seus principais assessores tinham poucas dúvidas quanto às verdadeiras intenções de Truman. O *vozhd* comentou que Hiroshima "sacudiu o mundo inteiro.[44] O equilíbrio foi destruído". Molotov partilhava da opinião de Stálin de que a bomba atômica "não tinha como alvo o Japão, mas antes a União Soviética".[45] Na verdade, os americanos estavam dizendo: "Tenham em mente que vocês não possuem uma bomba atômica e nós a possuímos, e essas serão as consequências se vocês derem um passo errado!".

Stálin respondeu ao bombardeio de Hiroshima mandando acelerar ainda mais seus planos de ataque ao Japão. Na noite de 7 de agosto, deu ordens ao marechal Vasilevskii para iniciar as operações contra a Manchúria, em poder dos japoneses, à meia-noite (horário local) de 9 de agosto. Às 22h10, recebeu uma delegação chinesa chefiada pelo ministro do Exterior, T. V. Soong, em seu gabinete no Kremlin. O tempo estava se esgotando para chegar a um acordo com os chineses quanto às operações soviéticas na Manchúria antes da invasão. O governo nacionalista continuava resistindo às exigências russas de controle sobre Port Arthur, Dairen e uma ferrovia dos tempos tsaristas ligando os portos chineses a Harbin e Vladivostok. Stálin calculava que os chineses se tornariam mais razoáveis depois que os tanques soviéticos expulsassem os japoneses da Manchúria. Ele estava decidido a conseguir todas as concessões territoriais prometidas por FDR em Yalta, em troca de sua participação na guerra no Extremo Oriente. Era de importância vital que as forças soviéticas ocupassem a Manchúria *antes* que o Japão fosse forçado à rendição pelas bombas americanas.

A imprensa soviética aguardava instruções sobre como divulgar as notícias sobre a bomba atômica. O *Pravda* publicara um resumo de cinco parágrafos da declaração de Truman no pé da página 4 de sua edição de 8 de agosto, ao lado de um artigo bem maior, "O leninismo e a cultura progressista russa no século XIX". As manchetes de primeira página tratavam da colheita na Ucrânia, mas já fazia muito tempo que os cidadãos soviéticos tinham aprendido a descobrir as notícias realmente importantes em lugares obscuros do jornal. Um físico de 24 anos, Andrei Sakharov, deu uma olhada no jornal a caminho da padaria. Ficou tão aturdido que suas pernas "praticamente se dobraram. Não havia a menor dúvida que meu destino e o destino de muitos outros, talvez do mundo inteiro, tinha mudado de um dia para o outro. Algo novo e espantoso havia entrado em nossas vidas, um produto da maior de todas as ciências, da disciplina que eu venerava".[46]

Apesar da falta de informação, os cidadãos comuns da Rússia perceberam o significado da bomba atômica tão rapidamente quanto seus líderes. O jornalista britânico Alexander Werth informou que a bomba foi o único assunto comentado pelos moscovitas durante todo o dia. "A notícia teve um efeito extremamente depressivo em todo mundo. Logo ficou claro que se tratava de um Fato Novo na política do poder mundial, que a bomba constituía uma ameaça à Rússia, e alguns russos pessimistas com quem conversei naquele dia comentaram em tom sombrio que a vitória sacrificantemente árdua sobre a Alemanha agora 'não valia praticamente mais nada'."[47] Da cúpula do país até os cidadãos mais simples, os russos estavam convencidos de que o "verdadeiro objetivo da bomba era [...] intimidar a Rússia".

Stálin também adotou medidas para expandir o programa soviético de armas atômicas. Ele atribuiu a responsabilidade sobre a Tarefa Número Um, codinome do projeto atômico, ao chefe de sua política secreta, Lavrenti Beria, que demonstrara sua capacidade de organização cuidando do gulag. O *vozhd* deixou claro que era preciso acabar a qualquer custo com o monopólio americano. Um exército de meio milhão de trabalhadores em regime de escravidão teria a tarefa de construir as instalações para processar o urânio necessário à produção de uma bomba soviética. Stálin descartou os temores de Kurchatov quanto ao desvio de recursos para atender à abalada economia civil. "Se o bebê não chora, a mãe não sabe do que ele está precisando", retrucou secamente. "Peça tudo de que você precisar. Nada será negado."[48] Em troca, ele fazia uma única exigência. "Entregue-nos armas atômicas no menor tempo possível."

Nas primeiras horas da madrugada de 9 de agosto, 1,5 milhão de soldados soviéticos irromperam pelos 4368 quilômetros de fronteira com a China, atacando em meia dúzia de pontos diferentes. Eles avançaram através do deserto de Gobi em direção a Pequim, pelas montanhas e pelos rios da Manchúria rumo a Harbin, e ao longo das costas com densas florestas do mar do Japão. Foi a última grande operação da Segunda Guerra Mundial. As tropas soviéticas dispunham de "uma superioridade nominal de dois para um em termos de homens, de cinco para um em tanques e artilharia e de dois para um em poder aéreo".[49] Os russos avançaram atrás de uma pesada barragem de lançadores de foguete *katyusha* e tanques que esmagou as defesas japonesas. Sem conseguir motivar seus soldados com as histórias de recentes atrocidades praticadas pelos japoneses contra populações civis da Rússia, os comandantes soviéticos recorreram a lembranças da Guerra Rússia-Japão de 1905, encerrada com uma humilhante derrota dos russos. Havia chegado a hora, segundo oficiais com motivações políticas, "de apagar essa mancha negra da história contra nossa pátria".[50]

Como ocorrera na Europa, os exércitos invasores eram seguidos por equipes de reparações que desmontavam as instalações industriais e edifícios do governo para enviar o material à Rússia. O chefe da equipe de reparações de Truman, Edwin Pauley, que chegou para um *tour* de inspeção pouco depois, calculou os danos resultantes à economia da Manchúria em torno de 2 bilhões de dólares. O que Pauley denominou "Operação Gafanhoto" oficialmente tinha como alvo os japoneses com propriedades na Manchúria, mas na prática havia "pouca distinção" entre o tratamento conferido a japoneses e chineses.[51]

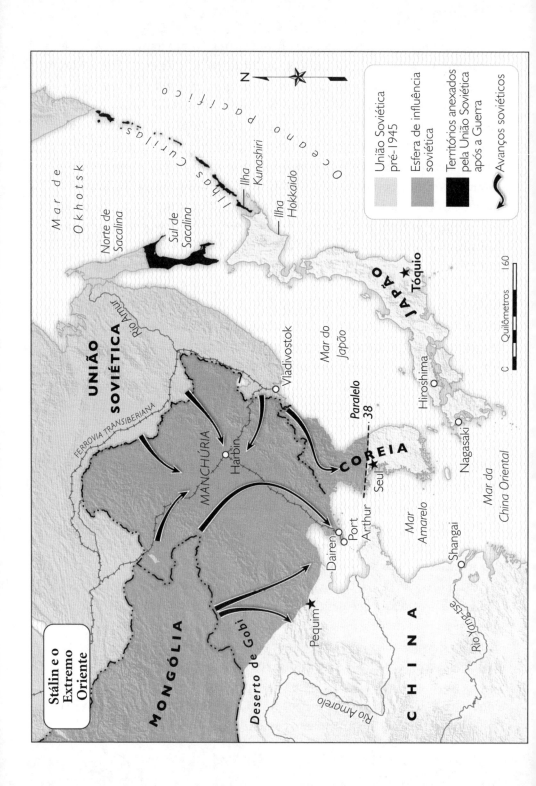

Em inferioridade numérica ante a investida russa, o Exército japonês logo se viu todo fragmentado. A retirada japonesa foi tão rápida que as forças de ocupação não puderam cumprir a promessa de providenciar a saída do país do imperador fantoche chinês, Pu Yi, preso pelo Exército Vermelho e levado à Rússia. Depois de capturar o leste da Manchúria, os invasores russos varreram a península coreana. Eles se detiveram no paralelo 38, logo ao norte da cidade de Seul, conforme os termos de um acordo com os Estados Unidos. (Poucos dias antes, após consultarem um mapa da revista *National Geographic* tarde da noite no Pentágono, dois coronéis do Exército dos Estados Unidos sugeriram o paralelo 38 como uma "conveniente linha de divisão" entre as operações aliadas na península coreana.)[52]

Depois de tanto empenho para que os soviéticos participassem da guerra contra o Japão, Truman não ficou nada satisfeito com a maneira como se deu essa participação. "Eles estão avançando o sinal, não?", comentou com seu chefe de Estado-Maior quando ouviu o noticiário sobre a Manchúria.[53]

"Estão mesmo, droga", respondeu o almirante Leahy. "É por causa da bomba. Eles querem invadir antes que tudo acabe."

Stálin agiu na hora certa. Dez horas depois de o Exército Vermelho ter iniciado seu ataque à Manchúria, um B-29 da Força Aérea americana lançou uma bomba atômica sobre a cidade de Nagasaki. O Japão rendeu-se seis dias mais tarde, em 15 de agosto. A corrida para desferir o golpe final no Japão — em que os competidores eram o poder terrestre russo e o poderio aéreo americano — chegara ao fim com um virtual empate. A Segunda Guerra Mundial havia enfim terminado, para ser substituída por um novo tipo de conflito global que consumiria a vida, as energias e as paixões ideológicas de toda uma geração de americanos e russos. A transformação dos Aliados da Segunda Guerra Mundial em rivais da Guerra Fria tinha ocorrido num período de apenas seis meses.

21. Depois da bomba

Nenhum acontecimento específico definiu o início da Guerra Fria da maneira como a queda do Muro de Berlim, em 9 de novembro de 1989, veio a simbolizar seu fim. Os historiadores têm atribuído datas iniciais diferentes ao conflito que levou o mundo à beira da destruição nuclear, de acordo com suas preferências ideológicas ou interpretações pessoais dos acontecimentos. Alguns apontam o golpe comunista na Tchecoslováquia, em fevereiro de 1948, como o momento em que a Europa ficou dividida de maneira irrevogável em dois campos rivais. Outros citam a decisão de Truman, em março de 1947, de fornecer ajuda militar à Grécia e à Turquia, em conformidade com sua promessa de apoiar "povos livres que vêm resistindo a tentativas de subjugação por minorias armadas ou pressões externas". Historiadores da linha tradicionalista veem a recusa de Stálin em honrar o compromisso de retirar suas tropas do norte do Irã em março de 1946 como o primeiro grande confronto da Guerra Fria. Os revisionistas argumentam que Truman detonou um processo de décadas de rivalidade entre as superpotências com sua opção de "diplomacia atômica" contra a União Soviética, iniciada pelo bombardeio de Hiroshima em agosto de 1945.

A premissa por trás de todas essas versões conflitantes da história é que um líder político, de uma ou outra tendência ideológica, foi responsável pela Guerra Fria. Ao colocar os políticos no centro de sua análise, os historiadores diplomáticos afirmam que indivíduos poderosos são capazes de determinar o rumo dos grandes acontecimentos. Algumas vezes, isso pode ser verdade. Em outras, porém, a história é dotada de vontade própria, impondo-se com força irresistível sobre as decisões das personalidades mais carismáticas e tomando um rumo contrário ao que elas desejam. A história pode ser sequestrada por eventos ocasionais, como o assassinato de um grão-duque, a paixão de um governante ou uma súbita mudança no clima. Algumas vezes, segue uma lógica interna que pode ser desconcertante para quem é apanhado em suas correntes contraditórias, mas que faz pleno sentido para quem a analisa à distância.

A Guerra Fria é o exemplo perfeito de um evento histórico já previsto desde um século antes, mas que acabou pegando de surpresa seus contemporâneos. Enquanto ambas estavam combatendo a Alemanha nazista, as "duas grandes nações" de Tocqueville tinham motivos para preservar sua aliança, deixando de lado todo tipo de discordância. No entanto, assim que o inimigo comum foi derrotado e elas entraram em contato direto uma com a outra, seus interesses políticos e ideológicos divergiram radicalmente. A lógica dos acontecimentos com frequência ficava mais clara a quem os acompanhava de fora do que aos próprios protagonistas. Com sua apreensão das forças históricas — perversa, mas por vezes brilhante —, Hitler fez uma análise precisa quando concluiu que a derrota do Terceiro Reich deixaria "apenas duas grandes potências capazes de enfrentar uma à outra — os Estados Unidos e a Rússia soviética".[1] Ele prosseguiu prevendo que "as leis tanto da história como da geografia vão obrigar essas duas potências a um confronto de forças, no campo militar ou nas áreas da economia e da ideologia [...]. É igualmente certo que mais cedo ou mais tarde as duas potências considerarão desejável buscar o apoio da única grande nação sobrevivente na Europa, o povo alemão".

Quase todos os divisores de águas do princípio da Guerra Fria têm sua origem nos seis meses entre fevereiro e agosto de 1945, período que abrange a morte de FDR, o fim da Segunda Guerra Mundial, a desintegração da aliança anti-Hitler e a divisão da Europa em blocos políticos rivais.[2] O golpe na Tchecoslováquia seguiu um padrão estabelecido na Romênia nas semanas imediatamente após Yalta, com os comunistas usando seu controle sobre a polícia e as forças de segurança para assumir o poder. O apoio de Truman aos governos pró-Ocidente da Grécia e da Turquia foi a sequência inevitável de sua resistência aos planos soviéticos de conseguir bases militares ao longo de Dardanelos e no Mediterrâneo. O bloqueio de Berlim em 1949 teve sua origem nas disputas sobre o direito de acesso à cidade por parte dos ocidentais, na época da Conferência de Potsdam. Enquanto isso, Stálin percebeu que a União Soviética receberia pouca ajuda do Ocidente para sua recuperação no pós-guerra. Restou-lhe apenas uma opção: exigir ainda mais sacrifícios do povo russo, que tanto já sofrera. Tudo isso coincidia com a maior operação de limpeza étnica da Europa até então, levando à expulsão ou ao reassentamento de cerca de 20 milhões de pessoas, alemães na maioria, mas também poloneses, judeus, húngaros e outros. O resultado foi um aprofundamento da divisão geopolítica. Para garantir a segurança de sua nova fronteira ocidental, a Polônia tornou-se dependente da União Soviética. A Alemanha Ocidental ficou abarrotada de refugiados do leste, obrigando os Aliados do Ocidente a desistir de qualquer ideia de entregar as reparações prometidas à União Soviética.

Os acordos territoriais temporários forjados pelos Três Grandes em Yalta e Potsdam ficaram congelados nos fronts da Guerra Fria. O Portão de Brandenburgo tornou-se símbolo da divisão da Alemanha. A ponte de Glienicke, sobre o lago Griebnitzsee, que fazia parte do percurso de vinte minutos de Truman, Stálin e Churchill entre Babelsberg e Potsdam, tornou-se ponto de troca de espiões da Guerra Fria. Uma terra de ninguém com mais de um quilômetro de extensão, com guardas armados e rolos de arame farpado, serpenteava pelo continente, constituindo aquilo que Churchill (e Joseph Goebbels) já tinham chamado de "cortina de ferro". Na Ásia, Stálin conseguiu incorporar Sacalina e as ilhas Curilas à União Soviética, preparando o cenário para uma nova série de disputas territoriais com o Japão. Na península coreana, o paralelo 38 tornou-se o equivalente asiático do Muro de Berlim, separando o norte comunista do sul capitalista. A alteração mais significativa no quadro de forças leste-oeste na sequência imediata da Segunda Guerra Mundial ocorreu no norte do Irã. Percebendo que o Exército Vermelho estava sendo excessivamente exigido, e sob forte pressão do governo Truman, que passara a adotar uma postura mais agressiva, Stálin repentinamente retirou seu apoio ao "Azerbaijão do Sul". A república autônoma ruiu pouco depois que as últimas tropas soviéticas deixaram o norte do Irã, em maio de 1948, três meses depois da data prevista.

O termo "Guerra Fria" só entrou no vocabulário político em 1947, quando foi popularizado pelo financista americano Bernard Baruch e pelo articulista Walter Lippmann. Seu uso, porém, pode ser encontrado já em outubro de 1945, num ensaio de George Orwell, o autor da sátira anticomunista *A revolução dos bichos*, publicada pouco antes. Escrevendo sobre o advento da era atômica, Orwell lançou a advertência de um estado de equilíbrio entre superpotências rivais, ambas com a capacidade de destruir o mundo. No momento em que um país possuísse a bomba atômica, seria impossível conquistá-lo. O resultado seria "uma época de horrível estabilidade, como os impérios escravocratas da Antiguidade", "uma paz que não é paz", caracterizada por um quadro permanente de "guerra fria".

A capacidade dos políticos de dar forma ao curso dos acontecimentos era limitada. O mais cruel e determinado de todos,Ióssif Stálin, era também prisioneiro das forças que o tinham criado. Existem diversas evidências de que ele desejava um período de distensão com os poderes capitalistas, nem que fosse com o objetivo de preparar-se para uma nova guerra, dez ou vinte anos depois. Stálin estava disposto a fazer algumas concessões para manter abertas suas opções, mas não sacrificaria nenhum de seus interesses centrais: consolidação do novo império que havia conquistado e eliminação de qualquer tipo de ameaça à sua autoridade como supremo líder da Rússia. Contudo, o fato de ser um tirano não significava que ele poderia fazer tudo que quisesse. O americano que mais bem o conhecia, Averell Harriman, considerava "absurdo imaginar que Stálin sentava-se no Kremlin e emitia ordens, como se fosse Hitler. O controle que ele exercia era de outra natureza".[3] O embaixador citou o exemplo do Leste Europeu, onde os líderes comunistas locais dependiam do apoio soviético para se proteger de suas populações, que eram "pelo menos de 70% a 80% antirrussas e anticomunistas". Ele não tinha dúvida de que esses governantes alertavam Stálin: "Se ousar permitir eleições livres, o senhor perderá o país".

Stálin desautorizou toda e qualquer tentativa de impor simulacros do regime soviético ao Leste Europeu. Contra isso ele cunhou um novo termo, "democracias populares", com a intenção de permitir que cada parte de seu império pudesse caminhar para o socialismo num ritmo adequado às suas respectivas tradições nacionais. Em toda parte, os comunistas estavam em minoria. Eles governariam formando coalizões com outras forças "progressistas". Enquanto esses novos regimes reconhecessem a primazia da União Soviética, teriam certo grau de autonomia política. Stálin não fazia a menor objeção a negociar com um político burguês eleito pelo voto popular como Edvard Beneš, da Tchecoslováquia, desde que tivesse a palavra final nos assuntos que considerasse essenciais. O problema com essa tentativa de fazer a quadratura do círculo era que poloneses, húngaros, tchecos e romenos jamais se sujeitariam ao domínio russo. Se tivessem a oportunidade de manifestar livremente sua vontade, rejeitariam a modalidade limitada de soberania oferecida pelo Kremlin. Stálin permitira uma eleição parlamentar com certa margem de liberdade na Hungria em novembro de 1945, e o resultado foi que seus aliados comunistas conquistaram nas urnas uma votação ridícula, de apenas 17%. Incapazes de obter o apoio da maioria, os soviéticos e seus acólitos do Leste Europeu eram obrigados a depender de uma minoria cada vez mais reduzida. Um ou outro lado teria que ser o vitorioso no final. À medida que essa lógica dos acontecimentos tornava-se aparente, o espaço para manobras políticas diminuía ainda mais. De Varsóvia a Praga, de Budapeste a Sófia, as ditaduras comunistas tornaram-se a única solução.

O fracasso de Stálin nas eleições livres no Leste Europeu exacerbou suas dificuldades com o Ocidente. À sua maneira, os governantes americanos eram pelo menos tão ideológicos como os dirigentes soviéticos. Estavam comprometidos com a tese de Wilson de que o mundo deveria ser "seguro para a democracia". Os Estados Unidos eram a "luz brilhante no alto da colina", cujo farol haveria de iluminar o resto da humanidade. De maneira explícita ou não, os americanos comportavam-se como se o seu amálgama de povos livres, livres mercados e liberdade de expressão devesse ser adotado por todos os países do mundo. A crença na universalidade da democracia liberal estava profundamente enraizada na psique nacional americana, mas era inaceitável para Stálin, porque se chocava com a própria fonte de seu poder. "Esta guerra não é como as guerras do passado", ele disse ao comunista iugoslavo Milovan Djilas. "Quem ocupa um território também impõe nele seu sistema social. Todos impõem seu próprio sistema até onde o seu exército alcança. Não tem como ser de outro jeito."[4] Ao exigir eleições livres em terras que nunca haviam conquistado, os americanos estavam tentando contornar a lei férrea do *vozhd*, da política do Grande Poder.

No início do segundo semestre de 1945, americanos e russos já tinham provas suficientes de que o outro lado não estava cumprindo os acordos assumidos em Yalta. Os soviéticos estavam violando seus compromissos quanto ao Leste Europeu; os americanos esquivavam-se de colocar em prática suas promessas relativas às reparações. Os custosos esforços de ambas as partes para disfarçar as divisões profundas entre Aliados em tempos de guerra, por meio de declarações retóricas e comunicados redigidos em linguagem repleta de ambiguidades, na prática serviam apenas para fornecer munição para que um dos lados atacasse o outro quando surgisse uma ocasião propícia.

As relações entre a Rússia e os Aliados ocidentais passaram a se deteriorar rapidamente logo após a Conferência de Potsdam. Em setembro, Molotov encontrou-se em Londres com os ministros de Relações Exteriores aliados, mas surgiu um impasse depois que os Estados Unidos rejeitaram as exigências soviéticas de uma participação mais importante nas questões do pós-guerra no Japão. Stálin já tinha decidido que chegara o momento de retirar o "véu da amizade" com o Ocidente, cujos "resquícios de aparência os americanos fazem tanta questão de preservar".[5] Ele orientou Molotov a "manter-se firme" com relação ao Leste Europeu. "Os Aliados estão pressionando você para enfraquecer sua disposição e levá-lo a fazer concessões", escreveu ao Traseiro de Pedra num telegrama em código. "Obviamente você deve se manter irredutível."[6] Stálin achou melhor que a Conferência de Londres fosse um fracasso, o que acabou acontecendo, do que fazer mais um acordo vago, que não levasse em conta as diferenças irreconciliáveis com esse povo "que se intitula nosso aliado".

Stálin e Harriman reuniram-se pela última vez em 24 de outubro. O exausto ditador soviético tinha tirado um "período de férias e descanso", adiado havia muito tempo, em seu retiro no litoral de Gagra, nas montanhas do norte da Geórgia, mas concordou em ver o emissário de Truman. Em termos pessoais, a reunião correu bem, embora Stálin reclamasse da ausência de consultas sobre o Japão. Ele julgava que haveria mais honestidade de propósitos "se a União Soviética se retirasse do Japão, em vez de permanecer lá como uma peça de mobília". De forma ameaçadora, contudo, ele levantou a possibilidade de a União Soviética adotar uma postura isolacionista em sua política exterior. Disse a Harriman que nunca fora favorável a uma política nessa linha, mas que a essa altura "nada haveria de errado em adotá-la".[7] Harriman entendeu que ele não se referia a isolacionismo no sentido em que os americanos usavam o termo, ou seja, de uma Grande Potência preocupando-se apenas com as questões que lhe diziam respeito, mas sim na concepção de "uma postura de enfrentamento e independência total".

No lado americano, as posturas também estavam se endurecendo. Esse endurecimento manifestou-se num despacho enviado de Moscou por George Kennan, em fevereiro de 1948, que se tornaria conhecido como o "Longo Telegrama". Encarregado da embaixada em Moscou depois da saída de Harriman, Kennan decidiu assumir a tarefa de educar seus superiores em Washington sobre a natureza do comunismo soviético. Sua mensagem de 5350 palavras continha pouco que ele já não tivesse dito muitas vezes antes, em longos memorandos que na maioria das vezes ninguém lera e que estavam acumulando pó em seus arquivos no Departamento de Estado. No entanto, dessa vez ele encontrou uma plateia receptiva. Obrigados a entrar em ação pela crise no norte do Irã, os altos funcionários de Truman finalmente prestaram atenção a um diplomata que clamava no deserto. Kennan traçou um retrato sombrio de uma força maligna, totalitária, disposta a destruir a "autoridade internacional de nosso Estado" e "a harmonia interna de nossa sociedade", mas apresentando também uma saída para esse problema. O Kremlin, ele observou, "não assume riscos desnecessários. Impenetrável à lógica da razão, mostra-se extremamente sensível à lógica da força. Por isso, é fácil fazer com que recue — o que ocorre com frequência — sempre que em algum momento apareça à sua frente uma forte resistência". A receita de Kennan tornou-se a base de uma nova doutrina para a política externa dos Estados Unidos, conhecida como política de contenção.

Chegar a um entendimento razoável na divisão do espólio da Segunda Guerra Mundial poderia ter sido possível se os resultados do conflito tivessem sido claramente definidos, mas não foi isso que ocorreu. Os interesses russos e americanos sobrepunham-se em muitas partes do mundo. Stálin ressentia-se por ter sido inteiramente excluído das disposições relativas ao pós-guerra no Japão; Truman não estava disposto a reconhecer os regimes sob domínio soviético em países como Hungria, Romênia e Bulgária. Stálin reclamava seu direito a uma "curadoria" — uma semicolônia — na Líbia; Truman estava decidido a manter sua posição firme em Berlim. Nas negociações diplomáticas, ambos os lados seguiam o ditado "O que é meu é meu; o que é seu é de quem pegar primeiro". Não faltavam áreas de conflito em potencial, da península coreana ao norte do Irã, passando pelos Bálcãs até chegar ao centro do Terceiro Reich derrotado na guerra.

Os confrontos dramáticos de 1947 a 1949 seguiram-se à euforia, aos desapontamentos e à agitação de 1945 como a noite sucede o crepúsculo. Os registros históricos deixam claro que nenhum dos protagonistas desejava uma Guerra Fria. Cada um à sua maneira particular, Truman, Churchill, Roosevelt e

Stálin, todos se empenharam para evitar a divisão do mundo em campos ideológico-militares antagônicos. No entanto, nem mesmo os mais poderosos senhores da guerra foram capazes de alterar o que Alexis de Tocqueville, mais de um século antes, chamara de "vontade divina".

Agradecimentos

Sou — quase literalmente — um filho da Guerra Fria. Estive na Rússia pela primeira vez com oito semanas de idade, com os meus pais diplomatas, em 1950, quandoIóssif Stálin ainda estava no ápice do poder, lançando petardos verbais contra os perversos imperialistas. Minhas memórias de infância incluem assistir a paradas militares na Praça Vermelha, ser seguido pela KGB e esperar que estourasse a guerra nuclear durante a crise dos mísseis em Cuba. Ainda associo certas cores e cheiros ao comunismo soviético, assim como lembro vivamente o choque do redespertar de sentidos provocado pela viagem de volta para o outro lado da "Cortina de Ferro". De uma forma ou de outra, tenho pensado sobre a Guerra Fria toda a minha vida, como menino criado em lugares como Moscou e Varsóvia, como jornalista que cobriu o colapso do comunismo ou como historiador debruçado sobre documentos preparados por governantes como Churchill e Truman, Kennedy e Khruschóv, Reagan e Gorbatchóv.

Este livro completa uma "trilogia da Guerra Fria". Comecei pelo fim, contando a extraordinária história da queda do império soviético em *A queda do império soviético* (1997/1998). No meu livro anterior, *Um minuto para a meia--noite* (2008/2009), examinei o auge da Guerra Fria, o momento em que o mundo esteve à beira da aniquilação nuclear, em outubro de 1962. *Seis meses em 1945* descreve como tudo começou, focalizando os acontecimentos históricos que transformaram os Aliados da Segunda Guerra Mundial em rivais da Guerra Fria. Em conjunto, os três livros têm o objetivo de capturar o arco do conflito ideológico do século XX, abrangendo a divisão e a reunificação do continente europeu ao longo de um período de 44 anos.

Um projeto dessa natureza não teria sido possível sem muita ajuda e estímulo. Devo agradecimentos aos meus pais por me apresentarem a Rússia e o Leste Europeu e me colocarem no rumo para me tornar repórter e escritor. Sou grato a diversos empregadores, particularmente o *Washington Post*, por patrocinar minhas reportagens atrás da Cortina de Ferro, que culminaram num período de cinco anos em Moscou, entre 1988 e 1993. Minha compreensão da Guerra Fria foi enormemente ampliada pelo tempo que passei em excelentes universidades americanas, como Harvard, Princeton e Universidade de Michigan. Mais recentemente, tenho uma dívida com o Woodrow Wilson International Center for Scholars e o U.S. Institute of Peace, ambos de Washington, por apoiarem minha pesquisa com bolsas e subsídios.

Uma das alegrias de pesquisar história narrativa é a oportunidade de seguir as pegadas de seus personagens, imaginar-se observando do alto quando eles tomam decisões memoráveis. Às vezes quer-se aplaudir, às vezes lamentam-se equívocos e erros de cálculo, mas sempre se fica fascinado. Sob os mais diversos pretextos, visitei a maioria dos lugares descritos neste livro, do Palácio Livadia, em Yalta, e do Cecilienhof, em Potsdam, ao Kremlin, em Moscou, e à Casa Branca, em Washington. Sou grato a William Drozdiak, Gary Smith e o finado Richard Holbrooke por me ajudarem a obter uma bolsa da American Academy, de Berlim, que me permitiu explorar os locais descritos nos últimos quatro capítulos do livro. Ulrike Graalfs e Stephanie Buri organizaram visitas às casas de Babelsberg onde se hospedaram Stálin e Truman, além do museu militar soviético em Karlshorst, onde foi assinada a rendição nazista, em maio de 1945. Enquanto estive em Berlim, passei também um dia esplêndido ao longo do Elba, seguindo o percurso das unidades dos fronts americano e soviético que se encontraram perto de Torgau, nas semanas finais da Segunda Guerra Mundial.

Na trilha dos arquivos, fui levado do Bundesarchiv, em Berlim, aos Churchill Archives, em Cambridge, Inglaterra, à Biblioteca Truman, em Independence, Missouri, e à Biblioteca FDR, em Hyde Park, Nova York. Mais perto de casa, passei também longas e felizes horas nos National Archives em College Park, Maryland, na Divisão de Manuscritos da Biblioteca do Congresso e no

Instituto Histórico Militar de Carlisle, Pensilvânia. É impossível relacionar os nomes de todos que me ajudaram, mas eu gostaria particularmente de destacar Sam Rushay, da Biblioteca Truman, David Keough, do Instituto Histórico Militar, John Haynes, da Biblioteca do Congresso, e Allen Packwood, dos Churchill Archives. Meu talentoso e diligente assistente de pesquisa do Woodrow Wilson Center, Oleksandr Chornyy, ajudou-me a rastrear documentos relativos à malograda missão de pilotos americanos em Poltava, mantidos nos arquivos dos serviços de segurança da Ucrânia.

Muito me ajudou trocar ideias com colegas entusiastas da Guerra Fria e com amigos, entre eles Marty Sherwin, David Holloway, Melvyn Leffler, Ronald Suny, Masha Lipman e Sergei Ivanov. Tom Blanton e Svetlana Savranskaya, do National Security Archive, foram uma fonte inestimável de estímulo e apoio, como aconteceu com meus livros anteriores. Tenho gratas lembranças de nossa visita, juntos, ao museu Stálin de Gori, onde se encontra o vagão de trem que levou o ditador soviético para Yalta e Berlim. Rick Atkinson forneceu valiosos conhecimentos sobre as batalhas finais da Segunda Guerra Mundial. Avis e Celestine Bohlen compartilharam memórias de seu pai, Charles Bohlen, um dos personagens deste livro. Sou grato à hospitalidade e amizade de nossos vizinhos Paul e Stephanie Taylor, assim como de David e Anita Ensor, almas irmãs minhas na União Soviética e no Leste Europeu.

Meu xará e primo distante, chamado em nossa família de "o falso Michael Dobbs", porém mais conhecido como autor do bem-sucedido seriado *House of Cards*, pacientemente me encaminhou e-mails destinados a mim, mas enviados a ele. Ele ficará feliz em saber que agora eu tenho meu próprio site, www.coldwartrilogy.com, através do qual os leitores poderão entrar diretamente em contato comigo. Além do interesse comum em explorar nossas raízes irlandesas, Michael e eu compartilhamos um fascínio por Winston Churchill. Sou grato a meu irmão Geoffrey Dobbs, fundador do imensamente bem-sucedido Festival Literário Galle, em Sri Lanka, por nos juntar para falar sobre Churchill visto pelos olhos de um escritor de ficção e um de não ficção. Ainda sobre o assunto família, devo mencionar minha talentosa sobrinha Rachel Dobbs, que me ajudou a criar redes de mídia social para promover meus livros sobre a Guerra Fria. E, é claro, minha mãe, Marie Dobbs, que foi pela primeira vez a Moscou em 1947, como uma jovem e deslumbrada australiana, e ficou bem mais tempo do que pretendia. Meu conhecimento da Rússia no período imediato do pós-guerra foi moldado em parte considerável pelas conversas com ela e com meu falecido pai.

Tenho uma dívida especial de gratidão com a Knopf, editora de meus três livros sobre a Guerra Fria. Meu primeiro editor na Knopf foi o lendário Ashbel Green, que publicou Andrei Sakharov e Milovan Djilas. Andrew Miller mostrou-se um substituto mais do que à altura de Ash, uma fonte de excelentes conselhos e meticulosa atenção aos detalhes. Andrew Carlson e Marc Chiusano cuidaram da produção do livro com a ajuda da gerente de produção Lisa Montebello, da editora de produção Maria Massey, da designer Maggie Hinders e da editora de textos Sue Betz. Agradeço a Jason Booher pela belíssima capa (que lembra seu tremendo acerto na capa americana de *Um minuto para meia-noite*) e Michelle Somers pela ajuda na divulgação. Meu antigo colega do *Washington Post* Gene Thorp fez um excelente trabalho com os mapas. Sou, como sempre, grato ao meu agente Rafe Safalyn, que me orientou para a direção certa inúmeras vezes, assim como um imenso número de outros ex-repórteres do *Washington Post*.

Acima de tudo, sou grato à minha esposa, Lisa, e a meus filhos por tornarem tudo isso possível e tolerarem minhas obsessões e frequentes ausências. Este livro é dedicado a meu filho Joseph Samuel, que recebeu o nome de seu avô irlandês e seu bisavô judeu russo. Com uma herança dessas, o mundo está à sua disposição.

Notas

ABREVIATURAS USADAS NAS NOTAS

ARB	Anna Roosevelt Boettiger
CNN CW	Transcrição dos programas da Guerra Fria, KCL
CWIHPB	*Boletim do Projeto de História Internacional da Guerra Fria*, Centro Internacional Woodrow Wilson para Acadêmicos, Washington, DC
FDRL	Biblioteca Franklin D. Roosevelt, Hyde Park, Nova York
FRUS	*Relações Exteriores dos Estados Unidos*, série em vários volumes de documentos diplomáticos publicada pelo Departamento de Estado dos Estados Unidos (ver "Referências bibliográficas")
FRUS YALTA	*As Conferências de Malta e Yalta, 1945*
FRUS POTSDAM	*A Conferência de Berlim* (*Conferência de Potsdam, 1945*, v. 1 e 2)
FRUS 1945	*Documentos Diplomáticos, 1945*, v. 3, 4 e 5
HSTL	Biblioteca Harry S. Truman, Independence, Missouri
HST1	Harry S. Truman, *Memoirs*, v. 1: Year of Decisions
HST2	Harry S. Truman, *Fora dos Registros: Documentos de Harry S. Truman*
HST3	Harry S. Truman, *Dear Bess: Letters from Harry to Bess Truman, 1910-1959*
HSY	Diário de Henry Stimson, Biblioteca da Universidade Yale
LCD	Arquivos de Joseph Davies, Biblioteca do Congresso
LCH	Arquivos de Averell Harriman, Biblioteca do Congresso
LCS	Arquivos de Cortland Schuyler, Biblioteca do Congresso
LCV	Arquivos de Dmitri Volkogonov, Biblioteca do Congresso
MED	Arquivos de Engenharia do Distrito de Manhattan, NARA

MHI Instituto de História Militar, Carlisle, Pensilvânia
NARA Arquivos Nacionais e Administração dos Registros, College Park, Maryland
NYT *New York Times*
OH História Oral
PRO Escritório dos Registros Públicos, Londres
WSC CC Documentos de Winston S. Churchill, Churchill College, Cambridge
WSC TT Winston S. Churchill, *The Second World War*, v. 6: Triumph and Tragedy
WSC7 Martin Gilbert, *Winston S. Churchill*, v. 7: Road to Victory
WSC8 Martin Gilbert, *Winston S. Churchill*, v. 8. Never Dispair

1. ROOSEVELT [pp. 21-42]

1. Jim Bishop, *FDR's Last Year*, p. 300; William Leahy, *I Was There*, pp. 295-6.
2. Diário de Anna Roosevelt Boettiger, FDRL; diário de Robert Meiklejohn, p. 620, LCH.
3. Robert H. Ferrell, *The Dying President*, p. 89.
4. Doris Kearns Goodwin, *No Ordinary Time*, pp. 494-5; Jean Edward Smith, *FDR*, pp. 602-5.
5. Notas de Howard Bruenn, 4 fev. 1945, FDRL; Ferrell, *The Dying President*, p. 104.
6. Diário de ARB, 3 fev. 1945, FDRL; Michael F. Reilly, *Reilly of the White House*, pp. 211-2.
7. Averell Harriman e Elie Abel, *Special Envoy to Churchill and Stalin*, p. 391.
8. Harriman e Abel, p. 346.
9. Carta de Kennan a Bohlen, 26 jan. 1945, Biblioteca Princeton Mudd.
10. *WSC7*, p. 1171.
11. Lord Moran, *Churchill at War 1940-5*, p. 267.
12. Diário de ARB, 3 fev. 1945, FDRL; relatório do Serviço Secreto sobre a viagem de FDR a Yalta, 5 jul. 1945, FDRL.
13. Piers Dixon, *Double Diploma*, p. 137.
14. Harry Hopkins a FDR, 24 jan. 1945, FDRL; Winston Churchill a FDR, 26 jan. 1945, FDRL.
15. Laurence S. Kuter, *Airman at Yalta*, p. 114.
16. Notas sobre Yalta de Maureen Clark, Documentos de Ralph Edwards, REDW 2/20, WSC CC.
17. Carta de ARB ao marido, 4 fev. 1945, Documentos Boettiger, FDRL. Ver também relato de FDR ao Congresso, 1 mar. 1945.
18. Sarah Churchill, *Keep On Dancing*, p. 74
19. Diário de Meiklejohn, p. 613, LCH.
20. Diário de ARB, 3 fev. 1945, FDRL.
21. Almirante Wilson Brown, manuscrito inédito, p. 185, FDRL.
22. Alexander Cadogan, *The Cadogan Diaries*, p. 702
23. Reilly, p. 212.
24. Diário de ARB, 3 fev. 1945, FDRL.
25. "Sekretnaya Operatsiya Argonavt", *ForPost* (jornal on-line de Sebastopol), 10 jun. 2009.
26. Norris Houghton, "That Was Yalta, Worm's Eye View", *New Yorker*, 23 maio 1953.

27. Carta de Kathleen Harriman a Pamela Churchill, 7 fev. 1945, in Jon Meacham, *Franklin e Winston*, p. 316.
28. Notas de Frank McNaughton, 1 mar. 1945, HSTL.
29. Greg King, *The Court of the Last Tsar*, pp. 440-51.
30. King, p. 437.
31. Diário de Meiklejohn, p. 625, LCH.
32. Diário de ARB, 4 jan. 1945, FDRL.
33. Id., 25 jan. 1945, FDRL.
34. FDR dirigindo-se ao Congresso da Juventude Americana, 11 fev. 1941.
35. FDR a Churchill, 18 mar. 1942, FDRL.
36. Georg Tessin, *Verbände und Truppen der deutschen Wehrmach und Waffen-SS im Zweiten Weltkrieg 1939-1945*.
37. Max Hastings, *Armageddon*, pp. 97-8.
38. Rüdiger Overmans, *Deutsche militärische Verluste im Zweiten Weltkrieg*, p. 336.
39. Discurso na Câmara dos Comuns, 2 ago. 1944.
40. Discurso na Universidade Oglethorpe, 22 maio 1932.
41. Carta de FDR a Edgar Snow, 2 jan. 1945, PSF: Rússia, FDRL.
42. John Gunther, *Roosevelt in Retrospect*, p. 356.
43. Charles Moran, *Churchill: The Struggle for Survival*, p. 143.
44. Harriman e Abel, pp. 369-70.
45. Houghton, "That was Yalta".

2. STÁLIN [pp. 43-64]

1. Muitos historiadores têm relatado erroneamente que Stálin chegou a Yalta na noite de 3 para 4 de fevereiro. Mas o próprio Stálin telegrafou a Churchill em 1º de fevereiro informando ter chegado "ao ponto de encontro", ver Fleece 77. PREM 4/78/1, PRO.
2. Entrevista com Kathleen Harriman, *Cold War* (série de TV da CNN), KCL; Dmitri Volkogonov, *Stalin*, p. 488; memorando de Harriman, 24 set. 1944. *FRUS Yalta*, p. 5.
3. A. H. Birse, *Memoirs of an Interpreter*, p. 178. O vagão encontra-se em exibição no museu Stálin em Góri, onde Stálin nasceu.
4. Relatório de Beria a Stálin, 8 e 27 jan. 1945, republicado em *Istoricheskii Arkhiv*, n. 5, pp. 116-31, 1993.
5. Laurence Rees, *Behind Closed Doors*, p. 253.
6. Norman M. Naimark, *Fires of Hatred*, p. 102; Rees, pp. 267-71.
7. Gerard Pawle e C. R. Thompson, *The War and Colonel Warden*, pp. 357-8.
8. Beria, 27 jan. 1945, *Istoricheskii Arkhiv*.
9. Citado em Robert Tucker, *Stalin as Revolutionary*, p. 460.
10. Svetlana Alliluyeva, *Only One Year*, pp. 359-61, 372.
11. Melvyn Leffler, *For the Soul of Mankind*, p. 29.
12. Pavel Sudoplatov et al., *Special Tasks*, p. 222.
13. *FRUS*, 1943, *Conferences in Cairo and Tehran*, p. 583; Harriman e Abel, p. 276.

14. *FRUS Yalta*, p. 582.
15. Zhukov a Stálin, 29 jan. 1945, LCV.
16. *NYT*, 5 fev. 1945.
17. Tony Le Tissier, *Zhukov at the Oder*, p. 40.
18. Minutas russas, in Andrei A. Gromyko (Org.), *Sovetskii Soyuz na Mezhdunarodnikh Konferentsiyakh Perioda Velikoi Otechestvennoi Voiny*, v. 4, pp. 48-9.
19. *WSC TT*, pp. 347-9.
20. Volkogonov, *Stalin*, p. 475.
21. Vladimir Pavlov, notas autobiográficas, *Novaya i Noveishaya Istoriya*, n. 4, 2000, p. 109.
22. Charles H. Donnelly, manuscritos inéditos, p. 719, MHI.
23. Charles E. Bohlen, *Witness to History*, p. 180.
24. Frances Perkins, *The Roosevelt I Knew*, p. 85.
25. Minutas de Bohlen, *FRUS Yalta*, pp. 570-3; Gromyko (Org.), *Sovetskii Soyuz*, pp. 49-51. Exceto quando for mencionado, as citações da Conferência de Yalta são de *FRUS Yalta*. Em alguns casos, troquei citações relatadas por citações diretas.
26. Harriman a FDR, 24 set. 1944, *FRUS Yalta*, 5.
27. Diário do Serviço Secreto, FDRL.
28. King, p. 451.
29. ARB a John Boettiger, 9 fev. 1945, FDRL; manuscritos de Wilson Brown, p. 185, FDRL.
30. Diário da época citado por Denis Richards, *Portal of Hungerford*, p. 287.
31. Milovan Djilas, *Conversations with Stalin*, p. 61.
32. Richards, p. 288.
33. Kuter, p. 138; Houghton, "That Was Yalta".
34. Houghton, "That was Yalta".
35. Harriman e Abel, 395; diário de Yalta de ARB, FDRL.
36. Bohlen, p. 174; Edward R. Stettinius Jr., *Roosevelt and the Russians*, p. 111; Kathleen Harriman a Pamela Churchill, 7 fev. 1945, in Geoffrey Roberts, *Stalin's Wars*, p. 238. Mais tarde Pamela Digby Churchill casou-se com Averell Harriman.
37. Marechal de campo Lord Alanbrooke, *War Diaries, 1939-1945*, p. 657; John Martin, diário inédito, WSC CC.
38. Notas de Bohlen, *FRUS Yalta*, pp. 589-91; Stettinius, pp. 111-5. Uma cópia do cardápio do jantar pode ser encontrada em FDRL.
39. *WSC7*, p. 1175.
40. Anthony Eden, *The Reckoning*, p. 593.
41. Edvard Radzinskii, *Stalin*, p. 470. Stálin rabiscou a palavra "professor" em sua cópia da peça de Aleksei Tolstói *Ivã, o Terrível*, publicada em 1942.
42. Maureen Perrie, *The Cult of Ivan the Terrible in Stalin's Russia*, p. 87.

3. CHURCHILL [pp. 65-82]

1. Mensagem de John Martin ao Gabinete Oficial, Jason 117, 4 fev. 1945, PRO.
2. Pawle e Thompson, p. 352.

3. Fleece 139, Jason 137, PREM 4/78/1, PRO.
4. Smith, *FDR*, p. 543.
5. Moran, *Churchill at War*, p. 274.
6. Diário de Marian Holmes Spicer, 3 fev. 1945, WSC CC.
7. Diário de compromissos de Churchill, WSC CC.
8. Winston Churchill, *The Gathering Storm*, p. 421.
9. Mary Soames, *Clementine Churchill*, p. 317.
10. Cadogan, p. 703.
11. Sarah Churchill, p. 75.
12. Churchill oferece uma versão incorreta da ligação Vorontsov-Herbert no sexto volume de sua autobiografia, *Triumph and Tragedy*. Ekaterina Vorontsova, filha do conde Semyon Vorontsov e única irmã de Mikhail Vorontsov, casou-se com George Herbert, décimo primeiro conde de Pembroke, em 1808.
13. Moran, *Churchill at War*, p. 264.
14. Martin Gilbert, *Finest Hour*, p. 1273.
15. John R. Colville, *The Fringes of Power*, p. 564.
16. *WSC TT*, p. 353.
17. *WSC TT*, pp. 226-8.
18. Transmissão radiofônica de WSC, 22 de junho de 1941, ver Richard Langworth, *Churchill by Himself*, p. 146.
19. 24 jan. 1944, Downing Street, WSC; Langworth, p. 144.
20. Isaac Deutscher, *Stalin*, p. 490.
21. Soames, p. 399.
22. *WSC7*, p. 664.
23. George F. Kennan, *Memoirs, 1925-1950*, pp. 524-6.
24. 1 out. 1939 (transmissão radiofônica); Langworth, p. 145.
25. *FRUS Yalta*, p. 621; ver também James Byrnes, *Speaking Frankly*, p. 27. Estenógrafo com grande experiência de trabalho em tribunais, Byrnes fazia suas próprias anotações do encontro de Yalta, que às vezes são mais completas que os registros oficiais.
26. Cadogan, p. 704.
27. Documentos de Martin, WSC CC.
28. Documentos de Maureen Clark, REDW2, WSC CC.
29. Dixon, pp. 137-8; Joan Bright Astley, *The Inner Circle*, pp. 194-5. Consultei também os diários de Maureen Clark e Elizabeth Onslow, WSC CC.
30. Richards, pp. 286-7.
31. Kuter, p. 122.
32. *WSC7*, p. 1167.
33. Sarah Churchill, p. 76.
34. Entrevista à imprensa juntamente com FDR, em Quebec, no Canadá, 16 set. 1944.
35. *WSC TT*, p. 343.
36. Brian Lavery, *Churchill Goes to War*, p. 8.
37. Bohlen, p. 174.
38. Robert Hopkins, *American Heritage*, jun./jul. 2006.

39. Winston Churchill, *The Grand Alliance*, p. 432.
40. Patrick Kinna, OH, WSC CC; Warren F. Kimball (Org.), *Churchill and Roosevelt*, v. 1, 4.
41. Colville, p. 624; Moran, *Churchill at War*, p. 277.
42. Cadogan, p. 705; ARB a John Boettiger, 7 fev. 1945, FDRL.
43. William M. Rigdon, *White House Sailor*, pp. 150-1. Em 24 de janeiro Hopkins tinha enviado uma mensagem sarcástica a FDR sobre Watson, dizendo ter ficado triste ao saber que seu assessor militar estava "sofrendo de enjoos como sempre". Arquivos da Sala de Mapas, FDRL.

4. POLÔNIA [pp. 83-106]

1. Smith, *FDR*, p. 591.
2. *WSC TT*, p. 368.
3. Diário de Maisky, publicado em O. A. Rzheshevskii, *Stálin i Cherchill*, p. 506.
4. *FRUS Yalta*, p. 686; ver também Eden, pp. 593-4.
5. Bohlen, p. 188.
6. ARB a John Boettiger, 7 fev. 1945, FDRL.
7. Byrnes, *Speaking Frankly*, p. 59.
8. ARB a John Boettiger, 7 fev. 1945, FDRL.
9. Seweryn Bialer (Org.), *Stalin and His Generals*, p. 619.
10. Stephen F. Cohen, *Bukharin and the Bolshevik Revolution*, p. 346.
11. Vassily Chuikov, *The Fall of Berlin*, p. 120. Em artigo anterior para uma revista soviética, Chuikov dissera que a conversa tinha ocorrido em 4 de fevereiro. Ele mudou a data após o relato original ter sido contestado por Zhukov.
12. *WSC7*, p. 1187.
13. *FRUS Yalta*, p. 232. Ver também mapa sobre transferência de população, p. 233.
14. Alfred M. de Zayas, *Nemesis at Potsdam*, p. 66; Alexander Werth, *Russia at War*, p. 965.
15. Cadogan, p. 706.
16. Felix Chuev, *Molotov Remembers*, p. 54.
17. Alliluyeva, *Only One Year*, p. 390; Roman Brackman, *The Secret File of Joseph Stalin*, p. 331.
18. Rees, p. 185.
19. Djilas, p. 61.
20. Deutscher, p. 517.
21. *FRUS Yalta*, pp. 379-83, 896-7.
22. Sergo Beria, *Beria My Father*, pp. 93, 104-5.
23. Rigdon, p. 153.
24. Andrei Gromyko, *Memoirs*, p. 89. O documento do Departamento de Estado sobre as Curilas foi preparado por George H. Blakeslee, 28 dez. 1944, *FRUS Yalta*, pp. 379-83. Ver também Tsuyoshi Hasegawa, *Racing the Enemy*, pp. 34-7.
25. Valentin M. Berezhkov, *At Stalin's Side*, p. 240.
26. Bohlen, pp. 195-9.
27. Donnelly, p. 721, MHI; *FRUS Yalta*, pp. 769-71.
28. Donnelly, p. 721, MHI.

29. Byrnes, *Speaking Frankly*, p. 32; *FRUS Yalta*, p. 790.
30. ARB a John Boettiger, 9 fev. 1945, FDRL.
31. Sarah Churchill, p. 77.
32. Alanbrooke, p. 660.
33. Nikita S. Khruschóv, *Khrushchev Remembers*, pp. 300-1.
34. Svetlana Alliluyeva, *Twenty Letters to a Friend*, p. 137; Alliluyeva, *Only One Year*, p. 384.
35. Gromyko, *Memoirs*, p. 368.
36. Cardápio do jantar, PSF: Conferência da Crimeia, FDRL.
37. *WSC TT*, pp. 361-4, 391; *FRUS Yalta*, pp. 797-9.
38. Richards, p. 288.
39. Kathleen Harriman, OH, KCL.
40. Kathleen Harriman à irmã, 9 fev. 1945, LCH.
41. *FRUS Yalta*, p. 798; *WSC TT*, p. 363.
42. Richards, p. 288; Birse, p. 184. Bohlen alega ser o autor da frase satírica em suas memórias (p. 182), que foi publicada 28 anos mais tarde. Preferi basear-me nas notas da época de Portal, que têm o endosso de Birse.
43. Diário de Holmes, WSC CC; *WSC7*, p. 1195.
44. Notas de Bruenn, 8 fev. 1945, FDRL.

5. O GRANDE PROJETO [pp. 107-25]

1. Stettinius, p. 204.
2. Ferrell, *The Dying President*, p. 85.
3. ARB a John Boettiger, 9 fev. 1945, FDRL.
4. Elbridge Durbrow, OH, maio 1973, HSTL.
5. John Morton Blum (Org.), *From the Morgenthau Diaries*, p. 197.
6. George M. Elsey, *An Unplanned Life*, p. 42; Leahy, p. 314.
7. Entrevista coletiva de FDR, 7 abr. 1944, in Bishop, p. 19.
8. Entrevista coletiva de FDR, 23 fev. 1945, FDRL.
9. James Reston, *Deadline*, p. 164; ver também discurso de Vandenberg ao Senado americano, 10 jan. 1945.
10. Stettinius, p. 204.
11. Eden, p. 595.
12. Eden, p. 337; sobre o fato de Stálin não ter lido a proposta de carta das Nações Unidas, ver *FRUS Yalta*, p. 666, Byrnes, *Speaking Frankly*, pp. 36-7.
13. *FRUS Yalta*, pp. 862, 977.
14. Este aforismo citado com frequência vem das memórias do antigo secretário de Stálin, Boris Bazhanov, *Vospominaniia Byvshego Sekretaria Stálina*, publicado em 2002 em Moscou. Segundo Bazhanov, Stálin teria dito, antes de um Congresso do Partido Comunista em 1923: "Julgo que não tem a menor importância quem no partido vai votar, ou como vai votar; o que tem uma importância extraordinária é quem vai contabilizar os votos, e como".
15. Kuter, p. 172.

16. Anotações de Bruenn, 10 fev. 1945, FDRL.
17. Leahy, pp. 315-6.
18. *FRUS Yalta*, p. 920.
19. Id., pp. 851, 846.
20. Hugh Gallagher, *FDR's Splendid Deception*, p. 205; Eden, p. 599.
21. ARB a John Boettiger, 10 fev. 1945, FDRL.
22. Chuev, p. 51.
23. Ralph B. Levering et al., *Debating the Origins of the Cold War*, p. 15.
24. Chuev, p. 46.
25. Carta de FDR a Stálin, 4 out. 1944, citada em Susan Butler (Org.), *My Dear Mr. Stalin*, p. 260.
26. Djilas, p. 91.
27. *WSC TT*, p. 391.
28. Diário de Marian Holmes, WSC CC; ver também entrevista de Hugh Lunghi, CNN CW; documentos de Nina Sturdee, ONSL1, WSC CC.
29. Stettinius, p. 206.
30. *WSC TT*, p. 392.
31. Recordações de Pim, citadas em *WSC7*, p. 1209.
32. Stettinius, p. 279; ver também Dixon, pp. 146-7.
33. Diário de Meiklejohn, p. 630, LCH.
34. *Life*, 12 mar. 1945.
35. Sarah Churchill, pp. 77-8, Holmes OH, WSC CC.

6. EUFORIA [pp. 126-42]

1. Dixon, 148; *WSC7*, 1216; CSC a WSC, 13 fev. 1945, WSC CC.
2. Diário de Martin, 13 fev. 1945, WSC CC; *WSC7*, p. 1214.
3. *WSC TT*, pp. 394-5.
4. Robert E. Sherwood, *Roosevelt and Hopkins*, p. 871.
5. Pasta da Conferência da Crimeia, FDRL.
6. Sherwood, p. 870.
7. Memorando de Kennan, 14 fev. 1945, documentos de Kennan, Universidade de Princeton.
8. 4 fev. 1945, plenário, *FRUS Yalta*, p. 583; ver também *FRUS Yalta*, p. 557, e Hastings, *Armageddon*, p. 336.
9. Colville, p. 562.
10. ARB OH, Universidade de Colúmbia; Geoffrey Ward (Org.), *Closest Companion*, pp. 395-6.
11. *WSC7*, pp. 1222-3; *FRUS Yalta*, p. XI.
12. Samuel I. Rosenman, *Working with Roosevelt*, pp. 523-4.
13. Sherwood, p. 874.
14. Colville, p. 560.
15. Władysław Anders, *An Army in Exile*, p. 86.
16. Memorandos do Quartel-General do Oitavo Exército, 17 fev. 1945 e 5 mar. 1945, PSF Polônia, FDRL; memorandos do Departamento de Guerra Britânico, WO 204/5560, PRO.

17. Alanbrooke, p. 665.
18. *WSC TT*, p. 759; comunicado polonês, in *NYT*, 14 fev. 1945.
19. Anders, p. 256.
20. Hugh Dalton, *The Second World War Diary of Hugh Dalton*, p. 836.
21. Rascunho de Churchill, CHAR 9/206 A, WSC CC; *Hansard*, 27 fev. 1945.
22. Colville, p. 562.
23. Lord Strang, "*Potsdam After Twenty-Five Years*", *International Affairs*, v. 46, jul. 1970.
24. *WSC TT*, p. 400.
25. David Reynolds, *From World War to Cold War*, p. 243.
26. Hansard, 27-28 fev. 1945.
27. Notas de Frank McNaughton, 1 mar. 1945, HSTL.
28. "Roosevelt Shaped 2 Yalta Solutions", *NYT*, 14 fev. 1945.
29. Memorando de Stettinius para FDR, 13 mar. 1945, FDRL.
30. Fraser Harbutt, *Yalta 1945*, pp. 348-9.
31. Adolf A. Berle, *Navigating the Rapids*, p. 477.

7. CAMARADA VYSHINSKY [pp. 145-62]

1. *Life*, 19 fev. 1940, p. 70.
2. Evan Thomas, *The Very Best Men*, p. 20.
3. Robert Bishop e E. S. Crayfield, *Russia Astride the Balkans*, p. 96.
4. Bishop e Crayfield, p. 101.
5. Relatório do OSS sobre o major Robert Bishop, 30 abr. 1945, OSS; arquivos pessoais, RG 226, NARA; Eduard Mark, "The OSS in Romania, 1944-5", *Intelligence and National Security*, v. 9, n. 2, abr. 1994, pp. 320-44.
6. Relatório do capitão L. E. Madison, 30 maio 1945, Arquivos do OSS em Bucareste, RG 226, NARA.
7. Burton Hersh, *The Old Boys*, p. 208. Ver também Bishop e Crayfield, pp. 123-8; análise do OSS, "The Rădescu Cabinet", 1 jun. 1945, arquivos da embaixada em Bucareste, RG 84, NARA.
8. "The National Democratic Front and the Crimea Conference", *Scânteia*, 18 fev. 1945.
9. "Drive for a National Democratic Front Government in Romania", 13 mar. 1945, arquivos da embaixada em Bucareste, RG 84, NARA.
10. T. V. Volokitina et al. (Orgs.), *Tri Vizita A. Ia. Vyshinskogo v Bukharest*, pp. 123-4.
11. Diário de Cortland Schuyler, 23 fev. 1945, LCS.
12. Burton Berry, "The Drive for a National Democratic Front Government in Romania", despacho n. 152, 13 mar. 1945, embaixada dos Estados Unidos, Arquivos Confidenciais de Bucareste 800, RG 84, NARA. Esse documento contém ainda listas de mortos e feridos, comunicados do governo e da oposição, e traduções de processos verbais conduzidos por magistrados militares romenos. Os arquivos da embaixada incluem despachos e notas censurados do repórter da Associated Press Livius Nasta sobre os incidentes de fevereiro.
13. Piața Natiunii, em romeno; agora Piața Unirii. Sob o regime de Ceaușescu, a praça foi incorporada às gigantescas obras ao redor do Palácio do Parlamento. Atualmente o Palácio Real é o Museu de Arte Nacional Romeno. O Ministério do Interior abrigou os escritórios do Comitê Cen-

tral do Partido Comunista durante o período comunista. A Praça do Palácio, atualmente Praça da Revolução, foi onde ocorreram os primeiros protestos contra Nicolae Ceauşescu em dezembro de 1989, que acabaram por derrubar seu governo. O ditador pronunciou seu derradeiro discurso público na varanda do antigo Ministério do Interior, tendo fugido de helicóptero do topo do edifício.

14. Silviu Brucan, *The Wasted Generation*, p. 45.
15. Comunicado do NDF, anexo n. 9, 13 mar. 1945, relatório.
16. Arkadii Vaksberg e Jan Butler, *Stalin's Prosecutor*, pp. 245-6.
17. Harold Macmillan, *The Blast of War*, p. 388.
18. Macmillan, p. 392.
19. Vaksberg e Butler, pp. 71-2.
20. Julgamento de Kamenev e Zinoviev, ago. 1936.
21. Alfred J. Rieber, "The Crack in the Plaster", *Journal of Modern History*, n. 76, mar. 2004, p. 64. Ver também Perry Biddiscombe, "Prodding the Russian Bear", *European History Quarterly*, n. 23, 1993, pp. 193-232; e Volokitina et al. (Orgs.), *Tri Vizita*, pp. 118-21.
22. *Life*, 19 fev. 1940, p. 76.
23. Burton Y. Berry, *Romanian Diaries, 1944-47*, p. 89; *FRUS 1945 V*, pp. 487-8.
24. Arthur Gould Lee, *Crown Against Sickle*, p. 107.
25. *FRUS 1945 V*, p. 504.
26. Terence Elsberry, *Marie of Romania*, p. 245.
27. Discurso de Vyshinsky, recepção em Arlus, 9 mar. 1945.
28. Entrada no diário de Schuyler, 9 mar. 1945, LCS.
29. *FRUS 1945 V*, p. 504. O rei Miguel finalmente foi forçado a abdicar em 30 de dezembro de 1947, quando o governo comunista proclamou uma República Popular. Ele deixou o país quatro dias depois.
30. Minutas do Ministério das Relações Exteriores e telegramas de Stevenson, FO 371/48538, PRO.
31. Ver comentários de Eduard Marc, *H-Diplo Roundtable Reviews*, v. 10, n. 12, 2009. Um memorando do Ministério das Relações Exteriores de 14 de março de 1945 menciona em linguagem cifrada informações recolhidas pelos britânicos "mostrando que os russos talvez tivessem alguns motivos genuínos para as ações que tomaram contra o governo do general Rădescu", 371/48538. A versão alemã do episódio encontra-se em Biddiscombe, "Prodding the Russian Bear".
32. Minutas do Ministério das Relações Exteriores sobre "Romênia", 27 fev. 1945, FO 371/48537.
33. A correspondência Churchill-FDR sobre a Romênia encontra-se publicada em *FRUS 1945 V*, pp. 505-10.

8. "UM VÉU IMPENETRÁVEL" [pp. 163-81]

1. Kathleen Harriman a Mary Harriman, 8 mar. 1945, LCH.
2. Kathleen Harriman a Pamela Digby Churchill, 20 mar. 1945, LCH.
3. "Yalta at Work", *Time*, 19 mar. 1945.
4. Walter Isaacson e Evan Thomas, *The Wise Men*, p. 219; diário de Harriman, 21 out. 1943, LCH.

5. Harriman e Abel, pp. 302, 327.
6. Id, pp. 344-5.
7. Id., p. 310.
8. Id, p. 291.
9. Thomas Brimelow, OH, WSC CC, artigo 58, parágrafo 4.
10. Kathleen Harriman a Marie e Mary Harriman, 17 nov. 1943, LCH.
11. Birse, pp. 198-9.
12. Durbrow, OH, maio 1973, HSTL; Kathleen Harriman a Mary Harriman, 8 mar. 1945, LCH.
13. Rudy Abramson, *Spanning the Century*, p. 361.
14. Memorando de Frank Stephens, 15 jan. 1945, arquivos da embaixada em Moscou, RG 84, NARA.
15. L. Sulzberger, *A Long Row of Candles*, p. 253.
16. Telegrama não enviado, 10 abr. 1945, LCH.
17. Isaacson e Thomas, p. 243.
18. Minutas da Comissão da Polônia, 27 fev. 1945, LCH; *FRUS 1945 V*, p. 135.
19. *FRUS 1945 V*, pp. 145, 159.
20. Id., pp. 171-2.
21. Telegrama não enviado de Harriman, 21 mar. 1945, LCH.
22. *FRUS 1945 V*, p. 813.
23. John R. Deane, *The Strange Alliance*, p. 192. Para mais informações sobre prisioneiros de guerra americanos, ver Timothy Nenninger, "United States Prisoners of War and the Red Army", *Journal of American Military History*, n. 66, jul. 2002, pp. 761-82.
24. "Prisoners of War", memorando de Harriman, 13 mar. 1945, LCH.
25. Memorando do coronel C. E. Hixon, 19 abr. 1945, Registros da Missão Militar dos Estados Unidos a Moscou, POWS, caixas 22-23, RG 334, NARA.
26. James D. Wilmeth, "Report on a Visit to Lublin, February 27-March 28, 1945", POWS, caixas 22-23, RG 334, NARA.
27. Wilmeth, "Report on a Visit to Lublin".
28. Memorando de James D. Wilmeth ao major general John R. Deane, 13 abr. 1945, POWS, caixas 22-23, RG 334, NARA.
29. Memorando de Hixon, NARA.
30. Memorando de Beria a Stálin, 17 abr. 1945, publicado em V. N. Khaustov et al. (Orgs.), *Lubyanka: Stalin I NKVD*, pp. 507-9; Hastings, *Armageddon*, pp. 258-9.
31. Zbigniew Stypułkowski, *Invitation to Moscow*, p. 211. Para o relato russo, ver relatórios da NKVD em A. F. Noskova e T. V. Volokitina (Orgs.), *NKVD i Polskoe Podpole, 1944-5*, pp. 111-29.
32. Stypułkowski, p. 226.
33. Id., p. 229.

9. A MORTE DE UM PRESIDENTE [pp. 182-203]

1. Simon Sebag Montefiore, *Stalin*, p. 369; "Glavdacha SSSR", *AiF Moskva*, 8 fev. 2006.
2. Deutscher, p. 596.

3. Alliluyeva, *Twenty Letters*, p. 171.

4. Alliluyeva, *Only One Year*, p. 373.

5. Montefiore, p. 283.

6. Memórias de Juozas Urbšys, excertadas em *Litanus*, v. 34, n. 2, 1989. Ver também artigos sobre os apartamentos de Stálin no Kremlin por Aleksandr Kolesnichenko, *Argumenty i Fakty*, 17 jun. 2009, e Aleksandr Gamov, *Komsomolskaya Pravda*, 13 mar. 2008.

7. Antony Beevor, *Berlin*, p. 194. Para dados sobre baixas, ver Janusz Przymanowski, "Novye dokumenty o liudskikh poteriakh vermakhta vo vtoroi mirovoi voine," *Voenno-istoricheskii zhurnal*, n. 12, 1965, p. 68.

8. Susan Butler, pp. 305-7; Beevor, p. 144.

9. Roberts, p. 243; Susan Butler, pp. 316-7.

10. Beevor, p. 200.

11. Id., 147.

12. Iurii Gorkov, *Gosudarstvennyi Komitet Oborony Postanovliaet*, p. 461. Fotocópias dos registros originais de Poskrebyshev estão em LCV. Em suas memórias, Zhukov se equivoca dizendo que esse encontro ocorreu em 29 de março. Um registro dos movimentos de Zhukov, publicado em *Voenno-Istoricheskii Zhurnal*, n. 10, 1991, mostra que ele deixou o front em 29 de março, mas seu avião fez uma aterrissagem forçada em Minsk às 13h20. Ele partiu de trem para Moscou às 20h20, chegando no dia 31 de março, permanecendo em Moscou até 3 de abril.

13. Bialer, pp. 436-8; Georgi Zhukov, *Marshal Zhukov's Greatest Battles*, p. 13.

14. Montefiore, p. 389.

15. Id., p. 389; Georgi Zhukov, *The Memoirs of Marshal Zhukov*, p. 283.

16. Zhukov, *Memoirs*, pp. 587-90. Retraduzi algumas citações da edição russa.

17. Bialer, pp. 516-20.

18. William D. Hassett, *Off the Record with FDR 1942-1945*, p. 328; Reilly, p. 227.

19. Eleanor Roosevelt, *This I Remember*, p. 343.

20. Notas de ARB, arquivos Boettiger, FDRL; Joseph Lash, OH, FDRL; Joseph E. Persico, *Franklin and Lucy (Franklin e Lucy)*, p. 325.

21. Ferrell, *The Dying President*, p. 114.

22. Arthur Schlesinger, *The Cycles of American History*, p. 167. Schlesinger estava citando o testemunho de Anna Rosenberg Hoffman, que almoçou com FDR em Washington no dia 24 de março, antes que ele se dirigisse a Hyde Park e Warm Springs. Sobre repressão a críticas na Rússia, ver carta de FDR ao antigo enviado presidencial George Earle, 24 mar. 1945, publicada no *New York Daily News*, 9 dez. 1947.

23. Alanbrooke, p. 680.

24. Grace Tully, *F.D.R., My Boss*, p. 359.

25. Ward (Org.), p. 413; Elizabeth Shoumatoff, *FDR's Unfinished Portrait*, pp. 101-3.

26. Ward (Org.), p. 414.

27. Hassett, p. 332.

28. Smith, *FDR*, p. 55.

29. Kimball, p. 630. Uma anotação nos registros da Sala de Mapas datada de 11 de abril informa que o presidente "redigiu esta mensagem", Arquivos da Sala de Mapas, FDRL.

30. Shoumatoff, p. 114; Blum (Org.), pp. 415-9.

31. Ward (Org.), p. 418; Hassett, pp. 333-5; Shoumatoff, pp. 115-8.
32. Susan Butler, pp. 320-2. Os telegramas originais encontram-se nos Arquivos da Sala de Mapas, FDRL.
33. Diário de Meiklejohn, p. 649, LCH; telegrama de Harriman a Stettinius, 13 abr. 1945, LCH; V. I. Zhilaev et al., *Sovetsko-Amerikanskie Otnosheniia, 1939-1945*, p. 644.
34. Despacho não enviado de Harriman, 10 abr. 1945, LCH.
35. Telegramas Harriman-Stettinius, anotações de encontros de Stálin, 13 abr. 1945, LCH.

10. O NEÓFITO E O COMISSÁRIO [pp. 204-26]

1. *HST1*, p. 19.
2. Margaret Truman, *Letters from Father*, p. 106.
3. Bohlen, p. 212.
4. Margaret Truman, p. 141; Frank McNaughton, notas para a matéria de capa da revista *Time*, 14 abr. 1945, HSTL.
5. *HST3*, p. 143.
6. Thomas Fleming, "Eight Days with Harry Truman", *American Heritage*, jul./ago. 1992.
7. McNaughton, notas para a matéria de capa da revista *Time*, HSTL.
8. *NYT*, 24 jun. 1941, pp. 1-7.
9. *HST1*, p. 51.
10. Minutas de Bohlen, *FRUS 1945 V*, pp. 231-4; Harriman e Abel, pp. 447-50.
11. Elbridge Durbrow, OH, HSTL.
12. Entrevista com Robert Harris, Arquivo de Memórias, HSTL.
13. Notas de Bohlen, *FRUS 1945 V*, pp. 252-5.
14. Anotação no diário de Stimson, 23 abr. 1945, HSY.
15. James Forrestal, *The Forrestal Diaries*, p. 49.
16. *FRUS 1945 V*, pp. 256-8; Leahy, pp. 351-3; *NYT*, 24 abr. 1945.
17. Chuev, p. 55; Bohlen, pp. 213-4.
18. Diário de Joseph Davies, 30 abr. 1945, LCD.
19. *HST1*, p. 82.
20. Documentos de Eben E. Ayers, caixa 10, HSTL; Arquivos de Memórias de Truman, HSTL. Para mais discussões, ver Geoffrey Roberts, "Sexing Up the Cold War", *Cold War History*, abr. 2004, pp. 105-25.
21. Diário de Stimson, 13 mar. 1944, HSY.
22. *HST1*, p. 10.
23. Id., p. 85.
24. Diário de Stimson, 25 abr. 1945, HSY; *HST1*, pp. 87-8.
25. Richard Rhodes, *The Making of the Atomic Bomb*, p. 625.
26. *HST1*, p. 89.
27. Id., pp. 87, 11.
28. Volkogonov, *Stalin*, p. 339; Radzinskii, p. 461.
29. Donald Rayfield, *Stalin and His Hangmen*, p. 260; Khruschóv, p. 58.

30. Montefiore, p. 34.
31. Id., p. 35.
32. Gromyko, *Memoirs*, p. 315.
33. Churchill, *Gathering Storm*, pp. 329-30.
34. Chuev, p. 46; relatório da Associated Press sobre a visita de Molotov, 21 jun. 1941.
35. *Chicago Tribune*, 26 abr. 1945; *HST1*, pp. 94-5.
36. Montefiore, p. 473.
37. Bohlen, p. 214; *NYT*, 28 abr. 1945.
38. Harriman e Abel, pp. 456-7.
39. Diário de Forrestal, 11 maio 1945, Biblioteca Mudd da Universidade de Princeton; Harriman e Abel, p. 454; Chuev, p. 71.
40. Jonathan R. Adelman, *Prelude to the Cold War*, pp. 225-7.
41. Bohlen, p. 215; Eden, p. 620; Noskova e Volokitina, *NKVD i Polskoe Podpole*, p. 114.
42. *WSC TT*, pp. 574-5.

11. O ENCONTRO [pp. 227-48]

1. "The Russian-American Linkup", World War II Operations Reports, caixa 24048, RG 94, NARA. Exceto quando estiverem expressamente identificadas, todas as citações foram retiradas de relatos feitos na época pelo capitão William J. Fox.
2. Relato da Associated Press feito por Don Whitehead e Hal Boyle, *Washington Post*, 28 abr. 1945.
3. Mark Scott e Semyon Krasilschik (Orgs.), *Yanks Meet Reds*, p. 22.
4. *Stars and Stripes*, 28 abr. 1945, reproduzido em Scott e Krasilschik (Orgs.), p. 84.
5. Aronson, OH, CNN CW.
6. Coronel Walter D. Buie, carta, 26 maio 1945, documentos de Charles Donnelly, MHI.
7. Major Mark Terrel, Relatório sobre a Força Tarefa 76, 15 maio 1945, MHI.
8. Forrest Pogue, relatório sobre "The Meeting with the Russians", Relatórios de Operações da Segunda Guerra Mundial, NARA.
9. Scott e Krasilschik, p. 117.
10. Id., pp. 125, 132.
11. John Erickson e David Dilks (Orgs.), *Barbarossa*, p. 266.
12. S. M. Shtemenko, *The Last Six Months*, p. 36.
13. Trechos extraídos de diários de guerra citados por Oleg Budnitskii, programa RFE, "Mifi i Reputatsii", 22 fev. 2009; ver também Budnitskii, "The Intelligentsia Meets the Enemy", *Kritika*, verão 2009, pp. 629-82.
14. Norman M. Naimark, *The Russians in Germany*, p. 78.
15. Nikita Petrov, *Pervyj Predsedatel KGB Ivan Serov*, p. 44.
16. Lev Kopelev, *No Jail for Thought*, p. 53.
17. Budnitskii, "Intelligentsia", p. 657.
18. Diário de Georgi Solyu, Museu Germano-Russo, Karlshorst.
19. História do 272º Regimento de Infantaria.

20. Thomas A. Julian, "Operations at the Margin", *Journal of Military History*, out. 1993, p. 647.
21. William L. White, *Report on the Russians*, p. 189.
22. William R. Kaluta, relatório histórico, abr./jun. 1945, Operation Frantic Files, caixa 66, RG 334, NARA. Todas as citações foram extraídas desse relatório, salvo indicação em contrário.
23. Memorando de Harriman sobre conversa com Stálin, 15 abr. 1945, LCH.
24. Relatório da SMERSH para Stálin, 2 abr. 1945, LCV.
25. Ordem 11075 de Stálin, 23 abr. 1945, LCV.
26. Tenente John Backer, "Report on Political Conditions in Czechoslovakia", 19 out. 1945, Arquivos de Robert Murphy, RG 84, NARA.
27. Djilas, p. 87.
28. Ordem 11072, 20 abr. 1945, LCV.
29. Petrov, p. 49.
30. Beria, p. 337.

12. VITÓRIA [pp. 249-69]

1. Shtemenko, pp. 409-11.
2. Marechal N. N. Voronov, relato memorial, traduzido em Bialer, pp. 557-8. Ao contrário do que consta em algus relatos, Susloparov não desapareceu no gulag. Ele encerrou a carreira como instrutor na Academia Diplomática Militar.
3. Zhukov, *Memoirs*, pp. 630-1.
4. Deane, p. 180; R. C. Raack, *Stalin's Drive to the West*, pp. 117-8.
5. Vassily Grossman, *A Writer at War*, p. 340.
6. Budnitskii, "Intelligentsia", p. 660.
7. Wolfgang Leonhard, *Child of the Revolution*, p. 298.
8. David Samoilov, *Podennye Zapisi*, p. 224.
9. Werth, p. 969.
10. C. L. Sulzberger, "Moscow Goes Wild Over Joyful News", *NYT*, 10 maio 1945.
11. Kennan, *Memoirs*, p. 242.
12. Id., p. 244. A citação é de Ralph Parker, um ex-repórter do *New York Times* que mais tarde trabalharia para os soviéticos. Kennan descreveu a reportagem de Parker como "inventada", mas não contestou essa citação específica, que reproduz declarações que ele admitiu ter feito.
13. Kennan, *Memoirs*, p. 11.
14. Id., p. 57.
15. Id., p. 74.
16. Id., p. 54.
17. Id., p. 544.
18. Id., p. 258.
19. Carta de Bohlen a Kennan, fev. 1945, arquivos relativos a Kennan, Universidade de Princeton.

20. Kennan, *Memoirs*, p. 195.
21. Isaacson e Thomas, p. 229.
22. Escrito em maio de 1945, publicado novamente em Kennan, *Memoirs*, pp. 532-46.
23. Anotação no diário de Colville, 14 maio 1945, p. 599.
24. Anotação no diário de Colville, 1 maio 1945, p. 595.
25. Anotação no diário de Colville, 17 maio 1945, p. 599.
26. *WSC TT*, p. 572.
27. Não foi Churchill quem criou a imagem da "cortina de ferro". Joseph Goebbels já havia usado a expressão em artigo para o jornal nazista *Das Reich* em 25 de fevereiro de 1945. Ele previu que os acordos de Yalta fariam com que uma *eiserner Vorhang* se fechasse sobre o "enorme território controlado pela União Soviética, atrás da qual nações seriam massacradas". O termo "eiserner Vorhang" refere-se à cortina de ferro de segurança instalada nos teatros europeus, destinada a impedir que o fogo se espalhasse do palco para a plateia.
28. *WSC TT*, p. 429.
29. Anotações no diário de Marian Holmes Spicer, 11-13 maio 1945, WSC CC.
30. Discurso de Churchill pelo rádio, 13 maio 1945.
31. Documentos de Montgomery, Museu Imperial da Guerra, Londres, BLM 162; David Reynolds, *In Command of History*, p. 476.
32. *WSC TT*, p. 575.
33. CAB 120/691/109040, PRO; anotação no diário de Brooke, 24 maio 1945, KCL.
34. *WSC TT*, pp. 455-6.
35. HST a Martha e Mary Truman, 8 maio 1945, HSTL.
36. HST a Martha e Mary Truman, 8 maio 1945, HSTL. A carta foi republicada em *HST1*, p. 206, sem a expressão "gordo velho".
37. Joseph E. Davies, *Mission to Moscow*, pp. 44, 270, 340-60.
38. Carta de Davies a Truman, 12 maio 1945, LCD.
39. Diário de Davies, 13 maio 1945, LCD; relato de Walter Trohan, *Chicago Tribune*, 12 maio 1945; diário de Eben Ayers, 12 maio 1945, HSTL.
40. *HST2*, p. 228.
41. *HST2*, p. 35.
42. Todd Bennett, "Culture, Power, and Mission to Moscow", *Journal of American History*, set. 2001; Bohlen, p. 123.
43. Anotações de Frank McNaughton, 1 mar. 1945, HSTL; Elizabeth Kimball Maclean, *Joseph E. Davies*, p. 27.
44. Anotação no diário de Davies, 4 jun. 1945, LCD.
45. Bohlen, p. 44; Kennan, *Memoirs*, p. 83
46. Diário de Davies, 13 maio 1945; carta a HST, 12 maio 1945, LCD.

13. "A SALVAÇÃO DO MUNDO" [pp. 270-88]

1. Clifton Daniel, *NYT*, 27 maio 1945.
2. Harold Hobson, *Christian Science Monitor*, 29 maio 1945.
3. Anotação no diário, 22 maio 1945; *HST2*, pp. 31-5.

4. Eden, pp. 623-4.
5. Davies à mulher, 28 maio 1945, LCD.
6. Relato de Davies a Truman, 12 jun. 1945. A descrição do encontro com Churchill foi retirada desse relato, das cartas de Davies à sua mulher e de anotações de diário, todas disponíveis em LCD.
7. David Carlton, *Churchill and the Soviet Union*, p. 140.
8. 27 maio 1945, memorando, *WSC TT*, p. 579.
9. Sherwood, p. 887. O livro de Sherwood inclui transcrições dos encontros Stálin-Hopkins em Moscou. Para relatos sobre a sensação de estar perdido ao sobrevoar Berlim, ver o diário de Meiklejohn, pp. 672-4, LCH; carta de Kathleen Harriman, 29 maio 1945, LCH.
10. *HST2*, p. 31.
11. Henrik Eberle e Matthias Uhl (Orgs.), *The Hitler Book*, p. 283.
12. Benjamin Fischer, "Hitler, Stalin, and Operation Myth", *CIA Center for Study of Intelligence Bulletin*, n. 11, verão 2000.
13. *NYT*, 10 jun. 1945.
14. Heinz Linge, *With Hitler to the End*, p. 213.
15. Lev Bezymenskii, *Operatsiia "Mif"*, p. 148.
16. Gorkov, pp. 17-72; Adelman, pp. 225-9, Roberts, p. 325.
17. Volkogonov, *Stalin*, p. 504.
18. Relatório da NKVD submetido a Stálin, 17 maio 1945, reproduzido em Noskova e Volokitina, *NKVD i Polskoe Podpole*, pp. 187-90.
19. Bohlen, p. 339.
20. *NYT*, 25 maio 1945.
21. Para um relato detalhado da visita de Hopkins, ver Sherwood, pp. 886-912.
22. Bohlen, p. 219.
23. Stanisław Mikołajczyk, *The Rape of Poland*, p. 118; *WSC TT*, pp. 583-4.
24. Diário de Meiklejohn, LCH, p. 679.
25. Kathleen Harriman a Mary Harriman, 4 jun. 1945, LCH.
26. Memorando de Hopkins, 1 jun. 1945, LCH.
27. Meiklejohn, p. 680; memorando de Edward Page sobre caviar, 29 maio 1945, LCH.
28. Bohlen, p. 222; Sherwood, p. 922.
29. Kennan, *Memoirs*, p. 212.

14. O PÔQUER ATÔMICO [pp. 289-305]

1. James Byrnes, *All in One Lifetime*, p. 230.
2. Spencer Weart e Gertrude Szilard, "Leo Szilard, His Version of the Facts", *Bulletin of the Atomic Scientists*, maio 1979; Rhodes, *Making of the Atomic Bomb*, p. 638.
3. Byrnes, *All in One Lifetime*, p. 284.
4. Diário de Stimson, 14 maio 1945, HSY.
5. Anotações do Comitê do Alvo, 28 maio 1945, MED; Rhodes, *Making of the Atomic Bomb*, p. 638.
6. Rhodes, *Making of the Atomic Bomb*, p. 640.

7. Notas do Comitê Provisório, 31 maio/1 jun. 1945, MED; diário de Stimson, 30 maio/1 jun. 1945, HSY.
8. Rhodes, *Making of the Atomic Bomb*, p. 649.
9. Len Giovannitti e Fred Freed, *The Decision to Drop the Bomb*, p. 109.
10. Rhodes, *Making of the Atomic Bomb*, pp. 607-9.
11. Memorando de Groves a Marshall, 7 mar. 1945, MED.
12. Memorando de Spaatz a Marshall, 19 mar. 1945, MED.
13. Memorando do coronel John Lansdale, 10 jul. 1946, MED.
14. Leslie R. Groves, *Now It Can Be Told*, p. 243.
15. Thomas Powers, *Heisenberg's War*, p. 425.
16. Groves, p. 243; Powers, p. 426.
17. David Holloway, *Stalin and the Bomb*, p. 91.
18. Naimark, *Russians in Germany*, p. 209.
19. Anotações de Kurchatov, início de 1945, citado em Vladimir Gubarev, "Bely Arkhipelag", *Nauka y Zhizn*, n. 1, 2004. O primeiro reator nuclear russo atingiu o estado de criticidade em dezembro de 1946.
20. Holloway, p. 78.
21. Nikolaus Riehl e Frederick Seitz, *Stalin's Captive*, p. 71.
22. Pavel V. Oleynikov, "German Scientists in the Soviet Atomic Project", *Nonproliferation Review*, verão 2000.

15. O IMPÉRIO VERMELHO [pp. 306-27]

1. Holloway, p. 152.
2. Georgi Dimitrov, *The Diary of Georgi Dimitrov*, p. 136.
3. Chuev, p. 73.
4. Jamil Hasanli, *SSSR-Turtsiya*, p. 201.
5. N. K. Baibaikov, *Ot Stalina do El'tsina*, p. 81.
6. Vladislav Zubok, *A Failed Empire*, p. 41.
7. Bruce Kuniholm, *The Origins of the Cold War in the Near East*, pp. 195-6.
8. Chuev, p. 74.
9. Jamil Hasanli, *At the Dawn of the Cold War*, p. 70; uma tradução em inglês das ordens de Stálin foi publicada em *CWIHPB*, n. 12/13, outono 2001.
10. Hasanli, *At the Dawn of the Cold War*, p. 79.
11. Carta de Wall a Bullard, 23 ago. 1945, FO 371/45478, PRO. Wall mais tarde tornou-se um romancista de sucesso, usando o pseudônimo de Sarban.
12. Peter Lisagor e Marguerite Higgins, *Overtime in Heaven*, p. 148.
13. 13 maio 1945, despacho, publicado em Reader Bullard, *Letters from Tehran*, p. 280.
14. Carta de Wall a Bullard, 12 ago. 1945, FO 371/45478, PRO.
15. Diário de Tabriz n. 17, 4-25 out. 1945, FO 371/45478.
16. Diário de Tabriz n. 19, nov./dez. 1945, FO 371/52740, PRO.
17. Chuev, p. 75.

18. Roberts, pp. 218-9.
19. Charles A. Moser, *Dimitrov of Bulgaria*, p. 225.
20. Barnes ao Secretário de Estado, 23 jun. 1945, copiado para a embaixada de Moscou, NARA.
21. Moser, p. 229.
22. Coronel S. W. Bailey ao Ministério das Relações Exteriores, 12 jun. 1945, FO 371/48127, PRO, citado em em Moser, 232.
23. Moser, pp. 231-6; *FRUS 1945 IV*, p. 314.
24. *Time*, 2 jul. 1945.
25. Transcrição do julgamento, publicada pelo Comissariado da Justiça da URSS; ver também Werth, pp. 1012-6.
26. Mikołajczyk, *Rape of Poland*, p. 128.
27. Amy W. Knight, *Beria*, pp. 128-9.
28. Robert Murphy, *Diplomat Among Warriors*, p. 258.
29. *WSC TT*, p. 363.
30. G. K. Zhukov, *Vospominaniia i Razmyshleniia*, p. 353.
31. Elena Zubkova, *Russia After the War*, pp. 32-3.
32. Werth, p. 1003.
33. Entrevista de Lunghi, CNN CW.
34. "Fort Dix and the Return of Reluctant Prisoners of War", *NYT*, 24 nov. 1980.
35. Registros dos prisioneiros de guerra, 1942-45, MLR P 179B, RG 165, NARA.
36. Embaixada dos Estados Unidos em Moscou, telegrama, 11 jun. 1945, LCH.
37. Mark A. Elliott, *Pawns of Yalta*, p. 87.
38. *FRUS Yalta*, pp. 985-7.
39. Mensagem de Deane a Eisenhower, 7 jun. 1945, missão militar dos Estados Unidos em Moscou, RG 334, NARA.
40. Elliott, p. 89.
41. Catherine Merridale, *Ivan's War*, p. 303.
42. R. J. Overy, *Russia's War*, p. 359.
43. Alliluyeva, *Twenty Letter*s, p. 78.
44. Alliluyeva, *Only One Year*, p. 370; Montefiore, p. 395.
45. "The Death of Stalin's Son", *Time*, 1 mar. 1968; Radzinskii, p. 478.
46. Memorandos do Departamento de Estado, 800.1, Arquivo de Stálin, arquivos de Robert Murphy, RG 84, NARA.

16. BERLIM [pp. 331-49]

1. Leonhard, *Child of the Revolution*, p. 303.
2. Richard Brett-Smith, *Berlin '45*, p. 118.
3. Grigorii Pomerants, *Zapiski Gadkogo Utenka*, p. 202.
4. "Conditions in Berlin", 21 jul. 1945, relatório de Perry Laukhuff a Robert Murphy, Gabi-

nete do Assessor para Assuntos Políticos dos Estados Unidos na Alemanha, Correspodência Geral Reservada, 1945, RG 84, NARA.

5. Mikołajczyk, *Rape of Poland*, p. 79.
6. Leonhard, *Child of the Revolution*, p. 329.
7. Beria, p. 89.
8. Leonhard, *Child of the Revolution*, p. 319; anotações da reunião dos Grupos de Iniciativa com Stálin, 4 jun. 1945, citadas em Dirk Spilker, *The East German Leadership and the Division of Germany*, p. 55.
9. Relatório de Laukhuff, arquivos de Murphy, RG 84, NARA.
10. Giles MacDonogh, *After the Reich*, p. 478.
11. Frank L. Howley, *Berlin Command*, p. 44; relatório a Murphy, correspondência Reservada do assessor dos Estados Unidos para assuntos políticos, 19 jun. 1945, NARA.
12. Wolfgang Leonhard, OH, CNN CW.
13. Merridale, p. 301.
14. Howley, *Berlin Command*, p. 11.
15. Id., p. 29.
16. Diário de John J. Maginnis, MHI.
17. Diário de John J. Maginnis, MHI.
18. Howley, *Berlin Command*, p. 41.
19. Churchill a Truman, 4 jun. 1945, citado em *WSC TT*, p. 603.
20. Truman a Churchill, 12 jun. 1945, citado em Harry S. Truman, *Defending the West*, pp. 119-20.
21. Byrnes, *All in One Lifetime*, p. 272.
22. Howley, *Berlin Command*, p. 42.
23. Diário de Maginnis, 1 jul. 1945, MHI.
24. Alexandra Richie, *Faust's Metropolis*, p. 637.
25. Memorando, citado em Richie, 12 out. 1945, p. 637.
26. Zayas, *A Terrible Revenge*, p. 90.
27. Naimark, *Fires of Hatred*, p. 115.
28. Memorando de Serov a Beria, 4 jul. 1945, reproduzido em T. V. Volokitina et al. (Orgs.), *Sovetskij Faktor v Vostochnoj Evrope*, v. 1, p. 212.
29. Memorando de Serov a Beria, 14 jun. 1945, publicado novamente em T. V. Volokitina (Org.), *Vostochnaia Evropa v Dokumentakh Rossiiskikh Arkhivov*, 1, 1944-8, p. 223.
30. Naimark, *Fires of Hatred*, p. 110.
31. Memorando de Backer, 19 out. 1945, Correspondência Reservada do Assessor para Assuntos Políticos dos Estados Unidos, NARA.
32. Relatório do brigadeiro general P. L. Ransom, 28 de novembro de 1945, Correspondência Geral, AG 250.1, OMGUS, RG 260, NARA.
33. Howley, *Berlin Command*, p. 49.
34. Minutas da reunião de 7 de julho de 1945, Correspondência Reservada do Assessor para Assuntos Políticos dos Estados Unidos, NARA. Ver também memorando de Murphy sobre a reunião, publicado novamente em *FRUS Potsdam I*, pp. 630-3; Howley, *Berlin Command*, pp. 57-60; Murphy, pp. 27-9.

35. *FRUS Potsdam I*, p. 632.
36. Howley, *Berlin Command*, p. 60.
37. JCS 1067, revisado em 26 de abril de 1945, *FRUS 1945 III*, pp. 484-503.
38. Murphy, p. 251.
39. Howley, *Berlin Command*, p. 54.
40. W. Alexander Samouce, "Report on Visit to Berlin", 11 jul. 1945, MHI.
41. Murphy, p. 264.
42. Brett-Smith, p. 156.
43. Diário do tour de Rees, FO 1056/540, PRO.
44. Spilker, p. 65.
45. Anotações de Wilhelm Pieck, citadas em Spilker, p. 31.

17. TERMINAL [pp. 350-72]

1. Anotação no diário, 16 jul. 1945, publicada novamente em *HST2*, p. 50.
2. *HST2*, p. 51.
3. *FRUS Potsdam II*, p. 35.
4. Moran, *Churchill at War*, p. 313.
5. *WSC8*, p. 61; *WSC TT* p. 630.
6. *HST2*, p. 52.
7. Leahy, p. 395.
8. *NYT*, 17 jul. 1945.
9. *HST2*, p. 52.
10. *WSC TT*, p. 630.
11. Albert Speer, *Inside the Third Reich*, p. 103.
12. Diário de Meiklejohn, p. 709, LCH; Birse, p. 205.
13. Seção de Gente, *Time*, 30 jul. 1945.
14. Moran, *Churchill at War*, p. 333. Moran diz que Churchill não fez toda a descida até o bunker. O próprio Churchill diz que desceu (*WSC TT*, p. 631), bem como os relatos dos noticiosos da época. (Ver, por exemplo, *Time*, 30 jul. 1945.) Moran não é uma testemunha muito confiável, já que suas memórias, embora apresentadas como um diário, foram escritas três décadas depois da guerra; diário de Donnelly, 21 jul. 1945, MHI.
15. *WSC8*, p. 61; "Minuet at Potsdam", *Time*, 30 jul. 1945.
16. Diário de Davies, 15-17 jul. 1945, LCD.
17. Diário de Davies, jul. 1945, LCD; para a versão de Vyshinsky, ver *Sovetskii Soyuz na Mezhdunarodnikh Konferentsiyakh Perioda Velikoi Otechestvennoi Voiny*, v. 6, pp. 723-4.
18. Zhukov, *Memoirs*, p. 668.
19. Cadogan, p. 771.
20. Volkogonov, *Stalin*, p. 498.
21. Carta de Dietrich Müller-Grote, 10 fev. 1956, arquivos posteriores à presidência de Truman, HSTL.
22. Diário presidencial, *FRUS Potsdam II*, p. 9.

23. Beria, p. 118. Para exemplos de documentos roubados por espiões soviéticos, ver Khaustov et al., p. 525.
24. Elsey, p. 87.
25. Bohlen, p. 228; ver *FRUS Potsdam II*, pp. 43-6, para notas de Bohlen da época; o memorando de Bohlen de 1960 encontra-se em *FRUS Potsdam II*, pp. 1582-7.
26. Anotação no diário, 17 jul. 1945, *HST2*, p. 53.
27. Entrevista de Truman para memórias, maio 1954, p. HSTL.
28. Rigdon, p. 197.
29. Byrnes, *Speaking Frankly*, p. 68; Leahy, p. 396.
30. Birse, p. 206; Astley, p. 217.
31. Astley, p. 218.
32. Carta de Davies à mulher, 19 jul. 1945, LCD.
33. Cadogan, p. 765.
34. Carta de Davies à sua mulher, 19 jul. 1945, LCD.
35. Transcrição russa da sessão de 17 de julho, publicada em Gromyko (Org.), *Sovetskii Soyuz*, 6, p. 352. A transcrição americana pode ser encontrada em *FRUS Potsdam II*, pp. 39-63. Consultei ambas as fontes para criar uma versão composta da conferência.
36. Harriman, OH, Columbia University Oral History Collection.
37. Diário de Stimson, 18 jul. 1945, HSY.
38. *WSC TT*, p. 640.
39. Memorando de Bohlen, *FRUS Potsdam II*, pp. 1587-58; notas originais de Bohlen, *FRUS Potsdam II*, p. 87.
40. 20 jul. 1945, carta a Bess, HSTL; *HST3*, p. 520.
41. Diário de Davies, 19 jul. 1945, LCD.
42. Memorando de Groves a Stimson, 18 jul. 1945, registros do MED, RG 77.
43. Diário de Stimson, 21 jul. 1945, HSY; diário de Truman, 25 jul. 1945; *HST2*, p. 55.
44. Harvey H. Bundy, *Atlantic Monthly*, mar. 1957.
45. Alanbrooke, p. 709.
46. Anotação no diário de McCloy, 23-24 jul., arquivos do Amherst College.
47. Diário de Stimson, 22 jul. 1945, HSY.
48. Murphy, p. 273.
49. *HST1*, p. 369.
50. H. Freeman Matthews, OH, jun. 1973, HSTL.

18. PILHAGEM [pp. 373-91]

1. Pauley, memórias inéditas, HSTL.
2. Id.
3. Id.
4. *FRUS Potsdam II*, p. 875, 889.
5. Id., p. 889, pp. 902-3.
6. Pauley, memórias inéditas, HSTL.

7. Pauley, memórias inéditas, HSTL.
8. Carta de Pauley a Maisky, 13 jul. 1945, *FRUS Potsdam I*, pp. 547-8.
9. Anotação no diário de Stimson, 19 jul. 1945, HSY.
10. Henry L. Stimson, *On Active Service in Peace and War*, p. 638.
11. Carta não enviada para Dean Acheson, 15 mar. 1957, ver *HST2*, p. 349; entrevista para memórias, HSTL.
12. Diário de Davies, 21 jul. 1945, LCD.
13. Harriman e Abel, p. 484.
14. Forrestal, p. 79; diário de Meiklejohn, p. 707, LCH.
15. Anotações no diário de McCloy, 23-24 jul. 1945, arquivos da Faculdade Amherst, citadas por Carolyn Eisenberg, *Drawing the Line*, p. 101.
16. Erickson e Dilks, p. 266.
17. Carta de John L. Whitelaw, 25 ago. 1945, MHI.
18. Pavel Knyshevskii, *Dobycha: Tainy Germanskikh Reparatsii*, pp. 126-8.
19. General Vlasik-Telokhranitel Stálina, *7 dnei* (revista on-line da Bielorrússia); *Voenno-Istoricheskii, Zhurnal*, n. 12, 1989, p. 92; Knyshevskii, p. 134.
20. Budnitskii, "Intelligentsia", p. 658.
21. Knyshevskii, p. 120.
22. Zubok, p. 9; dados estatísticos de Knyshevskii, p. 20.
23. *FRUS Potsdam II*, p. 905.
24. John Gimbel, *Science, Technology, and Reparations*, p. 170.
25. Naimark, *Russians in Germany*, pp. 180-1.
26. Leonhard, *Child of the Revolution*, p. 345.
27. Entrevista com Khaldei, *Cold War* (série televisiva da CNN), KCL.
28. Diário de Donnelly, 22 jul. 1945, MHI.
29. Diário do Chefe de Estado-Maior, 23 jul. 1945, Quartel General do Distrito de Berlim dos Estados Unidos, RG 260, NARA.
30. *Life*, 10 set. 1945.
31. Diário de Donnelly, 22 jul. 1945, MHI.
32. Oficial de Finanças do Distrito de Berlim, Relato de Operações, 8 maio 1945 a 30 set. 1945, Quartel General do Distrito de Berlim dos Estados Unidos, RG 260, NARA.
33. Diário de Donnelly, 22 jul. 1945, MHI.
34. Leonard Linton, "Kilroy Was Here Too", inédito, MS, 29-30, MHI.
35. Diário de Meiklejohn, p. 713, LCH; Charles L. Mee Jr., *Meeting at Potsdam*, p. 241.
36. Carta a Bess Truman, 22 jul. 1945, HSTL, *HST3*, p. 520.
37. Eden, p. 634.
38. David G. McCullough, *Truman*, p. 479; Harriman e Abel, p. 488.
39. Diário de HST, 7 jul. 1945, *HST2*, p. 49.
40. *FRUS Potsdam II*, pp. 274-5.
41. Id., pp. 295-8.
42. *FRUS Potsdam II*, pp. 877-81; M. Z. Saburov et al. Nota a Molotov, 10 jul. 1945; G. P.

Kynin e Jochen Laufer, *SSSR i Germanskii Vopros, 1941-1949*, v. 2, p. 180. A estimativa soviética baseava-se em cálculo feito tomando por base 370 dólares por tonelada de equipamento.

19. "FINIS" [pp. 392-408]

1. Moran, *Churchill at War*, pp. 342-3.
2. *WSC8*, p. 81; "Minuet in Potsdam", *Time*, 30 jul. 1945.
3. Cadogan, p. 770; "Minuet at Potsdam", *Time*, 30 jul. 1945.
4. Leahy, p. 412.
5. Carta de HST, 23 jul. 1945, HSTL.
6. Hayter, p. 28; Pawle, pp. 396-7.
7. Birse, p. 209.
8. *WSC8*, p. 93.
9. *FRUS Potsdam II*, p. 1374.
10. Diário de Stimson, 24 jul. 1945, HSY.
11. Hasegawa, p. 158.
12. Forrestal, p.78.
13. Rohan Butler (Org.), *Documents on British Policy Overseas*, série 1, v. 1, p. 573.
14. Diário de HST, 25 jul. 1945, Arquivo do Secretário do Presidente, HSTL, *HST2*, pp. 55-6.
15. Minutas do Comitê do Alvo, 10-11 maio 1945, MED, RG 77, NARA; Rhodes, *Making of the Atomic Bomb*, p. 700.
16. McCullough, p. 442.
17. Id., p. 442; Elsey, p. 89.
18. Troca de mensagens entre o Departamento de Defesa e Marshall, 24-25 jul. 1945, MED, RG 77. A mensagem de Washington chegou a Potsdam nas primeiras horas da manhã de 25 de julho, em seguida à reunião de Truman com Stimson. A autorização para a ordem foi enviada às 9h45 pelo horário de Berlim (em Washington, eram 3h45 da madrugada), ou seja, logo antes da reunião das dez da manhã entre Truman e Marshall. Parece que Marshall informou o presidente sobre a ordem depois que ela já tinha sido enviada.
19. *FRUS Potsdam II*, pp. 362, 371. Havia dois funcionários americanos tomando notas ao longo da reunião.
20. Leahy, p. 416.
21. Carta a Bess, 25 jul. 1945, *HST3*, p. 521.
22. *FRUS Potsdam II*, p. 313.
23. Id., p. 373.
24. *HST1*, p. 416.
25. *WSC TT*, p. 670; ver também Bohlen, p. 237.
26. Serviços de inteligência soviéticos, citados por Joseph Albright e Marcia Kunstel, *Bombshell*, p. 141.
27. Sergo Beria, pp. 118-9.
28. Zhukov, *Memoirs*, p. 675; Chuev, p. 56.
29. Gromyko, *Memoirs*, p. 109.
30. Despacho de Lord Castlereagh, C. K. Webster (Org.), *British Diplomacy 1813-1815*, p. 208.

31. Anotações de Mikołajczyk a partir de conversas com Eden, 24 jul. 1945.
32. Anotações britânicas sobre conversas com Mikołajczyk, FO 934/2, PRO.
33. Cadogan, p. 771.
34. Carta de Kathleen Harriman, 18 jun. 1945, LCH; Moran, *Churchill at War*, p. 349.
35. *WSC8*, p. 103.
36. Moran, *Churchill at War*, p. 351.
37. *WSC8*, p. 101.
38. Id., p. 103; Mee, p. 176.
39. *FRUS Potsdam II*, p. 390.
40. Cuthbert Headlam, *Parliament and Politics in the Age of Churchill and Attlee*, p. 474.
41. Cadogan, p. 772.
42. *WSC8*, p. 105.
43. *WSC TT*, p. 674.
44. Pawle, p. 399.
45. Soames, p. 424.

20. HIROSHIMA [pp. 409-29]

1. *FRUS Potsdam II*, p. 1275.
2. Id., p. 1475-6.
3. V. P. Safronov, *SSSR, SShA i Iaponskaia agressiia na Dalnem Vostoke i Tikhom okeane, 1931-1945*, pp. 331-2.
4. V. S. Miasnikov et al. (Orgs.), *Russko-Kitaiskie Otnoshenii v XX Veke*, v. 4, livro 2, p. 146.
5. *FRUS Potsdam II*, pp. 449-50.
6. Carta de HST a Margaret Truman, 29 jul. 1945, HSTL.
7. *WSC TT*, p. 634.
8. Carta a Clementine Churchill, 27 jul. 1945, WSC CC; Birse, p. 211.
9. *FRUS Potsdam II*, pp. 459-60, 466-7. Para o compartilhamento com a Rússia das interceptações efetuadas pelos serviços MAGIC dos Estados Unidos, ver Bradley F. Smith, *Sharing Secrets with Stalin*, p. 238.
10. Hasegawa, p. 177.
11. Registros no diário de Davies, 28 jul. 1945, LCD.
12. Wilson D. Miscamble, *From Roosevelt to Truman*, p. 253.
13. Registro no diário de Truman, 30 jul. 1945, HSTL.
14. *FRUS Potsdam II*, p. 471.
15. Diário de Truman, 30 jul. 1945; *HST2*, p. 57.
16. Carta de HST à sua mãe, 28 jul. 1945, HSTL; Cadogan, p. 775.
17. *FRUS Potsdam II*, p. 473.
18. Id., p. 486.
19. Cadogan, p. 778.
20. Ver o protocolo final de Potsdam, *FRUS Potsdam II*, pp. 1478-98. Os parágrafos sobre as indenizações estão na página 1486.
21. Mee, p. 258. *FRUS Potsdam II*, p. 1334.

22. Elsey, p. 90. Elsey doou a "divulgação" redigida a mão à Biblioteca Truman em 1979.
23. *FRUS Potsdam II*, p. 567.
24. *HST2*, p. 348.
25. Murphy, p. 279; *FRUS Potsdam II*, pp. 577-8.
26. *FRUS Potsdam II*, p. 601.
27. Id., pp. 1481, 1484.
28. Noel Annan, *Changing Enemies*, p. 146.
29. Memorando de Samuel Lubell, citado por Mee, p. 190.
30. Cartas de Whitelaw, 7 e 27 out. 1945, MHI.
31. Memorando de William H. Draper, jul. 1945, sobre a situação dos alimentos em Berlim, documentos de Floyd Parks, MHI.
32. Memorando de Clay a Eisenhower, 26 maio 1946, Lucius D. Clay, *The Papers of General Lucius D. Clay: Germany, 1945-1949*, p. 213.
33. "Incidents-Russian" File, Registros do Quartel-General de Ocupação dos Estados Unidos, Gabinete do Assistente Geral, Correspondência Geral, caixa 44, RG 260, NARA.
34. Howley, *Berlin Command*, p. 69.
35. Jack Whitelaw a R. S. Whitelaw, 27 out. 1945; ver também cartas de Whitelaw à sua mulher, 30 ago. 1945, 8 out. 1945, MHI.
36. William Stivers, "Victors and Vanquished", publicado no Instituto de Estudos do Combate, *Armed Diplomacy*, pp. 160-1.
37. Anotação no diário de Howley, 9 ago. 1945, MHI.
38. Diário do major general James M. Gavin, 8 ago. 1945, MHI.
39. Rigdon, p. 207.
40. *FRUS Potsdam II*, p. 1377.
41. Editoriais nos jornais *Chicago Tribune*, *Washington Post* e *NYT*, 7 ago. 1945.
42. Dixon, p. 177.
43. Svetlana Alliluyeva, *Twenty Letters*, p. 188.
44. Holloway, p. 132.
45. Chuev, p. 58.
46. Andrei Sakharov, *Memoirs*, p. 92.
47. Werth, pp. 1037, 1044.
48. Richard Rhodes, *Dark Sun*, pp. 178-9.
49. Max Hastings, *Nemesis*, p. 530.
50. Hastings, *Nemesis*, p. 531.
51. Pauley, memórias inéditas, HSTL.
52. Dean Rusk, *As I Saw It*, pp. 123-4.
53. Elsey, p. 92.

21. DEPOIS DA BOMBA [pp. 430-7]

1. Testamento político de Hitler, 2 abr. 1945; ver Alan Bullock, *Hitler*, p. 955.
2. George Orwell, "You and the Atomic Bomb", *Tribune*, 19 out. 1945.
3. Harriman, p. 517.

4. Djilas, p. 90.
5. Radzinskii, p. 511.
6. Vladimir Perchatnov, "The Allies Are Pressing on You to Break Your Will", CWIHP Working Paper n. 26, set. 1999.
7. Harriman e Abel, p. 514.

Créditos das imagens

Todas as imagens são cortesia do U.S. National Archives, com exceção da anotação de Churchill da p. 72: Churchill Archives Centre/Estate of Winston S. Churchill; da foto da "máquina de urânio" nazista que aparece no início do primeiro caderno de imagens: Brookhaven National Library, cortesia de AIP Emilio Segre Archives, Coleção Goudsmit; e da foto de Hiroshima após a bomba, no fim do segundo caderno de imagens: Departamento de Energia/AIP Emilio Segre Archives.

Referências bibliográficas

FONTES PRIMÁRIAS — AMERICANAS

BERLE, Adolf A. *Navigating the Rapids, 1918-1971.* Nova York: Harcourt, Brace, Jovanovich, 1973.
BERRY, Burton Y. *Romanian Diaries 1944-1947.* Org. de Cornelia Bodea. Iași: Center for Romanian Studies, 2000.
BISHOP, Robert; CRAYFIELD E. S. *Russia Astride the Balkans.* Nova York: R. M. McBride, 1948.
BLUM, John M. (Org.). *From the Morgenthau Diaries: Years of War, 1941-1945.* Boston: Houghton Mifflin, 1967.
BOHLEN, Charles E. *Witness to History, 1929-1969.* Nova York: W. W. Norton, 1973.
BUTLER, Susan. *My Dear Mr. Stalin.* New Haven: Yale University Press, 2005.
BYRNES, James F. *All in One Lifetime.* Nova York: Harper, 1958.
_____. *Speaking Frankly.* Westport: Greenwood, 1974.
CLAY, Lucius D. *The Papers of Lucius D. Clay: Germany, 1945-1949.* Bloomington: Indiana University Press, 1974.
DAVIES, Joseph E. *Mission to Moscow.* Nova York: Simon and Schuster, 1941.
DEANE, John R. *The Strange Alliance.* Nova York: Viking, 1947.
ELSEY, George M. *An Unplanned Life.* Columbia: University of Missouri Press, 2005.
FORRESTAL, James. *The Forrestal Diaries.* Nova York: Viking, 1951.
GROVES, Leslie R. *Now It Can Be Told.* Nova York: Harper, 1962.
HARRIMAN, W. Averell; ABEL, Elie. *Special Envoy to Churchill and Stalin.* Nova York: Random House, 1975.

HASSETT, William D. *Off the Record with FDR, 1942-1945*. New Brunswick: Rutgers University Press, 1958.
HOWLEY, Frank L. *Berlin Command*. Nova York: Putnam, 1950.
KENNAN, George F. *Memoirs, 1925-1950*. Boston: Little, Brown, 1967.
KIMBALL, Warren F. (Org.). *Churchill and Roosevelt*. Princeton (EUA): Princeton University Press, 1984.
KUTER, Laurence S. *Airman at Yalta*. Nova York: Duell, Sloan and Pearce, 1955.
LEAHY, William P. *I Was There*. Nova York: Whittlesey House, 1950.
LISAGOR, Peter; HIGGINS, Marguerite. *Overtime in Heaven*. Garden City: Doubleday, 1964.
MURPHY, Robert D. *Diplomat Among Warriors*. Garden City: Doubleday, 1964.
PERKINS, Frances. *The Roosevelt I Knew*. Nova York: Viking, 1946.
REILLY, Michael F. *Reilly of the White House*. Nova York: Simon and Schuster, 1947.
RIGDON, William M. *White House Sailor*. Garden City: Doubleday, 1962.
ROOSEVELT, Eleanor. *This I Remember*. Westport: Greenwood, 1975.
ROSENMAN, Samuel I. *Working with Roosevelt*. Nova York: Harper, 1952.
RUSK, Dean. *As I Saw it*. Nova York: W. W. Norton, 1990.
SHERWOOD, Robert E. *Roosevelt and Hopkins*. Nova York: Harper, 1948.
SHOUMATOFF, Elizabeth. *FDR's Unfinished Portrait*. Pittsburgh: University of Pittsburgh Press, 1991.
STETTINIUS, Edward R. Jr. *Roosevelt and the Russians*. Garden City: Doubleday, 1949.
STIMSON, Henry L. *On Active Service in Peace and War*. Nova York: Harper, 1948.
SULZBERGER, C. L. *A Long Row of Candles*. Nova York: Macmillan, 1969.
TRUMAN, Harry S. *Dear Bess: The Letters from Harry to Bess Truman, 1910-1959*. Org. de Robert H. Ferrell. Columbia: University of Missouri Press, 1998.
_____. *Defending the West: The Truman-Churchill Correspondence*. Org. de G. W. Sand. Westport, Conn.: Praeger, 2004.
_____. *Off the Record*. Org. de Robert H. Ferrell. Columbia: University of Missouri Press, 1997.
_____. *Memoirs*. Nova York: Doubleday, 1955. v. 1: Year of Decisions.
TRUMAN, Margaret. *Letters from Father*. Nova York: Arbor, 1981.
TULLY, Grace. *F.D.R., My Boss*. Nova York: Scribner's, 1949.
UNITED STATES DEPARTMENT OF STATE. *Foreign Relations of the United States*. *1945*. Washington: GPO, 1967-8. v. 3, 4, 5.
_____. *Foreign Relations of the United States: The Conferences at Malta and Yalta, 1945*. Washington: GPO 1955.
_____. *Foreign Relations of the United States: The Conference of Berlin (Potsdam Conference), 1945*. Washington: GPO, 1960. v. 1, 2.
WHITE, William L. *Report on the Russians*. Nova York: Harcourt, Brace, 1945.

FONTES PRIMÁRIAS — BRITÂNICAS

ALANBROOKE, Lorde. *War Diaries, 1939-1945*. Berkeley: University of California Press, 2001.
ANDERS, Władysław. *An Army in Exile*. Londres: Macmillan, 1949.

ANNAN, Noel. *Changing Enemies.* Londres: Harper Collins, 1995.
ASTLEY, Joan Bright. *The Inner Circle.* Boston: Little, Brown, 1971.
BIRSE, Arthur H. *Memoirs of an Interpreter.* Londres: Michael Joseph, 1967.
BRETT-SMITH, Richard. *Berlin '45.* Londres: Macmillan, 1966.
BULLARD, Reader. *Letters from Tehran.* Londres: I. B. Tauris, 1991.
BUTLER, Rohan et al. (Orgs.). *Documents on British Policy Overseas.* Londres: HMSO, 1984.
CADOGAN, Alexander. *The Diaries of Sir Alexander Cadogan, O.M., 1938-1945.* Org. de David Dilks. Nova York: Putnam, 1972.
CHURCHILL, Sarah. *Keep On Dancing.* Londres: Weidenfeld and Nicolson, 1981.
CHURCHILL, Winston. *The Second World War.* Boston: Houghton Mifflin, 1948-53. v. 1: The Gathering Storm; v. 3: The Grand Alliance; v. 6: Triumph and Tragedy.
DALTON, Hugh. *The Second World War Diary of Hugh Dalton, 1940-45.* Org. de Ben Pimlott. Londres: Cape, 1986.
DIXON, Pierson. *Double Diploma.* Londres: Hutchinson, 1968.
EDEN, Anthony. *The Reckoning.* Boston: Houghton Mifflin, 1965.
HAYTER, William. *The Kremlin and the Embassy.* Londres: Hodder and Stoughton, 1966.
LANGWORTH, Richard M. (Org.). *Churchill by Himself.* Londres: Ebury, 2008.
MACMILLAN, Harold. *The Blast of War, 1939-1945.* Nova York: Harper and Row, 1968.
MORAN, Charles. *Churchill at War, 1940-1945.* Nova York: Carroll and Graf, 2002.
_____. *Churchill: The Struggle for Survival, 1940-1965.* Boston: Houghton Mifflin, 1966.
PAWLE, Gerald; THOMPSON C. R. *The War and Colonel Warden.* Nova York: Alfred A. Knopf, 1963.
SOAMES, Mary (Org.). *Winston and Clementine: The Personal Letters of the Churchills.* Boston: Houghton Mifflin, 1999.

FONTES PRIMÁRIAS — RUSSAS/LESTE EUROPEU

ALLILUYEVA, Svetlana. *Only One Year.* Nova York: Harper and Row, 1969.
_____. *Twenty Letters to a Friend.* Nova York: Harper and Row, 1967.
BAIBAIKOV, N. K. *Ot Stalina do El'tsina.* Moscou: GazOil, 1998.
BEREZHKOV, V. M. *At Stalin's Side.* Secaucus: Carol, 1994.
BERIA, Sergo. *Beria, My Father.* Londres: Duckworth, 2001.
CHUEV, Feliks. *Molotov Remembers.* Chicago: Ivan R. Dee, 1993.
CHUIKOV, V. I. *The Fall of Berlin.* Nova York: Holt, Rinehart and Winston, 1968.
DIMITROV, Georgi. *The Diary of Georgi Dimitrov, 1933-1949.* Org. de Ivo Banac. New Haven: Yale University Press, 2003.
DJILAS, Milovan. *Conversations with Stalin.* Harmondsworth: Penguin, 1969.
GORKOV, Iurii A. *Gosudarstvennyi Komitet Oborony Postanovliaet: 1941-1945.* Moscou: OLMA, 2002.
GROMYKO, Andrei A. *Memoirs.* Nova York: Doubleday, 1989.
_____ (Org.). *Sovetskii Soyuz na Mezhdunarodnikh Konferentsiyakh Perioda Velikoi Otechestvennoi Voiny.* Moscou: Politizdat, 1979-80. v. 4: Yalta; v. 6: Potsdam.
GROSSMAN, Vasily. *A Writer at War.* Org. de Antony Beevor e Luba Vinogradova. Nova York: Pantheon, 2005.

KHAUSTOV, V. N. et al. (Orgs.). *Lubianka: Stalin i NKVD, 1939-1946*. Moscou: Mezhdunarodnyi Fond "Demokratiia", 2006.

KHRUSCHÓV, Nikita S. *Khrushchev Remembers*. Boston: Little, Brown, 1970.

KOPELEV, Lev. *No Jail for Thought*. Londres: Secker and Warburg, 1977.

KYNIN, G. P.; LAUFER, Jochen. *SSSR i Germanskii Vopros, 1941-1949*. Moscou: Mezhdunarodnye Otnosheniia, 2000.

LEONHARD, Wolfgang. *Child of the Revolution*. Chicago: H. Regnery, 1958.

LINGE, Heinz. *With Hitler to the End*. Nova York: Skyhorse, 2009.

MIASNIKOV, Vladimir (Org.). *Russko-Kitaiskie Otnosheniiav XX Veke*. Moscou: Pamiatniki Istoricheskoi Mysli, 2000.

MIKOŁAJCZYK, Stanisław. *The Rape of Poland*. Westport: Greenwood, 1972.

NOSKOVA, A. F.; VOLOKITINA T. V. (Orgs.). *NKVD i Polskoe Podpole, 1944-1945*. Moscou: RAN, 1994.

POMERANTS, Grigorii. *Zapiski Gadkogo Utenka*. Moscou: Moskovskii Rabochii, 1998.

RIEHL, Nikolaus; SEITZ Frederick. *Stalin's Captive*. Washington: American Chemical Society, 1996.

RZHESHEVSKII, O. A. *Stalin i Cherchill*. Moscou: Nauka, 2004.

SAFRONOV, V. P. *SSSR, SShA i Iaponskaia Agressiia na Dalnem Vostoke i Tikhom okeane 1931-1945 gg*. Moscou: Institut Rossiiskoi Istorii RAN, 2001.

SAKHAROV, Andrei. *Memoirs*. Nova York: Alfred A. Knopf, 1990.

SAMOILOV, David. *Podennye Zapisi*. Moscou: Vremia, 2002.

SHTEMENKO, S. M. *The Last Six Months*. Garden City: Doubleday, 1977.

STYPUŁKOWSKI, Zbigniew. *Invitation to Moscow*. Nova York: Walker, 1950.

SUDOPLATOV, Pavel et al. *Special Tasks*. Boston: Little, Brown, 1994.

VOLOKITINA, T. V. et al. (Orgs.). *Sovetskij Faktor v Vostochnoj Evrope*. Moscou: Rosspen, 1999.

_____. *Tri Vizita A. Ia. Vyshinskogo v Bukharest*. Moscou: Rosspen, 1998.

_____. *Vostochnaia Evropa v Dokumentakh Rossiiskikh Arkhivov*. Moscou: Sibirskii Khronograf, 1997.

ZHILIAEV, B. I. et al. (Orgs.). *Sovetsko-Amerikanskie Otnosheniia, 1939-1945*. Moscou: Materik, 2004.

ZHUKOV, G. K. *Vospominaniia i Razmyshleniia*. Moscou: Novosti, 1990.

ZHUKOV, Georgi. *The Memoirs of Marshal Zhukov*. Nova York: Delacorte, 1971.

FONTES SECUNDÁRIAS

ABRAMSON, Rudy. *Spanning the Century: The Life of W. Averell Harriman*. Nova York: Morrow, 1992.

ADELMAN, Jonathan R. *Prelude to the Cold War*. Boulder: Rienner, 1988.

ALBRIGHT, Joseph; KUNSTEL Marcia. *Bombshell*. Nova York: Times Books, 1997.

BEEVOR, Antony. *Berlin*. Londres: Penguin, 2003.

BESSEL, Richard. *Germany 1945*. Nova York: Simon and Schuster, 2009.

BEZYMENSKII, Lev. *Operatsiia "Mif"*. Moscou: Mezhdunarodnye Otnosheniia, 1995.

BIALER, Seweryn (Org.). *Stalin and His Generals*. Nova York: Pegasus, 1969.

BISHOP, Jim. *FDR's Last Year*. Nova York: William Morrow, 1974.

BOWIE, Beverly Munford. *Operation Bughouse.* Nova York: Dodd, Mead, 1947.
BRACKMAN, Roman. *The Secret File of Joseph Stalin.* Londres: Frank Cass, 2001.
BRUCAN, Silviu. *The Wasted Generation.* Boulder, Colo.: Westview, 1993.
BULLOCK, Alan. *Hitler: A Study in Tyranny.* Nova York: Harper & Row, 1962.
_____. *Hitler and Stalin.* Londres: Fontana, 1993.
CARLTON, David. *Churchill and the Soviet Union.* Manchester: Manchester University Press, 2000.
COHEN, Stephen F. *Bukharin and the Bolshevik Revolution.* Nova York: Alfred A. Knopf, 1973.
COLVILLE, John R. *The Fringes of Power.* Nova York: W. W. Norton, 1985.
DEUTSCHER, Isaac. *Stalin.* Harmondsworth, U.K.: Penguin, 1966.
EBERLE, Henrik; UHL, Matthias (Orgs.). *The Hitler Book.* Nova York: Public Affairs, 2009.
EISENBERG, Carolyn. *Drawing the Line.* Nova York: Cambridge University Press, 1996.
ELLIOTT, Mark R. *Pawns of Yalta.* Urbana: University of Illinois Press, 1982.
ELSBERRY, Terence. *Marie of Romania.* Nova York: St. Martin's, 1972.
ERICKSON, John; DILKS, David. *Barbarossa.* Edimburgo: Edinburgh University Press, 1994.
FEIS, Herbert. *Between War and Peace.* Princeton (EUA): Princeton University Press, 1960.
FERRELL, Robert H. *The Dying President.* Columbia: University of Missouri Press, 1998.
GALLAGHER, Hugh G. *FDR's Splendid Deception.* Arlington: Vandamere, 1994.
GILBERT, Martin. *Winston S. Churchill.* Londres: Heinemann, 1983. v. 6: Finest Hour; v. 7: Road to Victory; v. 8: Never Despair.
GIMBEL, John. *Science, Technology, and Reparations.* Stanford: Stanford University Press, 1990.
GIOVANNITTI, Len; FREED, Fred. *The Decision to Drop the Bomb.* Nova York: Coward-McCann, 1965.
GOODWIN, Doris Kearns. *No Ordinary Time.* Nova York: Simon and Schuster, 1994.
GUNTHER, John. *Roosevelt in Retrospect.* Nova York: Harper, 1950.
HARBUTT, Fraser. *Yalta 1945.* Nova York: Cambridge University Press, 2010.
HASANLI, Jamil. *At the Dawn of the Cold War.* Lanham: Rowman and Littlefield, 2006.
_____. *SSSR-Turcija: Ot Nejtraliteta k Cholodnoj Vojne.* Moscou: Centr Propagandy, 2008.
HASEGAWA, Tsuyoshi. *Racing the Enemy.* Cambridge: Harvard University Press, 2005.
HASTINGS, Max. *Armageddon.* Nova York: Alfred A. Knopf, 2004.
_____. *Nemesis.* Londres: Harper Perennial, 2007.
HEADLAM, Cuthbert. *Parliament and Politics in the Age of Churchill and Attlee.* Cambridge: Cambridge University Press, 2000.
HERSH, Burton. *The Old Boys.* Nova York: Scribner's, 1992.
HOLLOWAY, David. *Stalin and the Bomb.* New Haven: Yale University Press, 1994.
ISAACSON, Walter; THOMAS, Evan. *The Wise Men.* Nova York: Simon and Schuster, 1986.
ISMAY, Hastings L. *The Memoirs of General the Lord Ismay.* Londres: Heinemann, 1960.
KING, Greg. *The Court of the Last Tsar.* Hoboken: John Wiley, 2006.
KNIGHT, Amy W. *Beria, Stalin's First Lieutenant.* Princeton (EUA): Princeton University Press, 1993.
KNYSHEVSKII, Pavel. *Dobycha: Tainy Germanskikh Reparatsii.* Moscou: Soratnik, 1994.
KUNIHOLM, Bruce R. *The Origins of the Cold War in the Near East.* Princeton, N.J.: Princeton University Press, 1979.
LAVERY, Brian. *Churchill Goes to War.* Annapolis: Naval Institute Press, 2007.
LEE, Arthur Gould. *Crown Against Sickle.* Londres: Hutchinson, 1950.
LEFFLER, Melvyn P. *For the Soul of Mankind.* Nova York: Hill and Wang, 2007.

LEVERING, Ralph B. et al. *Debating the Origins of the Cold War*. Lanham: Rowman and Littlefield, 2002.
MACDONOGH, Giles. *After the Reich*. Nova York: Basic Books, 2007.
MACLEAN, Elizabeth Kimball. *Joseph E. Davies*. Westport: Praeger, 1992.
MCCULLOUGH, David G. *Truman*. Nova York: Simon and Schuster, 1992.
MEE, Charles L. *Meeting at Potsdam*. Nova York: M. Evans, 1975.
MERRIDALE, Catherine. *Ivan's War*. Londres: Faber and Faber, 2005.
MISCAMBLE, Wilson D. *From Roosevelt to Truman*. Cambridge: Cambridge University Press, 2007.
MONTEFIORE, Simon Sebag. *Stalin*. Londres: Weidenfeld and Nicolson, 2003.
MOSER, Charles A. *Dimitrov of Bulgaria*. Ottawa, Ill.: Caroline House, 1979.
NAIMARK, Norman M. *Fires of Hatred*. Cambridge, Mass.: Harvard University Press, 2001.
_____. *The Russians in Germany, 1945-1949*. Cambridge (EUA): Belknap Press of Harvard University Press, 1995.
OVERMANS, Rüdiger. *Deutsche militärische Verluste im Zweiten Weltkrieg*. Munique: R. Oldenbourg, 1999.
OVERY, R. J. *Russia's War*. Nova York: TV Books, 1997.
PERRIE, Maureen. *The Cult of Ivan the Terrible in Stalin's Russia*. Nova York: Palgrave, 2001.
PERSICO, Joseph E. *Franklin and Lucy*. Nova York: Random House, 2008.
PETROV, Nikita V. *Pervyj Predsedatel KGB Ivan Serov*. Moscou: Materik, 2005.
PLOKHY, S. M. *Yalta: The Price of Peace*. Nova York: Viking, 2010.
POWERS, Thomas. *Heisenberg's War*. Nova York: Alfred A. Knopf, 1993.
RAACK, R. C. *Stalin's Drive to the West, 1938-1945*. Stanford: Stanford University Press, 1995.
RADZINSKII, Edvard. *Stalin*. Nova York: Doubleday, 1996.
RAYFIELD, Donald. *Stalin and His Hangmen*. Nova York: Viking, 2004.
REES, Laurence. *World War II Behind Closed Doors*. Nova York: Pantheon, 2008.
RESTON, James. *Deadline*. Nova York: Times Books, 1992.
REYNOLDS, David. *From World War to Cold War*. Oxford: Oxford University Press, 2006.
_____. *In Command of History*. Nova York: Random House, 2005.
RHODES, Richard. *Dark Sun*. Nova York: Simon and Schuster, 1995.
_____. *The Making of the Atomic Bomb*. Nova York: Simon and Schuster, 1986.
RICHIE, Alexandra. *Faust's Metropolis*. Nova York: Carroll and Graf, 1998.
RICHARDS, Denis. *The Life of Marshal of the Royal Air Force, Viscount Portal of Hungerford*. Londres: Heinemann, 1977.
ROBERTS, Geoffrey. *Stalin's Wars*. New Haven: Yale University Press, 2006.
SCOTT, Mark; KRASILSHCHIK, Semyon. *Yanks Meet Reds*. Santa Barbara: Capra, 1988.
SCHLESINGER, Arthur M. *The Cycles of American History*. Boston: Houghton Mifflin, 1986.
SMITH, Bradley F. *Sharing Secrets with Stalin*. Lawrence: University Press of Kansas, 1996.
SMITH, Jean Edward. *FDR*. Nova York: Random House, 2007.
SOAMES, Mary. *Clementine Churchill*. Boston: Houghton Mifflin, 2003.
SPEER, Albert. *Inside the Third Reich*. Nova York: Simon and Schuster, 1997.
SPILKER, Dirk. Nova York: Oxford University Press, 2006.
TESSIN, Georg; ZWENG, Christian. *Verbände und Truppen der deutschen Wehrmacht und Waffen- SS im Zweiten Weltkrieg 1939-1945*. Osnabrück: Biblio Verl, 1996.

THOMAS, Evan. *The Very Best Men.* Nova York: Simon and Schuster, 1995.
TISSIER, Tony L. *Zhukov at the Oder.* Londres: Praeger, 1996.
TUCKER, Robert C. *Stalin as Revolutionary.* Nova York: W. W. Norton, 1973.
VAKSBERG, Arkadii; BUTLER, Jan. *Stalin's Prosecutor.* Nova York: Grove Weidenfeld, 1991.
VOLKOGONOV, Dmitri. *Stalin.* Rocklin: Prima, 1992.
WARD, Geoffrey C. (Org.). *Closest Companion.* Nova York: Simon and Schuster, 2009.
WEBSTER, Charles K. *British Diplomacy, 1813-1815.* Londres: G. Bell, 1921.
WERTH, Alexander. *Russia at War.* Nova York: Carroll and Graf, 1984.
ZAYAS, Alfred M. de. *A Terrible Revenge.* Nova York: St. Martin's, 1994.
_____. *Nemesis at Potsdam.* Londres: Routledge and Kegan Paul, 1977.
ZHUKOV, Georgi K. *Marshal Zhukov's Greatest Battles.* Org. de Harrison E. Salisbury. Nova York: Harper and Row, 1969.
ZUBKOVA, E. I. *Russia After the War.* Armonk, N.Y.: M. E. Sharpe, 1998.
ZUBOK, Vladislav. *A Failed Empire.* Chapel Hill: University of North Carolina Press, 2009.
_____; PLESHAKOV, Konstantin. *Inside the Kremlin's Cold War.* Cambridge (EUA): Harvard University Press, 1996.

Índice remissivo

58ª Divisão da Guarda de Rifles do Exército Vermelho, 229, 234
69ª Divisão de Infantaria dos Estados Unidos, 207, 229, 235-6
102ª Divisão Aérea dos Estados Unidos, 422
272º Regimento de Infantaria dos Estados Unidos, 232, 456

afro-americanos, 290
Agência de Mobilização para a Guerra, 338
Agência de Serviços Estratégicos (OSS), 146-9, 451
Alasca, 79, 203, 208-9, 229, 268, 275
Albânia, 60, 236, 260
Alemanha nazista, 25, 110, 149, 158, 160, 188-9, 195, 206, 223, 225, 231, 259, 271, 275, 279, 287, 289, 297, 301, 321, 431; debate sobre rendição e a, 217; mobilizações no front oriental, 39; pacto de não agressão com a União Soviética *ver* Pacto Molotov-Ribbentrop (1939); programa nuclear da, 297-9; Reduto Nacional, 189; rendição da, 249; União Soviética invadida pela, 73, 206
Alemanha, ocupação no pós-guerra, 255; crise alimentar, 347, 419; crise de refugiados, 340, 354, 391, 418; debate sobre as zonas de ocupação da, 338; estrutura governamental, 347; mercado negro na, 385-7; opinião de Stálin sobre, 349; reabilitação econômica da, 346; reunião Clay-Zhukov e a, 338; *ver também* Berlim, ocupação no pós-guerra
Alexander, Harold, 52, 262
Alexandra I, tsarina da Rússia, 35-7
Alexandre I, tsar da Rússia, 403
Alexandre II, tsar da Rússia, 35
Alexei, tsarévitche, 36
Alibekov, Aitkalia, 229
Alsácia-Lorena, 343
Alsos (unidade de inteligência), 298-304
Anders, Władysław, 133-5, 188, 450-1
Andreyev, Nikolai, 231
Aníbal, 205
Annan, Noel, 418, 468
Antonescu, Ion, 146, 148, 150, 152, 157
Antonov, Alexei, 58
Arábia Saudita, 117, 130
Ardenas, Batalha das, 51, 129
Argentina, 223, 276, 283, 363
"Argonauta" (codinome), 66
Aronson, Alfred, 232, 456
Assessoria Consultiva Europeia, 338
Associated Press, 228, 451, 456
Atlanta Constitution, 224
Attlee, Clement, 392, 395, 406-7, 411, 467
Auer, Companhia, 298, 304
Augusta, USS, 423
Auschwitz (campo de concentração), 50, 341

Avdeenko, Alexander, 322
Azerbaijão, 309, 312-5, 432

Backer, John, 343, 457, 462
Baladava, Batalha de, 127
Baldwin, Hanson, 424
Balfour, Lord, 424
bálticos, países, 25, 49, 185, 279
Barnes, Maynard, 316-7, 461
Baruch, Bernard, 432
Baschew, Karalbi, 323
Bazhanov, Boris, 449
Beevor, Antony, 189, 454
Bélgica, 215, 228, 251
Beneš, Edvard, 341, 433
Beria, Lavrenti 44-6, 48, 96, 100-2, 104, 179, 225, 247, 278-9, 320-1, 342, 427, 445, 448, 453, 457, 461-2, 464, 466; espionagem sobre a bomba atômica e, 301; na Conferência de Potsdam, 360; na Conferência de Yalta, 44, 96, 100; paranoia de Stálin alimentada por, 101, 311; Ulbricht criticado por, 333
Beria, Sergo, 96, 361
Berle, Adolf, 142, 451
Berlim, 249, 276, 333, 338, 343, 346, 355, 359, 366, 368, 375, 379-80, 386-7, 420, 422, 436, 468; bloqueio de Berlim (1949), 432; Muro de Berlim, 430, 432
Berlim, ocupação no pós-guerra: conflitos armados entre americanos e soviéticos em, 419; crise de alimentos, 343, 347, 419; crise de refugiados, 339, 343, 419; danos de guerra, 331, 336; debate sobre as zonas de ocupação em, 338; entrada do contingente americano, 335; mercado negro em, 385; questão do acesso a, 337; relações dos Aliados em deterioração em, 347; saques dos russos, 334, 347, 373, 377, 384, 419; setor americano, 343, 347; sistema dos *Blockleiter*, 334; visita de Churchill, 354; visita de Truman, 353; zona britânica, 348; *ver também* Alemanha, ocupação no pós-guerra
Berry, Burton, 157, 160, 451
Bevin, Ernest, 411
Bielorrússia, 50, 110, 190, 323, 381, 465
Bierut, Bolesław, 320, 403-5
Biriya, Mohammed, 314
Birse, Arthur, 395, 445, 449, 453, 463-4, 466-7
Bishop, Robert, 147, 451
Blockleiter, sistema dos, 334
Boettiger, John, 87, 446, 448-50
Bohlen, Charles E. "Chip", 26, 53, 61, 78, 87, 97-8, 100, 205, 207, 211-4, 256, 267, 274, 284, 287, 362, 444, 446-9, 455-9, 464, 466
Bohr, Niels, 297
bolcheviques, 63-4, 184, 218-9, 221, 273, 278, 306, 372
Bolshakov, Ivan, 267
bomba atômica, 96, 131, 205, 216-7, 222, 227, 289, 291-3, 296-7, 300, 302-5, 358, 370, 396-7, 400-2, 423, 425-6, 429, 433; bombardeio aéreo de Oranienburg e a, 298, 304; busca de urânio pelos Aliados e, 298; como arma diplomática, 292; conferência do Pentágono sobre a, 293; conversa de Byrnes e Szilard sobre a, 291; debate sobre o alvo e a, 294, 296, 397; despachos de Truman sobre a, 214-6; no bombardeio de Hiroshima, 423; no bombardeio de Nagasaki, 429; programa atômico soviético, 299, 302, 425; reações ao uso da, 425; reunião FDR-Churchill sobre a, 131; testes atômicos, 289, 357, 369, 398; *ver também* Projeto Manhattan
Borchard, Leo, 422
Boris Godunov (Mussorgsky), 93
Boris III, tsar da Bulgária, 316
Bormann, Martin, 276
Bósforo, 307
Bowie, Beverly, 147
Bradley, Omar, 299
Bragadiru, Mita, 146-7
Braun, Eva, 356

Brest-Litovski, Tratado de (1918), 85
Brett-Smith, Richard, 348, 461, 463
British Broadcasting Corporation (BBC), 410
Brooke, Alan, 100, 196, 263
Brown, Wilson, 30, 444, 446
Bruenn, Howard, 23-4, 86-7, 105-6, 115, 193--4, 199, 444, 449-50
Buchenwald (campo de concentração), 340, 377
Buie, Walter, 233, 456
Bukharin, Nikolai, 47, 89, 184, 280, 448
Bulgakov, Elena, 164
Bulgakov, Mikhail, 164
Bulganin, Nikolai, 184
Bulgária, 236, 260, 315-6, 333, 371, 398-9, 414, 436; golpe comunista na, 315
Bullard, Reader, 314, 460
Bullitt, William, 254
Business Machines, 375
Byrnes, James F., 58-9, 61, 71, 86, 105, 140, 205, 218, 290-3, 296, 338, 353, 362, 375, 389-91, 396-7, 410, 413-5, 417, 423, 447-9, 459, 462, 464; consultas com Truman sobre a bomba atômica, 290; negociações com Molotov sobre indenizações, 389, 413; política da bomba atômica de, 295
Byron, Lord: *Don Juan*, 29

"C" (principal espião britânico), 66
Cadogan, Alexander, 69, 75, 81, 93, 360, 365, 404, 444, 447-8, 463-4, 466-7
Cairo, Conferência do (1943), 77
Câmara dos Comuns (Grã-Bretanha), 73, 114, 138, 141, 342, 392, 407, 445
Câmara dos Deputados (Estados Unidos), 139, 290
Canal de Suez, 31, 127, 400
Caradja, Tanda, 146-9
Carélia, istmo da, 306
Carlos I, rei da Romênia, 151
Carlos II, rei da Romênia, 159
Carta do Atlântico, 113-4, 118
Casablanca, Conferência de (1943), 22, 77

Catarina, a Grande, imperatriz da Rússia, 199, 229, 282, 285
Catoctin, USS, 31, 38, 123
Cáucaso, 117, 237, 280, 307, 309, 312
CBS (rádio), 127
Ceauşescu, Nicolae, 451-2
Chamberlain, Neville, 135-6
chefes do Estado-Maior dos Estados Unidos, 98
Chiang Kai-shek, 98, 410
Chicago Tribune, 264, 424, 456, 458, 468
China, 96, 98, 133, 223, 307, 397, 410, 427-8
Chuikov, Vasily, 88-9, 448
Churchill, Clementine, 126, 411, 447, 467
Churchill, Mary, 353
Churchill, Pamela, 163, 167, 445-6
Churchill, Randolph, 259
Churchill, Sarah, 29, 69, 100, 125, 127, 444, 447, 449-50
Churchill, Winston, 22, 26-33, 38-41, 43-4, 46, 48-9, 51-62, 65-83, 85-6, 88-91, 95-9, 102--5, 111-8, 120-7, 130-8, 141-3, 149, 151, 154, 158, 160-2, 164-5, 172, 178, 182, 184, 186, 191-2, 196-7, 199, 204, 207, 215, 220-2, 226, 247, 250, 258-9, 261-5, 270-5, 278, 280, 284, 306, 308, 316, 332, 337-8, 342-3, 352, 356, 359-60, 364-8, 370-2, 392-8, 400-15, 432, 436; ambivalência quanto a Stálin e à Rússia, 137; Carta do Atlântico e, 79; contraste com FDR, 80; decodificação do Ultra e, 66; depressão e mau humor, 67, 69; discurso da vitória, 259, 261-2; eleições parlamentares de 1945 e, 270, 352, 392, 404; hábitos de trabalho, 67-8; missão de Davies para, 271-3; na Conferência de Potsdam, 351, 354, 364-5, 372, 377, 392, 398, 401, 404; na Conferência de Yalta, 79, 84, 90, 98, 102, 111, 120-2; Operação IMPENSÁVEL e, 262; opinião de Truman sobre, 263-4, 342; primeira conversa telefônica com Truman, 217; primeira experiência de combate, 78; relatório sobre Yalta, 135-6; rendição alemã e, 258; renúncia como primeiro-ministro, 410; resultados da Conferência de Yalta e,

131-6; reunião com FDR sobre a bomba atômica, 131; rituais privados de, 66; Sala de Mapas de, 51, 65, 68, 122, 407; viagens ao exterior durante a guerra, 77; visita à Berlim ocupada, 354; visita a Moscou, 71, 183
Clark Kerr, Archibald, 104, 116, 170-1, 188, 411
Clay, Lucius, 338-9, 345-7, 419, 468
Colville, Jock, 136, 259, 407, 447-8, 450-1, 458
Comando de Bombardeios, 129-30
comando de comunicação do Exército dos Estados Unidos, 53
Comissão de Controle Aliado, 317
Comissão de Reparações dos Aliados, 117
Comissariado de Assuntos Exteriores (União Soviética), 201
Congo Belga, 217, 292, 299, 302
Congresso de Vestfália (1648), 119
Congresso de Viena (1815), 403
Congresso dos Estados Unidos, 38, 71, 107, 292; discurso de FDR sobre Yalta no, 138
Conselho de Comissários do Povo (União Soviética), 57
Conselho de Controle Aliado, 347
Constituição dos Estados Unidos, 38, 197
contenção, política de, 436
Coreia, 98
Corte Suprema dos Estados Unidos, 290
"cortina de ferro", 143, 179, 259-60, 262, 273, 338, 343, 377, 418, 432, 458
cossacos, 267, 381
Creta, 24
Cristea, Zsokie, 148
Curie, Marie, 297
Curilas, ilhas, 40, 96-7, 307, 432
Curzon, Lord, 85

Dachau (campo de concentração), 340
Dardanelos, 307-8, 310, 395, 417, 431
Davies, Emlen, 264
Davies, Joseph, 264, 266-8, 271-5, 286, 357-9, 365, 372, 378, 412; como embaixador na União Soviética, 266; missão em Londres de, 271; *Missão em Moscou*, 266; reunião de Truman com, 264, 267
Davies, Marjorie Merriweather Post, 267
De Gaulle, Charles, 54, 74, 99, 220
Deane, John, 174, 176-7, 189, 211, 453, 457, 461
Declaração da Europa Libertada, 114, 118, 149
Delano, Laura, 21, 194
democracia, 61, 118-9, 142, 150, 154, 159, 170, 256, 261, 287, 317, 404, 411, 434
Departamento de Estado dos Estados Unidos, 38-9, 85, 90, 96-7, 109, 118, 201, 209-11, 256, 265-8
Departamento de Guerra dos Estados Unidos, 131, 396, 423, 450
Departamento de Pesquisa Científica e de Defesa dos Estados Unidos, 214
Deutscher, Isaac, 73, 447-8, 453
Dia D, 39, 51, 70, 77, 235, 296
Dimitrov, Georgi (Gemeto; líder búlgaro), 316-8
Dimitrov, Georgi (líder do Comintern), 316, 318
Dixon, Pierson, 425, 444, 447, 450, 468
Djilas, Milovan, 120, 245, 434, 446, 448, 450, 457, 469
Don Juan (Byron), 29
Dostoiévski, Fiódor, 245
Douglas, Lewis, 346
Doutrina Monroe, 113, 115
Dracula, Vlad, 146
Dresden, 49, 129-30, 136, 189, 262; bombardeio de, 129
Dulles, Allen, 187, 195

Economist, The, 347
Eden, Anthony, 62, 113, 118, 210, 226, 271, 354, 391, 446
Egito, 31, 117, 123, 133
Ehrenburg, Ilya, 91, 168, 186, 238, 246-7
Einstein, Albert, 297
Eisenhower, Dwight D., 54, 88, 174, 188-9, 195-6, 198, 235, 249-50, 320, 338, 461, 468; ofensiva contra Berlim e, 188-9, 196
Eisenstein, Sergey, 63, 359

El Alamein, Batalha de, 235, 237
eleições de 1944 (Estados Unidos), 290, 374
Elsey, George, 398, 416, 449, 464, 466, 468
Engels, Friedrich, 333
Eritreia, 362
Espanha, 236, 276, 362-3
Estados Unidos, 21-2, 24, 25-7, 37, 39, 41, 53-4, 57-61, 70-1, 74, 84, 95, 98, 103, 107, 109, 111, 115-6, 118-20, 125, 129, 131-2, 137-8, 140, 145, 147, 157, 159, 167, 169, 172-4, 176, 201-21, 225, 229, 233-35, 243, 252, 254-5, 257-8, 262-3, 266-8, 271-3, 275, 278, 285-9, 291-3, 295, 297, 301, 304, 308, 310-1, 316, 325, 334-7, 339-40, 343-5, 347-8, 351, 359, 362, 368, 371-2, 374-6, 379-81, 383, 386-8, 390, 393, 396-402, 409-10, 412-3, 415-6, 419-22, 429, 431, 434-6, 451, 453, 461-2, 465, 467-8; aliança com os soviéticos, 109; disputa sobre Poltava, 239; Liga das Nações e os, 108; observação de Molotov sobre a prosperidade, 225; opinião pública, 287; questão dos prisioneiros de guerra, 324-7; relação especial com a Inglaterra, 273
Etiópia, 117
Exército americano, 57, 174, 231, 233, 247, 298, 323, 351, 380, 385-6, 388; mercado negro e o, 386-8
Exército Doméstico Polonês, 88-9, 179-80, 190, 279, 284, 318-9
Exército Vermelho, 26-7, 32, 44-5, 48-9, 51-4, 71, 77, 79, 83, 86, 89, 95, 103, 111, 129, 133, 146-7, 150, 152, 155-6, 158-61, 164, 173-5, 177-80, 182, 186-91, 196, 207, 211, 213, 221, 224-6, 235, 238-9, 243-52, 260, 262, 278-9, 281, 285-6, 306, 309, 313, 315, 318--20, 322-5, 331-2, 335-6, 338-9, 341, 344, 349, 353, 359, 361, 375-6, 380-6, 388, 393, 397, 403, 410, 412-3, 419-20, 429, 432; atrocidades do, 91; baixas do, 237, 380; e desforra contra a Alemanha, 237-8, 247; estilo de combate, 234; expurgos de 1937, 318; na Ucrânia, 242; no Irã, 310; primitivismo do, 232; questão dos ex-prisioneiros de guerra dos Estados Unidos, 163, 173-5, 177, 233; Romênia ocupada pelo, 145, 157; saques e estupros cometidos pelo, 238, 247, 334, 348, 373, 377-83, 420

F. W. Woolworth (companhia americana), 375
Fala (cachorro de FDR), 194, 197
Farouk I, rei do Egito, 130
Farrell, Thomas, 369
FBI (Federal Bureau of Investigation), 148
Fermi, Enrico, 294, 297
Finlândia, 25, 39, 260, 306-7, 371, 414
Flerov, Georgi, 303
Flournoy, Richard, 325
Ford Motor Company, 375
Forrestal, James, 211, 379, 455-6, 465-6
França, 39-40, 51, 54-5, 71, 85, 99, 174, 202, 210, 228, 236, 249-51, 260, 347, 352
Franco, Francisco, 276, 362
Franconia (transatlântico), 126
Frederico, o Grande, rei da Prússia, 274
Frente Democrática Nacional (Romênia), 150, 152-3, 156, 159
Frente dos Lavradores (Romênia), 158
Frente Patriótica (Bulgária), 316-7
Frisch, Otto, 297
front ocidental, 39, 129, 175, 186, 195-6, 211, 247, 249
front oriental, 39-40, 51, 58, 70, 129, 186, 246--7, 249, 380, 465
Fuchs, Klaus, 401

Gabinete de Guerra (Grã-Bretanha), 65, 105
Gavin, James, 422, 468
Gelovani, Mikheil, 359
Genghis Khan, 136, 280, 354
George VI, rei da Inglaterra, 78
Gheorghiu-Dej, Gheorghe, 149
Gillette, 375
Glinka, Mikhail, 93, 322
Goebbels, Joseph, 240, 276, 354, 432, 458
Goloborodko, Grigori, 234

Göring, Hermann, 220
Grã-Bretanha, 25, 39, 54, 61-2, 67, 70-1, 78, 84-5, 95, 99, 112, 115-6, 122, 124, 126, 131, 133, 136-7, 142, 165, 191, 208, 211, 215, 221, 223, 236, 255, 259, 261-2, 264-5, 271, 273, 292, 301, 304, 310, 334, 347, 352, 371-2, 375, 393, 402, 404, 407, 411, 416, 425; eleições parlamentares de 1945, 270, 352, 392, 404; Império britânico, 112, 114, 127, 262, 393, 400; intervenção na Grécia, 66; relacionamento especial com os Estados Unidos, 273; *ver também* Inglaterra; Londres
Graham, Frank, 423
Grande Depressão, 25, 41, 138, 206
Grande Expurgo, 46, 403
Grande Terror, 218
Grécia, 24, 31, 66, 77, 120, 137, 161, 215, 260, 316, 430-1
Grenander, Alfred, 360
Grew, Joseph C., 207
Gromyko, Andrei, 102, 220, 403, 446, 448-9, 456, 464, 466
Grossman, Vasily, 251, 457
Groves, Leslie, 216, 292, 294, 296, 298, 300, 366, 369-70, 398, 460, 464
Groza, Petru, 158
Gruenberg, Ernest M., 174
Grupo Ulbricht, 331, 333-4
Guarda de Ferro Fascista (Romênia), 159
Guerra Civil Espanhola, 276, 333
Guerra do Inverno (1940), 306
Guerra Fria, 147, 212, 214, 297, 399, 429-32, 436; advertência de Orwell sobre, 432; início da, 430; política de contenção na, 436; previsões de, 431; versões contraditórias sobre, 430
Guerra russo-japonesa (1904), 40, 96, 427
guerras napoleônicas, 245
Guilherme da Prússia, príncipe, 363
Gusev, Fyodor, 262

Hailé Selassié, imperador da Etiópia, 130
Harriman, Averell, 26, 34, 41-2, 99, 128, 165-8, 170-6, 188-9, 195, 200-3, 205, 207-9, 211-2, 224, 253, 257, 266, 268, 274, 286, 357-8, 379, 433, 435-6; Kennan e, 256; na Conferência de Potsdam, 357, 366, 378, 389; na Conferência de Yalta, 29, 33, 40, 58, 103, 116; política soviética de Truman e, 207; questão dos ex-prisioneiros de guerra dos Estados Unidos e, 164, 172; sobre a abordagem de Stálin por FDR, 41; última reunião com Stálin, 435; União Soviética vista por, 166
Harriman, Kathleen, 34, 59, 99, 104-5, 163, 165, 168, 200, 285-6; como anfitriã na embaixada, 167; sobre negociações com os soviéticos, 170
Harriman, Marie, 167
Harriman, Mary, 163
Harris, Arthur, 130, 136
Harrison, George, 357
Hassett, Bill, 193, 198-9, 454-5
Heisenberg, Werner, 298, 300-1, 303, 460
Himmler, Heinrich, 102, 217
Hiroshima, 294, 396-8, 409, 423, 425, 428, 430
Hiss, Alger, 37, 85, 118, 222
Hitler, Adolf, 25, 39, 49, 55, 66, 70, 73, 83, 88-9, 91, 102-3, 109, 135-6, 169, 186-7, 189, 195, 206-7, 217, 220, 223, 231, 250-1, 258, 274, 276-7, 280-1, 307, 316, 331-3, 341, 353-6, 363, 380-1, 397-8, 404, 412, 420, 431, 433; campanha de desinformação dos soviéticos sobre a morte de, 275, 320, 363; Guerra Fria prevista por, 431; pacto com Stálin *ver* Pacto Molotov-Ribbentrop (1939)
Hoffman, Anna Rosenberg, 454
Holmes, Marian, 67, 105, 121, 125, 261, 447, 450, 458
Hong Kong, 98
Hoover, Herbert, 127, 210
Hopkins, Harry, 28, 33, 41, 53, 79, 81-2, 108, 117, 127, 138, 266, 271, 274, 363, 444
Hopkins, Louise, 285-6
Hopkins, Robert, 124, 447
Howley, Frank, 335-9, 344-5, 347, 422

Hull, Cordell, 266
Hungria, 49, 52, 92, 149, 158, 186, 236, 240, 243, 260, 291, 293, 297, 347, 371, 398, 400, 414, 434
Huston, Walter, 266

Ibn Saud, rei da Arábia Saudita, 130-1
Igreja católica, 341
Igreja ortodoxa, 158, 298
Império britânico, 112, 114, 127, 262, 393, 400
Império Otomano, 342
Índia, 72, 113, 310, 400
Inglaterra, 60, 68, 70, 73, 91, 111, 118, 132, 240, 272, 300, 341, 406, 423
Instituto Kaiser Wilhelm de Física, 302
International Telephone and Telegraph Company, 375
Irã, 133, 307, 309-15, 430, 432, 436
Iraque, 133, 309
isolacionismo, 110, 435
Itália, 31, 35, 39-40, 50, 52, 90, 120, 133-4, 154, 161, 187, 207, 236, 240, 243, 260, 380, 398-9, 465
Iugoslávia, 31, 50, 52, 60, 194, 201, 223, 236, 260, 400
Ivã, o Terrível, tsar da Rússia, 63, 183, 185, 254, 282
Ivan Susanin (Glinka), 93

Japão, 25, 40, 96-8, 110, 112, 117, 206, 210, 240, 264-6, 275, 289, 293-4, 296, 307, 325, 337, 357, 362, 368, 370, 395-8, 409-12, 415, 423, 425, 427-9, 432, 435-6; acordo Estados Unidos-URSS sobre a guerra com o, 96-7, 142, 209, 362, 409, 411-2; bombardeio atômico do, 423-4, 429; debate sobre alvos, 397; política do pós-guerra da União Soviética e o, 435; rendição do, 429; sondagens de paz, 367; ultimato dos Estados Unidos ao, 396, 409, 416, 424
jardim das cerejeiras, O (Tchékhov), 125
JCS 1067 (documento do Pentágono), 346, 463
judeus, 91, 131, 297, 326, 341-3, 353, 432

Kalinin, Mikhail, 220
Katyn, massacre de, 94-5, 101, 133, 165, 277
Kavtaradze, Sergey, 311
Keitel, Wilhelm, 250-1
Kennan, George (primo de George F.), 254
Kennan, George F., 26, 74, 128, 173, 253-7, 268, 277, 287-8, 435-6
Kent, coronel, 56, 75
Khaldei, Yevgeny, 384-5, 465
Khariton, Yuri, 302-3, 305
Khruschóv, Nikita, 101, 219, 306, 449, 455
King, Ernest, 37
Kipling, Rudyard, 113
Kollontay, Aleksandra, 219
Kolomets, Mikhail, 420
Kommandatura, 339, 344
Konev, Ivan, 50, 188, 191-2, 207, 237, 245
Kotzebue, Albert, 227-32, 234, 236
Kotzebue, August von, 229
Kotzebue, Otto von, 229
Kovalev, S. K., 243, 245
Krasnov, Nicholas, 35-6
Kremlin, 41, 47, 64, 71, 74, 85, 100, 104-5, 114, 117, 119, 128, 133, 138, 141, 157, 164-6, 169-70, 173, 182-5, 189-90, 195, 201, 219-21, 249, 252, 258, 264, 267-8, 274-5, 280, 282, 285-6, 289, 306, 312, 320, 322, 326, 333, 382, 390, 426, 433-4, 436
kulaks, 46, 218
Kunt, Mustapha, 104
Kurchatov, Igor, 302, 305, 402, 427, 460
Kursk, Batalha de, 190, 237
Kutuzov, Mikhail, 185

Leahy, William, 37, 109, 116, 195, 197, 199-200, 211, 218, 350, 353, 371, 389, 394, 399, 429, 444, 449-50, 455, 463-4, 466
Lee, Robert E., 205
LeMay, Curtis, 294, 296, 396
Lênin, Vladimir, 27, 63, 76, 79, 85, 155, 169, 184-5, 218, 267, 271, 275, 280, 310, 321-2, 335, 357
Leonhard, Wolfgang, 252, 384, 457, 462

Levante de Varsóvia, 166, 180, 241, 318
Levante Dezembrista (Rússia — 1825), 245
Levitan, Yuri, 252
Líbia, 31, 362, 436
Life (revista), 124, 145, 385
Liga das Nações, 107-8
Linge, Heinz, 277, 459
Linha Curzon, 85, 90, 92, 116
Lippmann, Walter, 224, 432
List, Eugene, 369
Lituânia, 50, 92, 185, 236, 260
Litvinov, Ivy, 169-70
Litvinov, Maksim, 41, 169, 220
Londres, 74, 83-4, 88, 95, 105, 134, 160, 166, 169, 171, 178-9, 267, 270-1, 279, 284, 302, 338, 435
Loy, Myrna, 423
Lubyanka, prisão de, 133, 181, 225, 318
Luce, Henry, 119
Lunghi, Hugh, 323, 450, 461

MacArthur, Douglas, 409
Macmillan, Harold, 154, 452
Maisky, Ivan, 74, 85, 100, 118, 375-7, 379, 390, 448, 465
Majdanek (campo de extermínio), 176
Manchúria, 40, 96, 98, 133, 307, 325, 362, 409, 410, 412, 425, 427-9
Maniu, Iuliu, 150-1
Manstein, Erich von, 69
Mao Tsé-tung, 410
Marco Polo, 313
Marinha americana, 22, 37, 379
Marinha Real, 121, 393
Marshall, George C., 37, 58, 187, 197, 211-2, 294-5, 398, 460, 466
Martin, John, 75, 126, 446
Marx, Karl, 64, 105, 333
Masaryk, Jan, 167, 172, 223
McCloy, John, 370, 379, 464-5
McIntire, Ross, 23, 57, 87
McNaughton, Frank, 139-40, 445, 451, 455, 458

Meiklejohn, Robert, 286, 379, 444-5, 450, 455, 459, 463, 465
Mekhlis, Lev, 190
mencheviques, 25, 155, 198, 298, 308
mercado negro, 177, 242, 385-8; na Alemanha ocupada, 385-8
Mercer, Lucy *ver* Rutherfurd, Lucy
Merzhanov, Miron, 183
mestre e Margarida, O (Bulgakov), 164
Metro-Goldwyn-Meyer, 423
México, 97, 142, 167
Miguel I, rei da Romênia, 142, 146, 151, 156-8, 160, 452
Mikołajczyk, Stanisław, 171, 208, 212, 284, 319-20, 403-5, 459, 461-2, 467
Ministério das Relações Exteriores britânico, 39, 48, 58, 137, 160, 191, 361, 452
Ministério do Interior da Bulgária, 317
Ministério do Interior da Polônia, 279
Missão em Moscou (Davies), 266
Molotov, Polina, 219-20
Molotov, Viatcheslav, 27, 53, 84, 91, 93, 102-3, 105, 116, 119, 121, 134, 154, 166, 168-72, 174-6, 180, 187, 201-3, 209-15, 218-21, 223-6, 265-6, 281, 283, 306, 308, 311-2, 315, 333, 362, 385, 389-91, 410-15, 425, 435; autocontrole de, 220; descrito por Churchill, 220; na Conferência de Potsdam, 402, 410, 412; na Conferência de Yalta, 26, 29, 42, 48, 52, 55, 61, 90, 104, 115, 118; na sessão inaugural da ONU, 222; na visão de Khruschóv, 219; negociações com Byrne sobre reparações, 389, 412; nomeado primeiro-ministro, 218; opinião pública americana e, 222; prosperidade dos Estados Unidos vista por, 225; reuniões com Truman na Casa Branca, 209; visita aos Estados Unidos, 221
mongóis, 83, 136, 336
Monte Cassino, Batalha de, 111, 133
Montgomery, Bernard, 186, 235, 261, 458
Montreux, Convenção de (1936), 307

Moran, Charles, 27, 70, 404, 444-5, 447-8, 463, 466-7
Morgenthau, Henry, 109, 199, 379, 449
Moscou, 26, 41, 48, 78, 101, 104, 115-7, 133-4, 161, 163-4, 166-7, 170-1, 173, 202, 213, 229, 244, 252, 254, 256-7, 264, 267, 274, 296, 324, 331, 333, 367, 403, 411, 436, 449, 453--4, 459, 461; Rádio Moscou, 252
Müller-Grote, Gustav, 361, 463
Munique, Conferência de (1938), 135
Muro de Berlim, 430, 432
Murphy, Robert, 340, 345, 348, 370, 457, 461
Mussolini, Benito, 154, 398
Mutual Broadcasting, 127

Nações Unidas, 38, 107, 110-3, 117, 121, 187, 198, 202, 210, 213, 222-3, 226-7, 255, 268, 283, 415, 449
Nagasaki, 398, 428-9
Napoleão Bonaparte, 83, 261, 268
Nasta, Livius, 451
National Geographic, 429
New York Times, 110, 127, 169, 213, 224, 424, 457
Nicarágua, 211
Nicolau II, tsar da Rússia, 30, 40, 156
Ninotchka (filme), 25
NKVD, 32, 44-5, 48, 52, 89, 96, 100, 112, 148, 165, 167-8, 178-9, 181, 188, 191, 240-2, 279, 302-3, 320, 322-3, 326, 336, 342, 360, 381-3, 403-5, 453, 459; disputa de Poltava e a, 241; golpe na Romênia e a, 150; incidente durante saques em Berlim e a, 383; informações sobre a bomba atômica e a, 302; na segurança de Yalta, 44; prisioneiros de guerra russos e a, 326
Nona Brigada de Troféus soviética, 383
Nona Divisão Blindada dos Estados Unidos, 163
Noruega, 260, 298
Novo México, 98, 131, 216, 357, 366, 398

"Ode à morte de Lord Wellington" (Tennyson), 261
Office of War Information (serviço de propaganda dos Estados Unidos), 167
Oitava Força Aérea dos Estados Unidos, 129, 299
Okulicki, Leopold, 180, 318-9
Olshansky, Alexander, 234
Omdurman, Batalha de, 68
Operação Frenesi, 240
Operação Gafanhoto, 427
Operação IMPENSÁVEL, 262-3
Operação Mito, 277
Operation Bughouse (Bowie), 147
Oppenheimer, Robert, 294-5, 298
Oranienburg, bombardeio de, 298, 304
Oriente Médio, 125, 127, 130-1, 309-10
Orwell, George, 329, 433, 468
OSS *ver* Agência de Serviços Estratégicos

Pacto Molotov-Ribbentrop (1939), 39, 84, 134, 169, 186, 333
Palácio Livadia, 30-1, 42, 44-5, 49, 52, 55-6, 58, 78, 81, 96, 105, 112, 115, 123-4
Palácio Vorontsov, 31, 51, 65, 68-9, 75-6, 105, 120, 125
Palestina, 130-1
Paramount Pictures, 375
Paris, 108, 145, 168, 274, 366; Conferência de Paz (1919), 108
Parker, Ralph, 457
Parlamento britânico, 54, 61, 68, 135, 138-9, 172
Partido Agrário (Bulgária), 316-7, 333
Partido Comunista (Alemanha), 346
Partido Comunista (Romênia), 151
Partido Comunista (União Soviética), 47, 118, 221, 282, 322
Partido Conservador (Grã-Bretanha), 138, 392
Partido Democrata (Estados Unidos), 206, 264, 290-1, 373
Partido Democrático (Azerbaijão), 312
Partido Nacional (Polônia), 180

Partido Nacional dos Camponeses (Romênia), 150
Partido Trabalhista (Grã-Bretanha), 270, 392, 406-7
Pash, Boris, 298, 300-1
Pashkovsky, Theodor, 298
Pătrășcanu, Lucrețiu, 152
Patton, George C., 79, 186, 353
Pauker, Ana, 149, 151, 153
Pauley, Edwin, 373-7, 382, 390, 427, 464-5, 468
Paulus, Friedrich, 327
Pavlov, Vladimir, 212, 284, 400, 410, 446
Pearl Harbor, 25, 39, 227, 423
Pedro, o Grande, tsar da Rússia, 63, 184, 254, 307
Pendergast, Thomas J., 205
Pentágono, 177, 217, 266, 293, 346, 366, 369, 419, 429; conferência sobre a bomba atômica no, 293
Perkins, Frances, 109, 446
petróleo, 49, 130, 225, 240, 265, 278, 310-2, 342, 373
Pim, Richard, 66, 122, 407, 450
Pimonov, coronel, 179
Pishevari, Jafar, 312-4
plutônio, 305, 366
Pogue, Forrest, 233, 456
Politburo, 43, 183, 218, 312, 320-1
política de conciliação, Chamberlain e a, 135
Polônia, 25, 38-9, 44, 49-50, 52, 83-94, 99, 111, 114-7, 124, 133-5, 137-8, 140, 142, 154, 161-5, 170-6, 178-80, 187-8, 195, 201, 205, 208-13, 215, 223-4, 226, 235-6, 243, 255, 259-60, 262, 265, 275, 279, 283-4, 287, 289, 297, 310, 319-21, 341, 343, 345, 347, 359, 367, 371, 389-91, 398, 403-6, 413-5, 425, 432; governo de Londres na, 83, 95, 134, 178, 398; implementação do acordo de Yalta e a, 170; Levante de Varsóvia, 166, 180, 241, 318; levante do pós-guerra, 279; nas negociações de Potsdam, 371, 403, 414; nas negociações entre Stálin e Hopkins, 274, 283; negociação final sobre a, 283, 287;
operações de limpeza da NKVD na, 179; questão das eleições livres na, 208, 315, 371, 403; questão das fronteiras e a, 89, 116, 371, 403, 414; questão do governo provisório, 99, 170, 174, 178, 279
Poltava, base aérea de, 239-45
Poltava, Batalha de, 307
Pomerânia, 50, 89, 92, 341, 344-5, 371, 404, 406
Pomerants, Grigory, 251, 332, 461
Portal, Charles, 76
Poskrebyshev, Alexander, 184-5, 188, 190, 220, 454
Potsdam, Conferência de (1945), 336, 350-72, 377-9, 387-90, 432; comunicado final, 416; informação de Truman a Stálin sobre a bomba atômica na, 400; informes sobre a bomba atômica na, 357, 416; jantares formais na, 368; local da, 363; proclamação emitida na, 410; questão da Polônia, 371, 403, 414; questão das reparações, 371, 379, 389, 412, 418-9; questão do pós-guerra na Alemanha, 367, 371, 379, 417; reconhecimento da questão dos satélites soviéticos, 398; relações entre os Aliados após a, 435; reunião entre Truman e Stálin na, 362; sessões plenárias, 370, 406, 411
Powell, William, 423
Pravda, 94, 142, 150, 168, 246, 426, 454
Prettyman, Arthur, 22, 34
Primeira Guerra Mundial, 74, 85, 117, 122, 159, 202, 210-1, 371, 399
Primeiro Exército Polonês, 188
Primeiro Front da Bielorrússia, 190
Primeiro Front Ucraniano, 50, 191, 207
Prince of Wales, HMS, 80
Projeto 51 *ver Vaca Sagrada*
Projeto Clipe, 383
Projeto Manhattan, 131, 214, 216, 218, 291, 301, 357, 401, 424; *ver também* bomba atômica
Prússia Oriental, 49-50, 52, 88-9, 91-2, 116, 198, 236, 238, 260, 307, 341
Pu Yi, imperador da China, 429

Quarto Corpo de Hussardos da Rainha (Exército britânico), 68
"quatro liberdades", 222
queda de Berlim, A (filme), 359
Quincy, USS, 29, 31, 34, 38, 53, 127, 130-2

Racheva, Mara, 317
Rădescu, Nicolae, 148-53, 155-7, 160, 451
Rádio Moscou, 252
Rasputin, 37, 44
Real Força Aérea, 76, 78, 103, 129, 394
Red Star (jornal militar), 168, 251
Rees, Goronwy, 349
Reich, Das (jornal nazista), 458
Reinhardt, Edwin, 231
Renânia, 356
reparações, debate sobre: arregimentação de mão de obra e, 383; atividades de saque e, 381-3; nas negociações de Potsdam, 371, 379, 389, 418-9; nas negociações de Yalta, 74, 117, 120, 128, 376, 379, 389, 434; negociações entre Byrnes e Molotov sobre, 389, 412-4; política para o Ruhr e, 379
República de Weimar, 333
Reston, James, 110, 449
Reuters, 186
Revolução Bolchevique (1917), 25, 63
Revolução Cubana (1895), 78
revolução dos bichos, A (Orwell), 433
Revolução Francesa, 320
Ribbentrop, Joachim von, 105, 221
Riehl, Nikolaus, 304, 460
Robertson, William, 231
Rokossovsky, Konstantin, 50, 88-9, 321
Romênia, 31, 92, 117, 142, 146, 148-50, 155-8, 160-1, 164, 178, 236, 260, 315, 371, 398-400, 414, 431, 436, 452; acordo de Yalta e a, 150, 161; golpe comunista na, 148-51; governo de coalizão na, 157; ocupada pelo Exército Vermelho, 145, 157; ultimato soviético à, 141
Rommel, Erwin, 235
Rooney, Andy, 231
Roosevelt, Anna, 24, 26-8, 30, 33-4, 37-8, 42, 57, 59, 61, 81, 86, 99, 109, 118, 130-1, 194, 291
Roosevelt, Eleanor, 193-4, 209
Roosevelt, Franklin D., 21-41, 48, 53-7, 59, 61-4, 69, 71, 77-81, 84-7, 90, 96-8, 102, 106-23, 127-32, 138, 140-2, 161, 165, 170, 172-3, 178, 186-7, 189, 193-202, 204, 206, 210, 212-3, 221, 231, 255-6, 259, 264, 266-8, 270-1, 274, 285-7, 290-1, 307, 315, 352, 362, 368, 373-4, 376, 379, 409, 412-3, 426, 431, 436, 444-54; ambição de criar a ONU, 107-10, 113; carta acusatória de Stálin a, 195, 198; Carta do Atlântico e, 79-80; discurso sobre "o próprio medo", 138; discurso sobre Yalta no Congresso dos Estados Unidos, 139; eleições de 1944 e, 22, 290, 374; em contraste com Churchill, 80; estilo político de, 40, 109; governo Roosevelt, 26, 338; morte de, 200; morte de Watson e, 132; na Conferência de Yalta, 38, 53, 78-9, 99, 101, 103, 111, 120-3, 371; realizações presidenciais de, 25; relação com Hopkins, 33; reunião com Churchill sobre a bomba atômica, 130; saúde em declínio, 22, 27, 56, 86, 98, 105, 108, 139; teatralidade de, 140; últimos dias de, 192-200
Roosevelt, James, 35
Rosenman, Sam, 132, 140, 450
Rossow, Robert, 314
Ruhr, 49, 189, 198, 379, 390-1, 403, 406, 414, 419
Rusakov, Vladimir, 231
"Rússia: ameaça à civilização ocidental" (documento), 262
Rutherfurd, Lucy, 194, 197

Sacalina, ilha de, 40, 96, 307, 409, 428, 432
Sakharov, Andrei, 426, 468
Samoilov, David, 252, 457
San Francisco, Conferência de (1945), 111, 121, 198, 202, 210, 222-7
Sarper, Selim, 308
Sawyers (criado de Churchill), 67-8, 76, 125

Saxônia, 129, 337-8
Scânteia (jornal romeno), 151, 153, 451
Schuyler, Cortlandt, 159, 451-2
Segunda Divisão Blindada dos Estados Unidos, 339, 344, 353, 357
Segunda Guerra Mundial, 26, 96, 118, 159, 316, 390, 427, 429, 431-2, 436, 456; bombardeio de Dresden na, 129; encontro entre Estados Unidos e União Soviética na, 227--31; perdas soviéticas na, 278
Segundo Corpo Polonês, 133
segundo front, 39, 71, 221, 338
Senado americano, 108, 110, 184, 204, 212, 215, 290-1, 295, 389, 413, 449
Serov, Ivan, 320, 342, 456, 462
Serviço Diplomático dos Estados Unidos, 253, 257
Serviço Secreto americano, 21, 24, 27-8, 59, 193, 209, 351, 353, 386, 444
Sétimo Exército dos Estados Unidos, 301
Sexto Exército Panzer da SS, 187
Shakespeare, William, 60, 273
Shchegolev, Dmitri, 238
Sherwood, Robert, 132, 450, 459
Shirer, William, 127
Shoumatoff, Elizabeth, 194, 197-200, 454-5
Sibéria, 64, 168, 188, 203, 209, 254, 268, 275, 279, 325
Siguranta (polícia secreta romena), 159
Silésia, 49-50, 92, 340-1, 345, 371, 390, 404, 420
Slutsky, Boris, 183, 238
SMERSH (contrainteligência do Exército Vermelho), 46, 244-5, 276, 457
Snow, Edgar, 41, 445
sociais-democratas alemães, 331, 333, 349
Sociedade de Amigos do Azerbaijão Soviético, 314
Solyus, Georgi, 239
Soong, T. V., 426
Spaatz, Carl, 298-9, 460
Speer, Albert, 356, 463
Stálin, Ióssif, 25-9, 31-3, 38-65, 68-75, 77-9, 83-91, 93-105, 109, 111-4, 116-25, 129, 131, 133, 135-8, 142, 148-51, 154-5, 160-2, 164--6, 169, 172-3, 176, 178-9, 183-92, 195-204, 206-8, 211-3, 215, 218-20, 223-5, 231, 238, 240-1, 243-50, 254, 256-7, 259, 261-2, 264--8, 270-89, 293, 295-6, 303-4, 306-12, 315--6, 318-27, 332-5, 338, 341-2, 349, 353, 357-72, 376-80, 382, 388, 390, 393-406, 409, 411-8, 425-37, 445-6, 448-50, 453-5, 457, 459-62; acesso controlado a, 184; ambições em relação à Ásia, 96; antecessores imperiais, 185, 280; apelidado de "Tio Joe", 41-2, 60-2, 93, 111, 362; como nacionalista russo, 282; controle do Leste Europeu e, 433; culto à personalidade de, 63; datcha de, 182; democracia rejeitada por, 433; descrito por Davies, 264; dúvidas de Churchill a respeito de, 137; escritório no Kremlin, 183; expurgo de rivais, 46; ideologia bolchevique e, 63; indiferença às baixas do Exército Vermelho, 51; informação de Truman sobre a bomba atômica e, 400; informações sobre a bomba atômica, 301; morte de Yakov Stálin e, 327; na Conferência de Potsdam, 361, 371, 376, 381, 389, 392, 398, 403, 410, 420; nas negociações de Yalta, 56, 71, 93, 102, 110, 128, 137; negociações com Churchill sobre porcentagens, 71; ocupação de Berlim e, 331; parada da vitória, 321; preparações para o ataque ao Japão por, 412; primeira reunião com FDR, 40; promovido a generalíssimo, 322; questão da Alemanha no pós-guerra e, 245, 247-8; reação à rendição da Alemanha, 249; relação com Molotov, 219-20; reuniões com Harriman, 187, 434-5; rotina diária de, 182; Zhukov e, 190
Stálin, Nadezhda Alliluyeva, 184
Stálin, Svetlana, 47-8, 94, 101, 184, 327, 425
Stálin, Vasily, 63, 321
Stálin, Yakov, 327
Stalingrado, Batalha de, 237, 246, 278, 327, 354, 375
Standley, William, 165

Stars and Stripes (jornal do Exército americano), 231, 456
Stasek, Bohumil, 342
Stettinius, Edward, 98, 107, 109, 112, 121, 201--2, 207, 210-3, 222-6, 291, 446, 449-51, 455
Stevenson, Donald, 160, 452
Stimson, Henry, 210-2, 214-7, 266, 293-6, 325, 357, 366, 369-70, 378, 396-8, 416, 423, 455, 459-60, 464-6
Stypułkowski, Zbigniew, 180-1, 453
Suckley, Margaret, 130, 194, 197-8
Sudetos, 340-1, 343
Suécia, 50, 219, 236, 260
Suíça, 187, 195, 200, 236
Susloparov, Ivan, 249, 457
Suvorov, Aleksandr, 185
Swing, Raymond Gram, 127, 224
Szilard, Leo, 291-3, 295, 297, 459

Tabriz, 309, 312-4, 460
Target Germany (livro de fotografias), 129
Tarrasuk, Wassily, 323
tártaros, 45-6, 117, 277, 282
Tchecoslováquia, 50, 92, 135, 167, 196, 223, 236, 260, 292, 342-3, 353, 431, 433; golpe comunista na, 430; limpeza étnica dos Sudetos alemães, 341
Tchékhov, Anton, 69, 125
Tedder, Arthur, 250
Teerã, Conferência de (1943), 38, 43, 48, 53, 55, 71, 84, 96, 182
Tennyson, Lord Alfred: "Ode à morte de Lord Wellington", 261
Terceiro Exército, 186
Terrel, Mark, 233, 456
Theresienstadt (campo de detenção), 341
Time (revista), 119, 139, 164
Tito, Josip Broz, 201, 262, 354
Titus Andronicus (Shakespeare), 60
Tocqueville, Alexis de, 254, 431, 437
Tolstói, Aleksei, 168, 446
Tolstói, Leon, 168
Transilvânia, 148-9, 158

Trieste, 226, 259-60, 262
Triunfo e tragédia (Churchill), 259
Trótski, Liev, 280
Truman, Bess Wallace, 205, 209, 268, 368-9, 388, 399, 464-6
Truman, Harry S., 23, 57, 59, 201-18, 221, 224, 227, 231, 250, 252, 259, 262-6, 268, 271-3, 275, 278, 283, 286, 290-1, 293, 295-6, 307, 332, 337-8, 349-54, 357-72, 374, 378-9, 382, 386, 389, 393-403, 405-6, 409-11, 413-8, 423, 425-7, 429-32, 435-6, 455, 458-9, 462--8; beligerância de, 211; Churchill na visão de, 263, 342; como vice-presidente, 204, 374; consultas com Byrnes sobre a bomba atômica, 289; decisão sobre a bomba atômica, 398; e a ajuda à Grécia e à Turquia, 430; eleições de 1944 e, 374; em visita à Berlim ocupada, 353; experiência limitada em política externa, 202, 263, 265-6; formação de, 205; governo Truman, 324, 432; Harriman e, 207; impressão que Churchill teve de, 263, 351; Molotov confrontado por, 212; na Conferência de Potsdam, 350, 357, 362, 371, 377, 388, 392, 397, 401, 404, 412, 417, 420; na visão de Bohlen, 205; na visão de FDR, 205; primeira conversa telefônica com Churchill, 217; primeira reunião com Molotov, 209; primeira semana como presidente, 207; programa da bomba atômica revelado a, 215-7, 222; pronunciamento na Conferência de San Francisco, 222; questão da bomba atômica e, 215, 289, 291; Sala dos Mapas de, 207; Stálin informado sobre a bomba atômica por, 400
Truman, Margaret, 268
Tully, Grace, 194, 197, 454
Turíngia, 337-8
Turquia, 24, 31, 236, 307-10, 312, 430-1
Twain, Mark, 35

U.S. Steel Corporation, 109
Ucrânia, 110, 155, 175, 208, 235, 239-40, 242, 279, 426

Ulbricht, Walter, 331-4, 349
Ulrich, Vasily, 318
Ultra, decodificações do, 66
União Soviética, 25, 39, 41, 55, 73, 84-5, 92, 94, 97, 109-10, 114, 116-7, 120-1, 125, 133, 136-7, 147, 149, 156-8, 172, 174-6, 185-7, 195, 203, 205, 208-9, 211, 213, 216, 221, 223, 225, 236, 239, 249, 253-5, 260-1, 267-8, 271-2, 274-5, 277-9, 281-2, 284, 286-7, 292- -3, 302-3, 306-12, 314, 319, 324-6, 341, 347, 371, 373, 376, 381, 383, 390-1, 394-5, 402-3, 409-10, 412, 415-6, 425, 428-35, 458; Alemanha no pós-guerra e a, 257-8; celebração da vitória, 251-3; conquistas dos Aliados desdenhadas pela, 235; Coreia invadida pela, 429; Davies como embaixador na, 266; disputa sobre a Poltava, 239- -43; economia devastada, 279; fome na, 218; Grande Terror, 218; invasão alemã da, 25, 73, 206; Leste Europeu dominado pela, 433; levantes no pós-guerra, 279; Manchúria invadida pela, 427; na visão de Harriman, 166; pacto com a Alemanha *ver* Pacto Molotov-Ribbentrop (1939); parada da vitória na Praça Vermelha, 321-3; perdas na Segunda Guerra Mundial, 225, 278; política japonesa no pós-guerra e a, 435; programa atômico da, 302, 425; questão da repatriação de prisioneiros de guerra, 323; questão dos ex-prisioneiros de guerra americanos e a, 172-7; reconstrução da, 278
Union Minière, 297
urânio, 131, 216, 292, 297-300, 302-5, 366, 427
Uzbequistão, 45

Vaca Sagrada (avião de Roosevelt), 22-4, 31, 388
Vandenberg, Arthur, 110, 128, 449
Vasilevskii, Alexander, 412, 425
Vaughan, Harry, 361-2, 388
Versalhes, Tratado de (1919), 85, 108, 356
viagem dos inocentes, A (Twain), 35
Vitória, rainha da Inglaterra, 27, 36

Vlasik, Nikolai, 52-3, 59, 381-2, 465
Vlasov, Andrei, 188
Volinskoe (propriedade), 182-3
Volkogonov, Dmitry, 51, 445-6, 455, 459, 463
Volkssturm, 49
Vorontsov, Mikhail, 68-9, 447; *ver também* Palácio Vorontsov
Vyshinsky, Andrei, 60-1, 100, 141, 145, 153- -8, 160, 164, 250-1, 320, 357-8, 385, 452, 463

Wall, John, 314
Wallace, Henry, 205, 290
Washington Post, 127, 224, 424, 456, 468
Watson, Edwin "Pa", 81, 132, 139, 448
Welles, Orson, 140
Werth, Alexander, 426, 448, 457, 461, 468
Whitelaw, John, 380, 387, 421, 465, 468
Willkie, Wendell, 114-5
Wilmeth, James, 176-9, 453
Wilson (filme), 108
Wilson, Woodrow, 108
Wisner, Frank, 145-9
Wolff, Karl, 187, 195

Yagoda, Genrikh, 102
Yalta, Conferência de (1945), 26, 39, 41, 46, 48, 76, 118, 126, 129, 132, 141, 170, 186, 201, 223; acordo sobre prisioneiros de guerra e a, 325; caravana para a, 28, 30; comunicado final, 117; críticas de Kennan à, 128; decisão da ofensiva sobre Berlim e a, 88-9; Declaração da Europa Libertada e a, 114; disputas subsequentes à, 163; fotos formais, 112; Hopkins a respeito dos resultados da, 127; jantares cerimoniais e formais, 99, 120-2; Palácio Livadia na *ver* Palácio Livadia; Palácio Vorontsov na *ver* Palácio Vorontsov; posição de inferioridade de Churchill na, 70; preocupação com acordos e ideologias rivais, 119; primeira conferência dos Três Grandes, 38; questão das reparações de guerra, 74, 117, 120, 128, 376,

379, 389, 434; reações à, 126; reunião particular entre FDR e Churchill, 80; reunião particular entre FDR e Stálin, 98; rompante de Churchill sobre o Império britânico, 112; sessões plenárias, 55, 90, 98, 112-4, 123; Truman e a, 207; votação na Câmara dos Comuns sobre, 138
Year of Decisions (Truman), 214
Yezhov, Nikolai, 102
Yurasov, Vladimir, 334

Yusupov, Felix, 44-5, 48, 87, 89, 99

Zhukov, Georgy, 49-51, 54, 88-9, 179-80, 186, 188, 190-2, 207, 235, 237-8, 245, 250-1, 277, 281, 302, 320-1, 338-9, 344-5, 381, 383, 446, 448, 454, 457, 461, 463, 466; na Conferência de Potsdam, 359, 368, 381-2, 395; na parada da vitória, 321; ocupação de Berlim e, 338, 344-5; reunião com Clay, 338; Stálin e, 190-1
Zubok, Vladislav, 382, 460, 465

ESTA OBRA FOI COMPOSTA PELA SPRESS EM DANTE E IMPRESSA EM OFSETE
PELA PROL EDITORA GRÁFICA SOBRE PAPEL PÓLEN SOFT DA SUZANO PAPEL E CELULOSE
PARA A EDITORA SCHWARCZ EM JULHO DE 2015